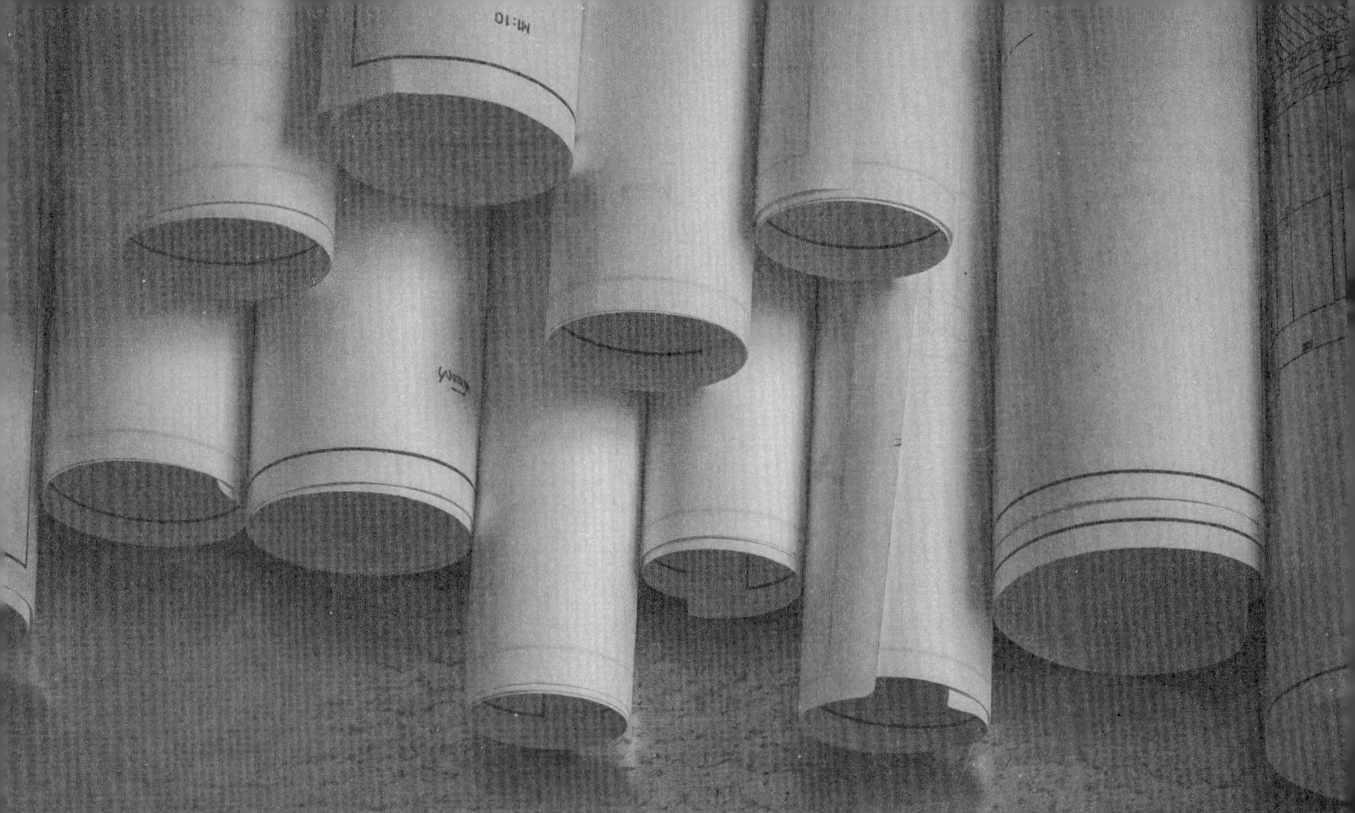

2015를 기반으로 하는

AUTOCAD 활용

이철수 · 권일근 · 김동우 · 박세환 · 이종원 공저

북스힐

머리말

이 책은 오토캐드를 이용하여 2차원 도면을 작성하는 방법을 설명하고 있습니다.

이 책은 2 Parts로 구성하였습니다.

Part 1은 따라하기 형식으로 캐드의 사용법을 설명하였습니다. 1장과 2장에서는 간단한 도형을 그리는 방법을 설명하였습니다. 원과, 직선을 그리는 방법과 띄우기(offset), 자르기(trim), 대칭, 도면층, 치수기입 등을 예제에 맞추어서 설명하였습니다. 3장에서는 정면도, 평면도, 측면도를 그리는 방법을 설명하였습니다. 정면도와 평면도, 측면도는 서로 연관성을 가지고 있기 때문에 그 연관성을 충분히 활용해서 간단하고 체계적으로 도면을 그리고 완성하는 아이디어를 설명하였습니다. 4장에서는 정면도를 이용하여 평면도를 그리는 방법을 다른 예를 들어서 다시 설명하였고, 보조 투상도를 치수 입력이 아닌 도형 간의 상관관계에 의해서 그리는 방법을 설명하였습니다. 1부만 잘 익히면 도면을 그리는 데는 크게 무리가 없습니다. 다만 도면을 빨리 그리기 위해서 많은 연습은 필요합니다.

Part 2는 기능별로 사용법을 설명하였습니다. 5장에서는 도면을 그리기 위한 기초 설정 방법, 도면층, 객체 스냅 등의 설명하였습니다. 6장과 7장은 도형을 입력하는 여러 가지 방법을 설명하였습니다. 5장에서는 선과 원, 원호, 다각형, 곡선, 점 등을 입력하는 방법을 7장에서는 문자와 해치, 테이블, 블록을 입력하는 방법을 설명하였습니다. 입력된 도형을 원하는 형태로 수정하는 방법은 8장에서설명하였습니다. 복사와 배열, 옵셋, 자르기, 필렛, 챔퍼 등을 설명하였습니다. 9장에서는 치수를 입력하는 다양한 방법을 설명하였습니다. 10장에서는만들어진 도형을 도면으로 만들고, 출력하는 방법을 설명하였습니다.

이 책을 출판하기까지 도움을 주신 북스힐의 여러분께 감사 드립니다. 오토캐드를 배우고 익히고자 하시는 분들에게 이 책이 많은 도움이 되기를 기원합니다.

2015년 8월

저자 일동

차 례

PART 1 따라 하기

PART 2 기능별 설명

PART 1
따라 하기

여기서는 오토캐드를 처음 배우는 사람이 책에서 지시하는 것을 따라서 하기만 하면 원하는 도면을 그리는 방법을 설명한다. 필자가 다년간 강의를 해 본 경험에 의하면, 따라 하기에 소개된 내용을 익히면 그 다음부터는 쉽게 원하는 도면을 생성하는 능력을 갖게 된다.

우리들 대부분은 마우스를 사용할 줄 알고, CAD는 아니지만 윈도 그림판에서 마우스를 이용해서 그림을 그릴 줄 안다. 오토캐드를 사용하는 것은 그것과 많이 다르지 않다. 다만 그림을 그릴 때의 좌표값이 정확해야 한다는 것이 차이가 있을 뿐이다. 도면을 그리는 것은 직선과 원, 원호, 글자를 정확한 위치에 적절하게 배치하는 것이다. 오토캐드에 주어진 기능들을 이용하면 복잡한 도면도 어렵지 않게 그릴 수 있게 된다.

설명의 편의를 위해서 명령어는 키보드 명령을 중심으로 설명하였다. 실제로 오토캐드의 기능을 수행하는 방법은 키보드 명령뿐만 아니고, 아이콘을 선택하여 할 수도 있다. 입력하는 좌표 값은 숫자로 표시하였으니 그대로 입력하면 된다. 마우스로 위치를 클릭하는 것은 d1, d2, ……와 같이 표시하였고, 본문 중에 클릭하는 순서를 기술하여 놓았다.

당연히, 윈도에서 오토캐드 아이콘을 선택하여 오토캐드를 수행시켜 놓은 상태에서 설명하는 것을 수행하여야 한다.

CHAPTER 01

간단한 도면 그리기 1

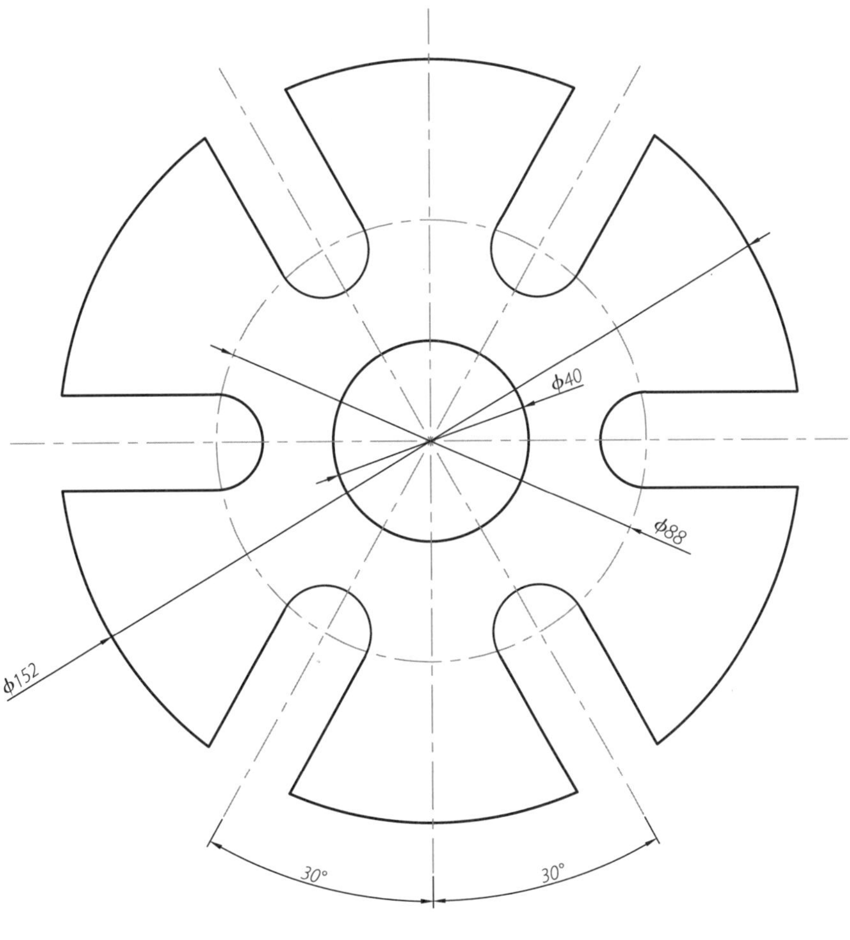

위와 같은 도면을 그려보자. 처음 볼 때는 복잡하게 보일지 모르지만, 다음에 제시하는 방법을 따라서 하다 보면 쉽게 도면을 완성할 수 있다. 오토캐드를 실행시키고 메뉴의 위치만 찾을 수 있다면 누구든 쉽게 도면을 완성할 수 있다.

▶ Circle(원 작성)

168~175쪽 참조

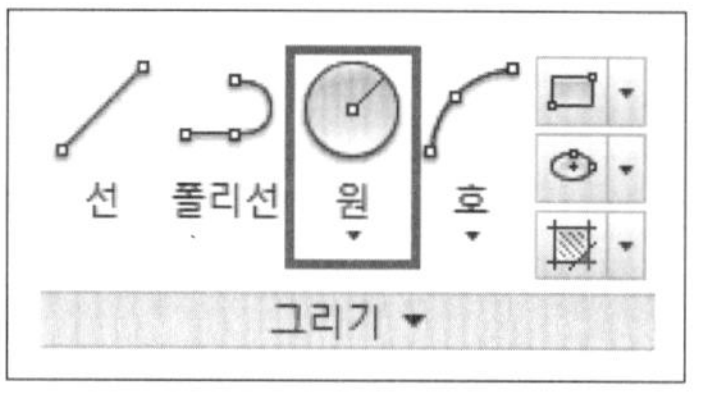

가장 기본적인 도형 중에 하나인 원을 작성해보자. 위의 그림에 표시된 네모를 선택하고 원의 중심으로 하고 싶은 곳을 클릭한다.

(명령어=c)

원은 두 가지 방법으로 작성을 할 수 있다.

1. 직경(원의 지름)을 알고 있을 때
   d → space bar → 직경 → space bar
2. 반경(원의 반지름)을 알고 있을 때
   r → space bar → 반경 → space bar

먼저 그림과 같이 작은 원 ϕ40을 먼저 그려보자.

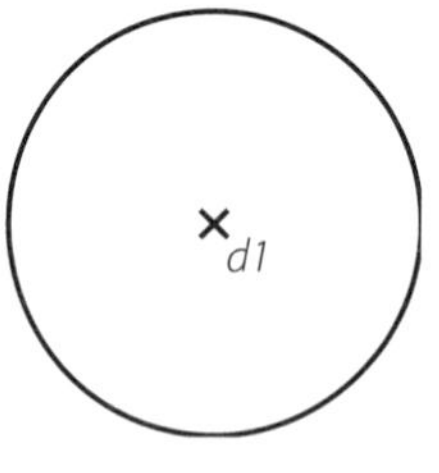

작은 원 명령어 : c → space bar → 중심점 클릭 d1 → space bar → 40 → space bar

작은 원과 중심이 같은 큰 원 ϕ152를 그려보자. Osnap을 이용하면 원의 중심좌표를 몰라도 손쉽게 중심이 같은 원을 그릴 수 있다.

▶ Osnap(객체 스냅)

103~115쪽 참조

Osnap(객체 스냅)이란 도면을 그릴 때 좌표를 모르거나 좌표를 찾기 위해 보조선을 그리지 않아도 스스로 원하는 위치를 찾아주는 기능이다. 어떻게 Osnap을 설정하는지 알아보자.

오토캐드 프로그램 창의 하단을 보게 되면 다음과 같은 아이콘바가 존재한다.

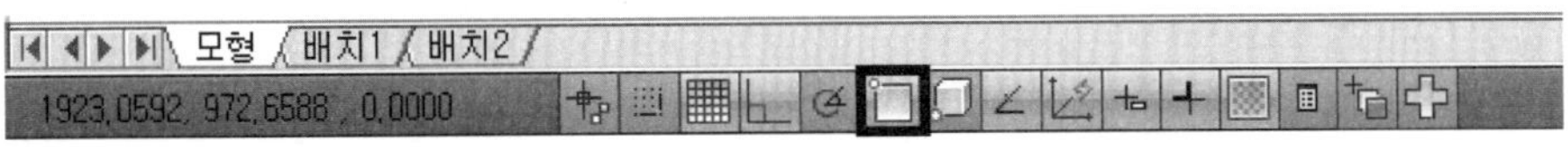

아이콘 바에서 네모박스를 오른쪽 클릭하면 다음과 같이 나오는데, 이때 설정을 클릭하면 된다.

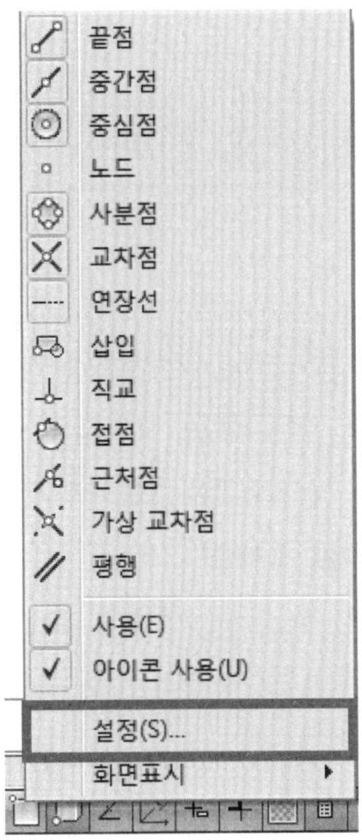

불필요한 Osnap이 설정 되어 있을 경우, 현재 작성자가 작성하고 있는 도면의 모든 부분의 점을 잡아 주기 때문에 불편하다. 그렇기 때문에 기본적인 도면 작업시, 가장 많이 사용하는 접점들만 선택하여 설정하여 준다.

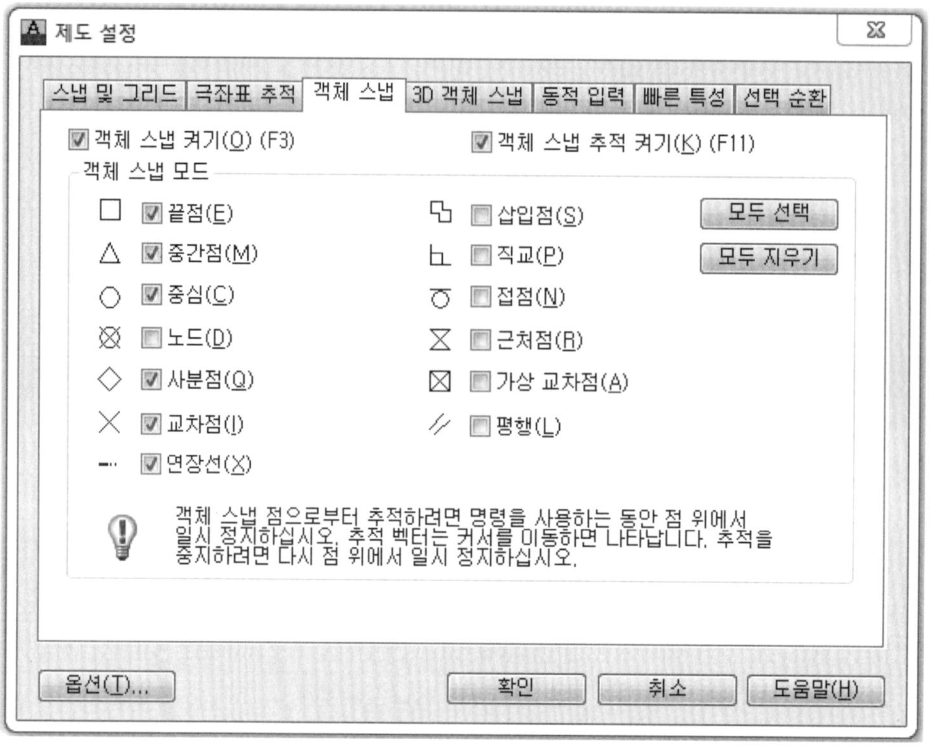

Osnap 설정은 다음과 같다.

- **Endpoint(끝점)** : 선이나 호와 같은 객체들의 가장 가까운 끝점에 스냅
- **Midpoint(중간점)** : 선이나 호와 같은 객체들의 중간점에 스냅
- **Intersection(교차점)** : 선, 원, 호 및 스플라인과 같은 객체들의 교차점에 스냅
- **Apparent Intersection(가상 교차점)** : 3차원상의 가상의 교차점을 스냅
- **Center point(중심점)** : 호, 원 또는 타원의 중심점을 스냅
- **Quadrant(사분점)** : 호, 원 또는 타원이 가장 가까운 사분점(0, 90, 180, 360)을 스냅
- **Node(노드)** : POINT 명령을 사용하여 그려진 점 객체의 스냅
- **Insertion(삽입점)** : Block(블록), 쉐이프, TEXT(문자), 속성(블록에 대한 정보를 포함) 또는 속성 정의(속성의 특성을 설명)의 삽입점을 스냅
- **Perpendicular(직교)** : 객체 상에 수직 정렬을 형성하는 점에 스냅
- **Tangent(접점)** : 호, 원, 타원 또는 평면 스플라인상에 접선을 형성하는 점에 스냅

- **Nearest(근처점)** : 커서가 지정한 점에서 가장 가까운 거리에 있는 개체 위에 스냅
- **Parallel(평행)** : 평행 스냅은 직선 세그먼트에 적용할 수 있다.

여기서 우리가 사용할 Osnap은 Center Point(중심점)이다. 이 기능을 켜고 명령어(c → space bar)를 누르고 큰 원을 만들려고 할 때 다음과 그림과 같이 작은 원 ϕ40 가까이 가면 가운데 중심표시(d1)가 생긴다.

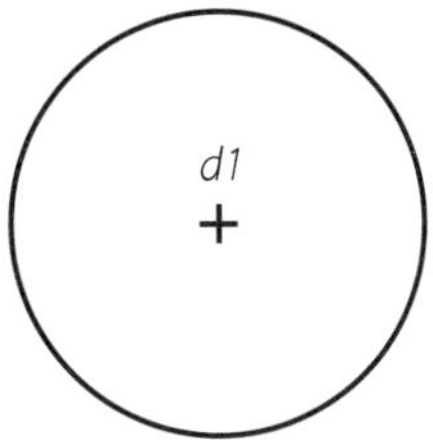

중심표시(d1)을 중심으로 하는 큰 원 ϕ152를 그리면 다음과 같은 그림이 된다.

큰 원 명령어 : c → space bar → **중심점**(d1) **클릭** → d → space bar → 152 → space bar

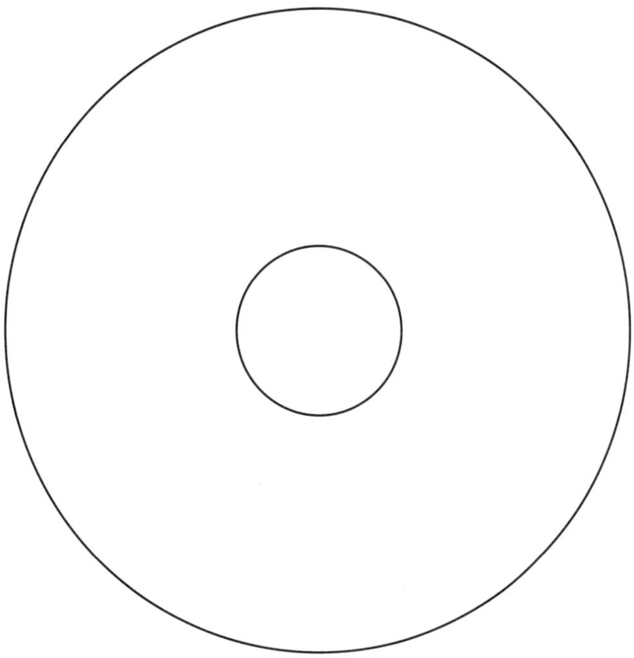

▶ 원의 중심 설정 방법

157~161쪽 참조

원을 그려보았으니 원의 중심 설정 방법에 대해 알아보자.

원의 중심을 아무 점이나 클릭하여 정할 수도 있지만 점의 좌표값을 입력하는 방법으로 중심점을 설정할 수 있다. 점의 좌표값 입력 방법으로는 직교 좌표값, 극좌표값, 인크리멘탈 입력이 있다.

위의 3가지 설정 방법은 크게 2가지로 다시 나뉘어 질 수 있다. 직교 좌표값입력방법과 극좌표값입력방법으로 원의 중심을 잡는 방법은 (0, 0) 좌표에서 원의 중심을 잡는 방법이다. 하지만 인크리멘탈 입력 방법은 제일 마지막에 입력한 좌표로부터 다음 좌표까지의 거리로 지정하는 방법으로 원의 중심을 지정하며 이는 상대 좌표라고 불리운다.

각 명령어로 원의 중심을 직접 잡아보자.

1. 직교 좌표값입력방법으로 원의 중심을 설정하는 방법

명령어 : c → space bar → 10,20 → d → space bar → 직경 → space bar

이는 프로그램내의 기준점 (0,0)에서 가로로 10, 세로로 20만큼 이동한 중심에서 입력한 직경의 크기만큼의 원이 작성된다.

2. 극좌표값입력방법으로 원의 중심을 설정하는 방법

명령어 : c → space bar → 10〈20 → d → space bar → 직경 → space bar

이는 프로그램내의 기준점 (0,0)에서 길이가 10이며 기준점의 X축과의 각도가 20°인 지점의 중심에서 입력한 직경의 크기만큼의 원이 작성된다.

3. 인크리멘탈 입력방법으로 원의 중심을 설정하는 방법

명령어 : c → space bar → @10,20 → d → space bar → 직경 → space bar

이는 작성자가 마지막으로 입력한 좌표로부터 가로로 10, 세로로 20 만큼 이동한 지점을 중심으로 하여, 입력한 직경의 크기만큼의 원이 작성된다.

▶ Offset(간격띄우기)

298~300쪽 참조

위와 같은 절차를 따라 원의 작성이 완료되었으면, 그 다음으로 오른쪽 부분의 뚫린 부분 "⊂"을 작성하여보자. 이 부분을 작성하기 위해서 먼저 Offset에 대해 알아보자.

Offset은 선택한 직선을 원하는 수직거리만큼 간격을 띄우고자 할 때 사용하는 기능이다. 오토캐드에서 Offset의 위치는 아래 그림과 같다.

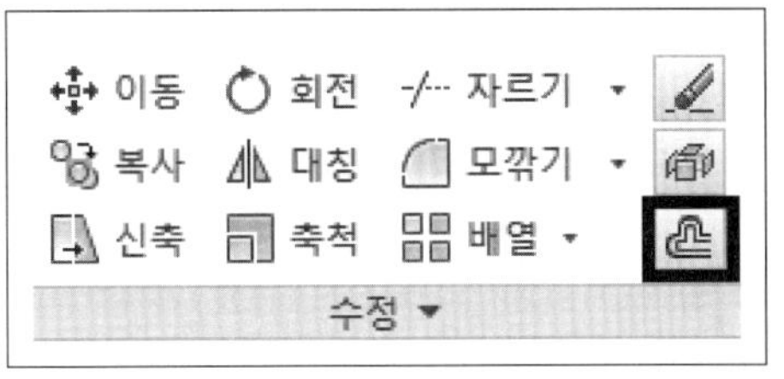

그림에서 네모로 되어있는 Offset을 클릭한 후 5를 입력하고 간격을 띄우고 싶은 선(d1)을 선택한 후 원하는 방향(위(d2), 또는 아래(d3))을 클릭한다.

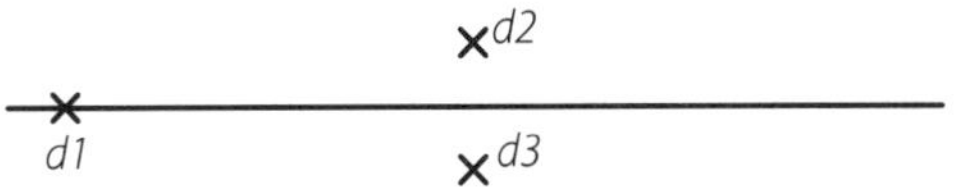

명령어 : o → space bar → 5 → space bar → 기준선(d1) 선택 → 원하는 방향{위(d2), 아래(d3)) 클릭

위의 명령을 실행하면, 다음 그림과 같이 나타난다.

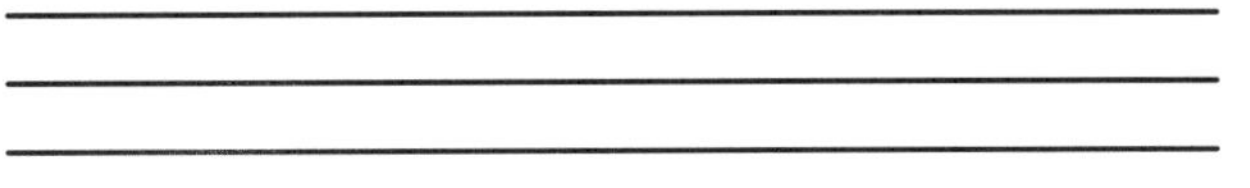

이제 배운 Offset기능을 이용하여 오른쪽 부분의 뚫린 부분을 그려보자. 먼저 원의 중심 (d4)를 지나고 X축과 평행한 선을 다음 그림과 같이 그린다.

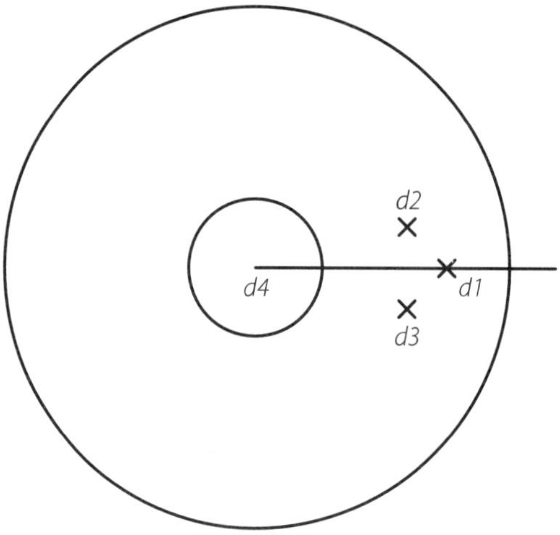

기준선(d1)과 거리가 9.5인 두 선을 Offset(명령어 o)를 이용해서 다음과 같이 그린다.

명령어 : o → space bar → 9.5 → space bar → **선 선택**(d1) → d2 → **명령종료**

명령어 : o → space bar → 9.5 → space bar → **선 선택**(d1) → d3 → **명령종료**

위와 같은 명령어로 작업을 진행하면 다음 그림과 같이 도면이 작성된다.

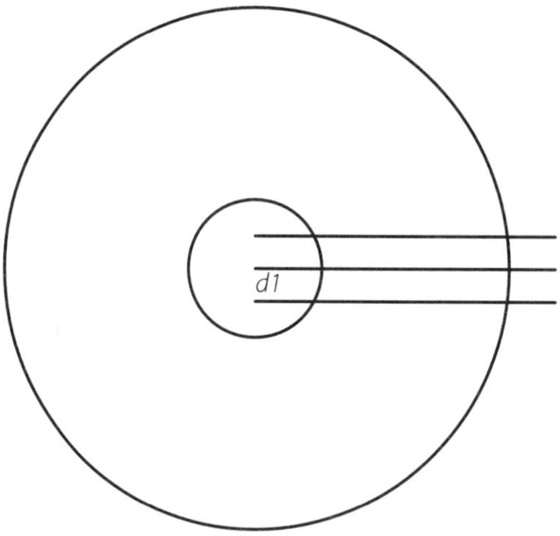

그 다음으로 중심이 d1인 ϕ88인 원을 그려보자. 위에서 배웠던 것과 똑같이 Osnap기능을 이용하면 손쉽게 다음과 같이 그릴 수 있다.

명령어 : c → space bar → **중심점**(d1) **클릭** → d → space bar → 88 → space bar

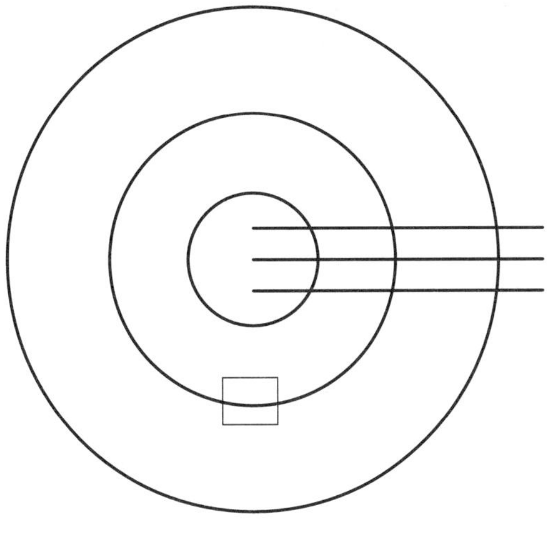

▶ Layer(도면층)

121~138쪽 참조

위와 같은 도면작성이 완료되었으면, ϕ88인 원의 선의 종류를 1점쇄선으로 설정해 보자. 이에 앞서 오토캐드에서 선의 종류, 선의 굵기와 선의 색깔을 설정하는 방법을 배워보자.

도면을 작성할 때에는, 제품의 외형을 표시하는 외형선, 제품의 중심을 표시하는 중심선, 제품의 안보이는 면을 표시하는 숨은선 등 많은 선들이 존재한다. 이러한 선들의 성질을 설정해주는 기능을 Layer라고 부른다. 이번 예시 도면에는 중심선이 표시되어있으므로, 예시도면에 따라 중심선을 도면에 표시해보자

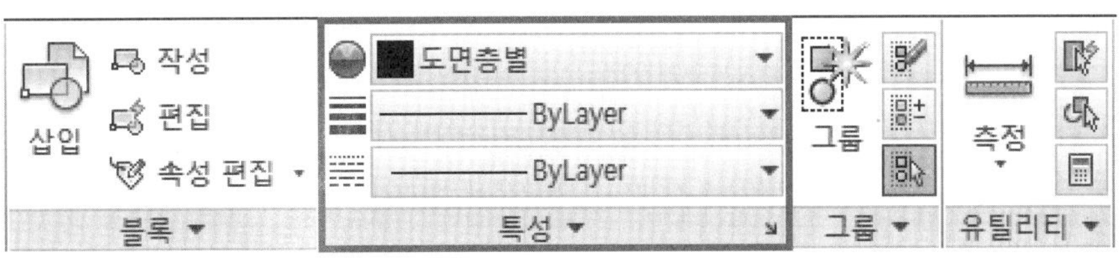

위 그림에서 박스표시와 같이 각각 선을 선택하여 지정할 수 있지만, 오토캐드에서는 레이어라는 기능을 사용하여 보다 쉽게 선의 종류, 색, 굵기를 관리할 수 있다.

먼저 오토캐드에서 레이어의 위치가 어디에 있는지 살펴보자.

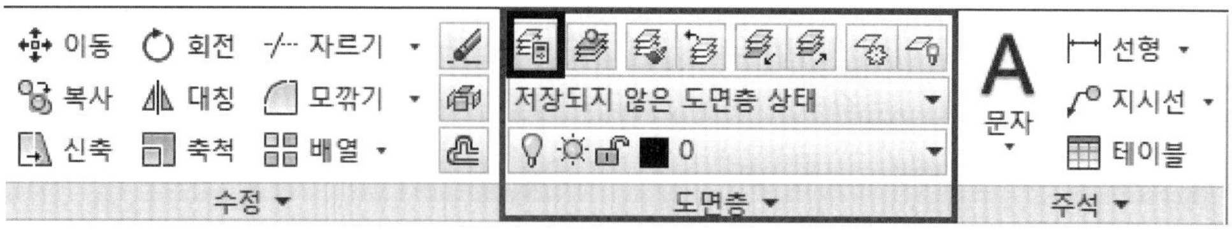

레이어의 위치 (명령어 = La)는 오토캐드 시작화면에서 위의 그림과 같이 Draw 옆에 있다.

다음으로 레이어의 생성에 대해 배워보자.

위의 그림에 있는 작은 네모 버튼을 누르면 다음과 같은 창이 나온다.

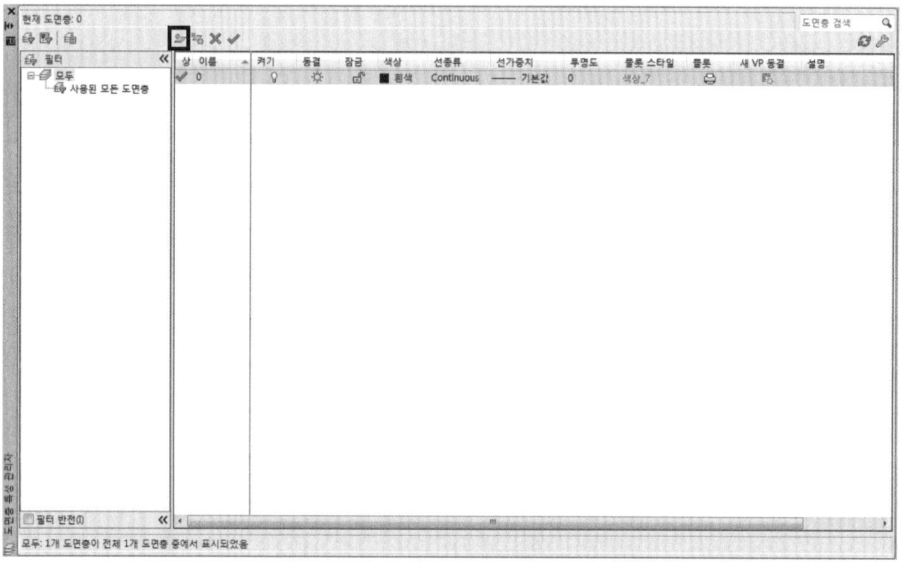

위의 창은 작성자가 설정하는 레이어를 작성하고 저장하는 상태창이다. 레이어창을 처음 실행시켰을 때에는, 기본레이어만 지정되어있다. 작성자가 필요로하는 새로운 레이어를 생성하려면 위의 그림에서 보이는 작은 네모 아이콘을 누르면 다음과 같이 레이어가 형성된다.

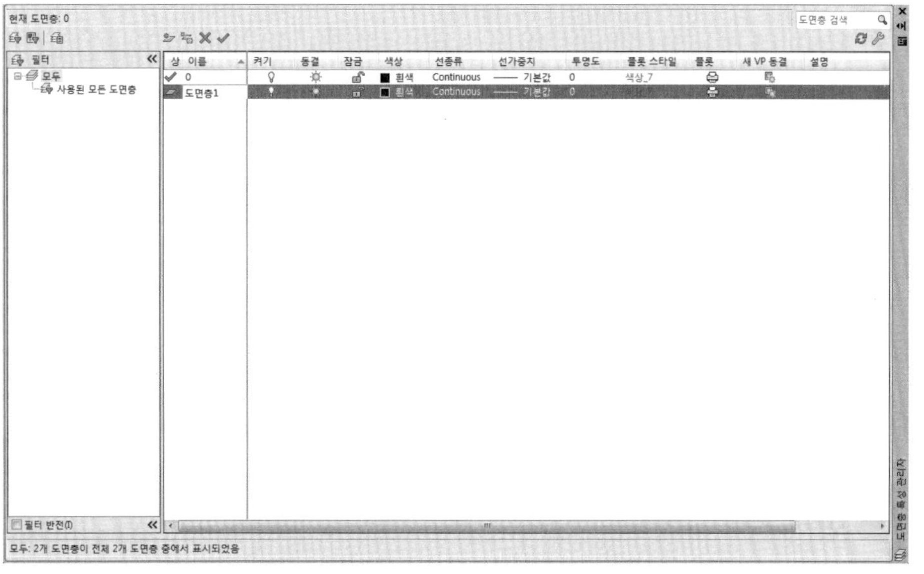

처음으로 새로운 레이어를 생성하게 되면, 기본으로 "도면층1"이라는 이름이 생성된다. 이 이름을 작성자가 원하는 이름으로 바꾸어주면 새로운 레이어가 형성된다. 레이어를 형성시켰으니 그 레이어에 원하는 선의 종류, 색깔, 굵기를 설정해보자.

먼저 선의 종류(linetype)을 선택해보자.

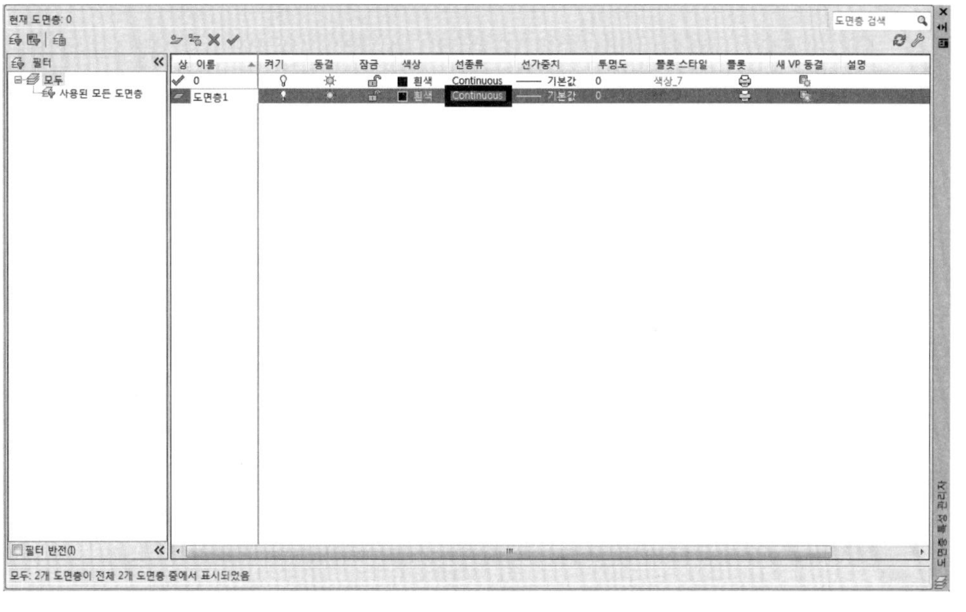

앞의 그림에 나와 있는 네모박스를 클릭하면 다음 그림과 같이 나온다.

위의 그림과 같은 선종류 선택창에서 로드를 누르면 선의 종류가 나오는데 원하는 선을 선택한다. 다음으로 선의 색을 선택하는 방법에 대해 알아보자.

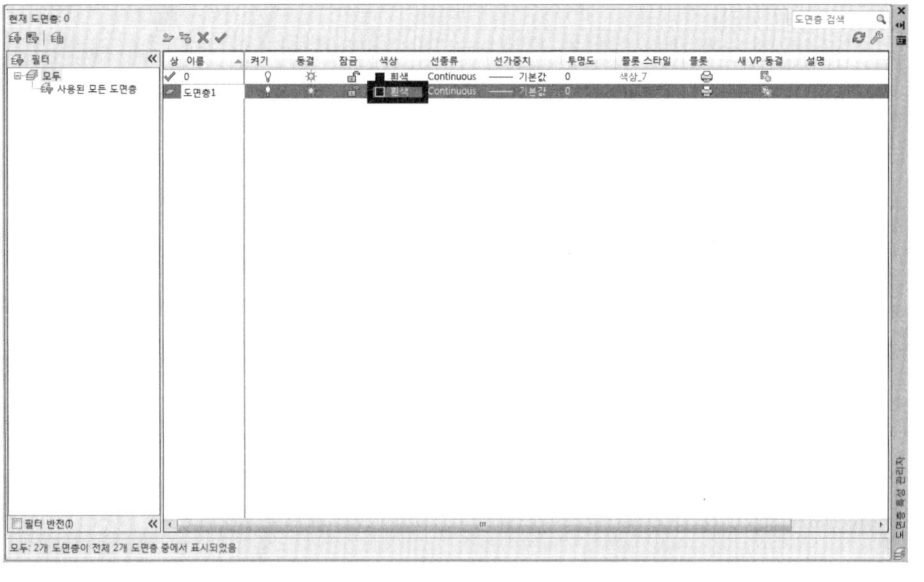

위 그림의 네모박스를 보면, 색상명은 흰색으로 되어 있지만, 앞의 네모표시칸은 검은색으로 표시됨을 확인 할 수 있다. 이는 화면 기본색상이 흰색으로 지정되어있어서 그런 것이며, 프로그램적 오류는 아니니 걱정하지 않아도 된다.

위의 그림에 나타나는 네모박스를 클릭하면 다음과 같은 창이 뜬다.

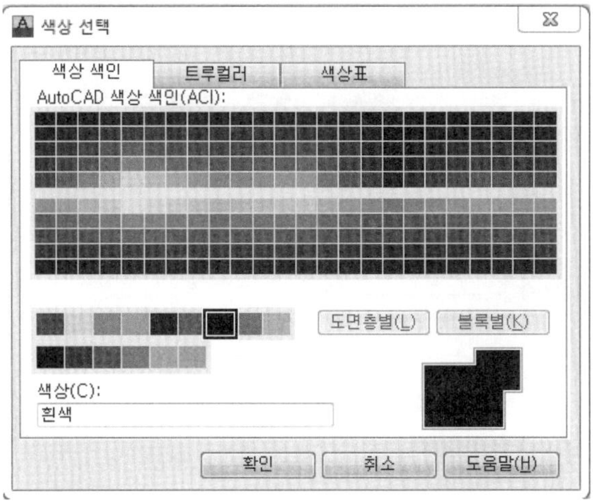

색상을 선택해주면 다음과 같이 색상을 선택할 수 있는 창이 뜨게 된다. 여기서 원하는 색을 찾아 설정해주면 된다.

마지막으로 선의 굵기를 설정해보자.

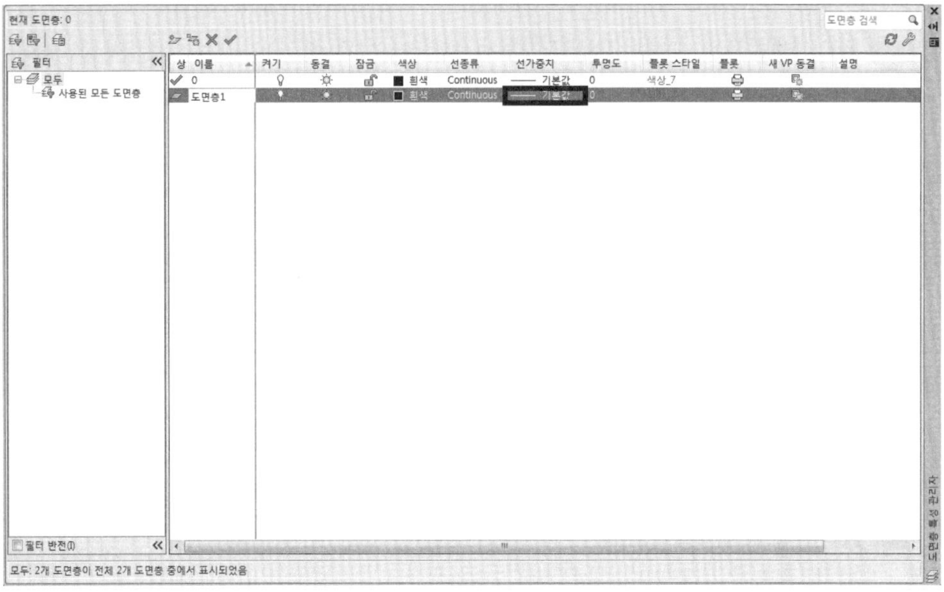

선의 굵기를 설정하려면 위의 그림의 박스(선가중치 부분)를 선택하면 다음의 그림과 같이 창이 뜬다.

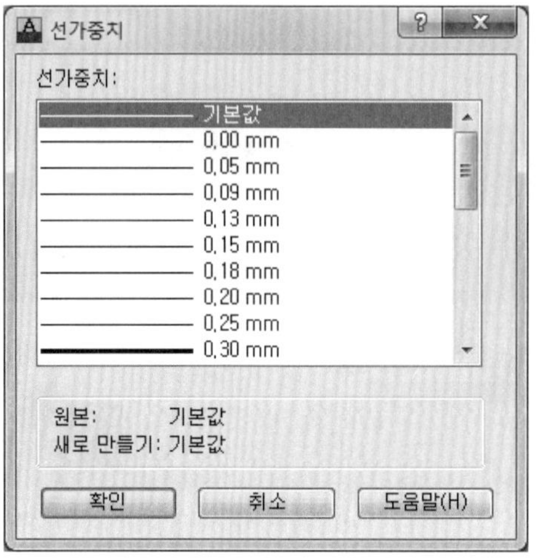

원하는 선의 가중치를 선택한다.

지금까지 레이어 생성 및 설정 방법에 대해 배워보았다. 지금 필요한 것은 1점쇄선 레이어를 형성하는 것인데, 이제부터 1점쇄선 설정방법에 대해 배워보겠다.

먼저 위의 방법으로 다음 그림과 같이 이름이 '1점쇄선'이라는 레이어를 형성해 보자.

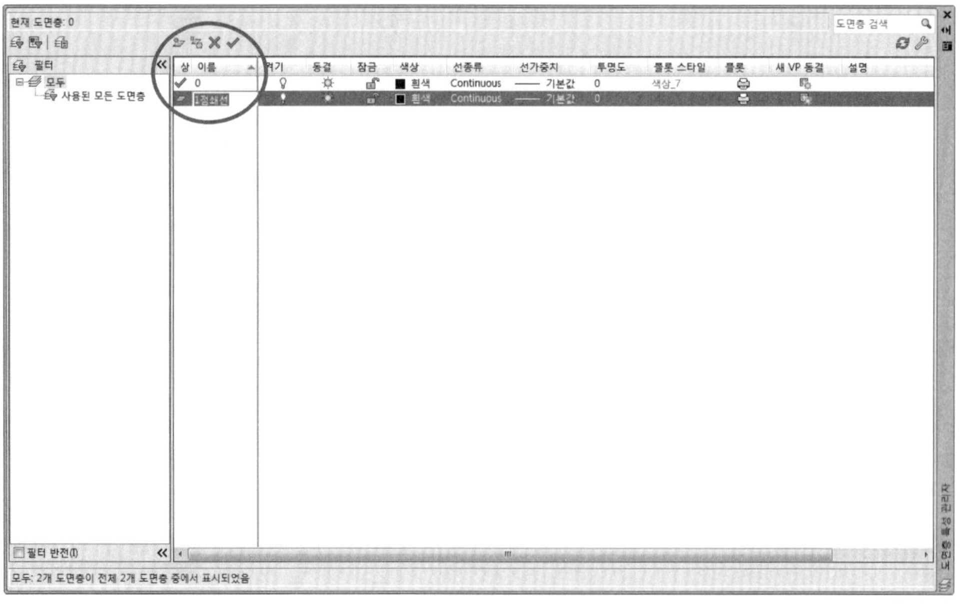

그 다음 레이어 생성방법에서 알려줬던 대로 선종류 선택을 클릭하면 다음 그림과 같이 창이 나타난다.

로드를 클릭하면 다음과 같은 그림이 나오고 ACAD_ISO04W100(1점쇄선)을 클릭한다.

그러면 다음과 같은 창이 나오는데, ACAD_ISO04W100를 클릭하고 확인을 누르면 레이어의 선종류가 1점쇄선으로 설정된다.

이제 레이어생성이 완료되었으므로, 생성된 레이어를 ϕ88원에 설정해준다.

먼저 다음 그림과 같이 ϕ88원(d1)을 클릭한다. 그 다음으로 다음 그림과 같이 1점쇄선 레이어를 선택한다. 그러면 다음 그림과 같이 나타난다.

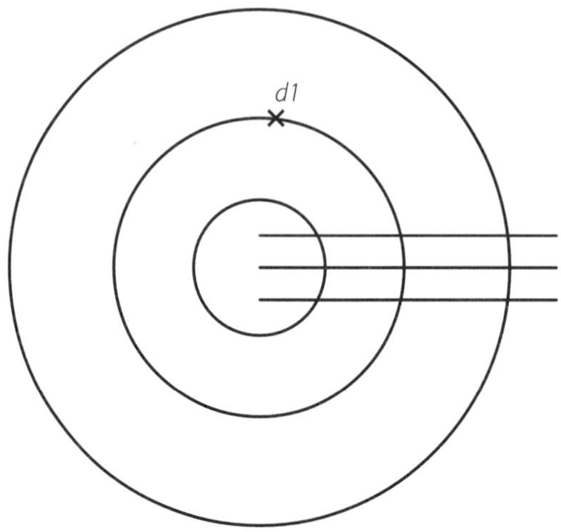

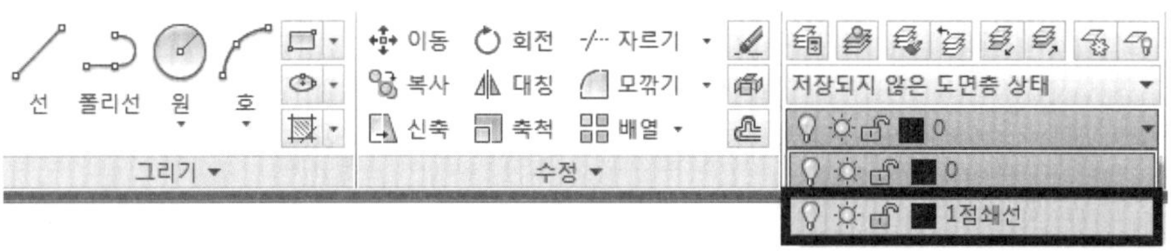

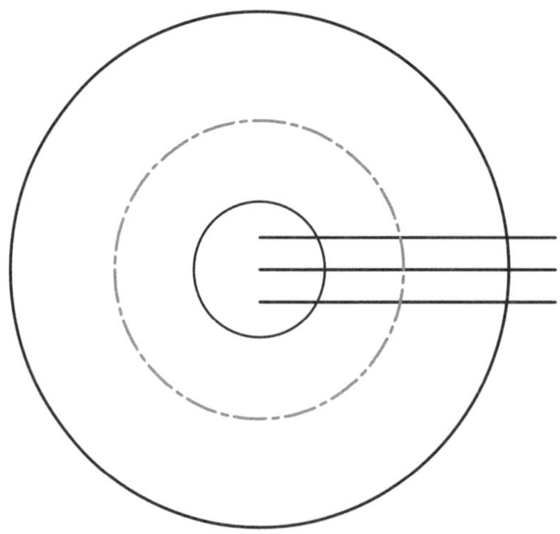

이제 오른쪽 부분의 뚫린 부분을 작성하여보자. 뚫린 부분 "⊂"모양을 만들기 위해 먼저 가운데 직선(d1)과 ϕ88 원(d2)의 교점(d3)을 중심으로 하는 ϕ19인 원을 아래 그림과 같이 그린다.

명령어 : c → space bar → **중심점**(d3) **클릭** → d → space bar → 19 → space bar

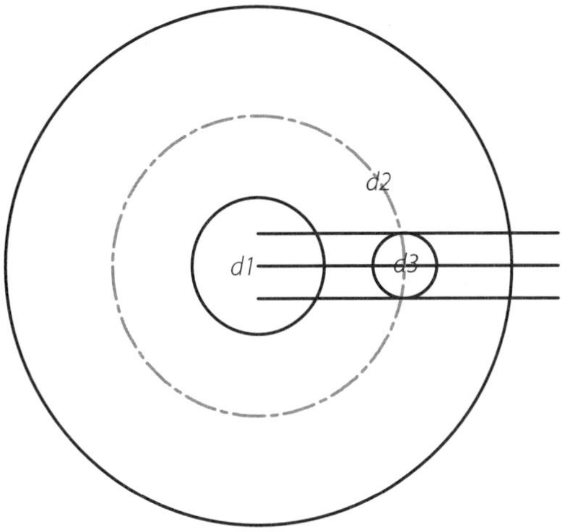

▶ Trim(자르기)

316~319쪽 참조

Trim에 대해 알아보자. Trim은 하나 또는 그 이상의 요소인 선이나, 원, 호 등으로 지정된 가장자리를 정확하게 잘라낼 때 사용하는 기능이다. Tirm의 위치는 아래 그림과 같다.

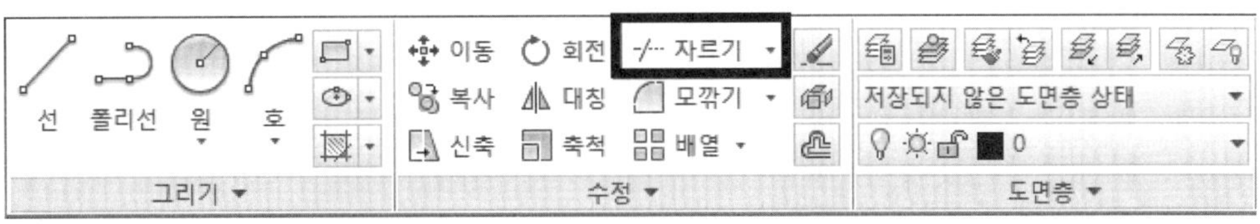

Trim의 기능을 좀더 자세히 이해하기 위해, 간단한 예시를 통해 Trim을 이해한 후, 다시 예시도면작업을 하자. 먼저 다음그림과 같이 선을 작성한 후, 그림에 네모박스 되어있는 Trim아이콘을 클릭하고 space bar를 누른 뒤 다음 그림에서 선1(d1)과 선2(d2)를 클릭해보자.

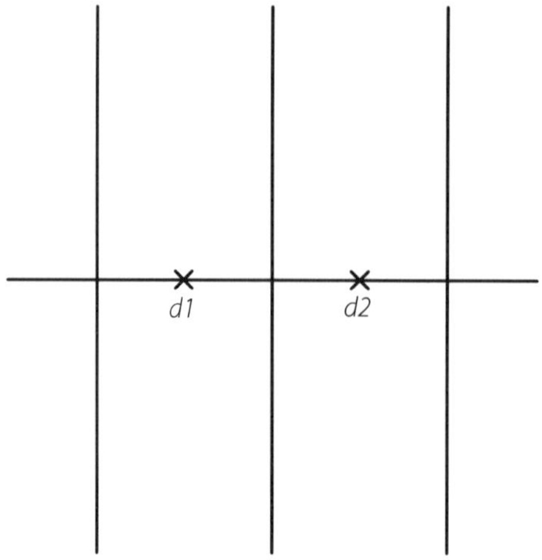

Trim 명령어 : tr → space bar → space bar → 선1(d1)클릭 → 선2(d2)클릭

그러면 다음 그림처럼 나타난다.

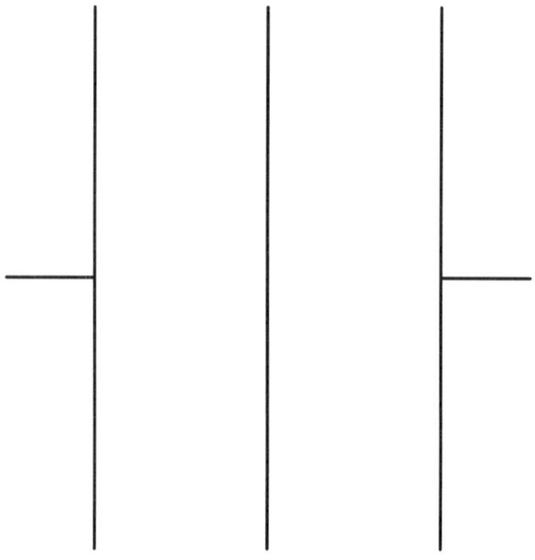

Trim(명령어 : tr)을 이용하여 필요없는 부분을 지우고 중앙선(d1)을 앞에서 했던 것처럼 1점쇄선 레이어를 지정할 것이다.

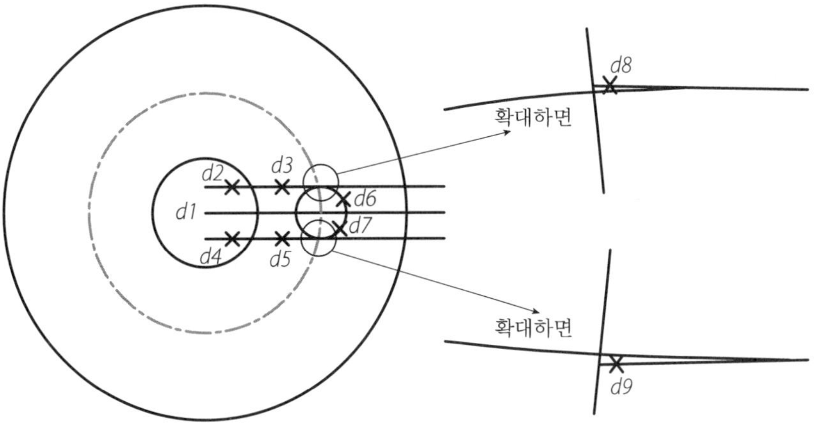

명령어 : tr → space bar → space bar → 지울 부분(d2) → 지울 부분(d3) → 지울 부분(d4) → 지울 부분(d5) → 지울 부분(d6) → 지울 부분(d7) → 지울 부분(d8) → 지울 부분(d9)

※ Trim 사용 할 때 주의할 점

Trim은 구간을 지우는 기능이기 때문에 위와 같은 순서대로 하지 않으면 Trim을 이용해도 못 지우는 경우가 발생한다. 예를 들어 위 그림에서 d3부분을 먼저 지우면 d2부분의 구간이 하나밖에 없으므로 Trim을 이용하여 지워지지 않는다.

▶ Array(배열)

309~314쪽 참조

이제 array라는 기능을 사용해서 5개의 "⊂"를 손쉽게 만들어 보자. 먼저 array를 사용하여 5개의 "⊂"를 만드는 것을 알아보자. array 아이콘의 위치는 아래 그림과 같다.

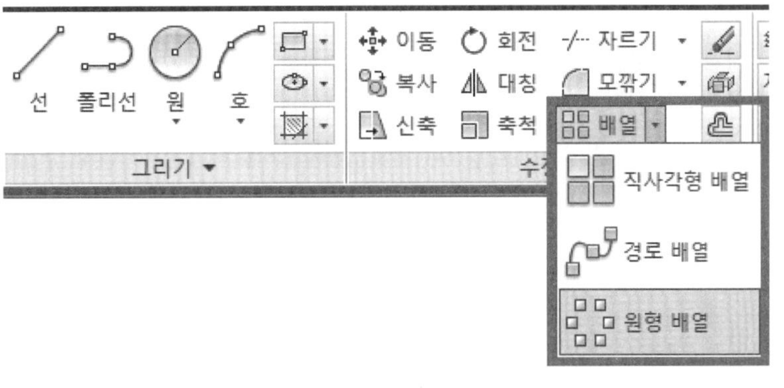

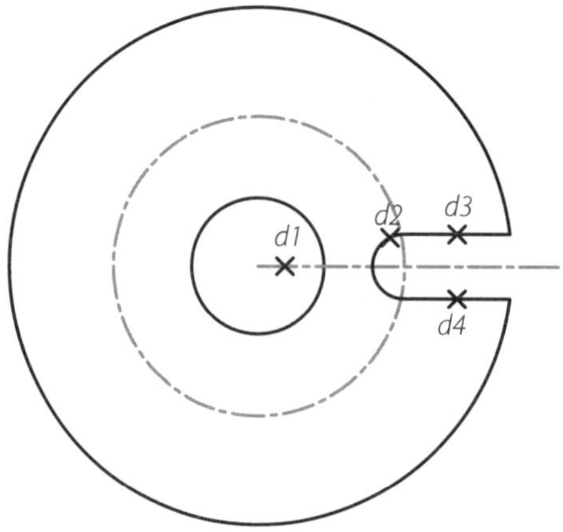

위의 그림에서 보는 것과 같이 원형배열을 클릭하고 “⊂”(d2, d3, d4)과 중앙선(d1)을 클릭하고 space bar를 누른다. 그러면 중심점을 선택하라고 나오는데 ϕ152 원의 중심을 선택하면, 메뉴의 상단 부분이 다음 그림과 같이 바뀐다.

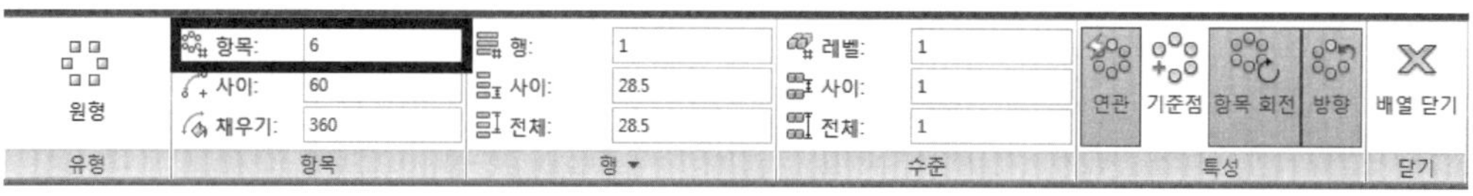

여기서 항목부분을 클릭후 6을 입력하고 enter를 누르면 다음과 같은 그림이 형성된다. trim을 이용하여 필요없는 ϕ152 원의 원호들(d3~d12)을 제거한다.

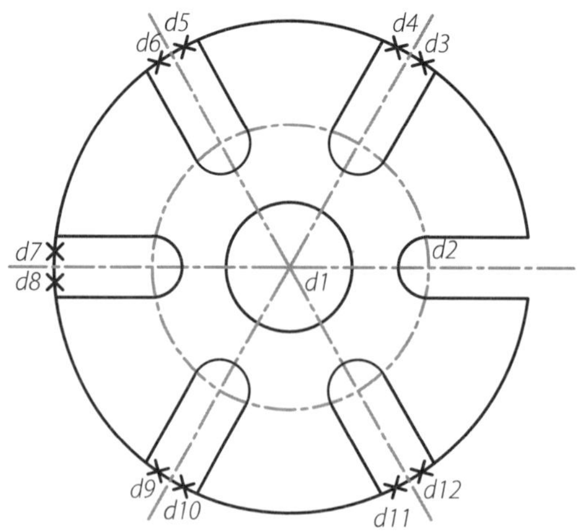

중앙선(d2)에 수직이고 ϕ152 원의 중심(d1)을 지나는 1점쇄선을 그리면 다음과 같은 그림이 나온다.

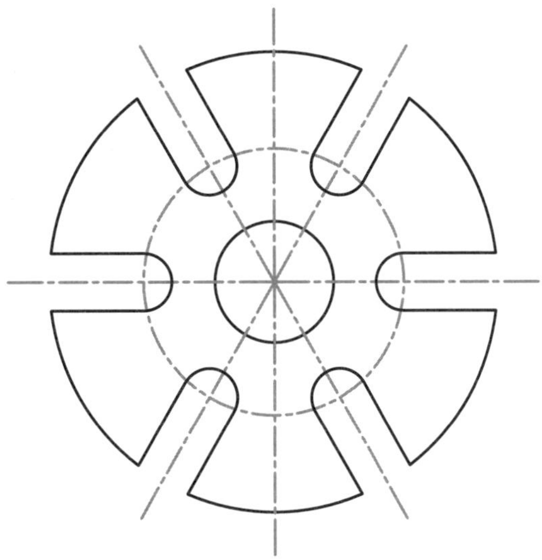

▶ Dimension(치수기입)

349~361쪽 참조

도면작성이 완료되었다면, 이제 치수기입방법에 대해 배워 보자. 먼저 치수기입은 다음 그림과 같은 곳에 있다.

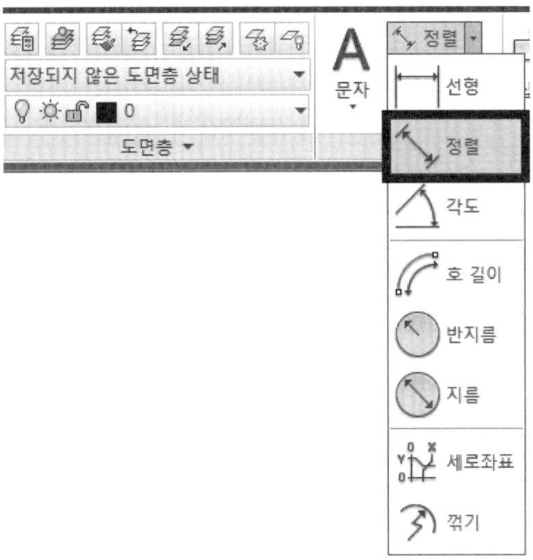

먼저 정렬을 이용하여 “19” 수치를 기입해보자. 정렬을 선택한 후 아래 왼쪽 그림에서 동그라미(d1, d2)를 선택하면 오른쪽 그림처럼 “19”라는 치수가 기입된다.

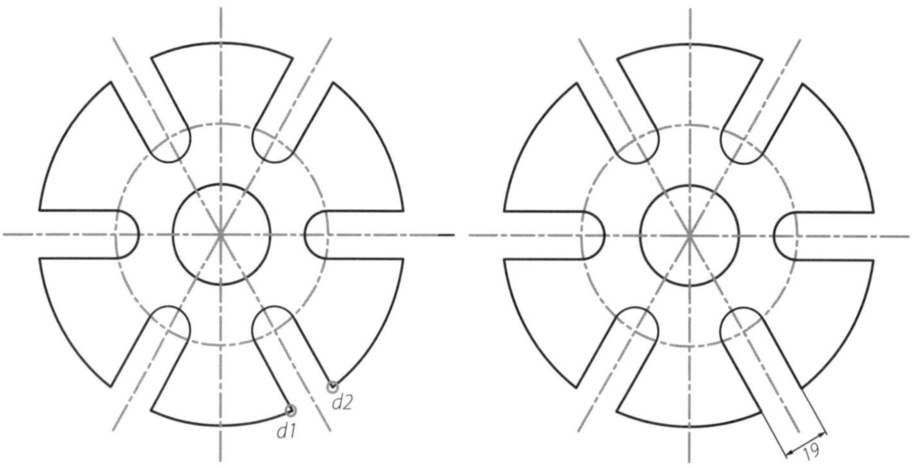

치수메뉴에서 ‘각도’를 이용하여 “30°”를 기입해 보자.

각도를 선택 후 아래 왼쪽 그림에서 동그라미(d1, d2)를 선택하면 “30°”가 나오고 왼쪽에도 똑같이 치수를 기입하면 다음 그림과 같이 된다.

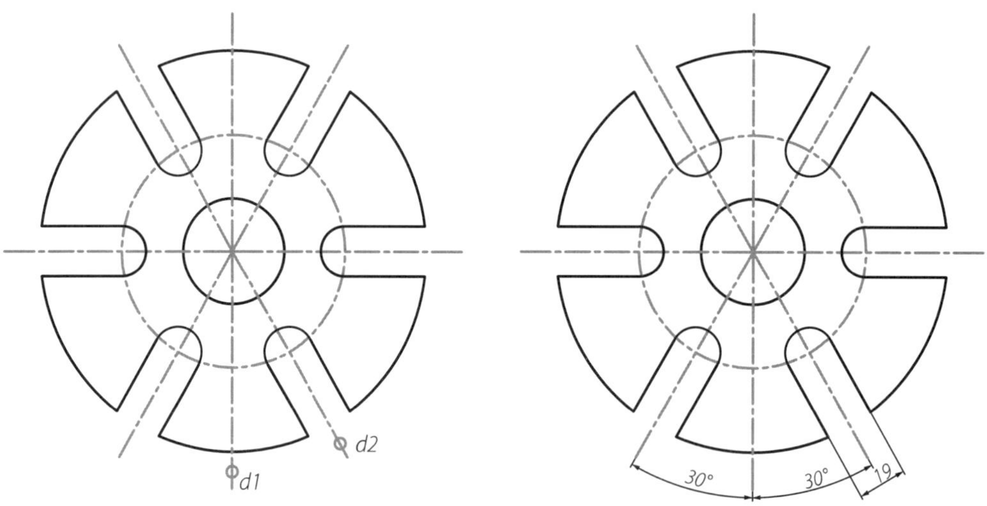

치수메뉴에서 ‘지름’을 이용하여 “ϕ40”, “ϕ88”, “ϕ152”를 기입해보자.

지름을 선택 후 아래 왼쪽 그림에서 동그라미(d1, d2, d3)를 선택하면 아래 오른쪽 그림과 같이 “ϕ40”, “ϕ88”, “ϕ152”가 기입된다.

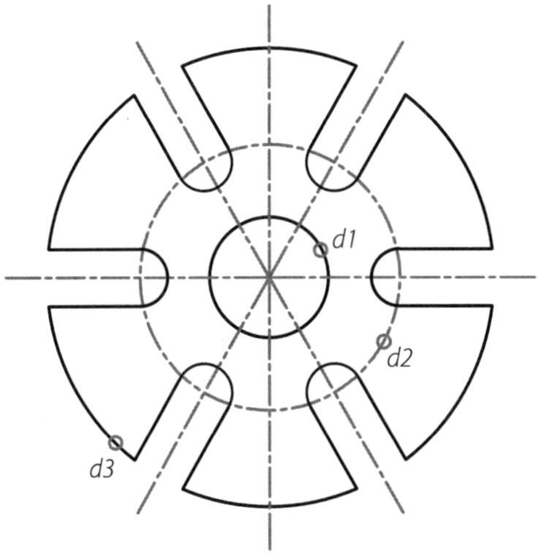

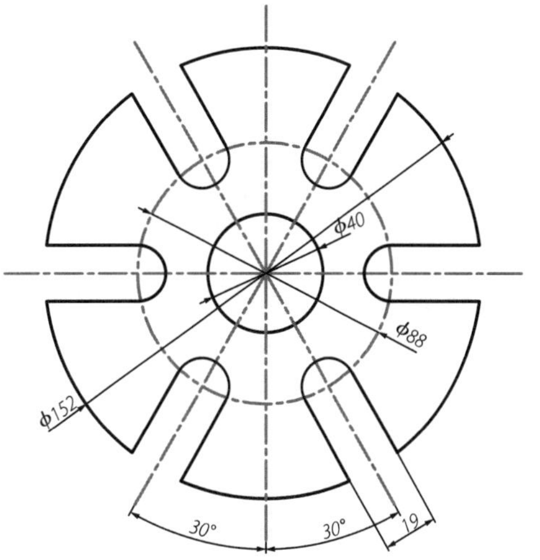

이렇게 하여 원하는 도면이 완성되었다.

CHAPTER 02

간단한 도면 그리기 2

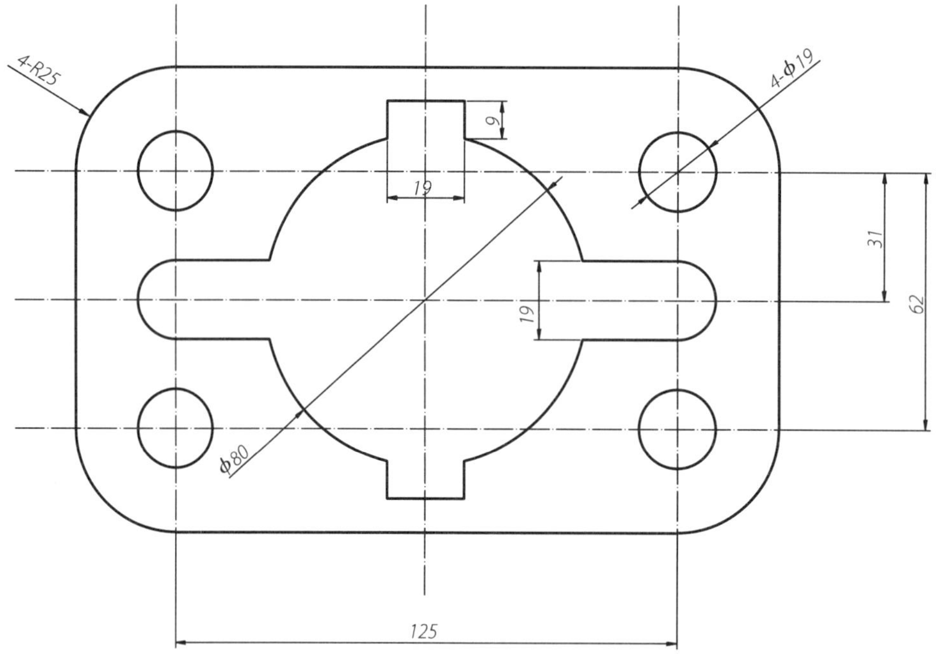

위 도면은 좌우 대칭이다. 따라서 도면의 절반을 완성하고, 대칭(Mirror) 기능을 사용할 계획이다. 1장에서 배웠던 방법을 이용하여 보조선 레이어, 중심선 레이어, 숨은선 레이어를 다음과 같이 만들어보자.

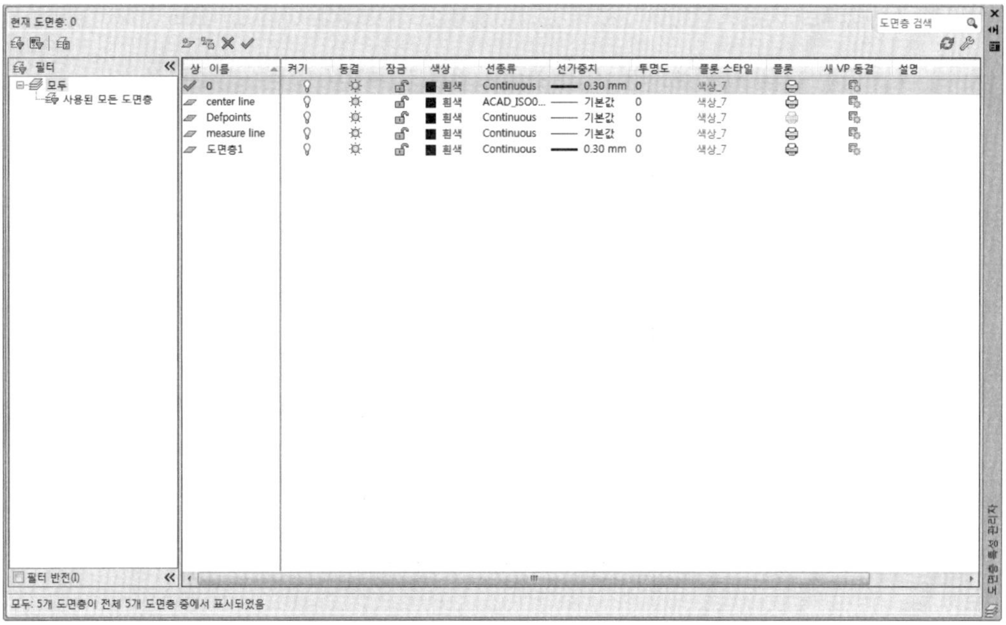

▸ 기본도면 작성

다음 그림과 같이 직선을 그려보자.

다음 그림과 같이 X축과 수직인 직선(d1)을 그려보자.

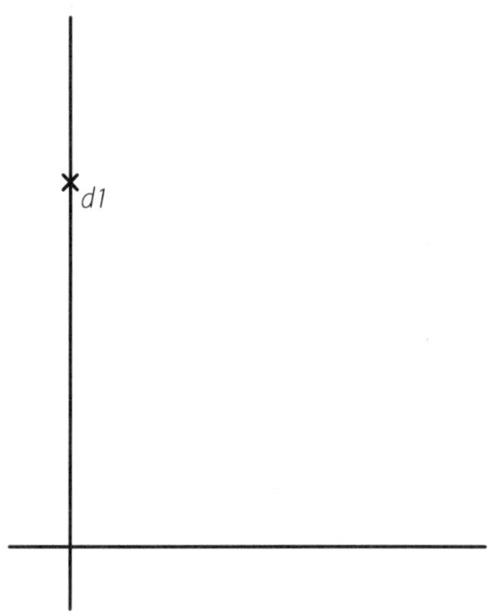

직선(d1)으로부터 거리가 87.5인 직선(d2)를 옵셋을 이용하여 다음 그림과 같이 그려보자.

명령어 : o → 87.5 → space bar → 직선(d1) 클릭 → 원하는 방향(d2) 클릭

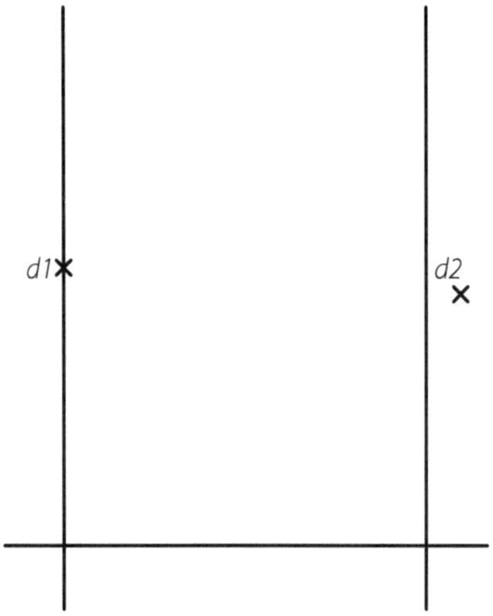

아래 그림과 같이 직선(d1)으로부터 거리가 112인 직선(d2)를 옵셋을 이용하여 그려보자.

명령어 : o → 112 → space bar → 직선(d1) 클릭 → 원하는 방향(d2) 클릭

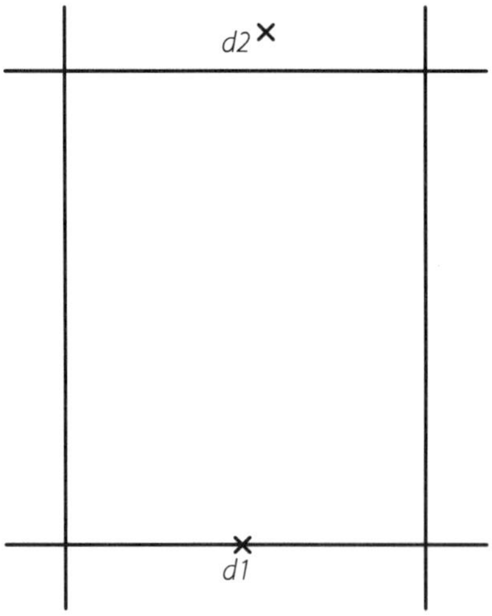

아래 그림과 같이 옵셋을 이용하여 직선(d1)으로부터 거리가 25인 직선(d3), 거리가 87인 직선(d4)과 직선(d2)으로부터 거리가 25인 직선(d5)를 그려보자.

명령어 : o → 25 → space bar → 직선(d1) 클릭 → 원하는 방향(d7) 클릭(직선 d3)
o → 87 → space bar → 직선(d1) 클릭 → 원하는 방향(d7) 클릭(직선 d4)
o → 25 → space bar → 직선(d2) 클릭 → 원하는 방향(d6) 클릭(직선 d5)

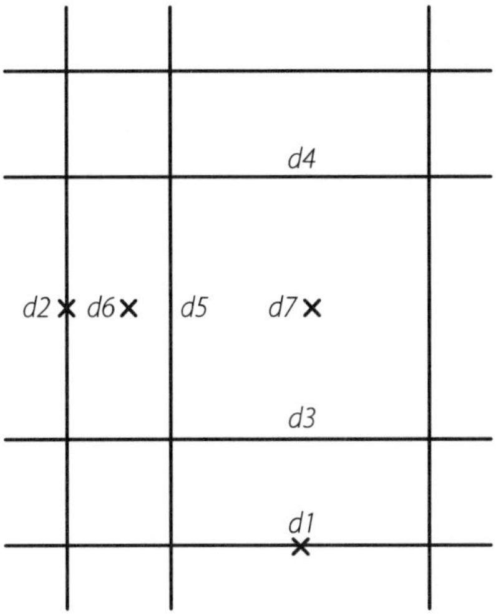

위 그림의 직선들(d3, d4, d5)를 보조선 레이어로 지정하여 색을 흐리게 하면 다음 그림과 같이 된다(1장 참조).

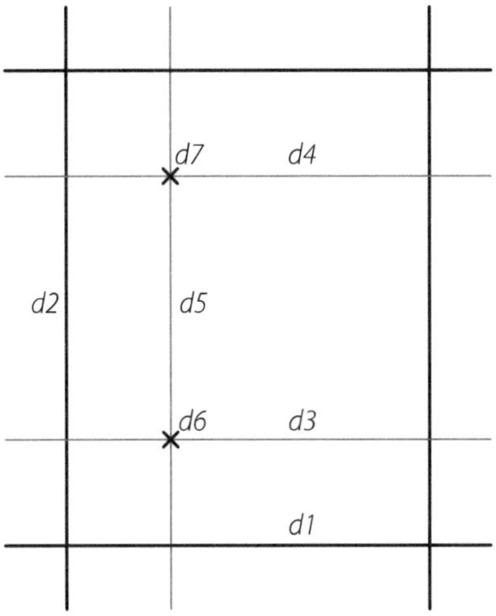

위 그림의 직선(d3)와 직선(d5)의 교점(d6), 직선(d4)와 직선(d5)의 교점(d7)을 중심으로 하는 지름이 19인 원을 각각 그리면 다음과 같다.

명령어 : c → space bar → 중심점(d6) 클릭 → d → space bar → 19 → space bar
c → space bar → 중심점(d7) 클릭 → d → space bar → 19 → space bar

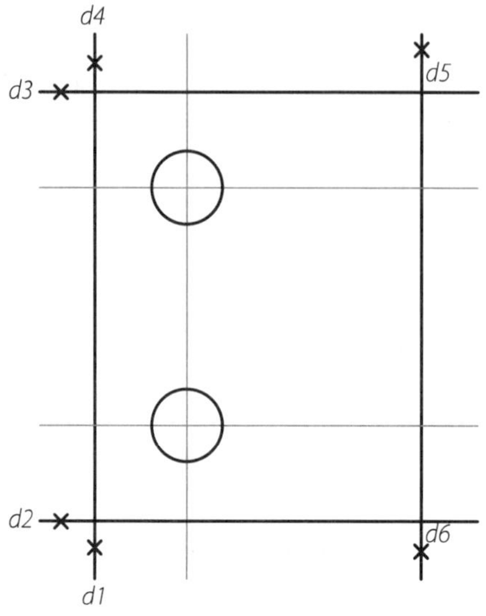

트림(Trim)을 이용하여 위 그림에서 표시된 필요없는 부분(d1~d6)를 제거하면 다음 그림과 같이 된다.

Trim 명령어 : tr → space bar → space bar → 지울 부분(d1) → 지울 부분(d2) → 지울 부분(d3) → 지울 부분(d4) → 지울 부분(d5) → 지울 부분(d6)

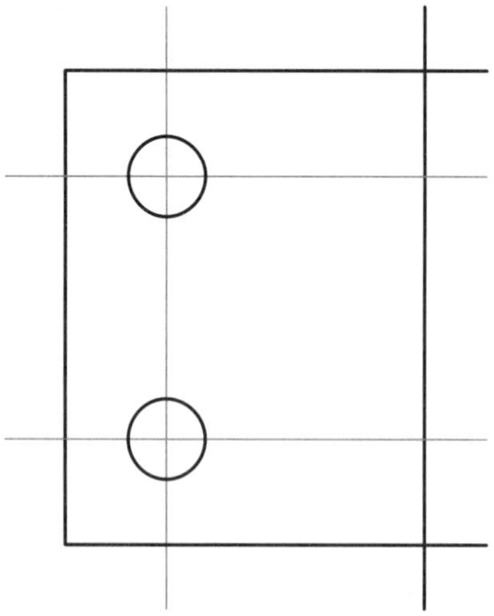

▶ 모깎기(Fillet)

330~335쪽 참조

모깎기(Fillet)는 두 개의 선분 또는 원호 사이를 원호로 부드럽게 연결하는 것이다.

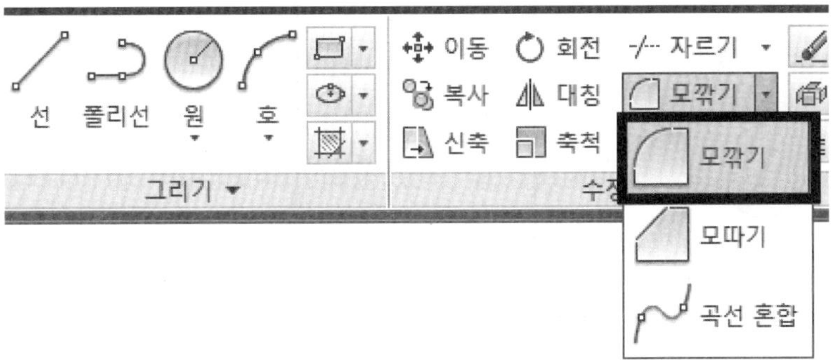

모깎기(Fillet)아이콘을 클릭하면 다음과 같은 창이 뜬다.

R을 누르고 원하는 원의 반지름을 입력하고 space bar를 한번 누르고 왼쪽 그림에 있는 두직선(d1, d2)를 클릭하면 오른쪽 그림과 같이 된다.

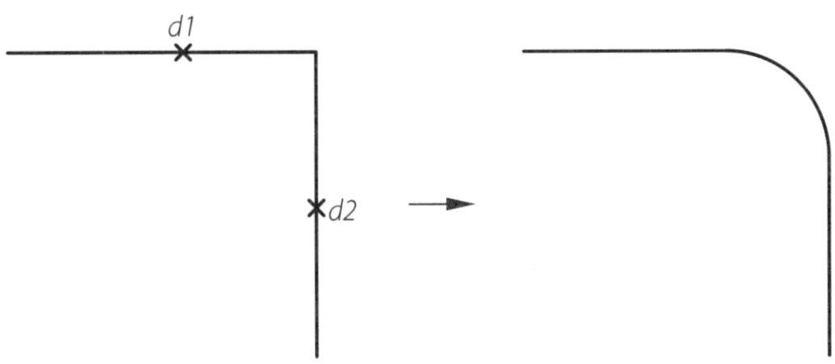

그림 12

명령어 : Fillet → space bar → R → space bar → **원하는 원의 반지름** → space bar → **직선(d1)클릭** → **직선(d2)클릭**

직선(d1)과 직선(d2), 직선(d2)과 직선(d3)를 반지름 25로 방금 배웠던 모깎기를 적용하면 다음 그림과 같다.

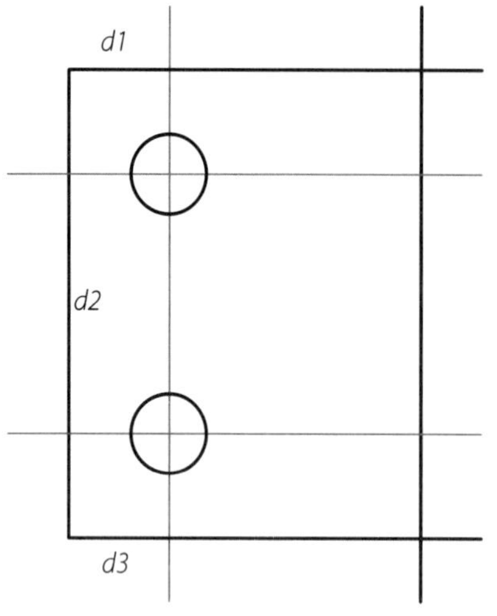

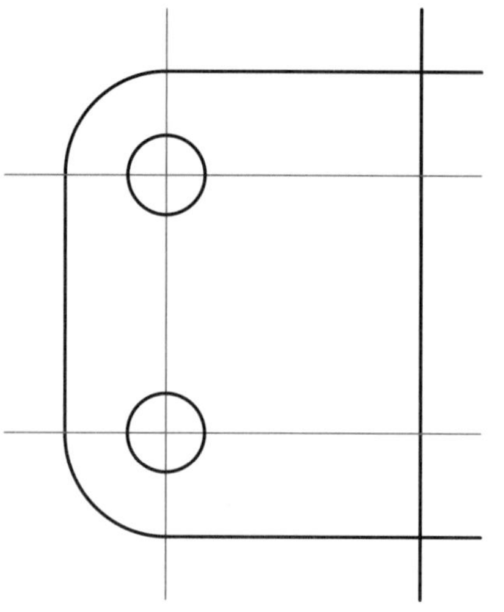

중심부분형상을 작성해보자. 다음 그림과 같이 직선(d1)으로부터 거리가 31인 직선(d2)를 옵셋을 이용하여 그리면 다음 그림과 같다.

명령어 : o → 32 → space bar → 직선(d1) 클릭 → 원하는 방향(d3) 클릭(직선 d2)

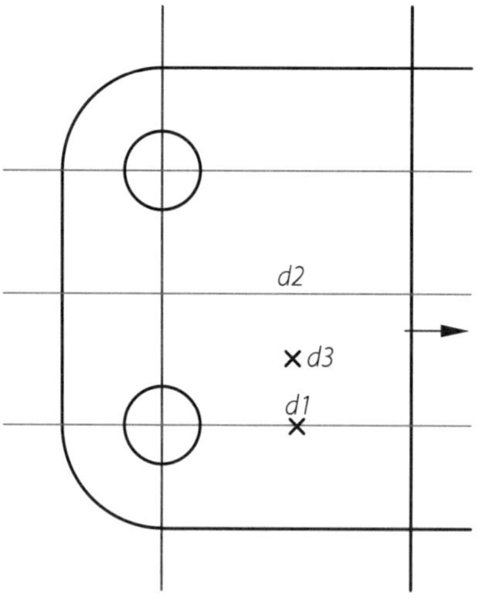

다음 그림과 같이 직선(d1)으로부터 거리가 9.5인 직선(d2)를 옵셋을 이용하여 그린다.

명령어 : o → 9.5 → space bar → 직선(d1) 클릭 → 원하는 방향(d3) 클릭(직선 d2)

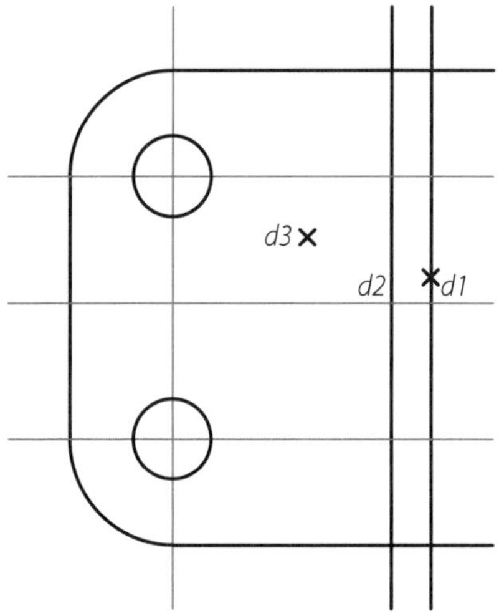

다음 그림과 같이 직선(d1)과 직선(d2)의 교차점(d3)를 중심으로 하는 지름이 80인 원과 직선(d1)과 직선(d4)의 교차점(d5)를 중심으로 하는 지름이 19인 원을 그린다.

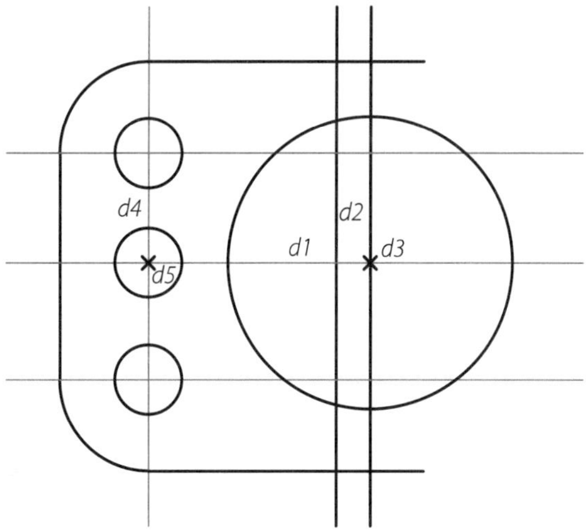

다음 그림과 같이 직선(d1)으로부터 거리가 9.5인 직선(d2, d3)를 옵셋을 이용하여 그리고 가는실선 레이어를 지정한다.

명령어 : o → 9.5 → space bar → 직선(d1) 클릭 → 원하는 방향(d4) 클릭(직선 d2)

o → 9.5 → space bar → 직선(d1) 클릭 → 원하는 방향(d5) 클릭(직선 d3)

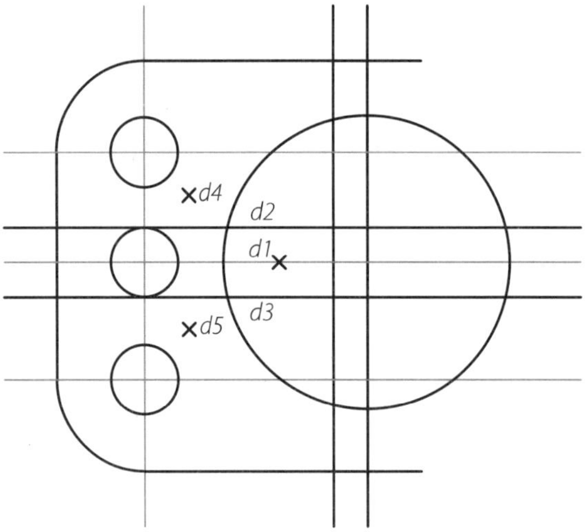

다음 그림의 원(d1)과 직선(d2)의 교차점(d3)를 지나고 X축과 평행한 직선(d4), 원(d1)과 직선(d2)의 또다른 교차점(d5)를 지나고 X축과 평행한 직선(d6)를 보조선 레이어로 그리면 다음 그림과 같다.

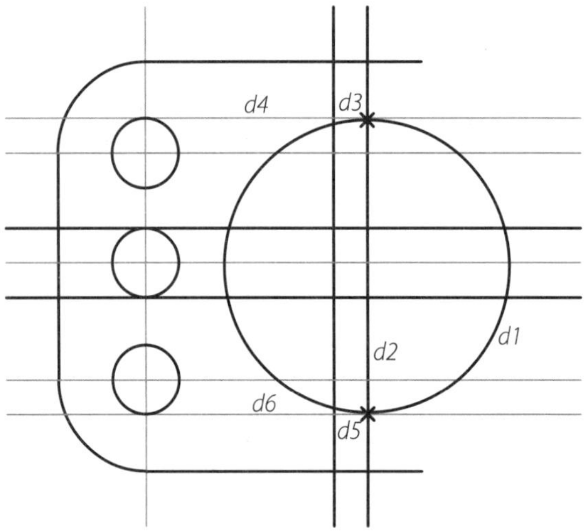

다음 그림의 직선(d1)과 거리가 9인 직선(d3)과 직선(d2)과 거리가 9인 직선(d4)를 옵셋을 이용하여 간격을 띄우면 다음과 같다.

명령어 : o → 9 → space bar → 직선(d1) 클릭 → 원하는 방향(d5) 클릭 → 레이어 설정(직선 d3)

o → 9 → space bar → 직선(d2) 클릭 → 원하는 방향(d6) 클릭 → 레이어 설정(직선 d4)

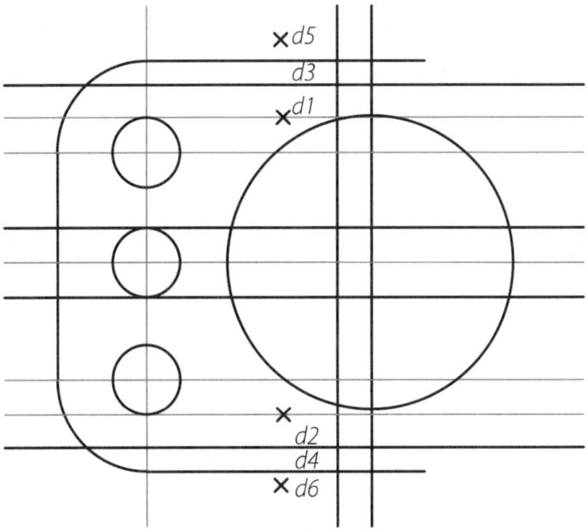

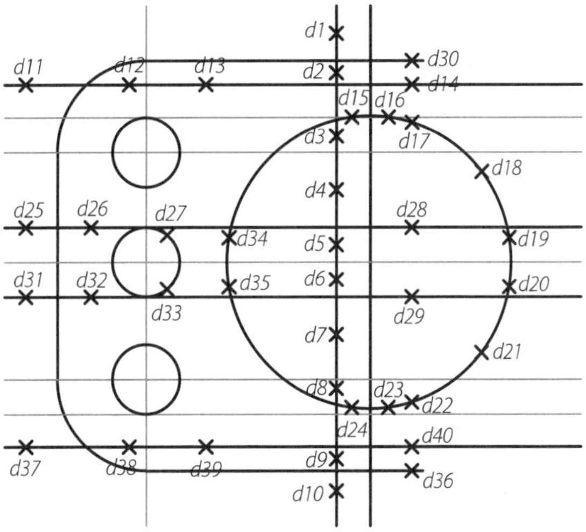

위 그림에 표시된 필요 없는 부분을 순서대로 Trim을 이용하여 제거하면 다음 그림과 같이 된다.

명령어 : tr → space bar → space bar → 지울 부분(d1) → 지울 부분(d2) → 지울 부분(d3) → 지울 부분(d4) → 지울 부분(d5) → 지울 부분(d6) → 지울 부분(d7) → 지울 부분(d8) → 지울 부분(d9) → 지울 부분(d10) → 지울 부분(d11) → 지울 부분(d12) → 지울 부분(d13) → 지울 부분(d14) → 지울 부분(d15) → 지울 부분(d16) → 지울 부분(d17) → 지울 부분(d18) → 지울 부분(d19) → 지울 부분(d20) → 지울 부분(d21) → 지울 부분(d22) → 지울 부분(d23) → 지울 부분(d24) → 지울 부분(d25) → 지울 부분(d26) → 지울 부분(d27) → 지울 부분(d28) → 지울 부분(d29) → 지울

부분(d30) → 지울 부분(d31) → 지울 부분(d32) → 지울 부분(d33) → 지울 부분(d34) → 지울 부분(d35) → 지울 부분(d36) → 지울 부분(d37) → 지울 부분(d38) → 지울 부분(d39) → 지울 부분(d40)

※ 위에 나온 순서대로 Trim을 사용하지 않으면 구간이 하나인 선이 생겨 Trim을 사용하지 않고 delete를 사용하여 제거하여야 한다.

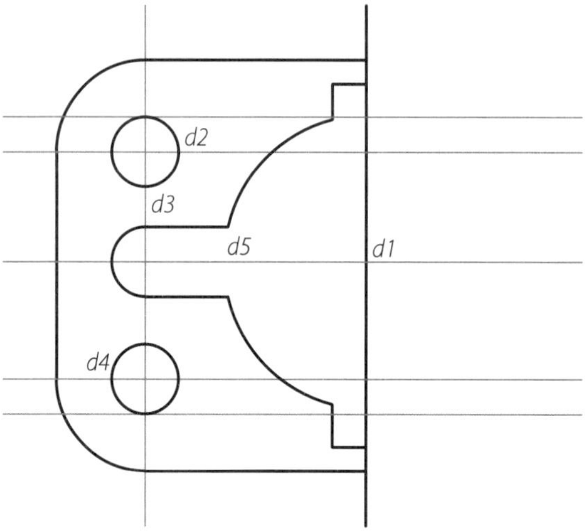

위의 방법을 따라 필요없는 제도선을 전부 삭제한 후, 직선(d1, d2, d3, d4, d5)들을 중심선 레이어로 하면 다음과 같은 그림을 얻을 수 있다.

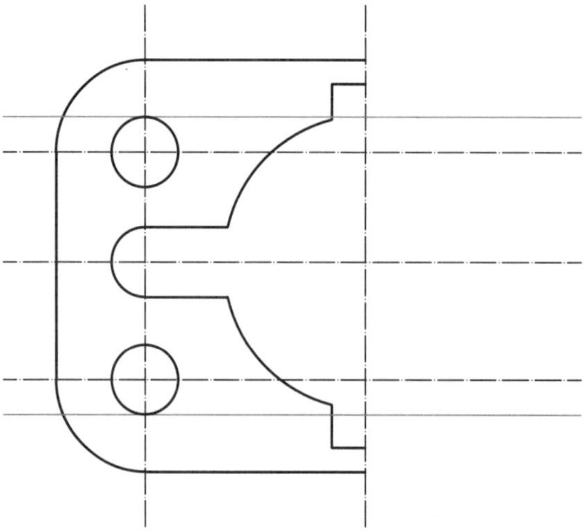

▶ 대칭(mirror)

296~297쪽 참조

대칭(Mirror)이라는 기능을 배워보자. 대칭(Mirror)이란 기준선을 중심으로 상하 또는 좌우 대칭시켜주는 기능이다.

대칭(Mirror) 아이콘의 위치는 다음과 같다.

대칭기능을 써서 다음 왼쪽 그림의 반쪽 사각형을 오른쪽 그림의 사각형으로 만들어보자.

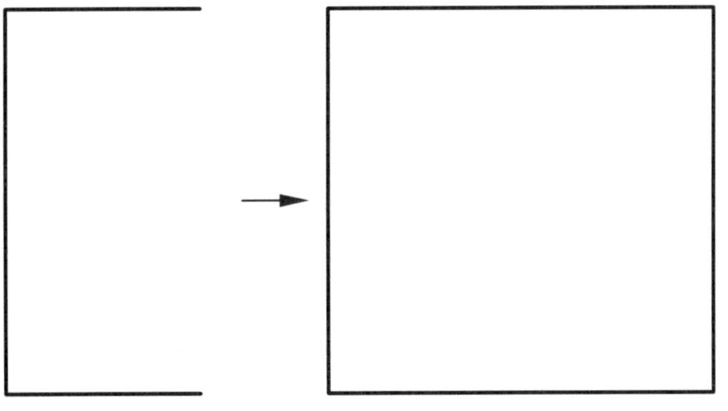

아랫변(d1) 윗변(d2)가 길이가 20이고 높이(d3)가 40인 반쪽 사각형을 다음 그림과 같이 그린다.

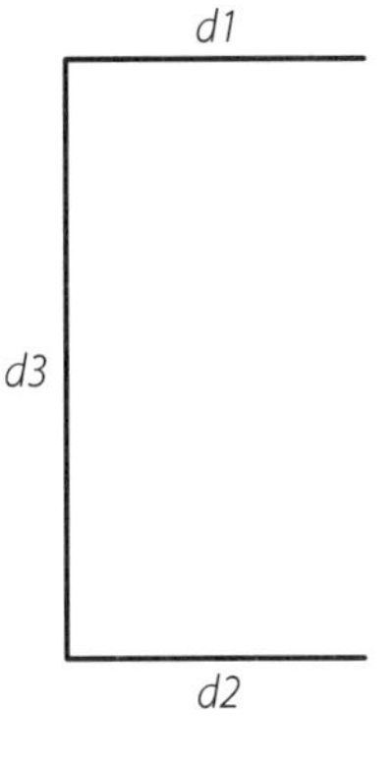

위에서 배웠던 대칭기능의 위치에 찾아가 클릭한다. 다음 그림에서 표시된 대칭을 시킬 객체(d1, d2, d3)를 클릭하고 space bar를 누른다.

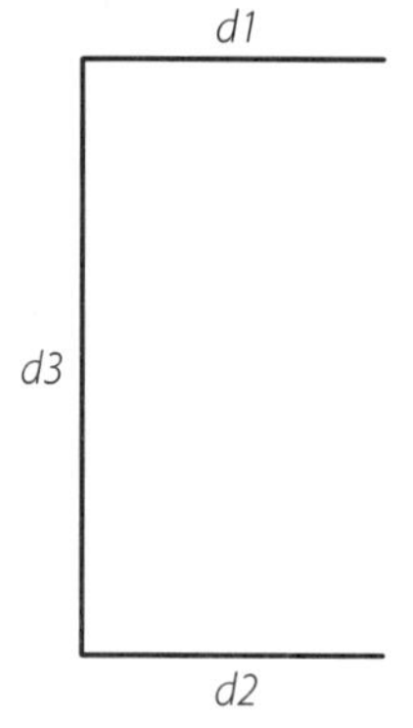

대칭직선을 임의로 설정해야하는데 점(d1, d2)를 지나는 가상의 직선에 선택한 객체들을 대칭시키고 싶으므로 점(d1, d2)를 클릭하고 space bar를 누른다.

다음과 같은 그림처럼 반쪽 사각형이 대칭되어 완전한 사각형이 된다.

대칭기능을 사용하여 다음 그림을 대칭시켜보자. 대칭기능버튼을 클릭하고 위 그림의 전체 부분을 클릭한후 space bar를 누른다.

대칭직선을 설정해야 하는데 다음 그림의 점(d1, d2)을 클릭하고 space bar를 누른다.

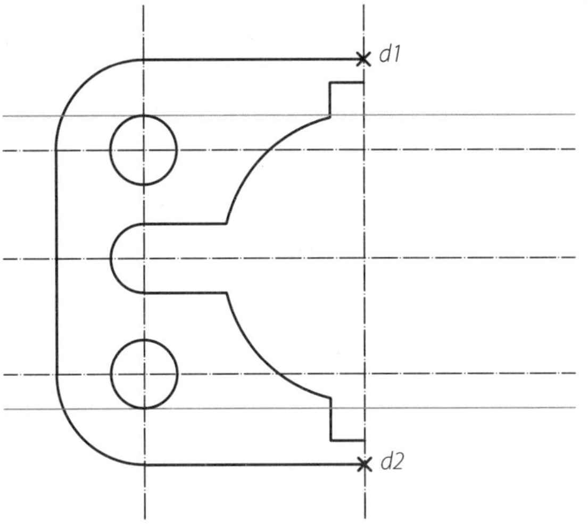

그러면 다음 그림처럼 완전한 모습을 갖추게 된다.

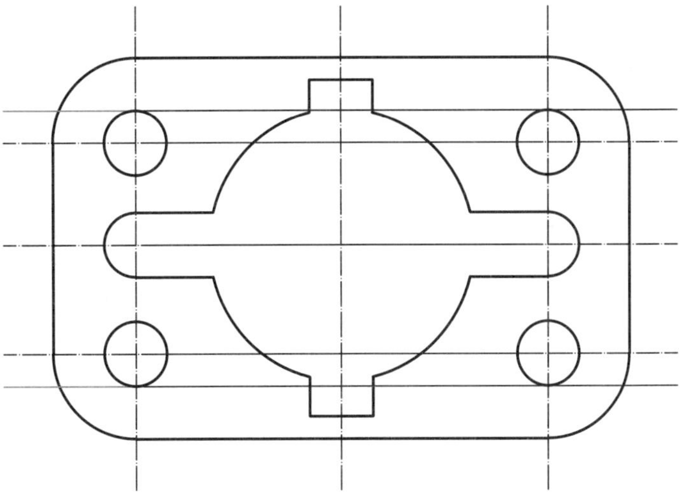

1장에서 배운 치수입력 기능을 이용하여 치수를 입력해 보자. 모깎기 원의 지름(d1), 지름 19인 4개의 원의 지름(d2), 가로 중심선(d0)에서부터 지름19까지의 길이(d3), 지름이 19인 원의 중심 사이의 가로길이(d4) 및 세로길이(d5), 혹의 높이(d6), 혹의 너비(d7) 가운

데 팔의 높이(d8) 가운데 원의 지름(d9)를 입력하면 된다.

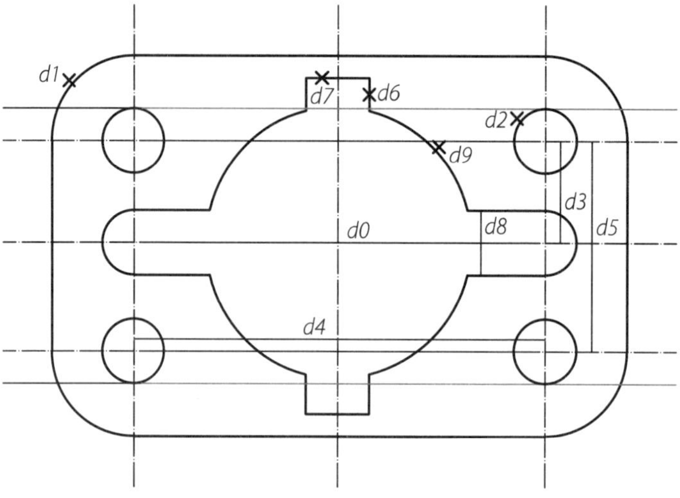

모깎기 원의 지름을 입력해보자. 치수메뉴에서 반지름(Radius)를 클릭하고 다음 그림에 표시된 점(d1)을 클릭하면 된다.

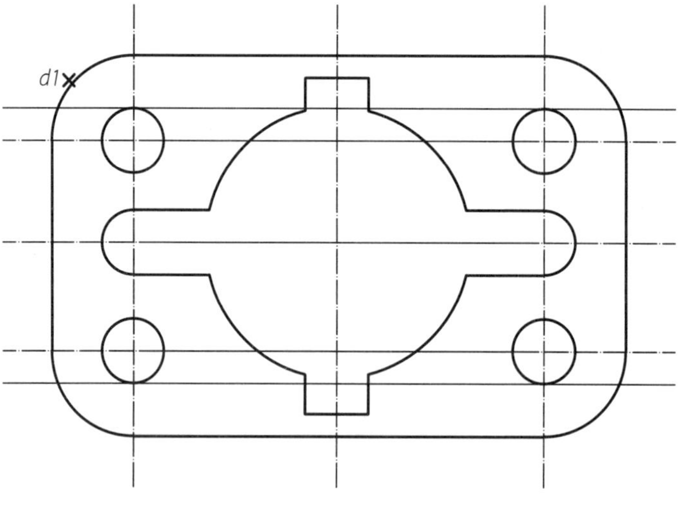

그러면 다음 그림과 같이 된다.

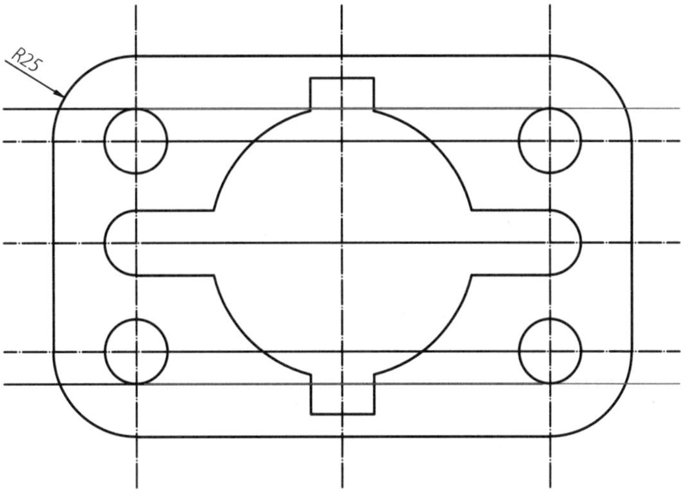

R25을 더블클릭하면 수정할 수 있는데 4-R25를 입력하면 다음과 같은 그림이 된다.

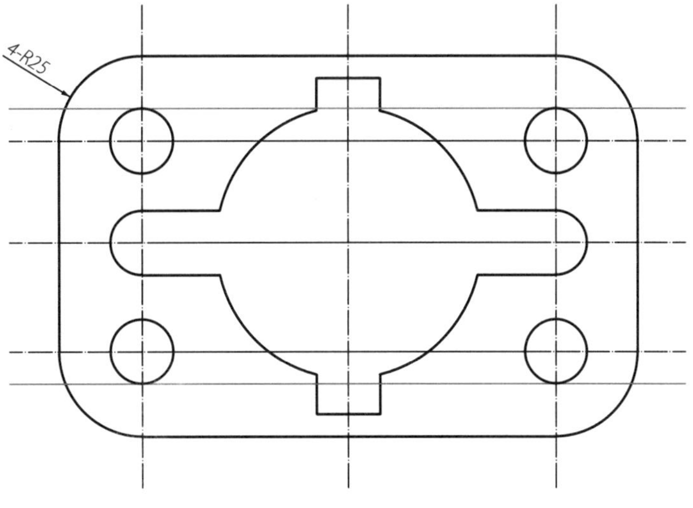

지름 19인 원의 치수를 입력해보자. 치수메뉴의 지름(Diameter)를 클릭하고 다음 그림에 표시된 점(d1)을 클릭하면 된다.

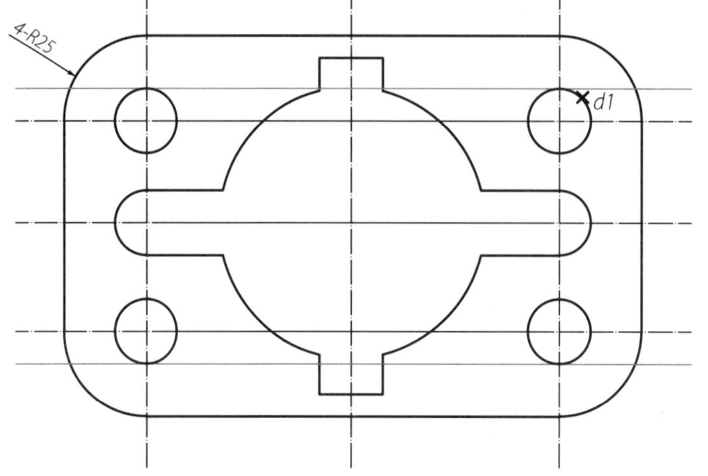

그러면 다음과 같은 그림이 된다.

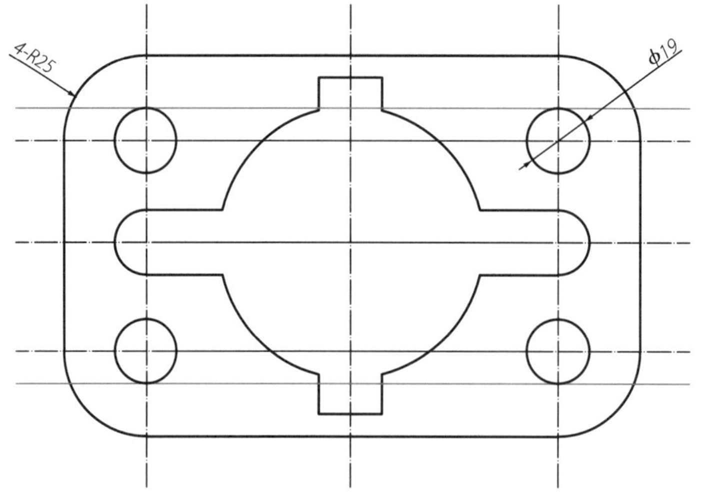

위에서 했던 방법과 똑같이 ϕ19를 더블클릭하면 수정할 수 있는데 4-ϕ19를 입력하면 다음과 같은 그림이 된다.

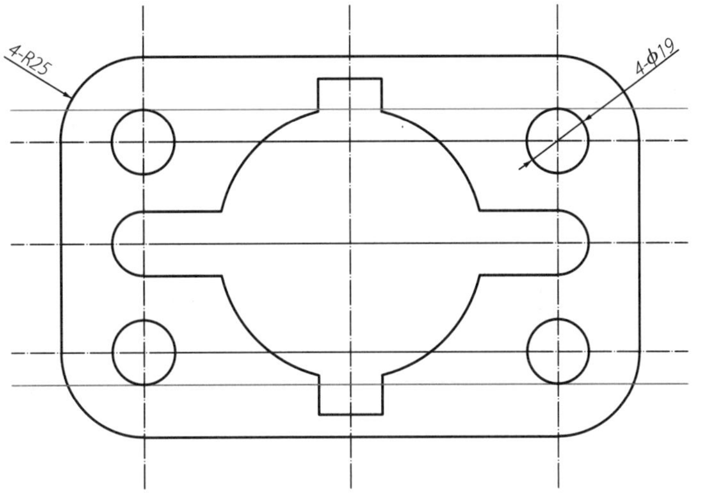

가로중심선으로부터 지름 19인 원의 중심까지의 거리의 치수를 입력해보자. 예전에 배웠던 치수입력 방법을 참고하여 선형(Linear)을 클릭하여 다음 그림에 표시된 점(d1), 점(d2)을 차례대로 클릭한다.

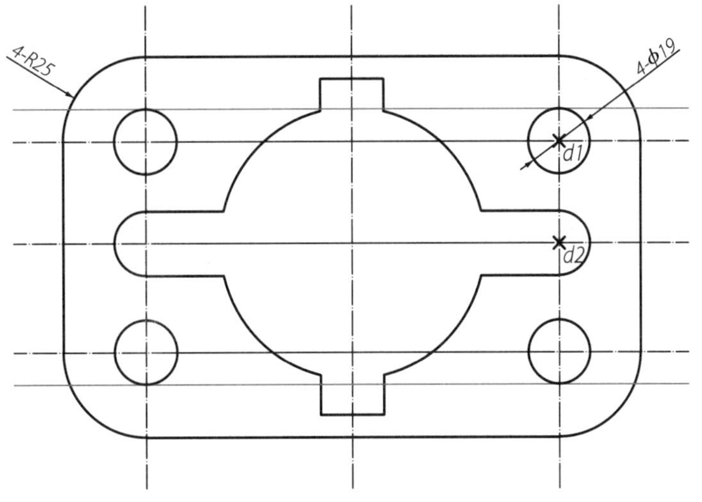

그러면 다음과 같은 그림이 된다.

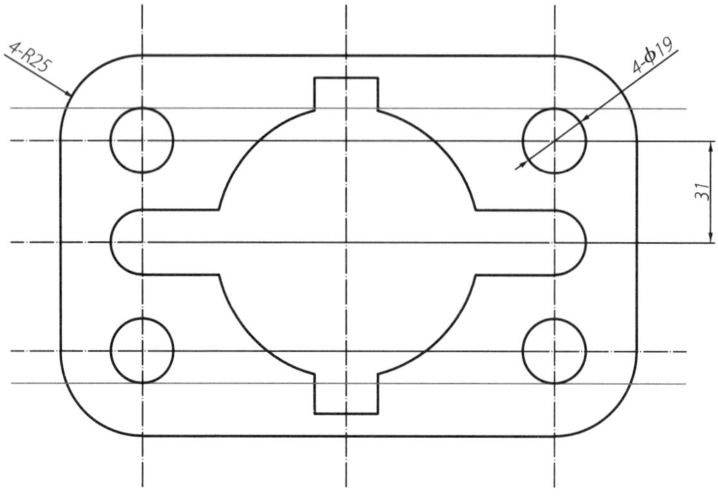

지름이 19인 원의 중심사이의 가로길이의 치수를 입력해보자. 치수메뉴의 선형(Linear)을 클릭하여 다음 그림에 표시된 점(d1), 점(d2)을 차례대로 클릭한다.

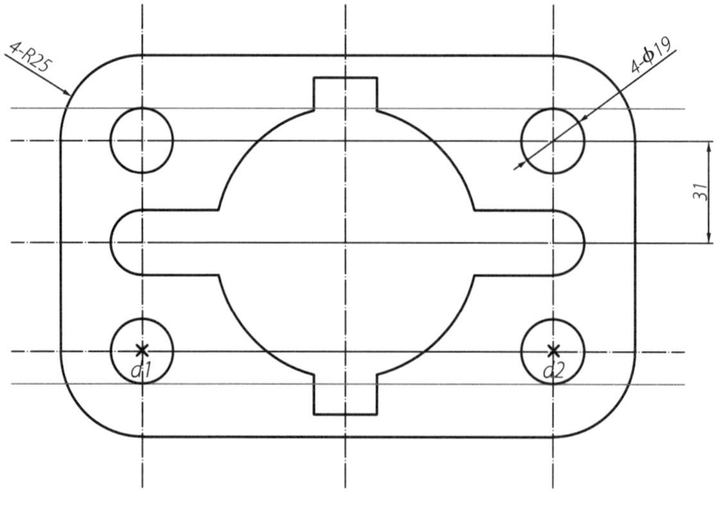

그러면 다음과 같은 그림이 된다.

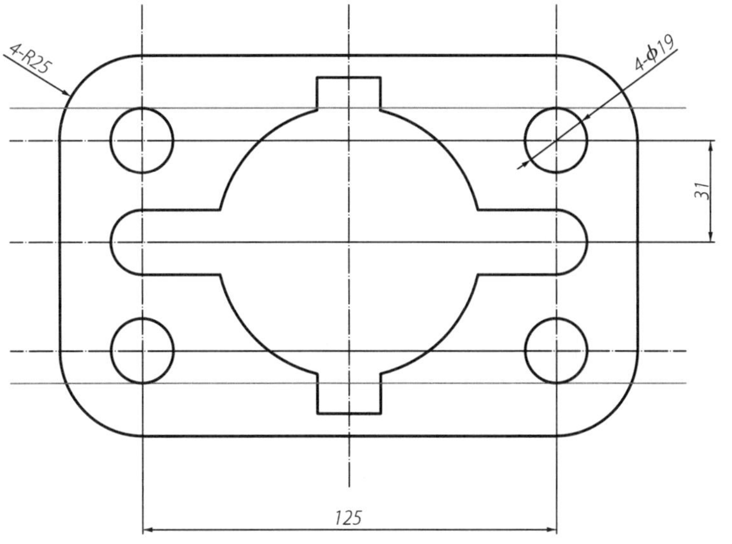

지름이 19인 원의 중심사이의 세로길이의 치수를 입력해보자. 치수메뉴의 선형(Linear)을 클릭하여 다음 그림에 표시된 점(d1), 점(d2)을 차례대로 클릭한다.

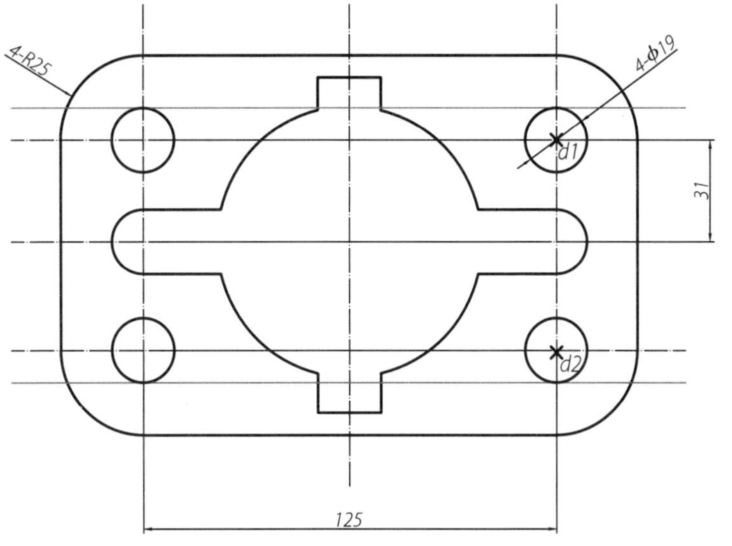

그러면 다음과 같은 그림이 된다.

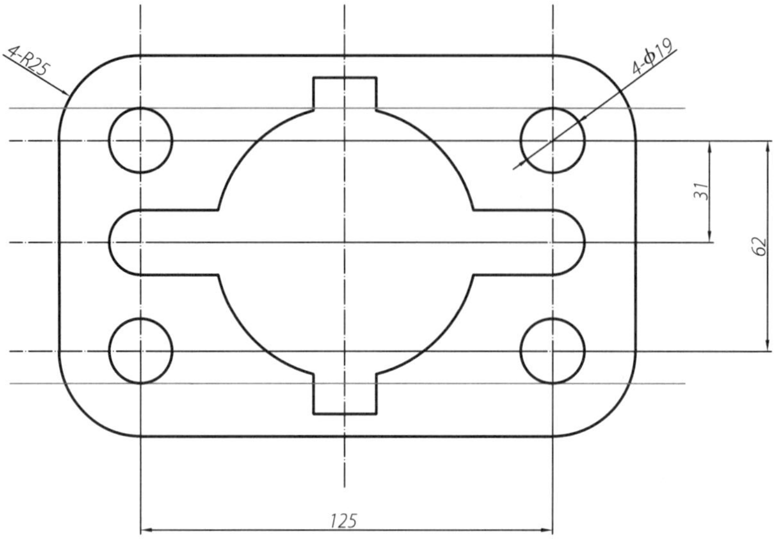

홈의 높이의 치수를 입력해보자. 치수메뉴의 선형(Linear)을 클릭하여 다음 그림에 표시된 점(d1), 점(d2)을 차례대로 클릭한다.

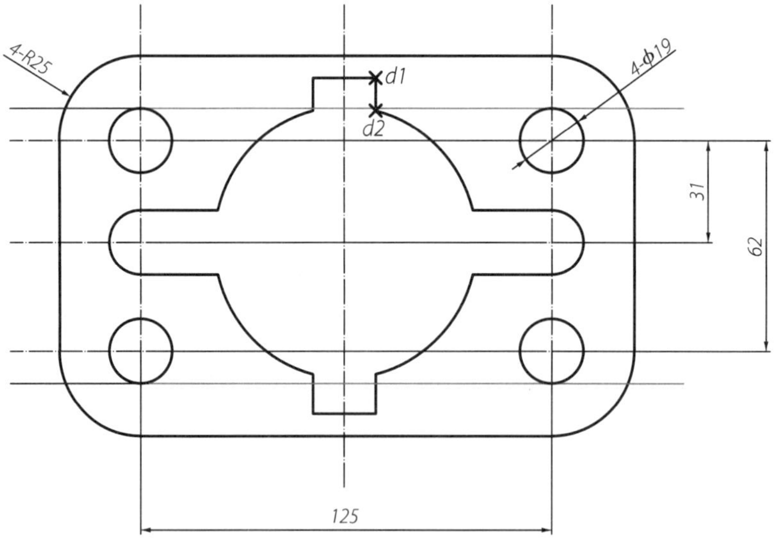

그러면 다음과 같은 그림이 된다.

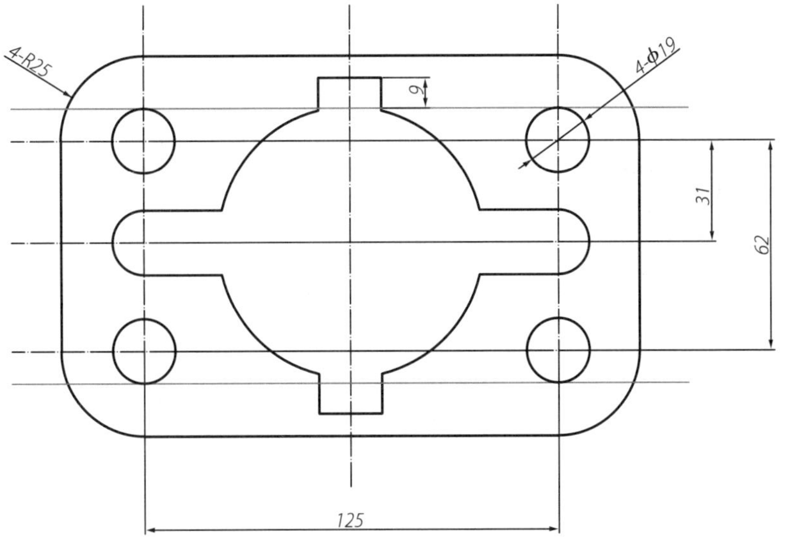

혹의 너비의 치수를 입력해보자. 치수메뉴의 선형(Linear)을 클릭하고 다음 그림에서 표시된 점(d1), 점(d2)을 차례대로 클릭한다.

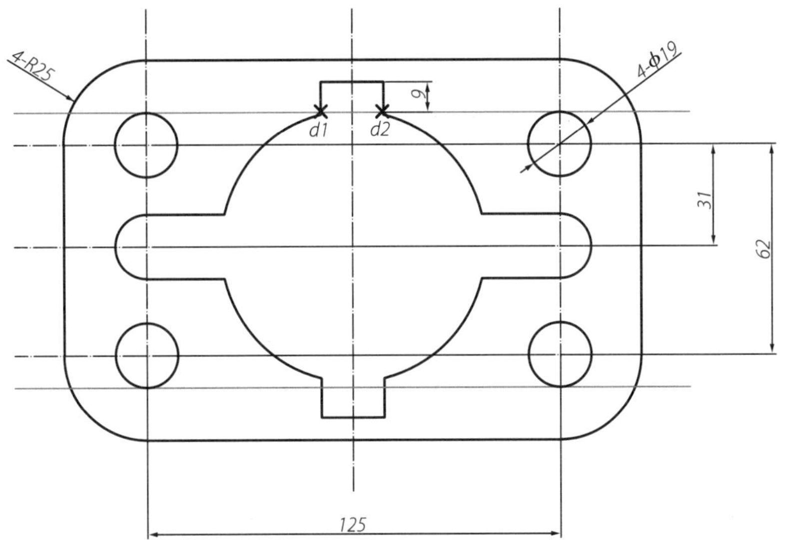

그러면 다음과 같은 그림이 된다.

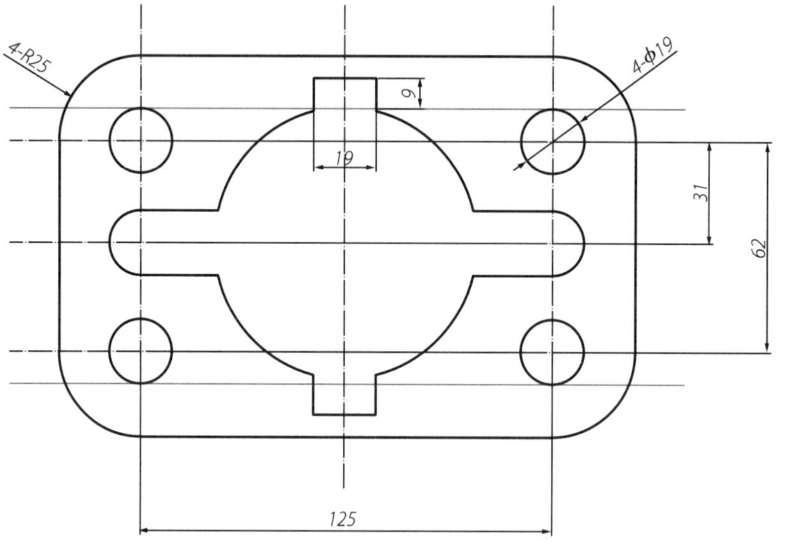

가운데 팔의 높이의 치수를 입력해보자. 치수메뉴의 선형(Linear)을 클릭하고 다음 그림에서 표시된 점(d1), 점(d2)을 차례대로 클릭한다.

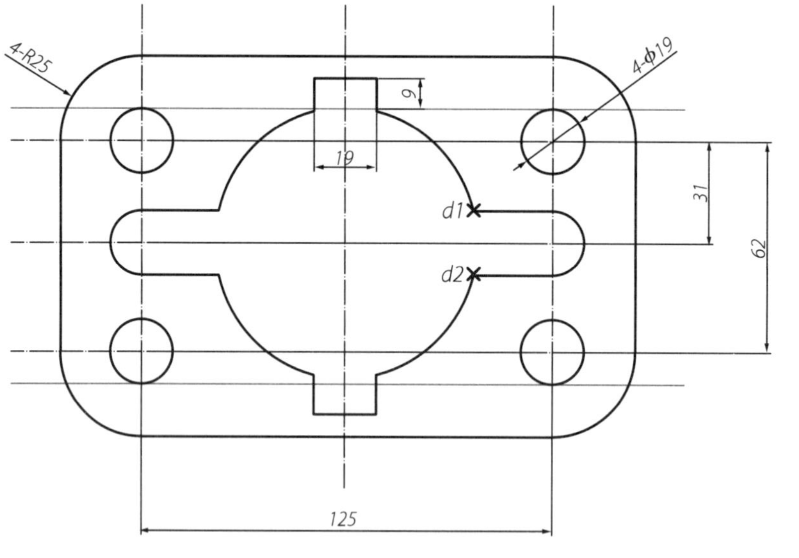

그러면 다음과 같은 그림이 된다.

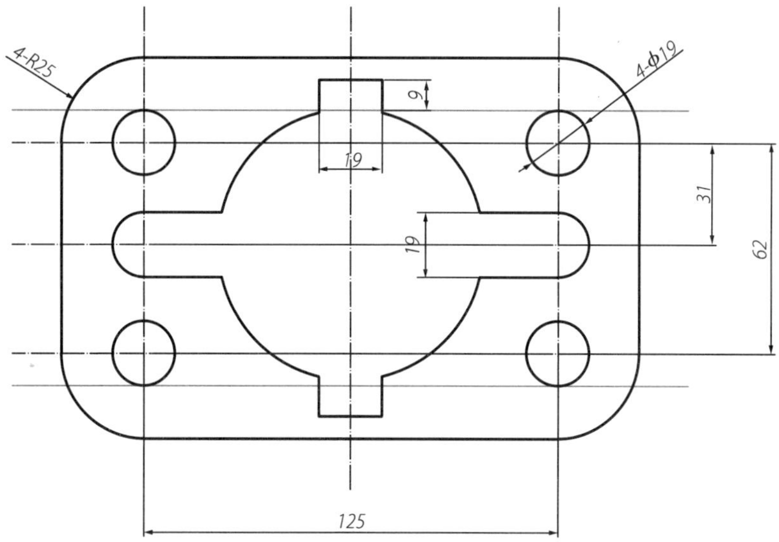

마지막으로 가운데 원의 지름의 치수를 입력해보자. 치수메뉴의 지름(Diameter)을 클릭하고 다음 그림에 표시된 점(d1)을 클릭해보자.

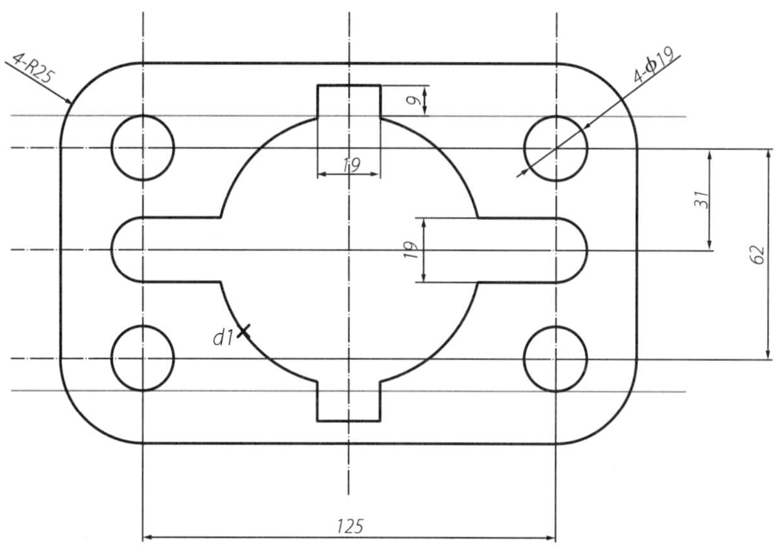

그러면 다음과 같은 그림이 된다.

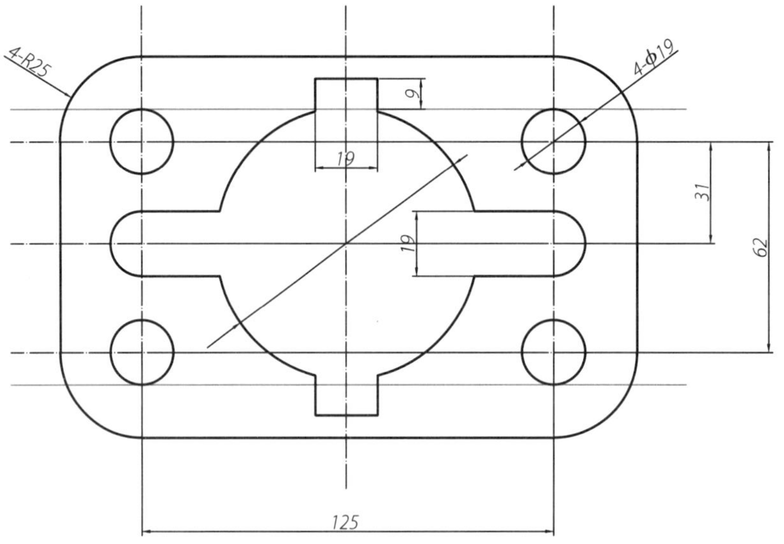

위에서 했던 방법과 똑같이 ϕ80을 더블클릭하면 수정할 수 있는데 ϕ80을 입력하면 다음과 같은 그림이 된다.

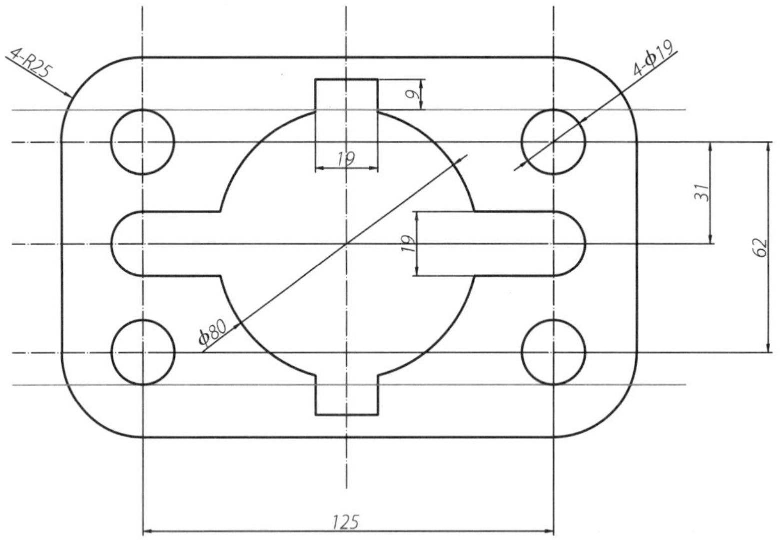

이제 앞에서 배웠던 보조선 레이어를 끄면 다음 그림과 같이 완성된다.

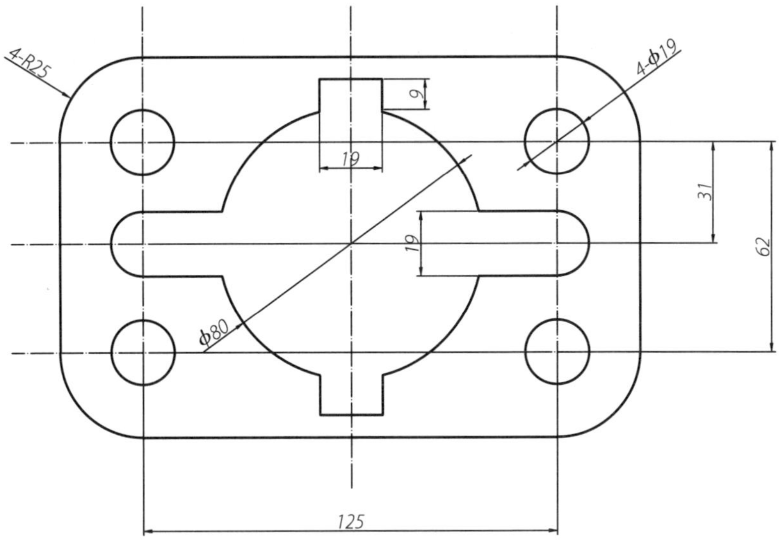

CHAPTER 03

3각법에 의한 정면도, 측면도, 평면도 그리기

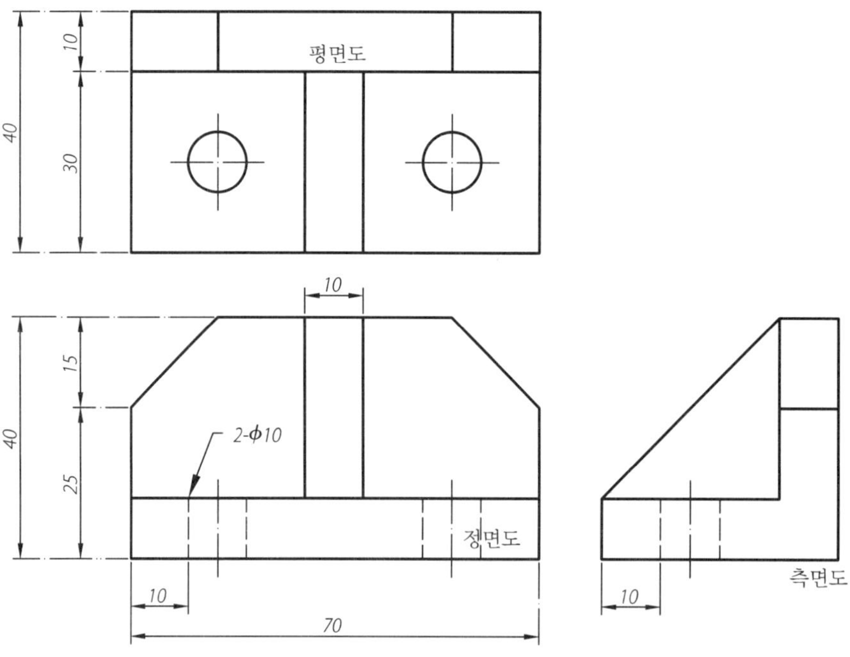

정면도

위 도면을 그리는 순서는 우선 왼쪽 아래의 도형을 그리고(정면도) 정면도를 이용해서 위쪽에 있는 도형을 그린다(평면도). 정면도와 평면도를 완성하면 이들을 이용하여 오른쪽에 있는 측면도를 그리게 된다. 이런 순서로 그리면 치수를 나타내는 숫자의 입력을 최소화하면서 도형을 완성할 수 있게 된다.

다음 그림과 같이 X축과 평행한 직선(d1)을 그린다.

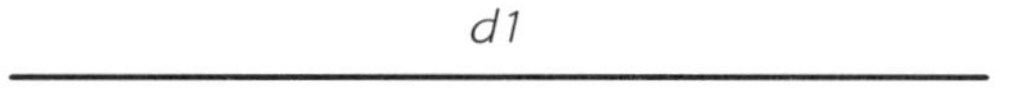

직선(d1)과 수직인 직선(d2)를 다음과 같이 그린다.

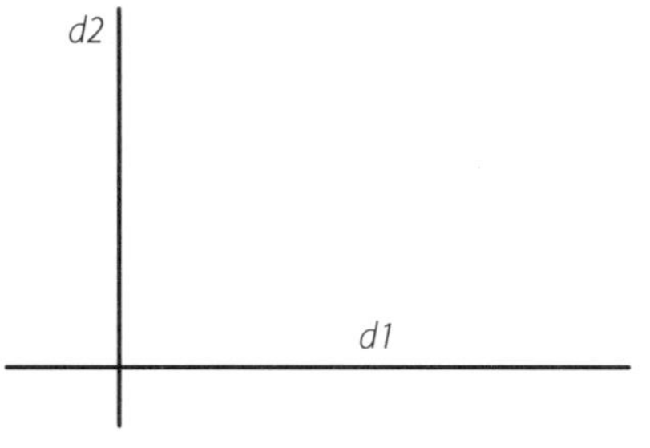

직선(d1)과 거리가 10인 직선(d4), 거리가 40인 직선(d5) & 직선(d2)과 거리가 30인 직선(d6), 거리가 40인 직선(d7), 거리가 70인 직선(d8)을 Offset을 이용하여 그린다.

명령어 : o → 10 → 직선(d1)선택 → 원하는 방향(d3) 클릭(직선(d4))
o → 40 → 직선(d1)선택 → 원하는 방향(d3) 클릭(직선(d5))
o → 30 → 직선(d2)선택 → 원하는 방향(d3) 클릭(직선(d6))
o → 40 → 직선(d2)선택 → 원하는 방향(d3) 클릭(직선(d7))
o → 70 → 직선(d2)선택 → 원하는 방향(d3) 클릭(직선(d8))

위와 같은 명령어를 사용하여 작업하면 다음과 같은 그림이 나타난다.

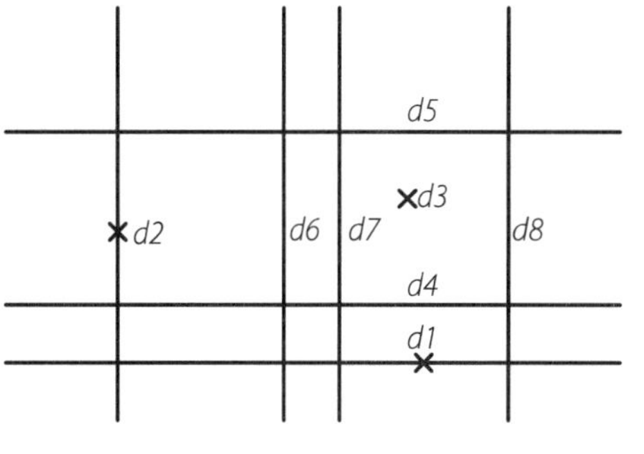

Trim을 이용하여 아래 그림에서 표시된 바와 같이, 필요없는 부분(d1~d16)을 순서대로 제거하자.

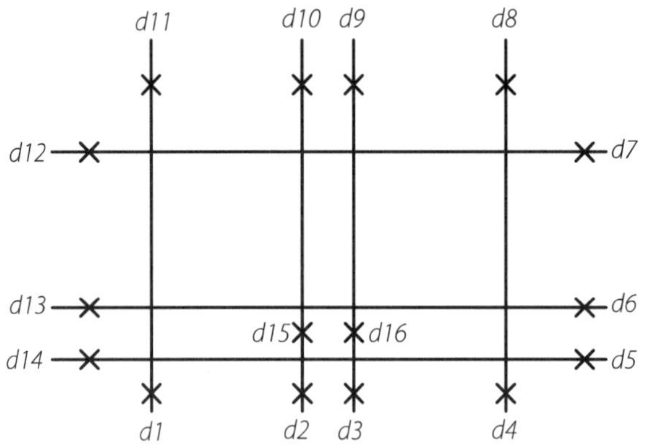

명령어 : tr → space bar → space bar → 지울 부분(d1) → 지울 부분(d2) → 지울 부분(d3) → 지울 부분(d4) → 지울 부분(d5) → 지울 부분(d6) → 지울 부분(d7) → 지울 부분(d8) → 지울 부분(d9) → 지울 부분(d10) → 지울 부분(d11) → 지울 부분(d12) → 지울 부분(d13) → 지울 부분(d14)

위와 같은 명령어를 이용하여 불필요한 선을 제거하면 다음과 같은 그림이 된다.

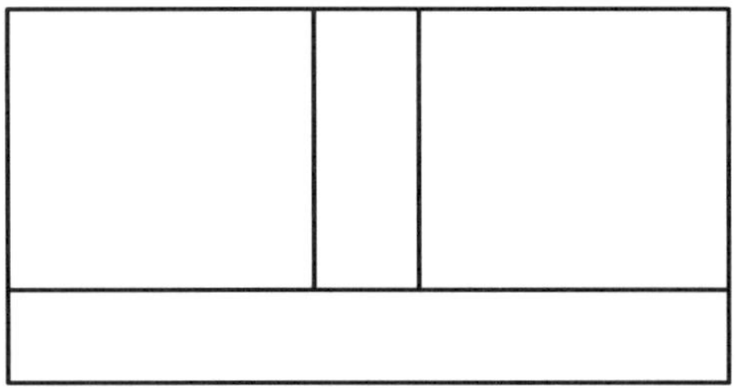

직선(d1)와 거리 10인 직선(d2), 거리 15인 직선(d3), 그리고 거리 20인 직선(d4), 직선(d6)와 거리가 10인 직선(d7), 거리가 15인 직선(d8), 그리고 거리가20직선 (d9)를 앞에서 배웠던 Offset을 이용하여 다음 그림과 같이 그려보자.

명령어 : o → 10 → 직선(d1)선택 → 원하는 방향(d5) 클릭(직선(d2))

o → 15 → 직선(d1)선택 → 원하는 방향(d5) 클릭(직선(d3))

o → 20 → 직선(d1)선택 → 원하는 방향(d5) 클릭(직선(d4))

o → 10 → 직선(d6)선택 → 원하는 방향(d10) 클릭(직선(d7))

o → 15 → 직선(d6)선택 → 원하는 방향(d10) 클릭(직선(d8))

o → 20 → 직선(d6)선택 → 원하는 방향(d10) 클릭(직선(d9))

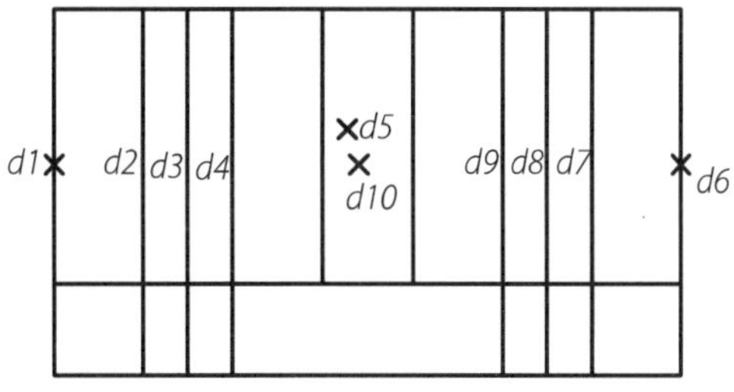

그 다음으로 Trim을 이용하여 다음 그림에 표시된 필요없는 부분(d1~d6)을 제거한다.

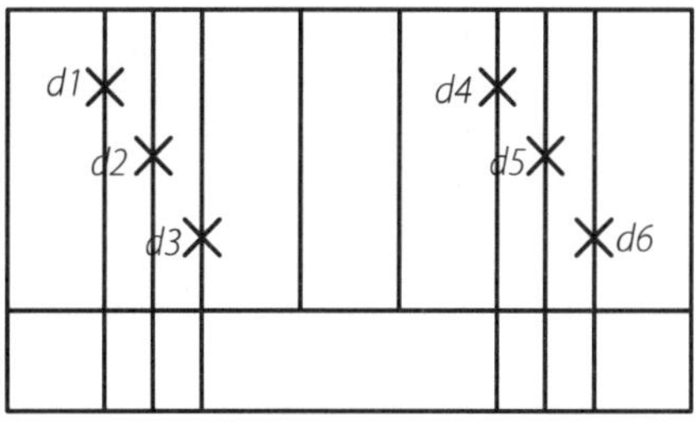

명령어 : tr → space bar → space bar → 지울 부분(d1) → 지울 부분(d2) → 지울 부분(d3) → 지울 부분(d4) → 지울 부분(d5) → 지울 부분(d6)

위와 같이 불필요한 선을 제거하면 다음과 같은 그림이 나타난다.

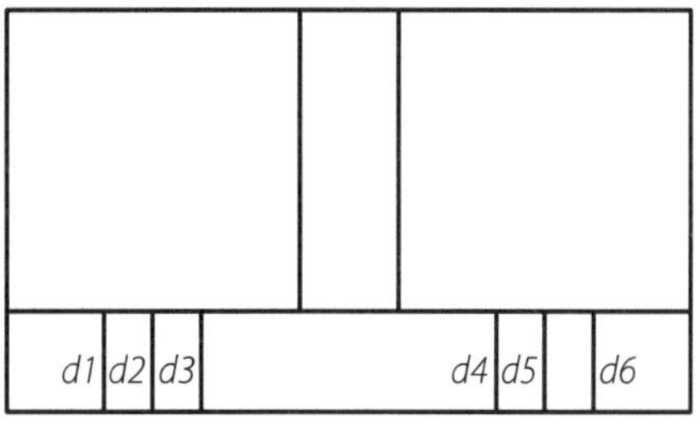

파선 레이어를 생성해 위 그림에서 직선(d1, d3, d4, d6)를 파선으로 변경한다.

1, 2장에서 배웠던 숨은선 레이어를 형성하고 선의 종류(linetype)를 ACAD_ISO02W100 (파선)으로 선택한다.

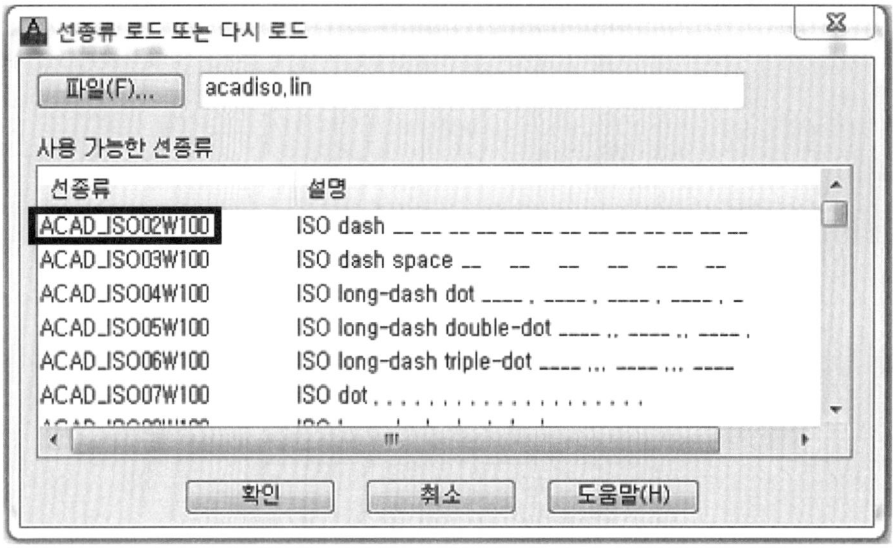

위의 그림과 같이 선을 선택한 후, 레이어를 작성한 후, 레이어 명을 “hidden line”으로 작성한다. 그리고 직선(d1, d3, d4, d5)를 선택한 후 다음 그림과 같이 “hidden line” 레이어를 선택한다.

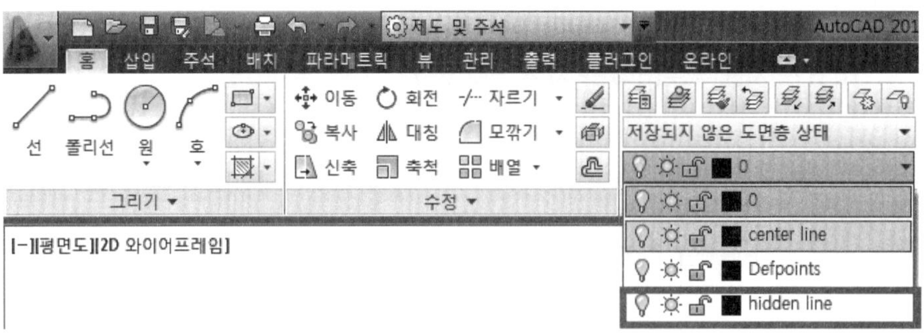

그러면 다음과 같은 그림이 형성된다.

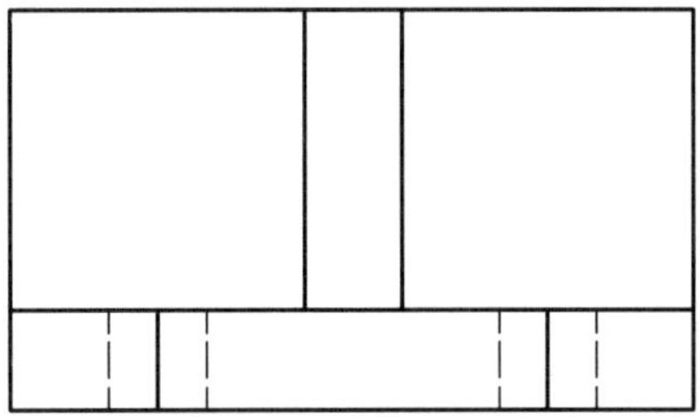

이제 중심선을 설정해보자. 중심선 설정은 위의 Layer에서 설명했던 방법으로 설정하면 된다. 도면층 이름이 “center line”인 레이어를 형성하고 선의 종류를 ACAD_ISO04W100 (1점쇄선)으로 선택한다.

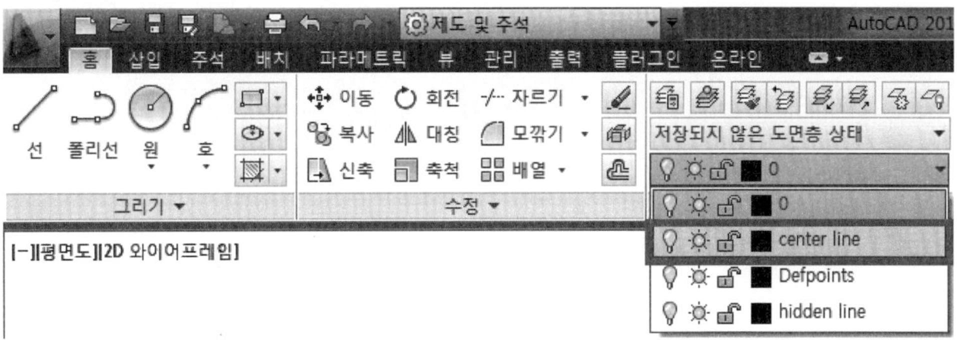

그리고 직선(d2, d5)를 선택한 후 다음 그림과 같이 중심선 레이어를 선택한다. 위의 과정을 따라하면, 다음과 같은 그림이 나타난다.

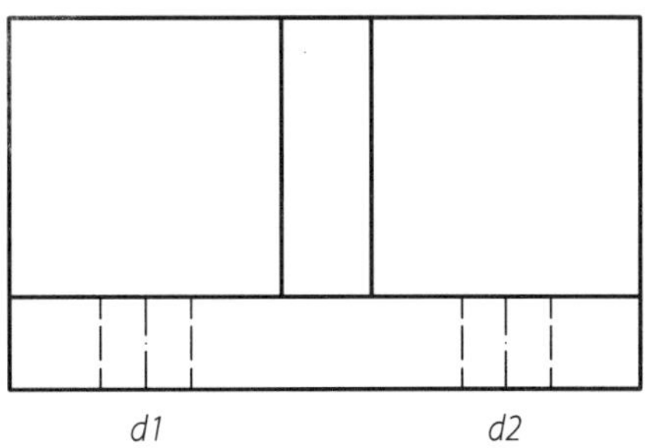

여기서 중요한 부분은 중심선(d1, d2)는 조금 길게 설정하여 다음 그림의 직선(d3, d4)

과 같이 길게 하여 밖으로 나와야 한다. 선을 선택하고 끝점을 클릭해서 원하는 방향으로 드래그하면 아래와 같이 된다.

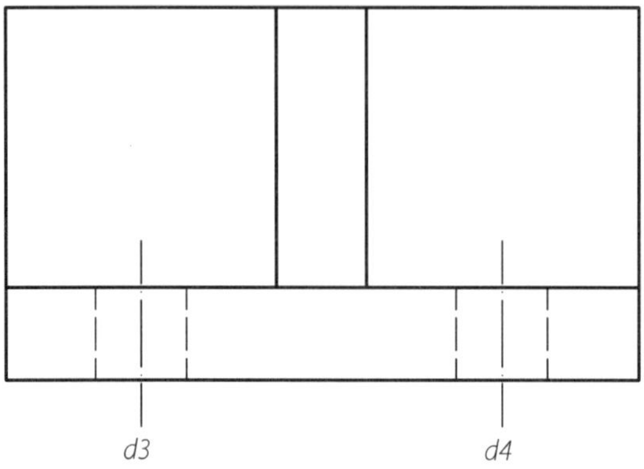

▶ Chamfer(모따기)

325~329쪽 참조

모따기(Chamfer)를 배워보자. 모따기란 다음 그림과 같이 직사각형 모서리를 45도로 깎아주는 기능이다.

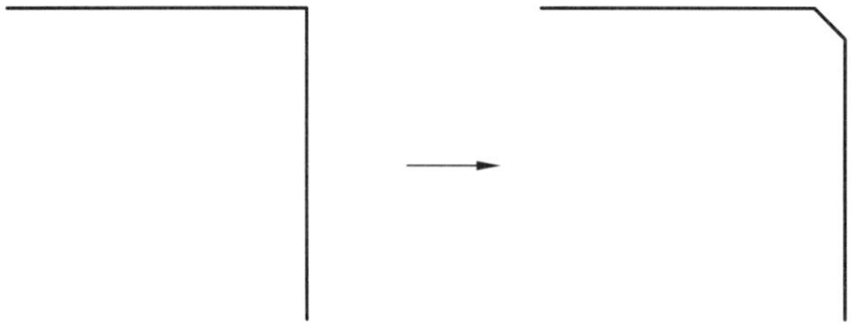

모따기(Chamfer)의 위치는 다음과 같다.

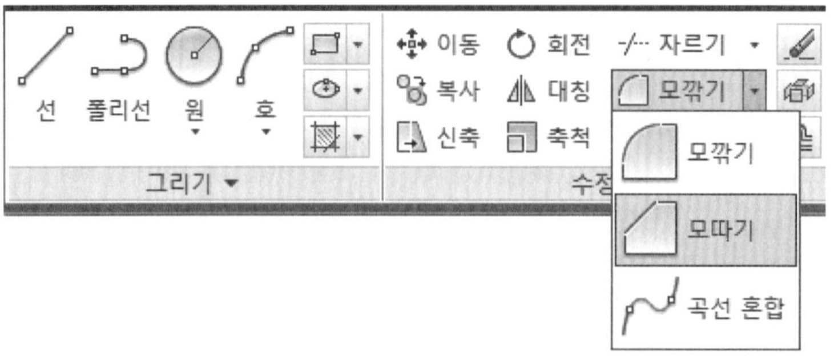

모따기(Chamfer)를 클릭하면 다음과 같은 창이 나온다.

CHAMFER 첫 번째 선 선택 또는 [명령 취소(U) 폴리선(P) 거리(D) 각도(A) 자르기(T) 메서드(E) 다중(M)]:

D를 누르고 원하는 직각삼각형의 한변의 길이를 입력하고 space bar를 한번 누르고 왼쪽 그림에 있는 두직선(d1, d2)를 클릭하면 오른쪽 그림과 같이 된다.

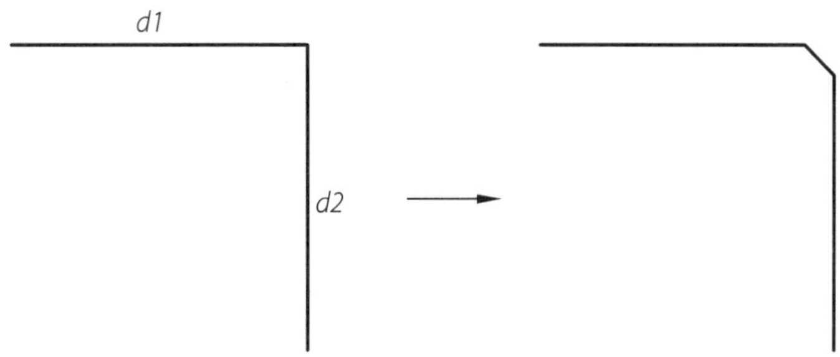

명령어 : Chamfer → d → 원하는 길이 → space bar → 원하는 직선(d1)클릭 → 원하는 직선(d2) 클릭

이제 모따기(Chamfer)를 배웠으니 정면도에 적용해보자.

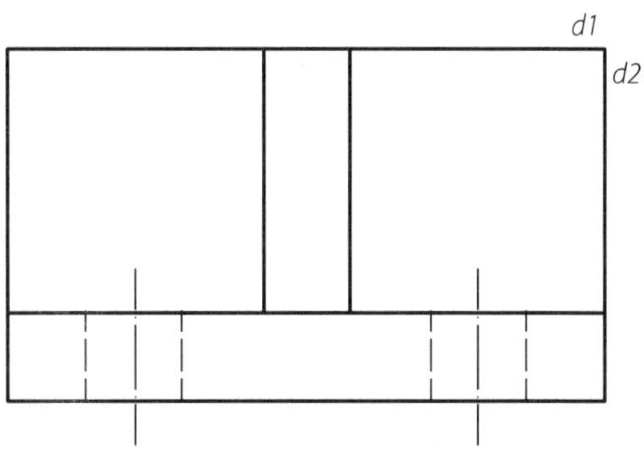

직선 d1, d2를 거리는 15인 모따기(Chamfer)를 이용하면 다음과 같은 그림이 된다.

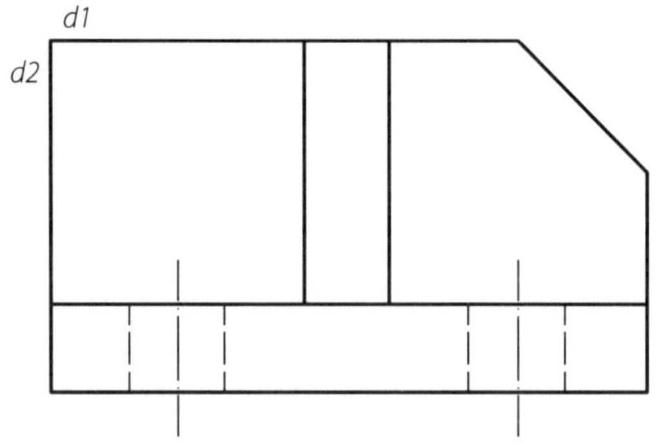

그림 63

위와 똑같이 직선 d1, d2를 거리는 15인 모따기(Chamfer)를 이용하면 다음과 같은 그림이 된다.

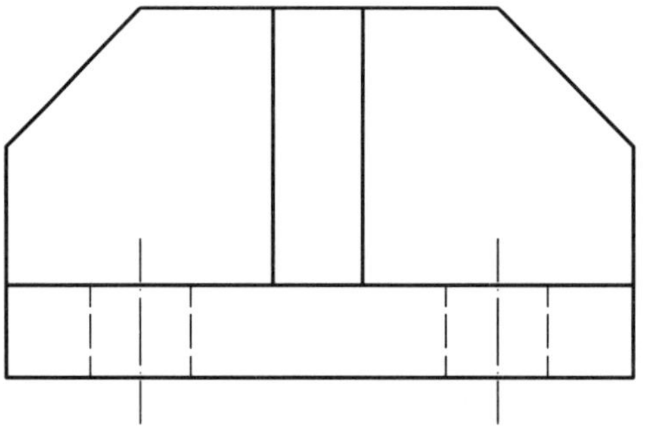

평면도

평면도를 그려보자. 먼저 앞에서 배웠던 레이어 형성하는 방법을 참조하여 보조선 레이어를 선의 종류는 가는 실선이고 색은 눈에 띄기 쉬운 색(빨간색)으로 설정하자.

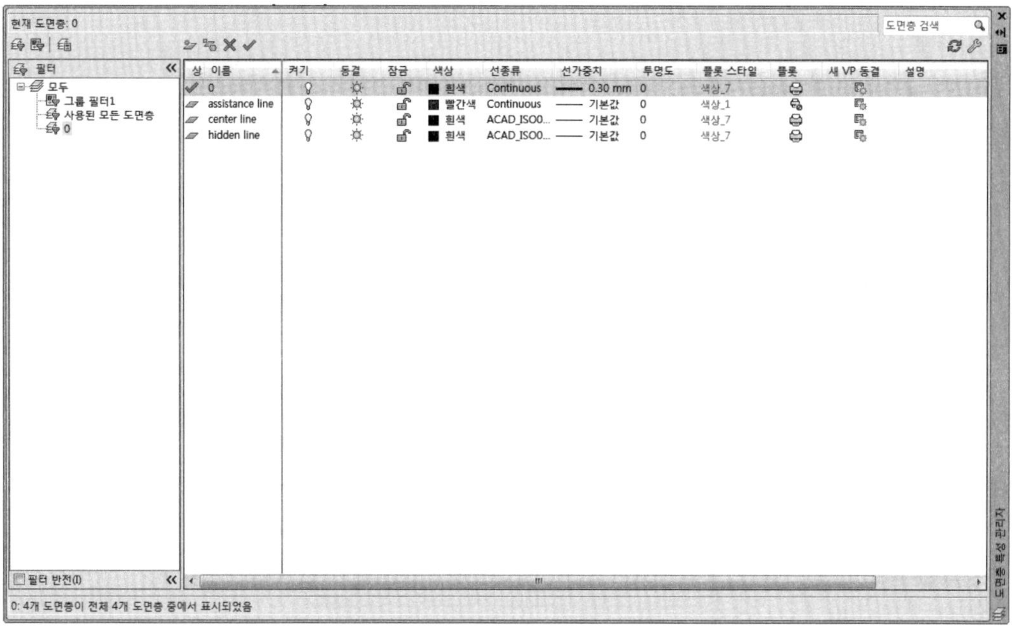

도면층을 설정한 후, 정면도에서 각 모서리(d1~d10)들을 보조선을 y축 방향으로 그려 보자.

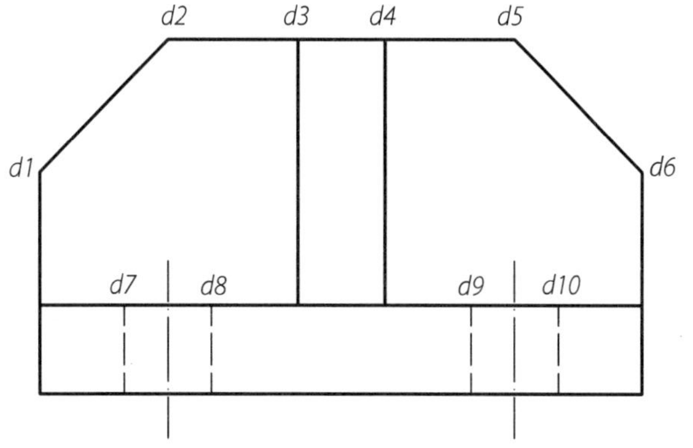

보조선이란 정면도에서 작성한 도면의 위치를 평면도에 옮기기 위한 선으로 형상이 복잡한 경우, 혼란을 줄여주는데 크게 도움이 된다. 보조선을 그리면 다음과 같다.

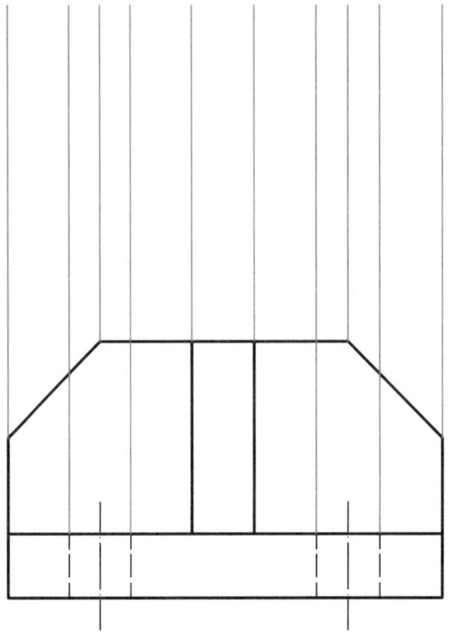

먼저 x축에 평행한 직선(d1)을 다음 그림과 같이 그린다.

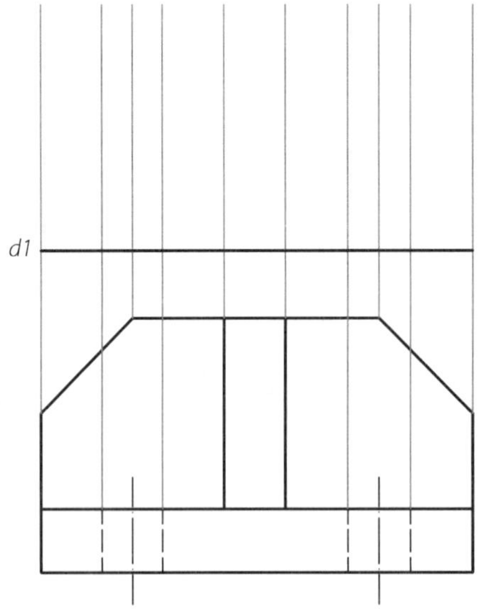

직선(d1)과 거리가 30인 직선(d2)와 거리가 40인 직선(d3)를 다음 그림과 같이 그려 보자.

명령어 : o → 30 → 직선(d1)선택 → 원하는 방향(d4) 클릭(직선(d2))
o → 40 → 직선(d1)선택 → 원하는 방향(d4) 클릭(직선(d3))

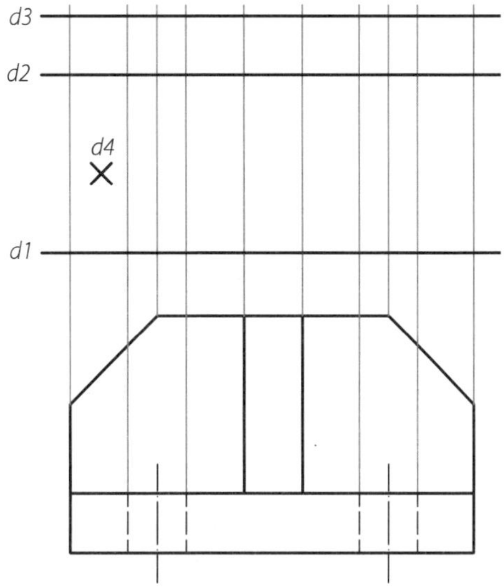

테두리선(d1, d2)를 보조선을 따라 다음 그림과 같이 그린다.

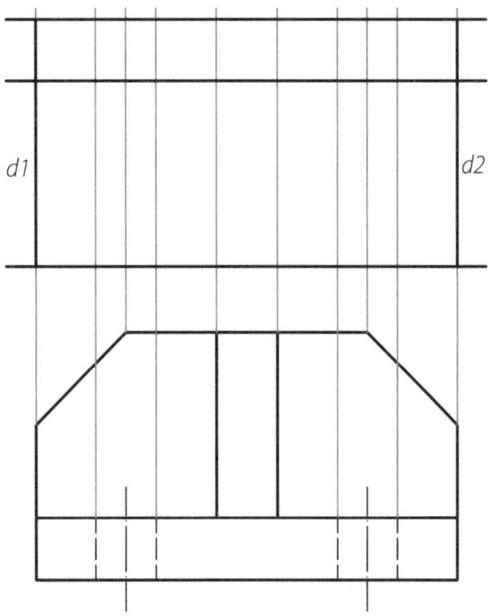

보조선을 이용하여 직선(d1)과 거리가 30인 직선(d2), 거리가 40인 직선(d3), 거리가 15인 직선(d4) 그리고, 거리가 55인 직선(d5)를 옵셋을 이용하지 않고 보조선을 따라 다음 그림과 같이 그린다.

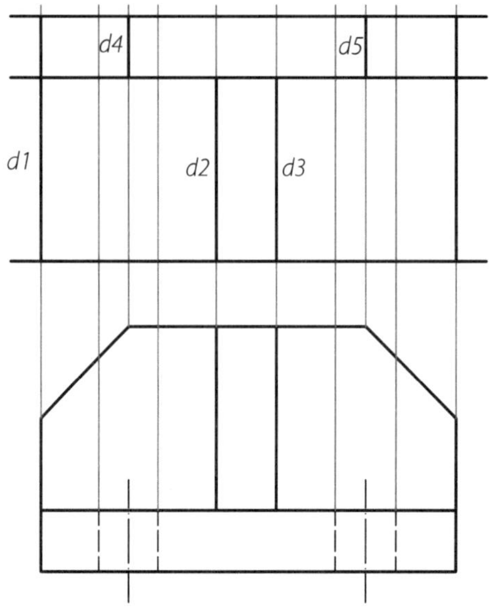

그 다음으로 직선(d1)과 거리가 15인 보조선(d2)을 다음 그림과 같이 그린다.

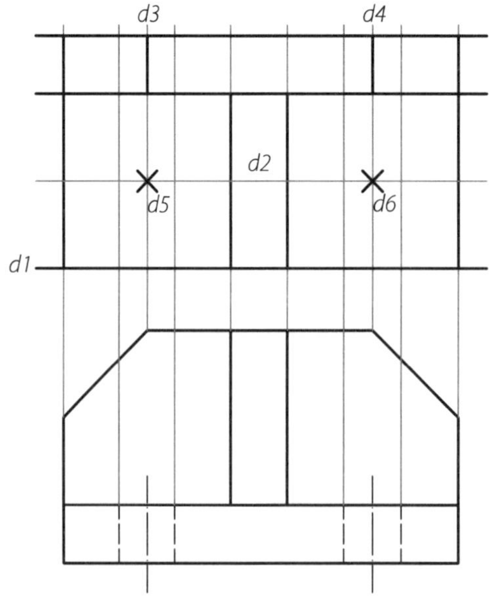

앞의 그림에서 직선(d2)와 직선(d3, d4)와 만나는 교점(d5, d6)을 중심으로 하고 지름이 10인 원을 그리면 다음 그림과 같이 된다.

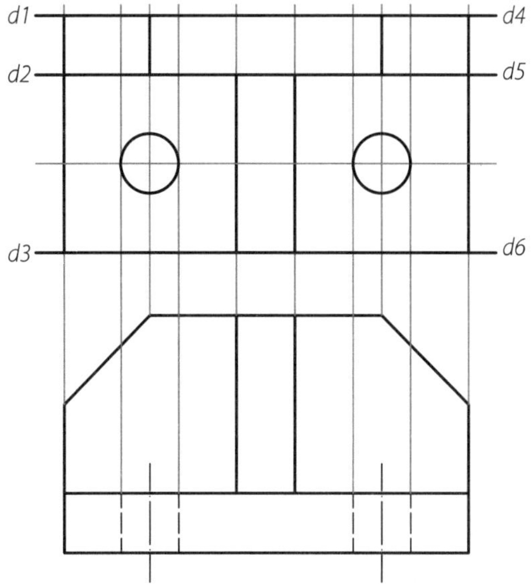

Trim을 이용하여 필요없는 부분(d1~d6)를 제거하면 다음과 같은 그림이 된다.

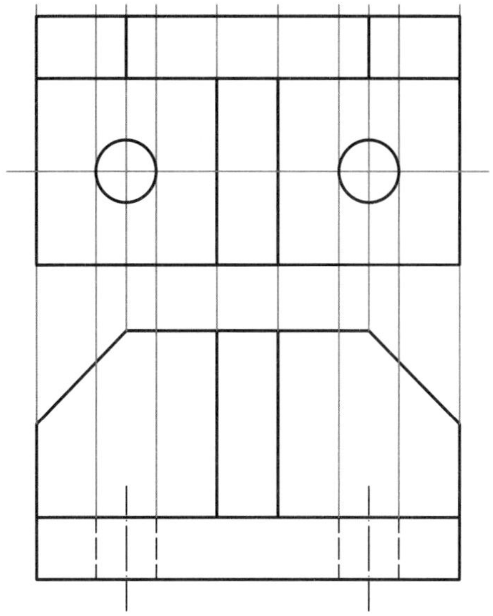

두 원의 중심선을 위에서 배웠던 방법으로 그려보자. 먼저 x축에 평행한 중심선(d1, d2)를 먼저 그리면 다음과 같다.

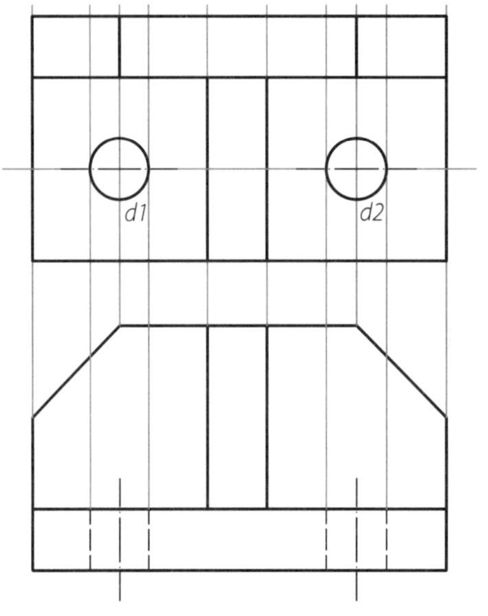

y축과 평행한 중심선(d1, d2)를 그리면 다음과 같다.

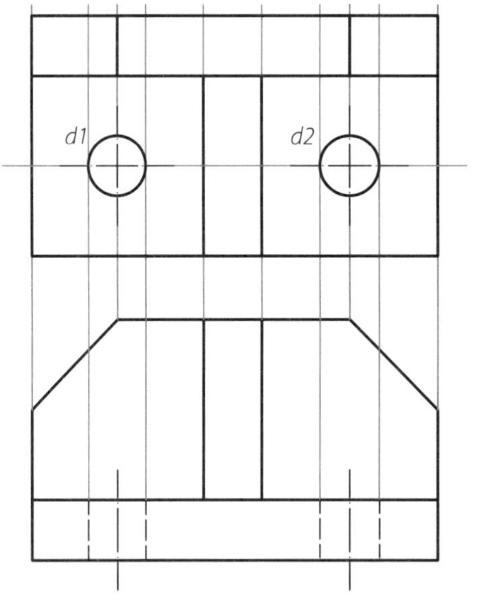

※ 원의 중심선을 표시할 때는 항상 원 밖으로 나오게 약간 길게 그린다.

측면도

측면도를 그려보자. 먼저 보조선으로 다음 그림과 같이 X축과 45도인 직선(d1)을 그려보자.

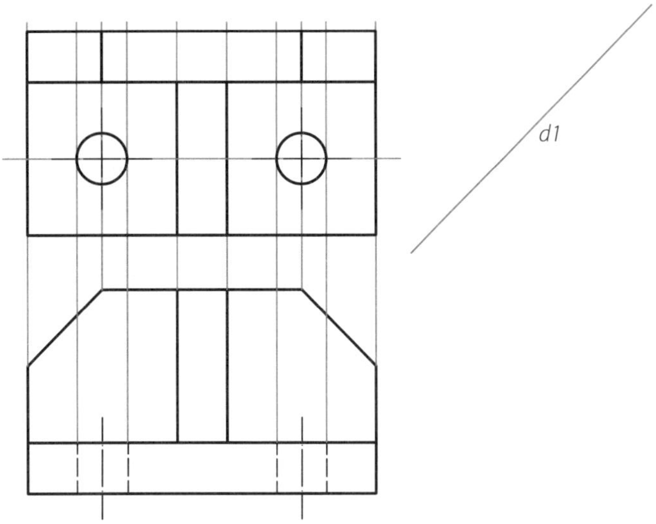

다음 평면도의 각 모서리에서 x축과 평행한 직선(d1~d5)들을 보조선으로 그려보자.

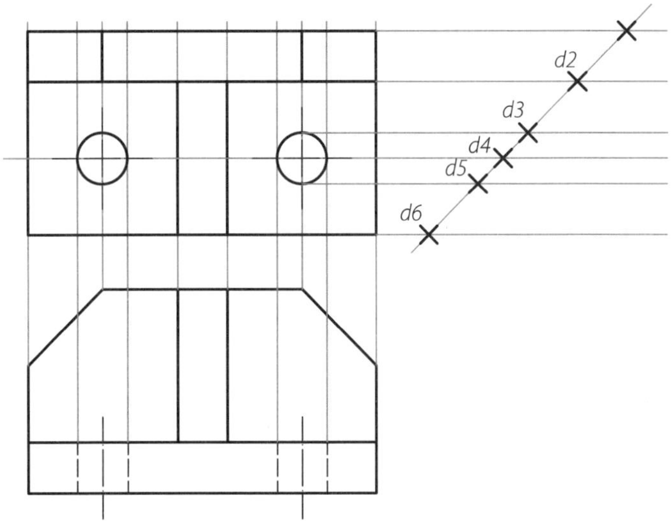

다음 그림과 같이 점(d1~d6)에서 x축과 수직인 직선(d7~d12)을 그린다.

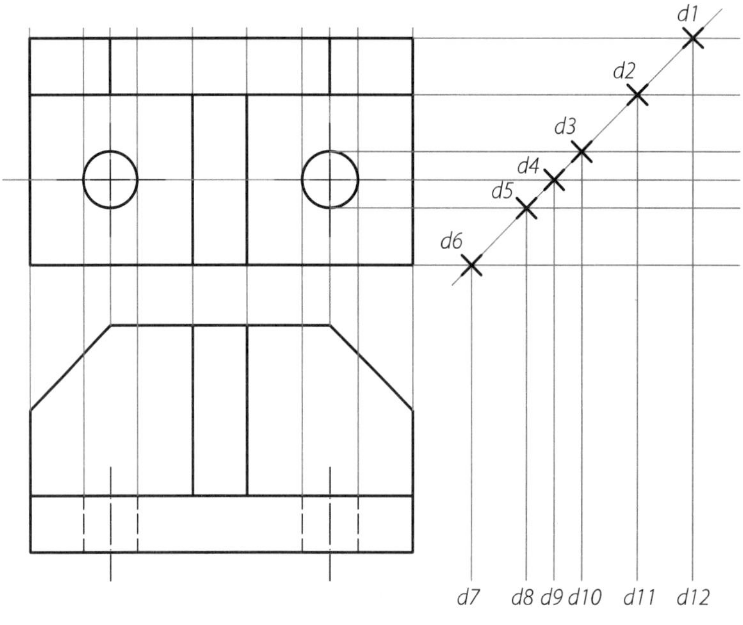

정면도의 각 모서리에서 x축과 평행한 직선(d1~d4)을 그린다.

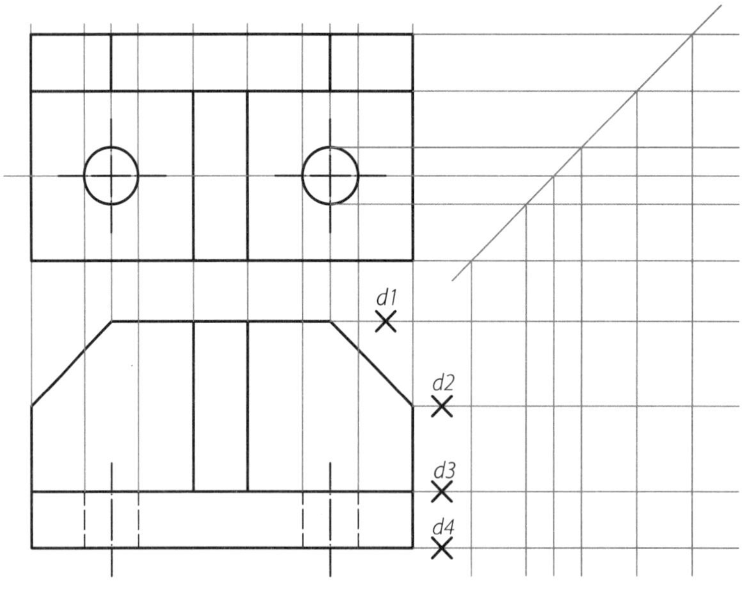

이제 측면도를 그려야 하는데 이것은 입체적인 모습을 생각하며 그려야 한다. 먼저 그렸던 보조선들의 교차점을 잘 살펴보며 실선으로 이으면 된다.

먼저 가장 외곽부분을 그려보면 다음과 같다.

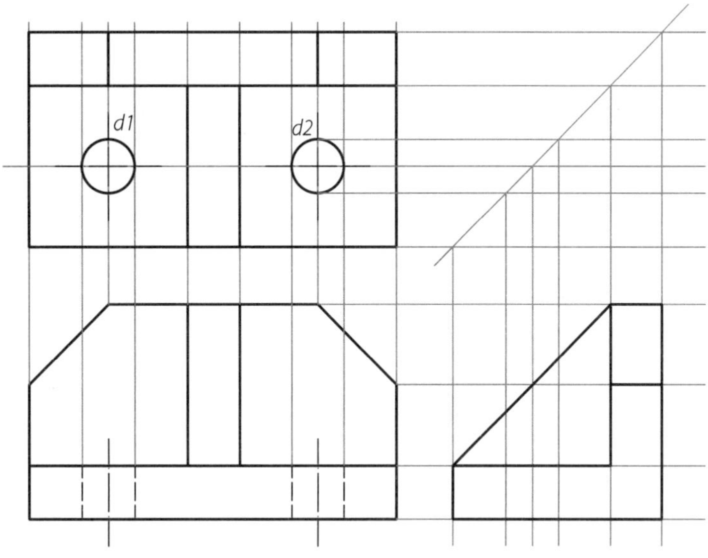

위 그림에서 보면 구멍(d1, d3)이 뚫려 있는 부분을 측면도에 나타내려고 한다. 숨은선(d1,d3)과 중심선(d3)으로 나타내면 다음과 같다.

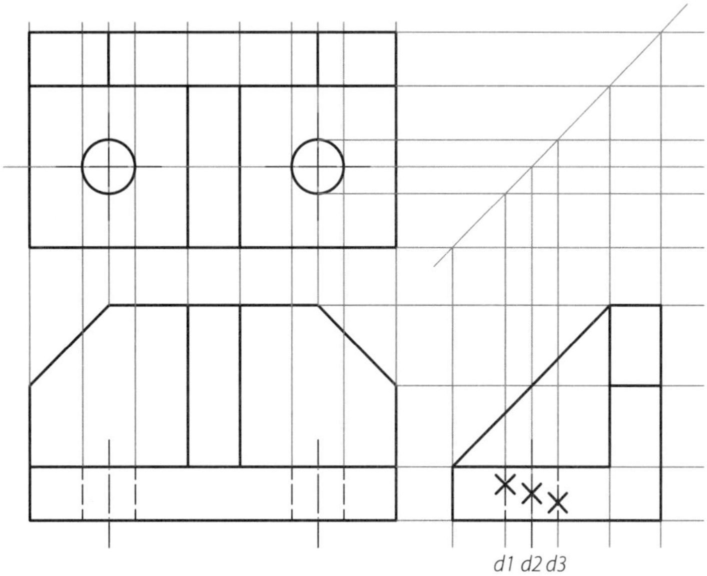

중심선은 항상 밖으로 나오게 약간 길게 그린다.

정면도, 평면도, 측면도 작업이 완료 되면, 마지막으로 레이어를 끄는 기능을 배워보자.

레이어를 끄는 방법은 다음과 같다.

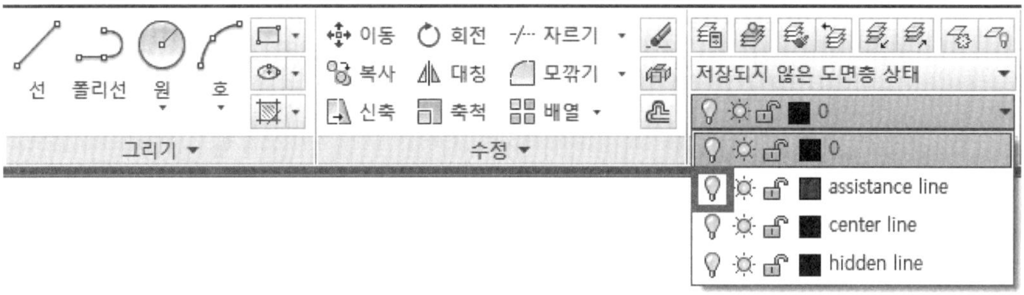

위 그림에서 박스되어 있는 부분 (전구모양)을 클릭하면 해당 레이어가 꺼져 안보이게 된다.

보조선을 끄면 다음 그림과 같이 된다.

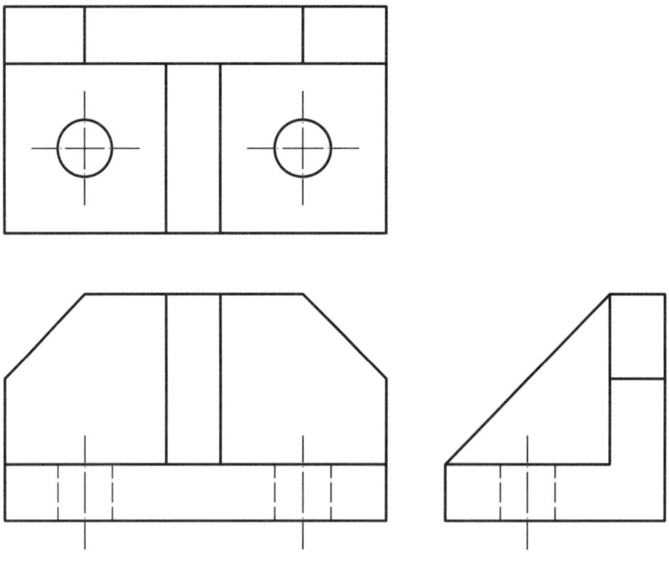

치수를 기입하는 것은 1, 2장에서 배운대로 하면 된다.

CHAPTER 04

보조투상도 그리기

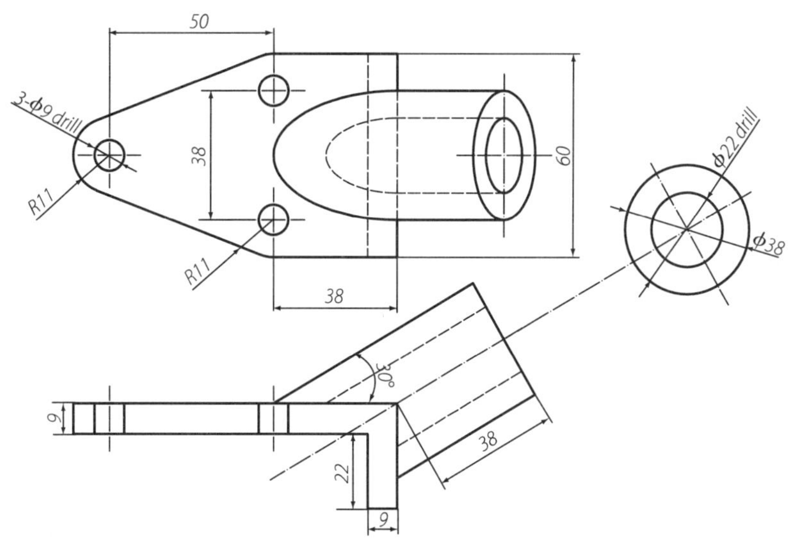

레이어 기능을 이용하여 보조선 레이어, 숨은선 레이어, 중심선 레이어를 다음과 같이 만든다.

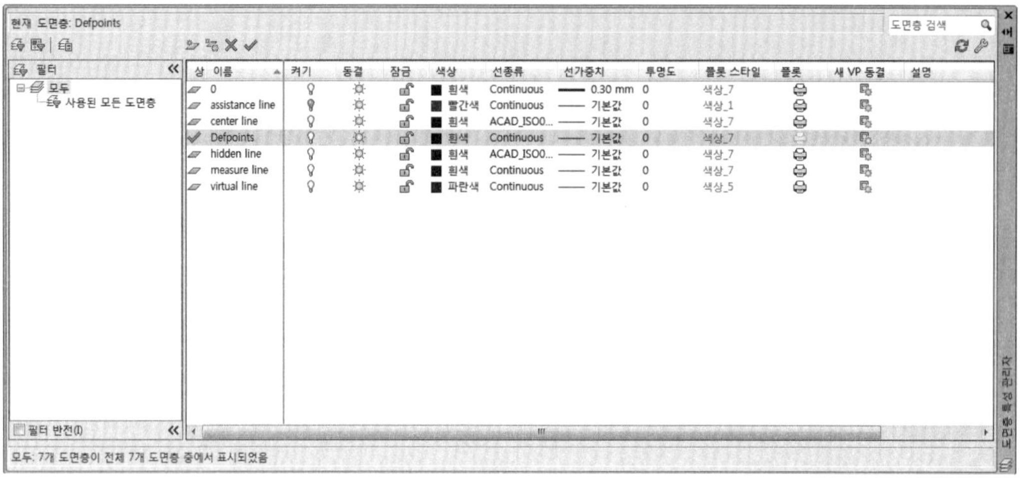

정면도

먼저 다음과 같이 직선(d1)을 그려보자.

직선(d1)과 수직인 직선(d2)를 다음과 같이 그려보자.

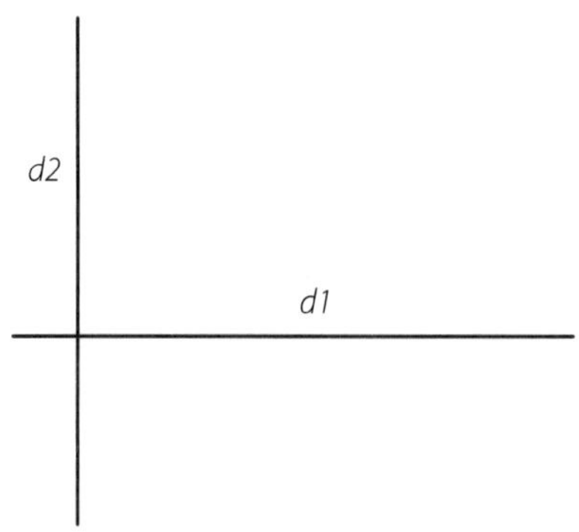

다음으로 직선(d1)과 거리가 22인 직선(d2), 거리가 31인 직선(d3)를 옵셋을 이용하여 다음 그림과 같이 그려보자.

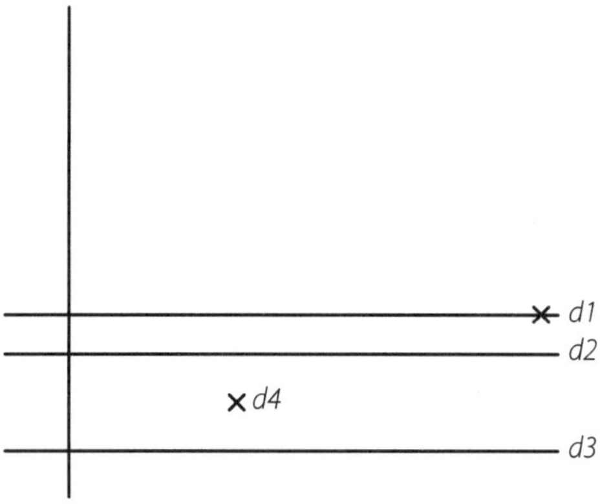

명령어 : o → 9 → space bar → 직선(d1) 클릭 → 원하는 방향(d4) 클릭(직선(d2))

o → 31 → space bar → 직선(d1) 클릭 → 원하는 방향(d4) 클릭(직선(d3))

다음으로 직선(d1)과 거리가 6.5인 직선(d2), 거리가 11인 직선(d3), 거리가 15.5인 직선(d4), 거리가 56.5인 직선(d5), 거리가 61인 직선(d6), 거리가 65.5인 직선(d7), 거리가 90인 직선(d8), 거리가 99인 직선(d9)를 옵셋을 이용하여 다음 그림과 같이 그려보자.

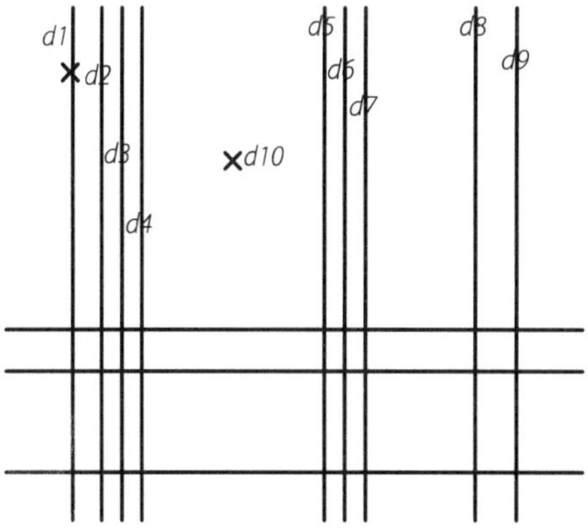

명령어 : o → 6.5 → space bar → 직선(d1) 클릭 → 원하는 방향(d10) 클릭(직선(d2))

o → 11 → space bar → 직선(d1) 클릭 → 원하는 방향(d10) 클릭(직선(d3))

o → 15.5 → space bar → 직선(d1) 클릭 → 원하는 방향(d10) 클릭(직선(d4))

o → 56.5 → space bar → 직선(d1) 클릭 → 원하는 방향(d10) 클릭(직선(d5))

o → 61 → space bar → 직선(d1) 클릭 → 원하는 방향(d10) 클릭(직선(d6))

o → 65.5 → space bar → 직선(d1) 클릭 → 원하는 방향(d10) 클릭(직선(d7))

o → 90 → space bar → 직선(d1) 클릭 → 원하는 방향(d10) 클릭(직선(d8))

o → 99 → space bar → 직선(d1) 클릭 → 원하는 방향(d10) 클릭(직선(d9))

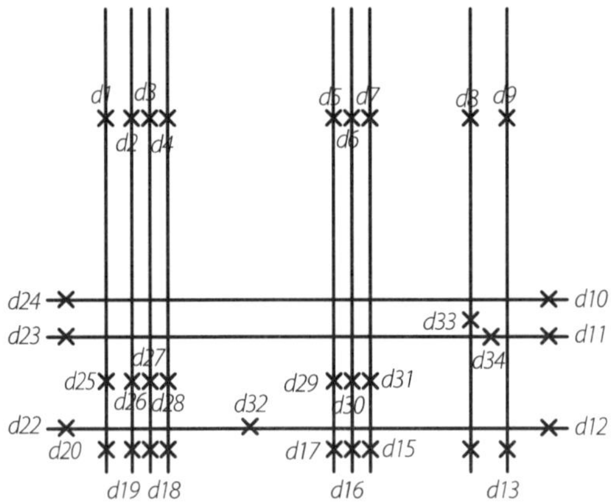

이제 필요없는 부분을 Trim을 이용하여 지우면 다음과 같은 그림이 된다.

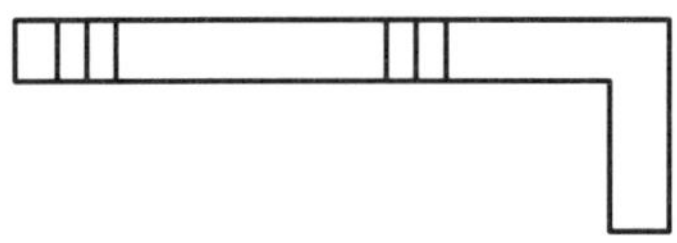

그 다음으로 좌측상단부를 이어서 작성해보자.

먼저 다음 그림에 표시된 점(d1)에서 시작하고 길이가 28, 각도가 30도인 직선을 그려보자.

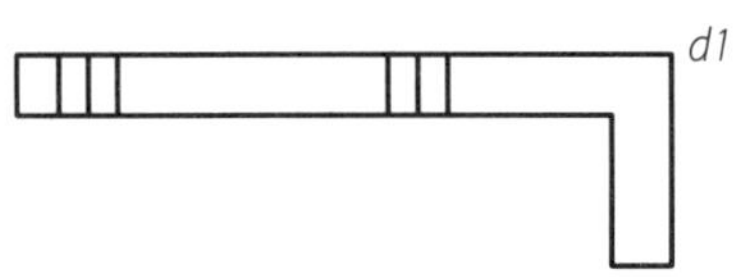

먼저 직선(Line)버튼을 클릭하고 점 d1을 클릭하면 다음과 같은 창이 뜬다.

여기서 @28<30(1장에서 배웠던 인크리멘탈 좌표방식 참조)를 입력한 후 space bar를 누르면 다음과 같은 그림이 된다.

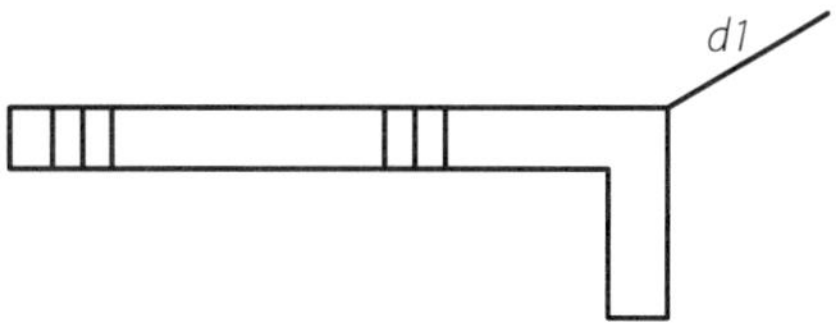

다음으로 위 그림에서 표시된 직선(d1)과 거리가 11인 직선(d2, d3), 거리가 19인 직선(d4, d5)를 그리면 다음과 같은 그림이 된다.

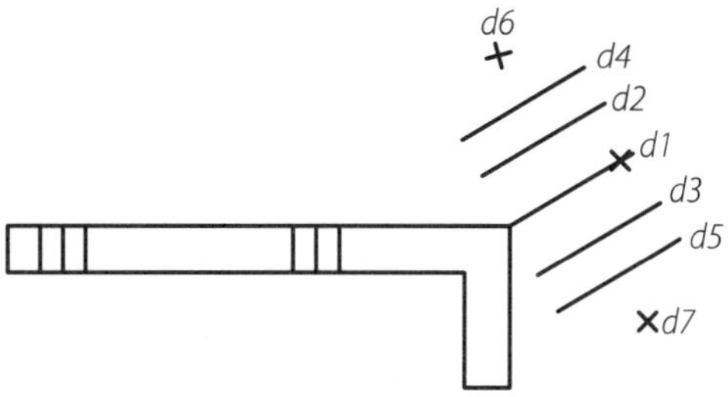

명령어 : o → 11 → space bar → 직선(d1) 클릭 → 원하는 방향(d6) 클릭(직선(d2))
o → 11 → space bar → 직선(d1) 클릭 → 원하는 방향(d7) 클릭(직선(d3))
o → 19 → space bar → 직선(d1) 클릭 → 원하는 방향(d6) 클릭(직선(d4))
o → 19 → space bar → 직선(d1) 클릭 → 원하는 방향(d7) 클릭(직선(d5))

▶ 연장(extend)

320~321쪽 참조

연장(extend)이란 한 직선이 다른 한 직선과 가상의 교차점이 존재할 때 교차점까지 연장시켜주는 기능이다.

먼저 오토캐드에서 연장(extend)의 버튼 위치는 다음 그림과 같다.

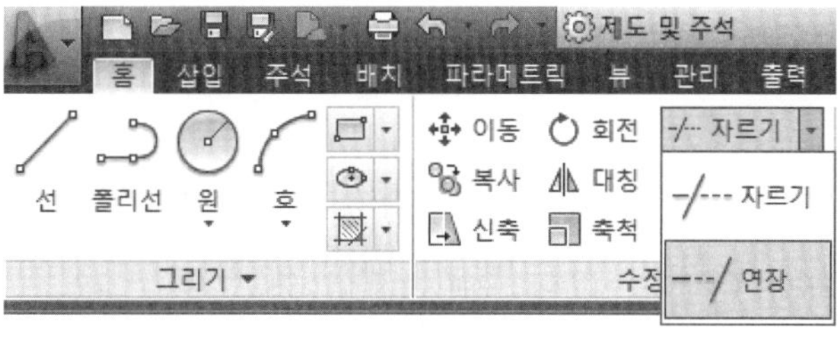

연장이라는 기능을 사용해서 오른쪽 그림과 같이 만들어보자.

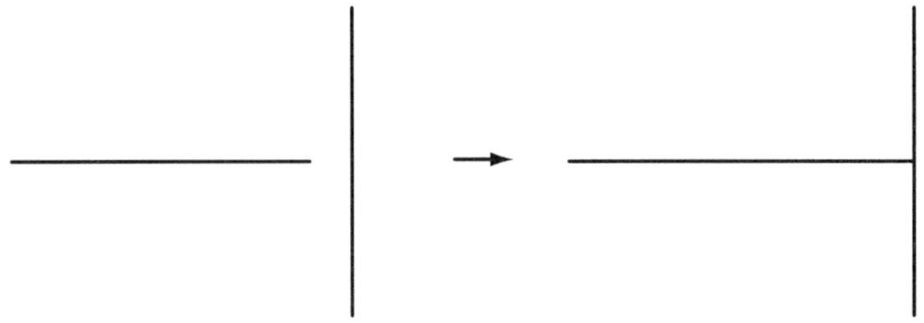

다음 그림에서 연장(extend)버튼을 클릭후 직선(d1)을 클릭한다.

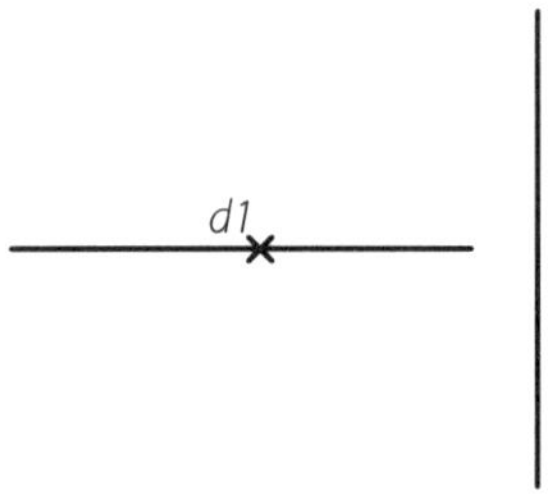

명령어 : ex → space bar → space bar → **직선(d1)클릭**

그러면 다음 그림과 같이 나타난다.

연장기능을 사용해서 다음 그림의 직선(d1~d4)을 연장시켜보자.

명령어 : ex → space bar → space bar → d1 → d2 → d3 → d4

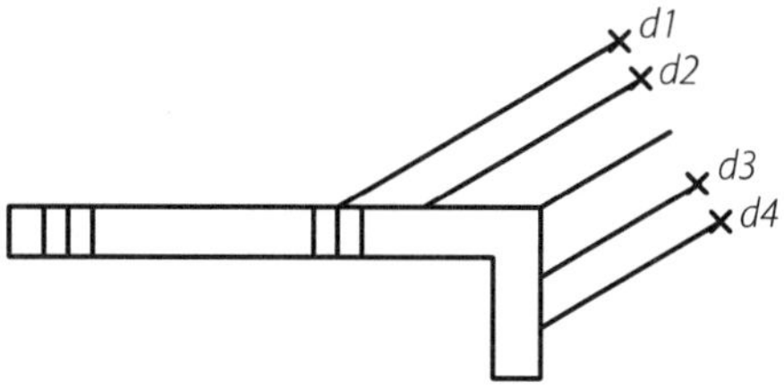

아래 그림에 표시된 점(d1)과 점(d2)를 지나는 직선을 이으면 다음 그림과 같이 된다.

명령어 : L → space bar → d1 → d2

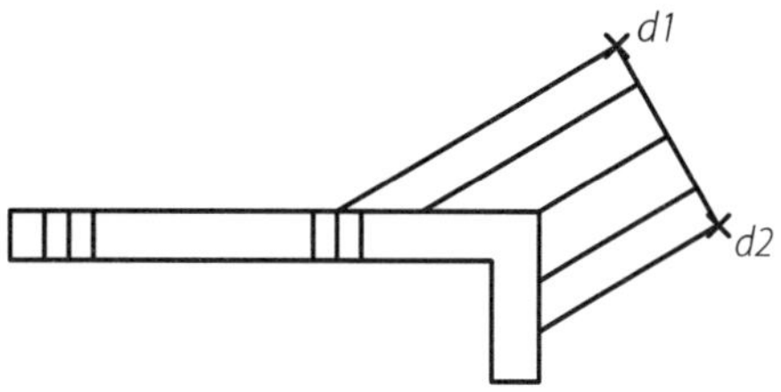

다음 그림과 같이 직선(d1~d6)에 숨은선 레이어를 적용하자.

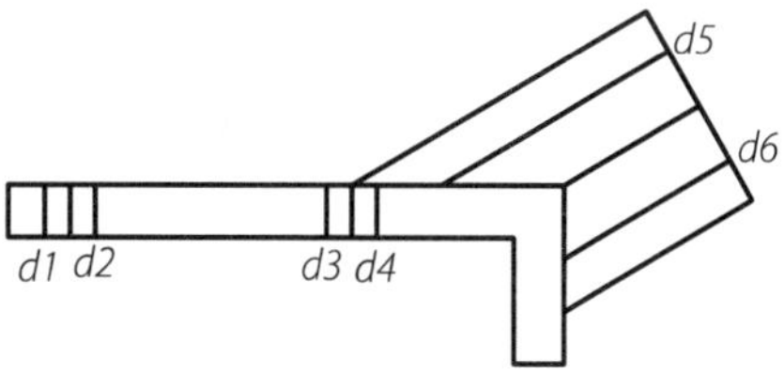

그러면 다음과 같은 그림을 얻을 수 있다.

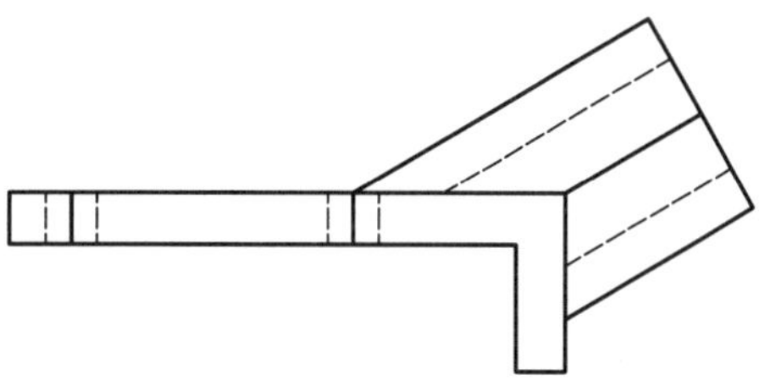

다음 그림과 같이 직선(d1~d3)에 중심선 레이어를 지정하고 중심선은 외형선 밖으로 삐져나오게 하는게 중요하므로 선을 선택한 후 끝점을 연장한다.

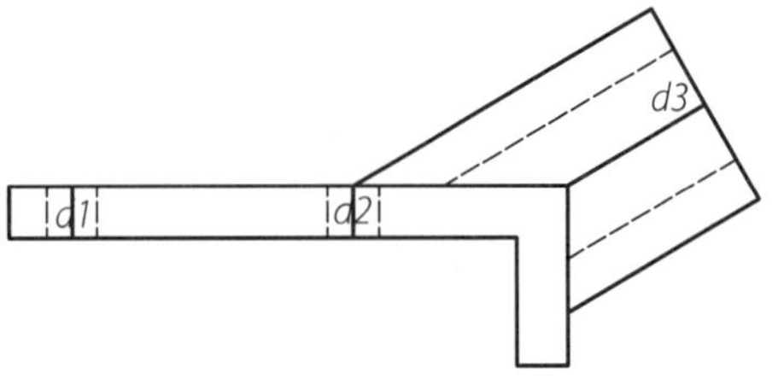

중심선 레이어를 입히고 외형선밖으로 삐져나오게 하면 다음 그림과 같이 된다.

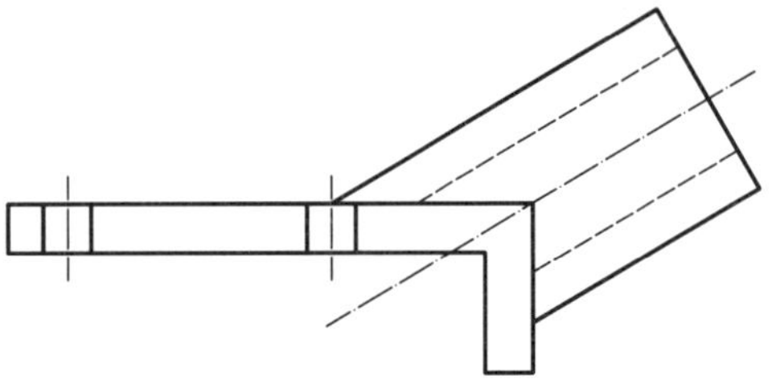

평면도

이제 평면도를 그려보자. 다음과 같이 각 모서리마다 보조선을 수직 방향으로 그린다.

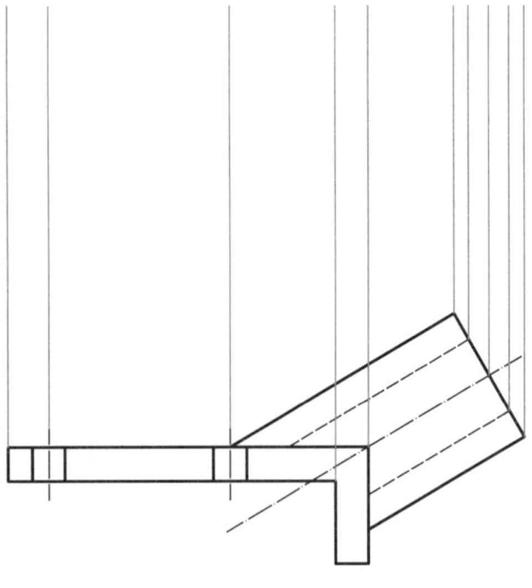

x축과 평행한 직선(d1)을 그리고 직선(d1)과 거리가 11인 직선(d2), 거리가 30인 직선(d3), 거리가 49인 직선(d4), 거리가 60인 직선(d5)를 그린다. (offset을 이용)

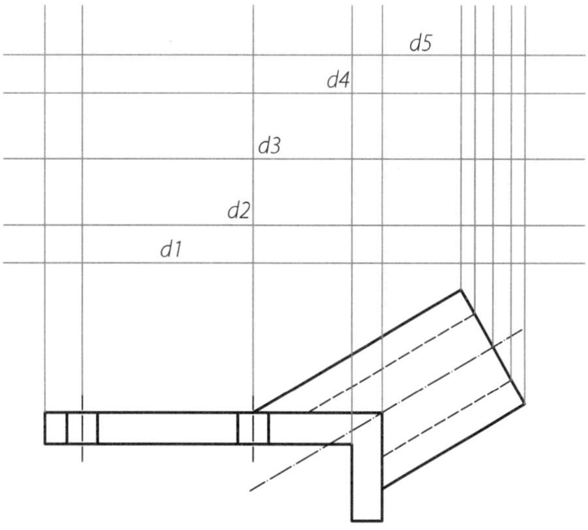

다음 그림과 같이 직선(d1)을 가는실선 레이어로 지정한 후 직선(d2)과 직선(d3)의 교차점(d4)을 중심으로 하는 지름이 9인 원(d5), 반지름이 11인 원(d6)을 다음과 같이 그린다.

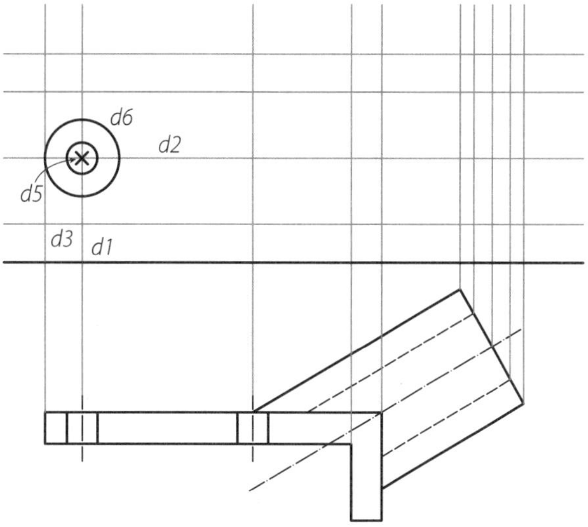

다음 그림에 표시된 직선(d1)과 직선(d2)의 교차점(d3)를 중심으로 하는 지름 9인 원(d4), 반지름 11인 원(d5) 직선(d1)과 직선(d6)의 교차점(d7)를 중심으로 하는 지름 9인 원(d8), 반지름 11인 원(d9)를 다음 그림과 같이 그린다.

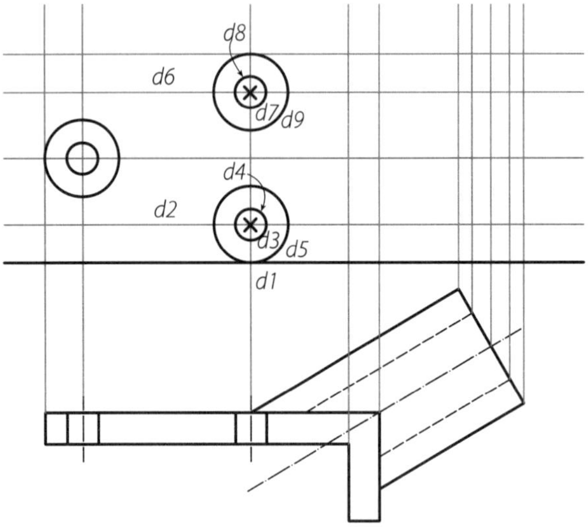

다음 그림과 같이 레이어가 가는 실선인 직선(d1, d2, d3)를 그린다.

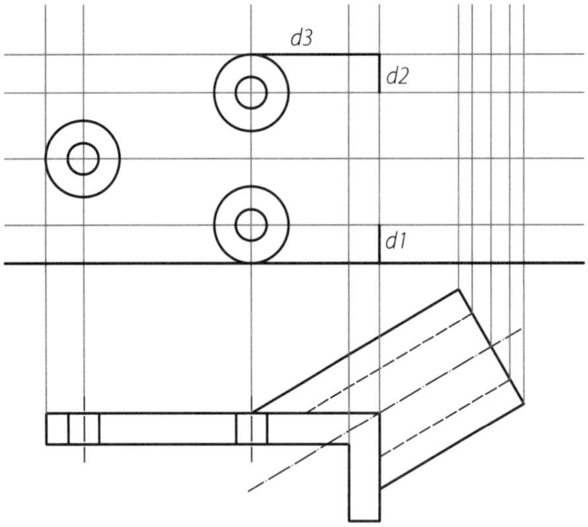

다음으로 Osnap의 기능 접점 기능을 각각 2번 사용하여 원(d1)과 원(d2)의 접선(d3)를 그리고 원(d1)과 원(d4)의 접선(d5)과 직선(d6)을 그린다.

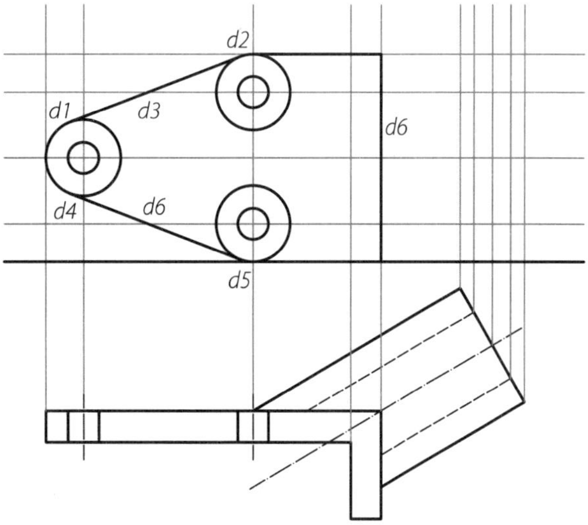

명령어 : l → space bar → 마우스 우클릭 → tangent 클릭 → 원(d1)클릭 → 마우스 우클릭 → tangent 클릭 → 원(d2)클릭(직선 d3)

l → space bar → 마우스 우클릭 → tangent 클릭 → 원(d4)클릭 → 마우스 우클릭 → tangent 클릭 → 원(d5)클릭(직선 d6)

이제 Trim을 이용하여 예전의 했던 방법의 지우는 순서를 참고하여 필요없는 부분(d1, d2, d3, d4, d5)를 제거하자.

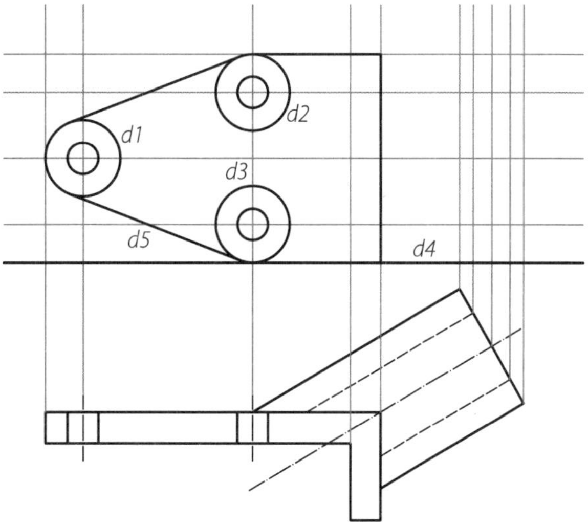

위의 작업을 완료하면 도면은 다음과 같이 완성된다.

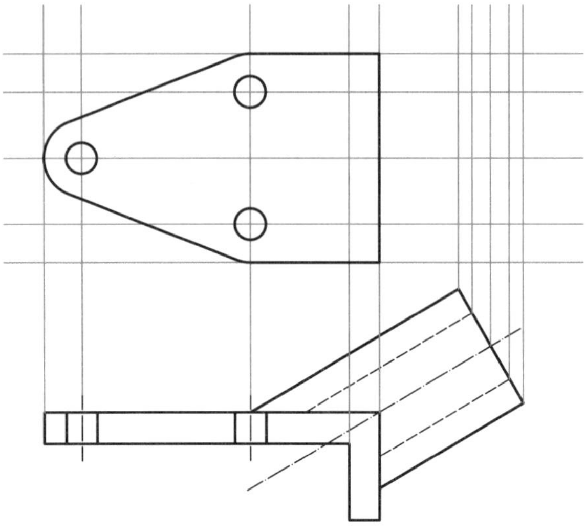

선분(d1)을 숨은선 레이어로 지정한다.

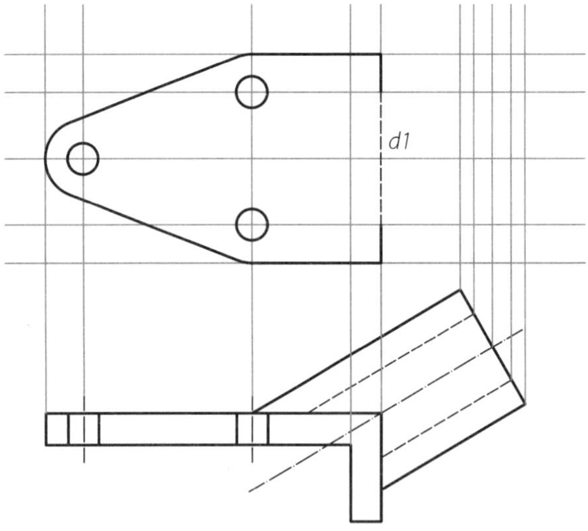

그 다음으로 숨은선 레이어를 사용하여 직선(d1)을 그리면 숨은선이 완성된다.

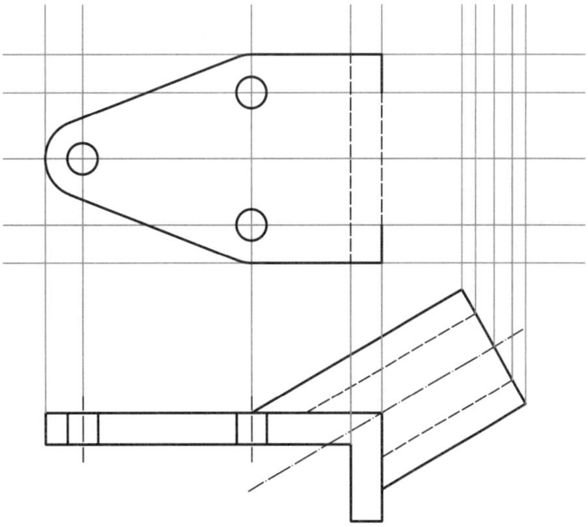

▶ 타원(elipse)

183~184쪽 참조

이제 밖으로 삐져나온 부분을 그려보자. 타원이라는 기능을 사용하여 그릴 것이다. 먼저 오토캐드의 타원 버튼의 위치는 다음과 같다.

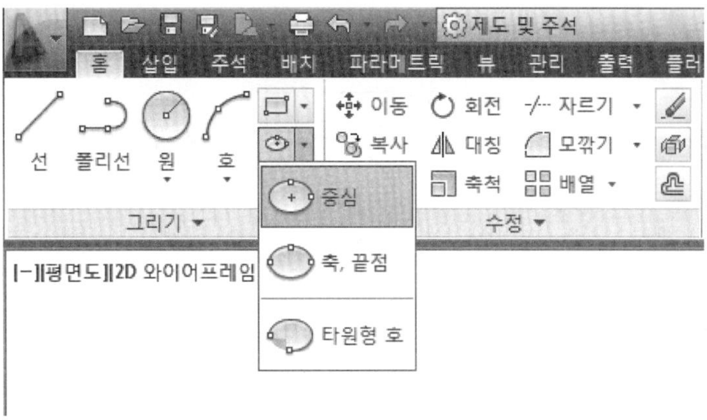

타원을 그리는 아이콘을 클릭하면 나오는 세 가지 아이콘은 다음과 같은 기능을 지닌다.

1. Center : 중심과 세로끝점과 가로끝점으로 타원을 그림
2. Axis, End : 두 가로끝점과 한 세로끝점으로 타원을 그림
3. Elliptical Arc : 타원의 호를 그릴 때 사용한다.

우리는 여기서 Center를 이용하여 타원을 그릴 것이다.

타원메뉴의 Center 버튼을 클릭후 다음 그림에 표시된 중심점(d1)과 세로끝점(d2), 가로끝점(d3)을 클릭한다.

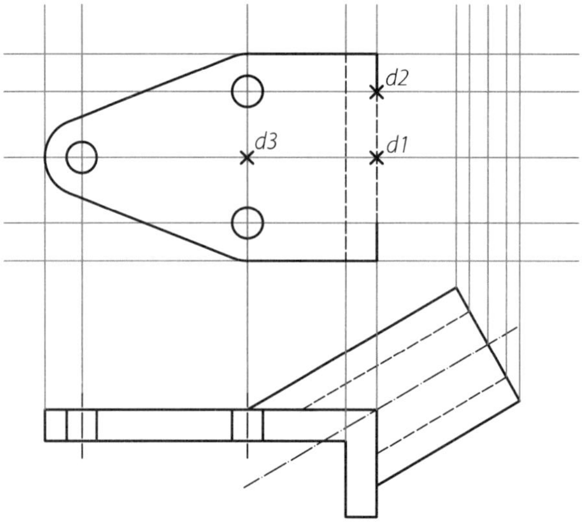

그러면 다음과 같은 그림이 된다.

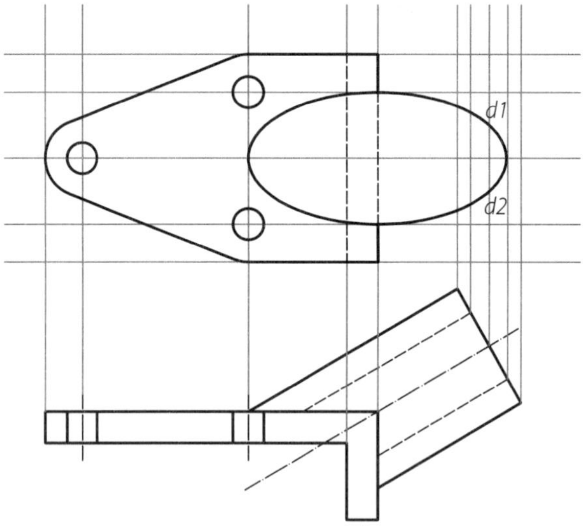

Tirm을 이용하여 위 그림에 표시된 필요 없는 부분(d1, d2)를 예전에 했던 방법의 지우는 순서를 참고하여 지우면 다음과 같다.

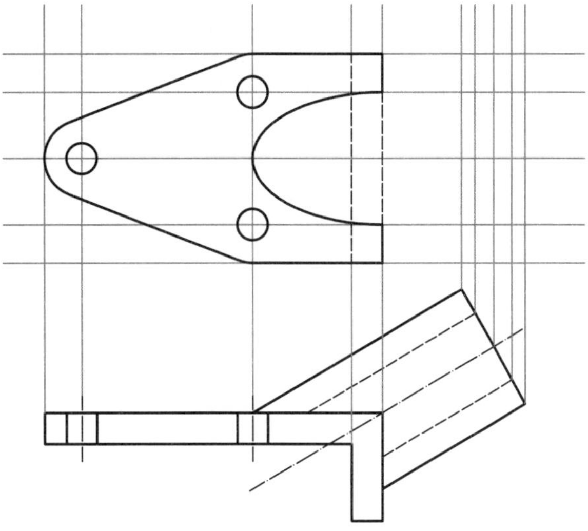

다음 그림과 같이 직선(d1, d2)를 그린다.

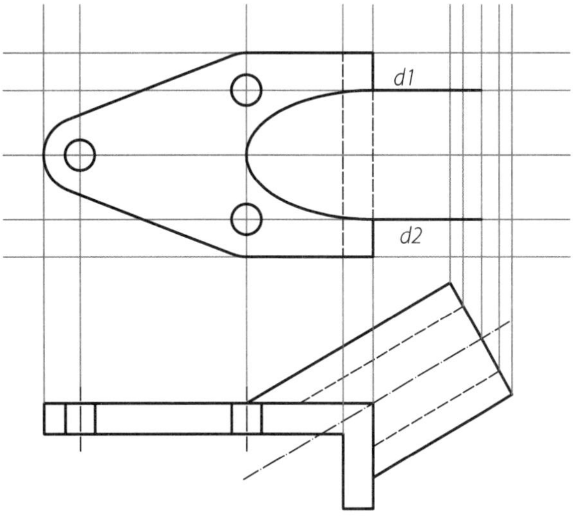

직선(d1)과 거리가 11인 보조선(d2, d3)를 옵셋을 이용하여 다음 그림과 같이 그려보자.

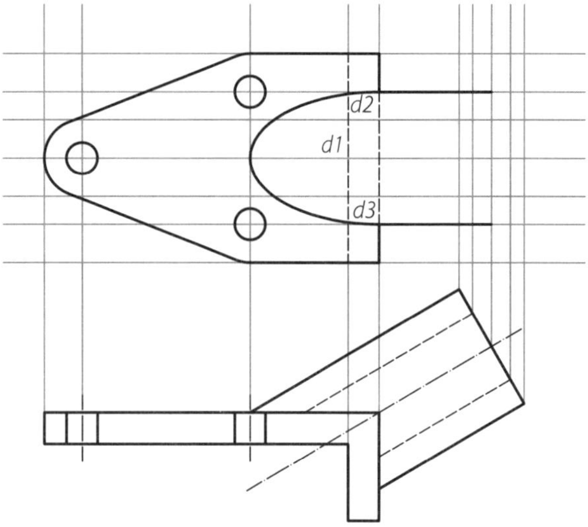

다음 그림에서 표시된 중심점(d1), 가로끝점(d2), 세로끝점(d3)인 타원(d4)과 중심점(d1), 가로끝점(d5), 세로끝점(d6)인 타원(d7)을 그려보자.

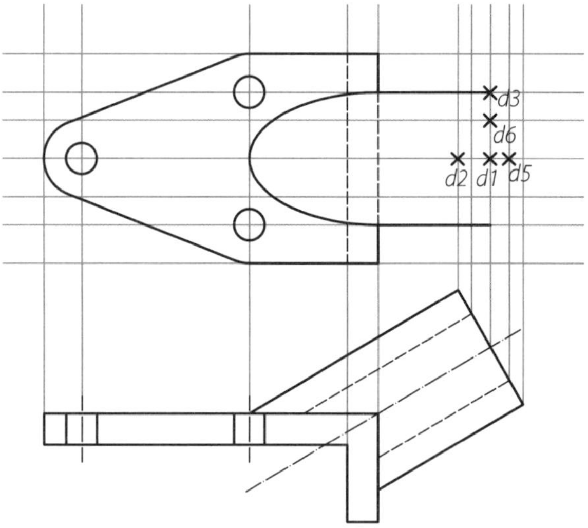

그리면 다음과 같이 된다.

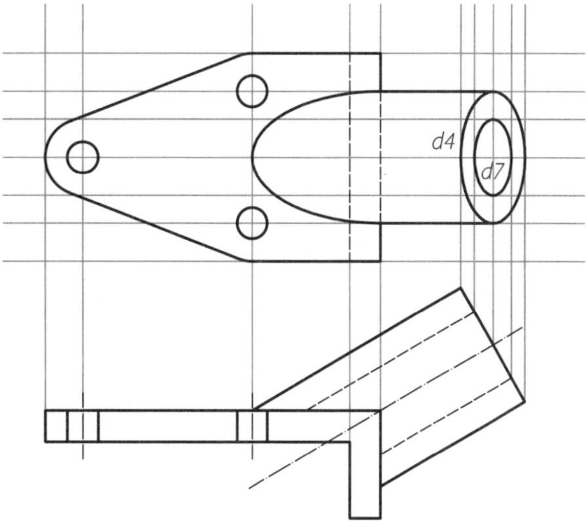

숨은선 레이어를 이용하여 시작점(d1)으로부터 끝점(d2)인 직선(d3)와 시작점(d4)로부터 끝점(d5)인 직선(d6)를 다음 그림과 같이 그려보자.

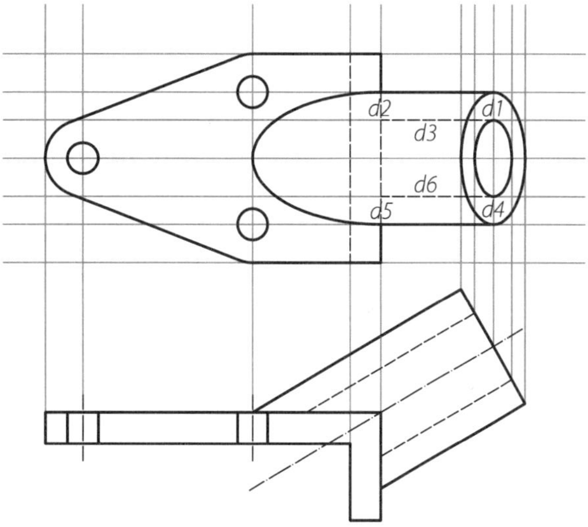

정면도에 작성한 숨은선을 평면도에 정확하게 작성하여보자. 평면도에서 정면도의 구멍은 타원의 형상으로 보일 것이다. 이를 작성해보자. 위에서 설명한 타원그리는 방법을 이용하여 d1을 중심으로 d2와 d3를 거치는 타원을 숨은선 레이어로 작성하여보자.

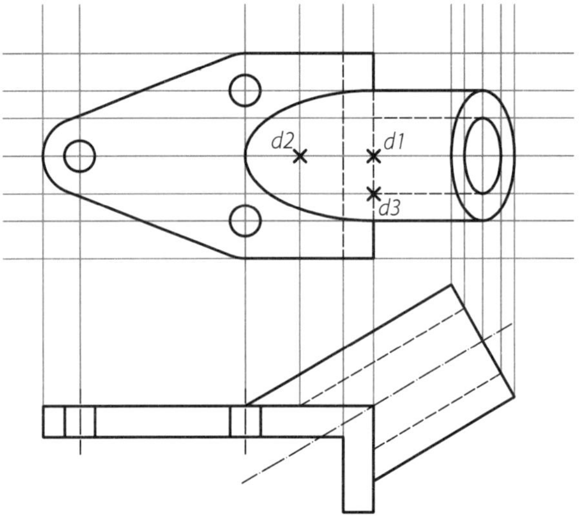

위의 방법을 따라 타원을 작성하게 되면 다음 그림과 같이 도면이 작성된다.

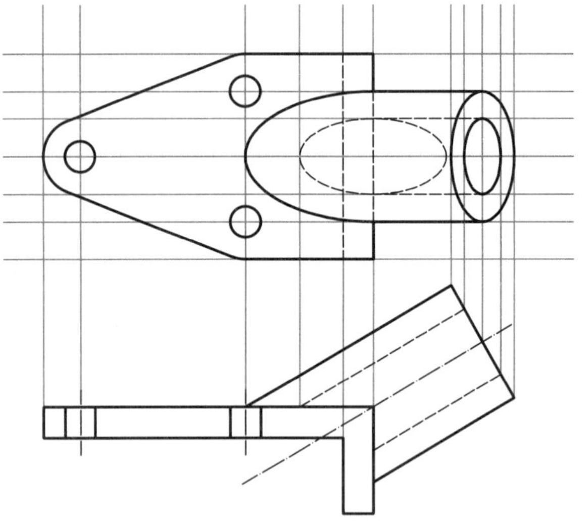

위의 도면이 작성되었으면 d1을 자르기기능을 이용하여 잘라내자.

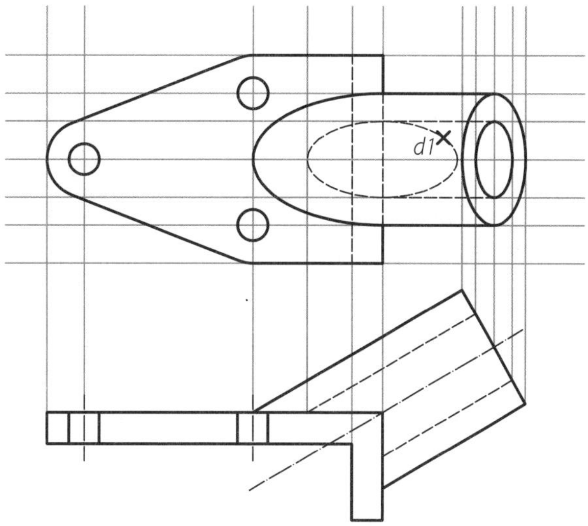

다음 그림에 표시된 원(d1~d5)의 중심선을 그려보자.

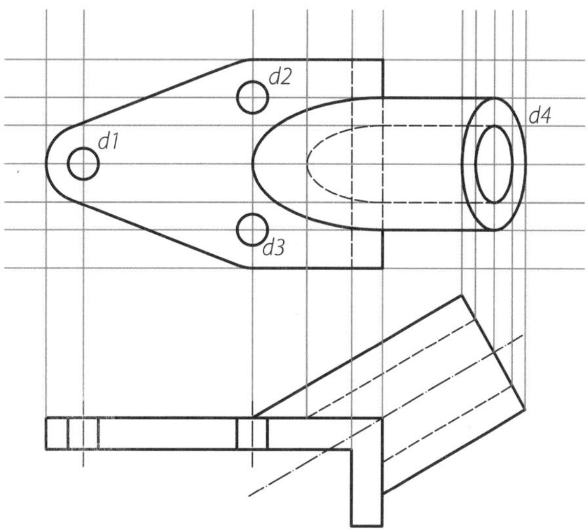

중심선을 그리면 다음과 같다.

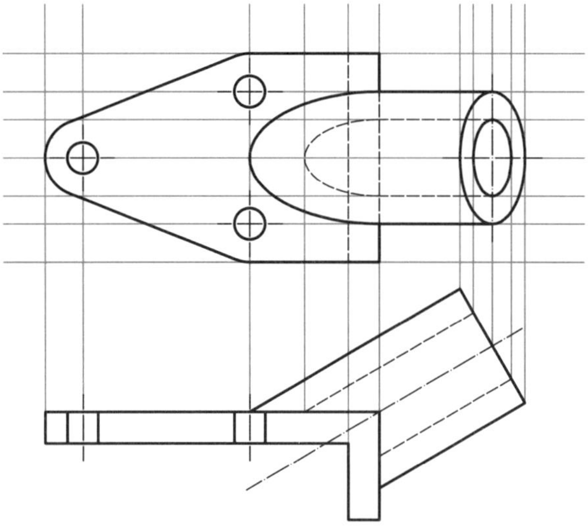

보조투상도

보조투상도를 그려보자. 먼저 점(d1)으로부터 시작하는 레이어가 중심선이고 각도가 30 도이고 길이는 충분히 긴 직선(d2)를 다음과 같이 그려보자.

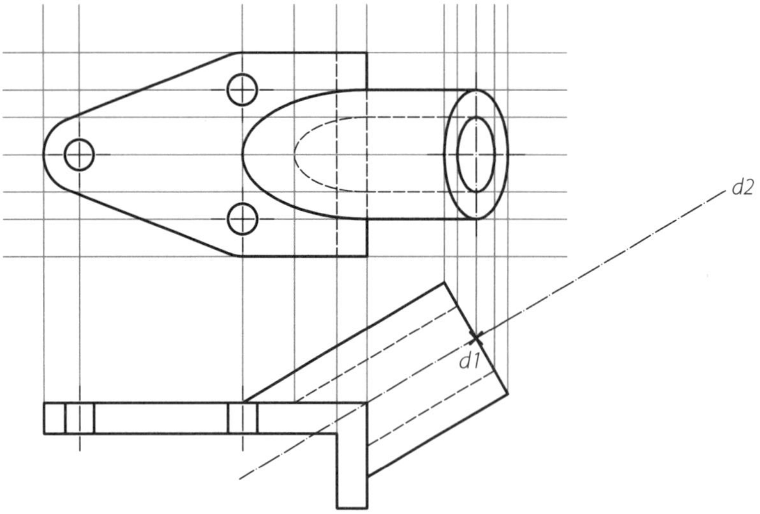

다음 그림과 같이 표시된 직선(d1)을 옵셋을 이용하여 거리가 적당한 직선(d2)를 그린다. 직선(d2)를 작성후 중심선 레이어로 변경하여준다.

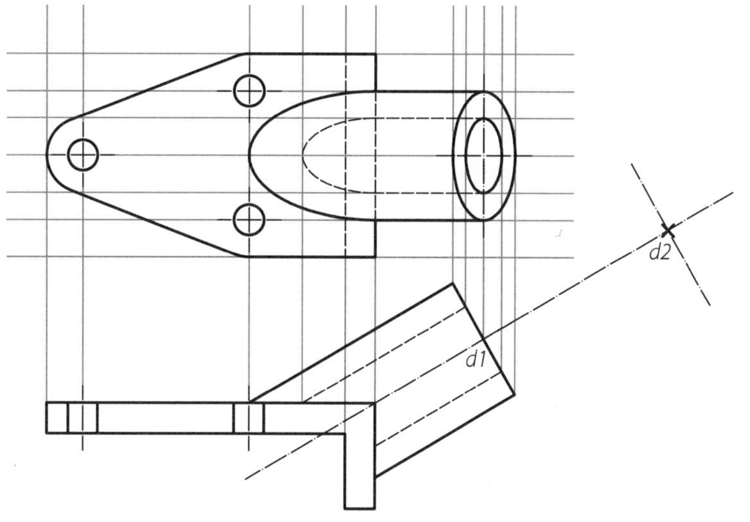

다음 그림과 같이 표시된 직선(d1)과 직선(d2)의 교점(d3)를 중심으로 하고 지름이 22인 원(d4)과 지름이 38인 원(d5)을 그린다. 또는 평면도에서 직선(d1)과 평행인 직선(d6)과 직선(d7)를 연장하고, 그것을 이용하여 원(d4)와 원(d5)를 그릴 수도 있다.

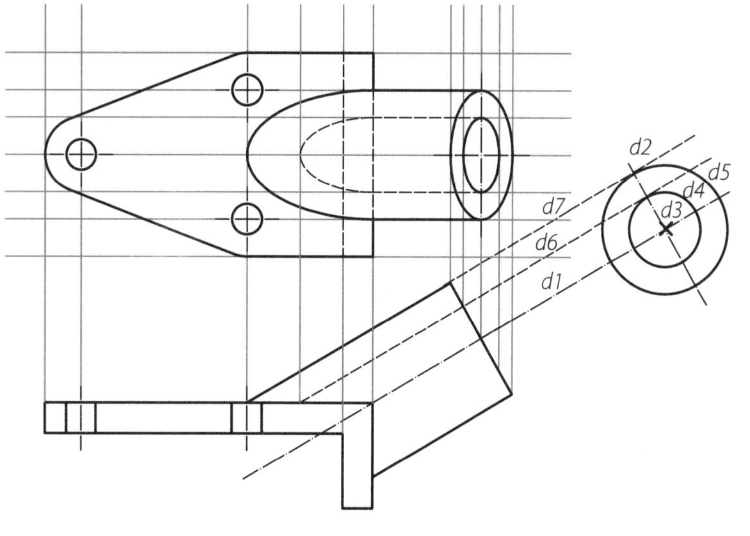

앞에서 설명한 치수기입 방법으로 도면에 치수를 기입하면 다음과 같다.

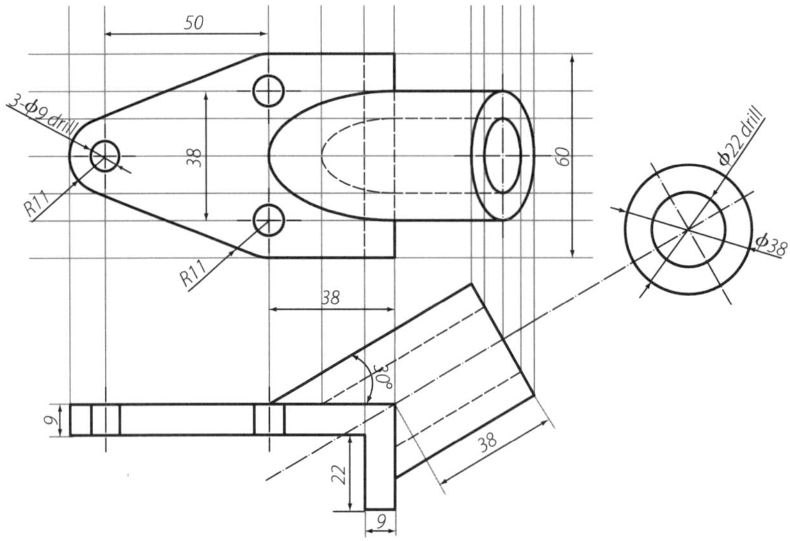

보조선 레이어를 끄면 다음과 같은 완성된 도면이 된다.

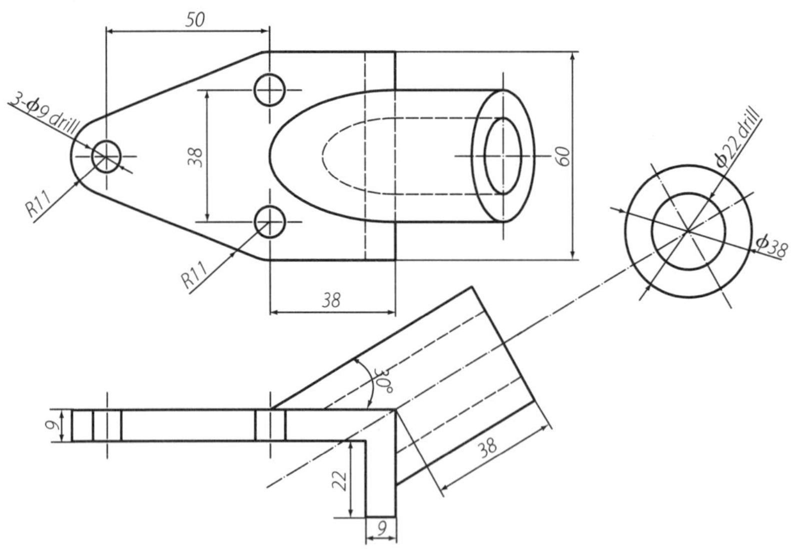

PART 2
기능별 설명

2부에서는 오토캐드의 기능을 설명한다. 1부의 따라 하기에서는 기능별이 아닌 사용하는 순서에 따라 기능을 설명하였다. 여기서는 오토캐드가 가지고 있는 기능을 분류하여 설명한다.

CHAPTER 05

시 작

도면층, 객체스냅 및 객체정보

CAD의 가장 단순한 형태는 그림을 그릴 수 있는, 컴퓨터 모니터에 도형을 그리고 수정할 수 있는 것을 이용하여 도면을 그리는 것이다. 이에 앞서, 오토캐드 프로그램의 여러가지 메뉴와 기능을 먼저 숙지하여야 한다. 보다 빠르고 정확한 도면을 작성하기 위해서는, 도면을 작성하기 이전에, 사용자에게 가장 알맞은 기본 프로그램 세팅이 완료되어야 한다. 따라서 이번 장에서는 오토캐드를 처음 접하는 사용자에게, 프로그램자체에서 지니고 있는 기능에 대한 설명하고, 사용자가 프로그램을 세팅할 수 있는 법을 설명한다.

항 목	명령어	아이콘	설 명
열기	OPEN		기존의 도면을 오토캐드 화면으로 불러들일 때 사용하는 명령어이다.
저장	SAVE		오토캐드 도면을 저장한다.
객체스냅	OSNAP		이미 그려진 도면 요소의 특정 지점을 정확히 찾아가게 한다.
도면층	LAYER		도면층에 따라 선의 색, 모양, 굵기를 따로 지정하고, 다른 종류의 선을 사용하고 싶을 경우 사용한다.
도면 한계	LIMITS		그림이 그려지는 한계를 지정해 주는 명령어이다.
줌	ZOOM		보이는 도형을 확대하거나 축소하는 방법이다.

01 오토캐드 2015의 화면 구성

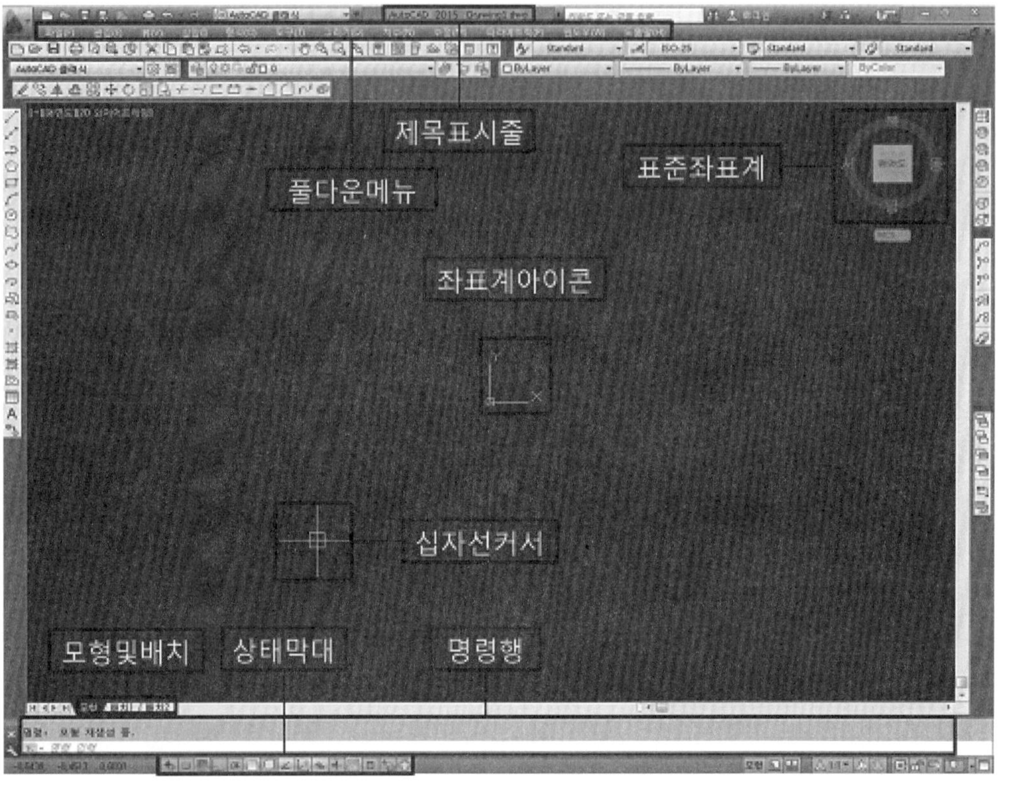

메 뉴

오토캐드는 기본적으로 Pull Down Menu, Icon Menu, 명령 입력 Menu, ShortCut Menu, Screen Menu 5가지 메뉴를 제공하고 있다.

- Pull Down Menu

오토캐드에서 사용하는 명령어들이 같은 그룹별로 정리되어 있다. 메뉴는 사용자의 요구에 맞게 변경될 수 있으며, 오토캐드 Support 디렉토리의 메뉴 파일을 사용하여 변경할 수 있다.

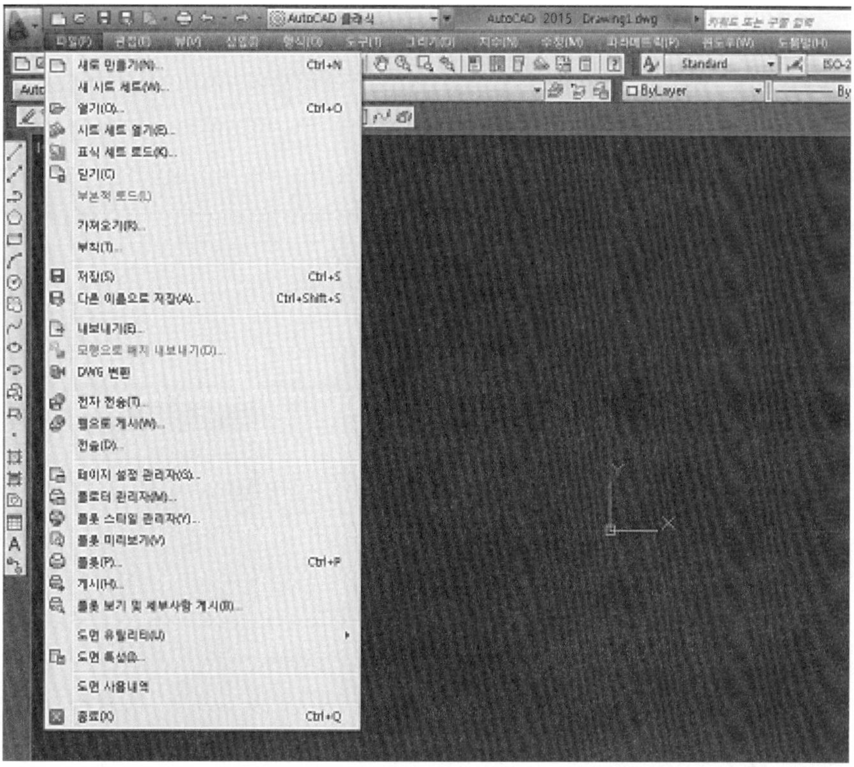

- Icon Menu

Windows의 표준 아이콘들과 오토캐드에서 가장 많이 사용되는 주요 도구가 포함되어 있다. 또한 메뉴와 마찬가지로 아이콘 메뉴도 작업 그룹별로 정리되어 있어 필요에 따라 화면에 나타나게 할 수 있다. 아이콘 메뉴는 오토캐드 화면에 어디에나 위치할 수 있다.

- **명령 입력** Menu

오토캐드에서 사용하는 명령어를 직접 입력하는 영역이다.

• ShortCut Menu

오토캐드의 단축 메뉴는 마우스의 오른쪽 버튼을 클릭하면 나타나는 메뉴로, 커서의 위치와 상황에 따라 다양한 메뉴가 제공된다.

• Screen Menu

DOS용 오토캐드에서 가장 많이 사용되었던 메뉴이다.

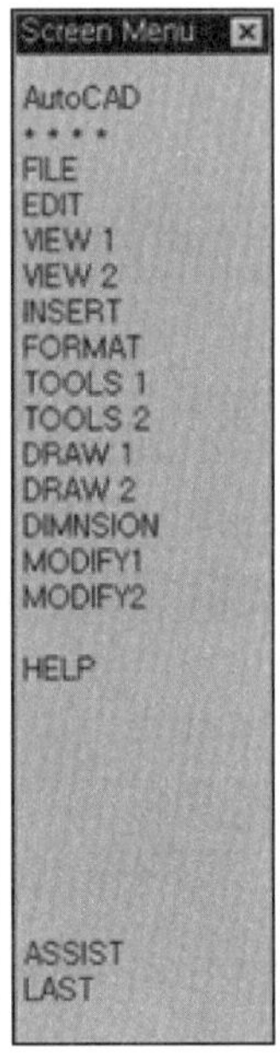

• Status Bar(상태 바)

상태 바는 오토캐드 화면 아래에 위치하고 있는 부분으로 커서의 위치를 나타내고 있는 좌표와 각종 설정에 대한 On/Off 상태가 표시되어 있다(그림 2.54).

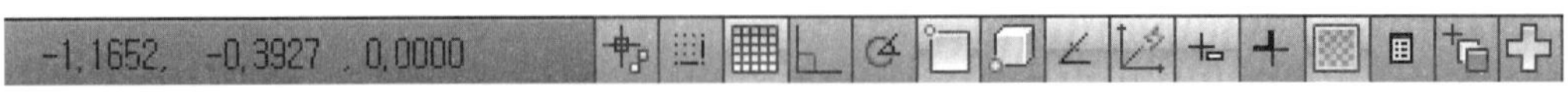

• Scroll Bar(스크롤 바)

마우스를 이용하여 스크롤 바를 좌/우 또는 위/아래로 이동시켜 오토캐드 화면을 움직일 수 있다.

- Model(모형)/Layout(배치)

오토캐드는 도면 작업을 하는 모형(or 모델) 공간과 출력을 위해 화면을 구성하는 도면 공간 두 가지 형태의 공간을 제공한다, 그림 2·56처럼 Model은 모형 공간을 의미하며, Layout1, Layout2….는 도면 공간을 의미한다. 마우스를 Model 또는 Layout Tab에 두고 클릭을 하면 자동 전환한다.

02 도면 열기와 저장하기

열기(OPEN)

버튼

메뉴: 응용프로그램 메뉴 ➤ 열기 ➤ 도면

메뉴: 파일 ➤ 열기

도구막대: 표준

기존의 도면을 오토캐드 화면으로 불러들일 때 사용하는 명령어이다. Preview(미리보기)를 이용하여 원하는 파일을 선택하거나 Browse(파일찾기)기능을 이용하여 지정한 디렉토리의 도면들을 검색하여 원하는 도면 열기를 할 수 있다. 열기 명령을 실행시키면 그림 2.20과 같은 대화상자가 나타난다.

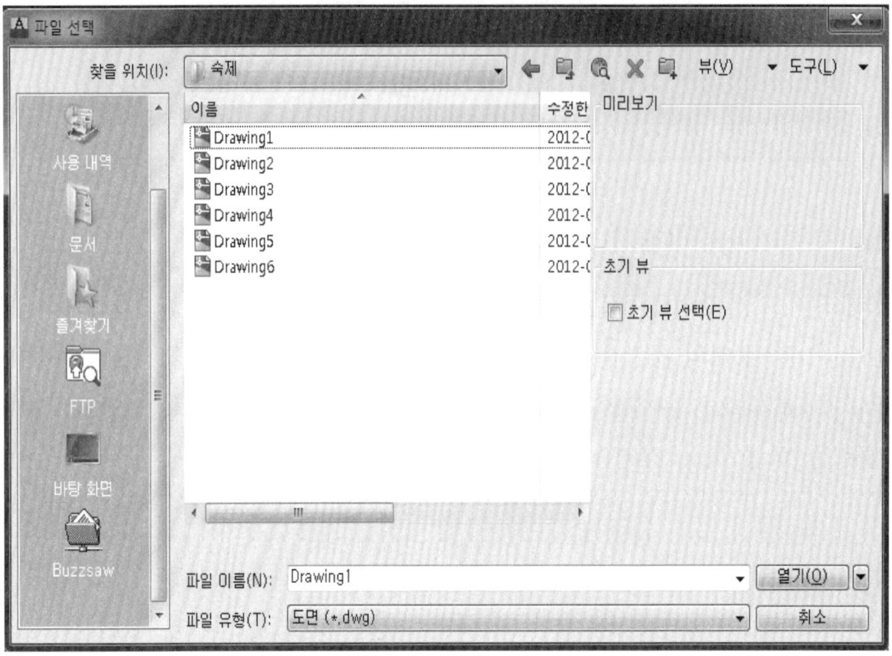

• **파일이름**(File) : 현재 선택된 파일 이름이다.
• **파일형식**(File of) : 파일의 형식을 선택한다.

dwg	도면 파일 형식
dws	표준 파일 형식
dwt	템플릿 파일 형식

• **찾을위치**(Location) : 파일을 검색할 위치를 지정한다.
• **사용내역**(History) : 가장 최근에 접근한 내역을 표시한다.
• **내 문서**(My Document) : 현재 사용 중인 컴퓨터의 내 문서 폴더로 이동하여 목록을 표시한다.
• **즐겨찾기**(Favorites) : 즐겨찾기에 등록된 목록을 표시한다.
• **파일전송 프로토콜**(FTP) : 파일전송 프로토콜의 위치를 지정하여 연결한다.
• **바탕화면**(Desktop) : 바탕화면의 목록을 표시한다.

- **Buzzsaw** : 다른 위치의 프로젝트 팀을 연결할 수 있는 안전한 인터넷 기반의 공동 작업 및 프로젝트 관리 서비스 사이트인 Buzzsaw에 연결한다.
- **뒤로( )** : 이전 위치로 돌아가기
- **한수준위로( )** : 현재의 경로 트리 위치에서 한 단계 위로 이동한다.
- **웹검색( )** : 대화상자를 통해 인터넷상에서 파일로 접근하고 파일을 저장한다.
- **삭제( )** : 파일 또는 폴더를 삭제한다.
- **새 폴더작성( )** : 현재 위치에서 새로운 폴더를 작성한다.
- **뷰(Views)** : 파일 또는 폴더 목록의 모양을 지정하고, 파일 목록의 경우 파일 선택시 미리보기 이미지를 표시할지 여부를 지정한다.
- **도구(Tools)** : 사용 가능한 다른 동작에 대한 지원 도구를 제공한다.
  - 찾기(Find) : 이름, 위치, 날짜 등을 이용해 찾을 수 있는 대화상자를 표시한다.
  - 위치(Locate) : 오토캐드 검색 경로를 사용하여 파일 이름에 지정된 파일의 위치를 검색한다.
  - FTP 위치 추가/수정(Add/Modify FTP Locations) : 검색하고자 하는 FTP 주소를 지정한다.
  - 환경에 현재 폴더 추가(Add Current Folder to Places) : 환경리스트에 선택된 폴더의 아이콘을 추가함으로써 모든 표준파일 선택 대화상자에서 해당 폴더로 신속히 접근할 수 있게 한다.
  - 즐겨찾기에 추가(Add to Favorites) : 현재 찾을 위치에 표시된 위치 또는 선택된 파일이나 폴더로 바로 가기 아이콘을 작성한다.

저장하기(QSAVE)

버튼
메뉴: 파일 ➤ 저장
도구막대: 표준

- 오토캐드 도면을 저장한다.

• 현재 저장된 이름이 아닌 다른 이름으로 저장하고자 할 경우에는 SAVEAS 명령을 사용한다.

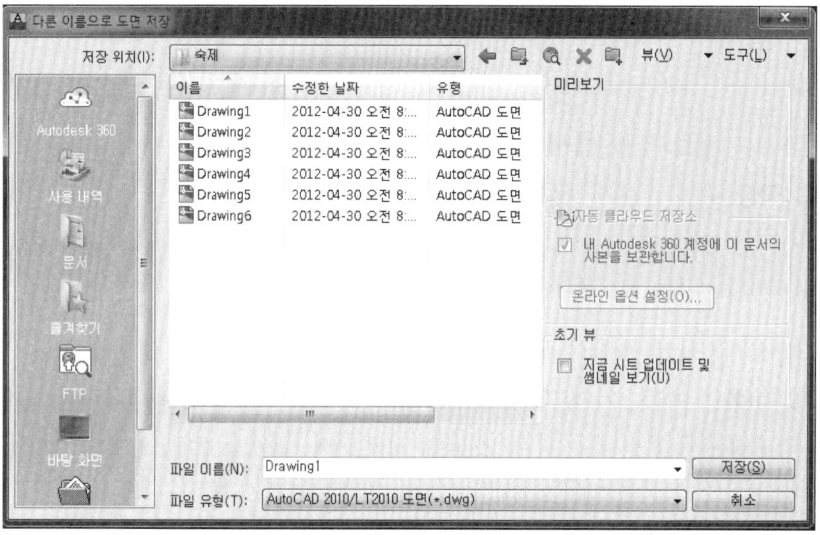

• SAVEAS 명령을 사용하는 경우에는 다음과 같은 파일 형태로 저장할 수 있다.

- 도면 : 현재의 도면을 기본 도면인 DWG 파일 형식으로 저장한다.
- 클라우드에 저장 : 현재도면을 Autodesk360 계정에 바로 저장한다.
- 도면 템플릿 : 새도면을 작성할 때 사용할 수 있는 도면 템플릿(DWT) 파일로 저장한다.
- 도면 표준 : 도면의 표준을 확인하는데 사용할 수 있는 도면 표준(DWS) 파일로 저장한다.
- 기타 : DWT, DXF 등의 파일 형식으로 저장한다.

03 객체 스냅

메뉴: 도구 ➤ 제도 설정

도구막대: 상태막대 ➤ 객체 스냅

바로 가기 메뉴: Shift 키를 누른 채 도면 영역에서 마우스 오른쪽 버튼을 클릭

명령 입력: F3

명령 입력: 투명 용도의 'osnap

객체스냅은 이미 그려진 도면 요소의 특정 지점을 정확히 찾아가게 하는 명령이다.

개 요

객체스냅의 종류는 다음과 같다.

종류	아이콘	설명
임시 추적점 (Temporary Tracking)		객체스냅을 이용하여 원하는 좌표를 지정할 수 있다.
특정점(From)		특정 점으로부터 입력하는 거리만큼 떨어진 점 잡기
끝점(Endpoint)		선이나 호와 같은 객체들의 가장 가까운 끝점에 스냅
중간점(Midpoint)		선이나 호와 같은 객체들의 중간점에 스냅
교차점(Intersection)		선, 원, 호 및 스플라인과 같은 객체들의 교차점에 스냅
가상 교차점 (Apparent Intersection)		3차원상의 가상의 교차점을 스냅
연장(Extension)		객체의 연장된 교차점을 스냅할 수 있게 해준다.
중심점(Center point)		호, 원 또는 타원의 중심점을 스냅
사분점(Quadrant)		호, 원 또는 타원의 가장 가까운 사분점(0, 90, 180, 360)을 스냅
접점(Tangent)		호, 원, 타원 또는 평면 스플라인 상에 접선을 형성하는 점에 스냅

수직점(Perpendicular)		객체 상에 수직 정렬을 형성하는 점에 스냅
평행(Parallel)		평행 스냅은 직선 세그먼트에 적용할 수 있다.
삽입점(Insertion)		블록, 쉐이프, 문자, 속성 또는 속성정의의 삽입점을 스냅
근처점(Nearest)		커서가 지정한 점에서 가장 가까운 거리에 있는 객체 위에 스냅
없음(None)		단일 객체 스냅과 객체스냅 실행 모두를 끈다.
Object Snap Setting		오브젝트 스냅 셋팅
절점(Node)		점 명령을 사용하여 그려진 점 객체에 스냅

- Endpoint(끝점) : 선이나 호와 같은 객체들의 가장 가까운 끝점에 스냅

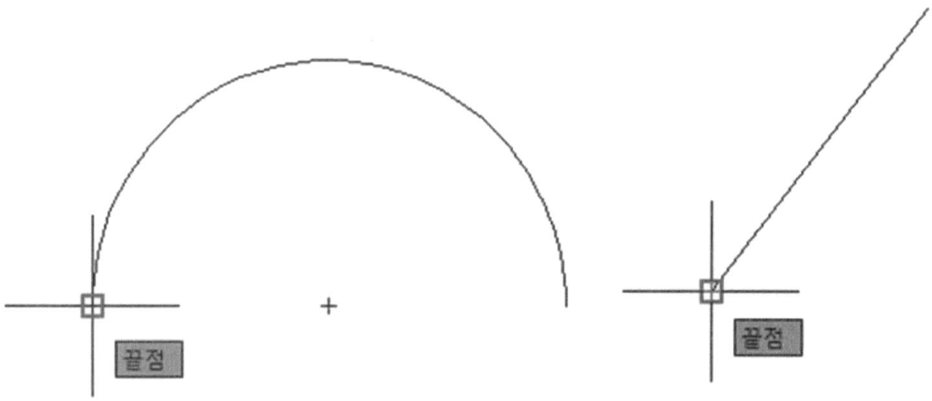

- Midpoint(중간 점) : 선이나 호와 같은 객체들의 중간 점에 스냅

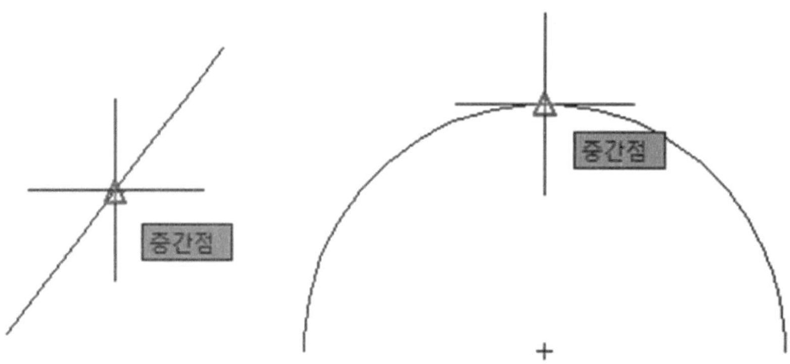

• Intersection(교차점) : 선, 원, 호, 및 스플라인과 같은 객체들의 교차점에 스냅

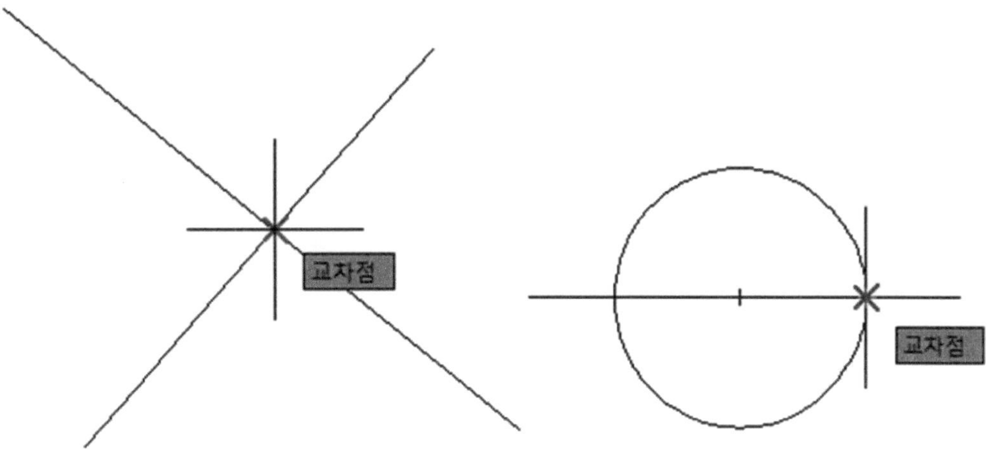

• Apparent Intersection(가상 교차점) : 3차원상의 가상의 교차점을 스냅
Extended intersection(확장 가상 교차점) : 3차원상의 연장할 수 교차점을 스냅

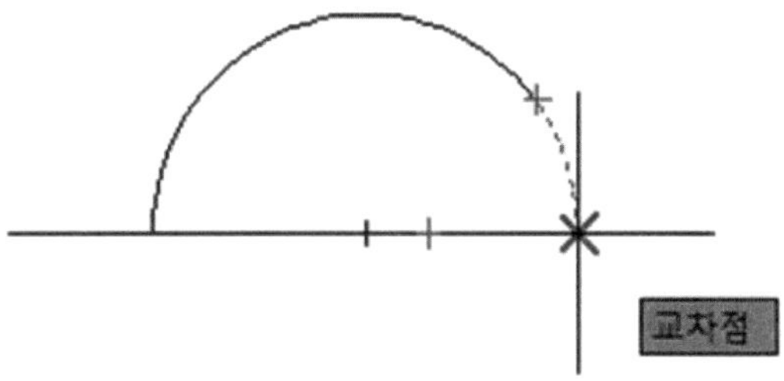

• Center point(중심점) : 호, 원 또는 타원의 중심점을 스냅

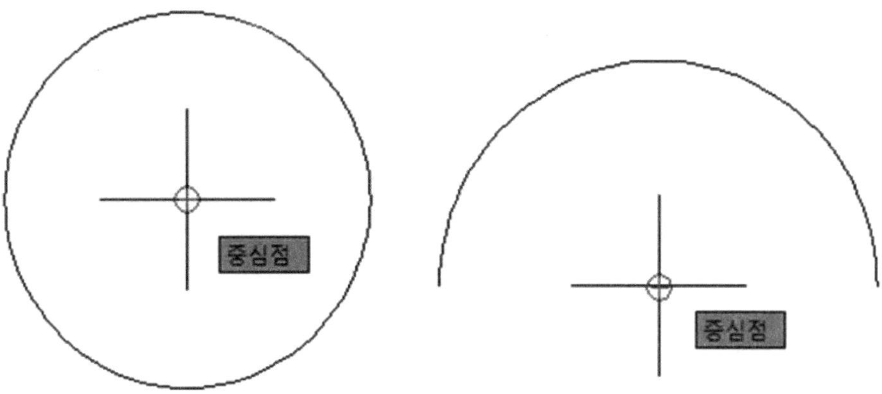

• Quadrant(사분점) : 호, 원 또는 타원의 가장 가까운 사분점(0, 90, 180, 360)을 스냅

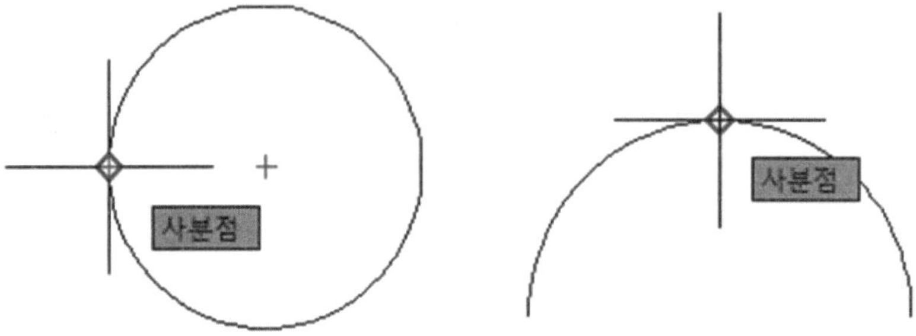

• Node(절점) : POINT 명령을 사용하여 그려진 점 객체에 스냅

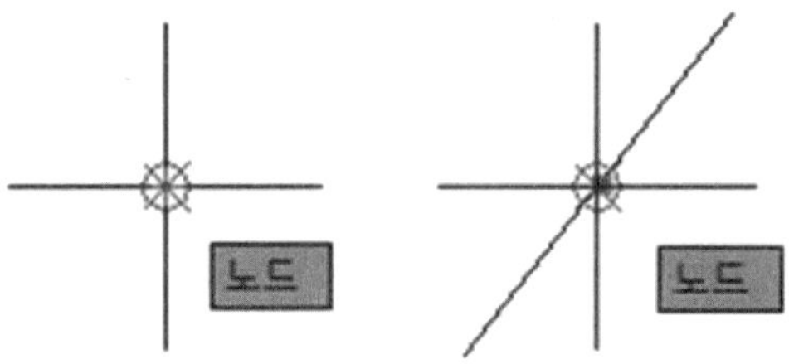

• Insertion(삽입점) : Block(블록), 쉐이프, TEXT(문자), 속성(블록에 대한 정보를 포함) 또는 속성 정의 (속성의 특성을 설명)의 삽입 점을 스냅

• Perpendicular(수직 점) : 객체 상에 수직 정렬을 형성하는 점에 스냅

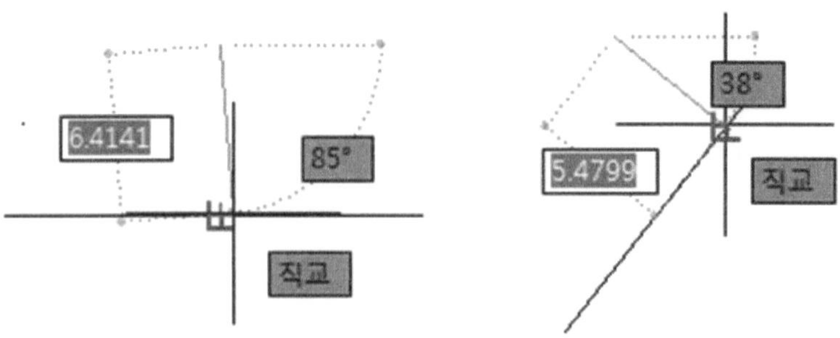

• Tangent(접선) : 호, 원, 타원 또는 평면 스플라인 상에 접선을 형성하는 점에 스냅

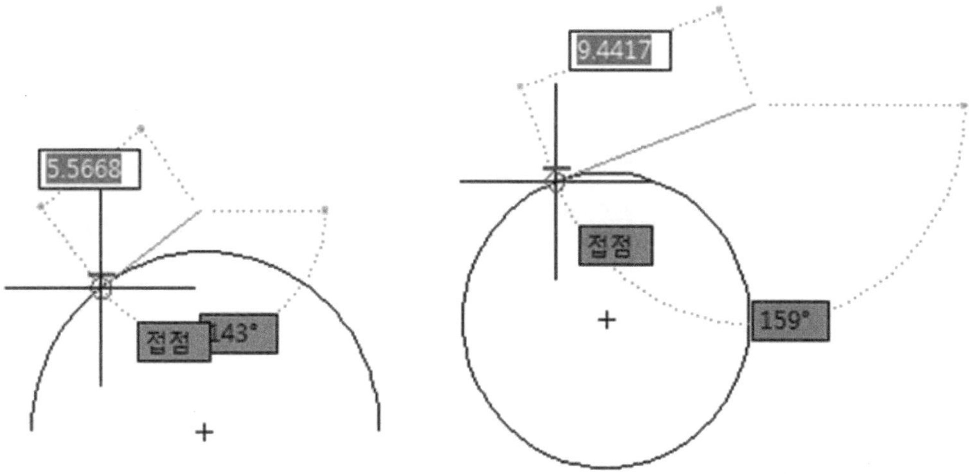

• Nearest(근처 점) : 커서가 지정한 점에서 가장 가까운 거리에 있는 객체 위에 스냅

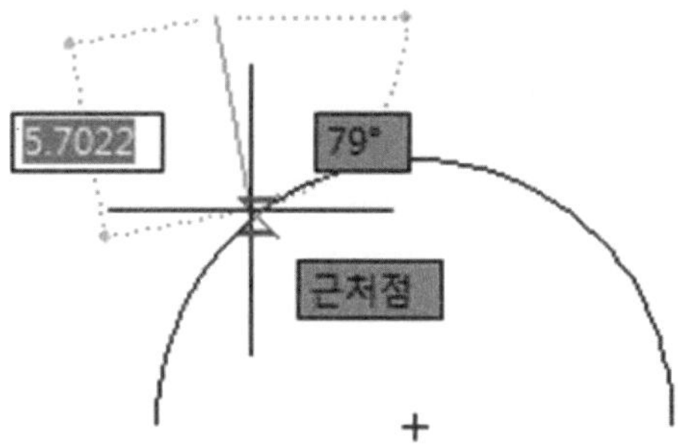

• Parallel(평행) : 평행 스냅은 직선 세그먼트에 적용할 수 있다.

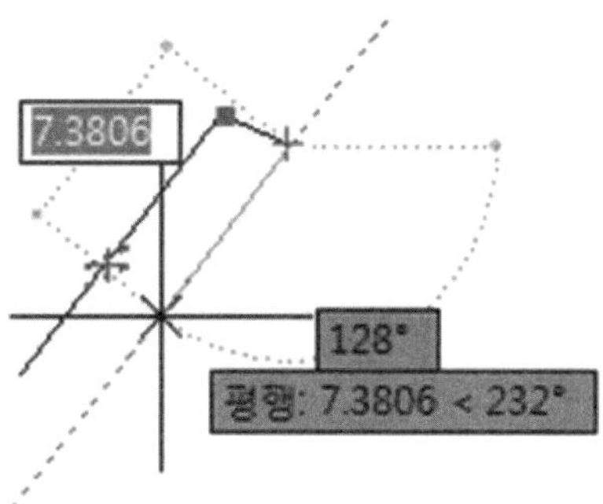

• Extension(연장) : 객체의 연장된 교차점을 스냅할 수 있게 해준다. 또 교차점이나 가상 교차점을 스냅이 활성화된 상태에서, 선이나 호가 다른 객체와 교차하는 연장된 교차점을 찾을 수 있다.

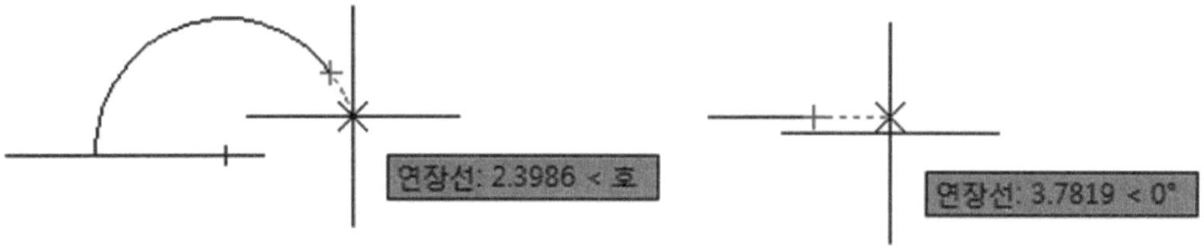

• Temporary Tracking(임시 추적점) : 객체스냅을 이용하여 원하는 좌표를 지정할 수 있다.

• None(없음) : 단일 객체스냅과 객체스냅 실행 모두를 끈다.

정삼각형 그리기

정삼각형을 끝점 OSNAP으로 그리는 방법에 대해 배워보자.

다음 그림과 같이 OSNAP을 켜고 세팅창을 연후 끝점(d1)를 클릭한 후 확인버튼(d2)를 누른다.

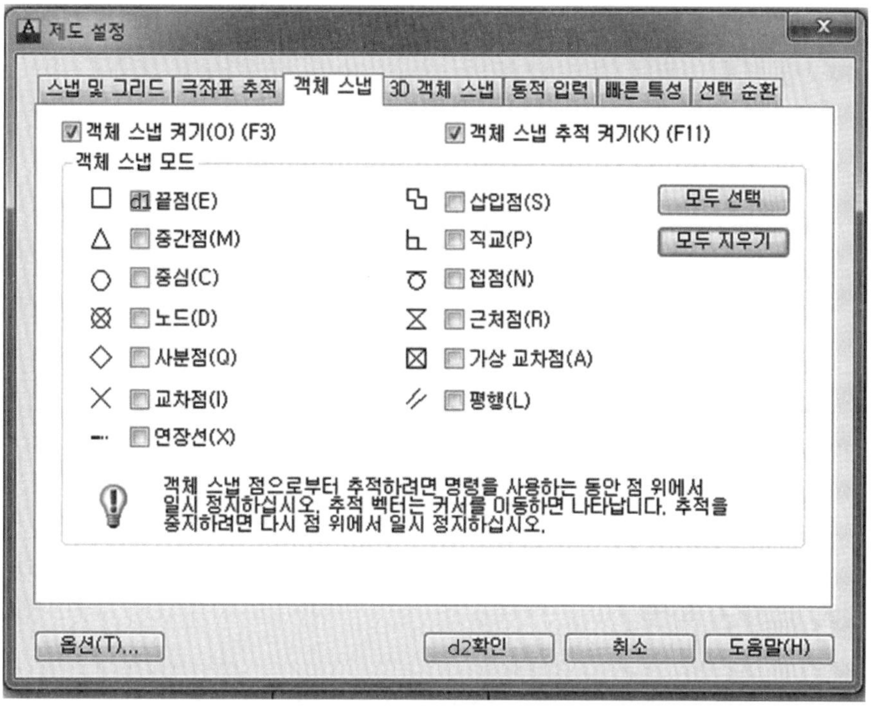

다음 그림과 같이 길이가 10이고 X축과 평행인 직선(d1)을 그려보자.

그 다음으로 끝점을 이용하여 위 그림에 표시된 점 d2에서 시작하고 길이는 10, X축과 각도가 60도인 직선(d3)를 다음 그림과 같이 그린다.

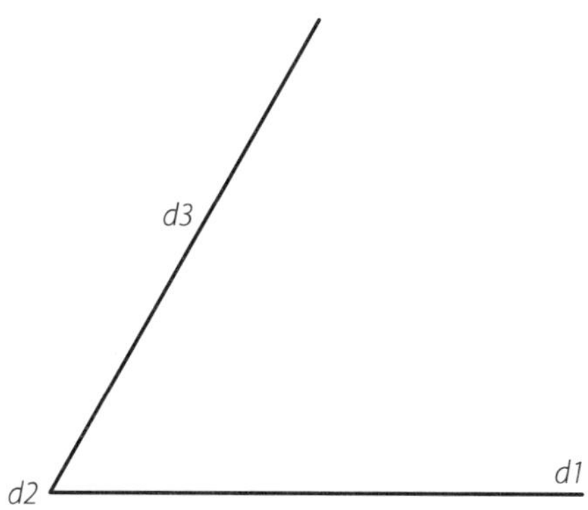

OSNAP ‘끝점’이 선택되어 있으므로 위 그림에 표시된 점 d1과 점 d2를 끝점으로 하는 직선을 그리면 다음 그림과 같은 한 변의 길이가 10인 정삼각형이 된다.

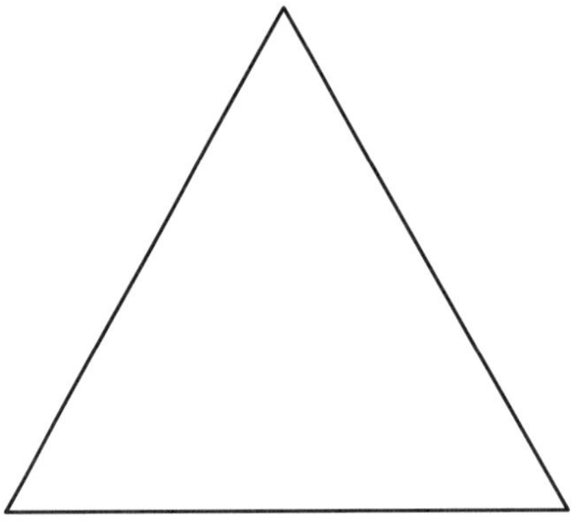

두 원에 접하는 직선

자전거 체인과 같은 다음 그림을 OSNAP을 이용하여 그려보자.

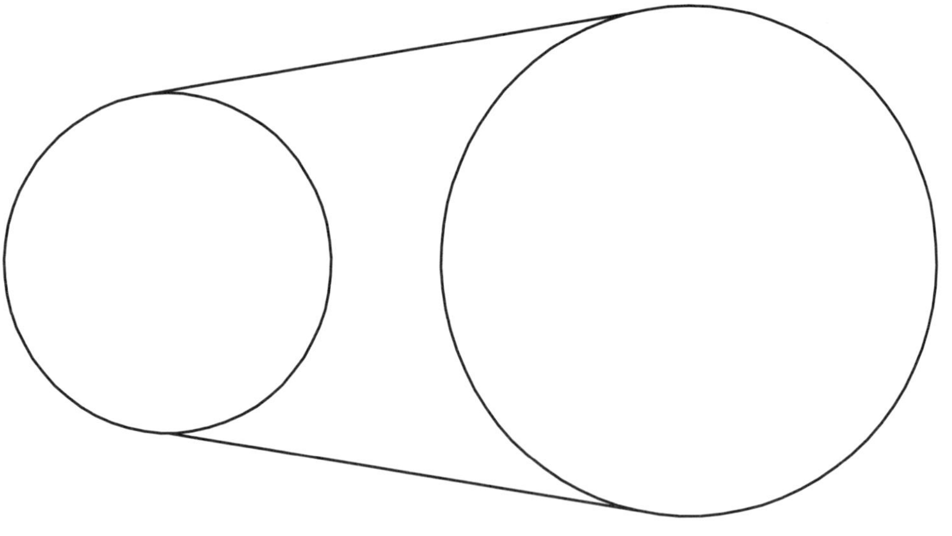

지름이 5인 원(d1)과 지름 10인 원(d2)을 다음 그림과 같이 그린다.

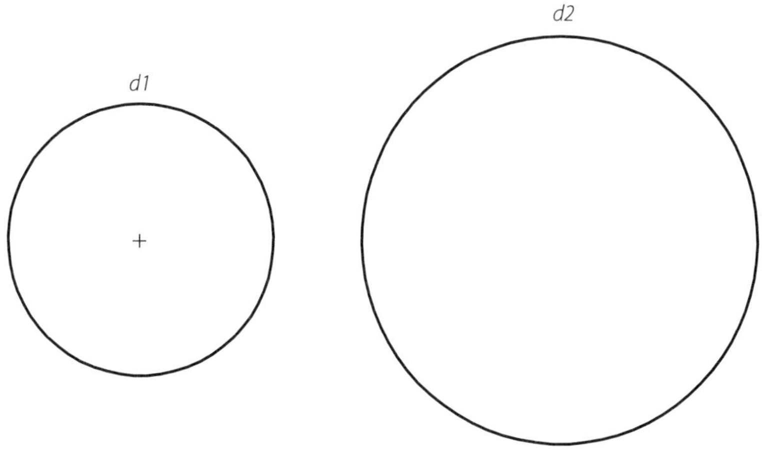

직선 명령어(L)을 입력한 후 SHIFT를 누른 채 오른쪽 마우스버튼을 누르면 일시적으로 설정할 수 있는 OSNAP창이 나오는데, 접점 버튼을 클릭한다.

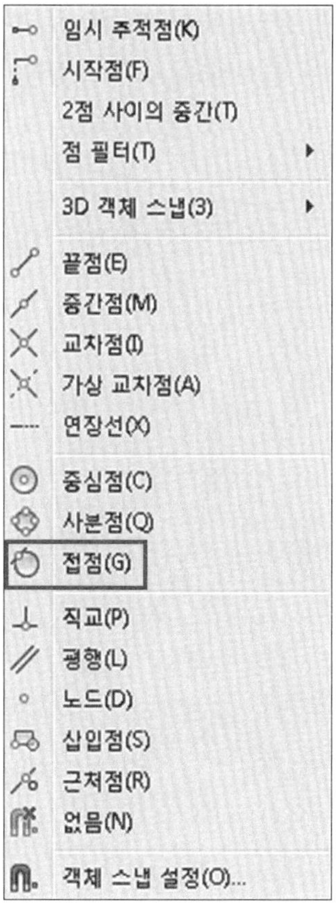

마우스를 작은 원에 가까이 가면 다음과 같이 되고 한번 클릭한다.

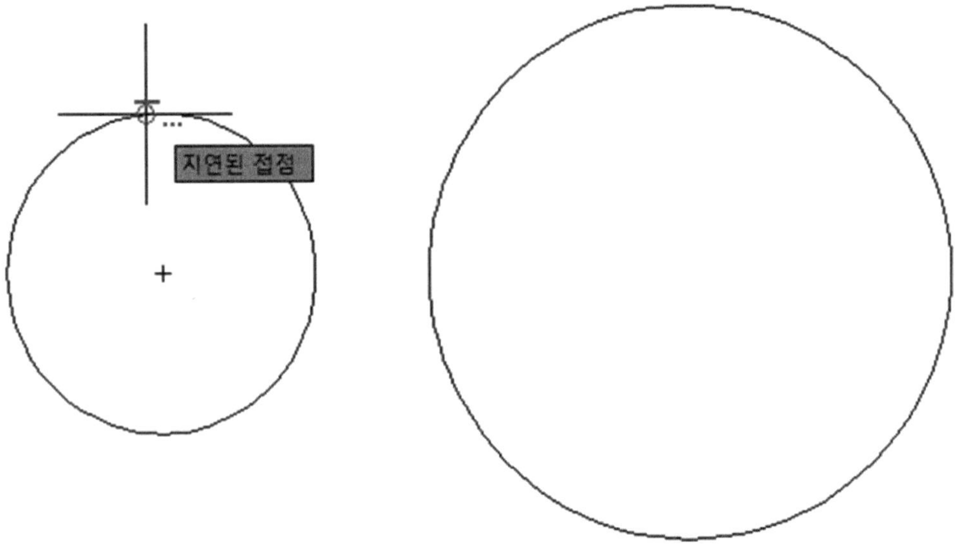

또다시 SHIFT를 누른 채 오른쪽 마우스버튼을 누르면 일시적으로 설정할 수 있는 OSNAP창이 나오는데, 앞에서와 같이 접점 버튼을 클릭한다.

마우스를 큰 원에 가까이 가서 클릭하면 다음 그림과 같이 된다.

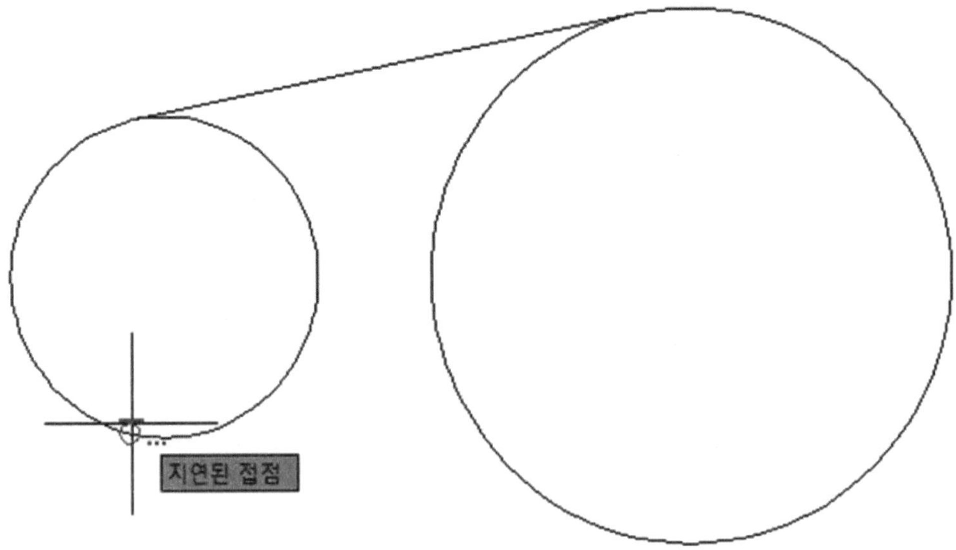

위의 방법과 같은 방법으로 아래 직선도 완성하면 다음과 같은 그림이 된다.

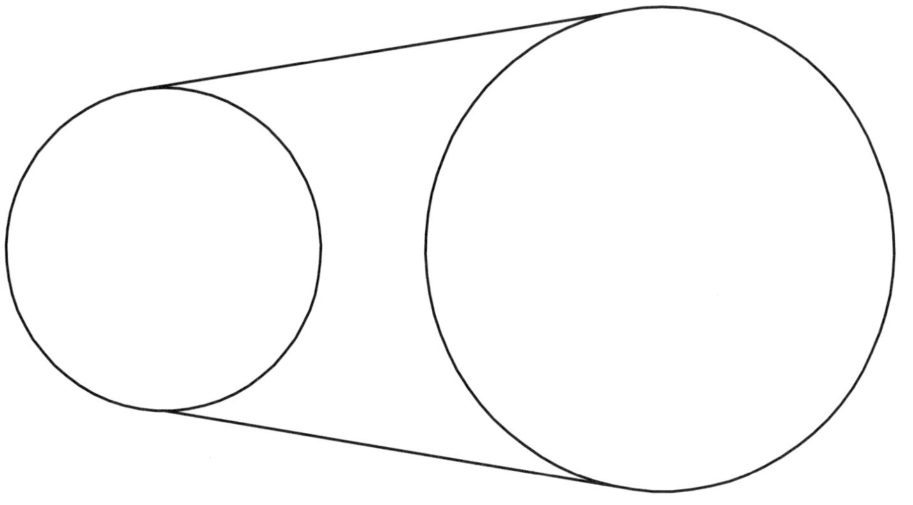

마름모 그리기

이제 OSNAP 기능 중 4분점을 이용하여 마름모를 그려보자.

먼저, 지름이 10인 원(d1)을 다음과 같이 그려보자.

OSNAP을 켜고 OSNAP의 세팅창을 연 후 사분점(quadrant)(d1)을 클릭 후 확인 버튼(d2)를 누른다.

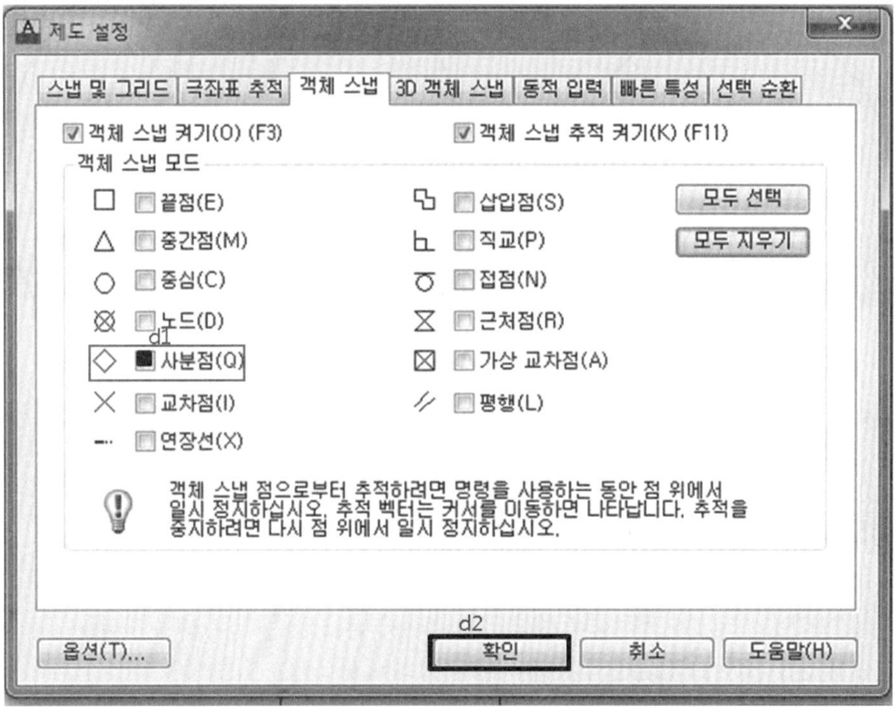

직선 명령어(L)을 입력한 다음 4분점중 왼쪽 점에 마우스를 클릭하면 다음 그림과 같이 된다.

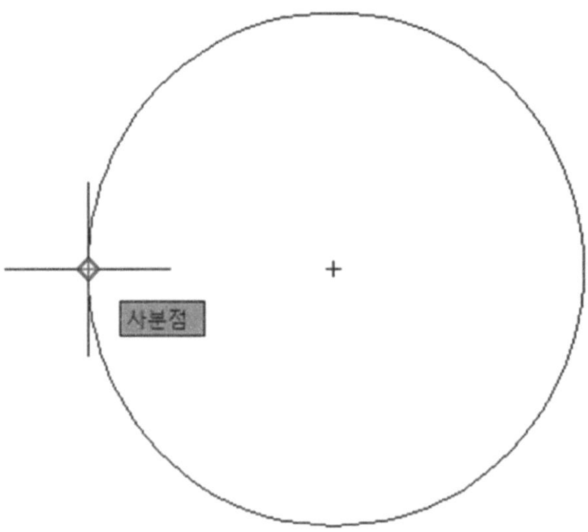

4분점 중 위쪽 점, 오른쪽 점, 아래 점 그리고 다시 왼쪽 점을 차례대로 클릭하면 다음 그림과 같은 정사각형 모양을 얻을 수 있다.

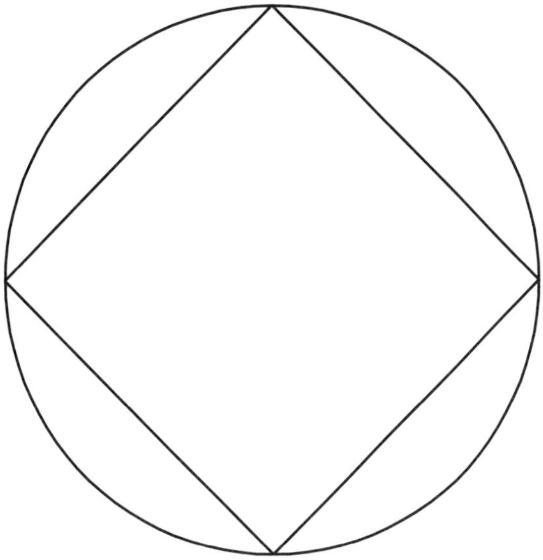

04 스냅 설정

모눈(Grid)은 한계에 의해 지정된 영역 위에 펼쳐져 있는 점 패턴이다. 모눈을 사용하는 것은 도면 아래에 모눈 종이를 놓는 것과 비슷하다. 모눈은 객체를 정렬하고 객체사이의 거리를 측정하는 데 도움이 된다. 다른 명령 실행 중에도 모눈을 켜거나 끌 수 있고, 플롯된 도면에도 나타나지 않는다.

Grid 켜기, Grid 설정하기

풀다운 메뉴에서 Tools → Drafting Settings…를 클릭하거나, 명령행에서 DSETTINGS를 입력하면, 다음과 같은 Drafting Settings 대화상자가 나타난다.

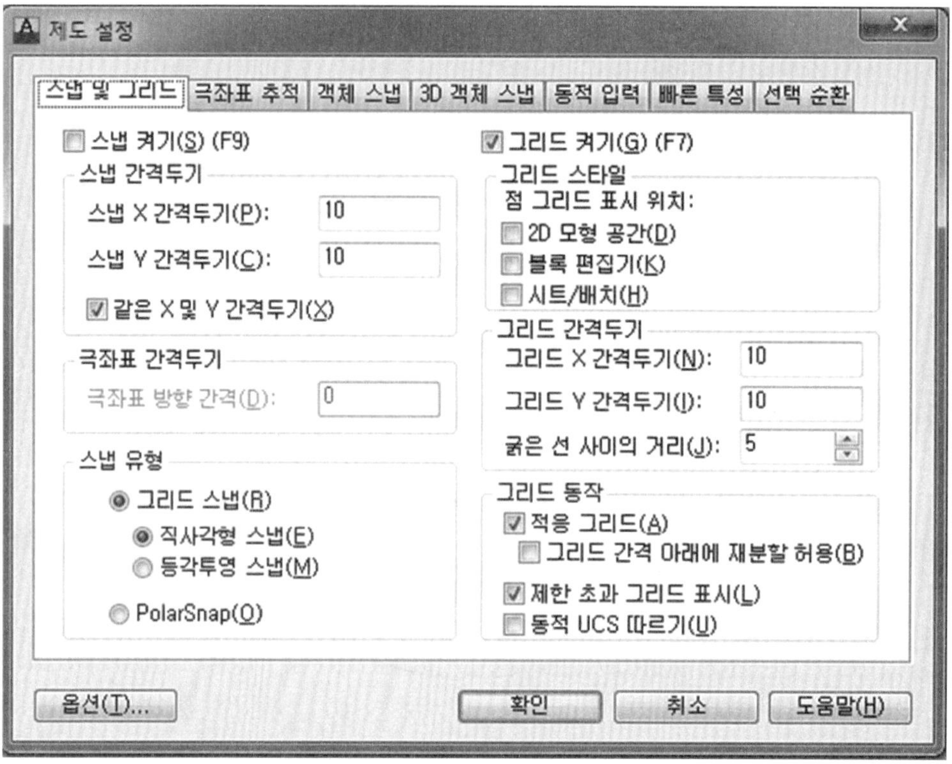

- **스냅켜기**(Snap On) : 체크하면 스냅 켜짐
- **스냅간격두기**(Snap spacing) : 스냅의 X, Y축 방향의 간격을 지정한다. 같은 X 및 Y 간격두기에 체크하면 X ,Y 하나만 입력하여도 동일한 간격으로 설정된다.
- **극좌표 간격두기**(Polar spacing) : 극좌표 스냅을 켰을 때 활성화되며, 극좌표의 간격을 지정한다.
- **스냅유형**(Snap type) : 모눈 스냅과 극좌표 스냅을 지정한다.
- **모눈켜기**(Grid On) : 체크하면 모눈이 화면에 표시된다.
- **모눈간격두기**(Grid spacing) : 모눈의 X, Y축 방향의 간격을 지정한다. 굵은 선 사이의 거리는 보조 모눈 선 대비 주요 모눈 선의 빈도를 지정한다.
- **모눈동작**(Grid behavior) : 2D 와이어 프레임을 제외한 뷰 스타일로 설정될 경우 표시되는 모눈선의 모양을 조정한다.

Drafting Settings 대화상자에는 Snap, Grid, SnapType & Style, Polar spacing으로 구성되어 있다.

- Snap(스냅)

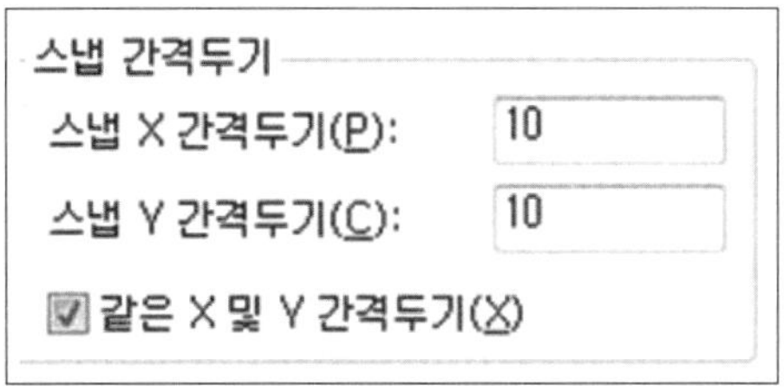

- Grid(모눈)

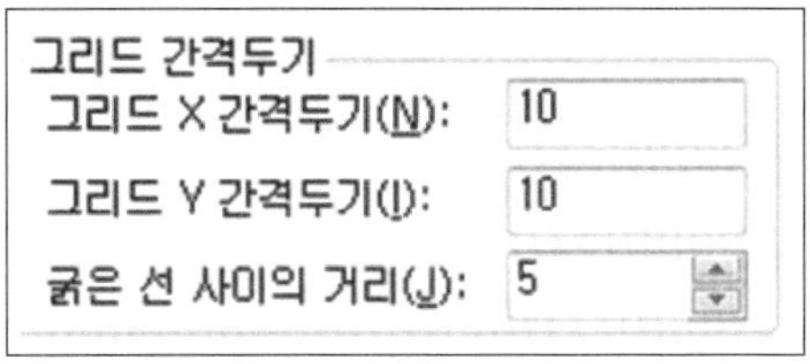

- Snap Type & Style(스냅 형식과 유형)

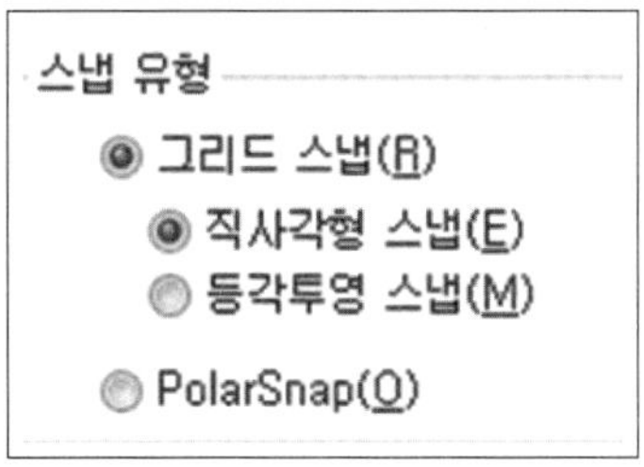

- Polar spacing(극좌표 간격두기)

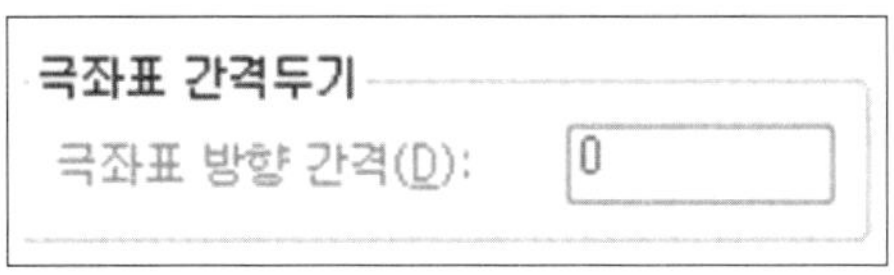

스냅모드는 사용자가 정의한 간격으로 십자선들의 이동을 제한한다. 스냅이 켜지면 보이지 않는 모눈에 커서가 부착 또는 "스냅"된 것처럼 보인다. 스냅은 키보드나 좌표입력 장치로 정확한 점을 지정할 때 유용하다. X와 Y간격을 설정하여 스냅 정밀도를 조정할 수 있다. 스냅에는 토글 기능이 있어 다른 명령을 실행하는 도중에도 켜거나 끌 수 있다.

스냅간격은 모눈 간격과 일치하지 않아도 된다. 예를 들어, 참조용으로 사용하기 위해 모눈 간격을 넓게 설정했다고 하더라도, 점을 지정할 때 정밀도를 높이기 위해 스냅간격을 좁게 유지할 수도 있다. 또한 모눈 간격을 스냅 간격보다 작게 설정할 수 있다.

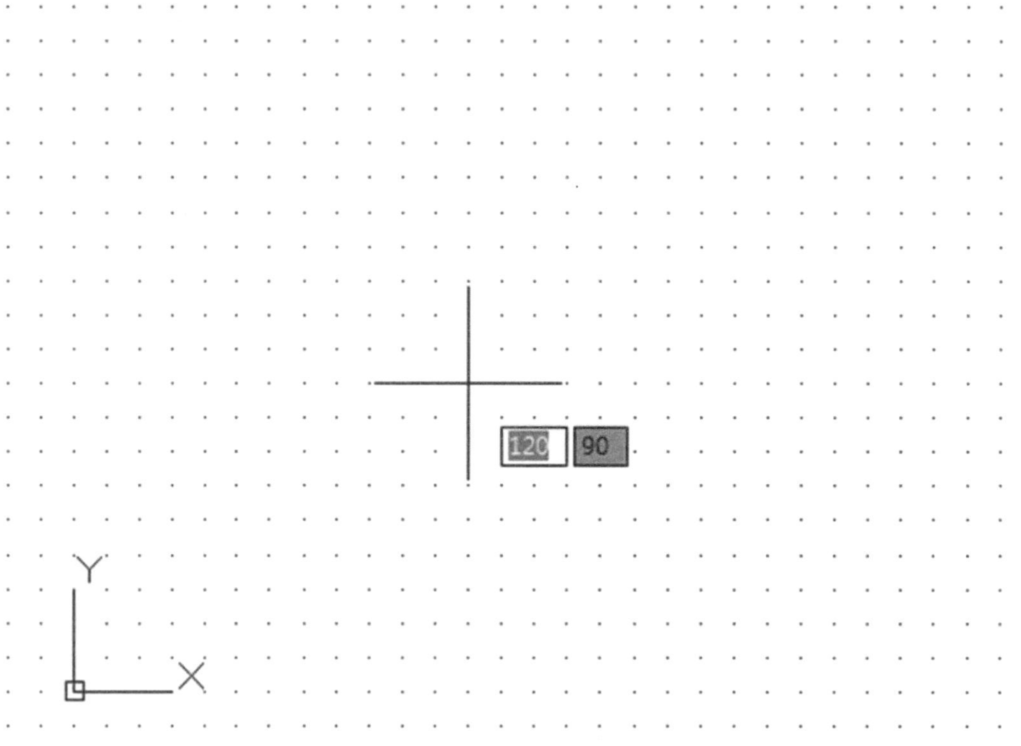

이제 Snap과 Grid를 이용하여 십자가를 한번 그려보자.

먼저 위에서 배운대로 Snap과 Grid를 활성화시키면 다음 그림과 같이 된다.

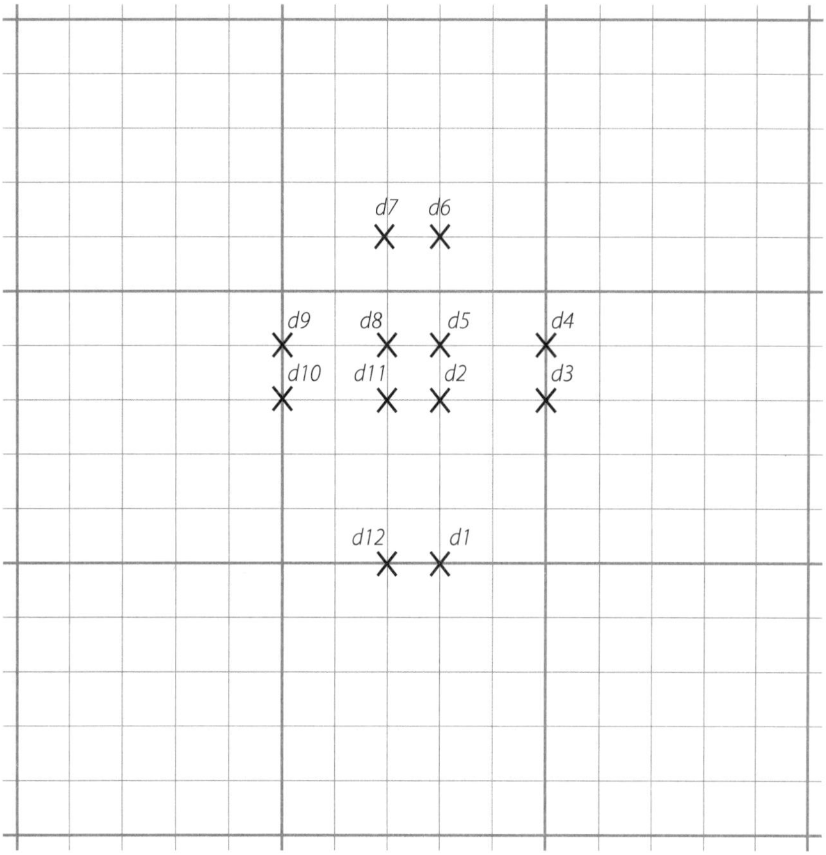

직선명령(L)을 실행하고 위의 그림에 표시된 점(d1~d12)들 가까이 가면 snap이 되고 차례대로 클릭하면 다음과 같은 십자가가 된다.

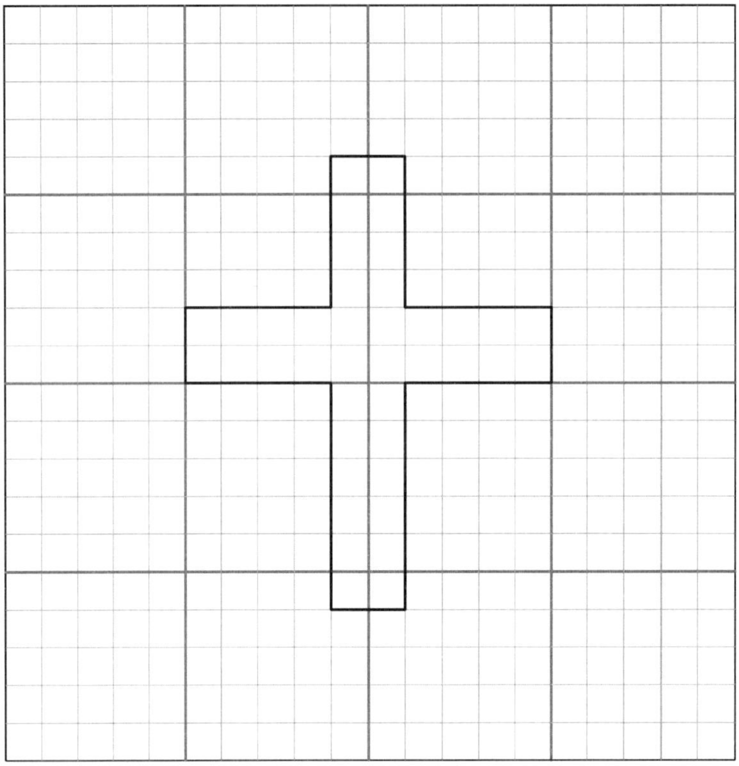

05 도면층(Layer)

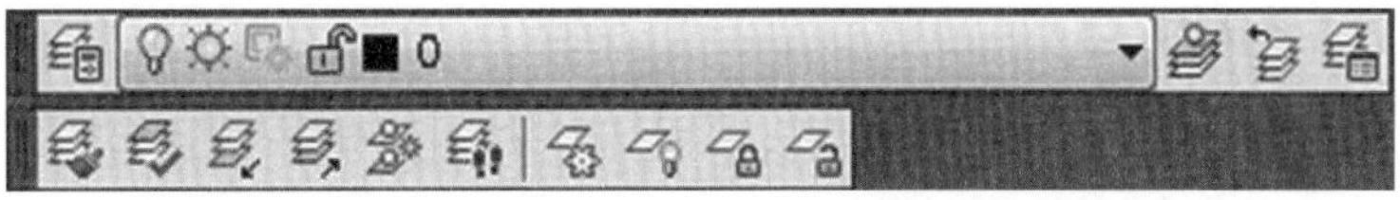

버튼

리본: 홈 탭 ➤ 도면층 패널 ➤ 도면층 특성 관리자

메뉴: 형식 ➤ 도면층

도구막대: 도면층

명령 입력: 투명 용도의 'LAYER

개요

도면에는 외곽선, 숨은선, 치수, 보조선, 표제란 등의 다양한 도형이 그려진다. 이들 다양한 도형은 각각 색과 선의 모양, 선의 굵기 등이 다르다. 경우에 따라서 외곽선만 보고 싶을 경우도 있고, 외곽선과 숨은선, 치수를 같이 보고 싶을 때도 있다. 도면층은 위의 요구를 만족시키기 위한 기능이다.

도면에서 선의 색이나 모양, 굵기는 각각 따로 지정할 수 있지만, CAD에서는 도면층을 이용하여 관리하는 것이 일반적이다. 즉 도면층에 따라 선의 색, 모양, 굵기를 따로 지정하고, 다른 종류의 선을 사용하고 싶을 경우는 새로운 도면층을 생성하여 이용하도록 하는 것이다.

Layer명령을 입력하면 다음의 화면이 뜬다.

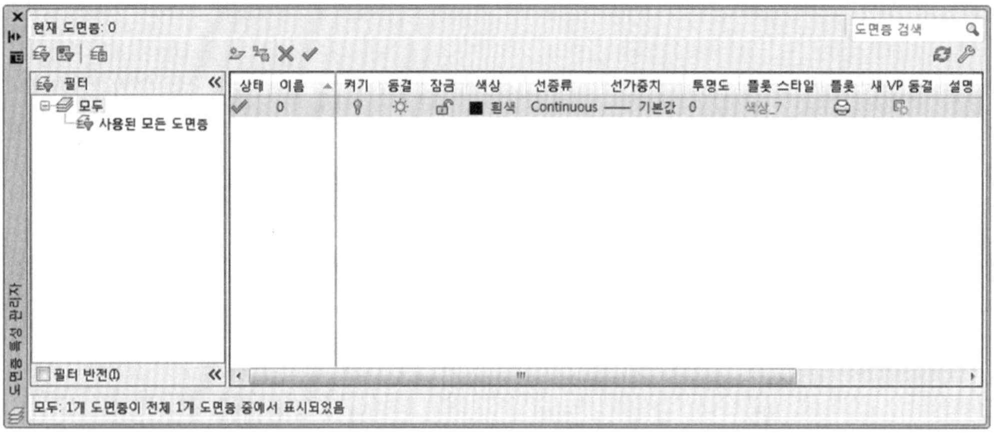

도면층 필터 특성에서는 어떤 도면층들을 보일 것인지 결정할 수 있다.

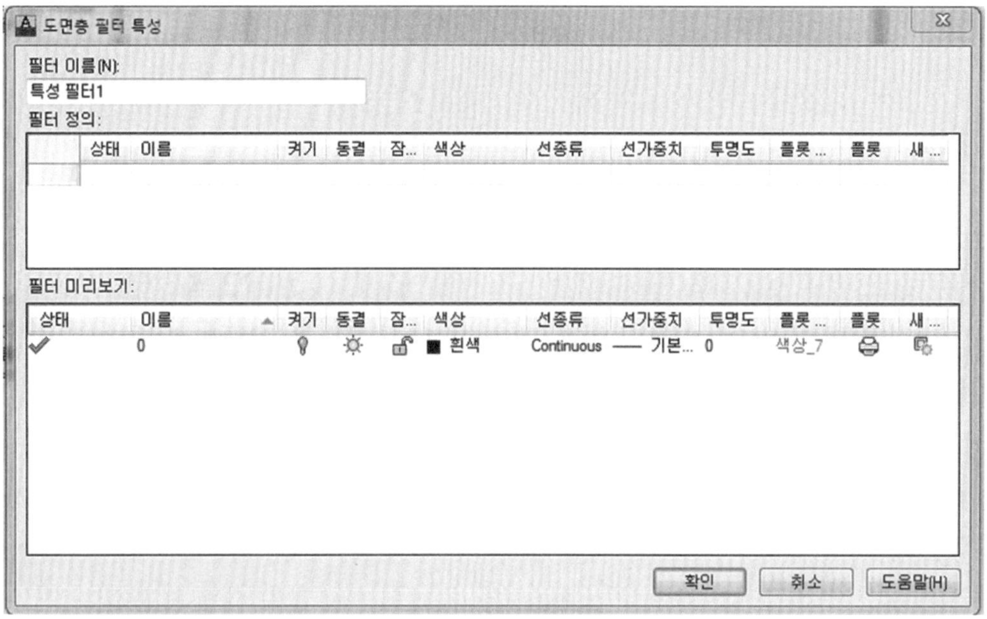

이 창에서는 여러 개의 도면층이 있을 때, 어떤 투명한 용지를 사용할 것인지 결정할 수 있다. 즉, 도면층을 바꾸기 위해서 사용한다. 아래의 0이란 도면층은 기본적으로 제공되는 투명한 용지이다.

도면층의 생성

새로운 도면층을 만드는 버튼은 신규(New) 버튼이다. New 버튼을 누르면 도면층이 하나 생겨나며, 이름을 변경할 수도 있다.

오른쪽에 조그마한 아이콘들이 많이 붙어 있는데 이것은 도면층의 특성을 나타내는 아이콘이다. 모두 아이콘을 한번씩 누르면 모양이 바뀌면서 도면층의 특성이 달라지거나 새로운 특성을 지정할 수 있다.

도면층 특성의 변경

순서대로 보면 상태, 이름, 켜기, 동결, 잠금, 색상, 선종류, 선가중치, 투명도, 플롯 스타일, 플롯, 새VP동결, 설명 순이다.

- **이름** : 도면층의 이름이다.
- **켜기** : 지정한 도면층을 켠다. 화면에 보이게 된다.
- **끄기** : 지정한 도면층을 끈다. 화면에 보이지 않게 된다.
- **잠금** : 지정한 도면층을 잠그거나 풀어준다. 화면에 보이기는 하지만 편집명령이 되지 않는다.
- **색상** : 지정된 도면층에 색상을 지정한다. 도면층의 색을 지정해 줄 수 있다. 그리고, 그 도면층에 그린 도면요소의 색이 ByLayer(도면층에 의해 색을 결정)로 되어있다면

도면요소가 바로 도면층의 색으로 그려지게 된다.

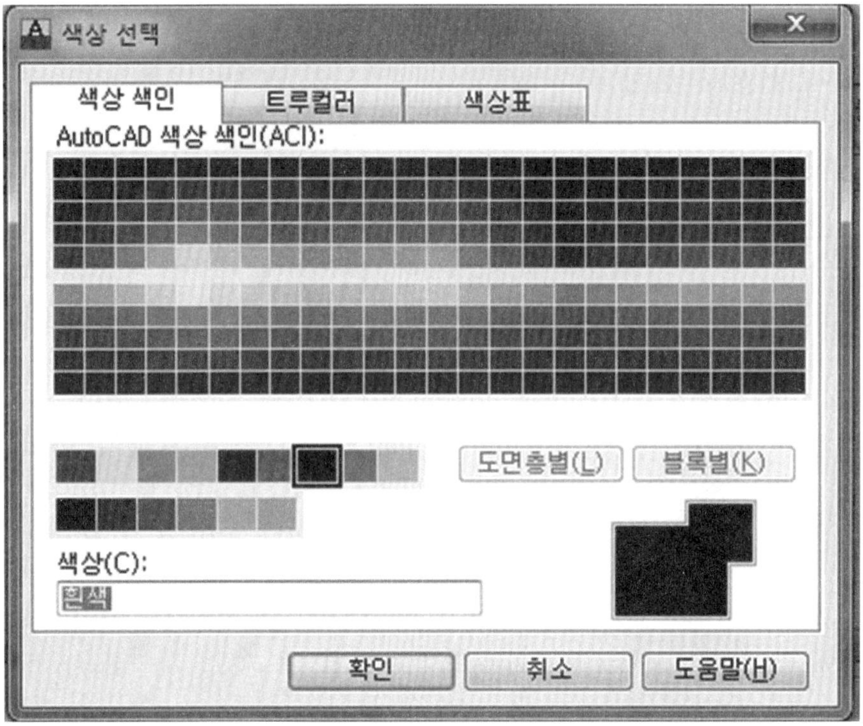

원하는 색을 선택한 후, 확인버튼을 누르고, 오른쪽 윗부분에 보면 Hide detail이라는 아이콘이 있는데, 이것을 클릭하면 detail 항목이 사라지거나 나타난다. 아래에 있는 Detail 대화상자를 보면, 모두 같은 내용을 보기 좋게 나타낸 것이다.

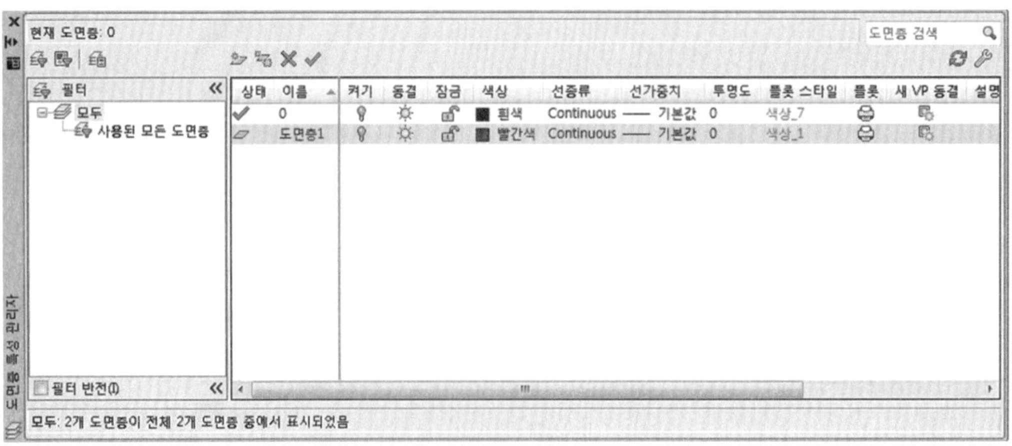

• **선종류** : 지정한 도면층에 선 종류를 지정한다. 선종류에 있는 continuous 항을 클릭하면 대화상자가 다음과 같이 바뀌게 된다.

이 대화상자를 보면, 현재 도면층에서 사용되는 선이 어떤 종류인지 선의 이름이 나와있고, 이를 Appearance(모양)에서 보여주고, Description(설명)에서는 이 선의 종류에 관해 간단히 설명해주고 있다.

로드(L)... 버튼을 누르면 기존에 선의 형식을 미리 저장해 놓은 파일에서 선의 형식을 읽을 수 있게 된다.

선의 형식이 acadiso.lin이란 파일에 저장되어 있다. 이렇게 파일에 저장되어 있는 선의 형식 중 원하는 선을 선택하고, 확인버튼을 누르면 된다.

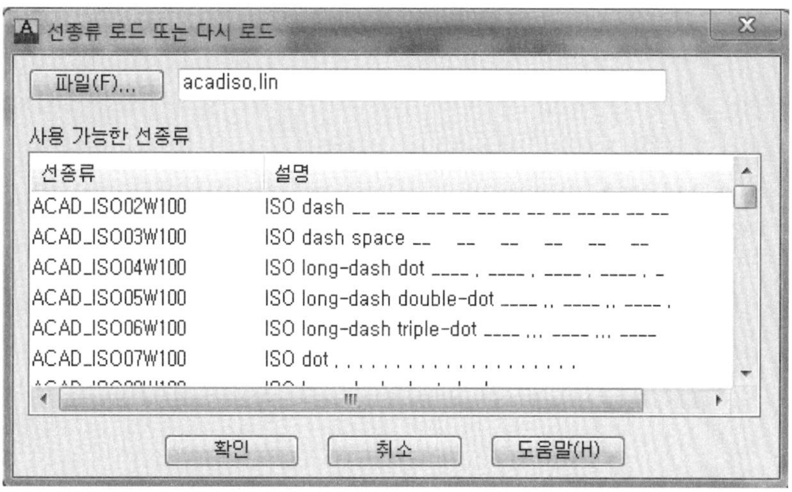

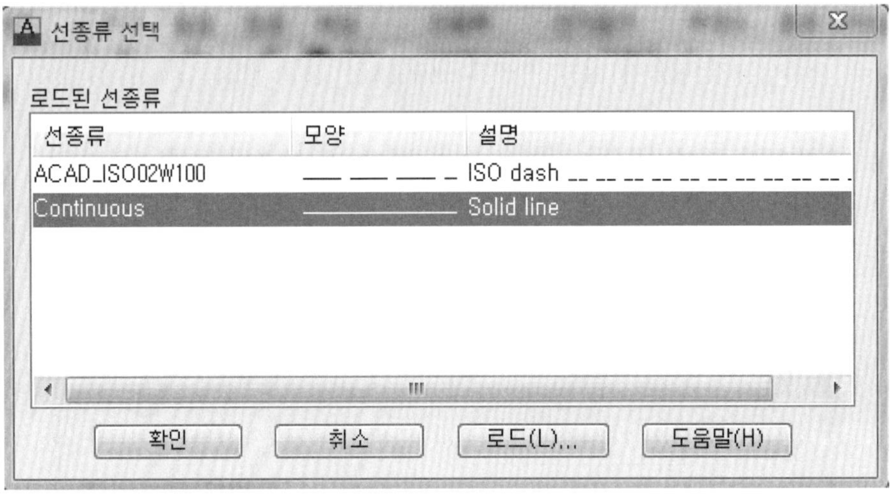

선을 선택하고 확인을 선택하면 다음과 같이 선의 종류가 바뀐 것을 볼 수가 있다.

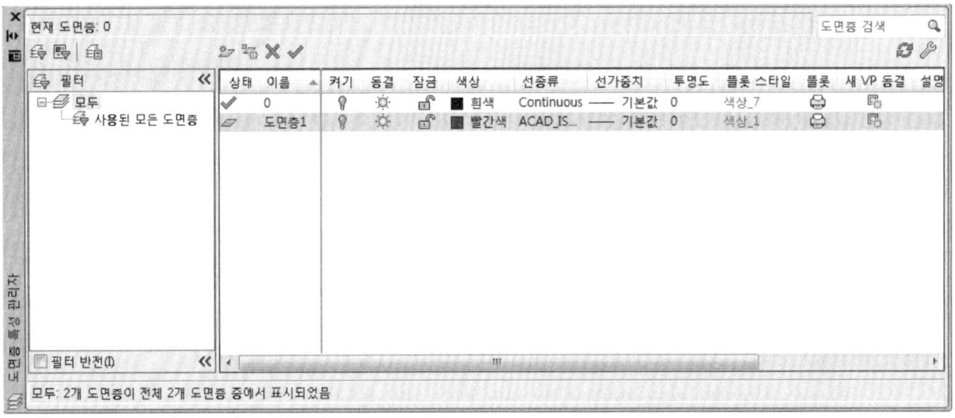

이 도면층에서 작업을 하고 선종류가 ByLayer로 되어 있다면 도면층에서 지정된 선의 형식으로 그려지게 된다. 도면층1를 선택하고, Current버튼을 눌러 현재 도면층으로 바꾸어주고 확인버튼을 누른 후 빠져나간다. 간단하게 rectangle명령으로 사각형을 그려보면 기본적으로 선과 색은 ByLayer으로 지정되어 있기 때문에 도면층에서 지정한 대로 그려지게 된다.

이렇게 도면층이나 선종류, 색상 등을 설정할 수 있는 icon 메뉴는 다음과 같다.

기존에 그려진 도면을 우리가 정한 도면층을 지정하고, 선종류와 선의 색, 선의 굵기(선 선로 바꾸어주는 방법을 배워보도록 하겠다.

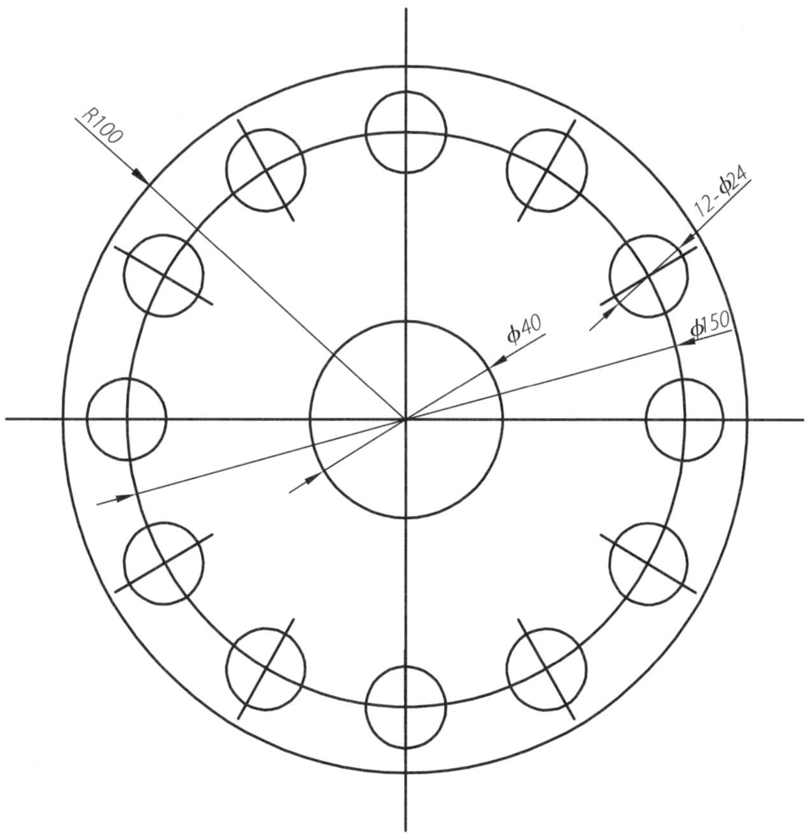

도면층은 아직 다른 도면층을 만들지 않았기 때문에 0번 도면층으로 그려지게 된다. 여기서 우리는 중심선과 은선이 될 부분을 바꾸어 보겠다.

• 먼저 필요한 도면층을 생성하자.

명령 : layer

대화상자가 나타나면 새 도면층 버튼을 눌러 Center와 Hidden이라는 이름의 도면층을 만든다.

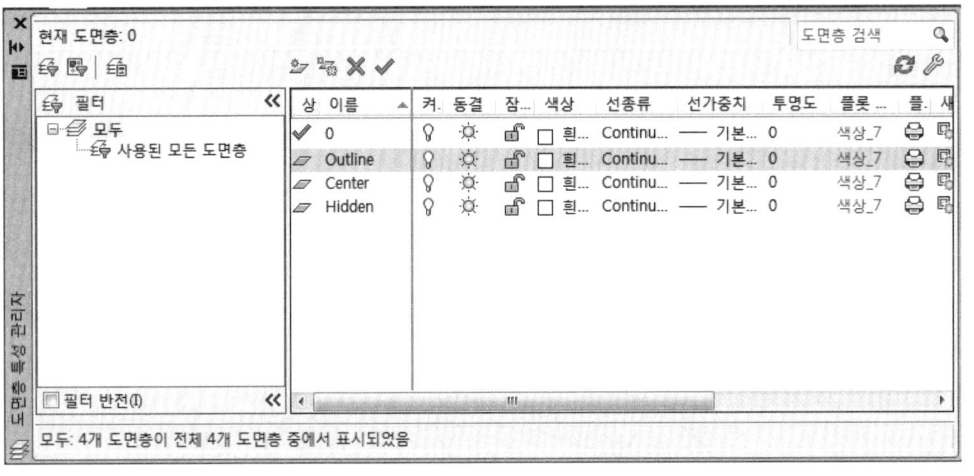

Center란 이름의 도면층의 색상은 빨간색으로, Hidden이란 이름의 도면층의 색상은 파란색으로 설정한다.

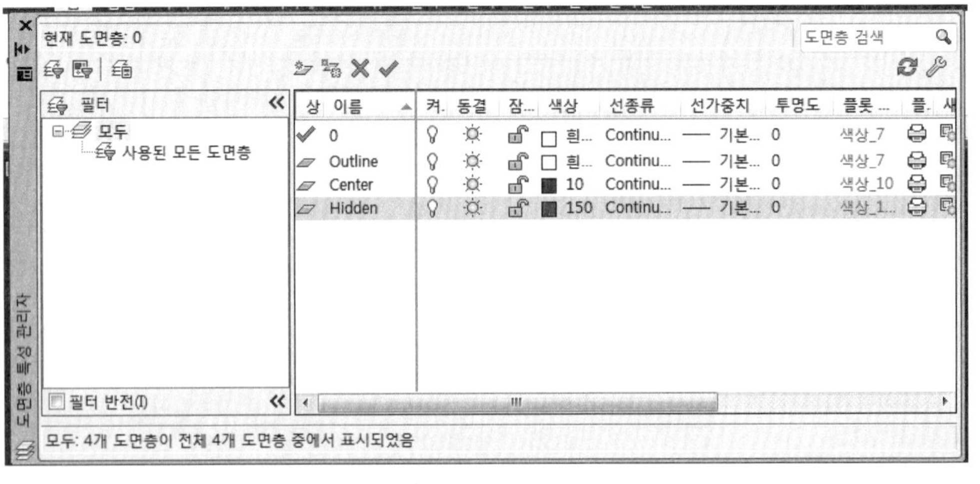

선종류를 정해주기 위해 먼저 Center 도면층의 선종류를 클릭한다.

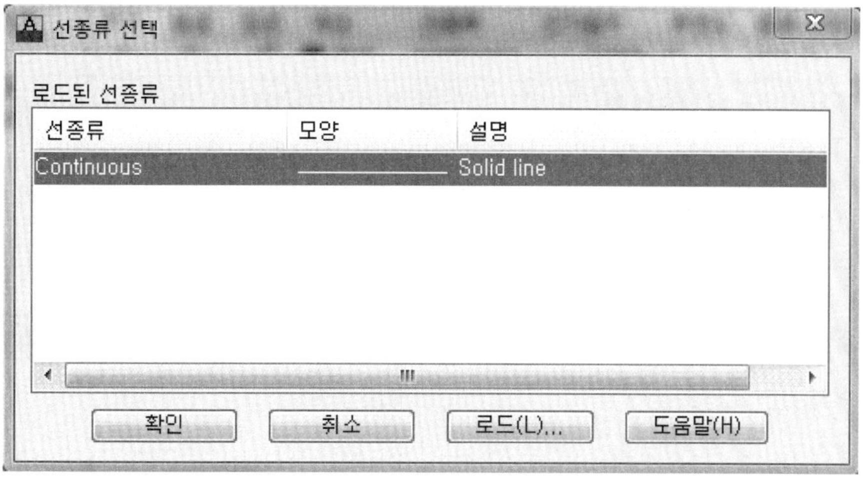

선종류를 로드한다.

로드(L)... 버튼을 클릭한 후, acadiso.lin파일에서 ISO dash와 ISO dash dot란 선종류를읽어들이고 키보드의 control 버튼을 누른 채로 두 선종류를 선택하면 한꺼번에 두 개를 선택해서 불러올 수 있다.

확인 버튼을 클릭한다.

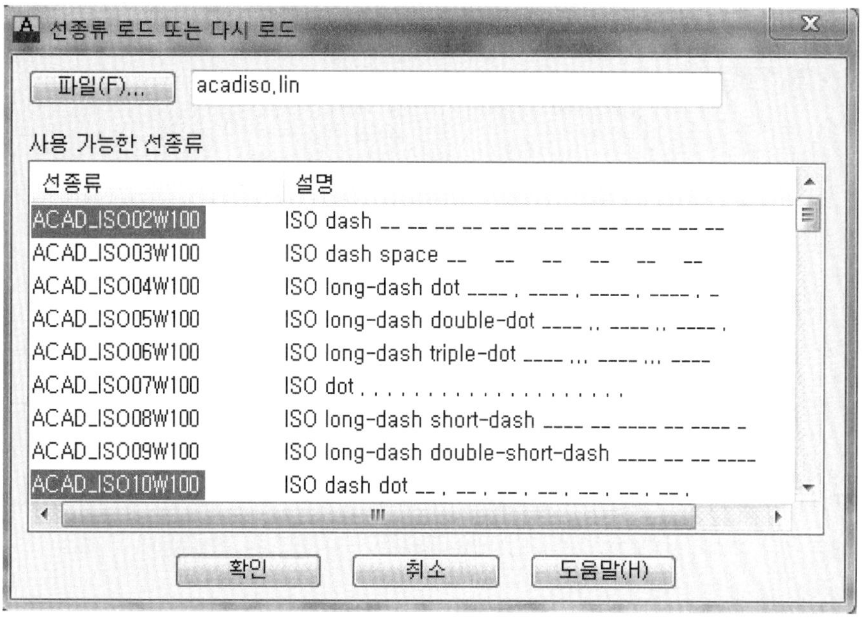

Center라는 도면층에 적용할 선종류는 ISO dash dot이므로 이를 선택하고 확인 버튼을 클릭한다.

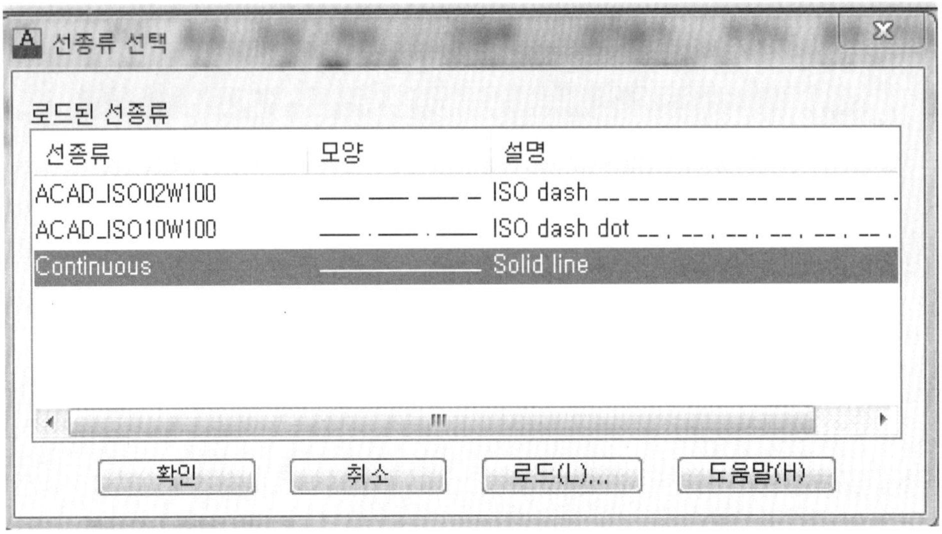

center라는 이름의 도면층의 선종류는 dash dot로 설정되었다.

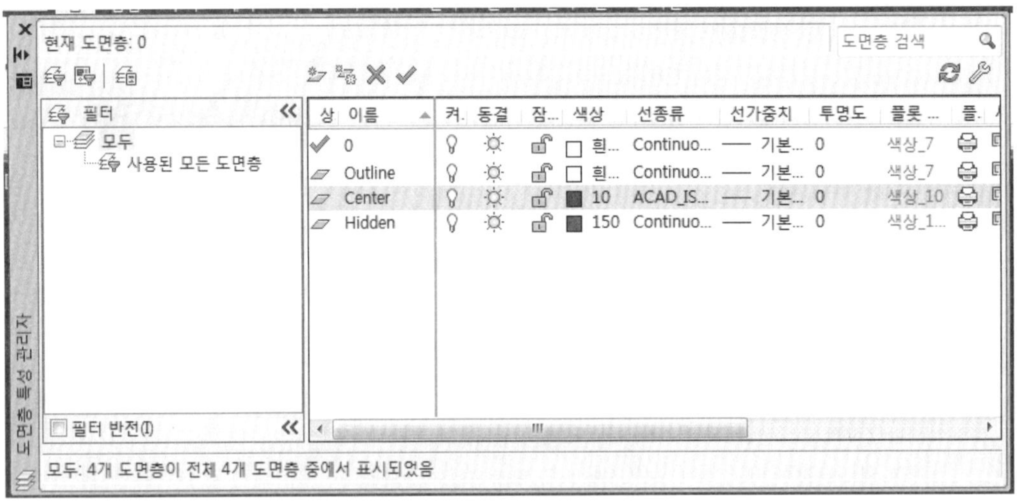

hidden이란 이름의 도면층의 선종류를 설정한다. 그리고 이전에 미리 불러들인 ISO dash라는 선종류를 선택한다. 그리고, 확인 버튼을 클릭하면 아래와 같은 결과가 화면에 표시된다.

선가중치는 선의 굵기를 설정하는 것이다. Outline만 굵은 선으로 표시하고자 한다. Outline 레이어의 선가중치 부분을 클릭하면 아래와 같은 대화창이 뜬다. 여기에서 굵기가 확연히 다르게 보이는 0.30mm를 선택한다.

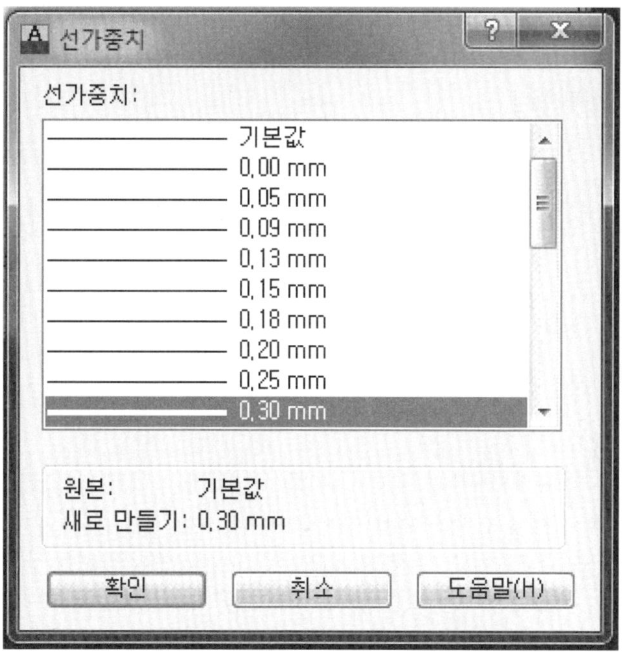

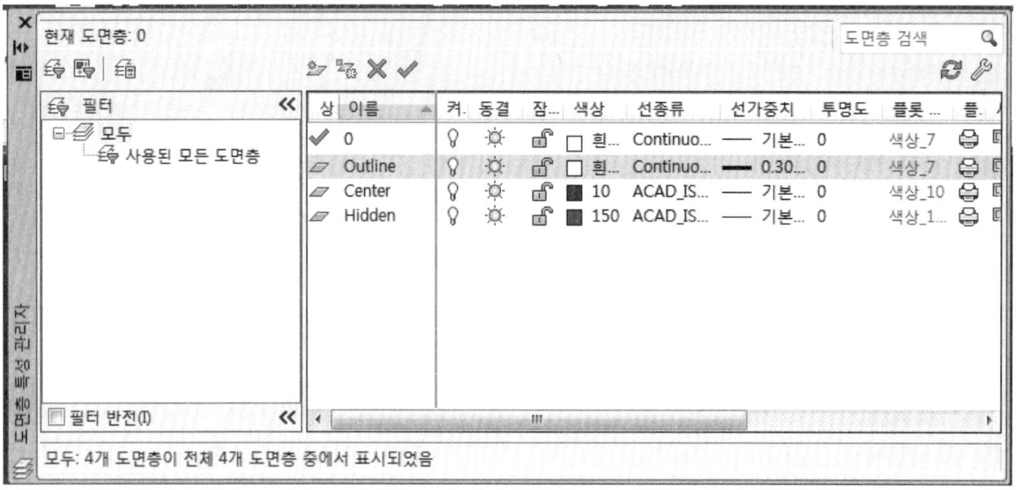

나머지는 가는 선으로 처리할 것이므로 그대로 둔다.

도면층의 사용 예

아래의 그림에서 외곽선에 해당하는 선은 선택한 후에 상단에 있는 레이어 관련 아이콘에서 Outline을 선택한다.

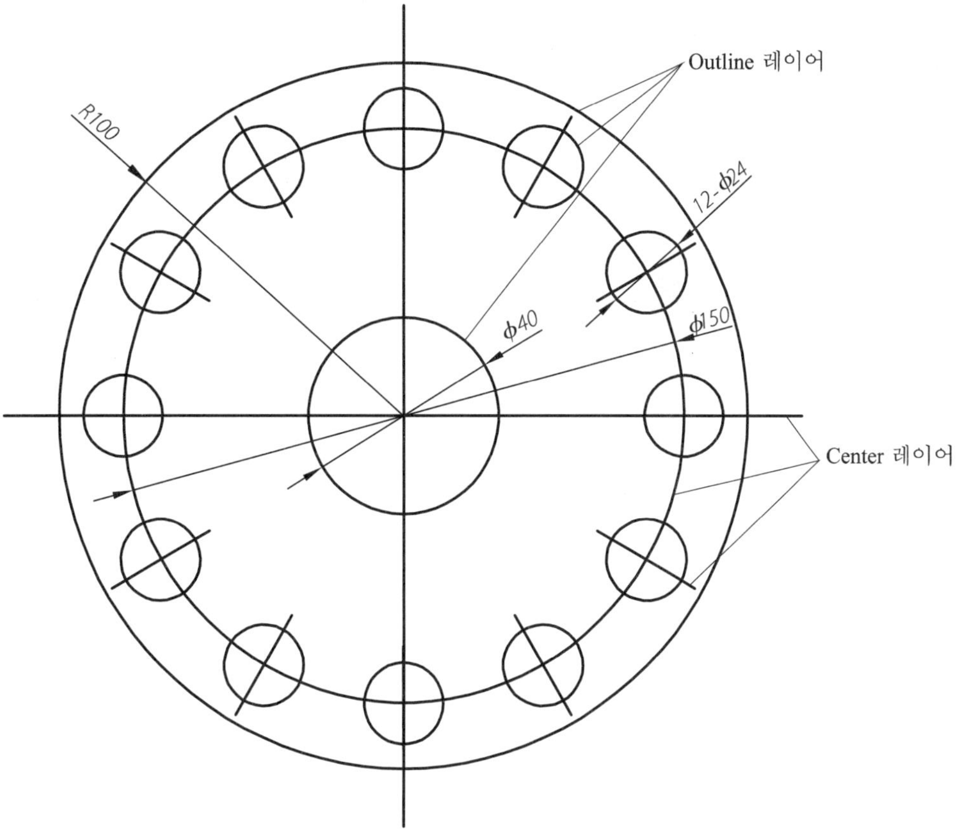

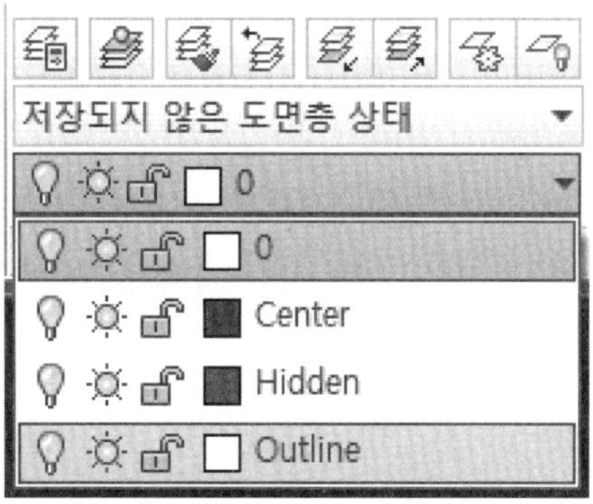

그래도 도면의 선은 굵게 보이지 않을 것인데 이때 화면 아래의 네모 부분을 클릭을 하여 활성화하면 Outline으로 지정된 선이 굵게 보인다.

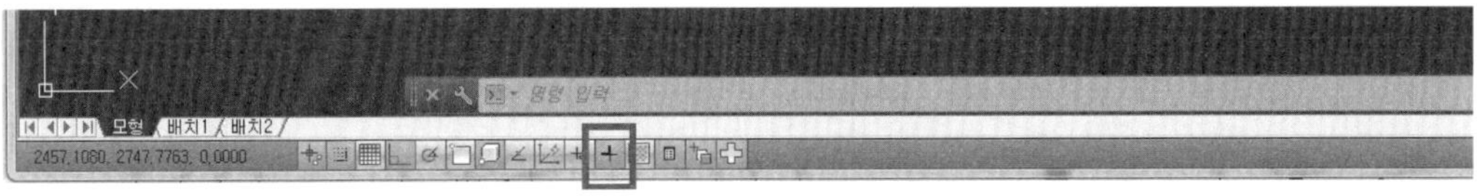

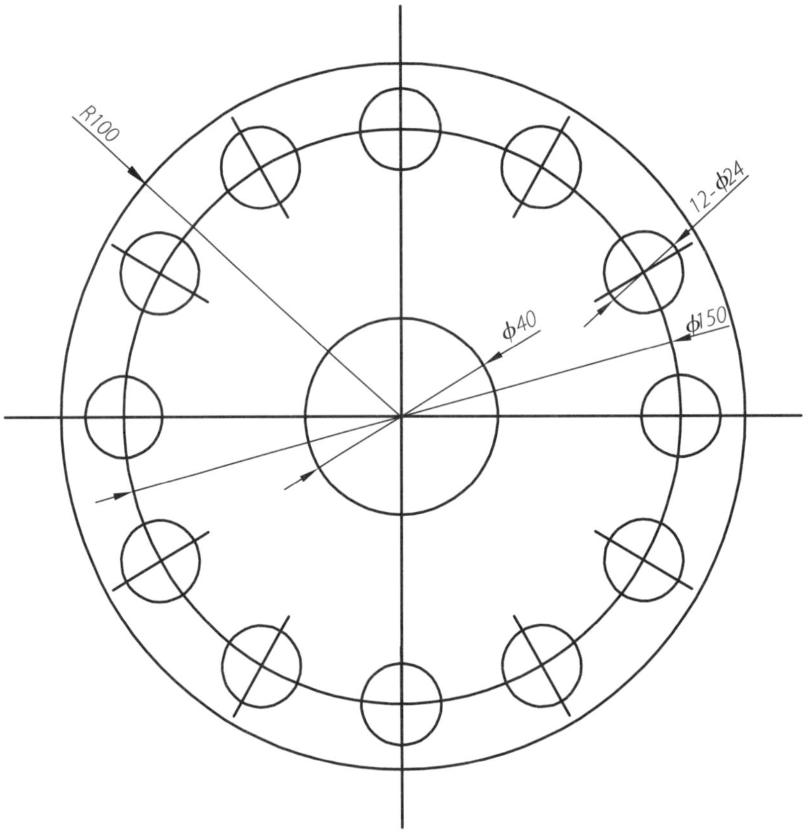

같은 방법으로 중심선으로 표시할 선을 선택한 후에 다음과 같이 Center 레이어를 선택한다.

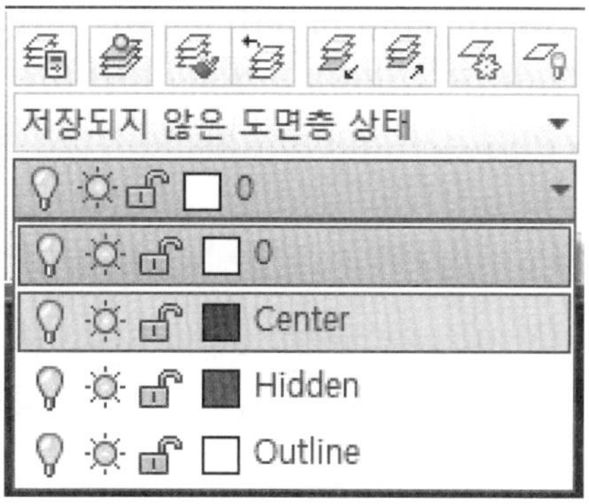
저장되지 않은 도면층 상태
0
0
Center
Hidden
Outline

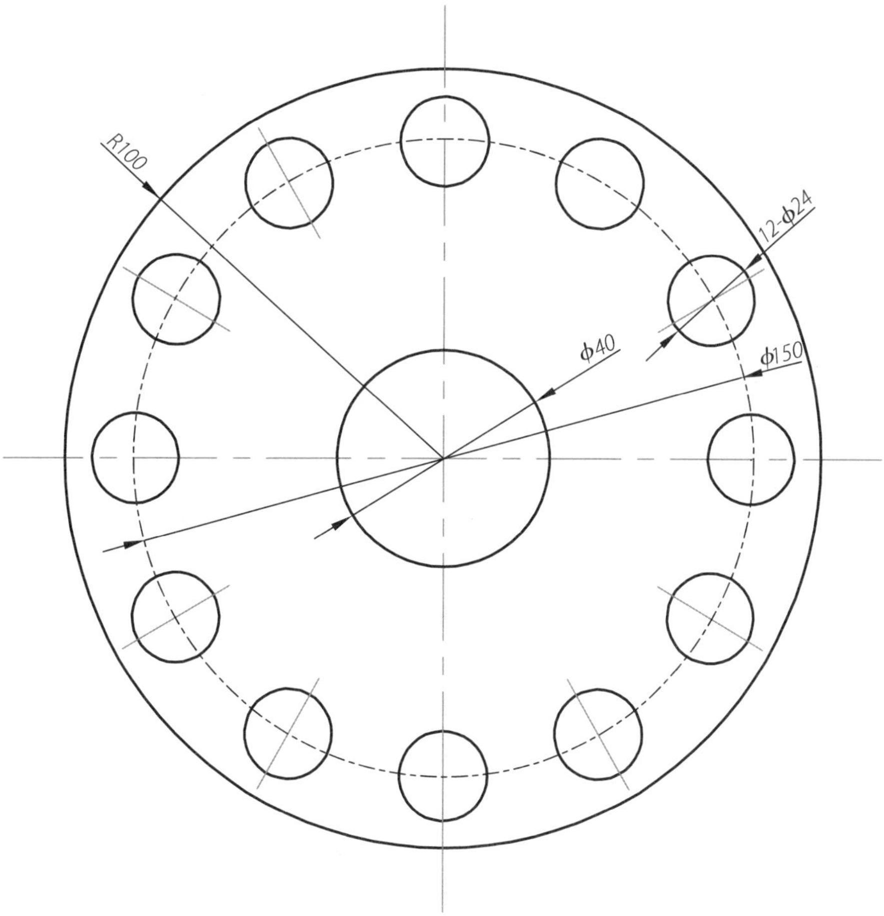
R100
12-ϕ24
ϕ40
ϕ150

도면층의 사용 예

각각의 도면층을 ON, OFF했을 때 어떻게 보이는지 다음 예제를 통해 알아보자.

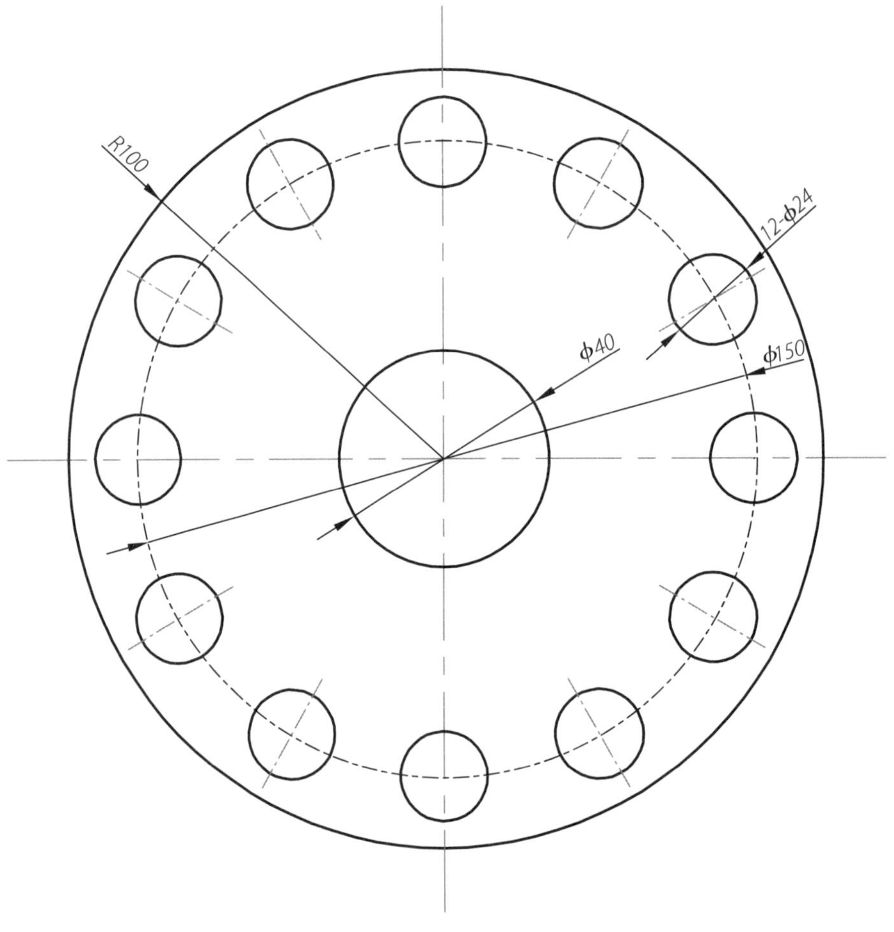

중심을 off시키고 외곽선만 보이게 하고자 한다면 전구모양의 아이콘을 선택하면 된다. 켜져 있는 전구는 꺼지고 꺼진 전구는 켜진다. 커지면 그 레이어는 화면에서 보이지 않게 되는 것이다.

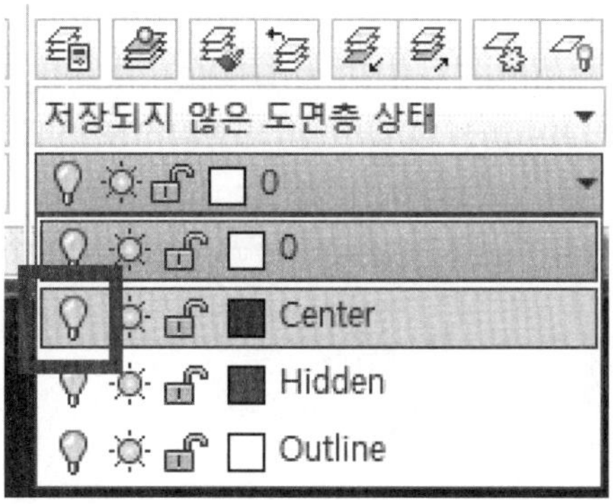

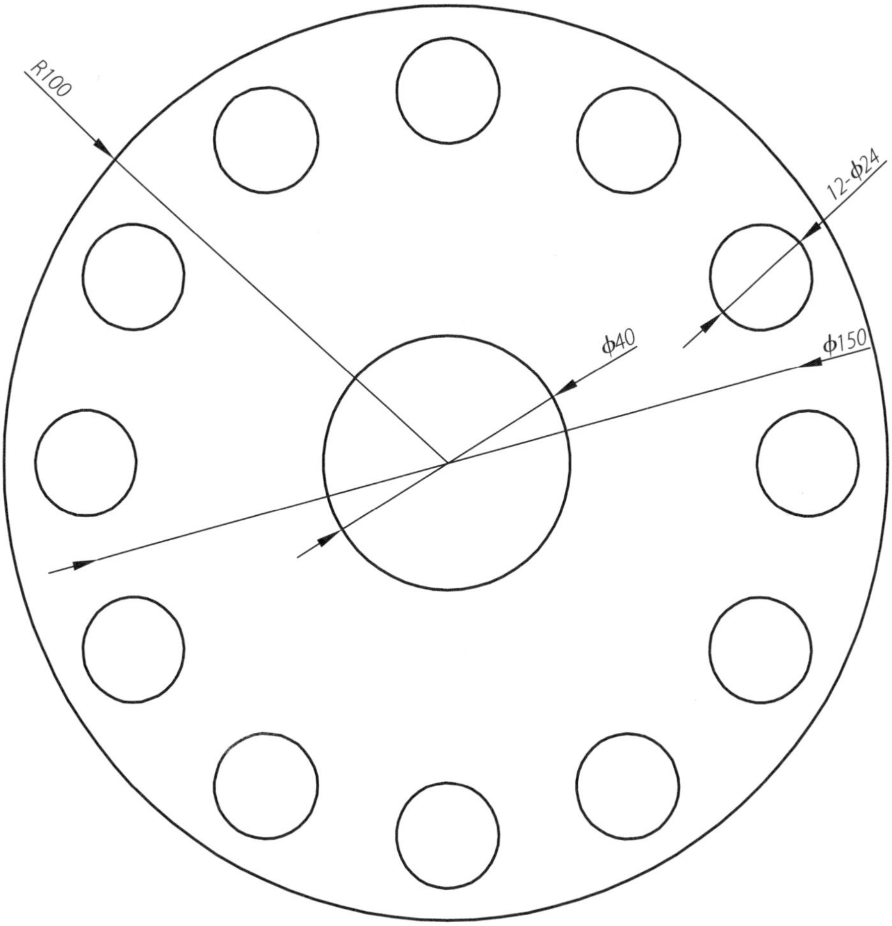

다시 Center 레이어를 on 시키려면 전구를 한번 더 선택하면 된다. Outline을 off시키려면 Outline 레이어에 있는 전구를 선택한다.

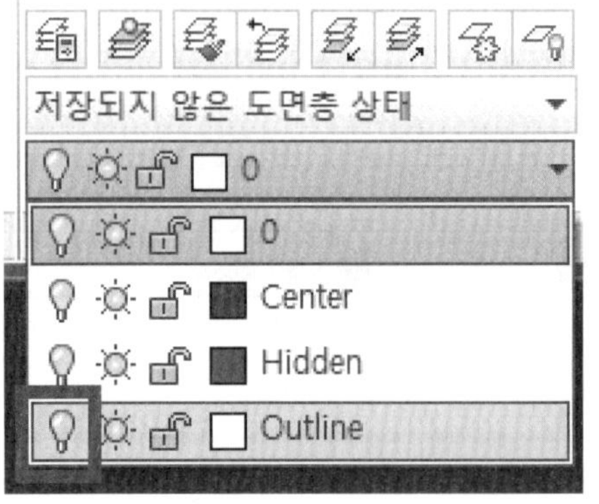

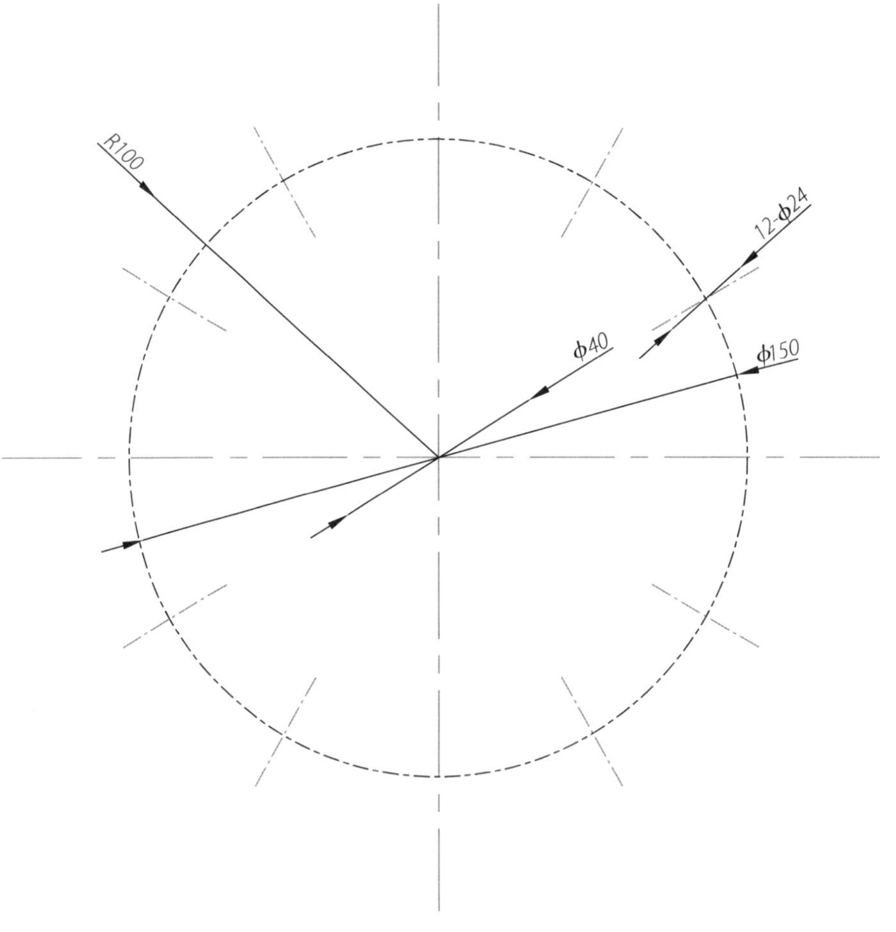

마지막으로 solid 레이어를 ON시키고 templine 레이어를 OFF시키면 다음 그림과 같다.

06 도형의 선택

이제부터 도형을 선택하는 3가지 방법에 대해 배워보자. 먼저, 마우스로 클릭하여 도형을 선택하는 방법에 대해 알아보자. 다음 그림과 같은 직사각형을 그려보자.

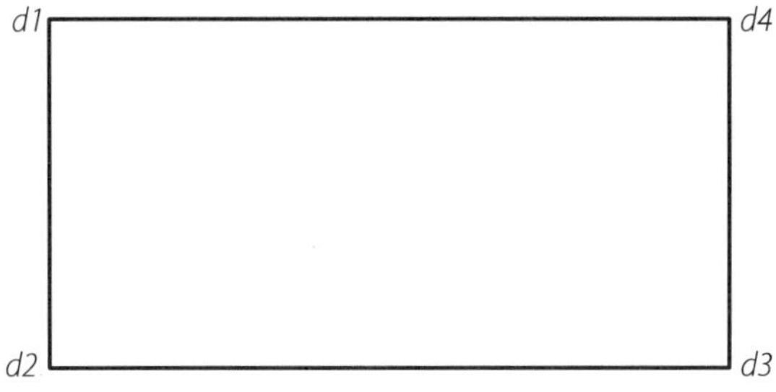

위 그림에 표시된 직선들을 번호순서대로 클릭하면(d1~d4) 다음과 같은 그림이 된다.

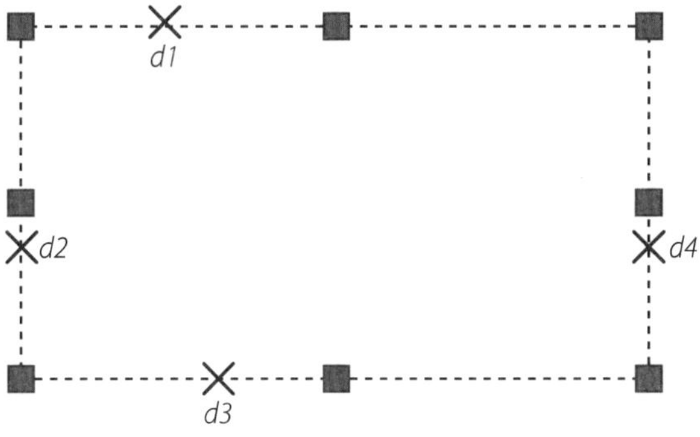

그 다음 방법으로는, 위에서 아래로 4각형을 그려 도형을 선택하는 방법이 있다. 다음 그림과 같이 L1~L4의 4개의 직선이 있다고 할 때 d1에서 d2로 드래깅하여 선택한다.

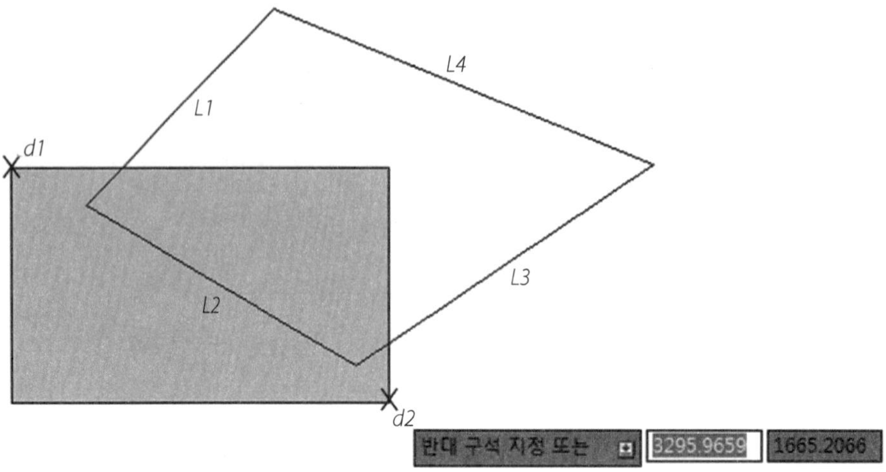

위 그림에서 표시된 점 d1을 클릭하고 점 d2로 커서를 옮기면 하늘색 사각형이 나타나게 되며, 점 d2를 클릭하면 다음과 같이 한 직선이 선택된다.

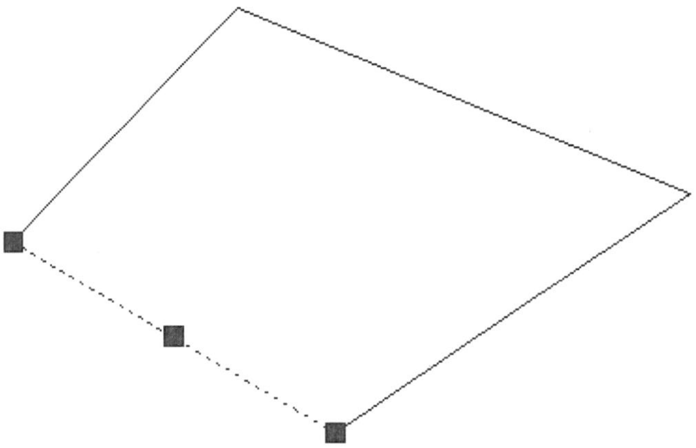

마지막 방법으로, 아래에서 위로 4각형을 그려 도형을 선택하는 방법이 있다.

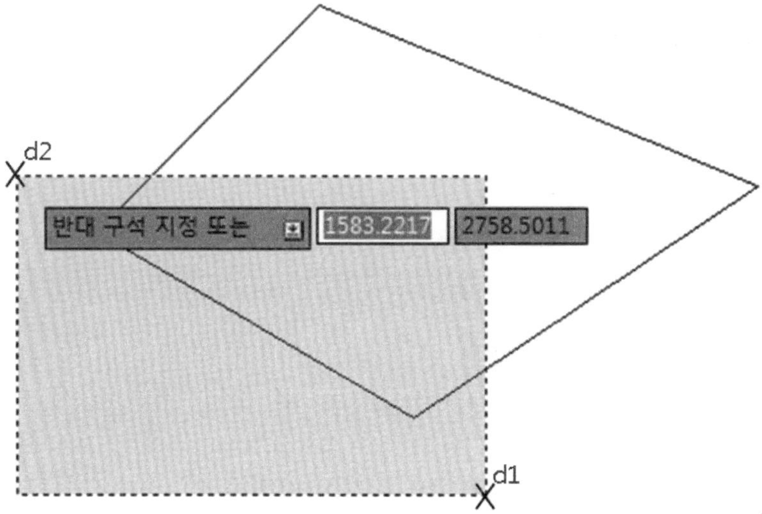

위 그림에서 표시된 점 d1을 클릭하고 점 d2로 커서를 이동하면 2번째 방법과는 다르게 초록색 사각형이 나타나며, 점 d2를 클릭하면 다음과 같이 3개의 직선이 선택된다.

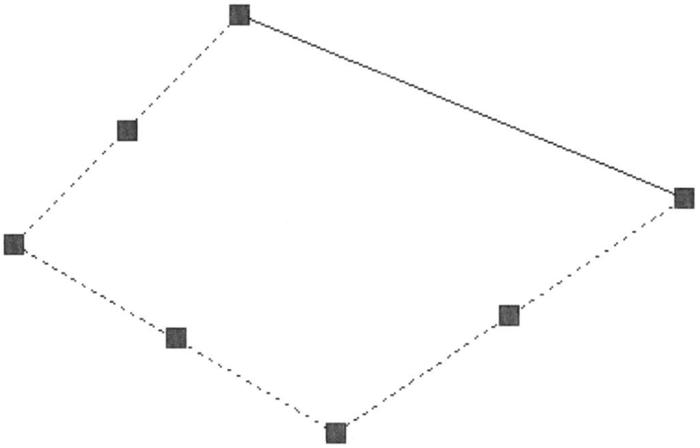

위에서 아래로 4각형 그리는 방법에서는 4각형안에 직선의 양 끝점이 모두 들어와야 직선이 선택되고, 아래에서 위로 4각형 그리는 방법은 4각형안에 직선의 양 끝점 중 한 점만 들어와 있어도 직선이 선택된다.

07 리미트(LIMITS)

메뉴: 형식 ➤ 도면 한계
명령 입력: 투명 용도의 'LIMITS

그림이 그려지는 한계를 지정해 주는 명령어이다. 다음과 같이 입력하면 (0, 0)~(200, 200)으로 한계가 설정된다.

명령 : LIMITS

- **모형 공간 한계 재설정** : 왼쪽 아래 구석 지정 또는 [켜기(ON)/끄기(OFF)] 〈199.6098, 12.4865〉 : 0, 0
- 오른쪽 위 구석 지정 〈0.0000,0.0000〉 : 200, 200

ON(켜기)	LIMITS체크를 ON하여 도면 한계 밖에 입력되는 모든 점을 취소한다.
OFF(끄기)	LIMITS체크를 ON하여 도면 한계 밖에 입력되는 모든 점을 입력할 수 있다.

08 줌(ZOOM)

이 기능은 보이는 도형을 확대하거나 축소하는 방법이다.

버튼

- 리본: 뷰 탭 ➤ 탐색 패널 ➤ 실시간
- 메뉴: 뷰 ➤ 줌 ➤ 실시간
- 도구막대: 표준

명령 : ZOOM

윈도우 구석을 지정, 축척 비율 (nX 또는 nXP)을 입력, 또는 [전체(A)/중심(C)/동적(D)/범위(E)/이전(P)/축척(S)/윈도우(W)/객체(O)] 〈실시간〉 : all

마우스로 보이는 도형을 확대하거나 축소하는 방법을 배워보자.
먼저 다음 그림을 확대해 보자.

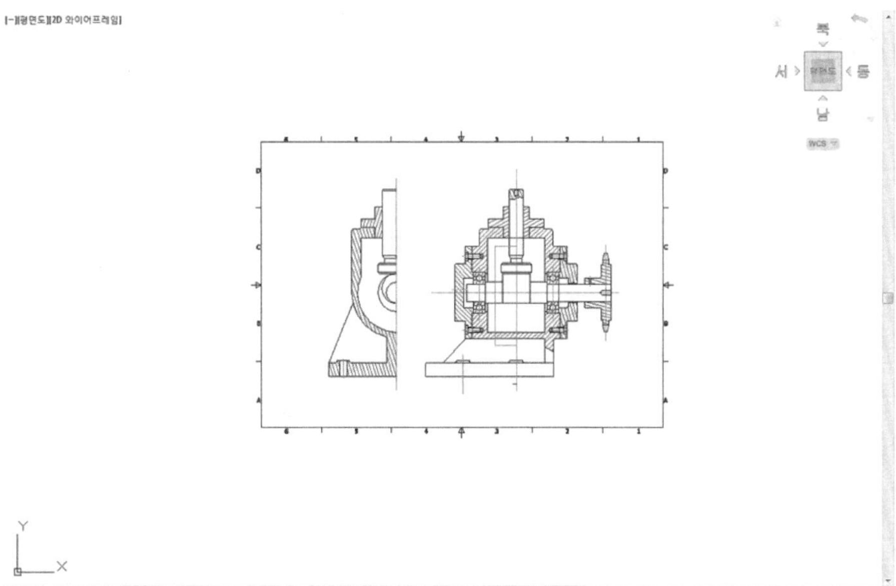

마우스 휠을 ↑ 방향으로 굴리면 다음과 같이 확대된다.

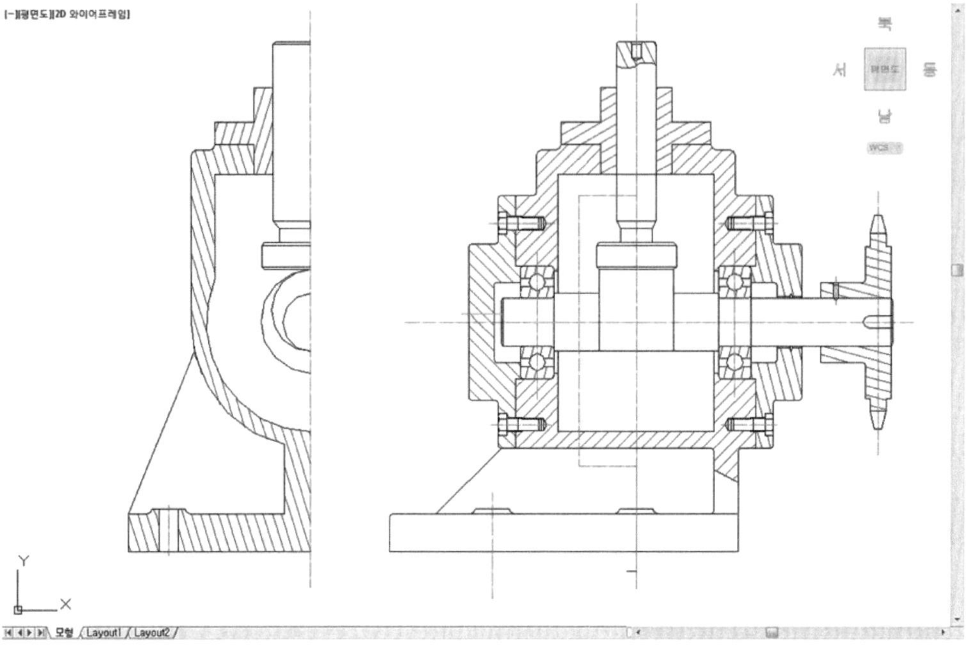

다시 마우스 휠을 ↓방향으로 굴리면 원래 그림과 같이 축소된다.

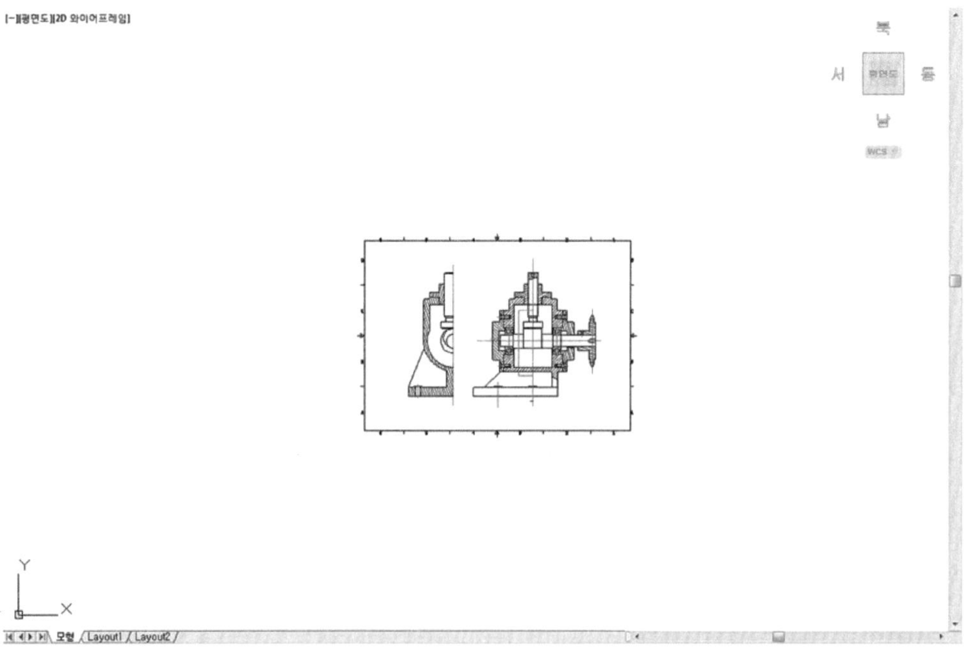

마우스로 너무 확대되거나 너무 축소되어 전체적인 모습을 보고 싶을 때 ZOOM A라는 기능을 사용하면 손쉽게 볼 수 있다.

- **단축키 : Z → space bar → A**

이것을 이용하여 다음과 같이 확대된 그림을 전체적인 모습이 나타나게 해보자.

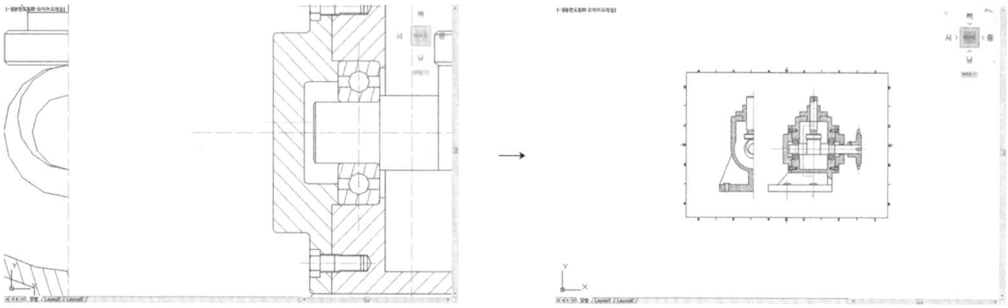

옵션기능

옵션	아이콘	기능	
All(전체)		도면 한계를 정한 전부를 보여준다.	
Center(중심)		중심과 배율을 지정한다.	
Dynamic(동적)		동적으로 ZOOM, PAN 명령이 합쳐진 형태이다.	
Extents(범위)		도면 전체를 화면에 꽉 차게 보여준다.	
Previous(이전)		바로 전의 상태로 되돌아간다.	
Scale(크기)		nX(축척)	초기에 확대, 축소 배율을 지정한다.
		nXP(축척)	모델영역 단위를 페이퍼 단위 영역에 크기를 지정한다.
Window(창 범위)		창문을 만들어 그 부분만 확대한다.	

다음 예제를 이용하여 Zoom기능들을 하나씩 알아본다.

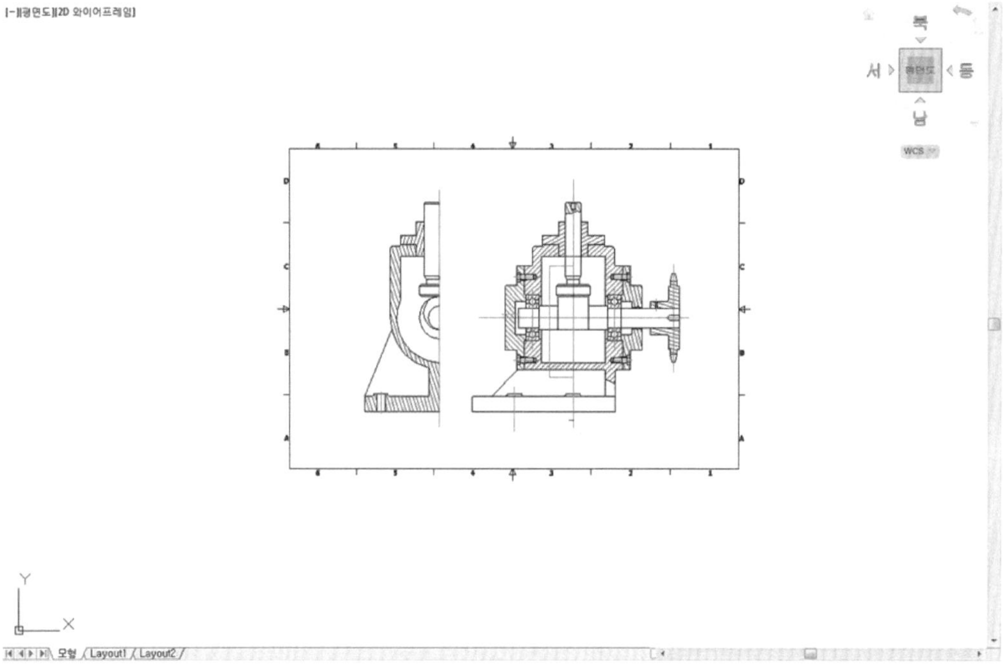

명령 : ZOOM

- 윈도우 구석을 지정, 축척 비율(nX 또는 nXP)을 입력, 또는 [전체(A)/중심(C)/동적(D)/범위(E)/이전(P)/축척(S)/윈도우(W)/객체(O)] 〈실시간〉 : w
- 첫 번째 구석을 지정 : P1 클릭
- 반대 구석 지정 : P2 클릭

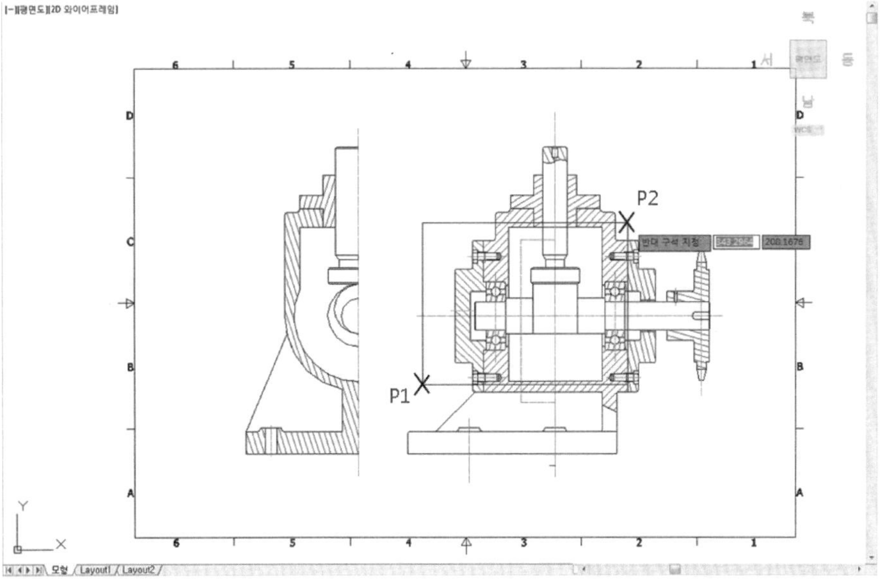

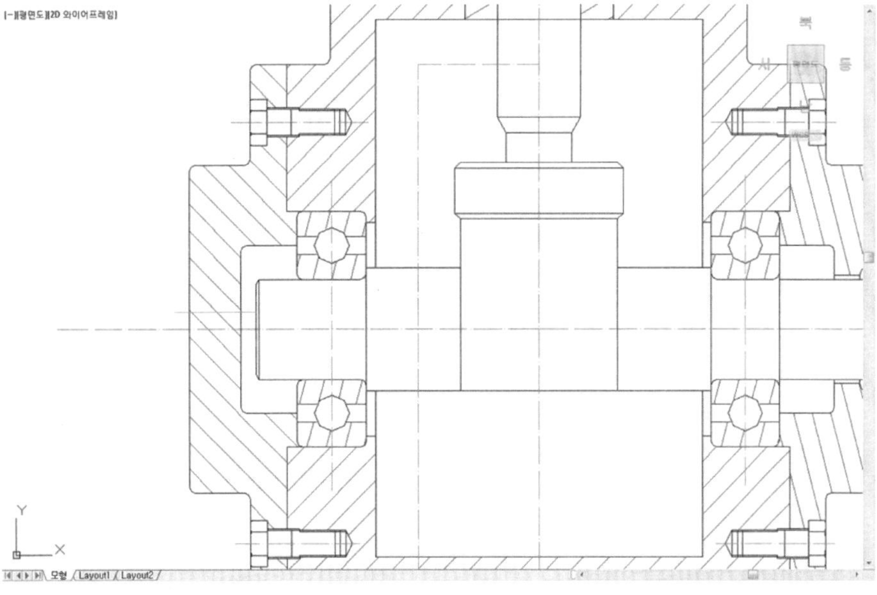

명령 : ZOOM

• 윈도우 구석을 지정, 축척 비율(nX 또는 nXP)을 입력, 또는 [전체(A)/중심(C)/동적(D)/범위(E)/이전(P)/축척(S)/윈도우(W)/객체(O)] 〈실시간〉 : a

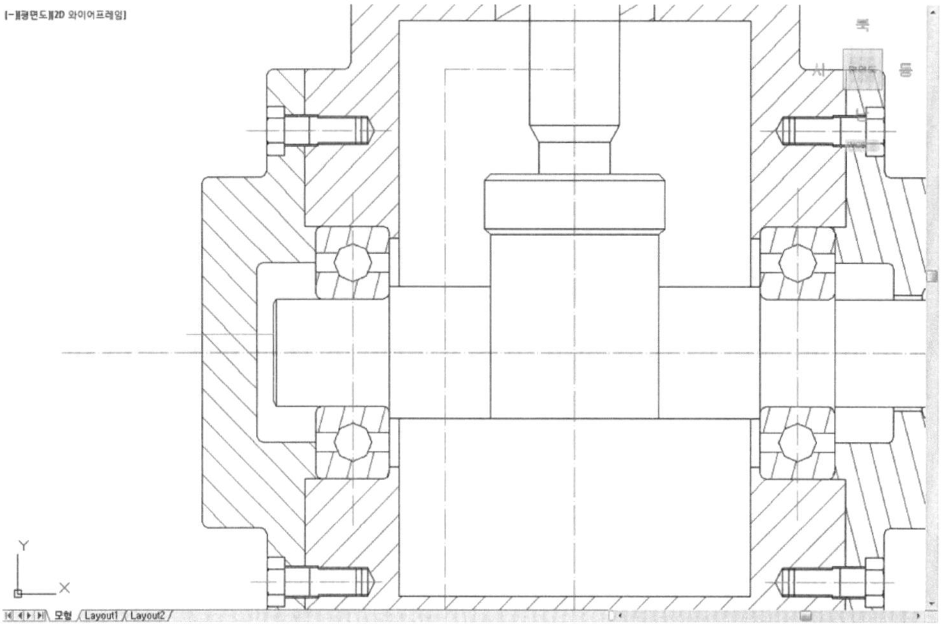

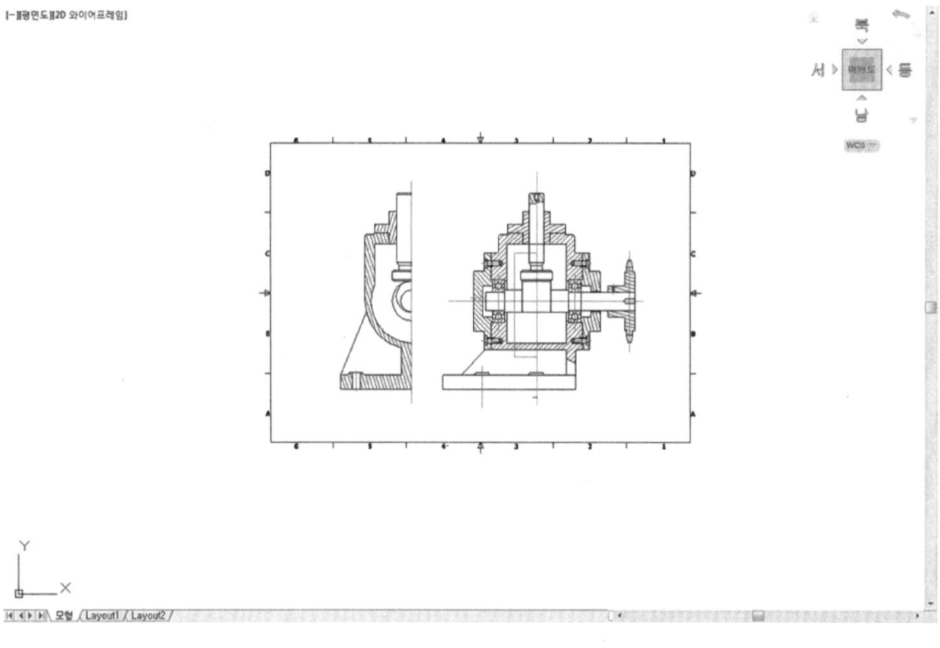

명령 : ZOOM

- 윈도우 구석을 지정, 축척 비율(nX 또는 nXP)을 입력, 또는 [전체(A)/중심(C)/동적(D)/범위(E)/이전(P)/축척(S)/윈도우(W)/객체(O)] 〈실시간〉 : c

• 중심점 지정 : P1 클릭 ◀화면의 중심점을 지정 배율 또는 높이 입력 〈377.5233〉 : P2 클릭 ◀배율 또는 높이 지정(중심점을 기준으로 위, 아래가 전체적으로 나타나는 높이)

• 두 번째 점을 지정 : P3 클릭

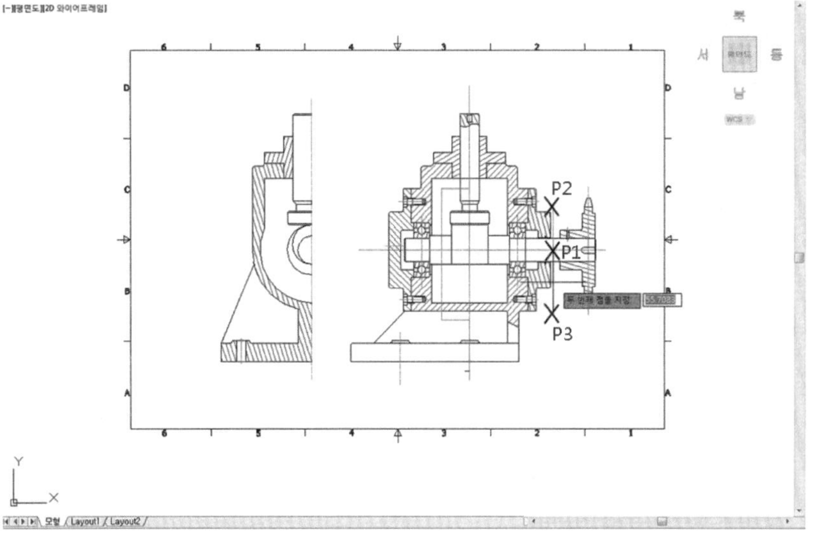

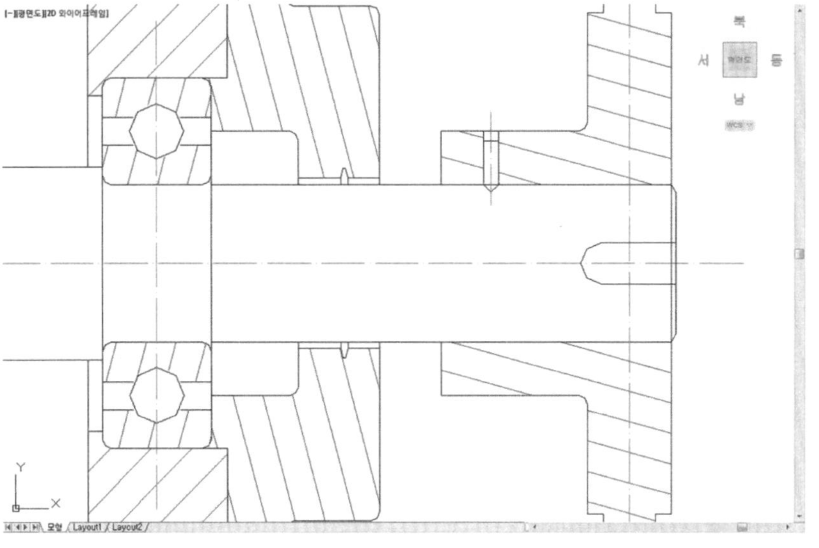

명령 : ZOOM

- 윈도우 구석을 지정, 축척 비율(nX 또는 nXP)을 입력, 또는 [전체(A)/중심(C)/동적(D)/범위(E)/이전(P)/축척(S)/윈도우(W)/객체(O)] 〈실시간〉 : d
- 마우스의 움직에 따라 크기가 변한다.

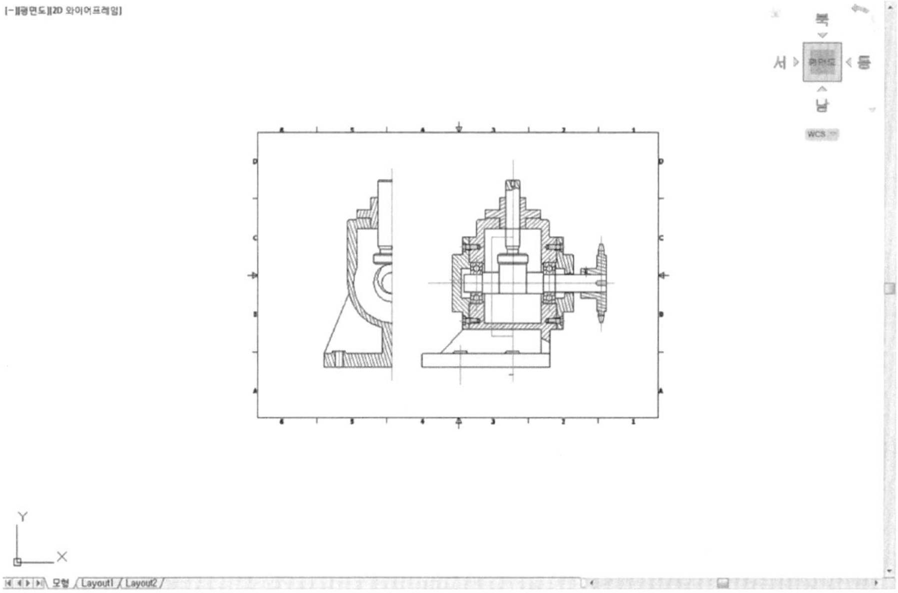

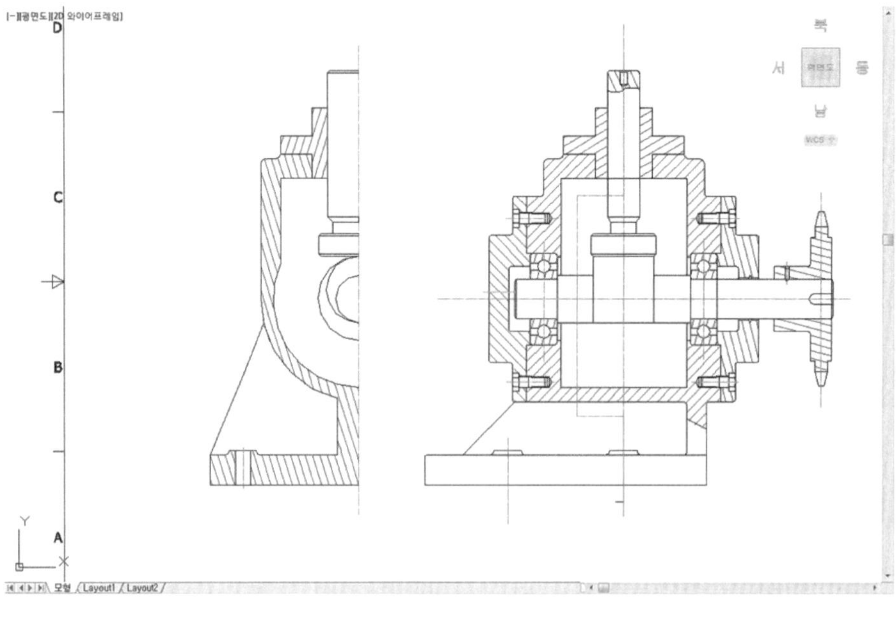

명령 : ZOOM

- 윈도우 구석을 지정, 축척 비율 (nX 또는 nXP)을 입력, 또는 [전체(A)/중심(C)/동적(D)/범위(E)/이전(P)/축척(S)/윈도우(W)/객체(O)] 〈실시간〉 : e

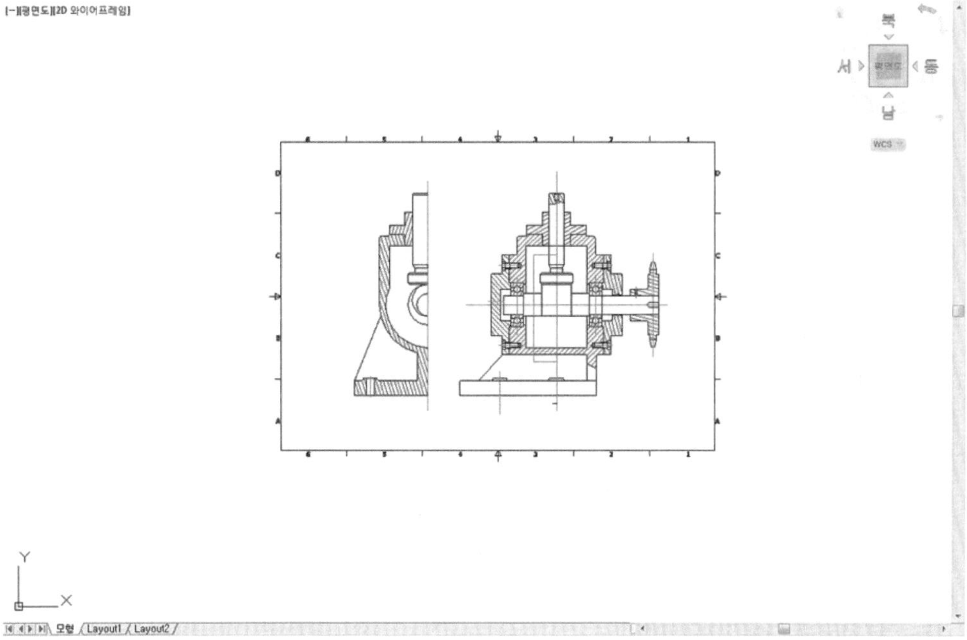

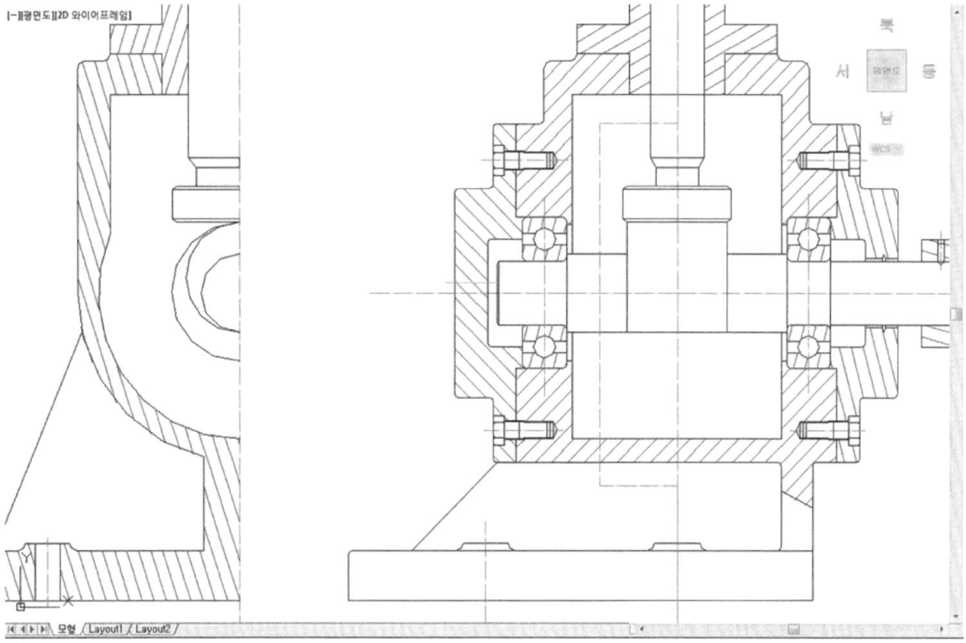

명령 : ZOOM

- 윈도우 구석을 지정, 축척 비율(nX 또는 nXP)을 입력, 또는 [전체(A)/중심(C)/동적(D)/범위(E)/이전(P)/축척(S)/윈도우(W)/객체(O)] 〈실시간〉 : p
- 이전 크기로 되돌아간다.

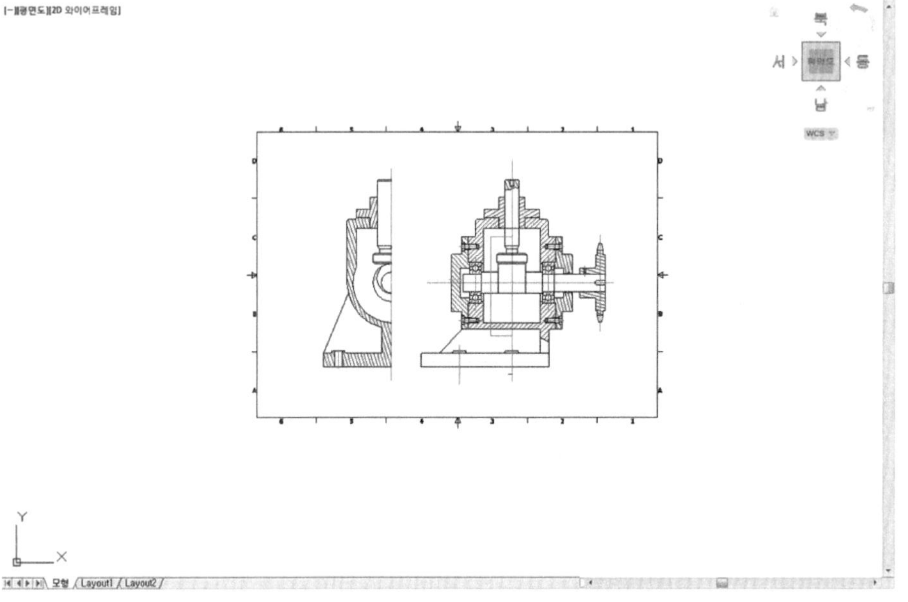

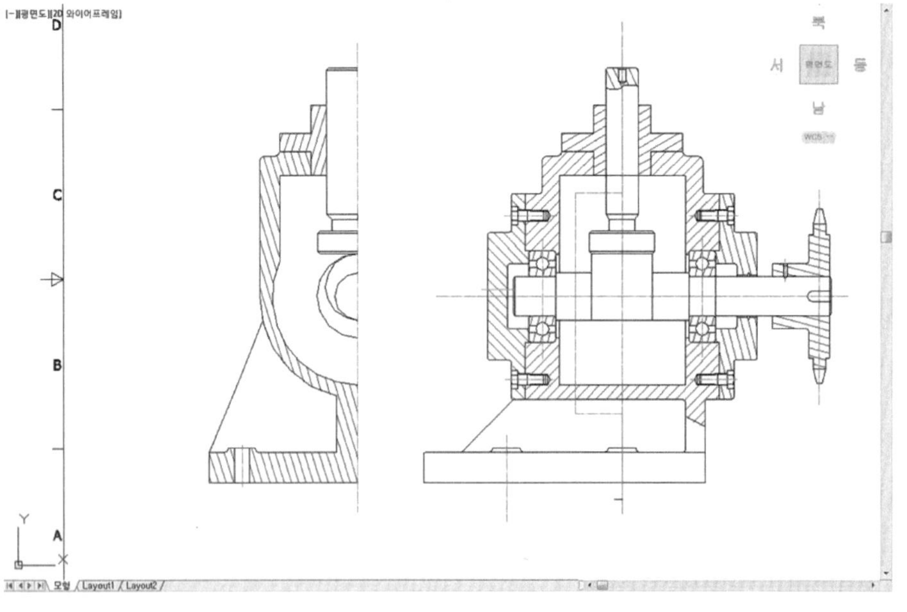

명령 : ZOOM

- 윈도우 구석을 지정, 축척 비율(nX 또는 nXP)을 입력, 또는 [전체(A)/중심(C)/동적(D)/범위(E)/이전(P)/축척(S)/윈도우(W)/객체(O)] 〈실시간〉 : s
- 축척 비율 입력(nX 또는 nXP) : 2

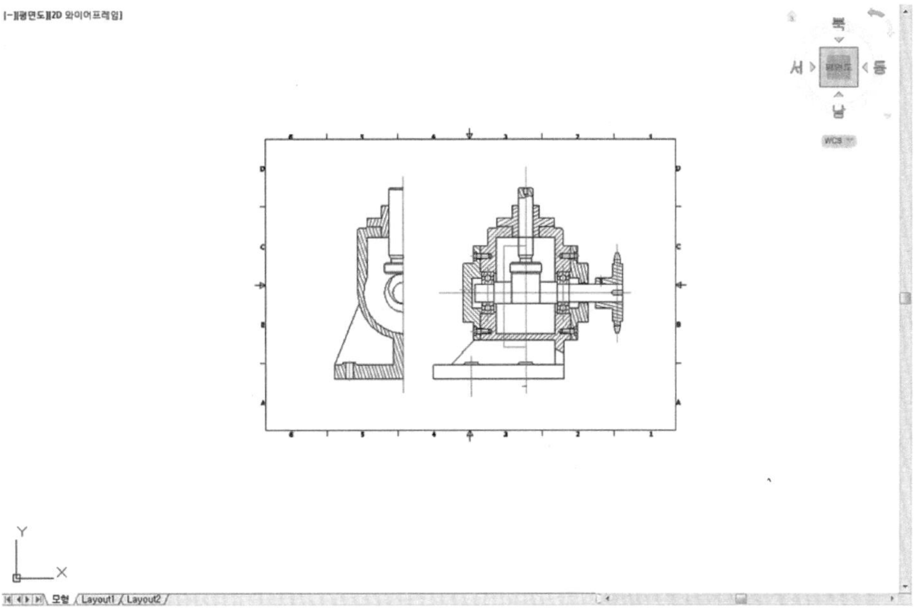

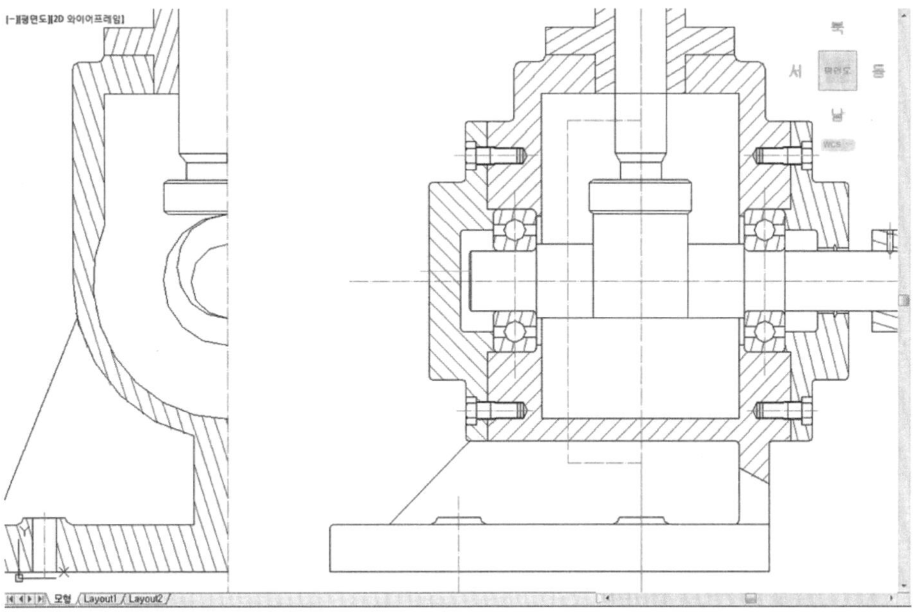

명령 : ZOOM

• 윈도우 구석을 지정, 축척 비율(nX 또는 nXP)을 입력, 또는 [전체(A)/중심(C)/동적(D)/범위(E)/이전(P)/축척(S)/윈도우(W)/객체(O)] 〈실시간〉 : s
• 축척 비율 입력 (nX 또는 nXP) : 0.5x

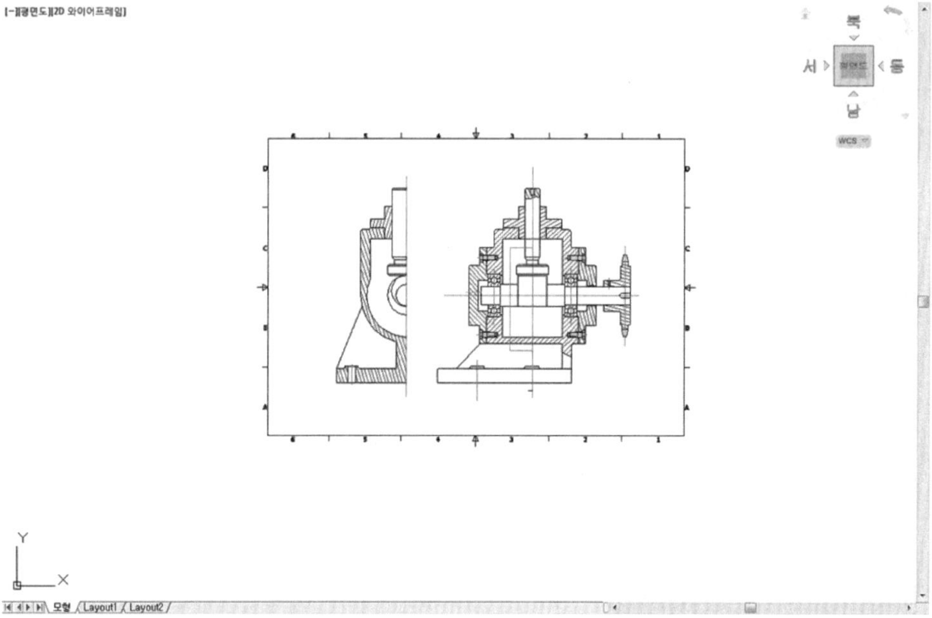

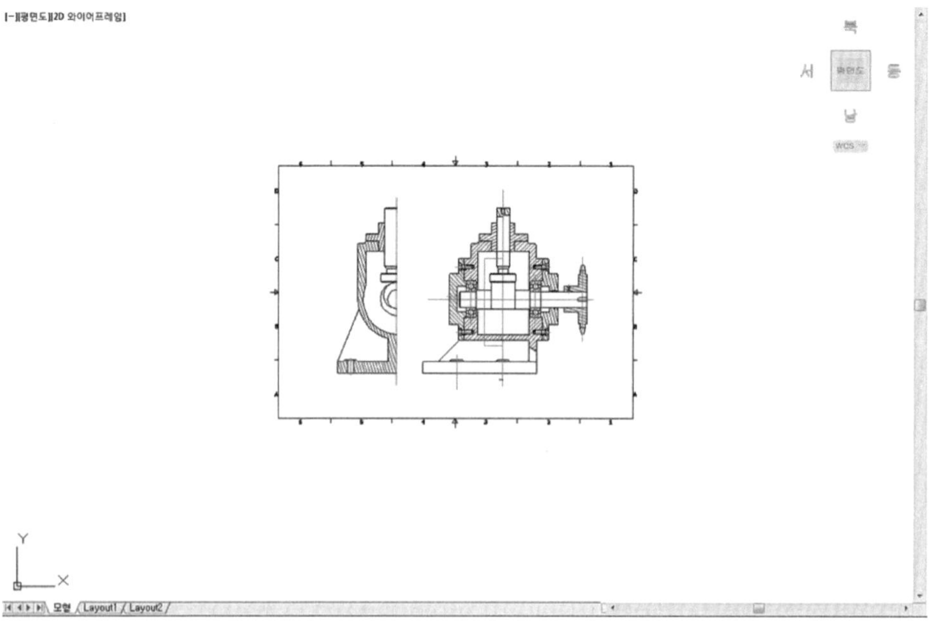

CHAPTER 06

도형의 입력 1

선, 원, 원호, 다각형, 곡선, 점

CAD에서 도면을 그리는 순서는 일단 기본 도형을 그리고 그 도형을 수정하는 방법으로 진행된다. 우리가 원하는 도형은 그리기와 수정을 거치면 거의 완성이 된다. 이 장에서는 기본 도형을 그리는 방법을 설명하고 다음 장에서는 도형의 수정에 대하여 설명한다.

항 목	명령어	아이콘	설 명
선	LINE		지정된 두 점을 끝점으로 하는 선분을 그린다.
반직선	RAY		지정된 점을 통과하는 반직선을 그린다.
무한직선	XLINE		지정된 점을 통과하는 무한직선을 그린다.
다중선	MLINE		다양한 형태의 직선의 모양을 그린다.
원	CIRCLE		원을 그린다.
원호	ARC		원호를 그린다.
타원	Ellipse		타원을 그린다.
도넛	DONUT		두 개의 동심원으로 이루어진 도넛을 그린다.
사각형	RECTANG		사각형을 그린다.
다각형	POLYGON		원에 내접 또는 외접하는 다각형을 그린다.

항 목	명령어	아이콘	설 명
폴리라인	PLINE		직선과 원호로 이루어진 연속된 곡선을 그린다.
스플라인	SPLINE		주어진 점을 통과하는 부드러운 곡선인, B 스플라인 곡선을 그린다.
구름	REVCLOUD		원호로 이루어진 폴리라인으로 구름 모양을 그린다.
점	POINT		점을 그린다.
영역	REGION		특정 점을 둘러싸고 있는 영역 개체를 지정한다.
경계	BOUNDARY		닫힌 영역에서 영역이나 폴리라인을 구한다.

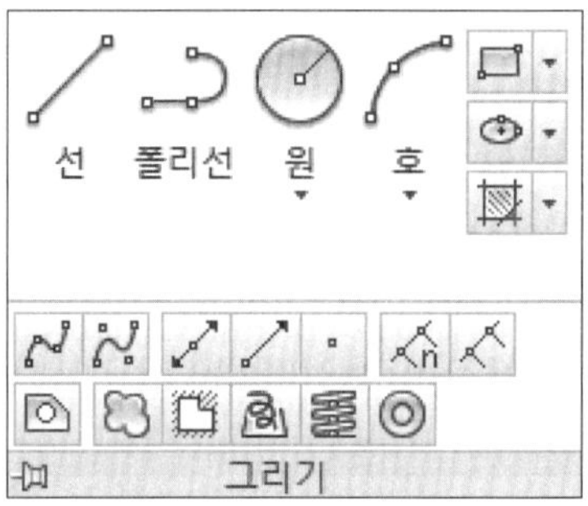

01 선

버튼

- 리본: 홈 탭 ➤ 그리기 패널 ➤ 선
- 메뉴: 그리기 ➤ 선
- 도구막대: 그리기

가장 기본적인 도형인 선을 그린다. 점과 점을 잇는 선분을 그려준다.

명령 : LINE

- **첫 번째 점 지정** : 첫 번째 점을 지정한다.
- **다음 점 지정 또는 [명령 취소(U)]** : 다음 점을 지정하거나 명령취소(U)하여 바로 앞에서 지정한 점을 취소할 수 있다.
- **다음 점 지정 또는 [명령 취소(U)]** : 반복
- **다음 점 지정 또는 [닫기(C)/명령 취소(U)]** : 다음 점을 지정하거나 옵션을 선택한다. (‘C’나 ESC, ENTER키가 눌러지기 전까지 계속됨)

옵션

- 닫기(Close) : 점을 선택하다가 ‘C’를 입력하면 직전에 입력한 점과 시작점이 연결되어 닫힌 도형이 완성된다.
- **명령취소**(Undo) : U를 입력하면 직전에 입력한 점이 취소가 된다. U를 계속 누르면 시작점까지 입력된 순서의 반대로 하나씩 취소된다.

점을 입력하는 방법

- 선을 그릴 때 가장 중요한 것은 원하는 점을 정확하게 입력하는 것이다. 점을 입력하는 방법은 크게 키보드로 입력하는 방법과 마우스로 입력하는 방법이 있다.

키보드 입력	직교좌표	절대 좌표	x, y(x, y는 좌표값)
		상대 좌표	@x, y 입력
	극좌표	절대 좌표	r〈 a (r은 극좌표의 반지름, a는 각도)
		상대 좌표	@r〈 a
마우스 입력	OSNAP을 이용		끝점, 중심점, 교점, 중간점 등을 선택
	GRID를 이용		주어진 간격의 격자 상의 점을 선택
	임의의 위치를 선택		임의 점을 선택

예제

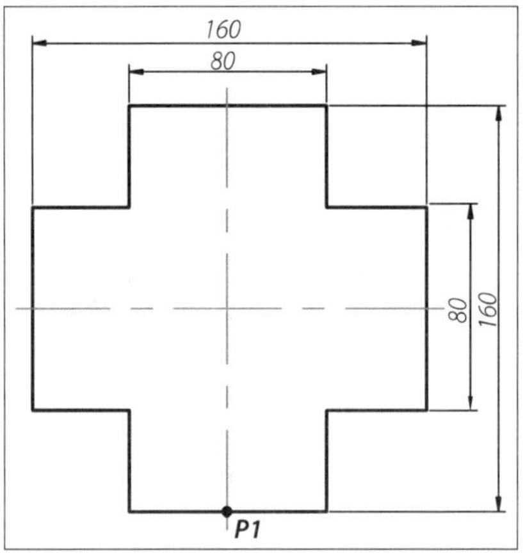

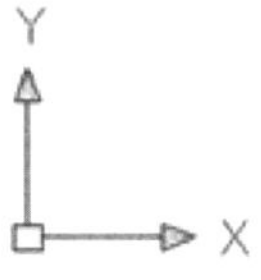

- **직교좌표(P1점의 좌표값이 (200,40)인 경우)로 그리는 방법**

명령 : _LINE

- 첫 번째 점 지정 : 200,40(절대 좌표)
- 다음 점 지정 또는 [명령 취소(U)] : @40,0(상대 좌표)
- 다음 점 지정 또는 [명령 취소(U)] : @0,40
- 다음 점 지정 또는 [닫기(C)/명령 취소(U)] : @40,0
- 다음 점 지정 또는 [닫기(C)/명령 취소(U)] : @0,80
- 다음 점 지정 또는 [닫기(C)/명령 취소(U)] : @-40,0
- 다음 점 지정 또는 [닫기(C)/명령 취소(U)] : @0,40
- 다음 점 지정 또는 [닫기(C)/명령 취소(U)] : @-80,0
- 다음 점 지정 또는 [닫기(C)/명령 취소(U)] : @0,-40
- 다음 점 지정 또는 [닫기(C)/명령 취소(U)] : @-40,0
- 다음 점 지정 또는 [닫기(C)/명령 취소(U)] : @0,-80
- 다음 점 지정 또는 [닫기(C)/명령 취소(U)] : @40,0
- 다음 점 지정 또는 [닫기(C)/명령 취소(U)] : @0,-40
- 다음 점 지정 또는 [닫기(C)/명령 취소(U)] : @40,0
- 다음 점 지정 또는 [닫기(C)/명령 취소(U)] : c

• 극 좌표로 그리는 방법(P1 점의 좌표값이 r< a=80〈270인 경우)

명령 : _LINE

- 첫 번째 점 지정 : 80〈270
- 다음 점 지정 또는 [명령 취소(U)] : @40〈0
- 다음 점 지정 또는 [명령 취소(U)] : @40〈90
- 다음 점 지정 또는 [닫기(C)/명령 취소(U)] : @40〈0
- 다음 점 지정 또는 [닫기(C)/명령 취소(U)] : @80〈90
- 다음 점 지정 또는 [닫기(C)/명령 취소(U)] : @40〈180
- 다음 점 지정 또는 [닫기(C)/명령 취소(U)] : @40〈90
- 다음 점 지정 또는 [닫기(C)/명령 취소(U)] : @80〈180
- 다음 점 지정 또는 [닫기(C)/명령 취소(U)] : @40〈270
- 다음 점 지정 또는 [닫기(C)/명령 취소(U)] : @40〈180
- 다음 점 지정 또는 [닫기(C)/명령 취소(U)] : @80〈270
- 다음 점 지정 또는 [닫기(C)/명령 취소(U)] : @40〈0
- 다음 점 지정 또는 [닫기(C)/명령 취소(U)] : @40〈270
- 다음 점 지정 또는 [닫기(C)/명령 취소(U)] : @40〈0
- 다음 점 지정 또는 [닫기(C)/명령 취소(U)] : c

• 마우스(스냅과 그리드)를 이용하는 방법

- 스냅(F9)과 그리드(F7)를 켠다.
- 선그리기 아이콘 

을 클릭한다.

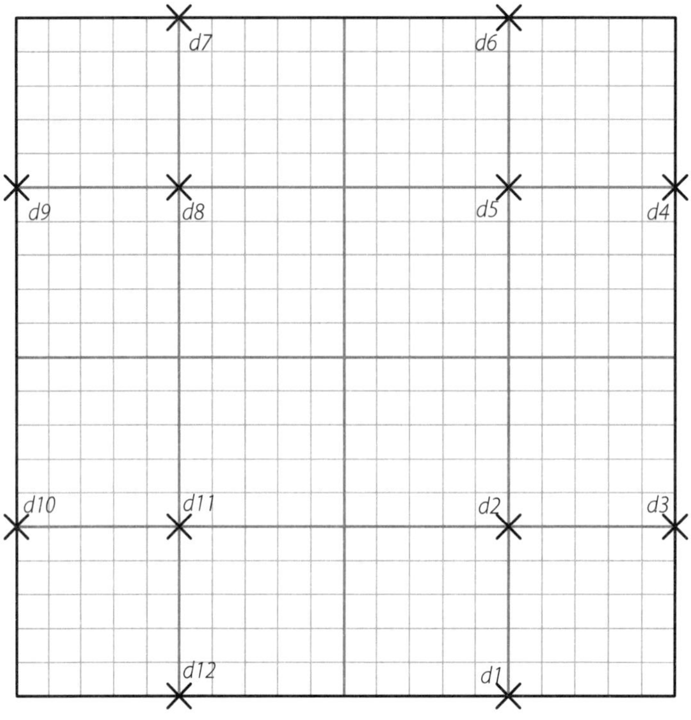

• 위 그림의 지점을 d1부터 d12까지 순서대로 클릭하고 C를 입력한다.

연습문제 다음 도형을 CAD를 이용하여 그려보자.

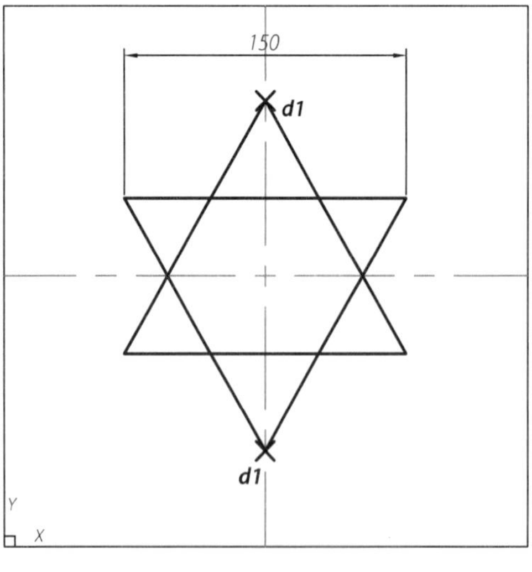

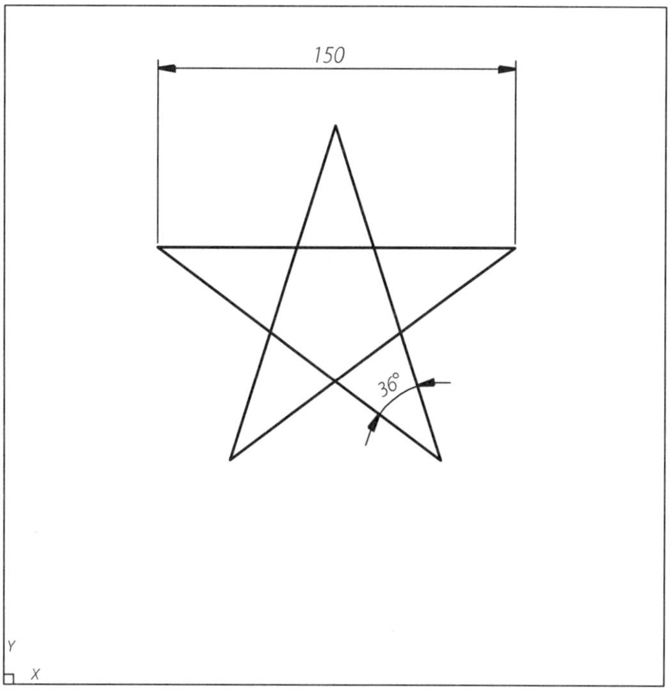

02 반직선(RAY)

버튼

- 리본: 홈 탭 ➤ 그리기 패널 ➤ 광선
- 메뉴: 그리기 ➤ 광선

반직선이란 한 점을 시작점으로 하는 한쪽 방향으로만 무한한 직선을 말한다. 반면에 XLINE은 양쪽으로 무한한 직선이다. 반직선에 의하여 그려진 선은 화면이 축소가 되어도 화면의 끝까지 그려진다.

• 따라하기

명령 : RAY

- 시작점을 지정 : d1을 클릭
- 통과점을 지정 : d2를 클릭
- 통과점을 지정 : d3를 클릭
- 통과점을 지정 : d4를 클릭
- 통과점을 지정 : d5를 클릭
- 통과점을 지정 : d6를 클릭
- 통과점을 지정 : d7를 클릭

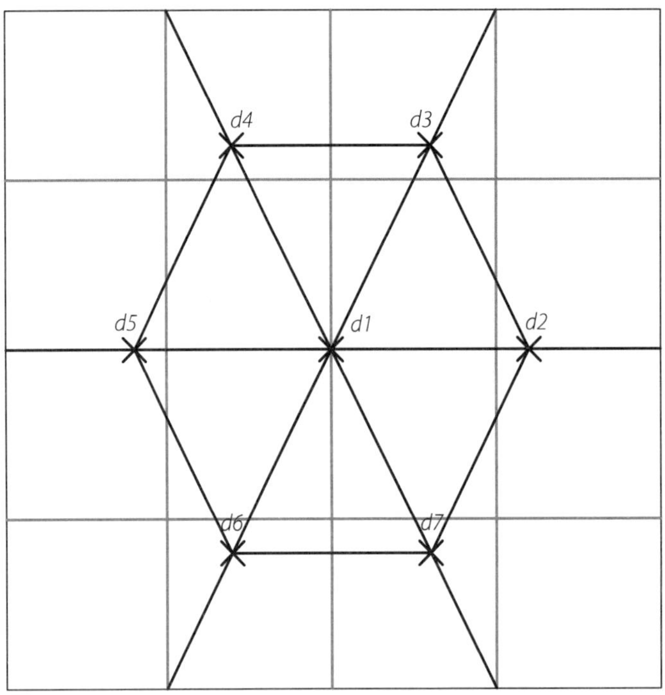

03 무한 직선(XLINE)

버튼

- 리본: 홈 탭 ➤ 그리기 패널 ➤ 구성선
- 메뉴: 그리기 ➤ 구성선
- 도구막대: 그리기

무한 직선(구성선 : Construction Line)은 기본적으로 필요한 선들을 지정하기 위한 것이다. 두개의 점을 통과하는 무한 직선, 또는 한점을 통과하는 수평선, 수직선, 이등분선, 일정 각도를 이루는 선, 일정 간격 떨어진 선 등을 그릴 수 있다. XLINE에 의하여 그려진 선은 화면이 축소가 되어도 화면의 끝까지 그려진다.

명령 : XLINE

- 점 지정 또는 [수평(H)/수직(V)/각도(A)/이등분(B)/간격띄우기(O)] :

(옵션)

- **수평**(H) : 수평선을 그린다.
- **수직**(V) : 수직선을 그린다.
- **각도**(A) : 수평선 또는 지정된 선과 임의의 각도인 무한직선을 그린다.
- **이등분**(B) : 수평선 또는 지정된 선과 임의의 각도를 이등분하는 무한직선을 그린다.
- **간격띄우기**(O) : 이전에 그려진 선과 평행하게 구성 선을 그린다.

• 수평 구성선 만들기

명령 : XLINE

- 점 지정 또는 [수평(H)/수직(V)/각도(A)/이등분(B)/간격띄우기(O)] : H
- 통과점을 지정 : 마우스 오른쪽 버튼을 누른 후, 끝점을 선택하여 d1을 클릭한다.

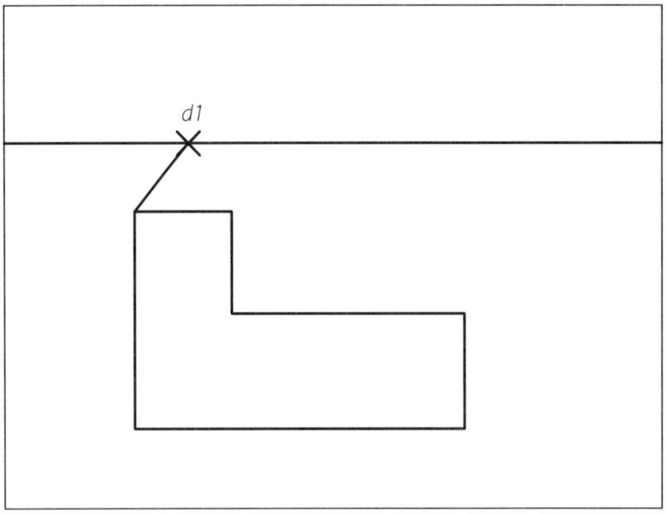

- 수직 구성선 만들기

명령 : XLINE

- 점 지정 또는 [수평(H)/수직(V)/각도(A)/이등분(B)/간격띄우기(O)] : V
- 통과점을 지정 : 마우스 오른쪽 버튼을 누른 후, 끝점을 선택하여 d2를 클릭한다.

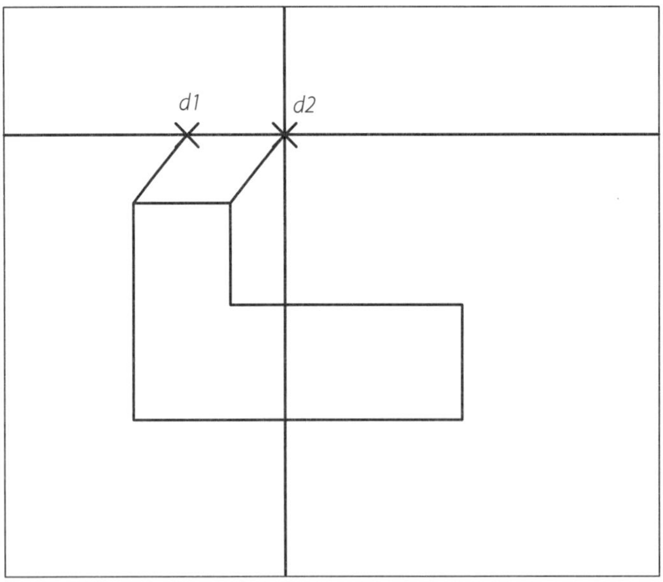

- 각도 구성선 만들기

명령 : XLINE

- 점 지정 또는 [수평(H)/수직(V)/각도(A)/이등분(B)/간격띄우기(O)] : A
- X선의 각도 입력 (0) 또는 [참조(R)] : 45
- 통과점을 지정 : 마우스 오른쪽 버튼 누른 후, 교차점을 선택하여 d3를 클릭한다.

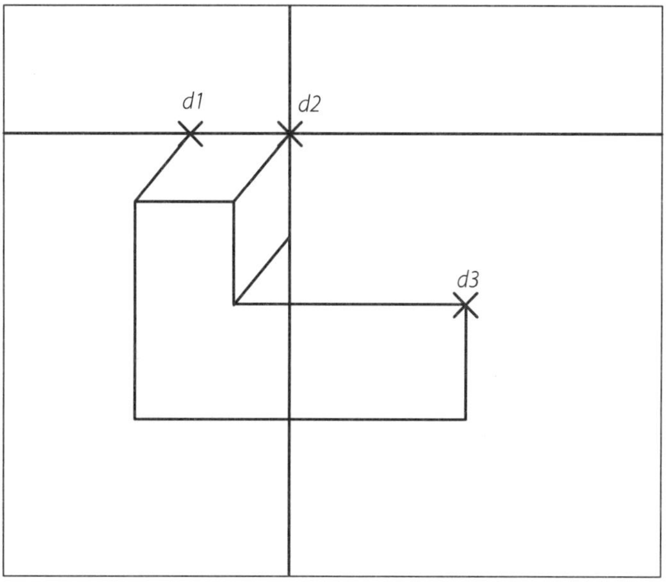

명령 : XLINE

- 점 지정 또는 [수평(H)/수직(V)/각도(A)/이등분(B)/간격띄우기(O)] : A
- X선의 각도 입력 (0) 또는 [참조(R)] : R
- 선 객체 선택 : d4 클릭
- X선의 각도 입력 〈0〉 : 90
- 통과점을 지정 : 마우스 오른쪽 버튼 누른 후, 교차점을 선택하여 d5를 클릭한다.

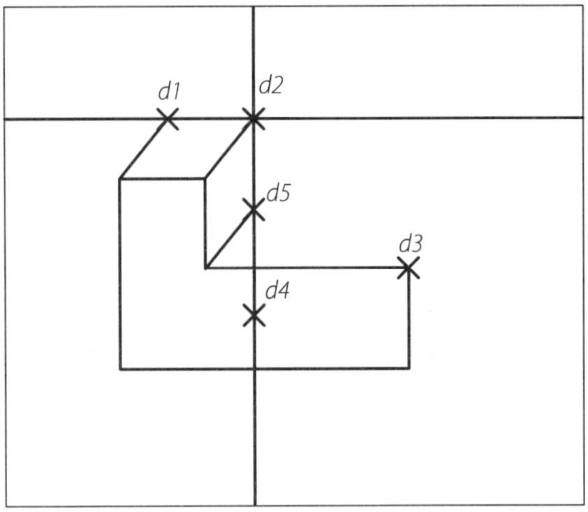

• 이등분 구성선 만들기

명령 : XLINE

- 점 지정 또는 [수평(H)/수직(V)/각도(A)/이등분(B)/간격띄우기(O)] : B
- 각도 정점 지정 : 마우스 오른쪽 버튼을 누른 후, 끝점을 선택하여 d1 클릭한다.
- 각도 시작점 지정 : 마우스 오른쪽 버튼을 누른 후, 끝점을 선택하여 d2 클릭한다.
- 각도 끝점 지정 : 마우스 오른쪽 버튼을 누른 후, 끝점을 선택하여 d3 클릭한다.

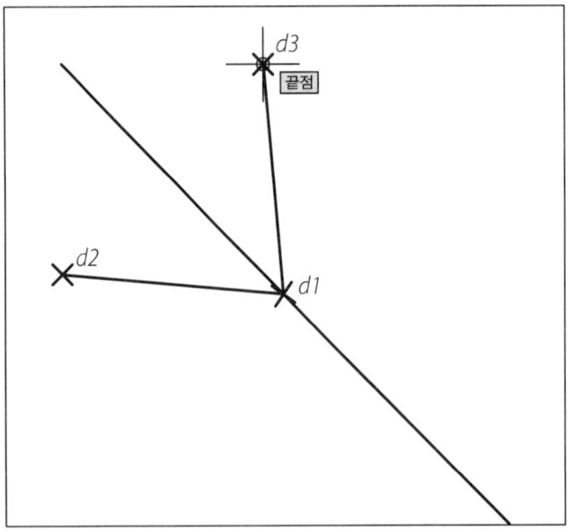

- 간격 띄우기 구성선 만들기

명령 : XLINE

- 점 지정 또는 [수평(H)/수직(V)/각도(A)/이등분(B)/간격띄우기(O)] : O
- 간격띄우기 거리 또는 [통과점(T)] 〈2.0000〉 : 50
- 선 객체 선택 : d4을 클릭
- 간격띄우기할 방향 지정 : d5를 클릭

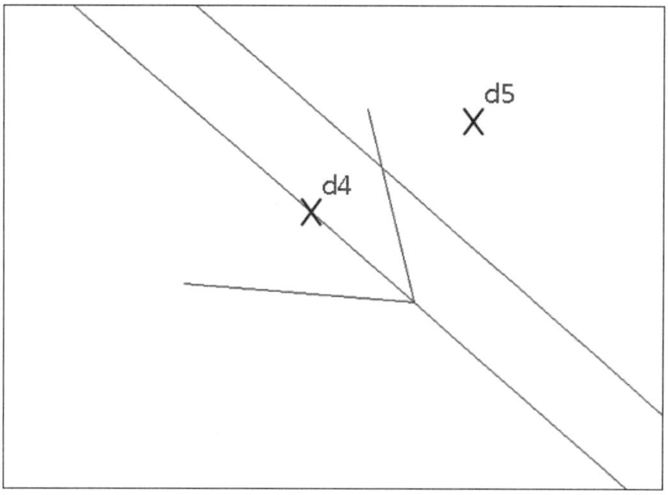

명령 : XLINE

- 점 지정 또는 [수평(H)/수직(V)/각도(A)/이등분(B)/간격띄우기(O)] : O
- 간격띄우기 거리 지정 또는 [통과점(T)] 〈통과점〉 : T
- 선 객체 선택 : d6을 클릭
- 통과점을 지정 : d7를 클릭

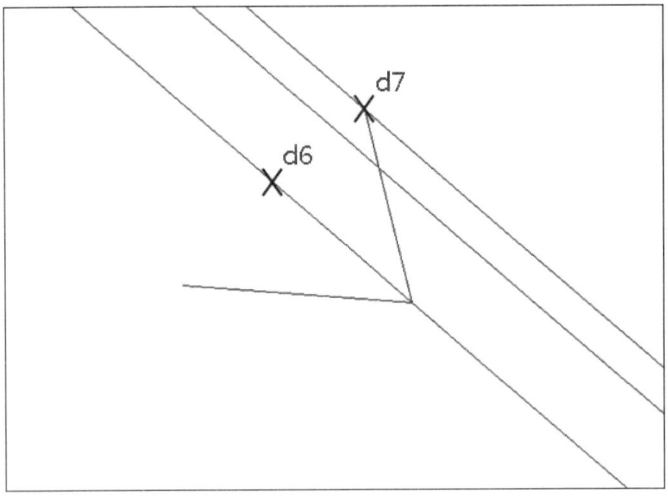

04 원

버튼

- 리본: 홈 탭 ➤ 그리기 패널 ➤ 원 드롭다운 ➤ 중심점, 반지름
- 메뉴: 그리기 ➤ 원 ➤ 중심점, 반지름
- 도구막대: 그리기

중심점, 반지름	2점	접선, 접선, 반지름
중심점, 지름	3점	접선, 접선, 접선

원을 그리는 방법

- 중심점, 반지름
- 중심점, 지름
- 2점을 지나는 점(두 점 사이의 거리가 원의 지름)
- 2개의 도형에 접하고 반지름이 주어진 원
- 3개의 도형에 접하는 원

• 중심점(Center), 반지름(Radius)을 사용하는 원

- 아이콘( )선택 또는 명령 : CIRCLE(또는 단축 키 C)를 입력한다.
- 원에 대한 중심점 지정 또는 [3점(3P)/2점(2P)/Ttr-접선 접선 반지름(T)] : 임의의 점 클릭
- 원의 반지름 지정 또는 [지름(D)] : 50(반지름)

• 중심점(Center), 지름(Diameter)을 사용하는 원

- 아이콘( )선택 또는 명령 : CIRCLE(또는 단축 키 C)를 입력한다.
- 원에 대한 중심점 지정 또는 [3점(3P)/2점(2P)/Ttr-접선 접선 반지름(T)] : 임의의 점 클릭
- 원의 반지름 지정 또는 [지름(D)] : D
- 원의 지름을 지정함 〈140.0000〉 : 100(지름)

• 3점을 사용하는 원(3점을 지나는 원)

- 아이콘( )선택 또는 명령 : CIRCLE(또는 단축 키 C)를 입력한다.
- 원에 대한 중심점 지정 또는 [3점(3P)/2점(2P)/Ttr-접선 접선 반지름(T)] : 3P
- 원 위의 첫 번째 점 지정 : 임의의 점 클릭
- 원 위의 두 번째 점 지정 : 임의의 점 클릭
- 원 위의 세 번째 점 지정 : 임의의 점 클릭

- 2점을 사용하는 원(2점을 지름으로 하는 원

  - 아이콘( )선택 또는 명령 : CIRCLE(또는 단축 키 C)를 입력한다.
  - 원에 대한 중심점 지정 또는 [3점(3P)/2점(2P)/Ttr-접선 접선 반지름(T)] : 2P
  - 원 지름의 첫 번째 끝점을 지정 : 임의의 점 클릭
  - 원 지름의 두 번째 끝점을 지정 : 임의의 점 클릭

- 접선(Tan), 접선(Tan), 반지름(Radius)을 사용하는 원

  - 아이콘( )선택 또는 명령 : CIRCLE(또는 단축 키 C)를 입력한다.
  - 원에 대한 중심점 지정 또는 [3점(3P)/2점(2P)/Ttr-접선 접선 반지름(T)] : T
  - 원의 첫 번째 접점에 대한 객체위의 점 지정 : C1의 임의의 점 d1클릭
  - 원의 두 번째 접점에 대한 객체위의 점 지정 : C2의 임의의 점 d2 클릭
  - 원의 반지름 지정 〈50.0000〉 : 20

  (C3 생성)

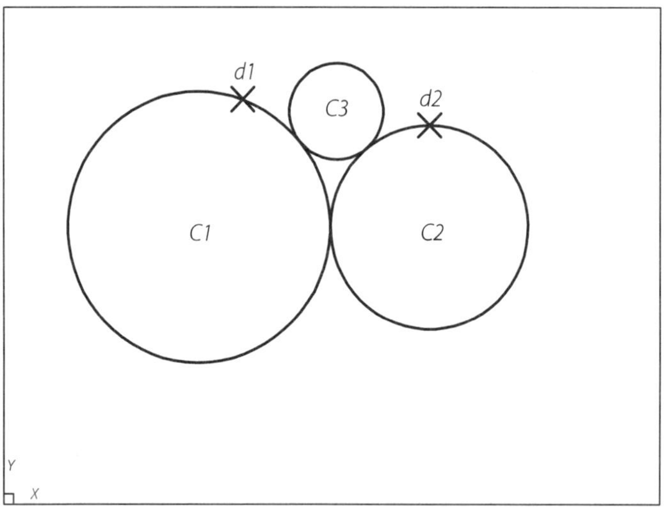

- 접선(Tan), 접선(Tan), 접선(Tan)을 사용하는 원

  - 임의의 3직선을 그린다.
  - 아이콘( )선택 또는 명령 : CIRCLE(또는 단축 키 C)를 입력한다.

• 원에 대한 중심점 지정 또는 [3점(3P)/2점(2P)/Ttr-접선 접선 반지름(T)] : 3P

• 원 위의 첫 번째 점 지정 : Shift+마우스 오른쪽 버튼을 클릭해서 Tangent 선택 후, d1 클릭

• 원 위의 두 번째 점 지정 : Shift+마우스 오른쪽 버튼을 클릭해서 Tangent 선택 후, d2 클릭

• 원 위의 세 번째 점 지정 : Shift+마우스 오른쪽 버튼을 클릭해서 Tangent 선택 후, d3 클릭

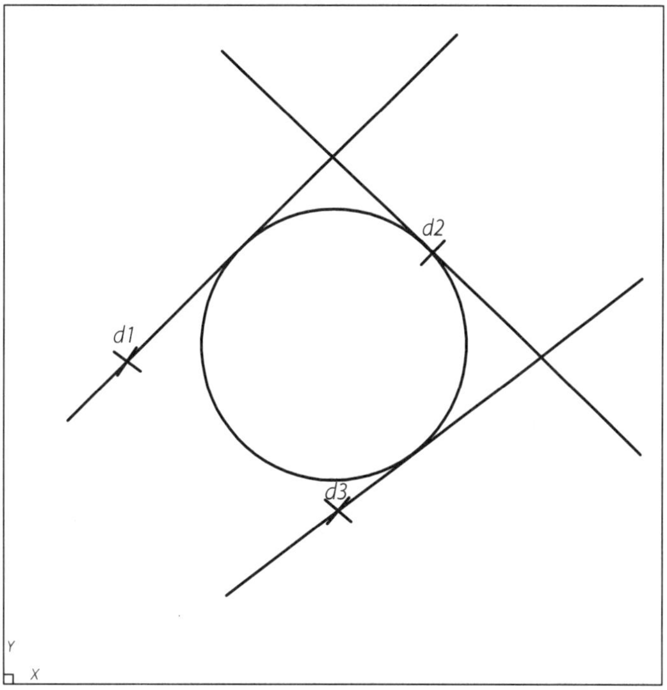

• 원에 대한 기본 개념 예제로 OSNAP과 TRIM 기능을 이용하여 작성한다.

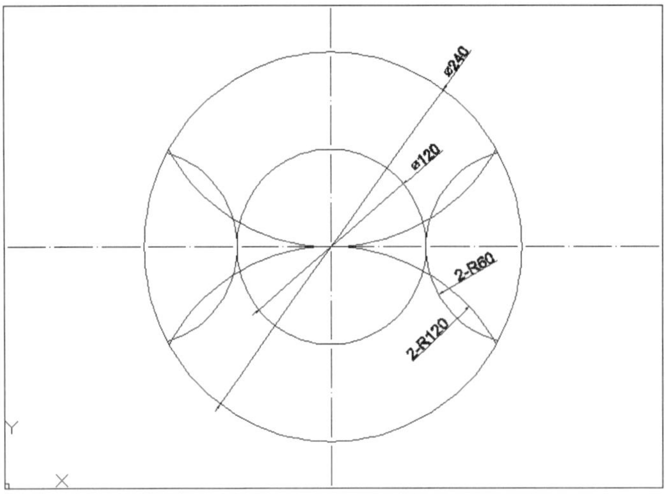

• 직선(Line) 그리기

- 상태 바에서 직교(ORTHO)를 마우스로 클릭한다.
- 명령 : LINE
- 첫 번째 점 지정 : d1 클릭
- 다음 점 지정 또는 [명령 취소(U)] : d2 클릭
- 다음 점 지정 또는 [명령 취소(U)] : ENTER
- 마우스 오른 버튼 클릭 후 반복(R) Line을 선택한다.
- 첫 번째 점 지정 : d3 클릭
- 다음 점 지정 또는 [명령 취소(U)] : d4 클릭
- 다음 점 지정 또는 [명령 취소(U)] : ENTER
- Layer를 추가하여 두 직선을 1점 쇄선으로 변환한다.

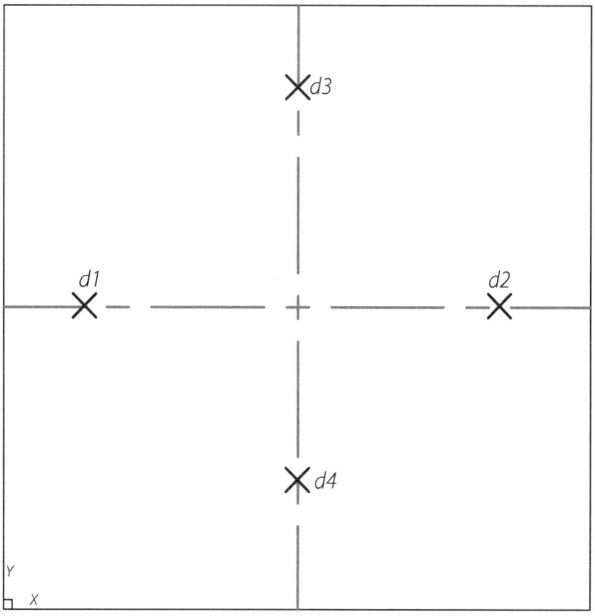

- 원(circle) 그리기

명령어 : C

- 원에 대한 중심점 지정 또는 [3점(3P)/2점(2P)/Ttr-접선 접선 반지름(T)] : 수평선과 수직선의 교차점(O)을 클릭
- 원의 반지름 지정 또는 [지름(D)] : 120

- space bar : circle 명령 반복
- 원에 대한 중심점 지정 또는 [3점(3P)/2점(2P)/Ttr-접선 접선 반지름(T)] : 수평선과 수직선의 교차점(O)을 클릭
- 원의 반지름 지정 또는 [지름(D)] : 240

- space bar : circle 명령 반복
- 원에 대한 중심점 지정 또는 [3점(3P)/2점(2P)/Ttr-접선 접선 반지름(T)] : 교차점 A를 클릭
- 원의 반지름 지정 또는 [지름(D)] : 교차점 E를 클릭

• space bar : circle 명령 반복
• 원에 대한 중심점 지정 또는 [3점(3P)/2점(2P)/Ttr-접선 접선 반지름(T)] : 교차점 B를 클릭
• 원의 반지름 지정 또는 [지름(D)] : 교차점(O)을 클릭

• space bar : circle 명령 반복
• 원에 대한 중심점 지정 또는 [3점(3P)/2점(2P)/Ttr-접선 접선 반지름(T)] : 교차점 C를 클릭
• 원의 반지름 지정 또는 [지름(D)] : 교차점(F)을 클릭

• space bar : circle 명령 반복
• 원에 대한 중심점 지정 또는 [3점(3P)/2점(2P)/Ttr-접선 접선 반지름(T)] : 교차점 D를 클릭
• 원의 반지름 지정 또는 [지름(D)] : 교차점(O)을 클릭

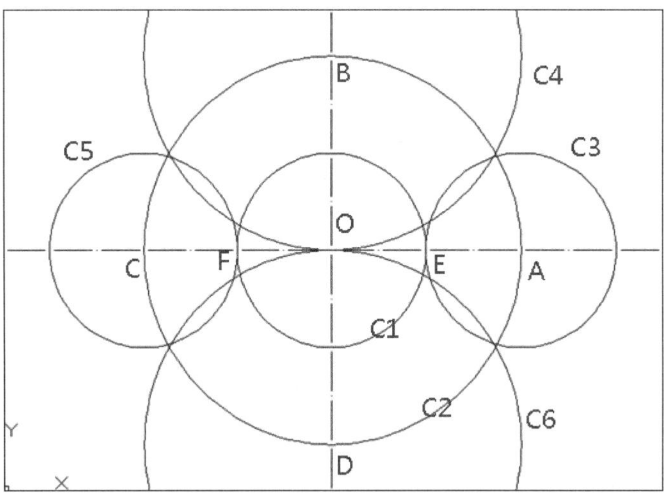

• 자르기(Trim)

• 아이콘(-/--)선택 또는 명령 : TRIM(TR)을 입력한다.
• 객체 선택 : 원 C1을 클릭, ENTER
• 자를 객체 선택 또는 Shift 키를 누른 채 선택하여 연장 또는 [울타리(F)/걸치기(C)/프

로젝트(P)/모서리(E)/지우기(R)/명령 취소(U)] : 이때 원C3, C4, C5, C6에서 C2원의 바깥 부분을 차례대로 클릭

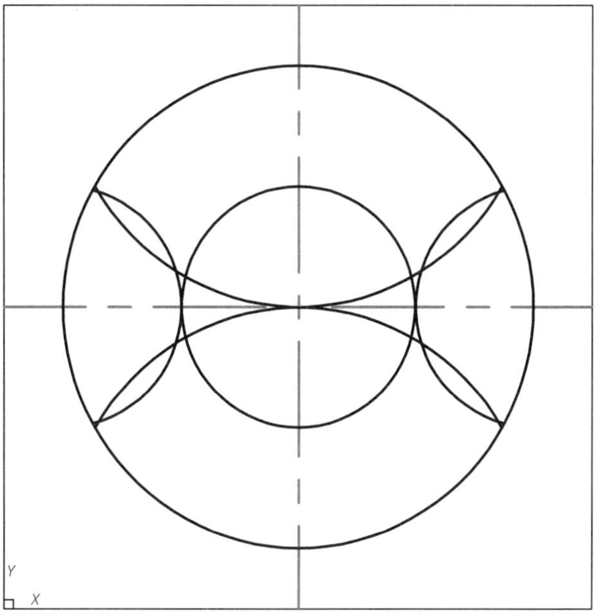

05 원호

버튼

- 리본: 홈 탭 ➤ 그리기 패널 ➤ 호 드롭다운 ➤ 3 점
- 메뉴: 그리기 ➤ 호
- 도구막대: 그리기

원호를 그리는 방법

(1) 3점을 지나는 원호, (2) 시작점과 중심점이 주어진 원호, (3) 시작점과 끝점이 주어진 원호, (4) 중심점과 시작점이 주어진 원호, (5) 연속된 원호 등의 경우에 대하여 그릴 수 있다.

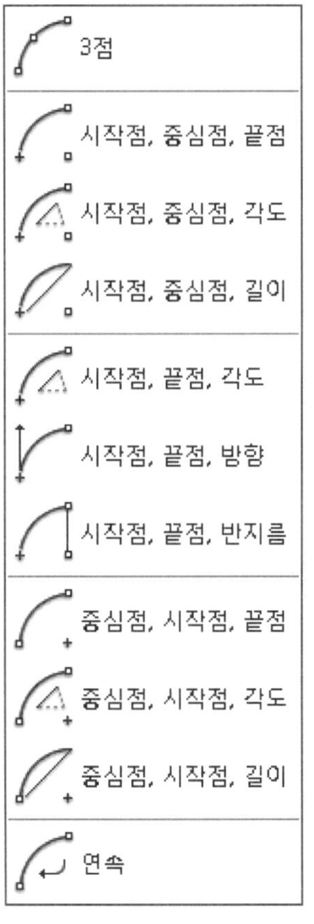

이와 같은 여러가지 방법으로 아래의 호를 그릴 때 지정점이 어떻게 달라지는지 살펴보도록 하자.

• 3점을 지나는 원호

- 호의 시작점 지정 또는 [중심(C)] : d1 클릭
- 호의 두 번째 점 또는 [중심(C)/끝(E)] 지정 : d2 클릭(호 상의 아무점)
- 호의 끝점 지정 : d3 클릭

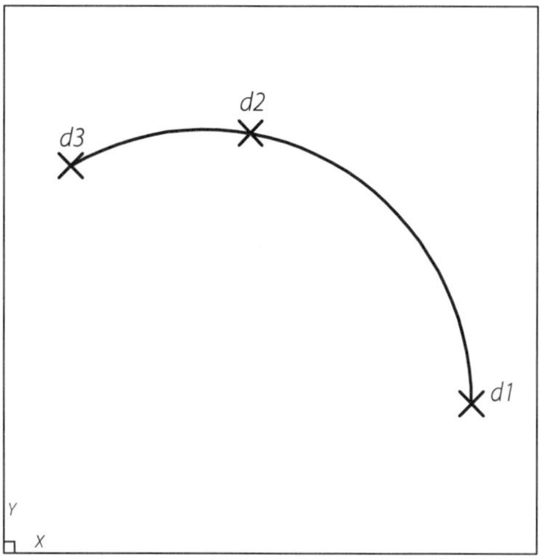

- **시작점, 중심점, 끝점이 주어진 원호**
  - 호의 시작점 지정 또는 [중심(C)] : d1 클릭
  - 호의 두 번째 점 또는 [중심(C)/끝(E)] 지정 : d2 클릭
  - 호의 끝점 지정 또는 [각도(A)/현의 길이(L)] : d3 클릭

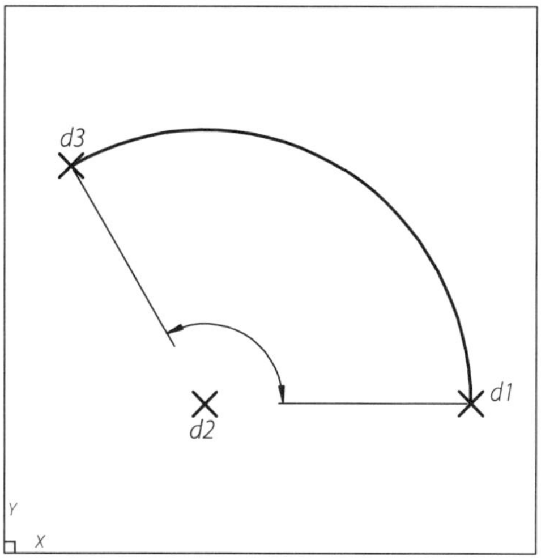

- **시작점, 중심점, 각도가 주어진 원호**
  - 호의 시작점 지정 또는 [중심(C)] : d1 클릭
  - 호의 두 번째 점 또는 [중심(C)/끝(E)] 지정 : d2 클릭
  - 호의 끝점 지정 또는 [각도(A)/현의 길이(L)] : 120

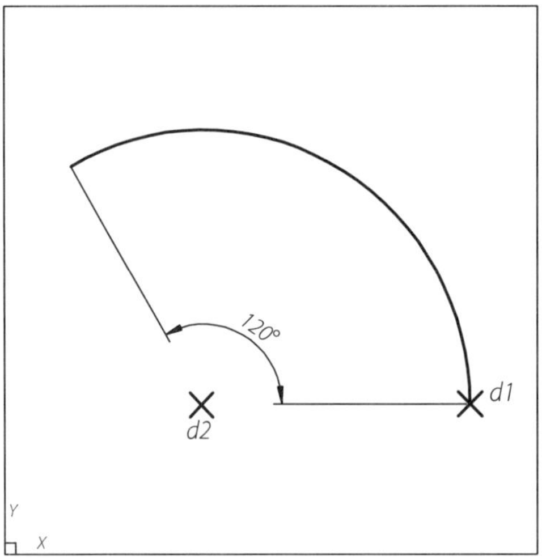

• 시작점, 중심점, 길이가 주어진 원호

- 호의 시작점 지정 또는 [중심(C)] : d1 클릭
- 호의 두 번째 점 또는 [중심(C)/끝(E)] 지정 : d2 클릭
- 호의 끝점 지정 또는 [각도(A)/현의 길이(L)] : 각d1에서 d3까지의 거리(현의 거리)를 입력

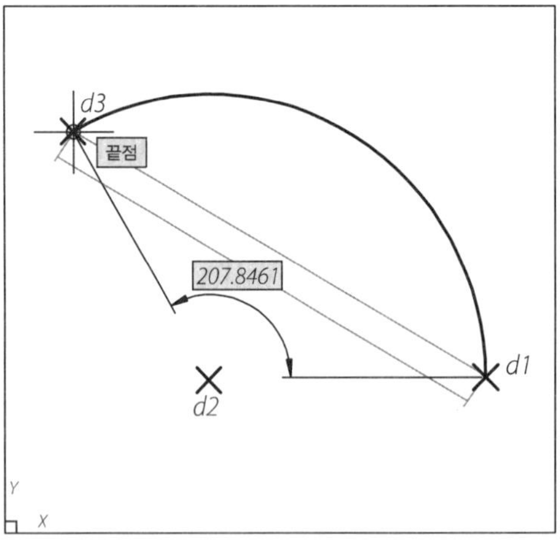

• 시작점, 끝점, 각도가 주어진 원호

- 호의 시작점 지정 또는 [중심(C)] : d1 클릭
- 호의 두 번째 점 또는 [중심(C)/끝(E)] 지정 : E

- 호의 끝점 지정 : d2 클릭
- 호의 중심점 지정 또는 [각도(A)/방향(D)/반지름(R)] : A
- 사이각 지정 : 120

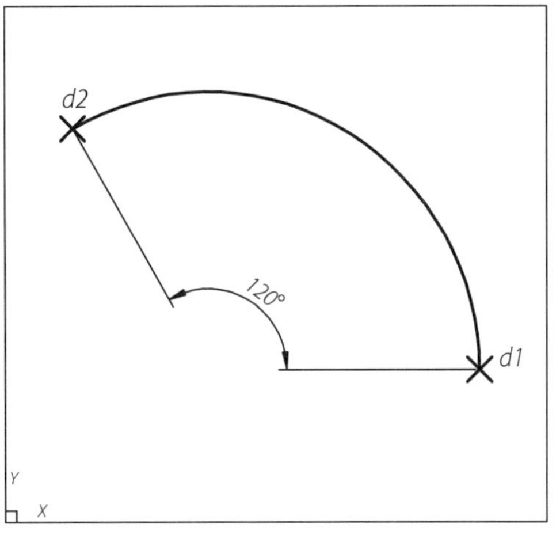

• 시작점, 끝점, 방향이 주어진 원호

- 호의 시작점 지정 또는 [중심(C)] : d1 클릭
- 호의 두 번째 점 또는 [중심(C)/끝(E)] 지정 : E
- 호의 끝점 지정 : d2 클릭
- 호의 중심점 지정 또는 [각도(A)/방향(D)/반지름(R)] : D
- 호의 시작점에 대해 접선 방향을 지정 : 90

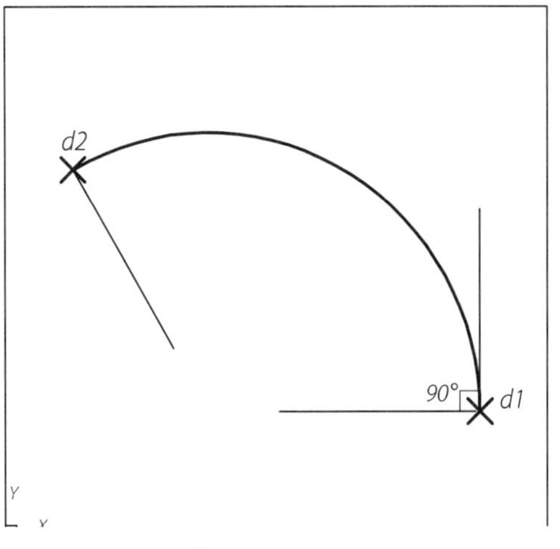

- **시작점, 끝점, 반지름이 주어진 원호**
  - 호의 시작점 지정 또는 [중심(C)] : d1 클릭
  - 호의 두 번째 점 또는 [중심(C)/끝(E)] 지정 : E
  - 호의 끝점 지정 : d2 클릭
  - 호의 중심점 지정 또는 [각도(A)/방향(D)/반지름(R)] : R
  - 호의 반지름 지정 : 120

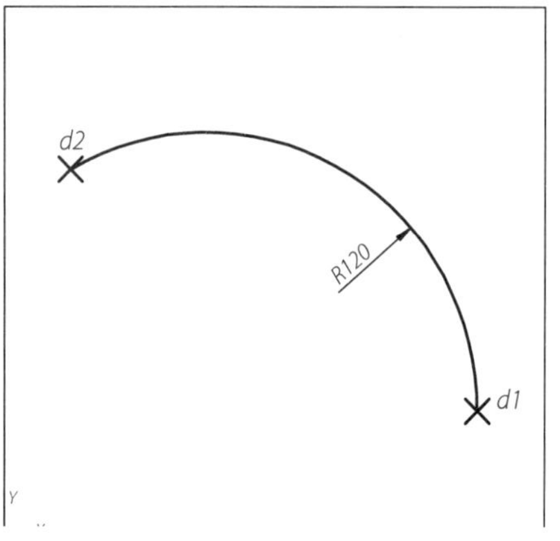

- **중심점, 시작점, 끝점이 주어진 원호**
  - 호의 시작점 지정 또는 [중심(C)] : C
  - 호의 중심점 지정 : d1 클릭
  - 호의 시작점 지정 : d2 클릭
  - 호의 끝점 지정 또는 [각도(A)/현의 길이(L)] : d3 클릭

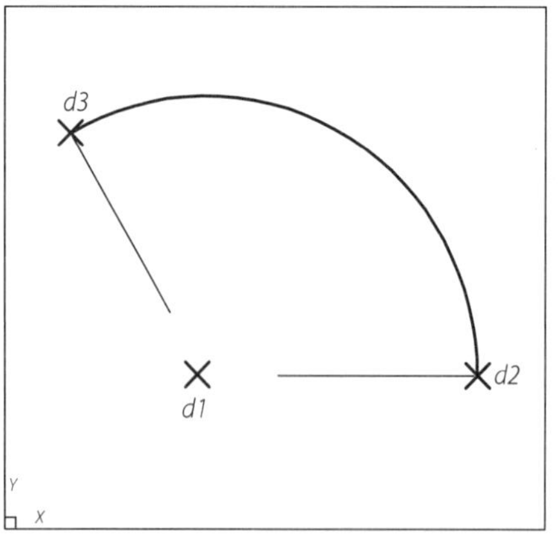

• **중심점, 시작점, 각도가 주어진 원호**

- 호의 시작점 지정 또는 [중심(C)] : C
- 호의 중심점 지정 : d1 클릭
- 호의 시작점 지정 : d2 클릭
- 호의 끝점 지정 또는 [각도(A)/현의 길이(L)] : A
- 사이각 지정 : 120

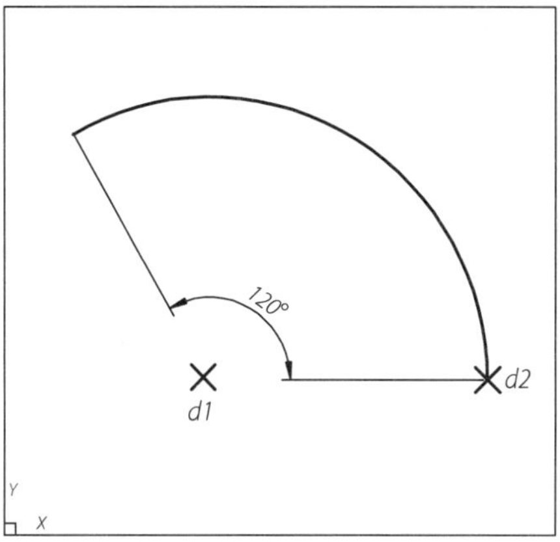

• **중심점, 시작점, 길이가 주어진 원호**

- 호의 시작점 지정 또는 [중심(C)] : C
- 호의 중심점 지정 : d1 클릭
- 호의 시작점 지정 : d2 클릭
- 호의 끝점 지정 또는 [각도(A)/현의 길이(L)] : L
- 현의 길이 지정 : 207 또는 d3점 클릭

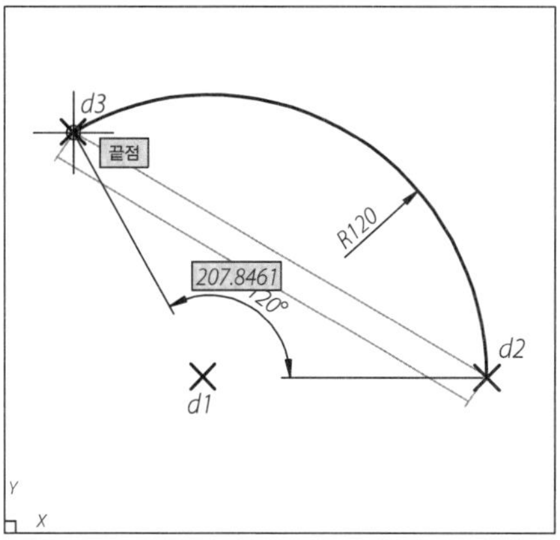

• 기존 원호와 연속되는 원호

- 호의 시작점 지정 또는 [중심(C)] : space bar
- 호의 끝점 지정 : d2 클릭

→ 이때 앞서 그린 호의 끝점에서 시작하고 접선을 가지는 d2점까지의 호가 그려진다.

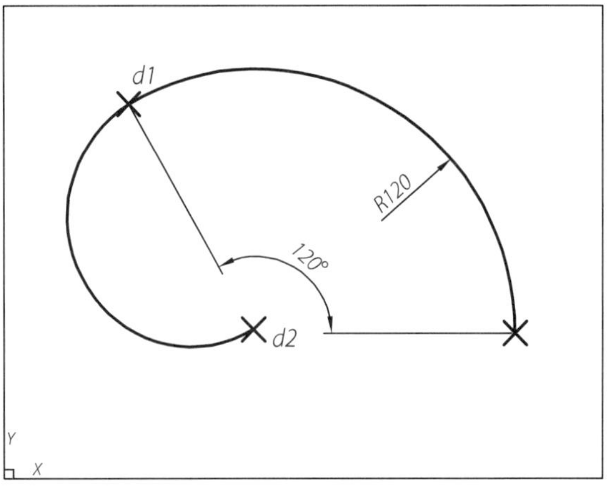

연습문제 다음 도면을 CAD를 이용하여 그려보자.

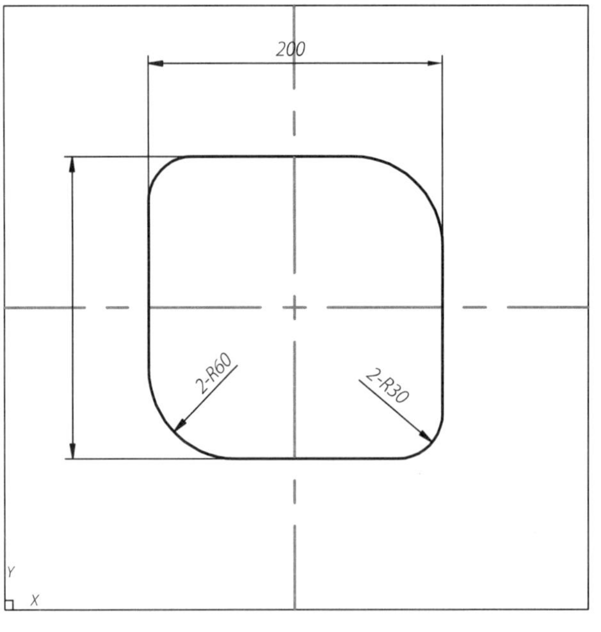

06 타원

버튼

- 리본: 홈 탭 ➤ 그리기 패널 ➤ 타원 드롭다운 ➤ 중심
- 메뉴: 그리기 ➤ 타원 ➤ 중심점
- 도구막대: 그리기

- 타원은 (1) 중심과 장축, 단축이 주어진 원호, (2) 축의 끝점들이 주어진 원호, 타원형 원호 등이 있다.

• 중심과 장축, 단축이 주어진 원호로 그리는 방법

중심

명령 : _ellipse

- 타원의 축 끝점 지정 또는 [호(A)/중심(C)] : C
- 타원의 중심 지정 : d1(중심점) 클릭
- 축의 끝점 지정 : (장축 또는 단축 지점입력)@70,0 또는 d2 클릭
- 다른 축으로 거리를 지정 또는 [회전(R)] : (남은 축 길이 입력) 40 또는 d3 클릭

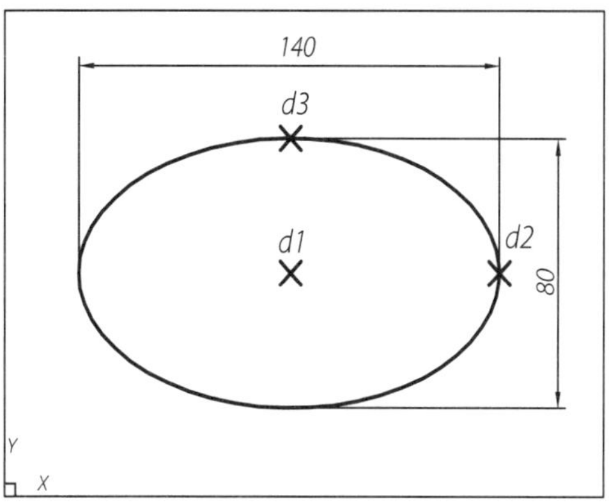

• 축, 끝점으로 그리는 방법

축, 끝점

명령 : _ellipse

• 타원의 축 끝점 지정 또는 [호(A)/중심(C)] : d1 클릭

• 축의 다른 끝점 지정 : 장축 위치(길이〈방향)입력 또는 d2 클릭

• 다른 축으로 거리를 지정 또는 [회전(R)] : 단축 길이 입력 또는 d3 클릭

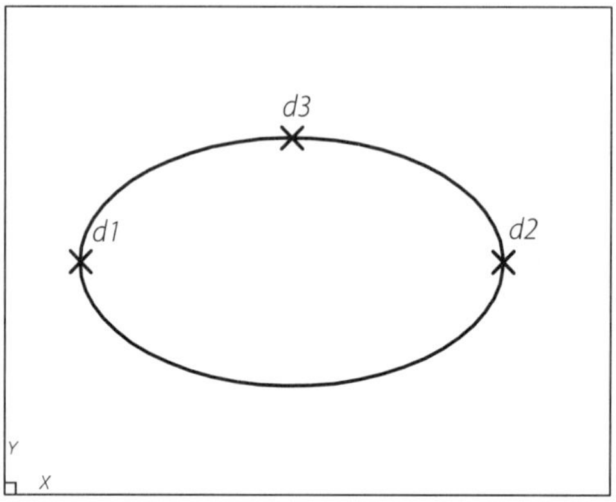

• 이 기능은 주로 등각투영 원을 그릴 때 사용하며, 3D를 시뮬레이션하기 위해 등각투영 평면상에서 그리는 경우, 타원을 사용하여 기울기 각도에서 보여지는 등각투영 원을 나타낼 수 있습니다.

• 도구 메뉴 → 제도 설정을 클릭합니다.

• 제도 설정 대화상자의 스냅 및 그리드 탭에 있는 스냅 유형 및 스타일에서 등각투영 스냅을 클릭합니다. 확인을 클릭합니다.

• 홈 탭 → 그리기 패널 → 타원 드롭다운 → 축, 끝점을 클릭합니다. 축, 끝점

• i(등각원)를 입력합니다.

• 원의 중심점을 지정합니다.

• 원의 반지름이나 지름을 지정합니다.

07 구름 모양 수정 기호

버튼

- 리본: 홈 탭 ➤ 그리기 패널 ➤ 구름형 수정 기호
- 메뉴: 그리기 ➤ 구름형 수정 기호
- 도구막대: 그리기

• 커서를 이동하여 구름 모양의 수정 기호를 작성하거나 타원이나 폴리선 등의 닫힌 객체를 구름 모양 수정 기호로 변환할 수 있다. 구름 모양 수정 기호는 도면에서 검토되는 부분을 강조하기 위해 사용한다. 만들어진 도형은 폴리 라인이다.

(옵션)

• Arc length(호 길이) : 구름형 수정기호에서 호의 최소 및 최대길이를 지정한다. 호의 길이를 다양하게 하면 손으로 그린 것과 같은 구름형 수정기호를 만들 수 있다.
• Object(객체) : 닫힌 객체(원, 타원, 닫힌 폴리선, 스플라인)를 구름형 수정기호로 변환시킨다. 모양 면에서 일괄적이고 균일한 구름형 수정기호를 만들 수 있다.
• Style(스타일) : 구름형 수정기호의 선 스타일을 선 형태 또는 필기체 형태로 지정한다.

따라하기

• 구름 그리기

명령 : _revcloud

• 최소 호 길이 : 0.5 • 최대 호 길이 : 0.5 • 스타일 : 일반
• 시작점 지정 또는 [호 길이(A)/객체(O)/스타일(S)] 〈객체(O)〉 : 부각하고자 하는 객체 주변에 마우스를 클릭한 뒤 커서를 움직이면 구름이 형성된다.

• 호 길이 변경

명령 : _revcloud

- 최소 호 길이 : 0.5 • 최대 호 길이 : 0.5 • 스타일 : 일반
- 시작점 지정 또는 [호 길이(A)/객체(O)/스타일(S)] 〈객체(O)〉 : A(호의 길이 변경)
- 최소 호 길이 지정 〈0.5〉 : 5
- 최대 호 길이 지정 〈5〉 : 12

• 객체 선택

명령 : _revcloud

- 최소 호 길이 : 0.5 • 최대 호 길이 : 0.5 • 스타일 : 일반
- 시작점 지정 또는 [호 길이(A)/객체(O)/스타일(S)] 〈객체(O)〉 : O(객체 선택)
- 객체 선택 : (수정기호로 나타내고자 하는 객체 선택)
- 방향 반전 [예(Y)/아니오(N)] 〈아니오(N)〉 : N(객체의 외부 구름형성) or Y(객체의 내부 구름형성)
- 구름형 수정 기호를 완료했습니다.

• 스타일

명령 : _revcloud

- 최소 호 길이 : 0.5 • 최대 호 길이 : 0.5 • 스타일 : 일반
- 시작점 지정 또는 [호 길이(A)/객체(O)/스타일(S)] 〈객체(O)〉 : S
- 호 스타일 선택 [일반(N)/컬리그래피(C)] 〈일반〉 : C(일반과 컬리그래피 두종류)
- 컬리그래피

08 도넛

버튼

리본: 홈 탭 ➤ 그리기 패널 ➤ 도넛

메뉴: 그리기 ➤ 도넛

도넛은 연결된 두 개의 호 폴리라인으로 구성된다. 폴리라인의 폭은 지정된 내부 및 외부 지름에 의해 결정된다. 내부가 완전히 채워진 원을 작성하려면 내부 지름을 0으로 지정한다.

명령 : _donut

- 도넛의 내부 지름 지정 〈0.5000〉 : 100
- 도넛의 외부 지름 지정 〈1.0000〉 : 150
- 도넛의 중심 지정 또는 〈종료〉 : 중심점 입력 또는 클릭

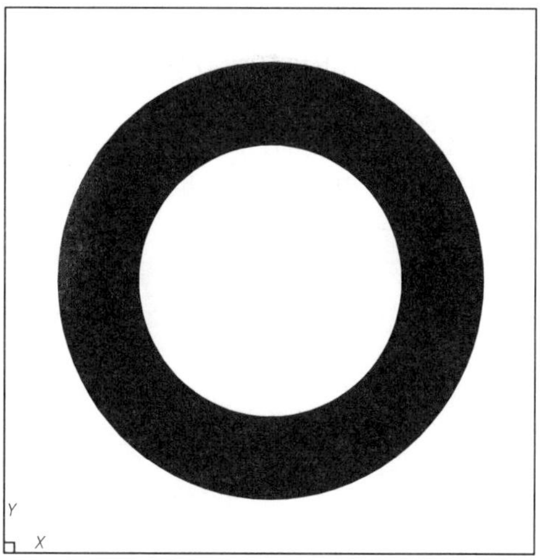

09 다각형

버튼

- 리본: 홈 탭 ➤ 그리기 패널 ➤ 다각형
- 메뉴: 그리기 ➤ 다각형
- 도구막대: 그리기

중심점과 반지름 지정하여 가상의 원을 만들고 그 원에 내접(Inscribed) 또는 외접(Circumscribed about circle)하는 다각형, 또는 한 변(edge)을 이루는 선분에 의한 다각형을 그린다.

• 내접하는 8각형 그리기

• 반지름이 100인 원 생성

명령 : _polygon

• 면의 수 입력 〈4〉 : 8
• 다각형의 중심을 지정 또는 [모서리(E)] : d1(중심점) 클릭
• 옵션을 입력 [원에 내접(I)/원에 외접(C)] 〈I〉 : I
• 원의 반지름 지정 : 100(반지름) 또는 d2 클릭

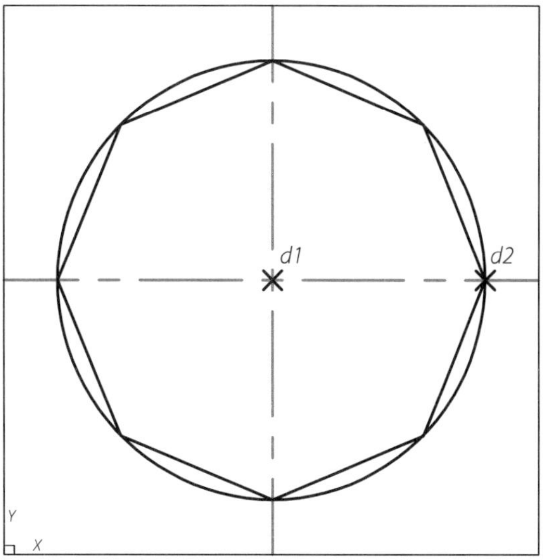

- **외접하는 8각형 그리기**

반지름이 100인 원 생성

명령 : _polygon

- 면의 수 입력 〈4〉 : 8
- 다각형의 중심을 지정 또는 [모서리(E)] : d1(중심점) 클릭
- 옵션을 입력 [원에 내접(I)/원에 외접(C)] 〈I〉 : C
- 원의 반지름 지정 : 100(반지름) 또는 d2 클릭

- **한 변의 길이로 8각형 그리기**

명령 : _polygon

- 면의 수 입력 〈4〉 : 8
- 다각형의 중심을 지정 또는 [모서리(E)] : E
- 모서리의 첫 번째 끝점 지정 : d1 클릭
- 모서리의 두 번째 끝점 지정 : d2 클릭

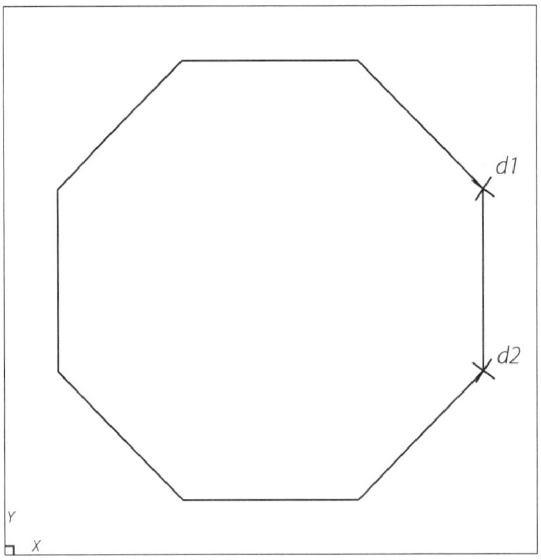

연습문제 다음 도형을 CAD를 이용하여 그려보자.

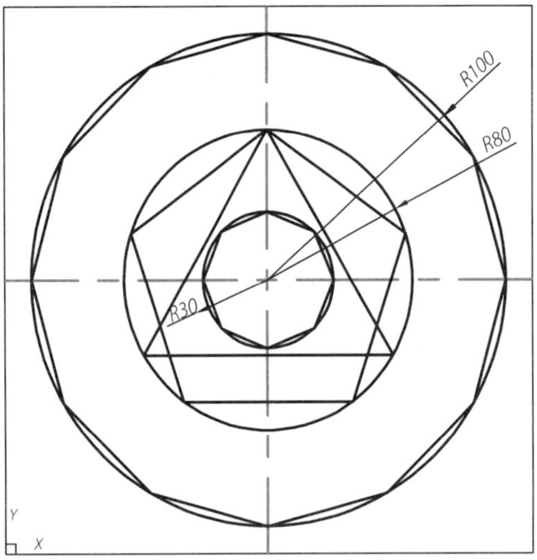

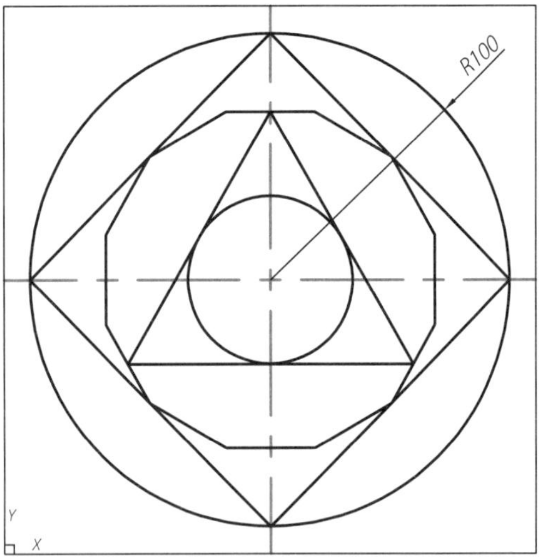

10 직사각형

버튼

리본: 홈 탭 ➤ 그리기 패널 ➤ 직사각형
메뉴: 그리기 ➤ 직사각형
도구막대: 그리기

Pline 형식으로 된 정사각형 또는 직사각형을 작성한다. 모서리에 대하여 모깎기(F) / 모따기(C)를 지정할 수 있고, 높이를 주어서 육면체를 만들 수 있다.

명령 : _rectang

• 첫 번째 구석점 지정 또는 [모따기(C)/고도(E)/모깎기(F)/두께(T)/폭(W)] : (옵션입력)

(옵션)

모따기(C)	사각형의 네 모퉁이를 모따기 한다.
고도(E)	그려지는 사각형의 고도를 지정한다
모깎기(F)	사각형의 네 모퉁이를 모깎기 한다.
두께(T)	사각형의 두께를 지정한다
폭(W)	사각형의 폭을 지정한다.

• 사각형 기본 그리기

명령 : _rectang

• 첫 번째 구석점 지정 또는 [모따기(C)/고도(E)/모깎기(F)/두께(T)/폭(W)] : d1 클릭
• 다른 구석점 지정 또는 [영역(A)/치수(D)/회전(R)] : d2 클릭

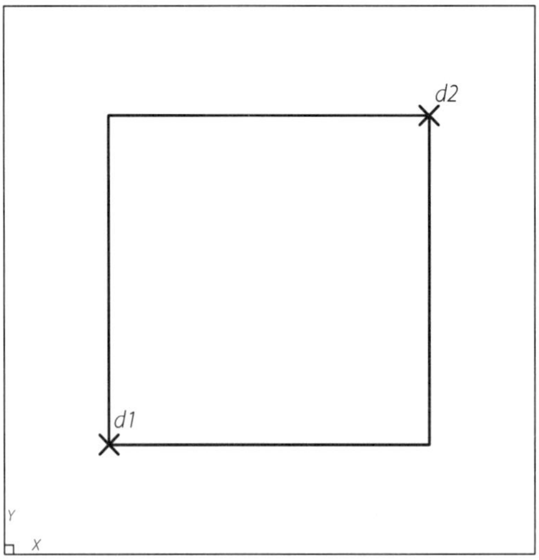

- 모따기

명령 : _rectang

- 첫 번째 구석점 지정 또는 [모따기(C)/고도(E)/모깎기(F)/두께(T)/폭(W)] : C
- 직사각형의 첫 번째 모따기 거리 지정 〈0.0000〉 : 10
- 직사각형의 두 번째 모따기 거리 지정 〈10.0000〉 : 10
- 첫 번째 구석점 지정 또는 [모따기(C)/고도(E)/모깎기(F)/두께(T)/폭(W)] : d1 클릭
- 다른 구석점 지정 또는 [영역(A)/치수(D)/회전(R)] : d2 클릭

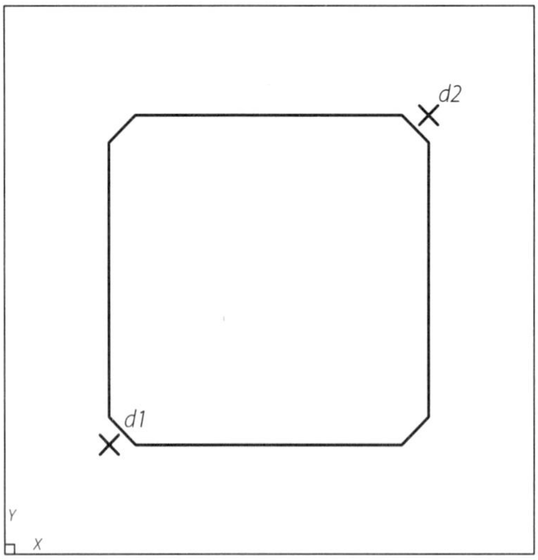

• 모깎기(Fillet)

명령 : _rectang

- 첫 번째 구석점 지정 또는 [모따기(C)/고도(E)/모깎기(F)/두께(T)/폭(W)] : F
- 직사각형의 모깎기 반지름 지정 〈10.0000〉 : 20 (모깎기의 반지름 값)
- 첫 번째 구석점 지정 또는 [모따기(C)/고도(E)/모깎기(F)/두께(T)/폭(W)] : d1 클릭
- 다른 구석점 지정 또는 [영역(A)/치수(D)/회전(R)] : d2 클릭

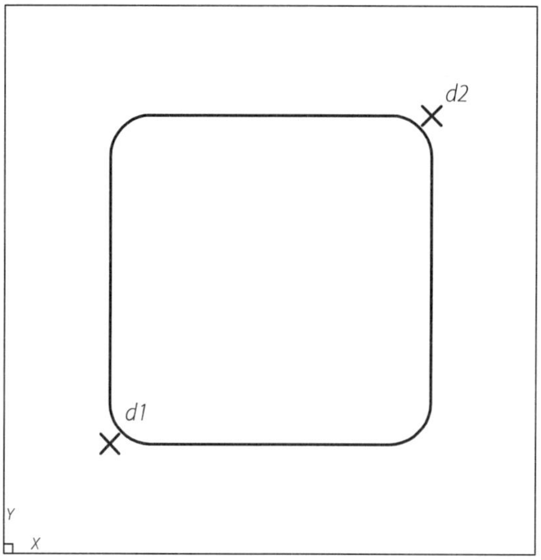

• 직사각형의 폭 지정

명령 : _rectang

- 첫 번째 구석점 지정 또는 [모따기(C)/고도(E)/모깎기(F)/두께(T)/폭(W)] : W
- 직사각형의 선 폭 지정 〈0.0000〉 : 6(직사각형의 폭 지정)
- 첫 번째 구석점 지정 또는 [모따기(C)/고도(E)/모깎기(F)/두께(T)/폭(W)] : d1 클릭
- 다른 구석점 지정 또는 [영역(A)/치수(D)/회전(R)] : d2 클릭

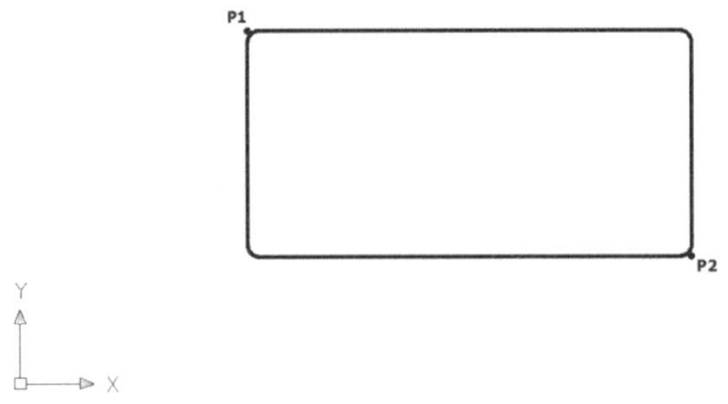

- 직사각형의 높이와 두께 지정

명령 : _rectang

- 첫 번째 구석점 지정 또는 [모따기(C)/고도(E)/모깎기(F)/두께(T)/폭(W)] : E
- 직사각형의 고도 지정 〈0.0000〉 : 10 (높이 설정 값)
- 첫 번째 구석점 지정 또는 [모따기(C)/고도(E)/모깎기(F)/두께(T)/폭(W)] : T
- 직사각형의 두께 지정 〈0.0000〉 : 20 (두께 설정 값)
- 첫 번째 구석점 지정 또는 [모따기(C)/고도(E)/모깎기(F)/두께(T)/폭(W)] : W
- 직사각형의 선 폭 지정 〈6.0000〉 : 8 (직사각형의 폭 지정)
- 첫 번째 구석점 지정 또는 [모따기(C)/고도(E)/모깎기(F)/두께(T)/폭(W)] : d1 클릭
- 다른 구석점 지정 또는 [영역(A)/치수(D)/회전(R)] : d2 클릭

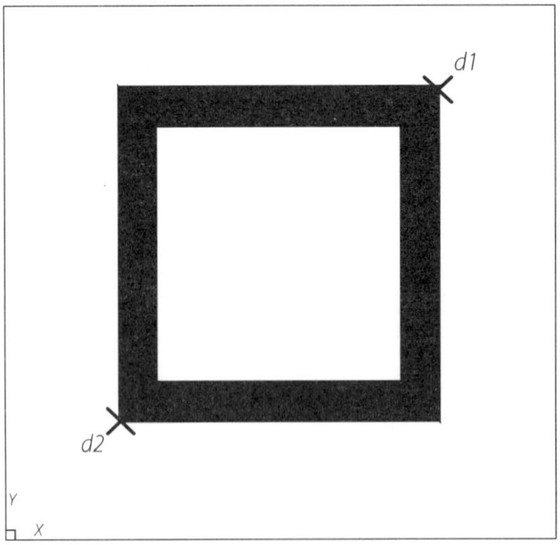

명령 : VPOINT

• 현재 뷰 방향 : VIEWDIR=0.0000,0.0000,1.0000
• 관측점 지정 또는 [회전(R)] 〈나침판과 삼각대 표시〉 : 1,-1,1

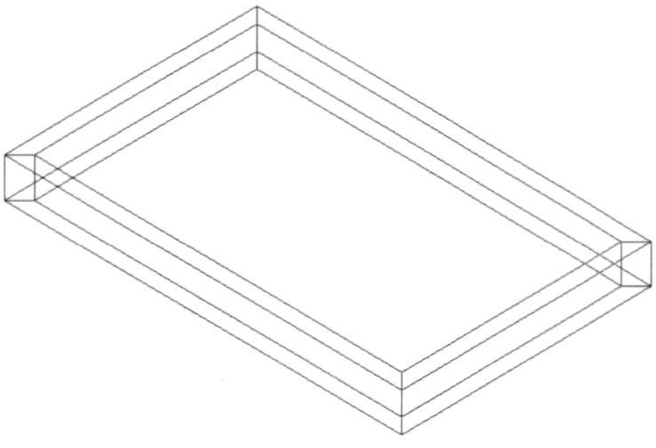

11 다중선

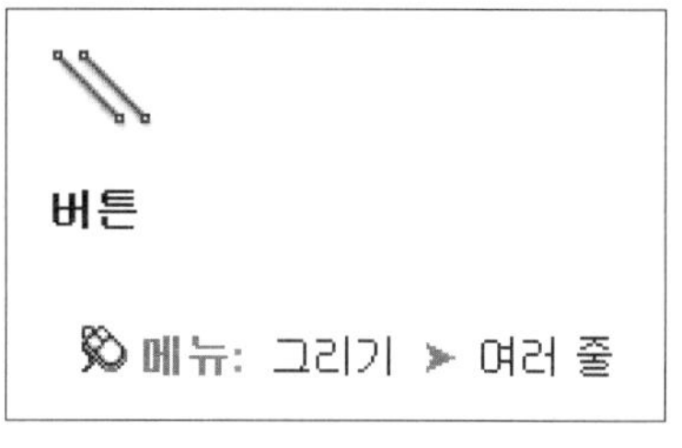

다중선(Multiline)의 명령어는 MLINE이라고 쓰며, 도면에 평행한 여러 모양의 선을 간단히 그리고자 할 때 사용하는 명령이다.

명령 : MLINE

• 현재 설정 : 자리맞추기 = 맨 위, 축척 = 20.00, 스타일 = STANDARD(현재의 Multiline의 설정 값을 표시)
• 시작점 지정 또는 [자리맞추기(J)/축척(S)/스타일(ST)] : 시작점 지정 또는 옵션
• 다음 점 지정 : 다음 점 지정

• 다음 점 지정 또는 [명령 취소(U)] :
• 다음 점 지정 또는 [닫기(C)/명령 취소(U)]:

• 옵션기능

<table>
<tr><td rowspan="6">MLINE</td><td rowspan="3">Justification
(자리맞추기)</td><td>Top(맨위)</td><td>다중선의 위치가 윗쪽이 기준이 된다.</td></tr>
<tr><td>Zero(0)</td><td>다중선의 위치가 중앙이 기준이 된다.</td></tr>
<tr><td>Bottom(맨아래)</td><td>다중선의 위치가 아랫쪽이 기준이 된다.</td></tr>
<tr><td>Scale(축척, 척도)</td><td colspan="2">다중선의 크기를 조절한다.</td></tr>
<tr><td rowspan="2">Style(유형)</td><td>Close(닫기)</td><td>시작점과 끝점을 연결해 준다.</td></tr>
<tr><td>@</td><td>이전에 실행했던 다중선과 연결시켜 준다.</td></tr>
</table>

명령 : MLINE

• 현재 설정 : 자리맞추기 = 맨 위, 축척 = 20.00, 스타일 = STANDARD
• 시작점 지정 또는 [자리맞추기(J)/축척(S)/스타일(ST)] : d1 클릭
• 다음 점 지정 : d2 클릭
• 다음 점 지정 또는 [명령 취소(U)] : d3 클릭
• 다음 점 지정 또는 [닫기(C)/명령 취소(U)] : C

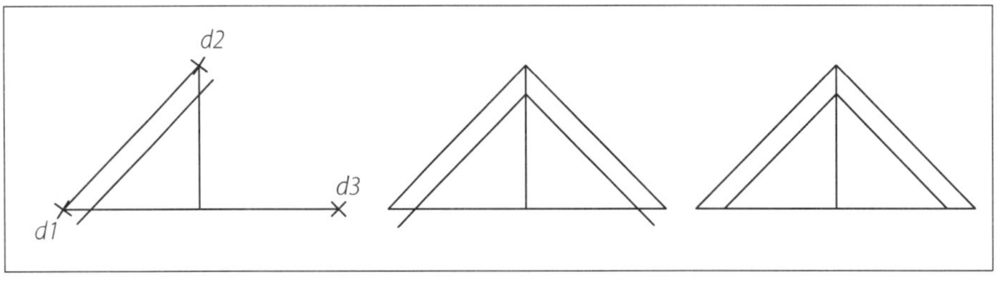

• 자리맞추기

명령 : MLINE

• 현재 설정 : 자리맞추기 = 맨 위, 축척 = 10.00, 스타일 = STANDARD
• 시작점 지정 또는 [자리맞추기(J)/축척(S)/스타일(ST)] : J
• 자리맞추기 유형 입력 [맨 위(T)/0(Z)/맨 아래(B)] 〈맨 위〉 : T, Z, 또는 B 입력
• 현재 설정 : “자리맞추기 = (변경)”, 축척 = 10.00, 스타일 = STANDARD

- 시작점 지정 또는 [자리맞추기(J)/축척(S)/스타일(ST)] : d1 클릭
- 다음 점 지정 : d2 클릭
- 다음 점 지정 또는 [명령 취소(U)] : d3 클릭
- 다음 점 지정 또는 [닫기(C)/명령 취소(U)]:

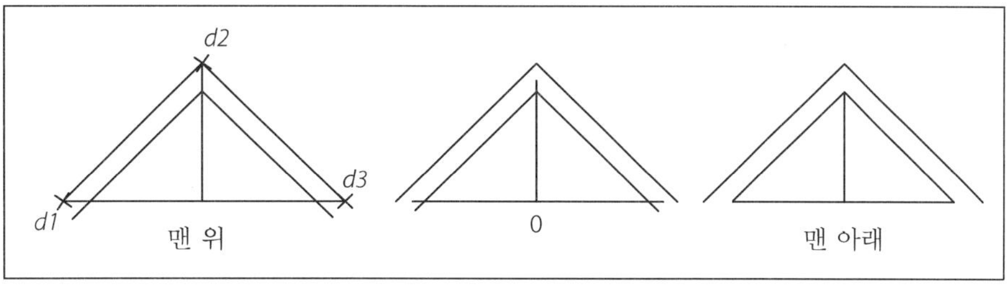

• 축척

명령 : MLINE

- 현재 설정 : 자리맞추기 = 맨 아래, 축척 = 10.00, 스타일 = STANDARD
- 시작점 지정 또는 [자리맞추기(J)/축척(S)/스타일(ST)] : S
- 여러 줄 축척 입력 〈'현재 축척'〉 : 5, 10, 또는15(축척 입력)
- 현재 설정 : 자리맞추기 = 맨 아래, 축척 = "축척 수치", 스타일 = STANDARD
- 시작점 지정 또는 [자리맞추기(J)/축척(S)/스타일(ST)] : d1 클릭
- 다음 점 지정 : d2 클릭
- 다음 점 지정 또는 [명령 취소(U)] : d3 클릭

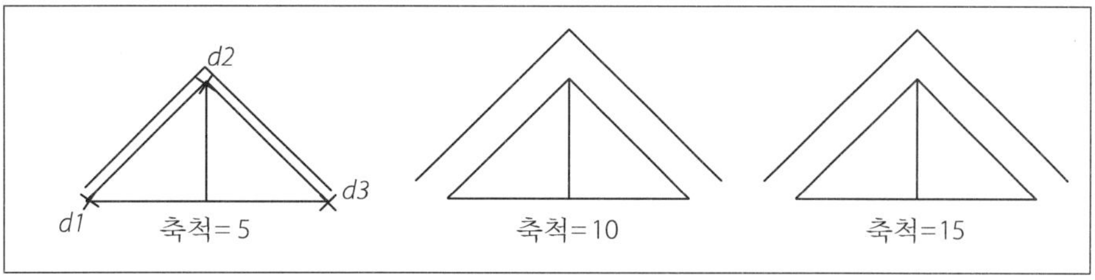

• 유형

명령 : MLINE

- 현재 설정 : 자리맞추기 = 맨 아래, 축척 = 15.00, 스타일 = STANDARD

• 시작점 지정 또는 [자리맞추기(J)/축척(S)/스타일(ST)] : ST
• 여러 줄 스타일 이름 또는 [?] 입력 : ?
• 로드된 여러 줄 스타일:

이름	설명
STANDARD	

여기서 여러가지 다중선을 적용하기 위해서는 다중선 유형을 설정해 주어야 한다.

다중선유형(MLSTYLE)

다중선유형(Multiline style)의 약자로서 MLSTYLE이라고도 쓰며, 다중선 유형 대화상자를 나타내는데 여기선 다중선의 종류를 선택할 수 있고, 수정할 수도 있으며 다중 평행선에 대한 유형을 정의한다.

명령 : MLSTYLE

현재로 설정(U)	현재 작성된 다중선 유형을 표시하고 사용자가 원하는 형태를 만들기 위해 목록에서 이름을 선택한다.
새로 만들기(N)	사용자가 새로운 형태의 다중선을 만들어 이름을 지정한다.
설명	다중선 유형에 설명을 추가한다. 빈칸을 포함하여 255자까지 입력할 수 있다.
로드(L)	다중선 라이브러리 파일이 정의된 ACAD.MLN에서 다중선 유형을 올릴 수 있다.
저장(A)	다중선 유형을 저장하거나 복사한다.
이름바꾸기(R)	다중선 유형의 이름을 바꾸다.
미리보기	다중선의 모양을 표시한다. 요소특성이나 다중선 특성에서 설정한 옵션에 따라 이미지타일 다중선도 변경된다.

STANDARD 다중선 유형이나 도면에서 사용중인 다중선 유형의 요소와 특성은 편집할 수 없다. 요소특성 대화상자나 다중선 특성대화 상자에서 옵션을 편집하려고 할 경우, 그 옵션은 사용할 수 없다. 기존의 다중선 유형을 편집 하려면 그 유형으로 다중선을 그리기 점에 편집해야 한다.

• 여러 줄 스타일 수정

기존 또는 새로운 다중선 요소의 수, 간격 띄우기, 색상 및 선 종류와 같은 특성을 설정한다.

요소(E)	현재 지정된 다중선의 유형(간격 띄우기, 색상, 선 종류)을 보여준다.
추가(A)	새로운 형태의 선 요소를 다중선 유형에 추가시킨다.
삭제(D)	다중선 유형에서 선 요소를 삭제한다.
간격띄우기(S)	다중선 유형에 있는 선 요소의 간격을 지정한다.
색상(C)	다중선 유형에서 선 요소에 대한 색상을 대화상자로 디스플레이 되어 지정한다.
선종류(Y)	다중선 유형에서 선 요소에 대한 형태를 대화상자로 디스플레이 되어 지정한다.
접합 표시(J)	각 다중선 세그먼트의 꼭지점에서의 결합의 표시를 조정한다.
마개	다중선을 그릴 때 시작과 끝의 열림과 닫힘, 선분의 시작과 끝의 호 처리를 조정한다.
선(L)	다중선의 모든 끝에 교차하는 직선을 생성한다.
외부 호(O)	다중선에서 가장 바깥 쪽 요소들 사이에 호를 생성한다.
내부 호(R)	여러 쌍의 내부 요소들 사이에 호를 생성한다. 요소가 홀수일 경우, 중심선은 연결되지 않는다.
각도(N)	시작 각도와 끝마무리의 각도를 조정한다.
채우기 색상(F)	다중선의 배경 채우기를 조정한다.
On(켜기)	배경을 채운다.
색상(C)	배경을 채우는 색상을 보여주며 지정한다.

- 접합 표시(J)

접합 표시를 ON을 하면 미리보기가 다음과 같이 바뀌며 다중선의 꺽인 부분에 아래 그림과 같이 선이 들어 가게 된다.

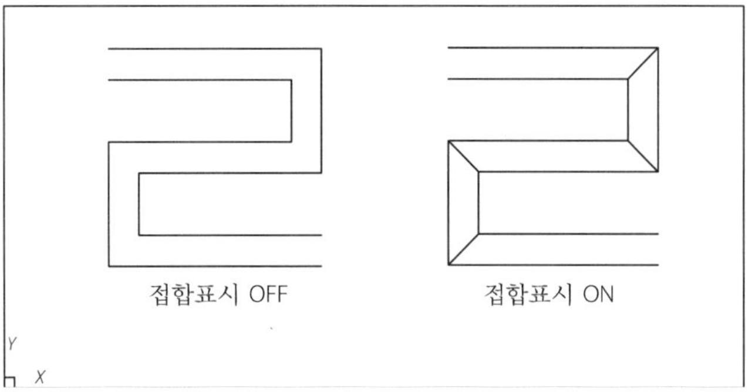

• 선(LINE) 표시

• 메뉴 → Format → Multiline Style... 클릭한다.

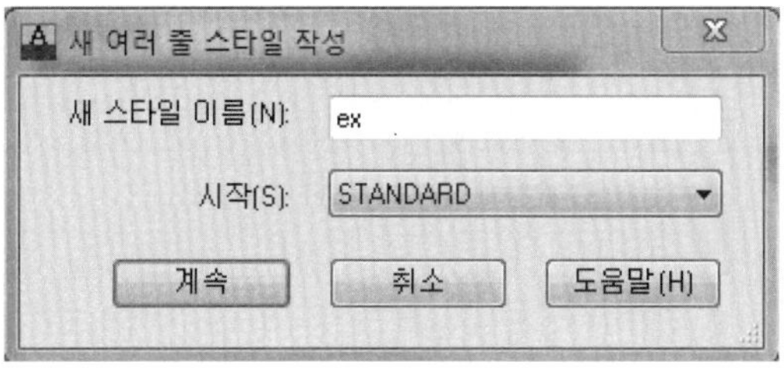

• New...를 클릭하면 새로운 여러줄 스타일 생성(Creat New Multiline Style)에 새로운 스타일 이름을 입력한 후 Continue를 클릭한다. 그림 3.22와 같이 표시한 후 OK버튼을 누른다. 그 다음 다중선 특성의 OK를 누른 다음 다중선 그리기를 한다.

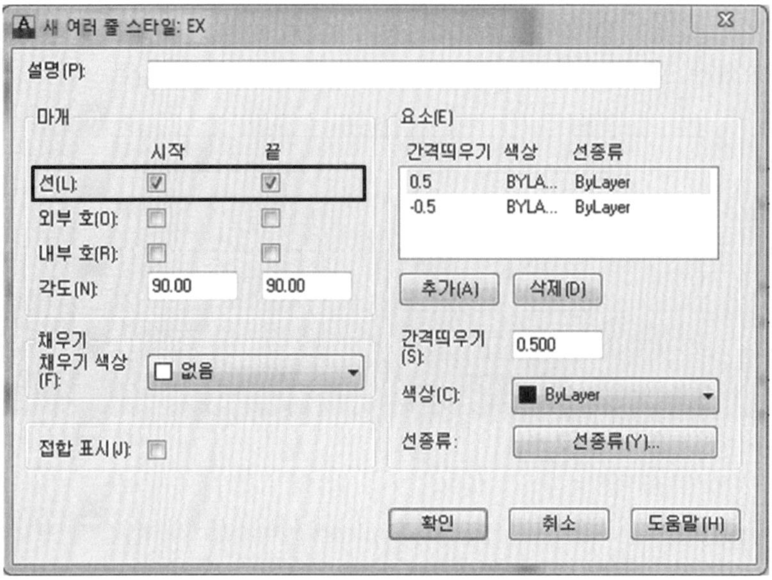

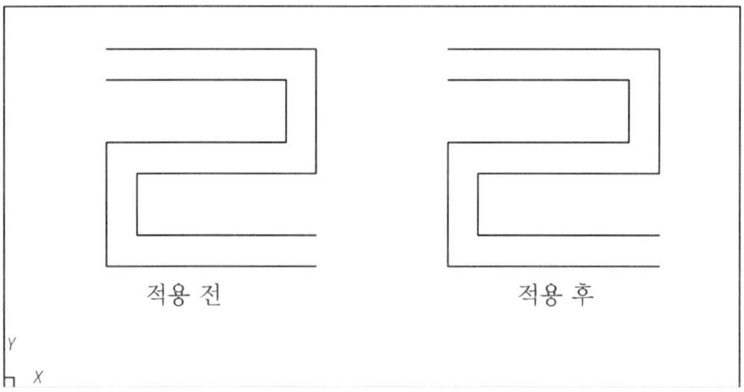

- 외부 호(O) 표시

  - 메뉴 → Format → Multiline Style... 클릭한다.

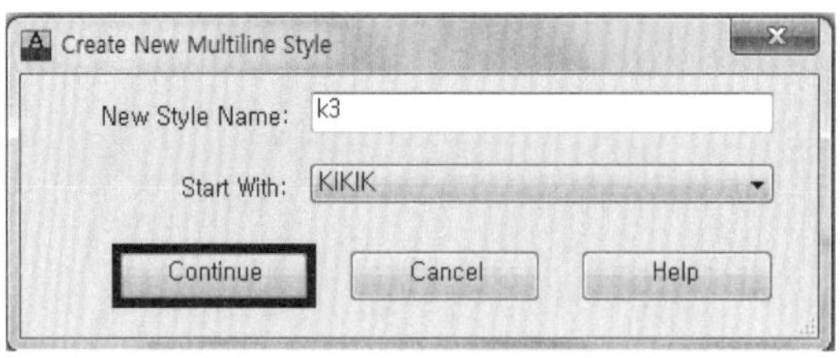

  - 이름(Name)에 T3 입력한다. 추가(Add)를 누른 후 다중선 특성(Multiline Properties...)을 누른 다음 마개(Caps)박스 안의 선(Line)에 그림 3.25와 같이 표시한 후 OK버튼을 누른다. 그 다음 다중선 특성의 OK를 누른 다음 다중선 그리기를 한다.

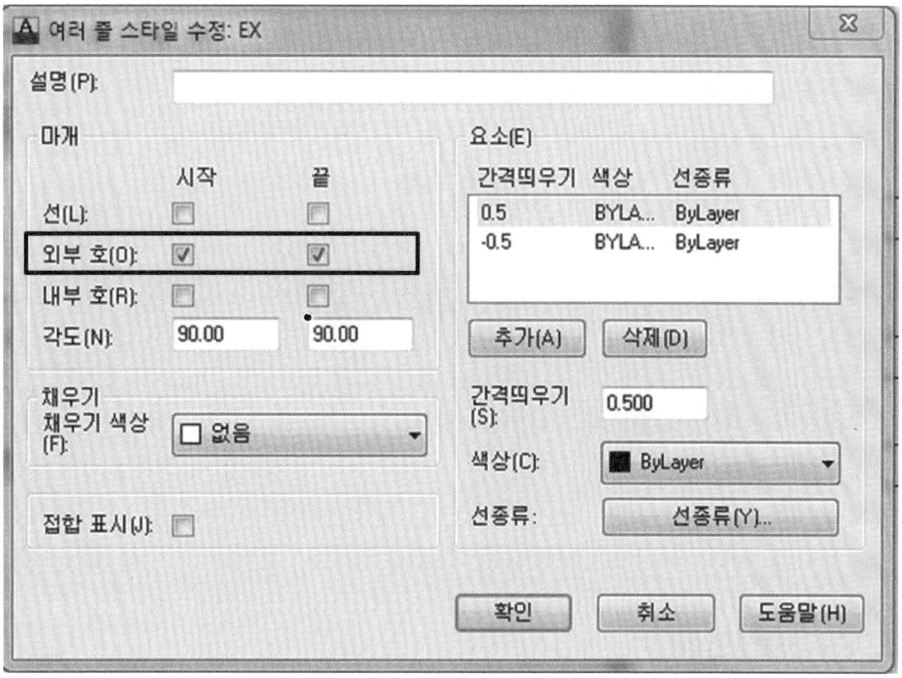

여러 줄 스타일 수정: EX
설명(P):
마개
시작
끝
선(L):
외부 호(O):
내부 호(R):
각도(N):
90.00
90.00
채우기
채우기 색상(F):
없음
접합 표시(J):
요소(E)
간격띄우기 색상 선종류
0.5 BYLA... ByLayer
-0.5 BYLA... ByLayer
추가(A)
삭제(D)
간격띄우기(S):
0.500
색상(C):
ByLayer
선종류:
선종류(Y)...
확인
취소
도움말(H)

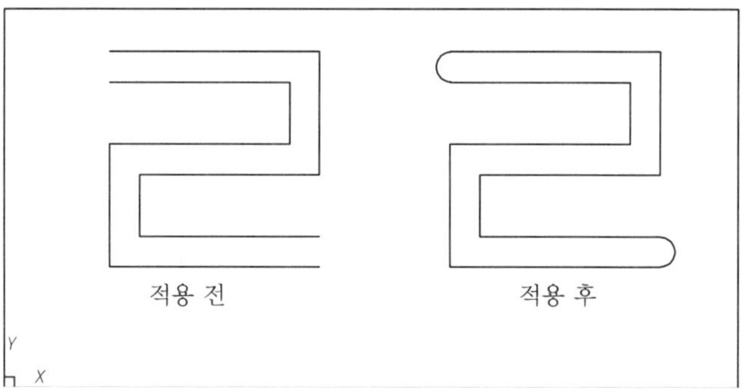

적용 전
적용 후
Y
X

예제

'대한 민국'을 다중선을 이용하여 쓰시오.

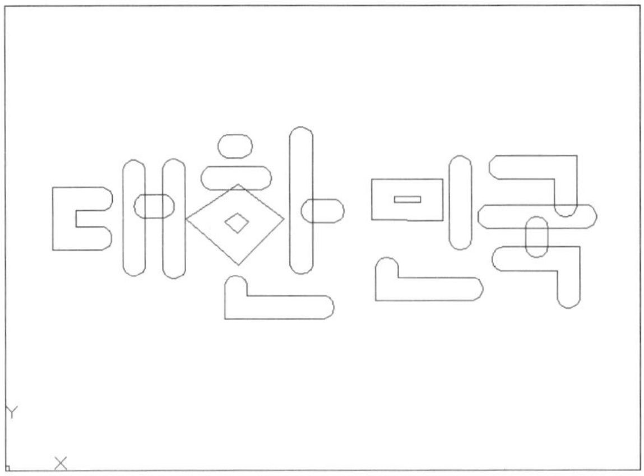

MLEDIT(다중선편집)

다중선 편집(Multiline EDIT)의 약자로서 MLEDIT이라고도 쓰며, 다중선을 이용하여 그린 경우 편집할 수 있다.

- 메뉴 : 수정 → 객체 → 여러 줄

- **닫힌 십자형**

  - 두 다중선 사이에 닫힌 십자형 교차를 작성한다.

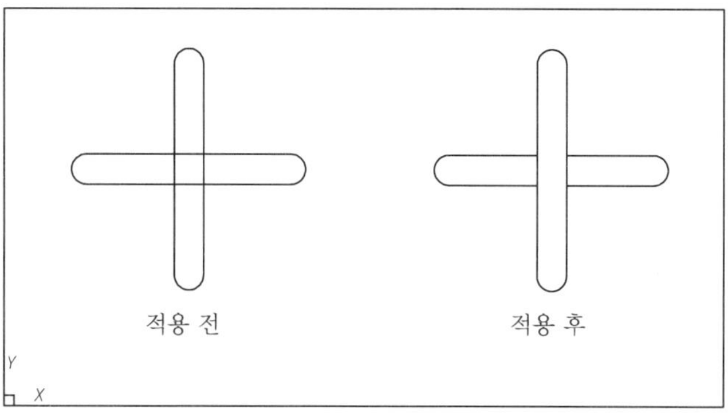

- **열린 십자형**
  - 두 다중선 사이에 열린 십자형 교차를 작성한다.

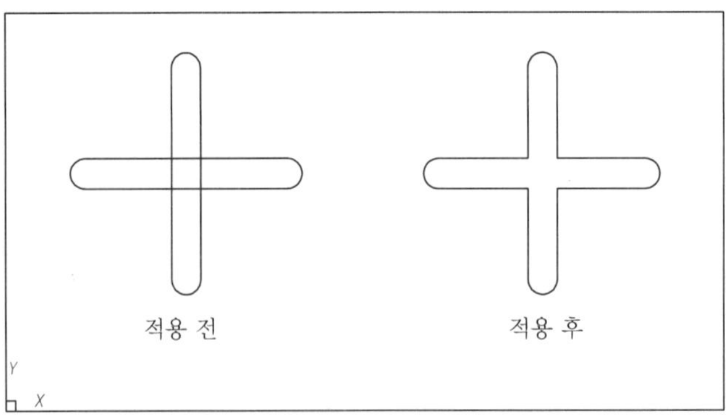

• 병합된 십자형

• 두 다중선 사이에 결합된 십자형 교차를 작성한다.

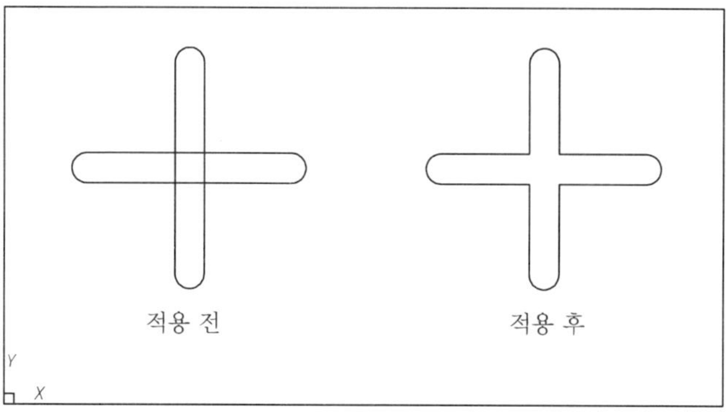

- **닫힌 T자형**

  - 두 다중선 사이에 닫힌 T자형 교차를 작성한다.

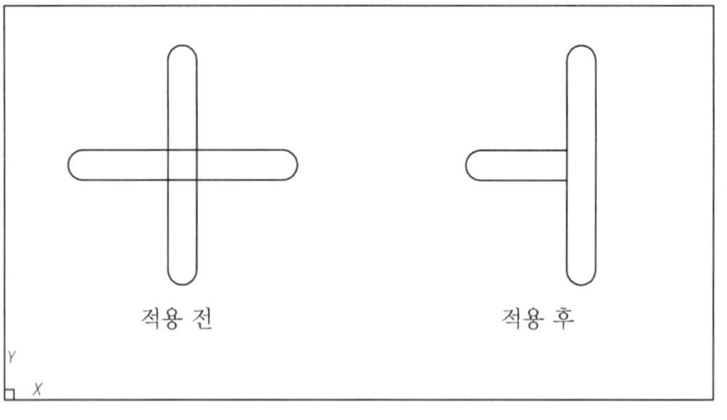

- **열린 T자형**

  - 두 다중선 사이에 열린 T자형 교차를 작성한다.

  - 여기서 열린 십자형(Open Tee) 를 클릭한 후, OK버튼을 누른다.

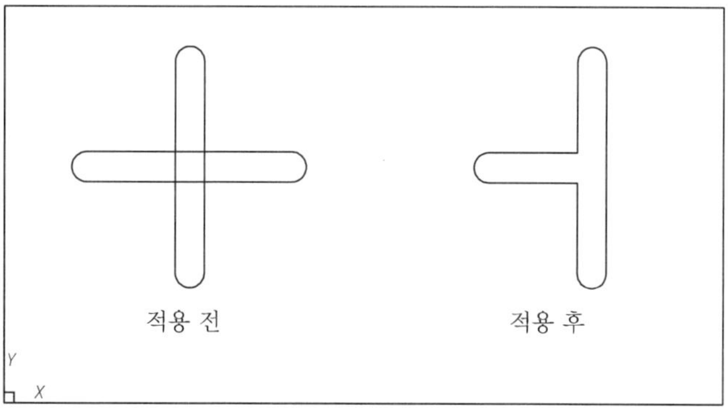

- **병합된 T자형**

  - 두 다중선 사이에 병합된 T자형 교차를 작성한다.
  - 오토캐드는 다중선과 교차하는 지점으로 다중선을 자르거나 연장한다.

- **구석 접합**

  - 두 다중선 사이에 구석 접합을 작성한다.
  - 오토캐드는 두 번째 다중선과 교차하는 지점으로 첫 번째 다중선을 자르거나 연장한다.

- **정점 추가**

  다중선에 정점을 추가한다.

- **정점 삭제**

  다중선에 정점을 추가한다.

- **단일 자르기**

  다중선에서 신택된 요소를 자른다.

- **전체 자르기**

  한 개의 다중선을 둘로 자른다.

- **전체 용접**

  잘린 다중선 선분을 다시 결합한다.

폴리라인

버튼

- 리본: 홈 탭 ➤ 그리기 패널 ➤ 폴리선
- 메뉴: 그리기 ➤ 폴리선
- 도구막대: 그리기

2D 폴리라인은 연속된 선이나 원호에 의하여 정의되는 곡선이다. 폴리라인에 의하여 정의된 곡선은 하나의 도형 요소이므로 선택이 될 때 선과 원호가 별도로 선택되지 않고 폴리라인 전체가 선택된다. 폴리라인은 다음과 같은 특징을 가지고 있다.

- 원하는 부분에 일정한 두께를 줄 수 있다.
- 처음과 끝 부분에 서로 다른 두께를 줄 수 있다.
- 선이나 호를 이용하여 닫힌 다각형이나 타원을 만들 수 있다.
- 폴리라인의 영역과 둘레를 계산할 수 있다.
- 폴리라인을 그리는 중에 아래와 같은 옵션 메시지를 볼 수 있다.
- 호의 끝점 지정 또는 [각도(A)/중심(CE)/닫기(CL)/방향(D)/반폭(H)/선(L)/반지름(R)/두 번째 점(S)/명령 취소(U)/폭(W)]: 점(2)을 지정하거나 옵션을 입력합니다.

직선 세그먼트를 그리는 경우

- 다음 점 : 다음 점을 입력한다.

원호를 그리는 경우

- **호의 끝점** : 원호의 끝점을 지정한다. 원호는 폴리라인의 이전 세그먼트에 접한다.
- **각도** : 시작점에서 원호의 사이각을 지정한다. 양수를 입력하면 시계 반대 방향 원호, 음수를 입력하면 시계 방향 원호가 작성된다.

- 호의 끝점 : 끝점을 지정한다.
- 중심 : 원호의 중심을 지정한다.
- 반지름 : 원호의 반지름을 지정한다.

• **중심** : 원호의 중심을 지정한다.
- 호의 끝점 : 원호의 끝점을 지정한다.
- 각도 : 시작점과 끝점 사이의 원호의 사이각을 지정한다.
- 길이 : 원호 세그먼트의 현 길이를 지정한다. 이전 세그먼트가 원호인 경우, 이전 원호 세그먼트에 접하는 원호가 생성된다.
- 닫기 : 지정된 마지막 점에서 시작점까지 호 세그먼트를 그려 닫힌 폴리라인을 작성한다.

• **방향** : 원호의 시작 방향을 지정한다.

• **반폭** : 폭을 가진 폴리라인 세그먼트의 중심에서 모서리까지의 폭을 지정한다. 시작 반폭이 기본 끝 반폭이 된다. 반폭을 다시 변경할 때까지 끝 반폭이 모든 후속 세그먼트의 동일한 반폭이 된다. 폭이 있는 선 세그먼트의 시작점과 끝점은 선의 중심에 있다. 일반적으로 폭을 가진 인접한 세그먼트의 교차 부분은 베벨처리된다. 접하지 않는 원호 세그먼트나 예각의 경우 또는 점과 대시로 구성된 선종류를 사용하는 경우에는 교차 부분이 베벨처리되지 않는다.

• **선** : 호 옵션에서 나가 초기의 PLINE 명령 프롬프트로 복귀한다.

• **반지름** : 호 세그먼트의 반지름을 지정합니다.
- 호의 끝점 : 끝점을 지정한다.
- 각도 : 원호 세그먼트의 사이각을 지정한다.

• **두 번째 점** : 3점 호의 두 번째 점과 끝점을 지정한다.

• **명령 취소** : 가장 최근에 폴리선에 추가한 호 세그먼트를 제거한다.

• **폭**: 다음 호 세그먼트의 폭을 지정한다. 시작 폭이 기본 끝 폭이 된다. 폭을 다시 변경할 때까지 끝 폭이 모든 후속 세그먼트의 동일한 폭이 된다. 폭이 있는 선 세그먼트의 시작점과 끝점은 선의 중심에 있다. 일반적으로 폭을 가진 인접한 세그먼트의 교차 부분은 베벨처리된다. 접하지 않는 원호 세그먼트나 예각의 경우 또는 점과 대시로 구성된 선종류를 사용하는 경우에는 교차 부분이 베벨처리되지 않는다.

- **닫기**

지정된 마지막 점에서 시작점까지 선 세그먼트를 그려 닫힌 폴리선을 작성한다. 이 옵션을 사용하려면 점을 두 개 이상 지정해야 한다.

- **반폭**

시작 반폭이 기본 끝 반폭이 된다. 반폭을 다시 변경할 때까지 끝 반폭이 모든 후속 세그먼트의 동일한 반폭이 된다. 폭이 있는 선 세그먼트의 시작점과 끝점은 선의 중심에 있다. 일반적으로 폭을 가진 인접한 세그먼트의 교차 부분은 베벨처리된다. 접하지 않는 원호 세그먼트나 예각의 경우 또는 점과 대시로 구성된 선종류를 사용하는 경우에는 교차 부분이 베벨처리되지 않는다.

- **길이**

지정한 길이의 선 세그먼트를 이전 세그먼트와 같은 각도로 그린다. 이전 세그먼트가 호인 경우 이전 호 세그먼트에 접하는 새 선 세그먼트가 그려진다.

- **명령 취소**

가장 최근에 폴리라인에 추가한 선 세그먼트를 제거한다.

- **폭**

다음 선 세그먼트의 폭을 지정한다.

- 시작점 지정 : 폴리선의 시작점 지정
- 현재의 선 폭은 0.0000임 (현재 폴리선의 두께 값 표시)
- 다음 점 지정 또는 [호(A)/반폭(H)/길이(L)/명령 취소(U)/폭(W)] : 다음 점 또는 [호/닫기/반폭/길이/명령취소/폭]을 지정

Arc(호)	호 모드로 전환한다
Close(닫기)	시작점과 끝점을 연결해 준다
Halfwidth(반폭)	선의 반 두께를 지정한다
Length(길이)	선의 길이를 지정한다
Undo(명령 취소)	마지막에 그려진 도면요소를 지운다
Width(폭)	선의 두께를 지정한다

폴리라인에서 각을 이용한 호 그리기

- 아이콘() 선택 또는 Command : Polyline 또는 PLINE를 입력한다.

명령 : _pline

- 시작점 지정 : 현재의 선 폭은 0.0000임 : 시작점 클릭
- 다음 점 지정 또는 [호(A)/반폭(H)/길이(L)/명령 취소(U)/폭(W)] : A
- 끝점 지정 또는 [각도(A)/중심(CE)/방향(D)/반폭(H)/선(L)/반지름(R)/두 번째 점(S)/명령 취소(U)/폭(W)] : A
- 사이각 지정 : 180
- 호의 끝점 지정 또는 [중심(CE)/반지름(R)] : @100〈0
- 호의 끝점 지정 또는 [각도(A)/중심(CE)/닫기(CL)/방향(D)/반폭(H)/선(L)/반지름(R)/두 번째 점(S)/명령 취소(U)/폭(W)] : A
- 사이각 지정 : -180
- 호의 끝점 지정 또는 [중심(CE)/반지름(R)] : @50〈0
- 호의 끝점 지정 또는 [각도(A)/중심(CE)/닫기(CL)/방향(D)/반폭(H)/선(L)/반지름(R)/두 번째 점(S)/명령 취소(U)/폭(W)] : *취소*

Angle(각도)	내접한 각을 지정한다
CEnter(중심)	중심점을 지정한다
CLose(닫기)	끝점과 시작점을 연결하여 닫는다
Direction(방향)	시작점의 방향을 지정한다
Halfwidth(반폭)	선의 반 두께를 지정한다
Line(선)	호 모드에서 선 모드로 전환 또는 현의 길이를 지정한다
Radius(반지름)	반경을 지정한다
Second(두 번째 점)	세 점을 지정할 때 두 번째 점을 지정한다
Undo(취소)	마지막에 그려진 선분을 취소한다
Width(폭)	선의 두께를 지정한다

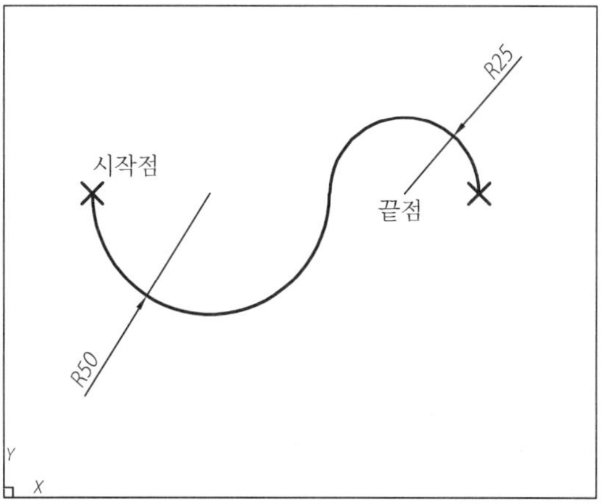

폴리라인에서 중심을 이용한 호 그리기

명령 : PLINE

- 시작점 지정 : 시작점 클릭
- 현재의 선 폭은 0.0000임
- 다음 점 지정 또는 [호(A)/반폭(H)/길이(L)/명령 취소(U)/폭(W)] : A
- 끝점 지정 또는 [각도(A)/중심(CE)/방향(D)/반폭(H)/선(L)/반지름(R)/두 번째 점(S)/명령 취소(U)/폭(W)] : CE
- 호의 중심점 지정 : @75,0
- 호의 끝점 지정 또는 [각도(A)/길이(L)] : A
- 사이각 지정 : 시작점 클릭
- 호의 끝점 지정 또는 [각도(A)/중심(CE)/닫기(CL)/방향(D)/반폭(H)/선(L)/반지름(R)/두 번째 점(S)/명령 취소(U)/폭(W)] : *취소*

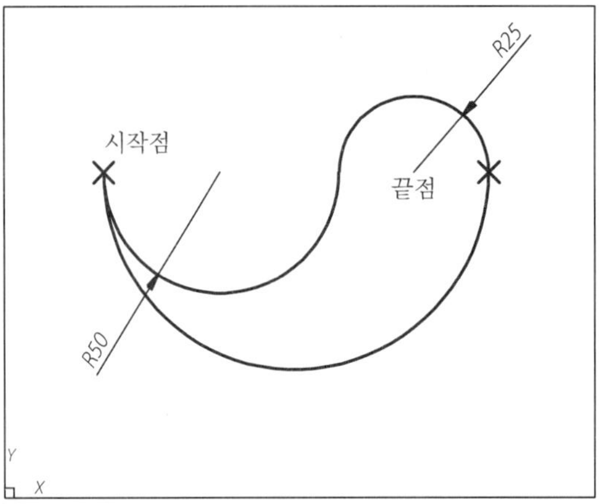

폴리라인에서 방향을 이용한 호 그리기

명령 : PLINE

- 시작점 지정 : d1 클릭
- 현재의 선 폭은 0.0000임
- 다음 점 지정 또는 [호(A)/반폭(H)/길이(L)/명령 취소(U)/폭(W)] : A
- 끝점 지정 또는 [각도(A)/중심(CE)/방향(D)/반폭(H)/선(L)/반지름(R)/두 번째 점(S)/명령 취소(U)/폭(W)] : D
- 호의 시작점에 대해 접선 방향을 지정 : d2 클릭
- 호의 끝점 지정 : d3 클릭
- 호의 끝점 지정 또는 [각도(A)/중심(CE)/닫기(CL)/방향(D)/반폭(H)/선(L)/반지름(R)/두 번째 점(S)/명령 취소(U)/폭(W)] : *취소*

명령 : PLINE

- 시작점 지정 : d1 클릭
- 현재의 선 폭은 0.0000임
- 다음 점 지정 또는 [호(A)/반폭(H)/길이(L)/명령 취소(U)/폭(W)] : A
- 끝점 지정 또는 [각도(A)/중심(CE)/방향(D)/반폭(H)/선(L)/반지름(R)/두 번째 점(S)/명령 취소(U)/폭(W)] : D

- 호의 시작점에 대해 접선 방향을 지정 : d4 클릭
- 호의 끝점 지정 : d3 클릭
- 호의 끝점 지정 또는 [각도(A)/중심(CE)/닫기(CL)/방향(D)/반폭(H)/선(L)/반지름(R)/두 번째 점(S)/명령 취소(U)/폭(W)] : *취소*

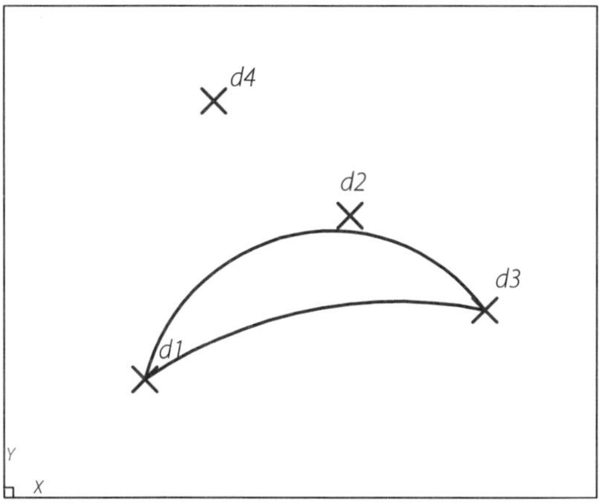

두 개의 호를 그려서 비교를 했는데, d2, d4는 시작 점(d1)에 대한 방향 결정으로 방향에 따라 두 개의 호가 차이점을 보이고 있는 것을 알 수 있다.

폴리라인에서 반폭을 이용한 호 그리기

명령 : PLINE

- 시작점 지정 : d1 클릭
- 다음 점 지정 또는 [호(A)/반폭(H)/길이(L)/명령 취소(U)/폭(W)] : A
- 끝점 지정 또는 [각도(A)/중심(CE)/방향(D)/반폭(H)/선(L)/반지름(R)/두 번째 점(S)/명령 취소(U)/폭(W)] : H
- 시작 반폭 지정 〈2.0000〉 : 0
- 끝 반폭 지정 〈0.0000〉 : 2
- 끝점 지정 또는 [각도(A)/중심(CE)/방향(D)/반폭(H)/선(L)/반지름(R)/두 번째 점(S)/명령 취소(U)/폭(W)] : d2 클릭
- 호의 끝점 지정 또는 [각도(A)/중심(CE)/닫기(CL)/방향(D)/반폭(H)/선(L)/반지름(R)/두 번째 점(S)/명령 취소(U)/폭(W)]: >>ORTHOMODE에 대한 새 값 입력 〈0〉:

• PLINE 명령 재개 중.

• 호의 끝점 지정 또는 [각도(A)/중심(CE)/닫기(CL)/방향(D)/반폭(H)/선(L)/반지름(R)/두 번째 점(S)/명령 취소(U)/폭(W)] : H

• 시작 반폭 지정 〈2.0000〉 :

• 끝 반폭 지정 〈2.0000〉 : 0

• 호의 끝점 지정 또는 [각도(A)/중심(CE)/닫기(CL)/방향(D)/반폭(H)/선(L)/반지름(R)/두 번째 점(S)/명령 취소(U)/폭(W)] : d3 클릭

• 호의 끝점 지정 또는 [각도(A)/중심(CE)/닫기(CL)/방향(D)/반폭(H)/선(L)/반지름(R)/두 번째 점(S)/명령 취소(U)/폭(W)] : *취소*

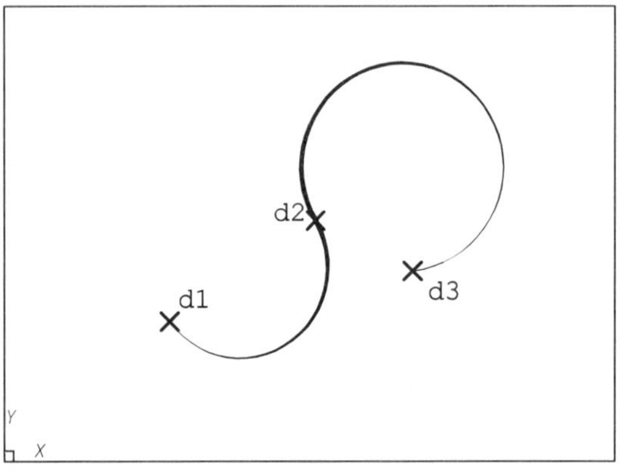

폴리라인에서 선을 이용한 호 그리기

명령 : PLINE

• 시작점 지정 : d1 클릭

• 현재의 선 폭은 0.0000임

• 다음 점 지정 또는 [호(A)/반폭(H)/길이(L)/명령 취소(U)/폭(W)] : A

• 끝점 지정 또는 [각도(A)/중심(CE)/방향(D)/반폭(H)/선(L)/반지름(R)/두 번째 점(S)/명령 취소(U)/폭(W)] : L

• 다음 점 지정 또는 [호(A)/반폭(H)/길이(L)/명령 취소(U)/폭(W)] : d2 클릭

• 다음 점 지정 또는 [호(A)/닫기(C)/반폭(H)/길이(L)/명령 취소(U)/폭(W)] : d3 클릭

• 다음 점 지정 또는 [호(A)/닫기(C)/반폭(H)/길이(L)/명령 취소(U)/폭(W)] : *취소*

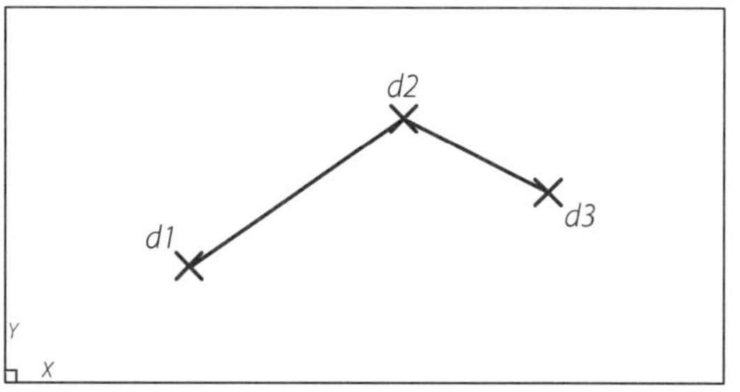

폴리라인에서 반경을 이용한 호 그리기

명령 : PLINE

- 시작점 지정 : d1 클릭
- 현재의 선 폭은 0.0000임
- 다음 점 지정 또는 [호(A)/반폭(H)/길이(L)/명령 취소(U)/폭(W)] : A
- 끝점 지정 또는 [각도(A)/중심(CE)/방향(D)/반폭(H)/선(L)/반지름(R)/두 번째 점(S)/명령 취소(U)/폭(W)] : R
- 호의 반지름 지정 : 100
- 호의 끝점 지정 또는 [각도(A)] : d2 클릭
- 호의 끝점 지정 또는 [각도(A)/중심(CE)/닫기(CL)/방향(D)/반폭(H)/선(L)/반지름(R)/두 번째 점(S)/명령 취소(U)/폭(W)] : d3 클릭
- 호의 끝점 지정 또는 [각도(A)/중심(CE)/닫기(CL)/방향(D)/반폭(H)/선(L)/반지름(R)/두 번째 점(S)/명령 취소(U)/폭(W)] : *취소*

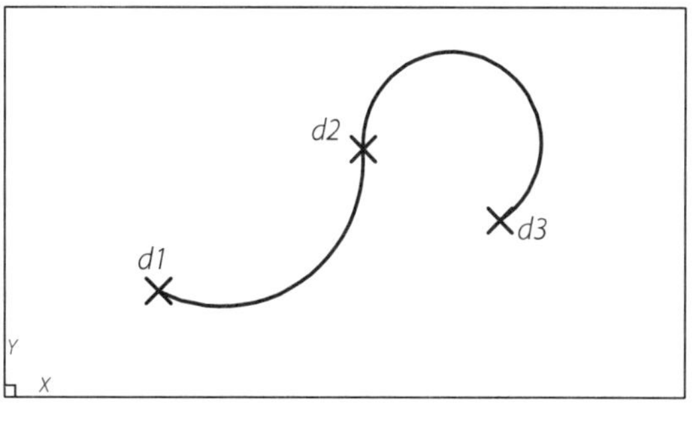

폴리라인에서 두 번째 점을 이용한 호 그리기

명령 : PLINE

- 시작점 지정 : d1 클릭
- 현재의 선 폭은 0.0000임
- 다음 점 지정 또는 [호(A)/반폭(H)/길이(L)/명령 취소(U)/폭(W)] : A
- 끝점 지정 또는 [각도(A)/중심(CE)/방향(D)/반폭(H)/선(L)/반지름(R)/두 번째 점(S)/명령 취소(U)/폭(W)] : S
- 호 위의 두 번째 점 지정 : d2 클릭
- 호의 끝점 지정 : d3 클릭
- 호의 끝점 지정 또는 [각도(A)/중심(CE)/닫기(CL)/방향(D)/반폭(H)/선(L)/반지름(R)/두 번째 점(S)/명령 취소(U)/폭(W)] : *취소*

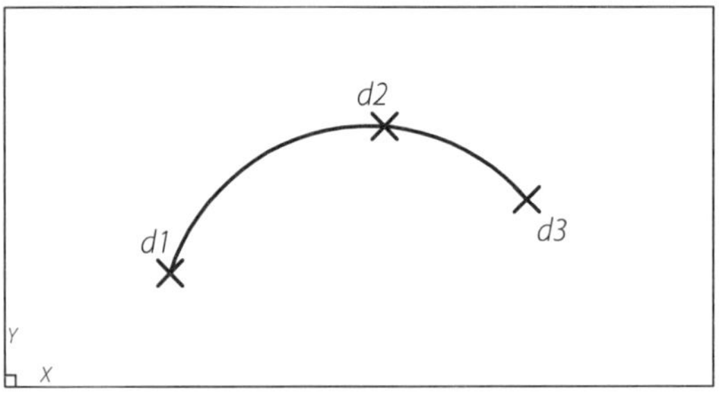

폴리라인에서 폭을 이용한 호 그리기

명령 : PLINE

- 시작점 지정 : d1 클릭
- 현재의 선 폭은 0.0000임
- 다음 점 지정 또는 [호(A)/반폭(H)/길이(L)/명령 취소(U)/폭(W)] : A
- 끝점 지정 또는 [각도(A)/중심(CE)/방향(D)/반폭(H)/선(L)/반지름(R)/두 번째 점(S)/명령 취소(U)/폭(W)] : '_NAVSWHEEL 오른쪽 클릭으로 바로 가기 메뉴를 표시합니다. 종료하려면 Esc 또는 Enter를 누릅니다.

• 모형 재생성 중.

• PLINE 명령 재개 중.

• 끝점 지정 또는 [각도(A)/중심(CE)/방향(D)/반폭(H)/선(L)/반지름(R)/두 번째 점(S)/명령 취소(U)/폭(W)] : W

• 시작 폭 지정 〈0.0000〉:

• 끝 폭 지정 〈0.0000〉 : 2

• 끝점 지정 또는 [각도(A)/중심(CE)/방향(D)/반폭(H)/선(L)/반지름(R)/두 번째 점(S)/명령 취소(U)/폭(W)] : d2 클릭

• 호의 끝점 지정 또는 [각도(A)/중심(CE)/닫기(CL)/방향(D)/반폭(H)/선(L)/반지름(R)/두 번째 점(S)/명령 취소(U)/폭(W)] : W

• 시작 폭 지정 〈2.0000〉:

• 끝 폭 지정 〈2.0000〉 : 1

• 호의 끝점 지정 또는 [각도(A)/중심(CE)/닫기(CL)/방향(D)/반폭(H)/선(L)/반지름(R)/두 번째 점(S)/명령 취소(U)/폭(W)] : d3 클릭

• 호의 끝점 지정 또는 [각도(A)/중심(CE)/닫기(CL)/방향(D)/반폭(H)/선(L)/반지름(R)/두 번째 점(S)/명령 취소(U)/폭(W)]:

• >>ORTHOMODE에 대한 새 값 입력 〈0〉:

• PLINE 명령 재개 중.

• 호의 끝점 지정 또는 [각도(A)/중심(CE)/닫기(CL)/방향(D)/반폭(H)/선(L)/반지름(R)/두 번째 점(S)/명령 취소(U)/폭(W)] : D

• 호의 시작점에 대해 접선 방향을 지정 : d4 클릭

• 호의 끝점 지정 : d5 클릭

• 호의 끝점 지정 또는 [각도(A)/중심(CE)/닫기(CL)/방향(D)/반폭(H)/선(L)/반지름(R)/두 번째 점(S)/명령 취소(U)/폭(W)] : CL

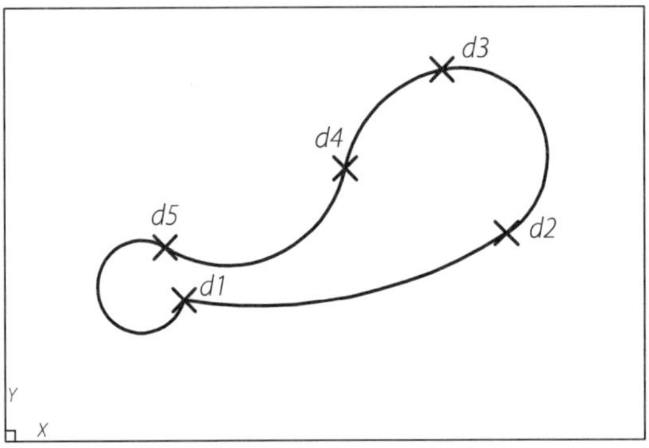

길이를 이용한 정사각형 그리기

명령 : PLINE

- 시작점 지정 : d1 클릭
- 현재의 선 폭은 1.0000임
- 다음 점 지정 또는 [호(A)/반폭(H)/길이(L)/명령 취소(U)/폭(W)] : A
- 끝점 지정 또는 [각도(A)/중심(CE)/방향(D)/반폭(H)/선(L)/반지름(R)/두 번째 점(S)/명령 취소(U)/폭(W)]:
- >>ORTHOMODE에 대한 새 값 입력 〈0〉:
- PLINE 명령 재개 중.
- 끝점 지정 또는 [각도(A)/중심(CE)/방향(D)/반폭(H)/선(L)/반지름(R)/두 번째 점(S)/명령 취소(U)/폭(W)] : L
- 다음 점 지정 또는 [호(A)/반폭(H)/길이(L)/명령 취소(U)/폭(W)] : 〈직교 켜기〉
- (마우스커서를 d2근처에 위치) 100
- (이때부터 마우스의 위치에 따라 방향이 결정되므로 마우스커서를 원하는 위치로 움직여 둔다.)
- 다음 점 지정 또는 [호(A)/닫기(C)/반폭(H)/길이(L)/명령 취소(U)/폭(W)] : (마우스커서를 d3근처에 위치) 100
- 다음 점 지정 또는 [호(A)/닫기(C)/반폭(H)/길이(L)/명령 취소(U)/폭(W)] : (마우스커서를 d4근처에 위치) 100

• 다음 점 지정 또는 [호(A)/닫기(C)/반폭(H)/길이(L)/명령 취소(U)/폭(W)] : (마우스커서를 d1근처에 위치) 100
• 다음 점 지정 또는 [호(A)/닫기(C)/반폭(H)/길이(L)/명령 취소(U)/폭(W)] : *취소*

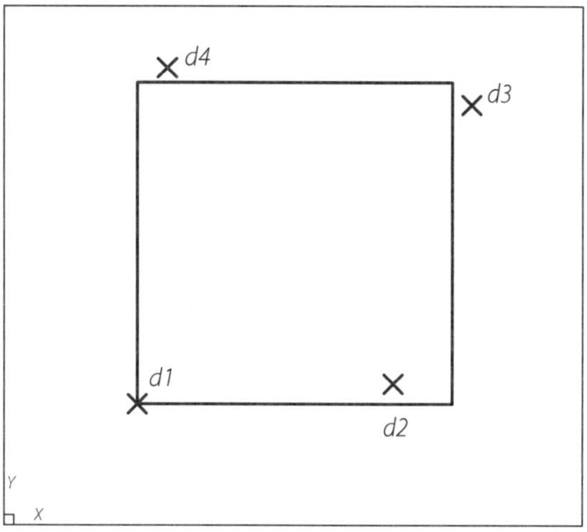

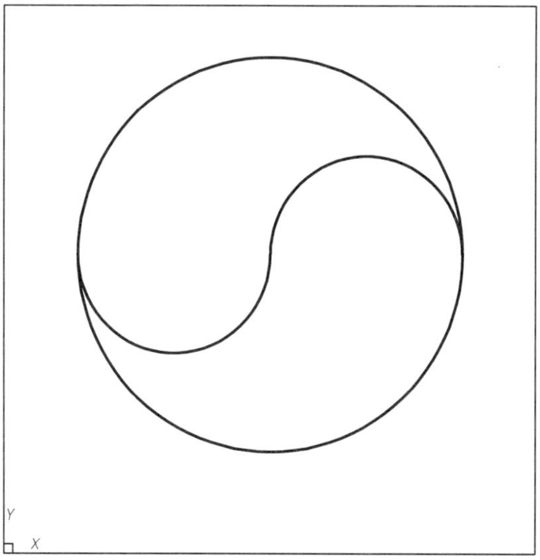

명령 : PLINE

• 시작점 지정 : d1 클릭
• 현재의 선 폭은 2.0000임
• 다음 점 지정 또는 [호(A)/반폭(H)/길이(L)/명령 취소(U)/폭(W)] : A

• 끝점 지정 또는 [각도(A)/중심(CE)/방향(D)/반폭(H)/선(L)/반지름(R)/두 번째 점(S)/명령 취소(U)/폭(W)] : '_NAVSWHEEL 오른쪽 클릭으로 바로 가기 메뉴를 표시합니다. 종료하려면 Esc 또는 Enter를 누릅니다.
• 모형 재생성 중.
• 마우스 오른쪽 버튼을 누른 후 반복Polyline을 선택한다.
• PLINE 명령 재개 중.
• 끝점 지정 또는 [각도(A)/중심(CE)/방향(D)/반폭(H)/선(L)/반지름(R)/두 번째 점(S)/명령 취소(U)/폭(W)] : w
• 시작 폭 지정 〈2.0000〉 : 2
• 끝 폭 지정 〈2.0000〉 : 0
• 끝점 지정 또는 [각도(A)/중심(CE)/방향(D)/반폭(H)/선(L)/반지름(R)/두 번째 점(S)/명령 취소(U)/폭(W)] : R
• 호의 반지름 지정 : 50
• 호의 끝점 지정 또는 [각도(A)] : @100〈0
• 호의 끝점 지정 또는 [각도(A)/중심(CE)/닫기(CL)/방향(D)/반폭(H)/선(L)/반지름(R)/두 번째 점(S)/명령 취소(U)/폭(W)] : '_NAVSWHEEL 오른쪽 클릭으로 바로 가기 메뉴를 표시합니다. 종료하려면 Esc 또는 Enter를 누릅니다.
• 모형 재생성 중.
• PLINE 명령 재개 중.
• 호의 끝점 지정 또는 [각도(A)/중심(CE)/닫기(CL)/방향(D)/반폭(H)/선(L)/반지름(R)/두 번째 점(S)/명령 취소(U)/폭(W)] : w
• 시작 폭 지정 〈0.0000〉 : 0
• 끝 폭 지정 〈0.0000〉 : 2
• 호의 끝점 지정 또는 [각도(A)/중심(CE)/닫기(CL)/방향(D)/반폭(H)/선(L)/반지름(R)/두 번째 점(S)/명령 취소(U)/폭(W)]:
• 호의 끝점 지정 또는 [각도(A)/중심(CE)/닫기(CL)/방향(D)/반폭(H)/선(L)/반지름(R)/두 번째 점(S)/명령 취소(U)/폭(W)] : *취소*

예제

1. 다음 그림을 폴리라인 명령을 이용하여 작성하여 보자.

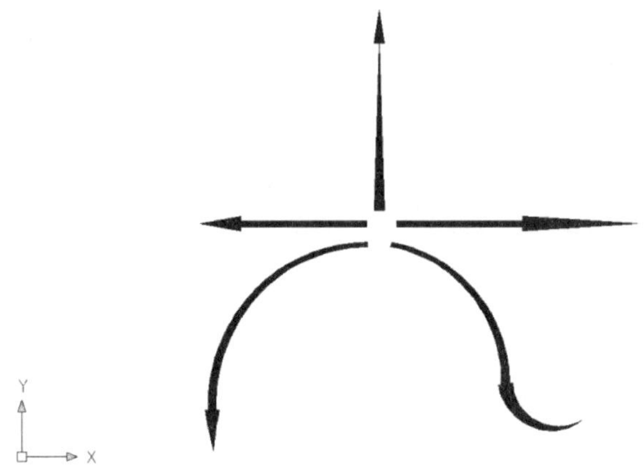

2. 다음 폴리라인의 기능을 이용한 그림을 그려보자.

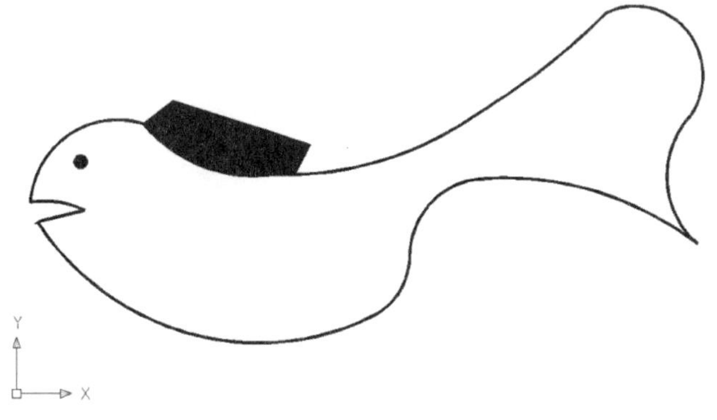

폴리라인의 편집

2, 3차원 폴리선 및 3차원 다각형 메쉬를 편집, 수정하는 명령이다. 폴리선이나 3차원 폴리선을 선택했는지 또는 3차원 메쉬를 선택했는지에 따라 프롬프트가 다르다.

- 메뉴 : 수정 → 폴리선
- 명령 : PEDIT
- 폴리선 선택 또는 [다중(M)] : 선택 또는 M입력

• 옵션 입력 [닫기(C)/결합(J)/폭(W)/정점 편집(E)/맞춤(F)/스플라인(S)/비곡선화(D)/선종류생성(L)/반전 (R)/명령 취소(U)] :

닫기(C)	열린 폴리선을 닫아준다.
열기(O)	닫혀진 폴리선을 열어준다.
결합(J)	선이나 호가 다른 폴리선과 만나는 부분을 연결하여 그것을 폴리선에 추가한다.
폭(W)	폴리선의 전체에 대해 균일한 폭을 지정한다
정점 편집(E)	폴리선의 한 정점을 선택하여 그 정점과 그에 따르는 요소에 대해 편집할 수 있다.
맞춤(F)	지정된 접선 방향으로 폴리선의 모든 정점에 매끈한 곡선을 그린다.
스플라인(S)	선택된 폴리선의 곡선을 첫점과 끝점만을 통과하며 다른 점을 향해 곡선이 끌리지만 그 다른 점을 반드시 통과해야 되는 곡선은 아니다.
비곡선화(D)	맞춤에 의해 조작된 정점을 제거하고 폴리선의 모든 요소를 직선으로 되돌린다.
선종류생성(L)	폴리선 정점 둘레를 라인타입 패턴으로 바꾼다.
명령 취소(U)	마지막에 그려진 도면요소를 지운다

폴리선 편집

• 폴리선 그리기

명령 : PLINE

• 시작점 지정 : d1 클릭

• 현재의 선 폭은 0.0000임

• 다음 점 지정 또는 [호(A)/반폭(H)/길이(L)/명령 취소(U)/폭(W)] : @100 < 45

• 다음 점 지정 또는 [호(A)/닫기(C)/반폭(H)/길이(L)/명령 취소(U)/폭(W)] : @50 < −45

• 다음 점 지정 또는 [호(A)/닫기(C)/반폭(H)/길이(L)/명령 취소(U)/폭(W)] : @100 < 45

• 다음 점 지정 또는 [호(A)/닫기(C)/반폭(H)/길이(L)/명령 취소(U)/폭(W)] : @150 < −45

• 다음 점 지정 또는 [호(A)/닫기(C)/반폭(H)/길이(L)/명령 취소(U)/폭(W)] : *취소*

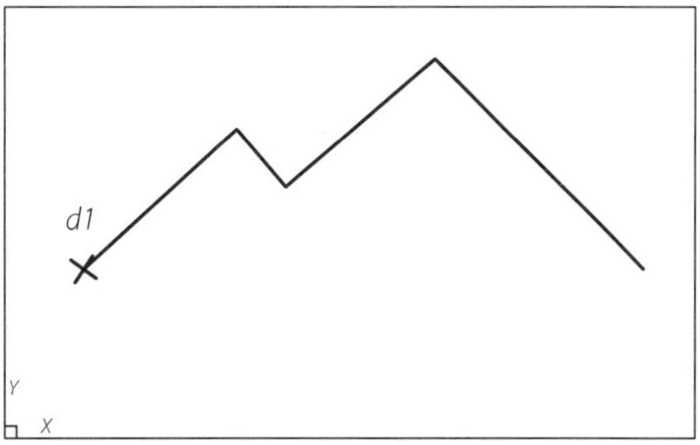

• 폴리선 닫기

명령 : PEDIT

- 폴리선 선택 또는 [다중(M)] : d1클릭
- 옵션 입력 [닫기(C)/결합(J)/폭(W)/정점 편집(E)/맞춤(F)/스플라인(S)/비곡선화(D)/선종류생성(L)/반전(R)/명령 취소(U)] : C
- 옵션 입력 [열기(O)/결합(J)/폭(W)/정점 편집(E)/맞춤(F)/스플라인(S)/비곡선화(D)/선종류생성(L)/반전(R)/명령 취소(U)] : *취소*

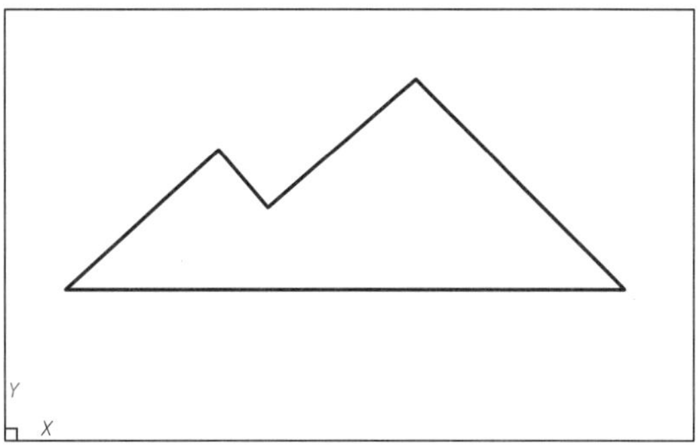

• 폴리선 열기

명령 : PEDIT

- 폴리선 선택 또는 [다중(M)] : d1클릭
- 옵션 입력 [열기(O)/결합(J)/폭(W)/정점 편집(E)/맞춤(F)/스플라인(S)/비곡선화(D)/선종류생성(L)/반전(R)/명령 취소(U)] : O

• 옵션 입력 [닫기(C)/결합(J)/폭(W)/정점 편집(E)/맞춤(F)/스플라인(S)/비곡선화(D)/선종류생성(L)/반전(R)/명령 취소(U)] : *취소*

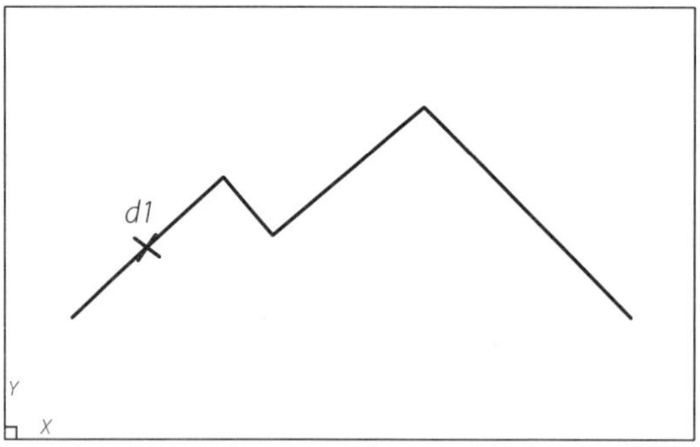

그림 3-50 폴리선 열기(O)

• 폴리선 폭

• 옵션 입력 [닫기(C)/결합(J)/폭(W)/정점 편집(E)/맞춤(F)/스플라인(S)/비곡선화(D)/선종류생성(L)/반전(R)/명령 취소(U)] : W

• 전체 세그먼트에 대한 새 폭 지정 : 5

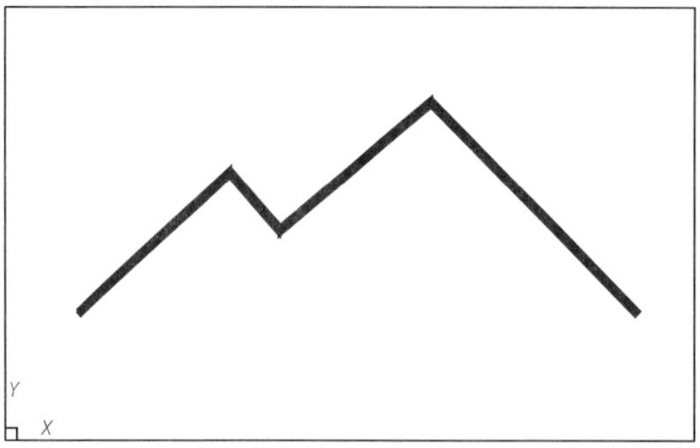

그림 3-51 폴리선 두께(5)

• 폴리선 맞춤

• 옵션 입력 [닫기(C)/결합(J)/폭(W)/정점 편집(E)/맞춤(F)/스플라인(S)/비곡선화(D)/선종류생성(L)/반전(R)/명령 취소(U)] : F

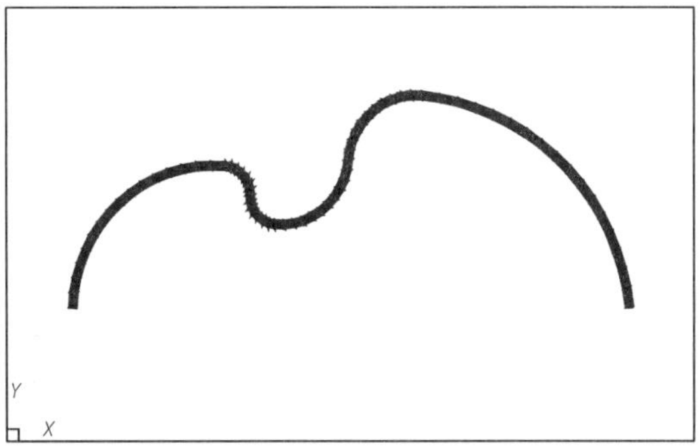

- **폴리선 비곡선화**
  - 옵션 입력 [닫기(C)/결합(J)/폭(W)/정점 편집(E)/맞춤(F)/스플라인(S)/비곡선화(D)/선종류생성(L)/반전(R)/명령 취소(U)] : D

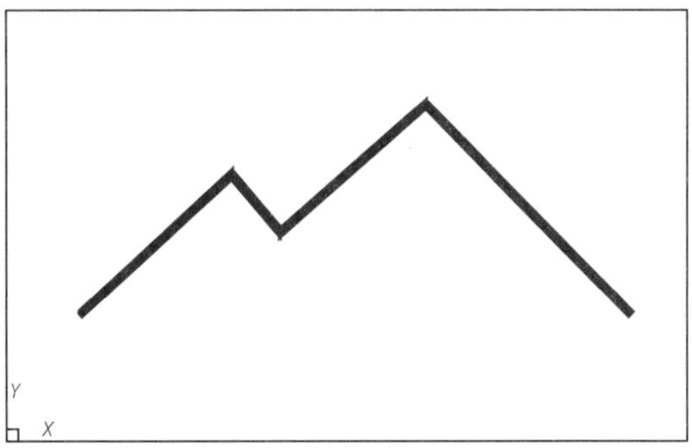

- **폴리선 스플라인**
  - 옵션 입력 [닫기(C)/결합(J)/폭(W)/정점 편집(E)/맞춤(F)/스플라인(S)/비곡선화(D)/선종류생성(L)/반전(R)/명령 취소(U)] : S Enter↵

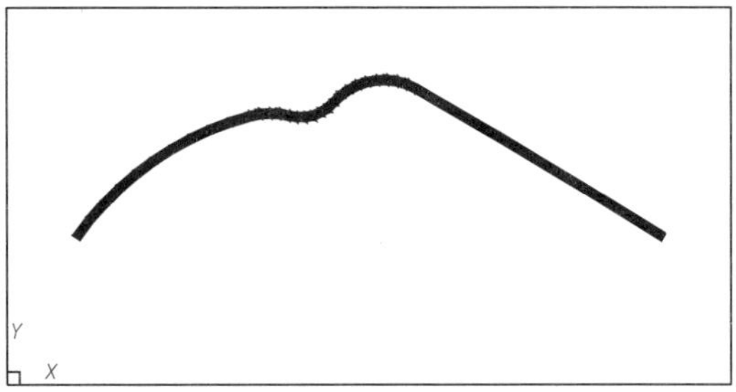

• 폴리선 정점편집

- 옵션 입력 [닫기(C)/결합(J)/폭(W)/정점 편집(E)/맞춤(F)/스플라인(S)/비곡선화(D)/선종류생성(L)/반전(R)/명령 취소(U)] : E
- 정점 편집 옵션 입력 [다음(N)/이전(P)/끊기(B)/삽입(I)/이동(M)/재생성(R)/직선화(S)/접선(T)/폭(W)/종료(X)] 〈N〉:
- 정점 편집 옵션 입력 [다음(N)/이전(P)/끊기(B)/삽입(I)/이동(M)/재생성(R)/직선화(S)/접선(T)/폭(W)/종료(X)] 〈N〉:
- 정점 편집 옵션 입력 [다음(N)/이전(P)/끊기(B)/삽입(I)/이동(M)/재생성(R)/직선화(S)/접선(T)/폭(W)/종료(X)] 〈N〉:
- 정점 편집 옵션 입력 [다음(N)/이전(P)/끊기(B)/삽입(I)/이동(M)/재생성(R)/직선화(S)/접선(T)/폭(W)/종료(X)] 〈N〉:
- 정점 편집 옵션 입력 [다음(N)/이전(P)/끊기(B)/삽입(I)/이동(M)/재생성(R)/직선화(S)/접선(T)/폭(W)/종료(X)] 〈N〉 : P
- 정점 편집 옵션 입력 [다음(N)/이전(P)/끊기(B)/삽입(I)/이동(M)/재생성(R)/직선화(S)/접선(T)/폭(W)/종료(X)] 〈P〉 : P
- 정점 편집 옵션 입력 [다음(N)/이전(P)/끊기(B)/삽입(I)/이동(M)/재생성(R)/직선화(S)/접선(T)/폭(W)/종료(X)] 〈P〉 : B
- 옵션 입력 [다음(N)/이전(P)/진행(G)/종료(X)] 〈N〉 : G

다음(N)	마크를 다음 정점으로 이동
이전(P)	마크를 바로 전 정점으로 이동
끊기(B)	원하는 정점까지 이동시킨 후 가기를 입력하여 제거시킨다.
삽입(I)	새로운 정점의 위치 입력 : 새로운 정점을 추가시킨다.
이동(M)	새로운 위치 입력 : 현재의 정점 위치를 원하는 곳으로 이동
재생성(R)	폴리선을 다시 그린다.
직선화(S)	마크가 있는 위치를 기억한 다음, 원하는 위치를 지정한 후 가기를 선택하여 그 부분을 곧게 편다.
접선(T)	접선의 방향 : 현재의 정점에 접선을 표시한다.
폭(W)	정점 바로 다음 요소에 시작 폭과 끝폭을 바꿀 수 있게 해 준다.
종료(X)	PEDIT로 돌아간다.

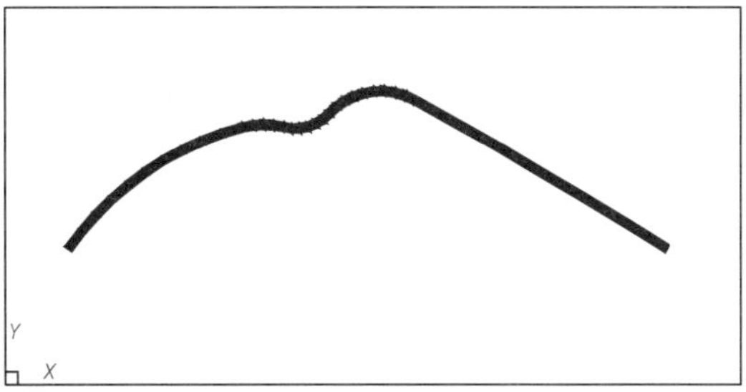

12 / 스플라인

버튼

- 리본: 홈 탭 ➤ 그리기 패널 ➤ 스플라인
- 메뉴: 그리기 ➤ 스플라인 ➤ 맞춤점
- 메뉴: 그리기 ➤ 스플라인 ➤ 조정 정점
- 도구막대: 그리기

스플라인은 주어진 점들을 통과하는 부드러운 곡선을 그려주는 명령이다.

따라하기

명령 : SPLINE

- 현재 설정 : 메서드=맞춤 매듭=현
- 첫 번째 점 지정 또는 [메서드(M)/매듭(K)/객체(O)] : d1 클릭
- 다음 점 입력 또는 [시작 접촉부(T)/공차(L)] : d2 클릭
- 다음 점 입력 또는 [끝 접촉부(T)/공차(L)/명령 취소(U)] : d3 클릭
- 다음 점 입력 또는 [끝 접촉부(T)/공차(L)/명령 취소(U)/닫기(C)] : d4 클릭

• 다음 점 입력 또는 [끝 접촉부(T)/공차(L)/명령 취소(U)/닫기(C)] : d5 클릭

• 다음 점 입력 또는 [끝 접촉부(T)/공차(L)/명령 취소(U)/닫기(C)] : ENTER

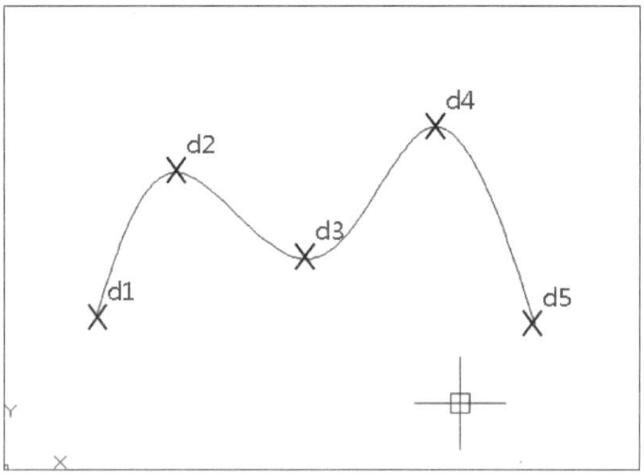

스플라인의 편집

• 스플라인 대상물을 편집한다.

• 아이콘 : 뷰 → 도구막대 → 수정

• 메뉴 : 수정 → 스플라인

명령 : SPLINEDIT

• 스플라인 선택:

• 옵션 입력 [닫기(C)/결합(J)/맞춤 데이터(F)/정점 편집(E)/폴리선으로 변환(P)/반전(R)/명령 취소(U)/종료(X)] 〈종료〉 : 옵션을 선택한다.

• 옵션기능

맞춤 데이터(F)	맞춤 데이터를 편집한다.
닫기(C)	열린 스플라인을 닫아서 스플라인을 끝점에서 접하는 연속선으로 만든다. 스플라인의 시작점과 끝점이 같은 경우, 닫기 옵션은 스플라인이 두 점 모두에서 스플라인이 접하는 연속선이 되도록 한다.
정점 편집(E)	스플라인의 조정 꼭지점을 재 할당하고 맞춤 점을 소거할 수 있고 스플라인 정의를 미세 조정한다.
폴리선으로 변환(P)	스플라인곡선을 폴리선으로 변환한다.
반전(R)	스플라인의 방향을 반전시킨다.
명령 취소(U)	마지막 편집 작업을 취소한다.

13 점

▫

버튼

- 리본: 홈 탭 ➤ 그리기 패널 ➤ 다중 점
- 메뉴: 그리기 ➤ 점 ➤ 단일
- 도구막대: 그리기

점은 도면상에 점을 찍거나 분할되는 위치를 표시할 때 쓰는 명령어이다. 기준 점을 만들 때 사용된다. 점을 생성하여도 주의해서 보지 않으면 점의 위치가 잘 보이지 않을 수 있다. 이 때 DDPTYPE 명령을 이용하여 점의 유형과 크기를 키우면 잘 보인다.

점의 유형

점의 유형을 바꾸려면 DDPTYPE명령을 사용하여 다이얼로그 상에서 바꿀 수 있다.

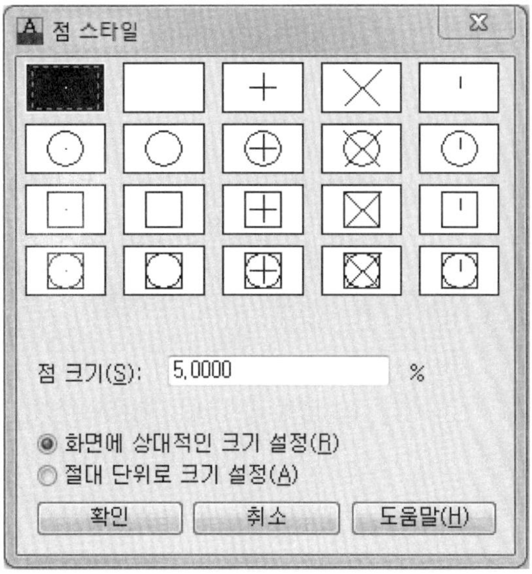

• **화면에 상대적으로 크기 설정** : 지정된 화면크기에 따라 백분율로서 점의 크기를 지정한다.

• **절대 단위로 크기 설정** : 편집박스 안에 점의 크기를 입력할 때 실제 단위로 점의 크기를 지정한다.

점의 모양을 8번으로 나타내어 보자.

명령 : POINT

• 현재 점 모드 : PDMODE=0 PDSIZE=0.0000
• 점 지정 : 100,100

명령 : DDPTYPE

• 모형 재생성 중.

점의 크기

시스템 변수 PDSIZE는 점의 크기를 조정할 수 있는데, PDSIZE가 양수이면 절대 크기로 지정되고, 음수인 경우에는 상대 크기가 되며 ZOOM명령에서 영향을 받지 않는다.

명령 : _point

- 현재 점 모드 : PDMODE=35 PDSIZE=0.0000
- 점 지정 : d1 클릭

명령 : _point

- 현재 점 모드 : PDMODE=35 PDSIZE=0.0000
- 점 지정 : d2 클릭

명령 : _point

- 현재 점 모드 : PDMODE=35 PDSIZE=0.0000
- 점 지정 : d3 클릭

명령 : _point

- 현재 점 모드 : PDMODE=35 PDSIZE=0.0000
- 점 지정 : d4 클릭

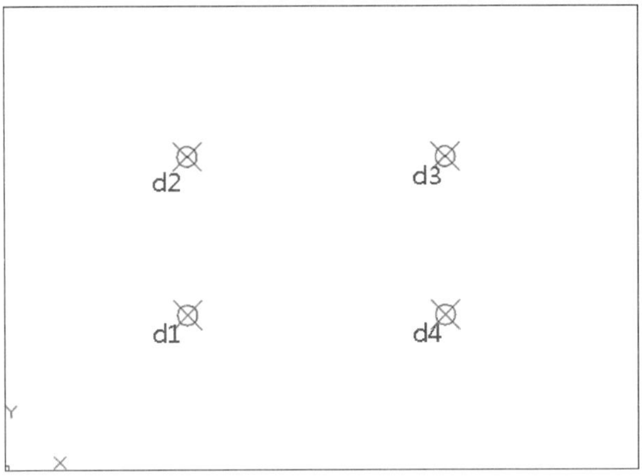

명령 : PDMODE

- PDMODE에 대한 새 값 입력 〈35〉 : 3

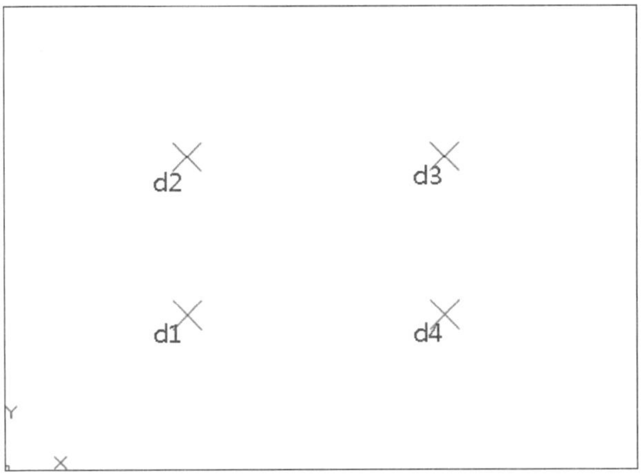

등분할

도형을 분할하여 분할되는 위치에 점을 생성한다.

• 옵션기능

세그먼트 수	분할하고자 하는 수를 입력할 수 있는데 분할 수는 2~3276까지 가능하다.
블록(Block)	PDMODE 형태에 따르지 않고 사용자가 만든 블록을 이용한다.

명령 : _circle

- 원에 대한 중심점 지정 또는 [3점(3P)/2점(2P)/Ttr - 접선 접선 반지름(T)] : d1 클릭
- 원의 반지름 지정 또는 [지름(D)] : 130

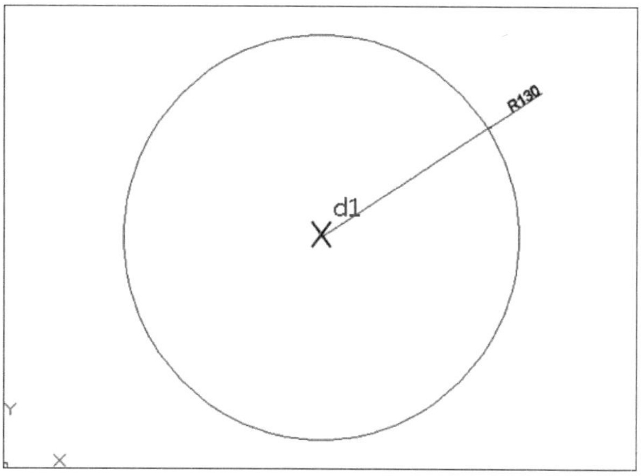

명령 : DIVIDE

- 등분할 객체 선택 : d2 클릭
- 세그먼트의 개수 또는 [블록(B)] 입력 : 10

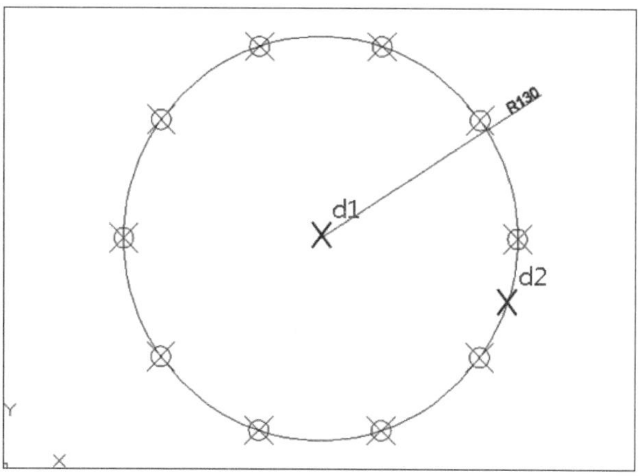

명령 : _line

- 첫 번째 점 지정 : d3 클릭
- 다음 점 지정 또는 [명령 취소(U)] : d4 클릭
- 다음 점 지정 또는 [명령 취소(U)] : d5 클릭
- 다음 점 지정 또는 [닫기(C)/명령 취소(U)] : d6 클릭
- 다음 점 지정 또는 [닫기(C)/명령 취소(U)] : d7 클릭
- 다음 점 지정 또는 [닫기(C)/명령 취소(U)] : d8 클릭
- 다음 점 지정 또는 [닫기(C)/명령 취소(U)] : ENTER

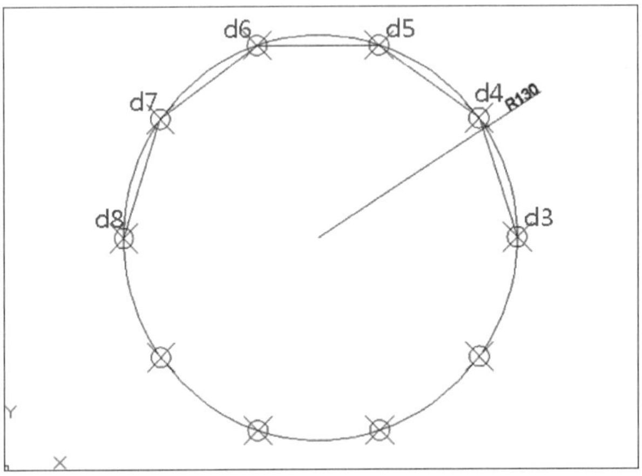

길이 분할

버튼

- 리본: 홈 탭 ➤ 그리기 패널 ➤ 길이 분할
- 메뉴: 그리기 ➤ 점 ➤ 길이 분할

분할할 길이에 의하여 도형을 분할하고 분할되는 위치에 점을 생성한다.

• 옵션

세그먼트 수	분할하고자 하는 간격의 길이를 지정한다.
블록(Block)	PDMODE 형태에 따르지 않고 사용자가 만든 블록을 이용한다.

명령 : MEASURE

• 길이 분할 객체 선택 : 선 선택
• 세그먼트의 길이 지정 또는 [블록(B)] : 20

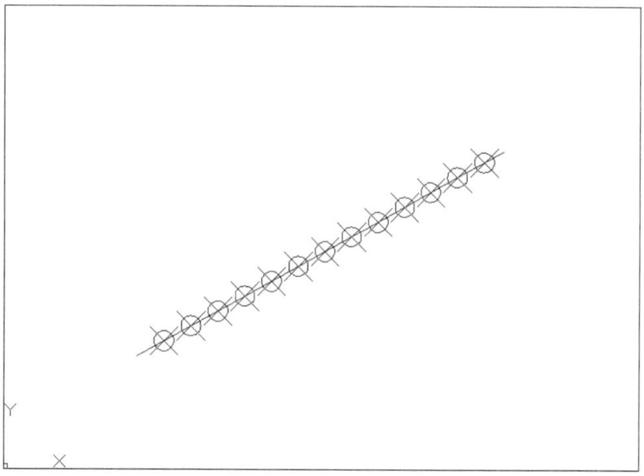

14 경계

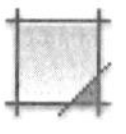

버튼

리본: 홈 탭 ➤ 그리기 패널 ➤ 경계
메뉴: 그리기 ➤ 경계

닫힌 영역 내에서 점을 지정하여 영역 객체 또는 폴리선을 작성한다. 미리 경계를 만들어 주기 때문에 해치나 그라데이션 작업에 유용하다.

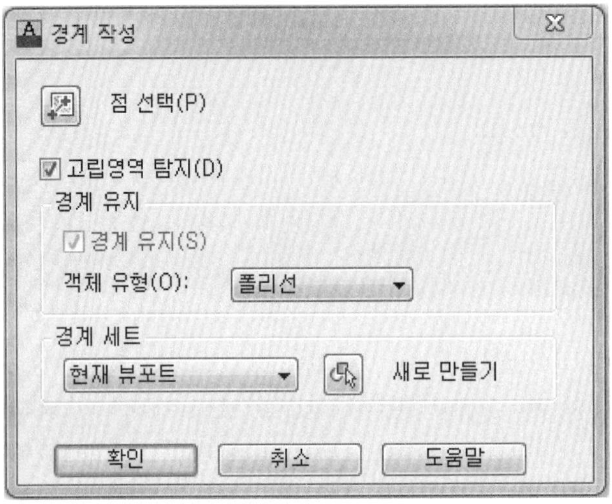

점 선택(P)	지정된 점을 기준으로 닫힌 영역을 구성하는 기존 객체로부터 경계를 결정한다.
고립영역 탐지(D)	지정한 영역의 내부에 고립 영역이 있는 경우 탐지 여부를 지정한다.
경계 유지	경계의 유지와 만들어진 경계를 어떤 객체 유형으로 작성할 것인지 선택한다.
경계 세트	경계를 탐색할 때 현재 뷰포트 전체에서 탐색할 것인지 새로운 객체 세트 내에서 탐색할 것인지 지정한다.

15 / 영역

버튼

- 리본: 홈 탭 ➤ 그리기 패널 ➤ 영역
- 메뉴: 그리기 ➤ 영역
- 도구막대: 그리기

질량의 중심 등과 같은 물리적 특성이 있는 2차원의 닫힌 영역을 만든다. 다음과 같은 역할을 한다.

- 기존 영역을 결합하여 영역을 계산할 수 있다.
- 영역 또는 질량의 특성 명령을 사용할 때 기준이 되는 공간을 작성한다.
- 해치나 그라데이션을 위한 폐쇄공간을 구성한다..
- 영역은 닫힌 세이프 또는 루프로부터 생성되는 2차원 면적으로 작성된다. 대상객체는 닫힌 폴리선, 선, 원, 호, 타원, 스플라인이 포함된다. 만일 닫힌꼴이 아니면 객체를 선택 시 {0 루프들이 추출됨}, {0 영역들이 작성됨}이라는 메시지가 표시되며 영역을 생성하지 못한다.

CHAPTER 07

도형의 입력 2

문자, 해치, 테이블, 블록

이 장에서는 다양한 정보를 입력하는 방법을 익힌다. 문자에 의하여 설계자의 의도를 언어로 입력하는 방법과 필요한 영역을 빗금 등으로 다른 것과 비교되게 하는 해칭, 표를 입력하는 방법을 설명한다. 또한 도형을 그룹화하는 블록기능을 배우도록 한다.

항 목	명령어	아이콘	설 명
문자	TEXT	단일 행	텍스트를 입력한다.
다행 문자	MTEXT	여러 줄 문자	여러줄의 텍스트를 입력한다.
문자 편집	DDEDIT		텍스트를 수정한다.
해치	HATCH		해치를 입력한다.
해치 편집	HATCHEDIT		입력한 해치를 수정한다.
그라데이션	GRADIENT		그라데이션을 입력한다.
경계	BOUNDARY		경계를 입력한다.
테이블	TABLE	테이블	테이블을 입력한다.
테이블스타일	TABLESTYLE		테이블의 유형을 설정한다.
블록	BLOCK		객체를 블록으로 지정한다.
블록 쓰기	WBLOCK		블록을 외부로 저장하는 기능이다.
블록 삽입	INSERT	삽입	블록을 삽입한다.
다중 블록입력	MINSERT		여러 개의 블록을 삽입한다.

01 문자 쓰기

버튼

리본: 홈 탭 ➤ 주석 패널 ➤ 단일 행 문자

메뉴: 그리기 ➤ 문자 ➤ 단일 행 문자

도구막대: 문자

도면에 문자를 쓰는 명령어이다.

Start point(시작점)	왼쪽을 지정한 점을 기준으로 정렬한다.
Style(유형)	새로운 문자의 형태를 지정한다.
Justify(자리맞추기)	정렬 명령어에 따라 문자의 자리를 맞춘다.
Align(정렬)	두 점을 기준으로 문자의 크기와 높이가 조절되어 정렬된다.
Fit(맞춤)	지정한 높이와 두 점을 기준으로 문자의 크기가 조절되어 정렬된다.
Center(중심)	중앙 하단을 기준으로 정렬된다.
Middle(중간)	문자의 가운데 점을 지정한다. Center와 틀린 점은 기준선의 가운데 점이 아니라 상하좌우의 한 가운데 점을 지정한다.
Right(오른쪽)	지정한 점이 문자의 오른쪽이 되도록 한다.
TL(맨 위의 왼쪽)	Top Left의 약자로 문자의 왼쪽 윗 점을 지정한다.
TC(맨 위의 중심점)	Top Center의 약자로 문자의 가운데 윗점을 지정한다.
TR(맨 위의 오른쪽)	Top Right의 약자로 문자의 오른쪽 윗점을 지정한다.
ML(중간의 왼쪽)	Middle Left의 약자로 문자의 가운데 왼쪽 점을 지정한다.
MC(중간의 중심점)	Middle Center의 약자로 문자의 가운데 중심점을 지정한다.
MR(중간의 오른쪽)	Middle Right의 약자로 문자의 가운데 오른쪽 점을 지정한다.
BL(맨 아래의 왼쪽)	Bottom Left의 약자로 문자의 왼쪽 아래 점을 지정한다.
BC(맨 아래의 중심점)	Bottom Center의 약자로 문자의 가운데 아래 점을 지정한다.
BR(맨 아래의 오른쪽)	Bottom Right의 약자로 문자의 가운데 오른쪽 점을 지정한다.

- 현재 문자 스타일 : "Standard" 문자 높이 : 2.5000 주석 : 아니오
- 문자의 시작점 지정 또는 [자리맞추기(J)/스타일(S)] : 문자의 시작점 지정 및 추가 명

령어 지정

• 높이 지정 〈2.5000〉 : 문자의 높이 지정

• 문자의 회전 각도 지정 〈0〉 : 문자의 회전각도 지정

• 이후 문자를 입력한다.

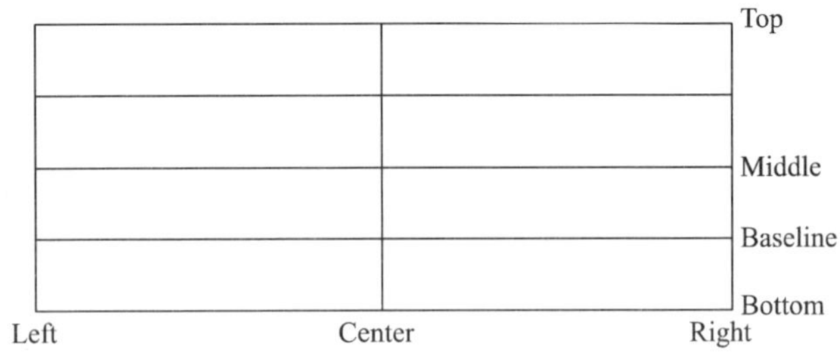

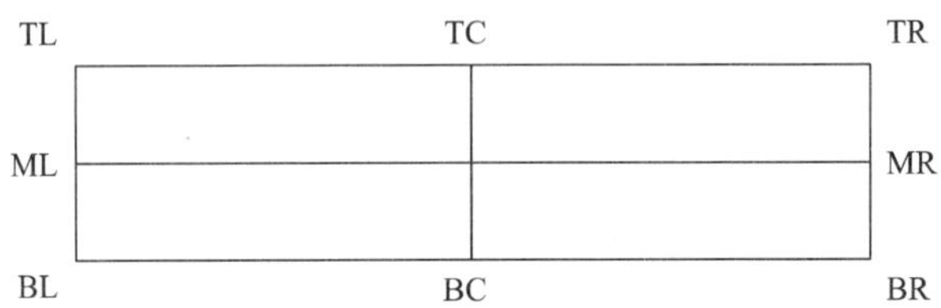

▌시작점 : 텍스트입력의 시작점을 지정한다.

명령 : TEXT

• 문자의 시작점 지정 또는 [자리맞추기(J)/스타일(S)] : d1 클릭

• 높이 지정 〈2.5000〉 : 30

• 문자의 회전 각도 지정 〈0〉:

• 텍스트 입력 : Hello 오토캐드!

문자 반복 : 여러줄의 문자를 입력해본다.

명령 : TEXT

- 문자의 시작점 지정 또는 [자리맞추기(J)/스타일(S)] : d1 클릭
- 높이 지정 〈30.0000〉 : 20
- 문자의 회전 각도 지정 〈0〉:
- 텍스트 입력 : Hello AutoCAD!
- 텍스트 입력 : I am Hong Gil-dong!
- 텍스트 입력 : Nice to meet you!

정렬

명령 : TEXT

- 문자의 시작점 지정 또는 [자리맞추기(J)/스타일(S)] : J
- 옵션 입력 [정렬(A)/맞춤(F)/중심(C)/중간(M)/오른쪽(R)/좌상단(TL)/상단중앙(TC)/우상단(TR)/좌측중간(ML)/중앙중간(MC)/우측중간(MR)/좌하단(BL)/하단중앙(BC)/우하단(BR)] : A
- 문자 기준선의 첫 번째 끝점을 지정 : d1 클릭
- 문자 기준선의 두 번째 끝점을 지정 : d2 클릭
- 텍스트 입력 : Have a nice day with AutoCAD!

맞춤

명령 : TEXT

- 문자의 시작점 지정 또는 [자리맞추기(J)/스타일(S)] : J
- 옵션 입력 [정렬(A)/맞춤(F)/중심(C)/중간(M)/오른쪽(R)/좌상단(TL)/상단중앙(TC)/우상단(TR)/좌측중간(ML)/중앙중간(MC)/우측중간(MR)/좌하단(BL)/하단중앙(BC)/우하단(BR)] : F
- 문자 기준선의 첫 번째 끝점을 지정 : d1 클릭
- 문자 기준선의 두 번째 끝점을 지정 : d2 클릭
- 높이 지정 〈20.0000〉 : 20
- 텍스트 입력 : Will is power.

중심점

명령 : TEXT

- 문자의 시작점 지정 또는 [자리맞추기(J)/스타일(S)] : J
- 옵션 입력 [정렬(A)/맞춤(F)/중심(C)/중간(M)/오른쪽(R)/좌상단(TL)/상단중앙(TC)/우

상단(TR)/좌측중간(ML)/중앙중간(MC)/우측중간(MR)/좌하단(BL)/하단중앙(BC)/우하단(BR)] : C

- 문자의 중심점 지정 : d1 클릭
- 높이 지정 〈20.0000〉 : 20
- 문자의 회전 각도 지정 〈0〉:
- 텍스트 입력 : No bees, no honey.

중간

명령 : TEXT

- 현재 문자 스타일 : "Standard" 문자 높이 : 20.0000 주석 : 아니오
- 문자의 시작점 지정 또는 [자리맞추기(J)/스타일(S)] : J
- 옵션 입력 [정렬(A)/맞춤(F)/중심(C)/중간(M)/오른쪽(R)/좌상단(TL)/상단중앙(TC)/우상단(TR)/좌측중간(ML)/중앙중간(MC)/우측중간(MR)/좌하단(BL)/하단중앙(BC)/우하단(BR)] : M
- 문자의 중간점 지정 : d1 클릭
- 높이 지정 〈20.0000〉 : 20
- 문자의 회전 각도 지정 〈0〉 : 45
- 텍스트 입력 : In doing we learn.

오른쪽

명령 : TEXT

- 문자의 시작점 지정 또는 [자리맞추기(J)/스타일(S)] : J
- 옵션 입력 [정렬(A)/맞춤(F)/중심(C)/중간(M)/오른쪽(R)/좌상단(TL)/상단중앙(TC)/우상단(TR)/좌측중간(ML)/중앙중간(MC)/우측중간(MR)/좌하단(BL)/하단중앙(BC)/우하단(BR)] : R
- 문자 기준선의 오른쪽 끝점을 지정 : d1 클릭
- 높이 지정 〈20.0000〉 : 20
- 문자의 회전 각도 지정 〈45〉 : 0
- 텍스트 입력 : Example is better than precept.

정렬

명령 : TEXT

- 문자의 시작점 지정 또는 [자리맞추기(J)/스타일(S)] : J
- 옵션 입력 [정렬(A)/맞춤(F)/중심(C)/중간(M)/오른쪽(R)/좌상단(TL)/상단중앙(TC)/우상단(TR)/좌측중간(ML)/중앙중간(MC)/우측중간(MR)/좌하단(BL)/하단중앙(BC)/우하단(BR)] : TL
- 문자의 맨 위 왼쪽점 지정 : d1 클릭
- 높이 지정 〈20.0000〉 : 20
- 문자의 회전 각도 지정 〈0〉:
- 텍스트 입력 : Practice is better than theory.

특수 문자

기 호	설 명
%%O	문자 위에 줄을 긋기
%%U	문자 아래에 밑줄 긋기
%%D	각도표시
%%P	공차표시
%%C	원의 지름표시
%%%	퍼센트(%) 기호표시
%%nnn	특수기호로 ASCⅡ값의 기호 표시

명령 : TEXT

- 문자의 시작점 지정 또는 [자리맞추기(J)/스타일(S)] : d1 클릭
- 높이 지정 〈20.0000〉 : 20

• 문자의 회전 각도 지정 〈0〉 :
• 텍스트 입력 : %%OHello
• 텍스트 입력 : %%UAutoCAD
• 텍스트 입력 : 45%%D
• 텍스트 입력 : 45%%P0.01
• 텍스트 입력 : 80%%%
• 텍스트 입력 : %%65

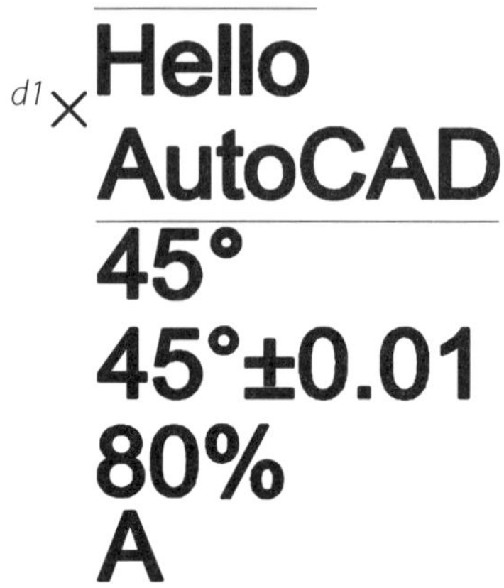

02 문자 형태

문자의 형태를 변경시키기 위해서 사용되는 명령이다.

명령 : STYLE

• 글꼴

- Font Name(유형이름) : 문자기입에 사용할 문자의 형태를 정의한다.
- Height(문자높이) : 문자의 높이를 지정해 주게 되면 문자 기입시 프롬프트상에서 높이의 지정을 물어보지 않고 여기서 지정된 높이 값이 그대로 사용되므로 0으로 그냥 두고 사용하는 것이 좋을 것이다.

• 효과

- **거꾸로** : 위아래로 뒤집어진 글씨를 쓰게 한다.

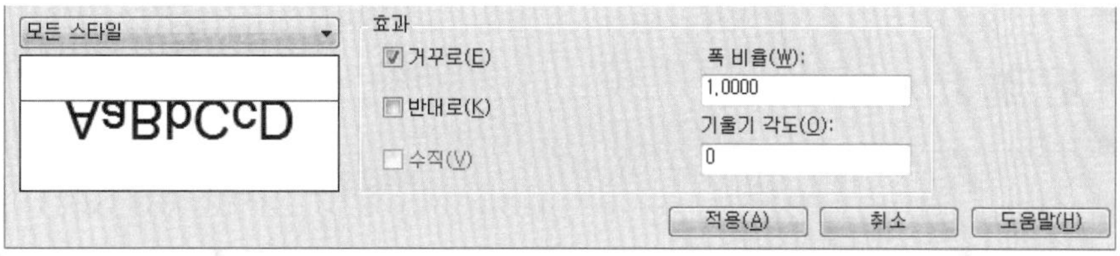

- **반대로** : 앞뒤가 뒤집어진 글씨를 사용한다.

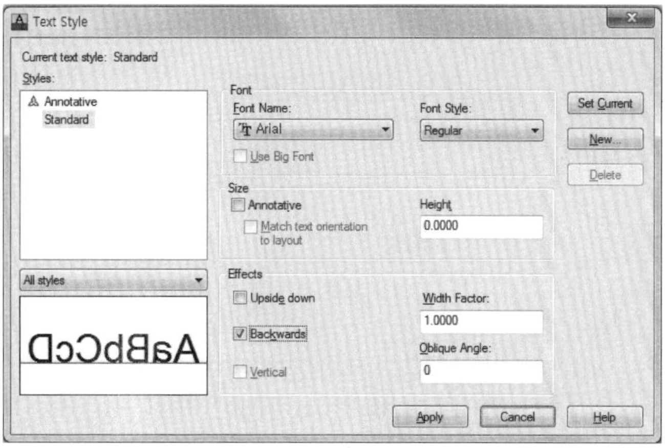

• **수직** : 수직으로 글씨를 쓸 수 있게 한다.

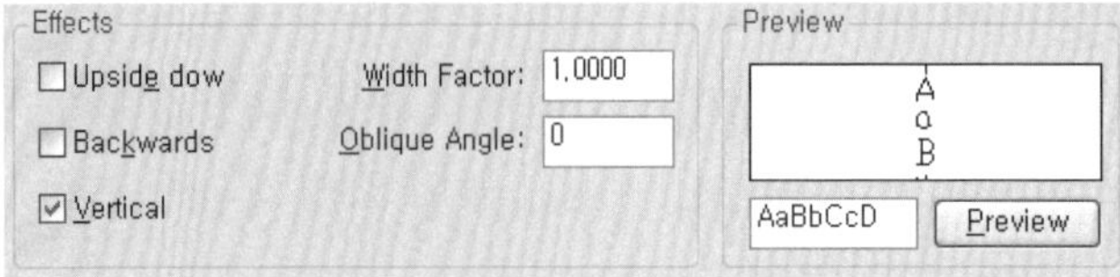

• **폭 비율** : 글씨의 너비를 지정한다.

• **기울기 각도** : 글씨의 기울어지는 각도를 지정한다.

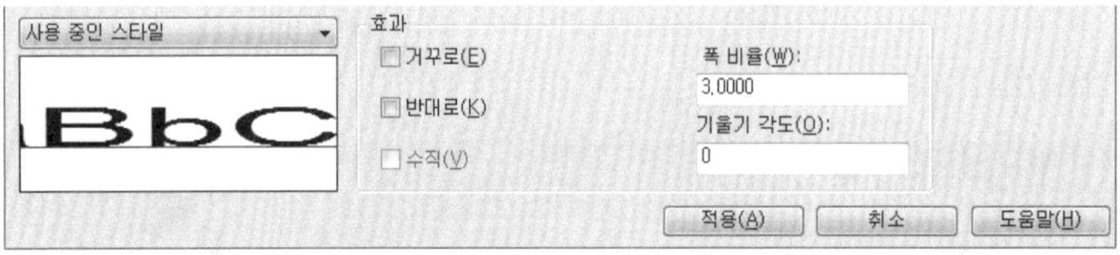

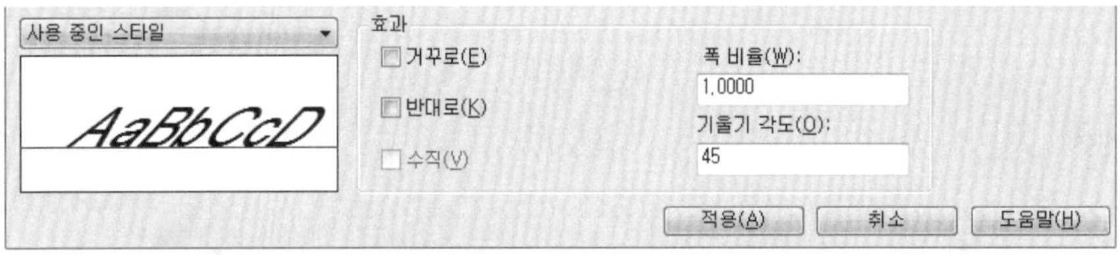

스타일 만들기

• [새로 만들기(N)...] 버튼을 클릭한다.

• 스타일 이름에 원하는 이름을 넣고 [확인] 버튼을 클릭한다.

• 다른 글씨체를 사용한다. 글시체를면, 미리보기가 바뀌면서 현재의 글꼴을 보여주고 있다. 또한 기울기 각도를 30도로 하고, 높이는 그대로 0으로 설정한 후 [적용(A)] 버튼을 눌러 적용시킨다.

명령 : TEXT

- 문자의 시작점 지정 또는 [자리맞추기(J)/스타일(S)]:
- 높이 지정 〈20.0000〉 : 20
- 문자의 회전 각도 지정 〈0〉:

03 다행 문자(MTEXT)

여러 줄의 글들이 하나의 도면요소가 되는 명령이 바로 다행 문자이다. 다른 여러 줄로 되어있는 TEXT파일을 불러와 사용할 수 있고 수정, 편집도 가능하다.

Icon(아이콘) : View → Toolbars... → Draw → A

Pull Down Menu : Draw → Text →

Command(명령행) : Mtext Enter↵

- Current text style : “Standard” Text height : 2.5000 현재 저장되어 있는 mtext의 형식이 표시한다.
- Specify first corner : 사용하고 싶은 도면영역을 선택해 준다.
- Specify opposite corner or [Height/Justify/Line spacing/Rotation/Style/Width] : 문자의 높이를 지정하는 옵션으로, 먼저 글씨의 높이를 지정해 주고 글을 입력한다.
- Specify height⟨2.5000⟩ : Enter↵ 문자의 높이 지정
- Specify opposite corner or [Height/Justify/Line spacing/Rotation/Style/Width] : 워드영역처럼 사용할 반대쪽 구석을 클릭한다.

• 옵션기능

<table>
<tr><td>Height(높이)</td><td colspan="2">대문자의 높이를 지정한다.</td></tr>
<tr><td>Justify(자리맞추기)</td><td colspan="2">문자의 경계부분을 삽입 점에 정렬하는 것을 조절한다.</td></tr>
<tr><td rowspan="9"></td><td>TL(맨위의 왼쪽)</td><td>Top Left의 약자로 문자의 왼쪽 윗점을 지정한다.</td></tr>
<tr><td>TC(맨위의 중심점)</td><td>Top Center의 약자로 문자의 가운데 윗점을 지정한다.</td></tr>
<tr><td>TR(맨위의 오른쪽)</td><td>Top Right의 약자로 문자의 오른쪽 윗점을 지정한다.</td></tr>
<tr><td>ML(중간의 왼쪽)</td><td>Middle Left의 약자로 문자의 가운데 왼쪽 점을 지정한다.</td></tr>
<tr><td>MC(중간의 중심점)</td><td>Middle Center의 약자로 문자의 가운데 중심점을 지정한다.</td></tr>
<tr><td>MR(중간의 오른쪽)</td><td>Middle Right의 약자로 문자의 가운데 오른쪽 점을 지정한다.</td></tr>
<tr><td>BL(맨 아래의 중심점)</td><td>Bottom Left의 약자로 문자의 왼쪽 아래 점을 지정한다.</td></tr>
<tr><td>BC(맨 아래의 중심점)</td><td>Bottom Center의 약자로 문자의 가운데 아래 점을 지정한다.</td></tr>
<tr><td>BR(맨 아래의 오른쪽)</td><td>Bottom Right의 약자로 문자의 가운데 오른쪽 점을 지정한다.</td></tr>
<tr><td>Rotation(회전)</td><td colspan="2">문자 경계의 회전각을 지정한다.</td></tr>
<tr><td>Style(유형)</td><td colspan="2">사용할 문자체를 지정한다.</td></tr>
<tr><td>Width(폭)</td><td colspan="2">문자경계의 수평크기를 지정한다.</td></tr>
</table>

MText 사용 예제

명령 : MTEXT (아이콘 선택 또는 단축키 T)

- 첫 번째 구석 지정 : d1 클릭
- 반대 구석 지정 또는 [높이(H)/자리맞추기(J)/선 간격두기(L)/회전(R)/스타일(S)/폭(W)/열(C)] : H
- 높이 지정 〈20〉 : 20
- 반대 구석 지정 또는 [높이(H)/자리맞추기(J)/선 간격두기(L)/회전(R)/스타일(S)/폭(W)/열(C)] : d2 클릭
- 텍스트 입력 : To teach is to learn twice over.

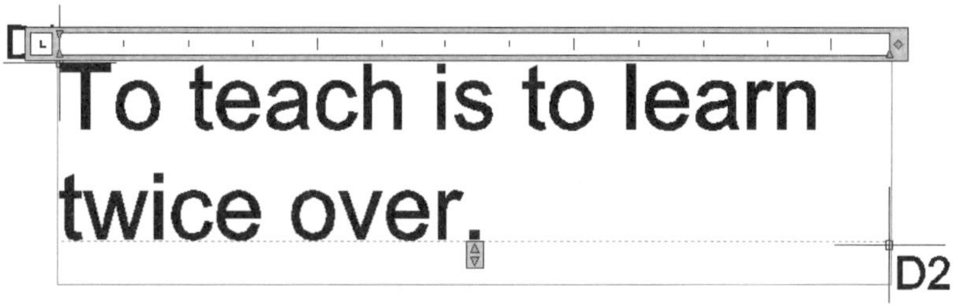

90° 특수 문자 만들기

명령 : MTEXT (아이콘 선택 또는 단축키 T)

- 첫 번째 구석 지정 : d1 클릭
- 반대 구석 지정 또는 [높이(H)/자리맞추기(J)/선 간격두기(L)/회전(R)/스타일(S)/폭

(W)/열(C)] : H

- 높이 지정 〈20〉 : 20
- 반대 구석 지정 또는 [높이(H)/자리맞추기(J)/선 간격두기(L)/회전(R)/스타일(S)/폭(W)/열(C)] : d2 클릭
- 텍스트 입력 : 90%%D

따라하기(회전문자)

명령 : MTEXT (아이콘 선택 또는 단축키 T)

- 첫 번째 구석 지정 : d1 클릭
- 반대 구석 지정 또는 [높이(H)/자리맞추기(J)/선 간격두기(L)/회전(R)/스타일(S)/폭(W)/열(C)] : H
- 높이 지정 〈20〉 : 20
- 반대 구석 지정 또는 [높이(H)/자리맞추기(J)/선 간격두기(L)/회전(R)/스타일(S)/폭(W)/열(C)] : R
- 회전 각도 지정 〈0〉 : 30
- 반대 구석 지정 또는 [높이(H)/자리맞추기(J)/선 간격두기(L)/회전(R)/스타일(S)/폭(W)/열(C)] : d2 클릭
- 텍스트 입력 : CAD/CAM/CNC/CAE

04 문자 편집(DDEDIT)

기존에 작성된 문자를 수정할 수 있는 방법이다. 이 명령어를 이용하여 TEXT 명령어, DTEXT 명령어, MTEXT로 입력했던 모든 문자를 수정할 수 있다.

Pull Down Menu : Modify → Text Command(명령행) : DDEDIT Enter↵

- Specify an annotation object or [Undo] : ◁수정할 문자를 선택 또는 명령 취소

TEXT로 기입한 문자 편집하기

명령 : TEXT

- 문자의 시작점 지정 또는 [자리맞추기(J)/스타일(S)] : d1 클릭
- 높이 지정 〈30.0000〉 : 20
- 문자의 회전 각도 지정 〈0〉:
- 텍스트 입력 : Hello AutoCAD!
- 텍스트 입력 : I am Hong Gil-dong!
- 텍스트 입력 : Nice to meet you!

명령 : DDEDIT

- 문자의 시작점 지정 또는 [자리맞추기(J)/스타일(S)] : d2 클릭
- 텍스트 수정

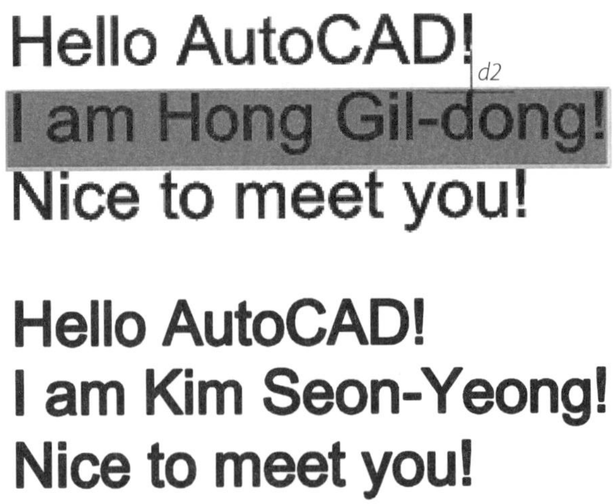

MTEXT로 기입한 문자 편집하기

명령 : MTEXT (아이콘 선택 또는 단축키 T)

- 첫 번째 구석 지정 : d1 클릭
- 반대 구석 지정 또는 [높이(H)/자리맞추기(J)/선 간격두기(L)/회전(R)/스타일(S)/폭(W)/열(C)] : H
- 높이 지정 〈20〉 : 20
- 반대 구석 지정 또는 [높이(H)/자리맞추기(J)/선 간격두기(L)/회전(R)/스타일(S)/폭(W)/열(C)] : d2 클릭
- 텍스트 입력 : CAD/CAM/CNC/CAE

명령 : DDEDIT

- 주석 객체 선택 또는 [명령 취소(U)] : d3 클릭
- 텍스트 수정

05 테이블(TABLE)

버튼

- 리본: 홈 탭 ➤ 주석 패널 ➤ 테이블 삽입
- 메뉴: 그리기 ➤ 테이블
- 도구막대: 그리기

도면에 테이블을 작성한다. 작성되는 테이블은 테이블 스타일 명령에서 정의한 스타일을 기준으로 도면에 삽입된다.

특 징

- 작성된 테이블을 도면에 삽입한 후 테이블을 이동하거나 행, 열의 크기를 수정할 수 있다.
- 테이블에 있는 모눈선을 클릭하여 선택한 후 특성 팔레트나 그립을 사용하여 모눈선을 수정할 수 있다.
- 테이블의 높이 또는 폭을 변경하면, 이에 비례하여 행 또는 열이 변경된다. 열의 폭을 변경하면 테이블은 이에 따라 넓어지거나 좁아진다.
- 테이블 폭을 유지하려면 Ctrl을 누른 상태에서 열 그립을 사용한다.

Icon(아이콘) : View(뷰) → Toolbars...(도구막대) → Draw(그리기) →
Pull Down Menu : Draw(그리기) → Table ...(테이블)
Command(명령행) : TABLE Enter↵ 또는 TB Enter↵

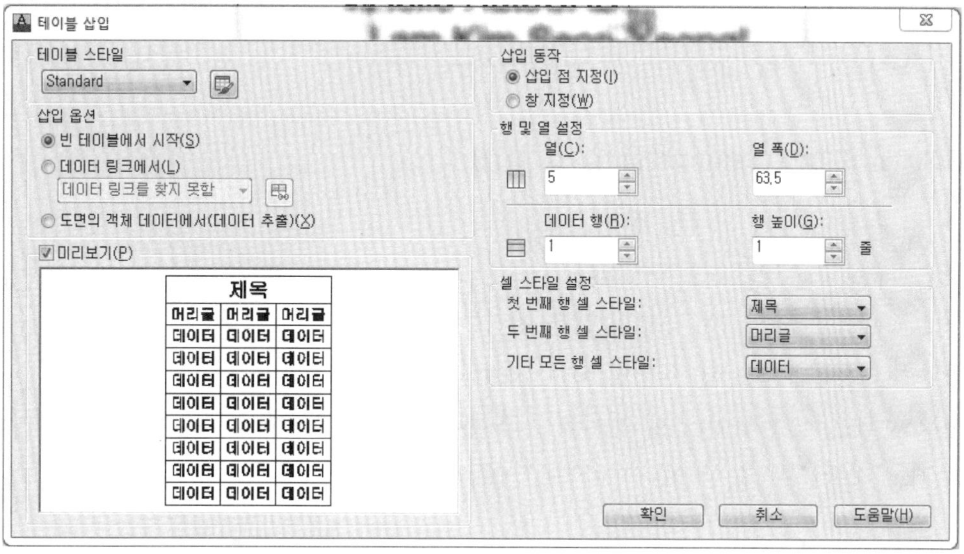

그림 3-66 테이블 삽입

- Table Style Settings(테이블 스타일 설정)
  - 테이블스타일을 작성한다.

- Table Style name(테이블 스타일 이름)
  - 테이블스타일을 목록에서 선택한다. 목록에는 테이블 스타일 명령으로 작성한 스타일 이름이 나타난다.  를 누르면 테이블 스타일 대화상자가 표시되므로 스타일을 만들 수 있다.

- Text height(문자 높이)
  - 데이터 행에서 지정한 문자의 높이이다. 이 항목은 읽기 전용이기 때문에 수정할 수 없다.

- Insertion Behavior(삽입동작)
  - Specify insertion point(삽입 점 지정) : 지정할 위치를 직접 클릭하거나 좌표 값을 입력하여 삽입 위치를 지정한다. 테이블 방향이 아래로 인 경우에는 테이블의 왼쪽 상단 구석 위치를 지정하고 위로인 경우에는 테이블 하단의 왼쪽 구석을 지정한다.
  - Specify window(창 지정) : 두 점으로 테이블의 범위를 지정한다. 이 방법으로 지정할 경우 열과 행의 개수와 폭과 높이는 지정한 창의 범위와 설정 값에 따라 달라진다. 지정한 범위 내에서 설정 값을 계산하여 삽입한다.

- Column & Row Settings(행 및 열 설정)
  - 열 및 행의 수와 크기를 설정한다.
  - Column(열) : 열 수를 지정한다.
  - Column width(열 폭) : 열의 폭을 지정한다.
  - Data Row(데이터 행) : 행의 수를 지정한다.
  - Row Height(행 높이) : 행 높이를 줄의 개수로 지정한다. 행 높이는 테이블 스타일에서 설정한 문자 높이 및 셀 여백을 기준으로 한다.

06 테이블 스타일(TABLESTYLE)

버튼

- **리본:** 주석 탭 ➤ 테이블 ➤ ↘ ➤ 테이블 스타일
- **메뉴:** 형식 ➤ 테이블 스타일
- **도구막대:** 스타일

작성한 테이블의 스타일을 정의하거나 기존 작성된 스타일을 수정한다. 다음과 같은 특징이 있다.

- 작성된 테이블은 엑셀이나 워드프로세서에서 활용할 수 있다.
- 이미지 형식으로 사용하려면 복사를 하여 엑셀이나 워드프로세서 등에 삽입하여 사용한다.
- 숫자나 문자는 데이터를 엑셀에서 표 계산 등에 사용하려면 내보내기 기능을 이용해 데이터를 출력한다. 포맷은 CSV(Comma Separated Values)이며 각 필드가 콤마로 분리된 파일 형식이어야 한다.

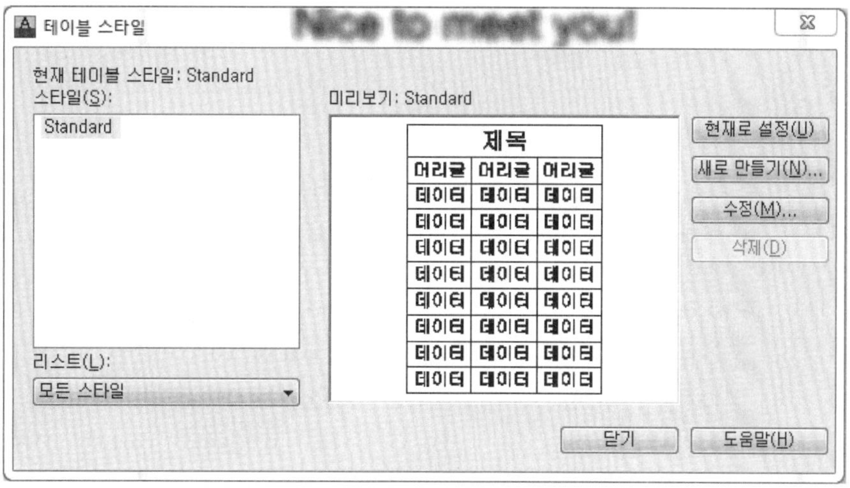

- **Styles(스타일)**
  - 작성한 테이블의 스타일 이름을 표시한다.

- **Preview of(미리보기)**
  - 현재의 테이블 상태를 미리 볼 수 있도록 표시하는 창이다.

- **Pick Points(점 선택)**
  - 지정된 점을 기준으로 닫힌 영역을 구성하는 기존 객체로부터 경계를 결정한다.

- **New(신규)**
  - 새로운 스타일 작성한다. 신규를 클릭하면 새 테이블 스타일 작성 대화상자가 나타난다. 여기서 새 스타일 이름 부품수를 입력한 후 계속을 클릭한다.

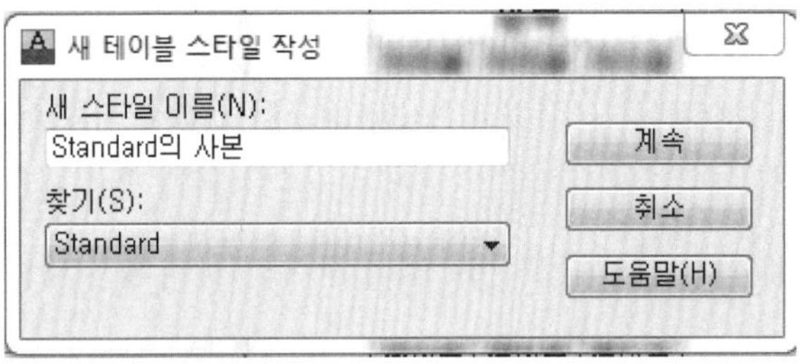

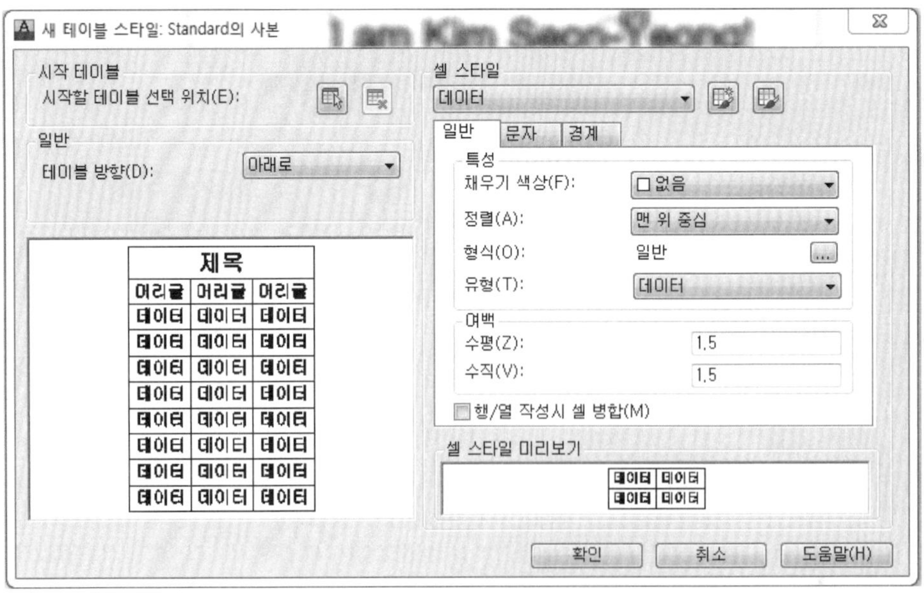

- Cell properties(셀 특성) : 데이터 셀에 대한 생상 및 형식을 설정한다.

  - Text style(문자스타일) : 기입할 문자의 스타일을 지정한다.
  - Text height(문자높이) : 문자의 높이를 지정한다.
  - Text color(문자색상) : 문자의 색상을 지정한다.
  - Fill color(채우기색상) : 셀의 배경색을 지정한다.
  - Alignment(정렬) : 셀 내에서의 문자 자리를 정렬한다.
  - Format(형식) : 테이블에서 데이터 유형 및 데이터 열 머리글 또는 제목 행의 형식을 설정한다. [...]을 클릭하면 테이블 셀 형식 대화상자가 나타난다.

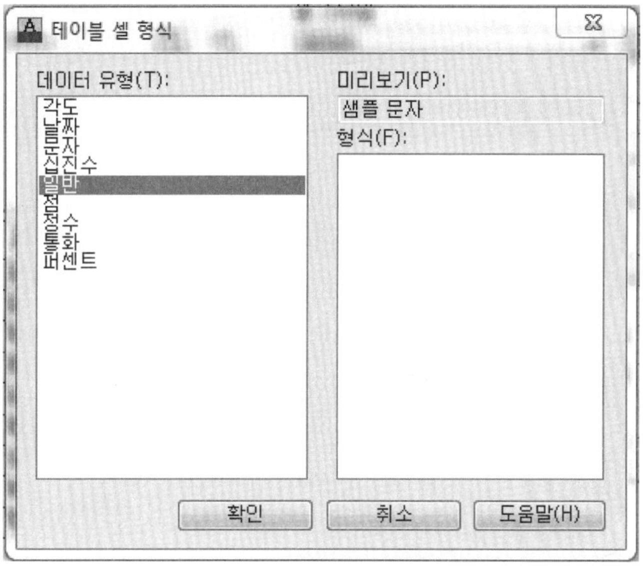

테이블 셀 형식 대화상자에서 데이터 유형의 목록에서 하나를 선택하면 해당 데이터의 형식이 Format(형식) 목록에 표시된다. 원하는 형식을 선택한 후 추가형식을 클릭하면 추가하고 싶은 옵션을 대화상자를 통해 작성할 수 있다.

- 경계특성

셀 경계의 모양을 설정한다. 경계특성은 모눈선의 선 가중치 및 색상을 설정한다. 선가중치와 색상을 선택한 후 지정하고자 하는 경계 위치를 5개의 아이콘에서 선택한다.

- 경계위치아이콘 : 경계선, 외곽테두리, 내부 경계선, 경계선 없음, 아래경계선으로 구성된다.
- 모눈 선가중치 : 경계선의 선가중치를 지정한다.
- 모눈 색상 : 경계선의 색상을 지정한다.

• 일반

테이블의 작성방향을 지정한다. 아래로는 제목 행 및 열 머리글 행을 테이블의 제일 위치시키고 행을 아랫방향으로 삽입한다. 위로는 제목 행 및 열 머리글 행을 테이블의 맨 아래에 위치시키고 행은 위쪽 방향으로 삽입한다.

• 셀 여백

셀의 경계와 셀 내용 사이의 간격을 설정한다. 셀 여백 설정 값은 테이블의 모든 셀에 적용된다.

- 수평 : 셀의 문자 또는 블록과 왼쪽, 오른쪽 셀 경계 사이의 거리를 설정한다.
- 수직 : 셀의 문자 또는 블록과 위쪽, 아래쪽 셀 경계 사이의 거리를 설정한다.
- List(목록) : 스타일에 표시될 목록을 선택한다. 모든 스타일을 표실할 것인가, 사용중인 스타일만을 표시할 것인가를 선택한다.
- Set Current(현재로 설정) : 스타일 리스트에서 선택된 데이블을 현재 스타일로 설정한다.
- Modify(수정) : 테이블 스타일을 수정한다.
- Delete(삭제) : 스타일 항목에서 선택된 테이블 스타일을 삭제한다.

테이블 기능을 이용하여 표제란 작성하기

명령 : TABLE

- 그림과 같이 열 5개, 행 4개, 행 높이 1줄, 두번째 행 스타일 데이터로 지정 후 확인
- 삽입점 지정 : D1 클릭

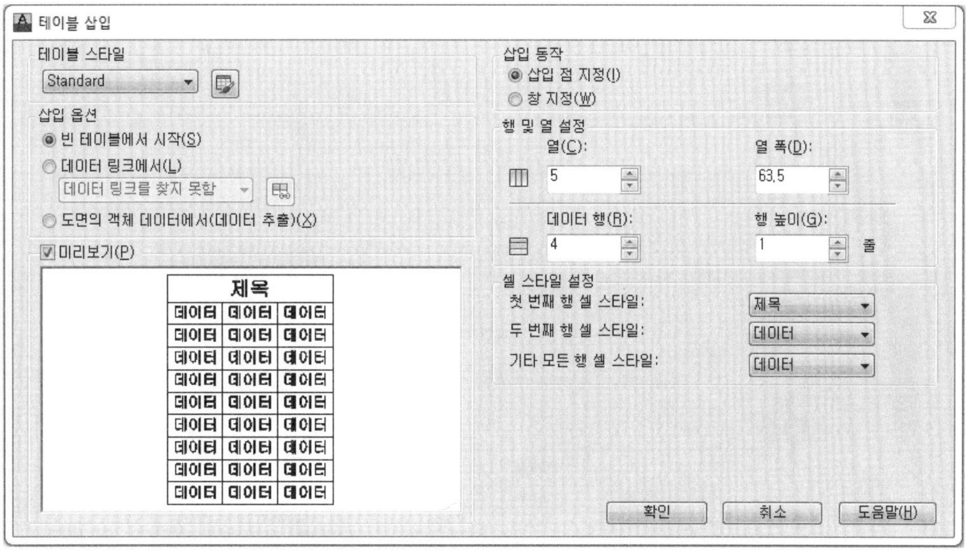

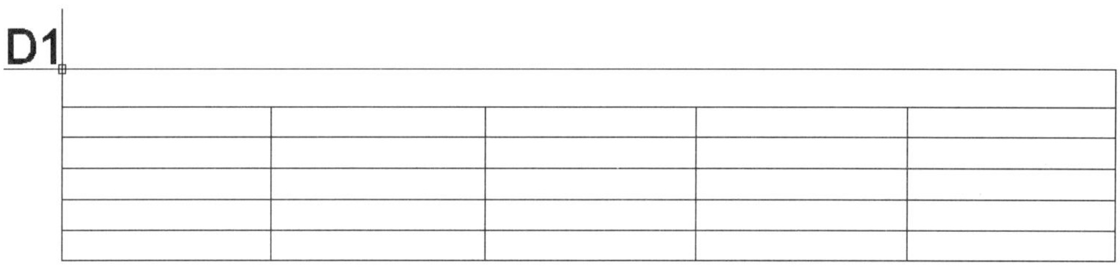

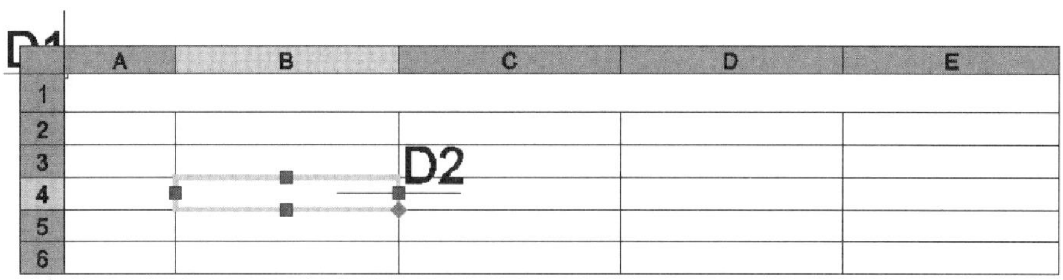

• 위의 D2를 클릭하고 드래그 하여 데이터 행의 간격을 아래와 같이 조정

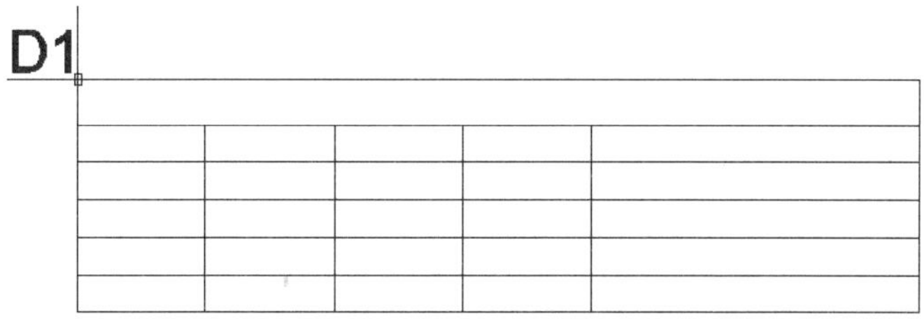

• 아래와 같은 형태로 셀 병합

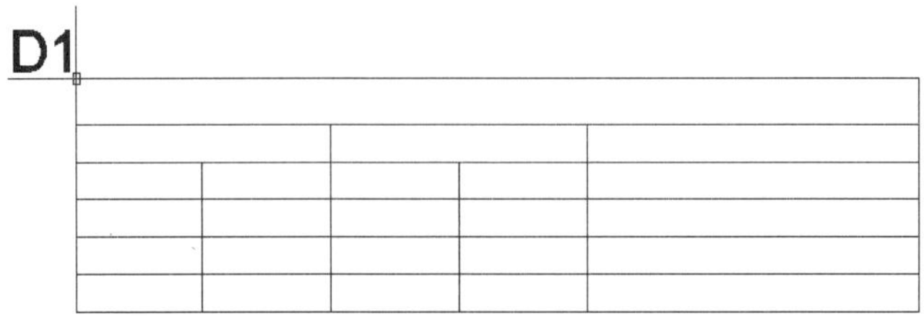

• 아래같이 각 칸에 내용 입력

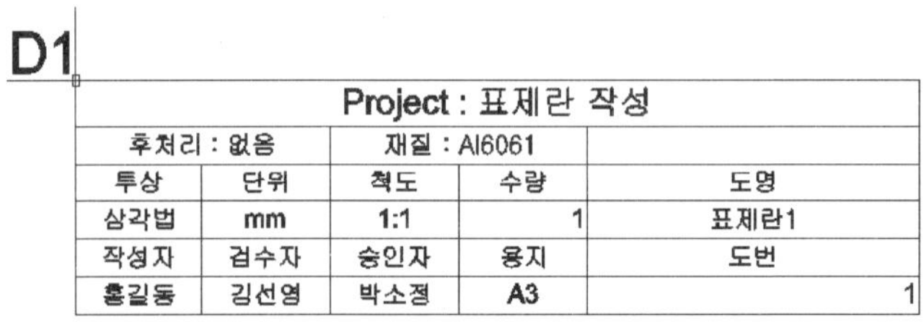

명령 : MOVE (아이콘 선택 또는 단축키 M)

• 객체 선택 : D1 클릭

• 기준점 지정 또는 [변위(D)] 〈변위〉 : D2 클릭

• 두 번째 점 지정 또는 〈첫 번째 점을 변위로 사용〉 : D3 클릭

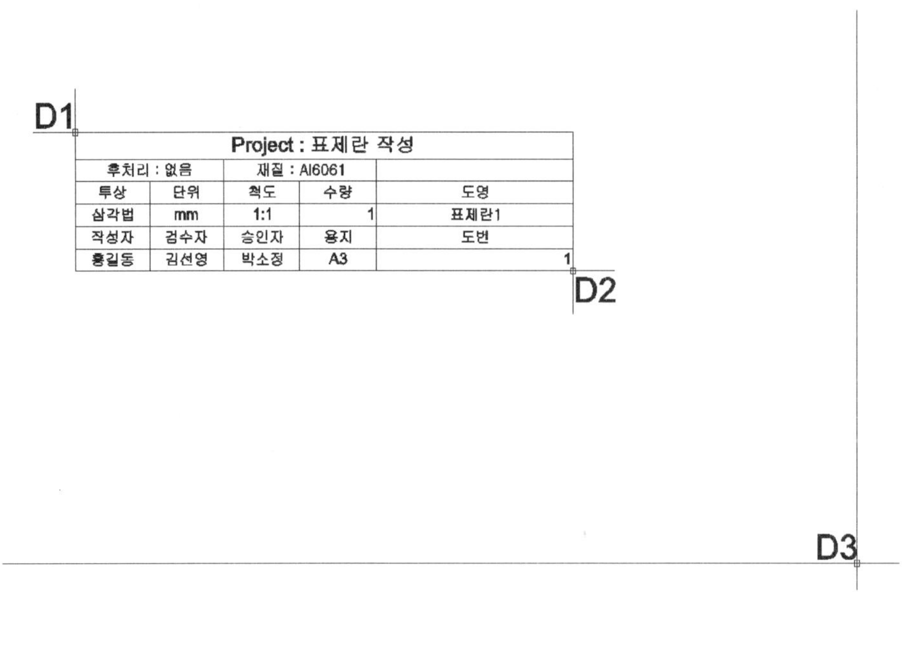

Project : 표제란 작성				
후처리 : 없음		재질 : Al6061		
투상	단위	척도	수량	도명
삼각법	mm	1:1	1	표제란1
작성자	검수자	승인자	용지	도번
홍길동	김선영	박소정	A3	1

D3

07 해치

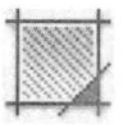

버튼

- 리본: 홈 탭 ➤ 그리기 패널 ➤ 해치
- 메뉴: 그리기 ➤ 해치
- 도구막대: 그리기

해치는 지정된 해치 경계를 패턴(Pattern)으로 채우는 기능을 가지고 있다.

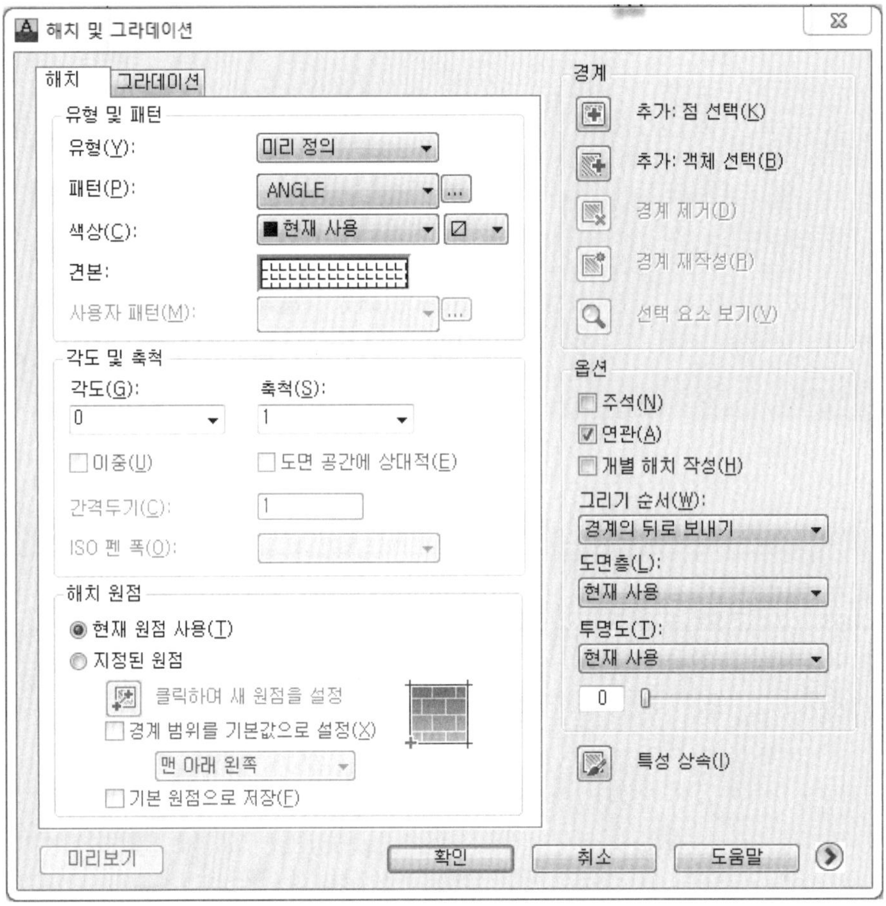

• **TYPE(형태)** : 부분을 클릭하면 여러 종류의 패턴을 보여준다. 중복되는 파일명으로 그림이 덮어 씌어졌다.

- Predefined(사전정의) : 오토캐드에서 지원하는 여러 가지 패턴을 의미한다(acad. pat 파일에 정의된 해치 패턴).
- User-defined(사용자정의) : 일반적인 사선 패턴을 말한다.
- Custom(사용자 화) : 사용자 패턴을 말한다.(acad.pat 파일이 아닌 다른 .pat 파일)

• **Pattern(패턴)** : 해치 패턴을 선택할 수 있다.

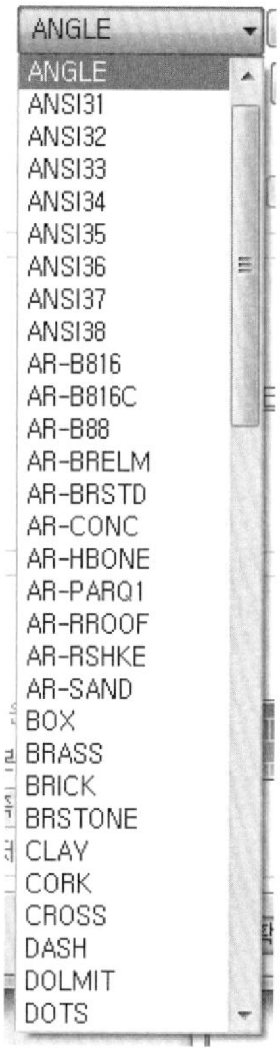

• Swatch : 미리 지정된 견본을 보고 해치 패턴을 선택할 수 있다.

해치 패턴 팔레트
ANSI
ISO
기타 미리 정의
사용자
ISO02W100
ISO03W100
ISO04W100
ISO05W100
ISO06W100
ISO07W100
ISO08W100
ISO09W100
ISO10W100
ISO11W100
ISO12W100
ISO13W100
ISO14W100
ISO15W100
확인
취소
도움말(H)

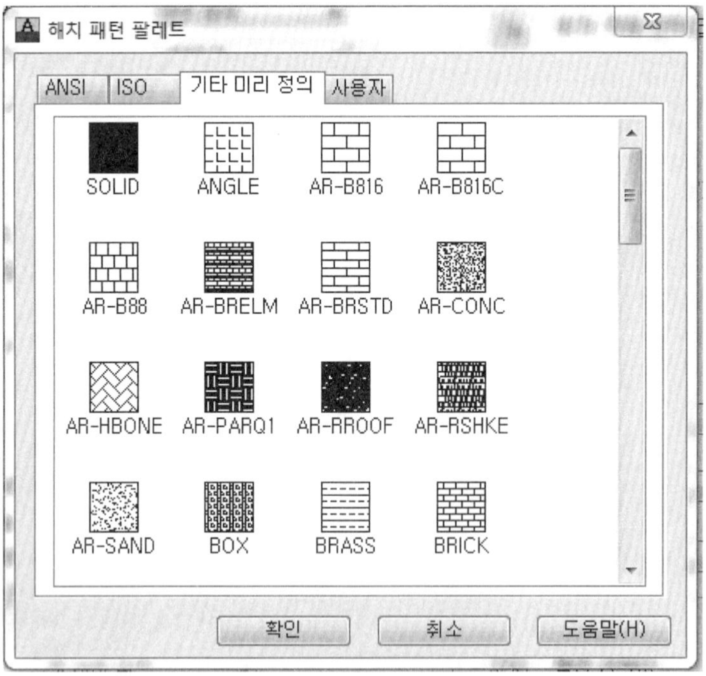
해치 패턴 팔레트
ANSI
ISO
기타 미리 정의
사용자
SOLID
ANGLE
AR-B816
AR-B816C
AR-B88
AR-BRELM
AR-BRSTD
AR-CONC
AR-HBONE
AR-PARQ1
AR-RROOF
AR-RSHKE
AR-SAND
BOX
BRASS
BRICK
확인
취소
도움말(H)

- **Custom pattern(사용자화 패턴)** : 사용자 추가 해치
- **Angle(각도)** : 해치의 각도를 입력한다.
- **Scale(스케일)** : 해치의 축척을 입력한다.
- **Spacing(간격)** : 해치 형태가 사용자 정의로 되어있을 때 직선간의 간격을 지정
- **ISO pen width(ISO 펜폭)** : 해치 패턴이 ISO로 정의되었을 때 직선의 펜폭을 지정
- **Double(이중)** : User define pattern(사용자 정의 패턴)을 선택했을 때, 사선을 겹치도록 해준다.
- **Pick Points(점 선택)** : 이 버튼을 누르면 대화상자가 사라지는데 이때 도면 중 Pattern으로 채울 영역 안쪽의 한곳에 마우스를 클릭하고, 엔터를 입력하면 대화상자가 다시 나타나는 방법으로 영역을 설정할 수 있게 해준다.
- **Select Objects(객체선택)** : 닫혀있는 원, 타원, 라인, 폴리라인 등을 선택하면 그 선택요소의 안쪽을 채워줄 수 있도록 영역을 설정한다.
- **Remove Islands(고립 영역제거)** : 닫혀있는 영역 안에 또 닫혀있는 영역이 있을 때, 일반적으로는 안에 있는 요소는 Hatching이 되지 않는데 이를 Selection 그룹에서 제거해서 Hatching되게 한다.

• View Selections(**뷰선택**) : 현재 어떤 선택영역이 어떻게 설정되었는지 보여주게 된다.

• Inherit Properties(**특성계승**) : 이미 한번 Hatching을 한 상태라면 그 Hatching된 것을 선택해 Hatch옵션을 상속받아 온다. 따라서 이미 한 번 해칭을 했고, 나중에 이전에 해칭한 것과 같은 옵션을 사용하고 싶다면 옵션을 그대로 상속받아 사용할 수 있다.

다음 탭의 Advanced(고급)는 보다 자세히 Pattern이 채워질 형식을 지정할 수 있다. 패턴이 채워질 경계를 Boundary라고 하는데 이에 대한 설정을 한다.

• island detection style(**섬 영역 탐택 방법**) : 패턴시킬 완전하게 닫힌 영역 안에 완전하게 닫힌 영역이 또 있을 때 Hatching Style을 지정한다. 대화상자의 아이콘을 보면 패턴방법을 쉽게 짐작할 수 있다.

• Retain boundaries(**경계유지**) : hatch가 되면서 그 경계를 따라 polyline이나 region을 만들 수 있다.

• Preview Hatch(**해치 미리보기**) : Hatch된 상태를 미리 볼 수 있다.

• Compositon(**합성**) : Associative(연관)옵션과 Nonassociative(비연관)옵션이 있는데 Associative옵션을 선택하면, 해치할 영역이 변경되었을 때, 해치영역도 같이 변하게

된다. 물론 Nonassociative는 해치영역이 변하더라도 해칭한 영역은 변하지 않는다. 단지 hatching할 곳을 선택하고, apply시키면 해칭은 끝난다.

08 해치편집(HATCHEDIT)

버튼

- 리본: 홈 탭 ➤ 수정 패널 ➤ 해치 편집
- 메뉴: 수정 ➤ 객체 ➤ 해치
- 도구막대: 수정 II

기존에 해치한 것을 선택하면 hatch 명령을 사용했을 때처럼 대화상자가 나타난다. 나타나고 원하는 모양과 스타일을 변경한 후에 OK버튼을 누르면 HATCH가 변경된다.

해치 생성하기

명령 : CIRCLE (아이콘 선택 또는 단축 키 C)

- 원에 대한 중심점 지정 또는 [3점(3P)/2점(2P)/Ttr - 접선 접선 반지름(T)] : d1 클릭
- 원의 반지름 지정 또는 [지름(D)] : 50

명령 : RECTANGLE (아이콘 선택 또는 단축 키 REC)

- 첫 번째 구석점 지정 또는 [모따기(C)/고도(E)/모깎기(F)/두께(T)/폭(W)] : d2 클릭
- 다른 구석점 지정 또는 [영역(A)/치수(D)/회전(R)] : d3 클릭

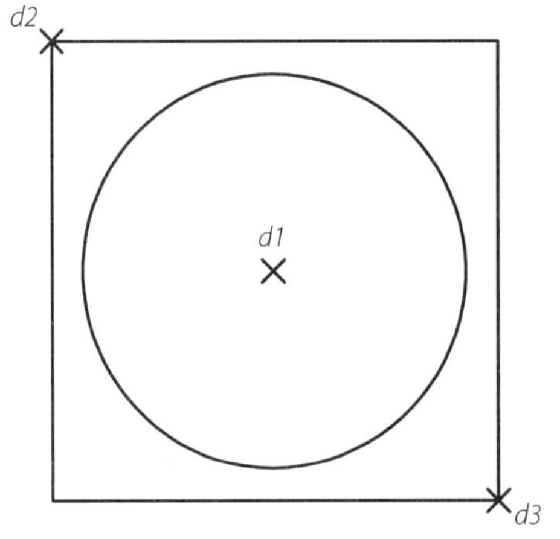

명령 : HATCH

- 내부 점 선택 또는 [객체 선택(S)/설정(T)] : 원과 사각형 사이의 영역 선택 d4
- 내부 점 선택 또는 [객체 선택(S)/설정(T)] : T

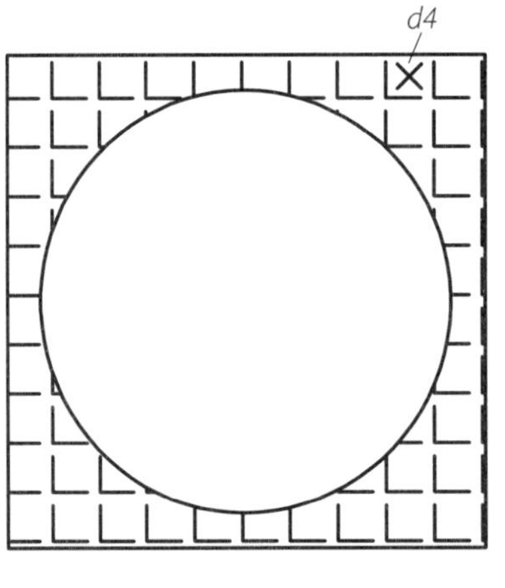

• 패턴을 아래 그림과 같이 ANSI31로 변경

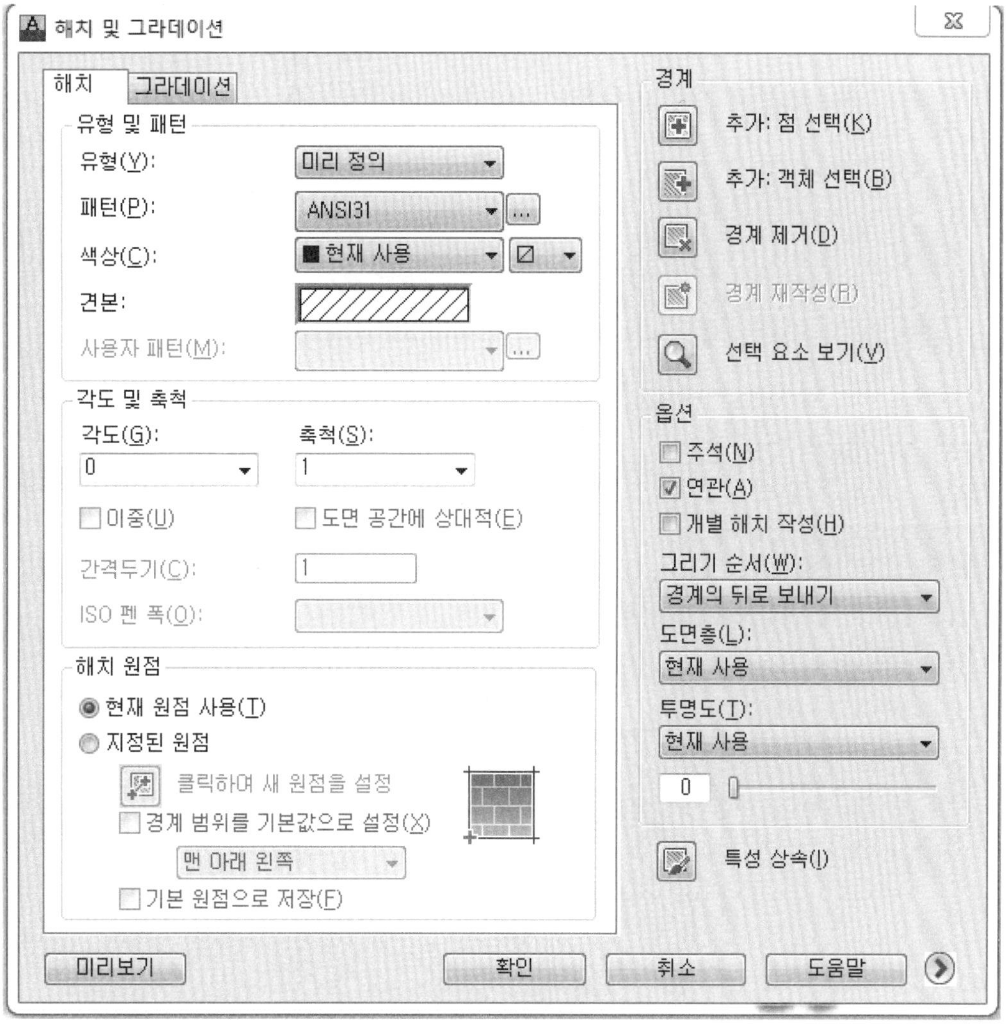

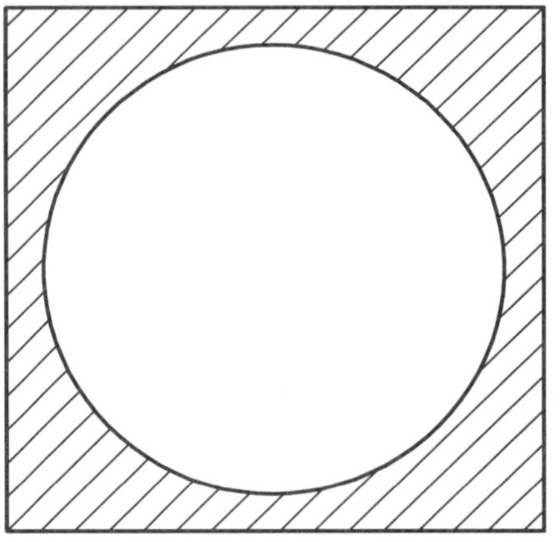

해치 추가하기(각도 변경)

명령 : HATCH

• 내부 점 선택 또는 [객체 선택(S)/설정(T)] : d1 클릭
• 내부 점 선택 또는 [객체 선택(S)/설정(T)] : T

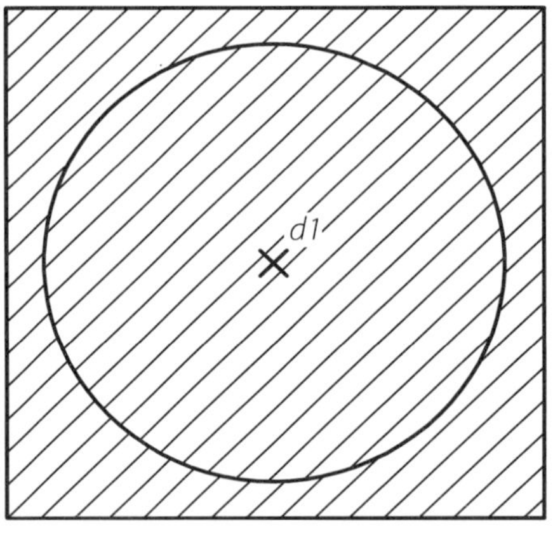

• 아래 그림과 같이 각도를 90도로 설정

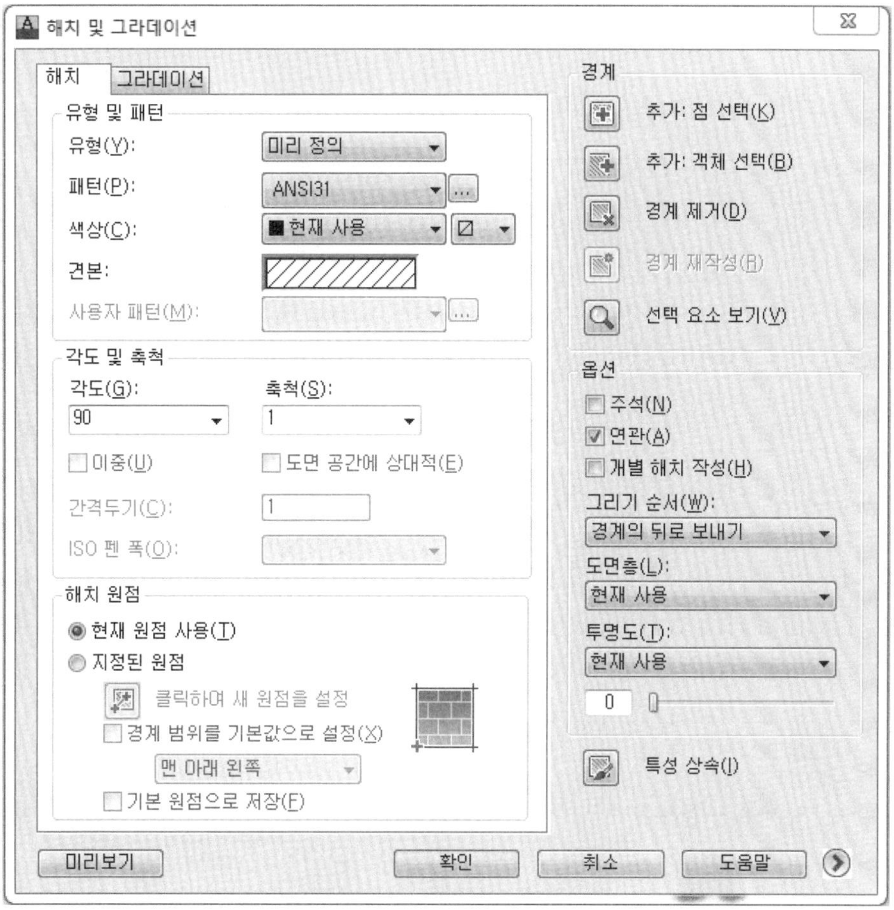

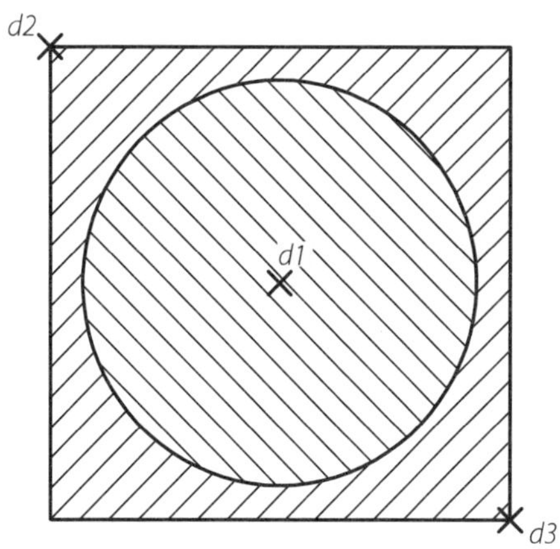

해치 편집

- d1 클릭
- 마우스 오른쪽 클릭, 해치 편집 선택

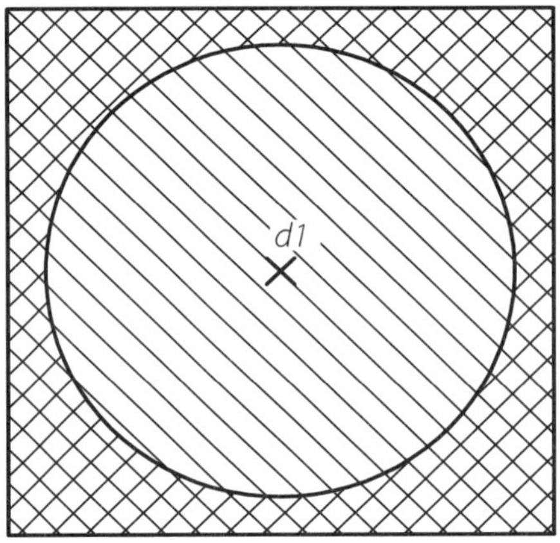

- 해치 및 그라데이션 화면에서 "견본"을 클릭하여 SOLID로 변경

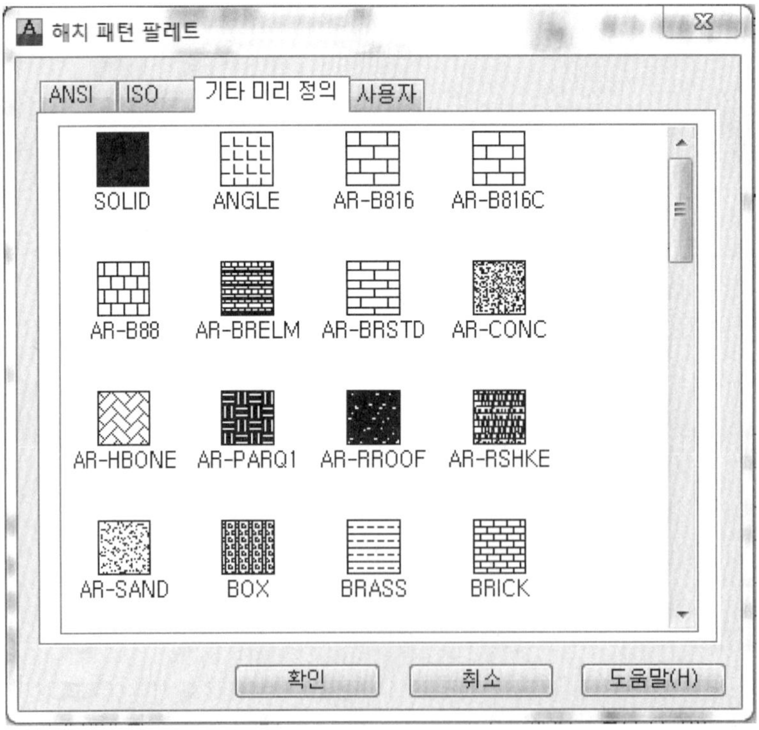

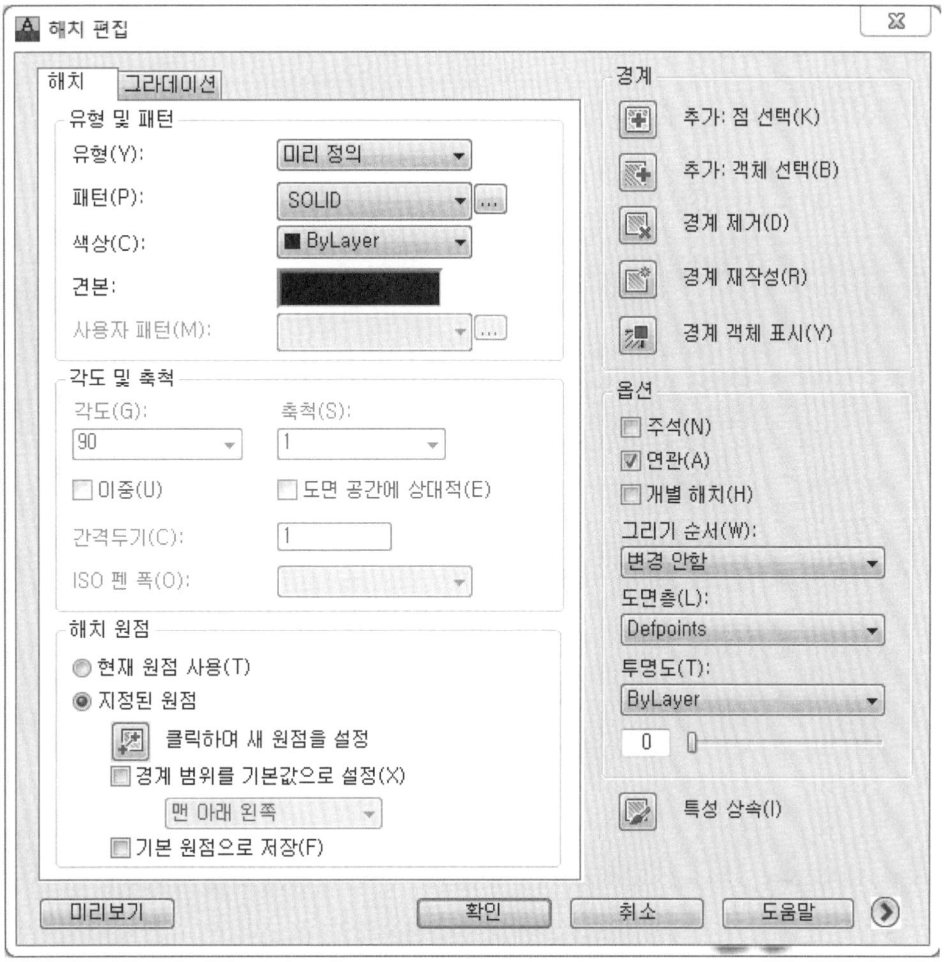

해치 편집
해치
그라데이션
유형 및 패턴
유형(Y):
미리 정의
패턴(P):
SOLID
색상(C):
ByLayer
견본:
사용자 패턴(M):
각도 및 축척
각도(G):
축척(S):
90
1
이중(U)
도면 공간에 상대적(E)
간격두기(C):
1
ISO 펜 폭(O):
해치 원점
현재 원점 사용(T)
지정된 원점
클릭하여 새 원점을 설정
경계 범위를 기본값으로 설정(X)
맨 아래 왼쪽
기본 원점으로 저장(F)
경계
추가: 점 선택(K)
추가: 객체 선택(B)
경계 제거(D)
경계 재작성(R)
경계 객체 표시(Y)
옵션
주석(N)
연관(A)
개별 해치(H)
그리기 순서(W):
변경 안함
도면층(L):
Defpoints
투명도(T):
ByLayer
0
특성 상속(I)
미리보기
확인
취소
도움말

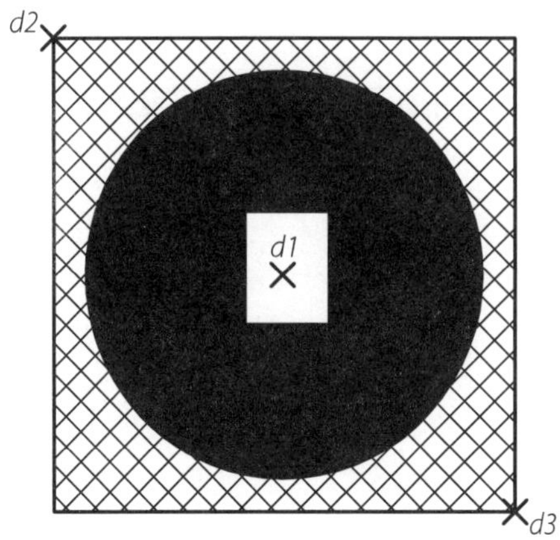

d2
d1
d3

09 블록(BLOCK)

버튼

- 리본: 삽입 탭 ➤ 블록 정의 패널 ➤ 블록 작성
- 메뉴: 그리기 ➤ 블록 ➤ 만들기
- 도구막대: 그리기

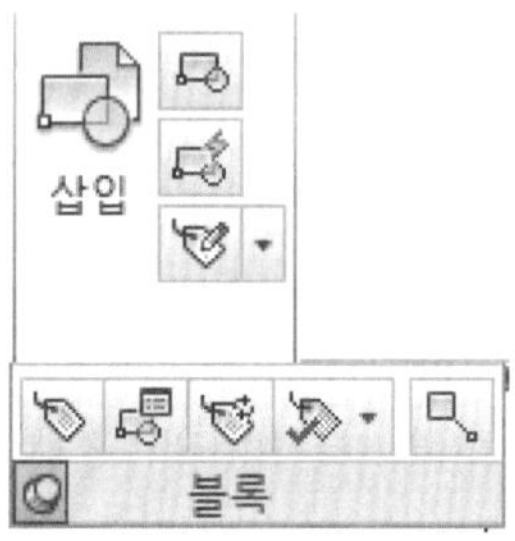

블록은 객체들을 그룹으로 묶어서 저장하였다가 후에 반복된 다른 곳에 배치하는 기능이다. 개체를 묶어서 하나의 이름으로 기억하는 것을 BLOCK이라 하고 기억된 블록을 도면의 임의의 위치에 배치하는 기능은 INSERT, MINSERT이다. 블록은 WBLOCK을 이용하여 파일로도 저장할 수 있다.

BLOCK 명령을 실행하면 Block Definition(블록 정의) 대화상자가 나타난다.

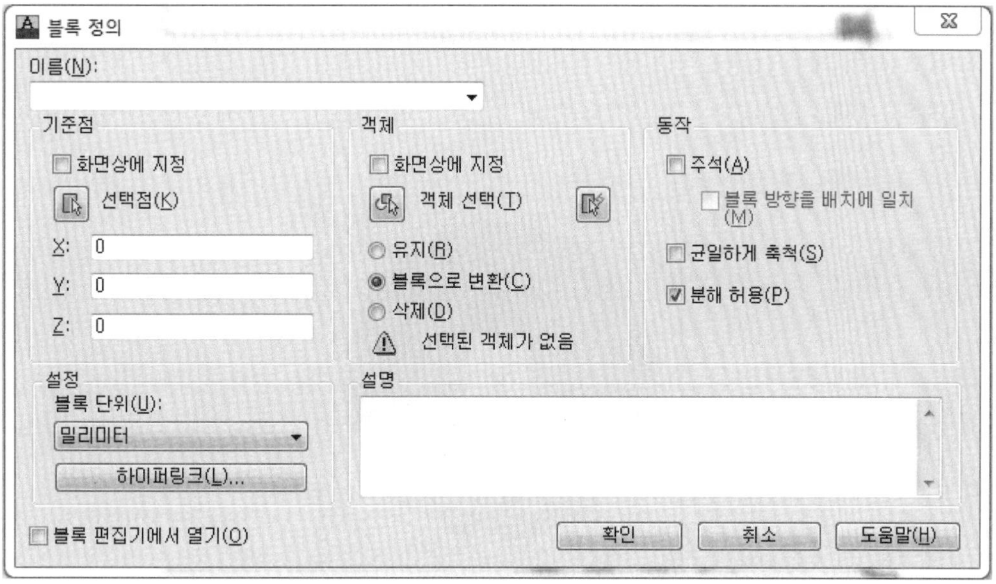

- **이름**(Name) : 블록의 이름을 입력한다.
- **기준점**(Base Point) : 블록의 삽입 기준점을 입력한다. 삽입 기준점을 손으로 입력하는 것 보다는 화면상의 한 점을 마우스로 지정하는 것이 편리하다. 이 경우에는 선택점(Pick point)을 선택한 후에 화면상에서 원하는 점을 지정한다.
- **객체**(Object) : 블록으로 설정할 객체를 선택하기 위한 영역이다.
  - 화면상에 지점(Select object) : 아이콘을 클릭하여 객체를 선택할 수 있다.
  - 객체선택(Quick object) : 아이콘을 클릭하면 객체선택(Quick select) 대화상자가 나타나 객체를 선택할 수 있다.
  - 유지(Retain) : 현재 도면에서 선택된 객체를 원래 상태로 유지하는 것이다.
  - 블록으로 변환(Convert to block) : 선택된 객체를 블록으로 변환시킨다.
  - 삭제(Delete) : 선택된 객체를 블록 정의한 후 도면에서 삭제한다.
- **블록단위**(Insert Uints) : 블록에 사용될 삽입 단위를 선택한다.
- **설명**(Description) : 블록의 설명을 문자열로 입력한다.

따라하기

(해치의 예제 사용)

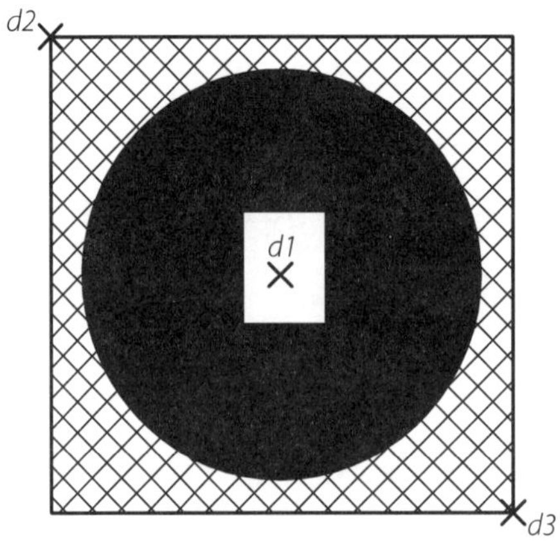

명령 : BLOCK (아이콘 선택 또는 단축키 B)

- 기준점-선택점 아이콘 클릭
- d1 클릭

• 객체-객체 선택 아이콘 클릭
• 아래와 같이 블록하고자 하는 영역을 모두 선택(d2, d3 선택)

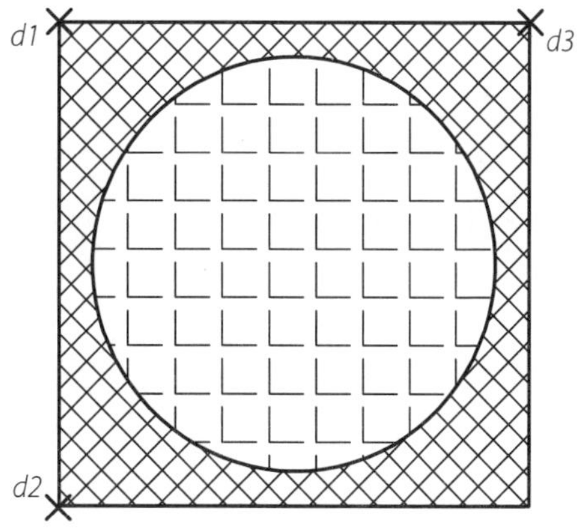

• 확인 클릭
• 블록이 지정된 이후에는 아래와 같이 객체가 한꺼번에 선택되는 것을 확인할 수 있다.

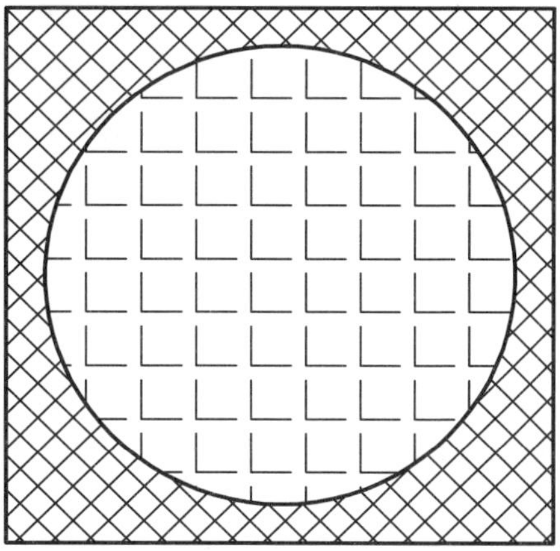

블록의 외부 저장(WBLOCK)

WBlock은 도면의 전부 또는 일부를 새로운 도면 파일로 만드는 명령어이다. 블록을 다른 도면에서 사용하려면 WBlock 명령을 써서 새로운 파일로 저장하여 사용해야 한다.

명령 : WBlock

• 명령을 실행하면 Write Block (블록 쓰기) 대화상자가 나타난다.

• **원본**(Source) : 블록쓰기, 즉 도면 파일로 저장할 블록, 전체 도면 및 객체 중 한 가지를 저장할 수 있다.
  - 블록(Block) : 현재 도면에 정의 된 블록을 지정하여 외부 파일로 저장한다.
  - 전체도면(Entire drawing) : 현재 도면을 외부 파일로 저장한다.
  - 객체(Object) : 저장할 객체를 선택한다.
• **기준점**(Base Point)와 객체(Object) 옵션은 블록정의 대화상자와 같다.
• **대상**(Destination) : 블록으로 저장될 파일과 위치 및 단위를 지정한다.

10 기준점(BASE)

버튼

리본: 삽입 탭 ➤ 블록 패널 ➤ 기준점 설정

메뉴: 그리기 ➤ 블록 ➤ 기준

명령 입력: BASE(또는 투명 용도의 'BASE)

현재 도면의 일부분을 블록으로 정의할 때는 Insert 명령에서 삽입 기준점을 지정하며, 도면의 전체가 다른 도면의 블록으로 삽입될 때도 기준점이 필요로 하게 되는데, 이때 Base 명령을 이용한다.

블록 삽입(INSERT)

블록 또는 전체 도면을 현재 도면에 삽입할 수 있다. 블록이나 도면을 삽입할 때 삽입점, 축척 및 회전 각도를 지정할 수 있다.

INSERT 명령을 실행하면 아래와 같은 대화 상자가 나온다.

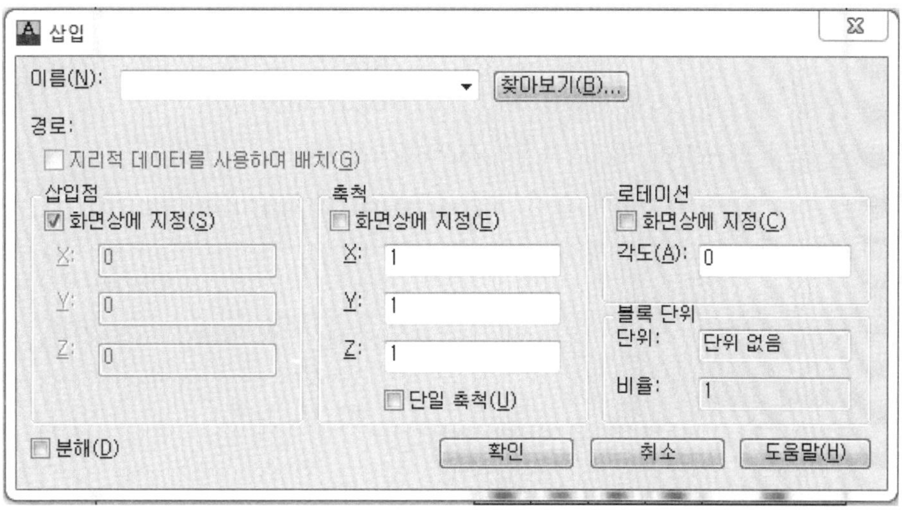

- **이름(Name)** : 현재 도면에 블록으로 작성되어 있는 블록명을 입력하거나 찾아보기(Browse)를 이용하여 파일을 이용할 수 있다.
- **삽입점(Insert point)** : 블록이 삽입될 기준점 X, Y, Z축의 좌표 값을 지정한다. 또는 화면상에 지점(Specify On-screen)을 클릭하면, 이의 점을 지정할 수 있다. 이 값은 대게 화면상에 지점(On-screen) 옵션을 선택한 후 화면에서 위치를 지정하게 된다.
- **축척(Scale)** : 삽입될 블록의 X, Y, Z축의 값을 지정한다. 또는 화면상에 지점(Specify On-screen)을 클릭하면, 임의의 축척(Scale)을 지정할 수 있다.
- **로테이션(Rotation)** : 삽입될 블록을 회전할 수 있다. 또는 화면상에 지점(Specify On-screen)을 클릭하면, 임의 회전각을 지정할 수 있다.
- **분해(Explode)** : 삽입될 블록을 원래의 객체로 분해하여 삽입할 수 있다.

블록의 다중 삽입(MINSERT)

블록을 직사각형 배열로 삽입한다. 삽입점은 블록의 위치를 지정하기 전에 블록의 축척과 회전을 미리 설정한다.

따라하기

(블록예제를 수행한 후에 수행)

명령 : MINSERT

- 블록 이름 또는 [?] 입력 〈BLOCK1〉 : BLOCK1
- 삽입점 지정 또는 [기준점(B)/축척(S)/X/Y/Z/회전(R)] : d1 클릭
- X축척 비율 입력, 반대구석 지정, 또는 [구석(C)/XYZ(XYZ)] 〈1〉 : 0.5
- Y 축척 비율 입력 〈X 축척 비율 사용〉 : 0.5
- 회전 각도 지정 〈0〉 : 0
- 행 수 입력(---) 〈1〉 : 1
- 열 수 입력 (|||) 〈1〉 : 1

명령 : MINSERT

- 블록 이름 또는 [?] 입력 〈BLOCK1〉 : BLOCK1
- 삽입점 지정 또는 [기준점(B)/축척(S)/X/Y/Z/회전(R)] : d2 클릭
- X축척 비율 입력, 반대구석 지정, 또는 [구석(C)/XYZ(XYZ)] 〈1〉 : 0.2
- Y 축척 비율 입력 〈X 축척 비율 사용〉 : 0.7
- 회전 각도 지정 〈0〉 : 45
- 행 수 입력(---) 〈1〉 : 1
- 열 수 입력 (|||) 〈1〉 : 1

명령 : MINSERT

- 블록 이름 또는 [?] 입력 〈BLOCK1〉 : BLOCK1
- 삽입점 지정 또는 [기준점(B)/축척(S)/X/Y/Z/회전(R)] : d3 클릭
- X축척 비율 입력, 반대구석 지정, 또는 [구석(C)/XYZ(XYZ)] 〈1〉 : 0.2
- Y 축척 비율 입력 〈X 축척 비율 사용〉 : 0.3
- 회전 각도 지정 〈0〉 : 30
- 행 수 입력(---) 〈1〉 : 2
- 열 수 입력 (|||) 〈1〉 : 2
- 행 사이의 단위 셀 또는 거리 (---) : 40
- 열 사이의 거리를 지정 (|||) : 40

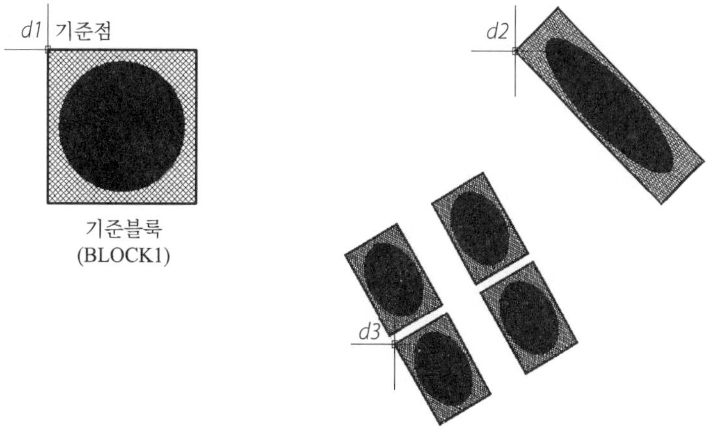

CHAPTER 08

도형의 편집

복사, 배열, 옵셋, 자르기, 필렛, 챔퍼

2장과 3장에서 도면을 작성하고, 도면에 정보를 입력하는 법을 배웠다. 이제 4장에서는 반복적인 도면을 보다 빠르게 작성하고, 도면 편집을 용이하게 할 수 있는 방법에 대해 배울 것이다. 이 장을 통해, 사용자는 도면 작성 시간을 단축시키며, 보다 편리하게 작업을 진행할 수 있을 것이다.

항 목	명령어	아이콘	설 명
복사	COPY	복사	선택한 객체를 지정한 위치에 복사한다.
이동	MOVE	이동	선택한 객체를 지정한 위치로 이동한다.
대칭	MIRROR	대칭	선택한 객체를 기준선에 따라서 대칭 시킨다.
간격띄우기	OFFSET		선택한 객체에 일정 간격을 띄운 선을 생성한다.
배열	ARRAY	배열	선택한 개체를 일정한 간격으로 여러 개 복사한다.
회전	ROTATE	회전	선택한 개체를 회전한다.
축척	SCALE	축척	선택한 객체의 크기를 변경한다.
신축	STRETCH	신축	선택한 객체를 신축한다.
길이조정	LENTHEN		선택한 객체의 길이를 조정한다.
자르기	TRIM		선택한 객체를 자른다.
연장	EXTEND		선택한 객체를 연장한다.
끊기	BREAK		선택한 객체를 잘라낸다.
모따기	CHAMFER		선택한 객체를 모따기한다.
모깎기	FILLET		선택한 객체를 모깎기한다.
분해	EXPLODE		선택한 객체를 분해한다.

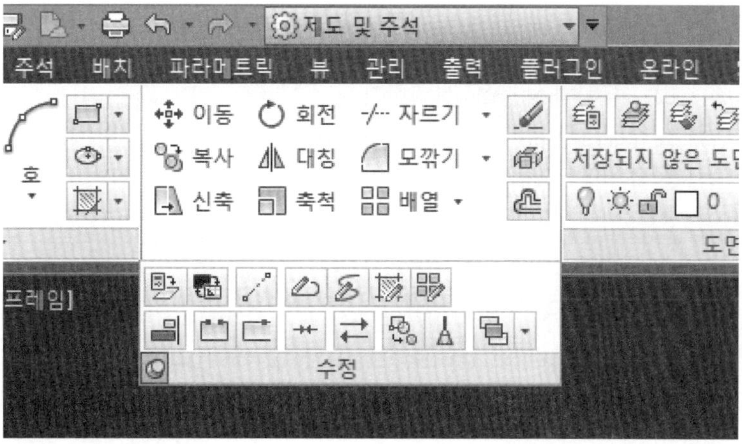

01 이동(MOVE)

버튼

- 리본: 홈 탭 ➤ 수정 패널 ➤ 이동
- 메뉴: 수정 ➤ 이동
- 도구막대: 수정

이동 명령은 지정한 도형을 다른 위치에 이동시킨다. 좌표, 그리드 스냅, 객체 스냅 및 기타 도구를 사용하여 정밀하게 객체를 이동한다. 처음 위치에 있던 도형은 사라진다.

명령 : CIRCLE (아이콘 선택 또는 단축 키 C)

- 원에 대한 중심점 지정 또는 [3점(3P)/2점(2P)/Ttr-접선 접선 반지름(T)] : 중심점 클릭
- 원의 반지름 지정 또는 [지름(D)] : 50

명령 : MOVE (아이콘 선택 또는 단축 키 M)

- 객체 선택 : d1 클릭-대상물을 선택한다.
- 기준점 지정 또는 [변위(D)] 〈변위〉 : d2 클릭-복사하려는 기준 점을 지정하거나 옵션을 선택한다.
- 두 번째 점 지정 또는 〈첫 번째 점을 변위로 사용〉 : d3 클릭-복사할 위치를 지정하거나 좌표를 입력하여 위치를 지정한다.

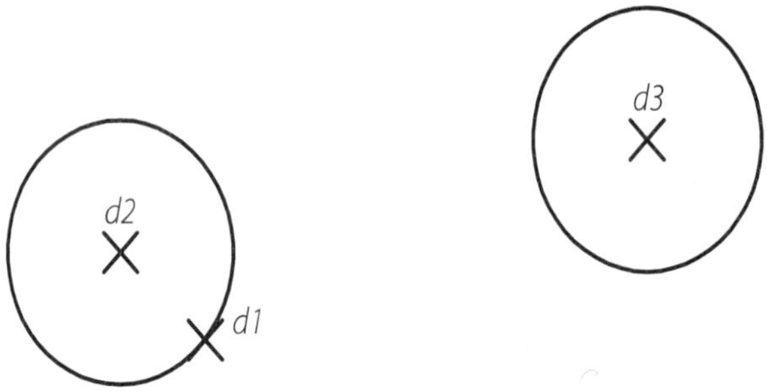

02 복사(COPY)

버튼

- 리본: 홈 탭 ➤ 수정 패널 ➤ 복사
- 메뉴: 수정 ➤ 복사
- 도구막대: 수정

복사 명령은 대상물을 이동시키지 않고 원하는 위치에 원본과 똑같은 대상물을 만든다.

단일 복사

명령 : CIRCLE (아이콘 선택 또는 단축 키 C)

- 원에 대한 중심점 지정 또는 [3점(3P)/2점(2P)/Ttr-접선 접선 반지름(T)] : d1 클릭
- 원의 반지름 지정 또는 [지름(D)] : 50

명령 : COPY (아이콘 선택 또는 단축 키 CO)

- 객체 선택 : d1 클릭 - 대상물을 선택한다.
- 기본점 지정 또는 [변위(D)/모드(O)] 〈변위(D)〉 : d2 클릭 - 복사하려는 기준 점을 지정하거나 옵션을 선택한다.
- 두 번째 점 지정 또는 [배열(A)] 〈첫 번째 점을 변위로 사용〉 : d3 클릭-복사할 위치를 지정하거나 좌표를 입력하여 위치를 지정한다.

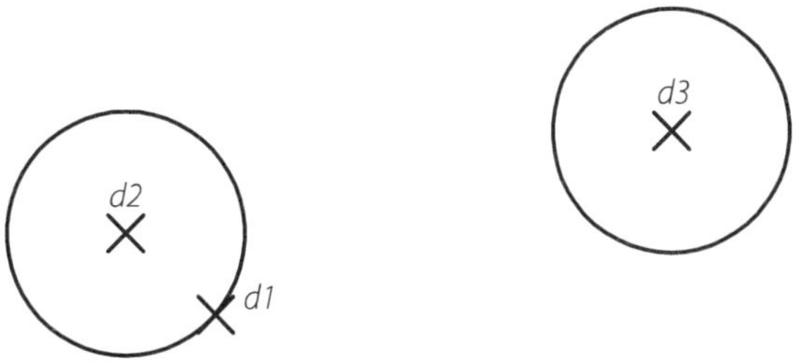

다중 복사

명령 : CIRCLE (아이콘 선택 또는 단축 키 C)

- 원에 대한 중심점 지정 또는 [3점(3P)/2점(2P)/Ttr - 접선 접선 반지름(T)] : d1 클릭
- 원의 반지름 지정 또는 [지름(D)] : 50

명령 : COPY (아이콘 선택 또는 단축 키 CO)

- 객체 선택 : d2 클릭 - 대상물을 선택한다.
- 기본점 지정 또는 [변위(D)/모드(O)] 〈변위(D)〉 : d1 클릭 - 복사하려는 기준 점을 지정하거나 옵션을 선택한다.
- 두 번째 점 지정 또는 [배열(A)] 〈첫 번째 점을 변위로 사용〉 : d3 클릭 - 복사할 위

치를 지정하거나 좌표를 입력하여 위치를 지정한다.

- 두 번째 점 지정 또는 [배열(A)] 〈첫 번째 점을 변위로 사용〉 : d4 클릭
- 두 번째 점 지정 또는 [배열(A)] 〈첫 번째 점을 변위로 사용〉 : d5 클릭
- 두 번째 점 지정 또는 [배열(A)] 〈첫 번째 점을 변위로 사용〉 : ESC

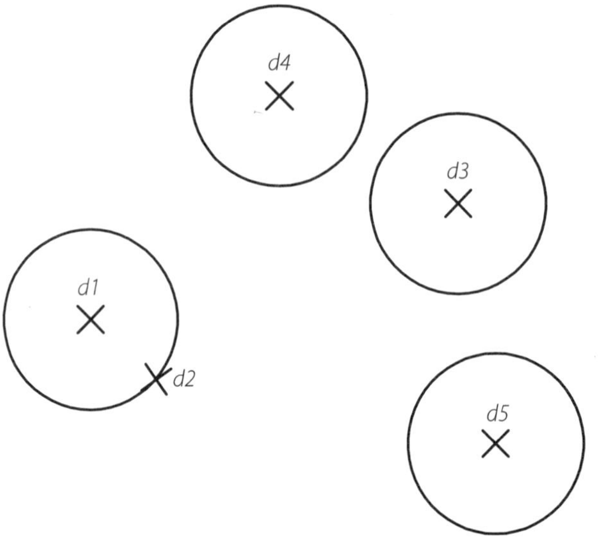

03 회전(ROTATE)

버튼

- 리본: 홈 탭 ➤ 수정 패널 ➤ 회전
- 메뉴: 수정 ➤ 회전
- 도구막대: 수정

회전은 기준 점을 중심으로 지정한 도형을 일정한 각도만큼 회전시킨다. 회전하는 각도는 사용자 좌표계(UCS)를 기준으로 양의 각도를 지정한다. 회전한 후에 원본 도형은 지

울 수도 있고, 남겨 놓을 수도 있다.

명령 : LINE (아이콘 선택 또는 단축 키 L)

- 첫 번째 점 지정 : d1 클릭
- 다음 점 지정 또는 [명령 취소(U)] : @200<0
- 다음 점 지정 또는 [명령 취소(U)] : @150<90
- 다음 점 지정 또는 [닫기(C)/명령 취소(U)] : @80<180
- 다음 점 지정 또는 [닫기(C)/명령 취소(U)] : @50<270
- 다음 점 지정 또는 [닫기(C)/명령 취소(U)] : @40<180
- 다음 점 지정 또는 [닫기(C)/명령 취소(U)] : @50<90
- 다음 점 지정 또는 [닫기(C)/명령 취소(U)] : @80<180
- 다음 점 지정 또는 [닫기(C)/명령 취소(U)] : @150<270
- 다음 점 지정 또는 [닫기(C)/명령 취소(U)] : ESC

명령 : ROTATE (아이콘 선택 또는 단축 키 RO)

- 객체 선택 : d2 클릭하고 d3까지 드래그
- 기준점 지정 : d4 클릭
- 회전 각도 지정 또는 [복사(C)/참조(R)] 〈0〉 : 90

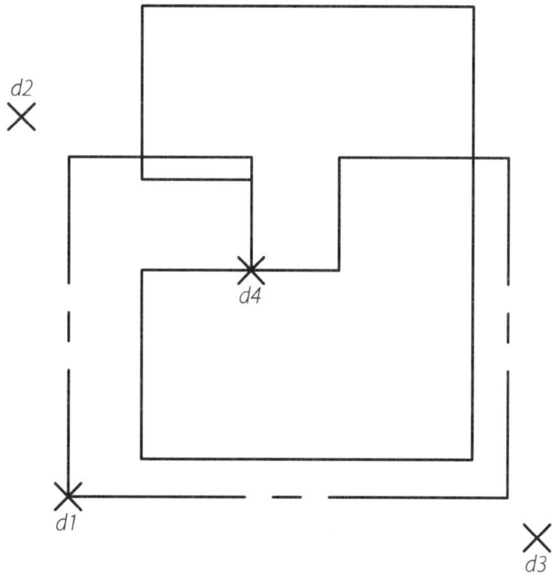

04 대칭(MIRROR)

버튼

- 리본: 홈 탭 ➤ 수정 패널 ➤ 대칭
- 메뉴: 수정 ➤ 대칭
- 도구막대: 수정

대칭은 선택된 도형을 대칭시키는 명령이다. 원도 도형은 삭제되게 할 수도 있고, 보존되게 할 수도 있다.

• MIRRTEXT : 대칭 명령어를 실행할 때 글자의 대칭 여부를 설정할 수 있다.

** 다음 2개의 예제에 대하여 예제를 만들어 주십시오. MIRRTEXT=1, 0으로 세팅한 것도 함께 설명하십시오.

명령 : LINE (아이콘 선택 또는 단축 키 L)

• 첫 번째 점 지정 : d3 클릭
• 다음 점 지정 또는 [명령 취소(U)] : @100<90
• 다음 점 지정 또는 [명령 취소(U)] : @70<0
• 다음 점 지정 또는 [닫기(C)/명령 취소(U)] : @70<270
• 다음 점 지정 또는 [닫기(C)/명령 취소(U)] : @150<0
• 다음 점 지정 또는 [닫기(C)/명령 취소(U)] : @30<270
• 다음 점 지정 또는 [닫기(C)/명령 취소(U)] : ESC

명령 : MIRROR (아이콘 선택 또는 단축 키 MI)

• 객체 선택 : d1 클릭하고 d2까지 드래그
• 객체 선택 : 대칭선의 첫 번째 점 지정 : d3 클릭

• 대칭선의 두 번째 점 지정 : d4 클릭
• 원본 객체를 지우시겠습니까? [예(Y)/아니오(N)] 〈N〉 : N

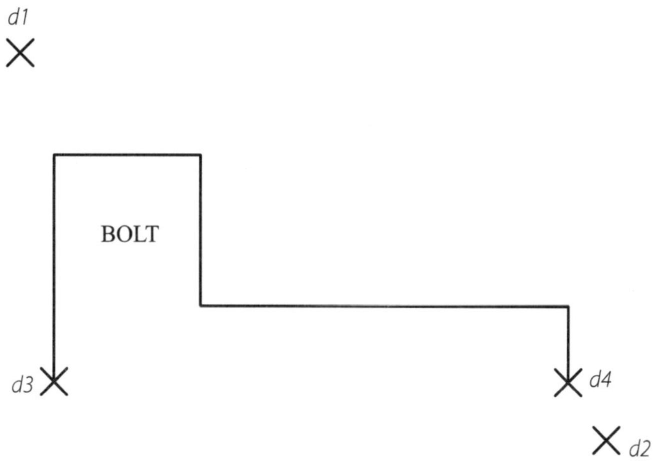

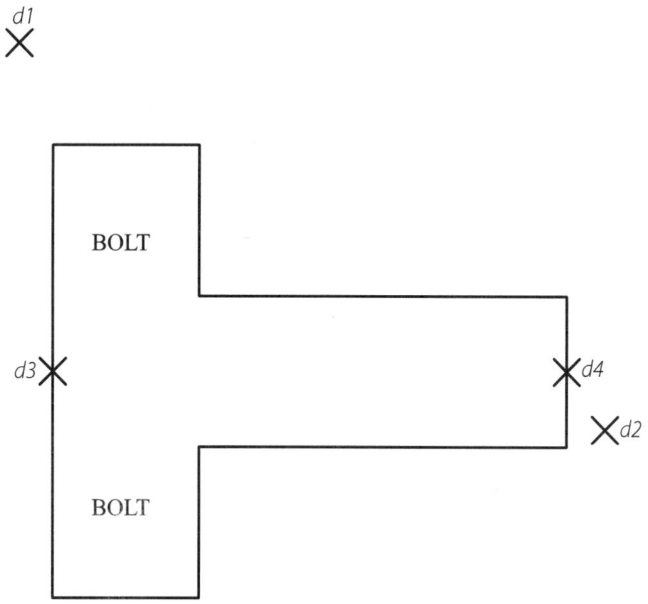

05 간격 띄우기(OFFSET)

버튼

리본: 홈 탭 ➤ 수정 패널 ➤ 간격띄우기

메뉴: 수정 ➤ 간격띄우기

도구막대: 수정

선택한 요소를 일정한 거리 또는 특정점을 지나도록 옵셋하여 새로운 도형을 생성한다. 옵셋이 일어나는 경우 직선은 이동하고, 원이나 원호는 반지름 커지거나 작아진다.

거리(D)	새로운 대상물에서 원래 대상물까지의 거리를 설정한다.
통과(T)	새로운 대상물이 통과할 점을 지정한다.

간격띄우기 예제

명령 : CIRCLE (아이콘 선택 또는 단축 키 C)

- 원에 대한 중심점 지정 또는 [3점(3P)/2점(2P)/Ttr - 접선 접선 반지름(T)] : d1 클릭
- 원의 반지름 지정 또는 [지름(D)] : 50

명령 : OFFSET (아이콘 선택 또는 단축 키 O)

- 간격띄우기 거리 지정 또는 [통과점(T)/지우기(E)/도면층(L)] 〈3.0000〉 : 10
- 간격띄우기할 객체 선택 또는 [종료(E)/명령 취소(U)] 〈종료〉 : d2 클릭
- 간격띄우기할 면의 점 지정 또는 [종료(E)/다중(M)/명령 취소(U)] 〈종료〉 : d3 클릭
- 간격띄우기할 객체 선택 또는 [종료(E)/명령 취소(U)] 〈종료〉 : ESC

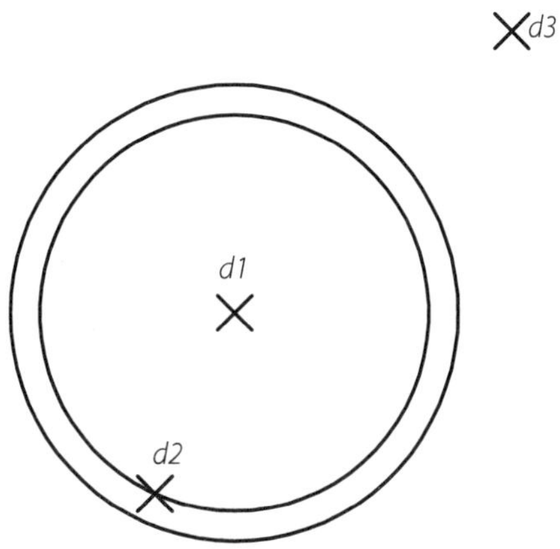

간격띄우기의 두 방법의 비교

명령 : LINE (아이콘 선택 또는 단축 키 L)

- 첫 번째 점 지정 : d1 클릭
- 다음 점 지정 또는 [명령 취소(U)] : @100<0

명령 : LINE (아이콘 선택 또는 단축 키 L)

- 첫 번째 점 지정 : d2 클릭
- 다음 점 지정 또는 [명령 취소(U)] : d3 클릭

명령 : COPY (아이콘 선택 또는 단축 키 CO)

- 객체 선택 : 앞서 그린 2개의 선을 선택
- 기본점 지정 또는 [변위(D)/모드(O)] 〈변위(D)〉 : d1 클릭
- 두 번째 점 지정 또는 [배열(A)] 〈첫 번째 점을 변위로 사용〉 : d4 클릭

명령 : OFFSET (아이콘 선택 또는 단축 키 O)

- 간격띄우기 거리 지정 또는 [통과점(T)/지우기(E)/도면층(L)] 〈통과점〉 : 30
- 간격띄우기할 객체 선택 또는 [종료(E)/명령 취소(U)] 〈종료〉 : d1 클릭
- 간격띄우기할 면의 점 지정 또는 [종료(E)/다중(M)/명령 취소(U)] 〈종료〉 : d1의 직선보다 윗쪽 방향 클릭

명령 : OFFSET (아이콘 선택 또는 단축 키 O)

• 간격띄우기 거리 지정 또는 [통과점(T)/지우기(E)/도면층(L)] 〈30.0000〉 : T
• 간격띄우기할 객체 선택 또는 [종료(E)/명령 취소(U)] 〈종료〉 : d1 클릭
• 통과점 지정 또는 [종료(E)/다중(M)/명령 취소(U)] 〈종료〉 : d5 클릭

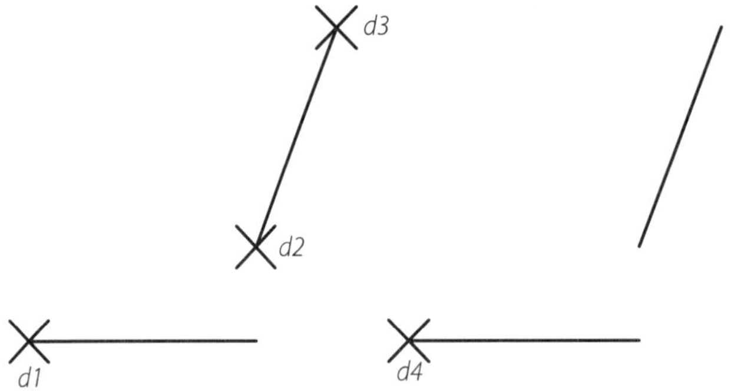

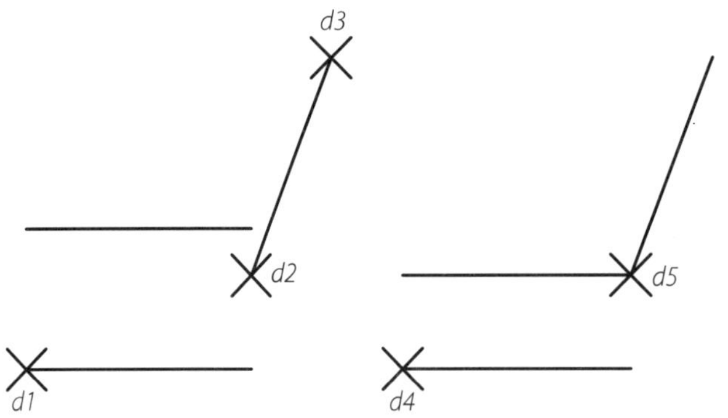

06 신축(STRETCH)

버튼

- 리본: 홈 탭 ➤ 수정 패널 ➤ 신축
- 메뉴: 수정 ➤ 신축
- 도구막대: 수정

신축(Stretch) 명령을 이용하여 객체를 늘이거나 줄일 수 있다. 걸침 윈도우에 의해 부분적으로 둘러싸인 객체는 신축된다. 걸침 윈도우 내에서 완전히 둘러싸였거나 개별적으로 선택된 객체는 신축되지 않고 이동된다. 그리기 도구 중 선과 폴리선 도구등을 이용하여 그린 도구, 즉 각각의 선이 개별로 인식되는 도형을 신축할 수 있다. 그리기 도구 중 직사각형이나 다각형 도구를 이용하여 그린 도형처럼 하나의 개체로 인식하는 도형은 신축할 수 없으며, 이 도형들에 신축 명령을 이용하면 신축되지 않고 이동한다. 원, 타원, 블록 등 일부 유형의 객체는 신축할 수 없다.

명령 : LINE (아이콘 선택 또는 단축 키 L) ; Line 명령을 이용하여 무작위의 도형을 그린다.

명령 : STRETCH

- 객체 선택 : d1 클릭하고 드래그하여 d2까지 이동, 아래의 3개의 직선 선택
- 기준점 지정 또는 [변위(D)] 〈변위〉 : d3 클릭
- 두 번째 점 지정 또는 〈첫 번째 점을 변위로 사용〉 : d4 클릭

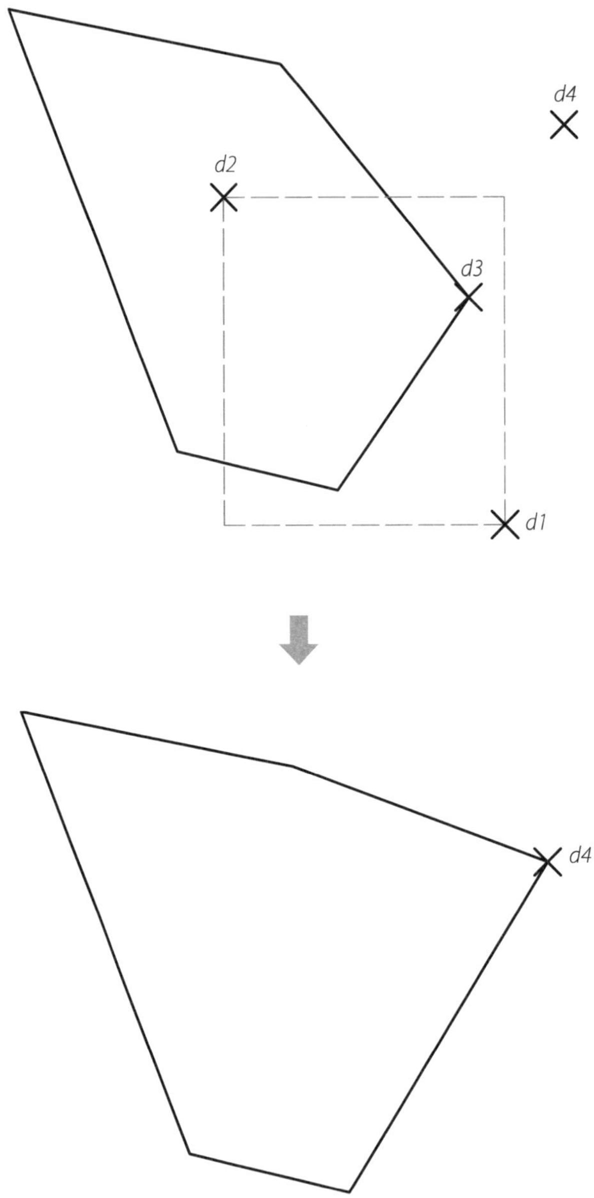
d4
d2
d3
d1
d4

07 축척(SCALE)

버튼

- 리본: 홈 탭 ➤ 수정 패널 ➤ 축척
- 메뉴: 수정 ➤ 축척
- 도구막대: 수정

축척은 지정한 도형을 확대 또는 축소한다. 확대 또는 축소의 중심점은 지정한다. 축척 비율은 1을 기준으로 한다. 즉 1보다 크면 확대, 1보다 작으면 축소를 의미한다.

명령 : POLYGON (아이콘 선택 또는 단축 키 POL)

- POLYGON 면의 수 입력 〈6〉 : 6
- 다각형의 중심을 지정 또는 [모서리(E)] : d1 클릭
- 옵션을 입력 [원에 내접(I)/원에 외접(C)] 〈I〉 : I
- 원의 반지름 지정 : 50

명령 : SCALE (아이콘 선택 또는 단축 키 SC)

- 객체 선택 : d2 클릭
- 기준점 지정 : d1 클릭
- 축척 비율 지정 또는 [복사(C)/참조(R)] : 1.3(원본을 남겨두고 싶을 경우에는 C를 입력하고 엔터/스페이스 후 비율 지정)

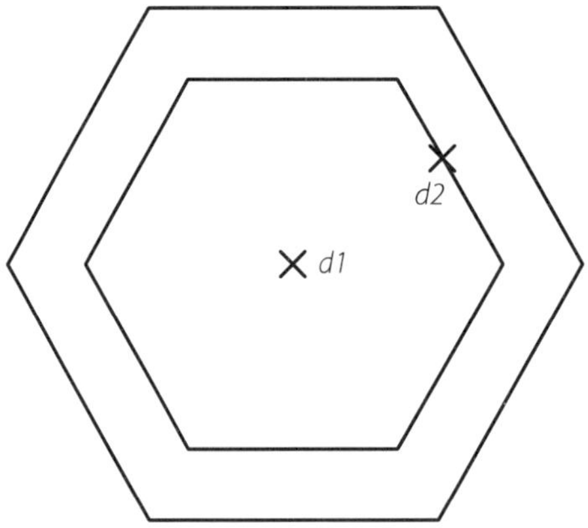

08 길이 조정(LENGTHEN)

버튼

리본: 홈 탭 ➤ 수정 패널 ➤ 길이조정

메뉴: 수정 ➤ 길이조정

지정된 대상물의 길이와 호들의 사이 각을 조절해 준다. 길이 조정은 닫힌 도면요소에서는 영향을 주지 않는다. 이 기능은 자르기(TRIM)이나 연장(EXTEND)와 유사한 기능으로 사용할 수 있다.

대상물의 선택		대상물은 선택한다. 늘어날 부분 쪽을 선택하여야 한다.
증분	증분길이	지정된 길이만큼 길이가 증감한다.
	증분각도	지정된 각도만큼 원호의 각도가 증감한다.
퍼센트		전체 길이에 대한 비율만큼 증감한다.
전체	전체길이	전체 길이를 새로 지정한다.
	전체각도	전체 각도를 새로 지정한다.
동적		마우스가 움직이는 위치를 따라가면서 증감한다.

증분을 이용한 길이 조정하기

• 증분(길이)을 이용한 길이 조정하기

명령 : ARC

- 호의 시작점 지정 또는 [중심(C)] : d1 클릭
- 호의 두 번째 점 또는 [중심(C)/끝(E)] 지정 : d2 클릭
- 호의 끝점 지정 : d3 클릭

명령 : LENGTHEN (아이콘 선택 또는 단축 키 LEN)

- 객체 선택 또는 [증분(DE)/퍼센트(P)/합계(T)/동적(DY)] : DE
- 증분 길이 또는 [각도(A)] 입력 〈45.0000〉 : 60
- 변경할 객체 선택 또는 [명령 취소(U)] : d4 클릭

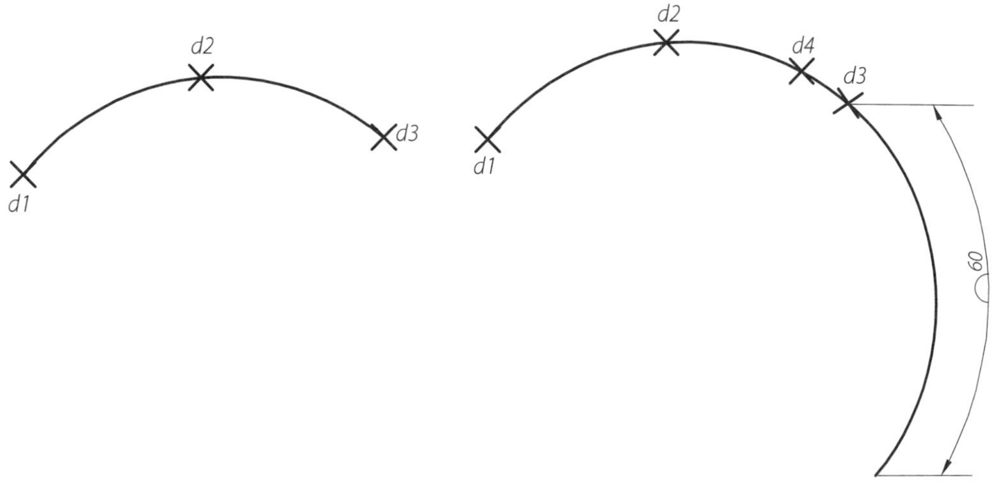

• 증분(각도)을 이용한 길이 조정하기

명령 : ARC

- 호의 시작점 지정 또는 [중심(C)] : d1 클릭
- 호의 두 번째 점 또는 [중심(C)/끝(E)] 지정 : d2 클릭
- 호의 끝점 지정 : d3 클릭

명령 : LENGTHEN (아이콘 선택 또는 단축 키 LEN)

- 객체 선택 또는 [증분(DE)/퍼센트(P)/합계(T)/동적(DY)] : DE
- 증분 길이 또는 [각도(A)] 입력 〈45.0000〉 : A
- 증분 각도 입력 〈60〉 : 60
- 변경할 객체 선택 또는 [명령 취소(U)] : d4 클릭

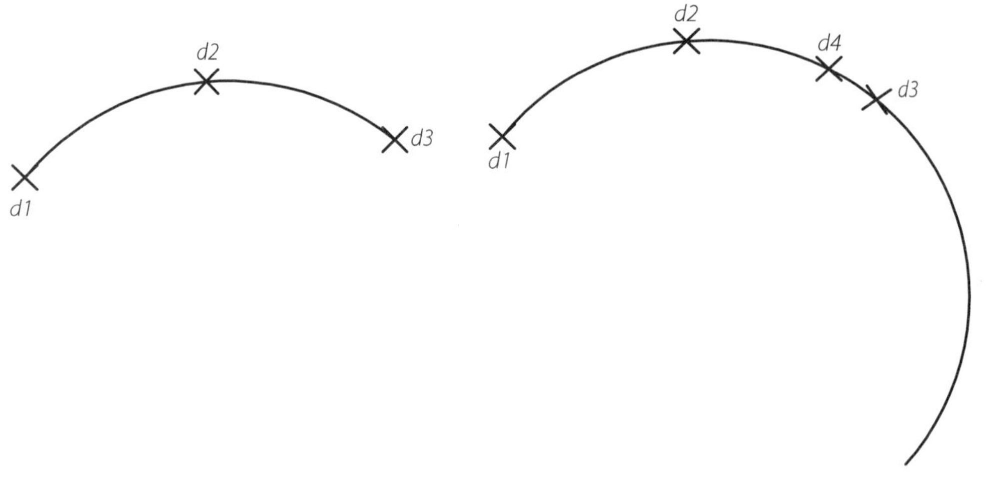

퍼센트를 이용한 길이 조정하기

명령 : ARC

- 호의 시작점 지정 또는 [중심(C)] : d1 클릭
- 호의 두 번째 점 또는 [중심(C)/끝(E)] 지정 : d2 클릭
- 호의 끝점 지정 : d3 클릭

명령 : LENGTHEN (아이콘 선택 또는 단축 키 LEN)

- 객체 선택 또는 [증분(DE)/퍼센트(P)/합계(T)/동적(DY)] : P
- 퍼센트 길이 입력 〈60.0000〉 : 160
- 변경할 객체 선택 또는 [명령 취소(U)] : d4 클릭

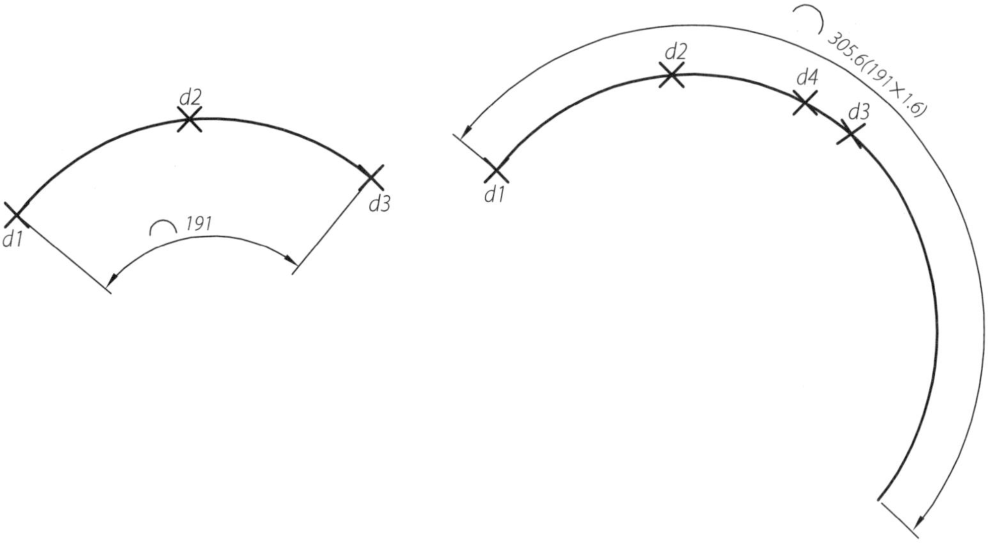

- 합계(증분)를 이용한 길이 조정하기

명령 : ARC

- 호의 시작점 지정 또는 [중심(C)] : d1 클릭
- 호의 두 번째 점 또는 [중심(C)/끝(E)] 지정 : d2 클릭
- 호의 끝점 지정 : d3 클릭

명령 : LENGTHEN (아이콘 선택 또는 단축 키 LEN)

- 객체 선택 또는 [증분(DE)/퍼센트(P)/합계(T)/동적(DY)] : T
- 전체 길이 지정 또는 [각도(A)] 〈160.0000)〉 : 250
- 변경할 객체 선택 또는 [명령 취소(U)] : d4 클릭

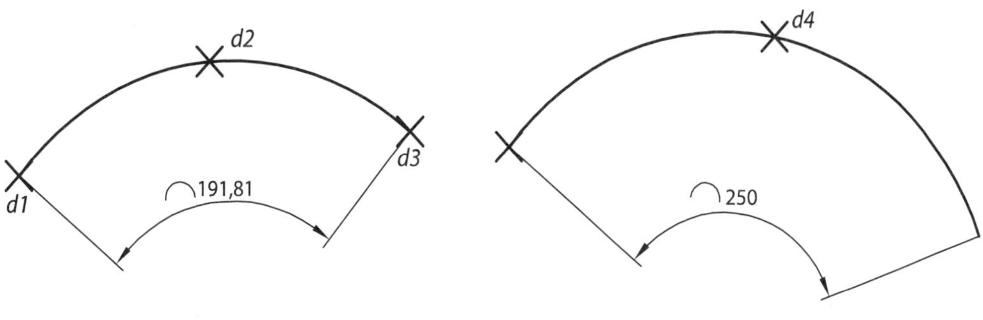

• 합계(각도)를 이용한 길이 조정하기

명령 : ARC

• 호의 시작점 지정 또는 [중심(C)] : d1 클릭
• 호의 두 번째 점 또는 [중심(C)/끝(E)] 지정 : d2 클릭
• 호의 끝점 지정 : d3 클릭

명령 : LENGTHEN (아이콘 선택 또는 단축 키 LEN)

• 객체 선택 또는 [증분(DE)/퍼센트(P)/합계(T)/동적(DY)] : T
• 전체 길이 지정 또는 [각도(A)] 〈250.0000)〉 : A
• 합계 각도 지정 〈57〉 : 250
• 변경할 객체 선택 또는 [명령 취소(U)] : d4 클릭

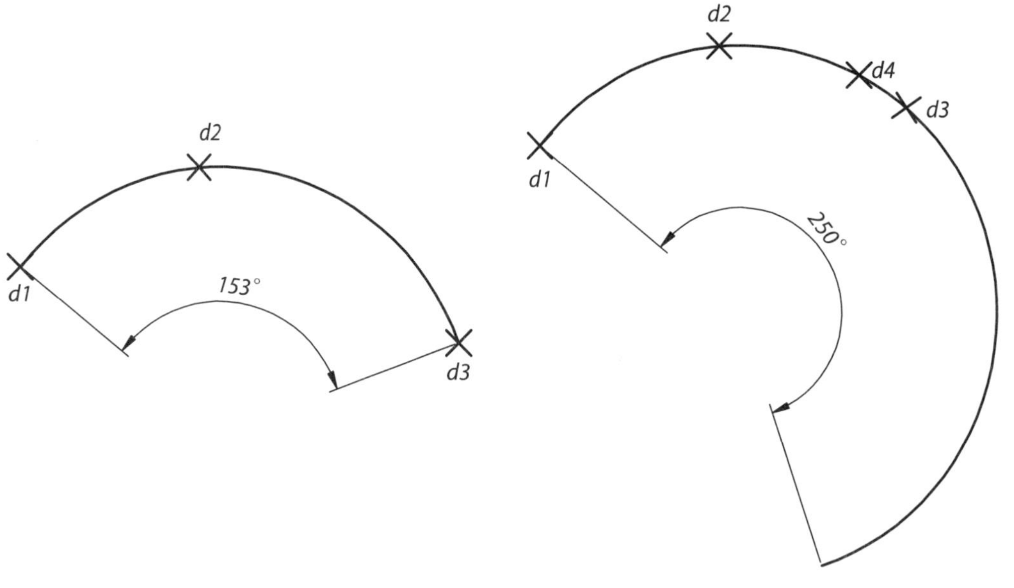

동적(Dynamic) 이용한 길이 조정하기

명령 : ARC

• 호의 시작점 지정 또는 [중심(C)] : d1 클릭
• 호의 두 번째 점 또는 [중심(C)/끝(E)] 지정 : d2 클릭

• 호의 끝점 지정 : d3 클릭

명령 : LENGTHEN (아이콘 선택 또는 단축 키 LEN)

• 객체 선택 또는 [증분(DE)/퍼센트(P)/합계(T)/동적(DY)] : DY
• 변경할 객체 선택 또는 [명령 취소(U)] : d4 클릭
• 새 끝점을 지정 : d5 클릭

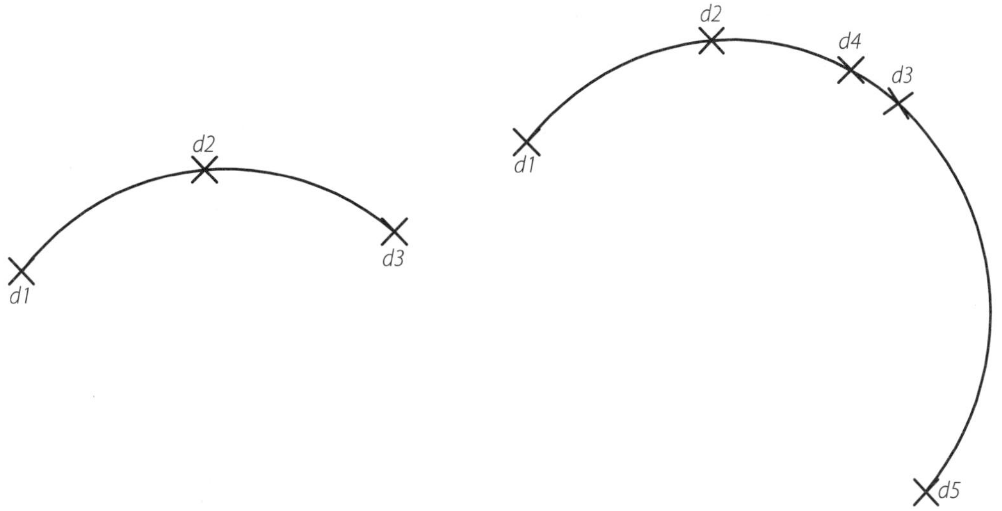

09 배열(ARRAY)

버튼

- 리본: 홈 탭 ➤ 수정 패널 ➤ 배열.
- 도구막대: 수정
- 메뉴: 수정 ➤ 배열.

도형을 복사하여 배열하는 방법은 직사각형 배열(ARRAYRECT)과 원형 배열(ARRAYPOLAR), 경로 배열(ARRAY)이 있다. 직사각형 배열은 행렬 구조로 가로 방향으로 간격과 개수, 세로 방향으로 간격과 개수를 주어 배열하는 것이다. 원형 배열은 중심과 개수를 주어 배열하는 것이다. 경로 배열(ARRAYPATH)은 주어진 경로를 따라 도형을 배치하는 것이다. 배치 간격을 줄 수도 있고, 개수를 지정할 수도 있다. 또한 "연관"을 설정할 경우 전체 배열이 연결되어 하나를 수정하면 나머지도 수정되며, 해제할 경우 각각의 개체를 별개로 수정할 수 있다.

• 2직사각형 배열을 하는 경우, 배치할 도형을 선택하면 다음과 같은 리본이 올라온다.

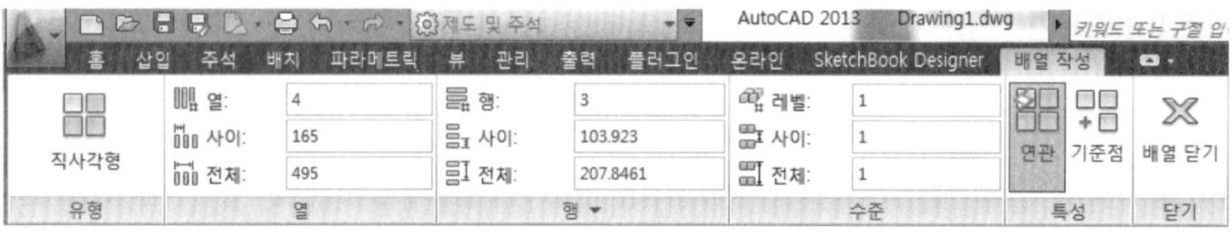

• 원형 배열을 하는 경우, 배치할 도형과 중심점을 선택하면 다음과 같은 리본이 올라온다.

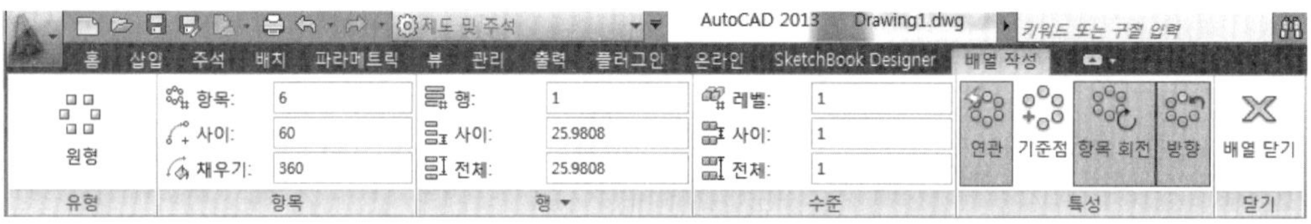

• 경로 배열을 하는 경우, 배치할 도형과 경로를 선택하면 다음과 같은 리본이 올라온다.

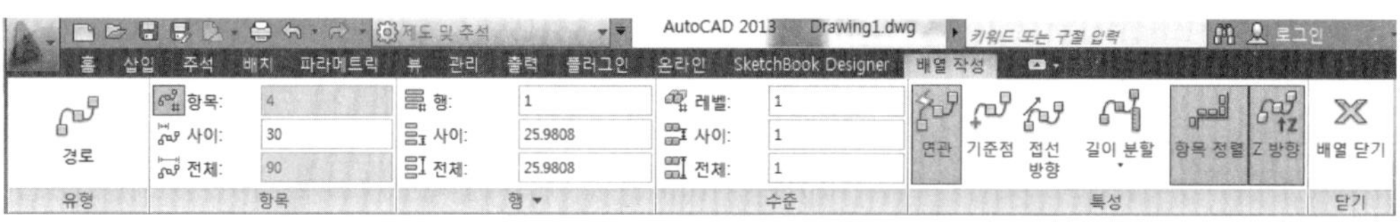

사각형 배열하기

명령 : POLYGON (아이콘 선택 또는 단축 키 POL)

• POLYGON 면의 수 입력 〈6〉 : 5

• 다각형의 중심을 지정 또는 [모서리(E)] : d1 클릭
• 옵션을 입력 [원에 내접(I)/원에 외접(C)] 〈I〉 : I
• 원의 반지름 지정 : 30

명령 : ARRAY (아이콘 선택 또는 단축 키 ARRAYRECT)

• 객체 선택 : d2 클릭
• 객체 선택 : 배열 유형 입력 [직사각형(R)/경로(PA)/원형(PO)] 〈직사각형〉 : R
• 그립을 선택하여 배열을 편집하거나 [연관(AS)/기준점(B)/항목(I)/사이의 각도(A)/채울 각도(F)/행(ROW)/레벨(L)/항목 회전(ROT)/종료(X)]〈종료〉 : AS
• 연관 배열 작성 [예(Y)/아니오(N)] 〈아니오〉 : N
• 그립을 선택하여 배열을 편집하거나 [연관(AS)/기준점(B)/개수(COU)/간격두기(S)/열(COL)/행(R)/레벨(L)/종료(X)] 〈종료〉 : COU
• 열 수 입력 또는 [표현식(E)] 〈4〉 : 4
• 행 수 입력 또는 [표현식(E)] 〈3〉 : 3
• 그립을 선택하여 배열을 편집하거나 [연관(AS)/기준점(B)/개수(COU)/간격두기(S)/열(COL)/행(R)/레벨(L)/종료(X)] 〈종료〉 : S
• 열 사이의 거리 지정 또는 [단위 셀(U)] 〈85.5951〉 : 90
• 행 사이의 거리 지정 〈81.4058〉 : -60

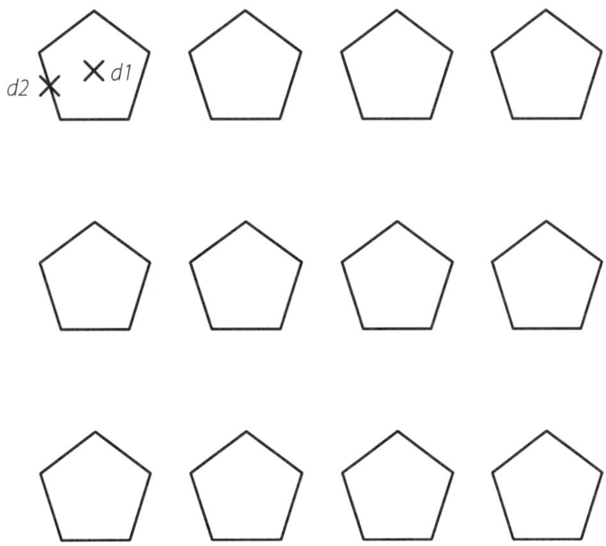

원형 배열하기

명령 : POLYGON (아이콘 선택 또는 단축 키 POL)

- POLYGON 면의 수 입력 〈6〉 : 5
- 다각형의 중심을 지정 또는 [모서리(E)] : d1 클릭
- 옵션을 입력 [원에 내접(I)/원에 외접(C)] 〈I〉 : I
- 원의 반지름 지정 : 50

명령 : ARRAY (아이콘 선택 또는 단축 키 ARRAYPOLAR)

- 객체 선택 : d2 클릭
- 객체 선택 : 배열 유형 입력 [직사각형(R)/경로(PA)/원형(PO)] 〈직사각형〉 : PO
- 배열의 중심점 지정 또는 [기준점(B)/회전축(A)] : d3 클릭
- 그립을 선택하여 배열을 편집하거나 [연관(AS)/기준점(B)/항목(I)/사이의 각도(A)/채울 각도(F)/행(ROW)/레벨(L)/항목 회전(ROT)/종료(X)]〈종료〉 : AS
- 연관 배열 작성 [예(Y)/아니오(N)] 〈아니오〉 : N
- 그립을 선택하여 배열을 편집하거나 [연관(AS)/기준점(B)/항목(I)/사이의 각도(A)/채울 각도(F)/행(ROW)/레벨(L)/항목 회전(ROT)/종료(X)]〈종료〉 : I
- 배열의 항목 수 입력 또는 [표현식(E)] 〈6〉 : 4
- 그립을 선택하여 배열을 편집하거나 [연관(AS)/기준점(B)/항목(I)/사이의 각도(A)/채울 각도(F)/행(ROW)/레벨(L)/항목 회전(ROT)/종료(X)]〈종료〉 : F
- 채울 각도 지정(+ = ccw, - = cw) 또는 [표현식(EX)] 〈360〉 : -150
- 그립을 선택하여 배열을 편집하거나 [연관(AS)/기준점(B)/항목(I)/사이의 각도(A)/채울 각도(F)/행(ROW)/레벨(L)/항목 회전(ROT)/종료(X)]〈종료〉 : ROW
- 행 수 입력 또는 [표현식(E)] 〈1〉 : 2
- 행 사이의 거리 지정 또는 [합계(T)/표현식(E)] 〈81.4058〉 : 80
- 행 사이의 증분 고도 지정 또는 [표현식(E)] 〈0〉:

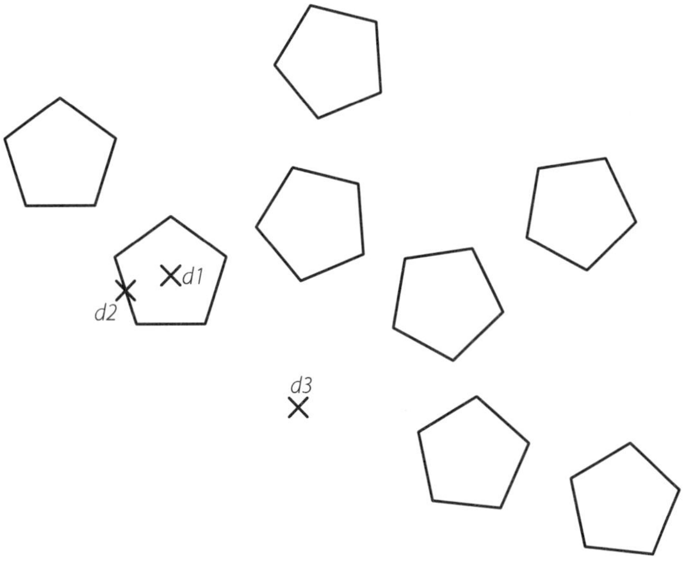

경로 배열하기

명령 : POLYGON (아이콘 선택 또는 단축 키 POL)

- POLYGON 면의 수 입력 〈6〉 : 6
- 다각형의 중심을 지정 또는 [모서리(E)] : d1 클릭
- 옵션을 입력 [원에 내접(I)/원에 외접(C)] 〈I〉 : I
- 원의 반지름 지정 : 50

명령 : SPLINE

- 첫 번째 점 지정 또는 [메서드(M)/매듭(K)/객체(O)] : d1 클릭
- 다음 점 입력 또는 [시작 접촉부(T)/공차(L)] : d2 클릭
- 다음 점 입력 또는 [끝 접촉부(T)/공차(L)/명령 취소(U)] : d3 클릭
- 다음 점 입력 또는 [끝 접촉부(T)/공차(L)/명령 취소(U)/닫기(C)] : d4 클릭
- 다음 점 입력 또는 [끝 접촉부(T)/공차(L)/명령 취소(U)/닫기(C)] : d5 클릭
- 다음 점 입력 또는 [끝 접촉부(T)/공차(L)/명령 취소(U)/닫기(C)] : d6 클릭
- 마우스 우클릭-입력(E) 클릭
- 명령 : ARRAY(아이콘 선택 또는 단축 키 ARRAYPATH)

• 객체 선택 : d7 클릭
• 객체 선택 : 배열 유형 입력 [직사각형(R)/경로(PA)/원형(PO)] 〈원형〉 : PA
• 경로 곡선 선택 : d2 클릭
• 그립을 선택하여 배열을 편집하거나 [연관(AS)/기준점(B)/항목(I)/사이의 각도(A)/채울 각도(F)/행(ROW)/레벨(L)/항목 회전(ROT)/종료(X)]〈종료〉 : AS
• 연관 배열 작성 [예(Y)/아니오(N)] 〈아니오〉 : N
• 그립을 선택하여 배열을 편집하거나 [연관(AS)/메서드(M)/기준점(B)/접선 방향(T)/항목(I)/행(R)/레벨(L)/항목 정렬(A)/Z 방향(Z)/종료(X)] 〈종료〉 : M
• 경로 방법 입력 [등분할(D)/측정(M)] 〈길이 분할〉 : M
• 그립을 선택하여 배열을 편집하거나 [연관(AS)/메서드(M)/기준점(B)/접선 방향(T)/항목(I)/행(R)/레벨(L)/항목 정렬(A)/Z 방향(Z)/종료(X)] 〈종료〉 : I
• 경로를 따라 배열되는 항목 사이의 거리 지정 또는 [표현식(E)] 〈85.5951〉 : 90
• 항목 수 지정 또는 [전체 경로 채우기(F)/표현식(E)] 〈7〉 : 6
• 그립을 선택하여 배열을 편집하거나 [연관(AS)/메서드(M)/기준점(B)/접선 방향(T)/항목(I)/행(R)/레벨(L)/항목 정렬(A)/Z 방향(Z)/종료(X)] 〈종료〉 : X

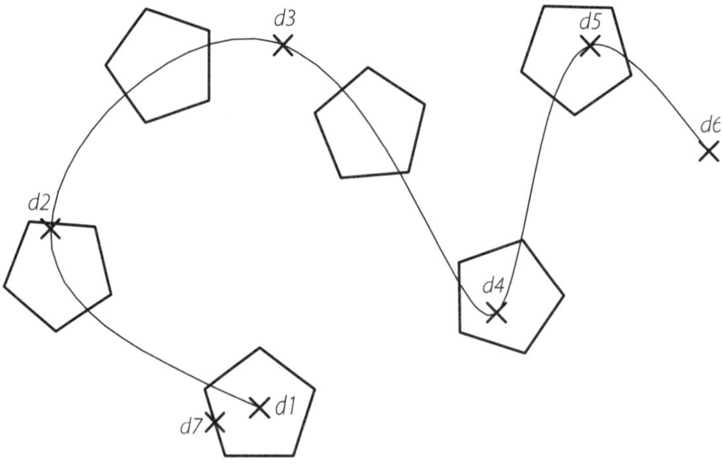

예제

1. 다음 예제를 LINE, ARRAY 기능을 이용하여 작성하여라.

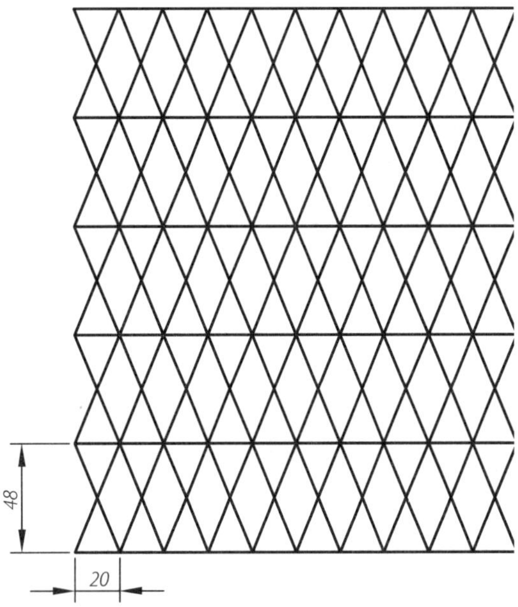

2. 다음 예제를 LINE, ARC, ARRAY등을 이용하여 작성하여라.

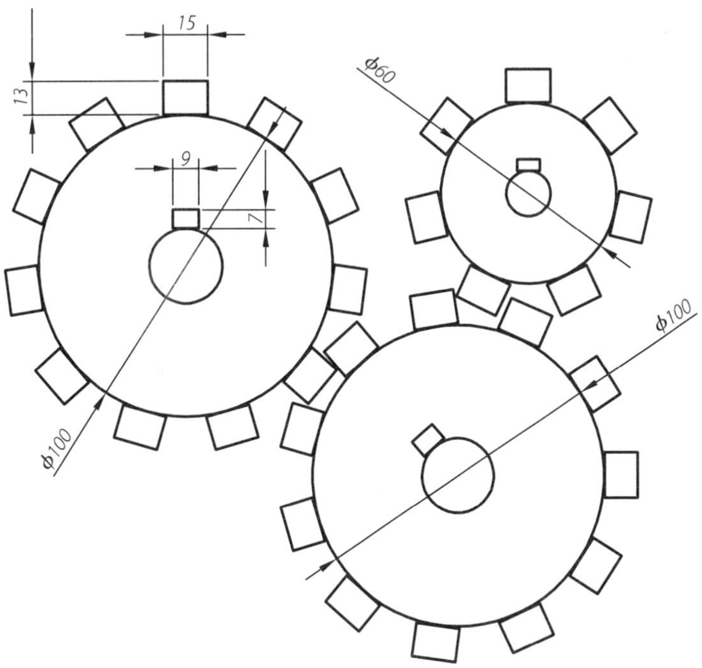

10 자르기(TRIM)

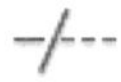

버튼

- 리본: 홈 탭 ➤ 수정 패널 ➤ 자르기
- 메뉴: 수정 ➤ 자르기
- 도구막대: 수정

옵션		설명
TRIM 객체 선택		자르는 기준이 되는 객체를 선택한다. 여기선 선택한 객체와 다음에 선택되는 자를 객체가 만나는 부분에서 도형이 잘라진다. 화면상의 모든 교차점에서 자르기를 할 것이면 아무것도 선택하지 않고 ENTER키를 친다. 대부분의 경우에 ENTER키를 쳐서 모든 도형을 TRIM 객체로 선택한다.
자를 객체를 선택	마우스로 선택	마우스로 선택한다. 잘라서 버릴 부분을 마우스로 선택한다. 자를 객체를 선택할 때 Shift키를 누르고 선택하면 연장이 된다.
	울타리(F)	마우스로 입력하는 선에 걸치는 도형을 자를 도형으로 선택한다.
	걸치기(C)	사각형으로 선택하여 걸친도형을 자를 도형으로 선택한다.
프로젝트(P)	없음(N)	프로젝션하지 않는다.
	· UCS(U)	사용자좌표계(UCS) 평면에 투영한다.
	뷰(V)	현재의 보는 화면에 투영한다.
모서리(E)	연장안함(N)	TRIM 객체와 자를 객체가 교차하지 않으면 자르기를 실행하지 않는다
	연장(E)	TRIM 객체와 자를 객체가 교차하지 않으면 TRIM 객체를 연장하여 자를 객체와 교차하면 그 부분에서 자르기를 실행한다.
지우기(R)		자르기 메뉴를 빠져나가지 않고 객체를 지우고자 할 때 선택하는 옵션이다.

Trim 사용 예제(앞의 예제 사용)

명령 : TRIM (아이콘 선택 또는 단축 키 TR)

- 객체 선택 또는 〈모두 선택〉 : d1 클릭 (여러 선을 잘라내고자 할 경우 생략해도 무

관하다.)

• 자를 객체 선택 또는 Shift 키를 누른 채 선택하여 연장 또는 [울타리(F)/걸치기(C)/프로젝트(P)/모서리(E)/지우기(R)/명령 취소(U)] : d2의 영역을 드래그하여 선택

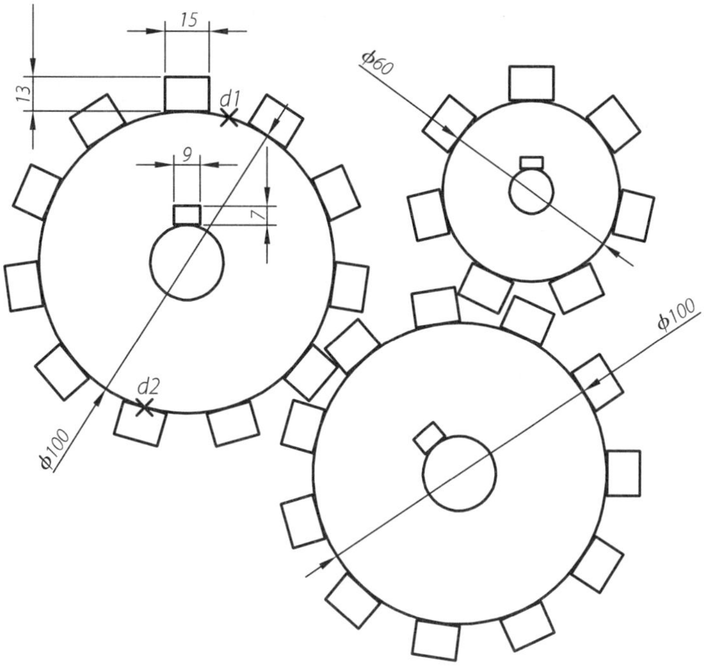

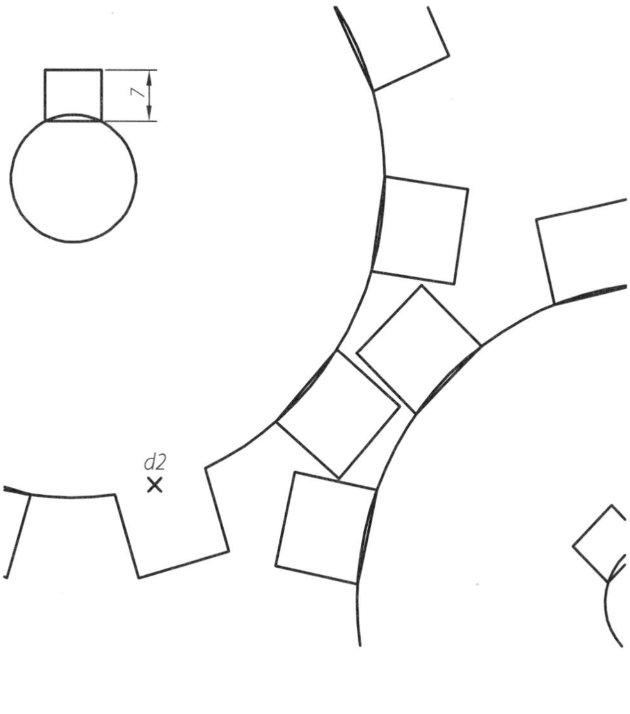

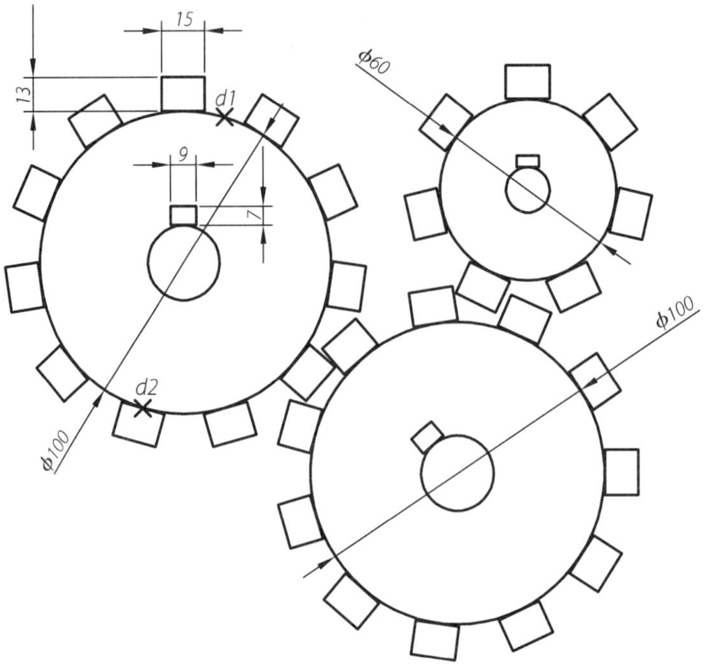

TRIM의 연장 기능 사용 예제

명령 : LINE (아이콘 선택 또는 단축 키 L)

- 첫 번째 점 지정 : d1 클릭
- 다음 점 지정 또는 [명령 취소(U)] : @80〈0

명령 : LINE (아이콘 선택 또는 단축 키 L)

- 첫 번째 점 지정 : d2 클릭
- 다음 점 지정 또는 [명령 취소(U)] : d3 클릭

명령 : TRIM (아이콘 선택 또는 단축 키 TR)

- 객체 선택 또는 〈모두 선택〉 : d4 클릭
- 자를 객체 선택 또는 Shift 키를 누른 채 선택하여 연장 또는 [울타리(F)/걸치기(C)/프로젝트(P)/모서리(E)/지우기(R)/명령 취소(U)] : E

• 모서리 연장 모드 입력 [연장(E)/연장 안함(N)] 〈연장〉 : E

• 자를 객체 선택 또는 Shift 키를 누른 채 선택하여 연장 또는 [울타리(F)/걸치기(C)/프로젝트(P)/모서리(E)/지우기(R)/명령 취소(U)] : 수직선의 윗부분 선택(d5)

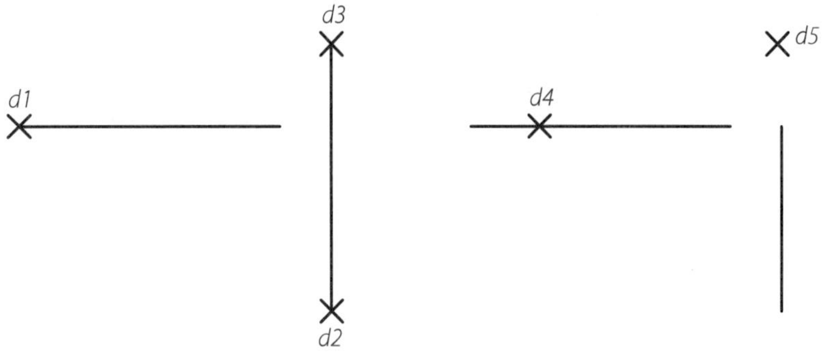

예제

1. 다음 예제를 Line, Circle, Trim 기능을 이용하여 작성하여라.

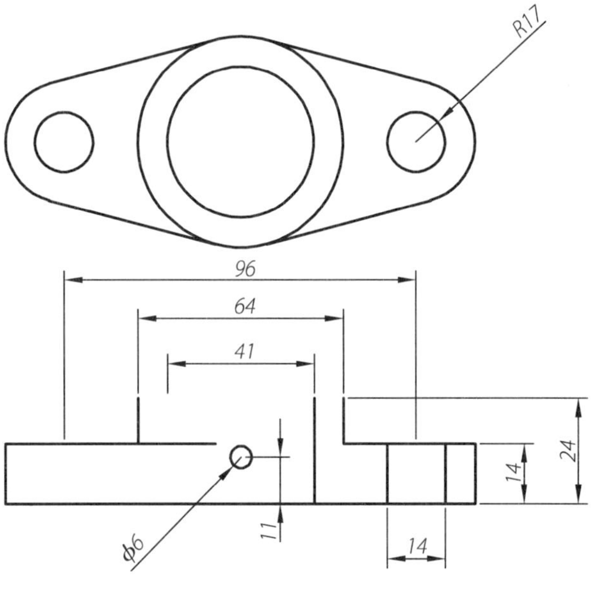

2. 다음 예제를 Line, Circle, Trim 기능을 이용하여 작성하여라.

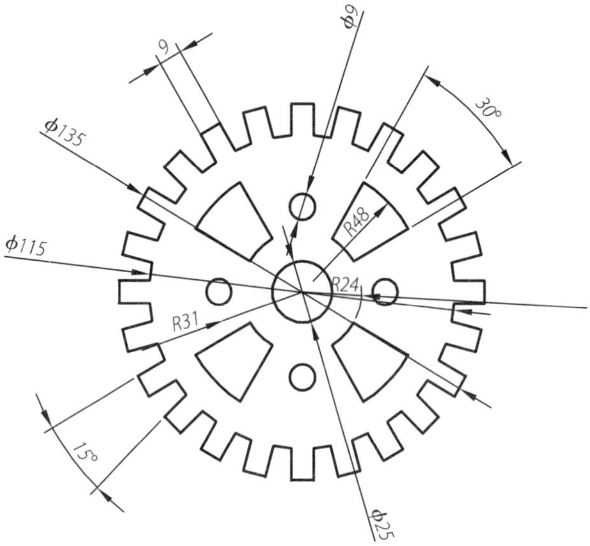

11 연장(EXTEND)

버튼

- 리본: 홈 탭 ➤ 수정 패널 ➤ 연장
- 메뉴: 수정 ➤ 연장
- 도구막대: 수정

연장은 도형을 지정된 다른 도형과 만날 때까지 연장하는 기능이다.

경계 객체 선택		연장의 기준이 되는 객체를 선택한다. 여기선 선택한 객체와 다음에 선택되는 연장할 객체가 만나는 부분까지 도형이 연장된다. 화면상의 모든 도형을 경계로 하고 싶으면 아무것도 선택하지 않고 ENTER키를 친다. 대부분의 경우에 ENTER키를 쳐서 모든 도형을 연장을 위한 경계 객체로 선택한다.
자를 객체를 선택	마우스로 선택	마우스로 선택한다. 연장될 쪽을 마우스로 선택한다.
	울타리(F)	마우스로 입력하는 선에 걸치는 도형을 연장할 도형으로 선택한다.
	걸치기(C)	사각형으로 선택하여 걸친 도형을 연장할 도형으로 선택한다.
프로젝트(P)	없음(N)	프로젝션하지 않는다.
	UCS(U)	사용자좌표계(UCS) 평면에 투영한다.
	뷰(V)	현재의 보는 화면에 투영한다.
모서리(E)	연장안함(N)	연장할 객체를 연장하였을 때, 경계객체와 만나지 않으면 연장하지 않는다.
	연장(E)	연장할 객체를 연장하였을 때, 경계객체와 만나지 않으면 경계 객체를 연장하여 만나는가 체크하고 만나면 그곳까지 연장한다.

- 앞의 예제 사용

명령 : EXTEND (아이콘 선택 또는 단축 키 EX)

- 객체 선택 또는 〈모두 선택〉 : d1 클릭
- 연장할 객체 선택 또는 Shift 키를 누른 채 선택하여 자르기 또는 [울타리(F)/걸치기(C)/프로젝트(P)/모서리(E)/명령 취소(U)] : d2 클릭

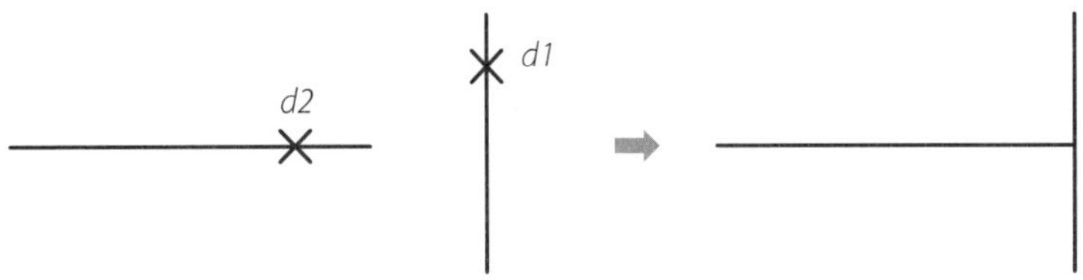

12 끊기(BREAK)

버튼

- 리본: 홈 탭 ➤ 수정 패널 ➤ 끊기
- 리본: 홈 탭 ➤ 수정 패널 ➤ 점에서 끊기
- 메뉴: 수정 ➤ 끊기
- 도구막대: 수정

도형을 부분적으로 삭제하거나 분리시킬 수 있다. 도형 위에 문자를 써야 하는 경우 문자와 도형이 겹쳐서 문자를 보기 어려운 경우에 사용한다. 객체를 지정할 때 입력한 점과 두 번째 점 사이를 지운다. 두 번째 점이 객체상에 없는 경우, 가장 가까운 점을 객체에서 선택한다. 따라서 선, 원호 또는 폴리선의 한쪽 끝을 끊으려면 제거될 끝점을 지나는 두 번째 점을 지정한다. 객체의 일부를 지우지 않고 객체를 둘로 분할하려면 첫 번째 점과 두 번째 점에 대해 모두 같은 점을 입력한다. @0,0를 입력하여 첫 번째 점과 두 번째 점을 같은 점으로 지정할 수 있다.

선, 호, 원, 폴리선, 타원, 스플라인, 도넛 및 기타 여러 객체 유형을 두 개의 객체로 분할하거나 한쪽 끝을 제거할 수 있다. 원을 BREAK하는 경우에는, 첫 번째 점에서 두 번째 점으로 시계 반대 방향으로 시작하여 원의 일부를 제거하는 방법으로 원을 호로 변환한다. 원과 같이 닫힌 객체는 한 점에서 끊을 수 없다.

직선에 BREAK 적용하기

명령 : LINE (아이콘 선택 또는 단축 키 L)

- 첫 번째 점 지정 : d1 클릭
- 다음 점 지정 또는 [명령 취소(U)] : d2 클릭

명령 : BREAK (아이콘 선택 또는 단축 키 BR)

- 객체 선택 : d3 클릭
- 두 번째 끊기점을 지정 또는 [첫 번째 점(F)] : d4 클릭

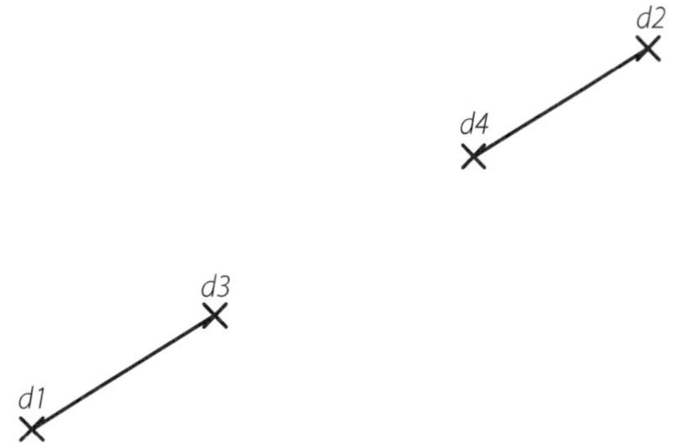

원에 BREAK 적용하기

명령 : CIRCLE (아이콘 선택 또는 단축 키 C)

- 원에 대한 중심점 지정 또는 [3점(3P)/2점(2P)/Ttr - 접선 접선 반지름(T)] : d1 클릭
- 원의 반지름 지정 또는 [지름(D)] 〈101.1444〉 : 100

명령 : BREAK (아이콘 선택 또는 단축 키 BR)

- 객체 선택 : d2 클릭
- 두 번째 끊기점을 지정 또는 [첫 번째 점(F)] : d3 클릭

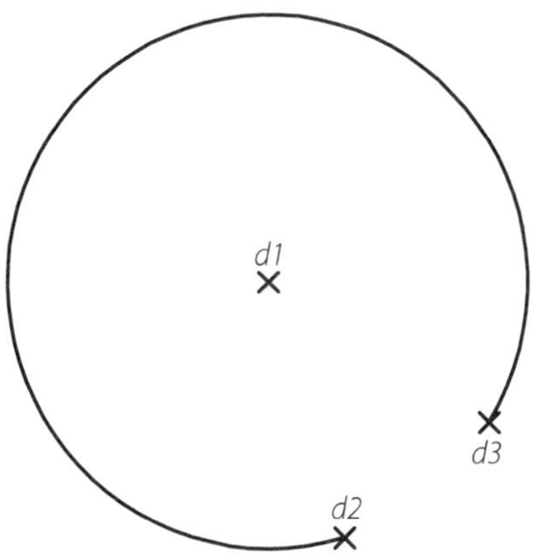

BREAKD의 방향 구분 예제

명령 : CIRCLE (아이콘 선택 또는 단축 키 C)

- 원에 대한 중심점 지정 또는 [3점(3P)/2점(2P)/Ttr - 접선 접선 반지름(T)] : d1 클릭
- 원의 반지름 지정 또는 [지름(D)] 〈101.1444〉 : 50

명령 : LINE (아이콘 선택 또는 단축 키 L)

- 첫 번째 점 지정 : d2 클릭
- 다음 점 지정 또는 [명령 취소(U)] : @80〈270
- 다음 점 지정 또는 [명령 취소(U)] : @100〈0
- 다음 점 지정 또는 [닫기(C)/명령 취소(U)] : @80〈90

명령 : COPY (아이콘 선택 또는 단축 키 CO)

- 객체 선택 : 원과 선 전체 선택
- 기본점 지정 또는 [변위(D)/모드(O)] 〈변위(D)〉 : d1 클릭
- 두 번째 점 지정 또는 [배열(A)] 〈첫 번째 점을 변위로 사용〉 : d3 클릭

명령 : BREAK (아이콘 선택 또는 단축 키 BR)

- 객체 선택 : d7 클릭
- 두 번째 끊기점을 지정 또는 [첫 번째 점(F)] : F
- 첫 번째 끊기점 지정 : d2 클릭
- 두 번째 끊기점을 지정 : d4 클릭

명령 : BREAK (아이콘 선택 또는 단축 키 BR)

- 객체 선택 : d8 클릭
- 두 번째 끊기점을 지정 또는 [첫 번째 점(F)] : F
- 첫 번째 끊기점 지정 : d5 클릭
- 두 번째 끊기점을 지정 : d6 클릭

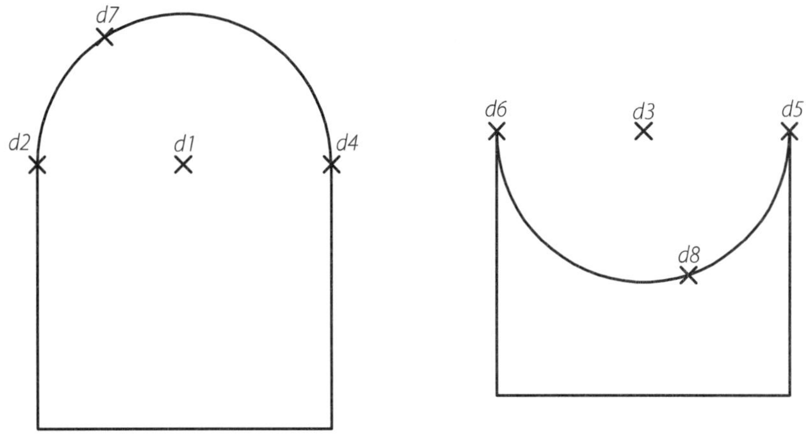

13 모따기(CHAMFER)

버튼

- 리본: 홈 탭 ➤ 수정 패널 ➤ 모따기
- 메뉴: 수정 ➤ 모따기
- 도구막대: 수정

인접한 두 개의 도형(직선 또는 원호)의 교점에서 지정된 거리만큼 각각의 도형을 잘라내고 잘려나간 끝을 새로운 직선으로 연결한다.

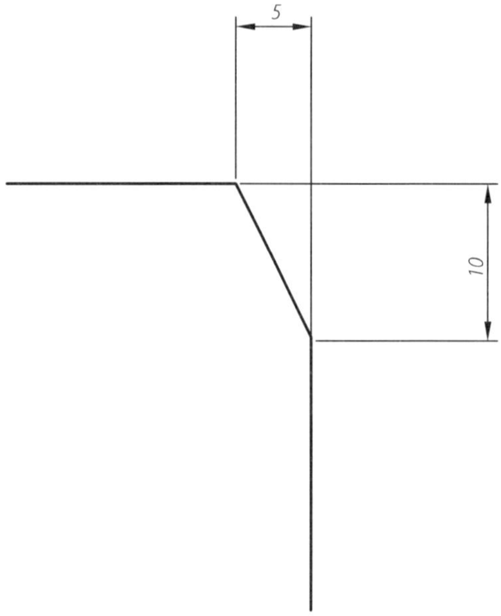

폴리선(P)	폴리선 전체를 모따기 한다. 모따기한 선분은 폴리선의 새 세그먼트가 된다. 폴리선이 모따기 거리에 못 미치는 세그먼트를 포함하는 경우, 이 세그먼트는 모따기하지 않는다. 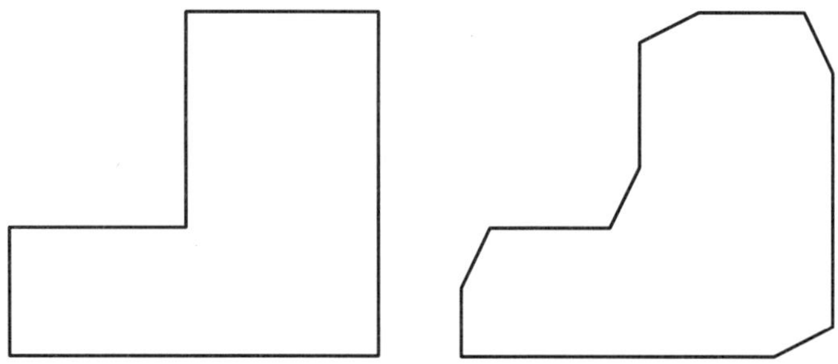
거리(D)	모따기 할 거리를 지정한다. 두 거리를 모두 0(영)으로 설정하면 CHAMFER가 두 선을 연장하거나 잘라내어 두 선이 같은 점에서 끝나게 한다. 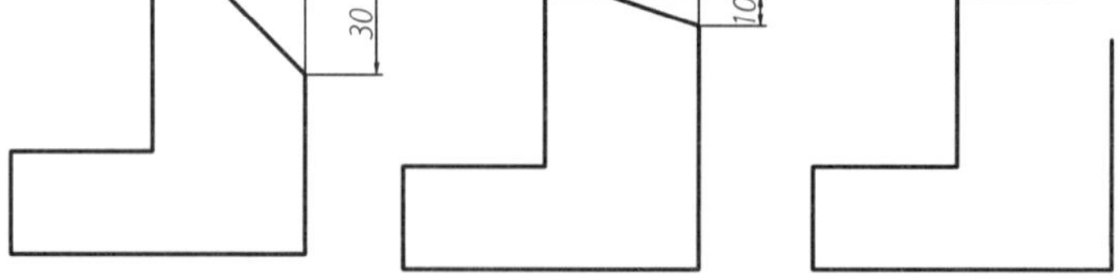

각도(A)	첫 번째 선에 대한 모따기 거리와 두 번째 선에 대한 각도를 사용하여 모따기 거리를 설정한다. 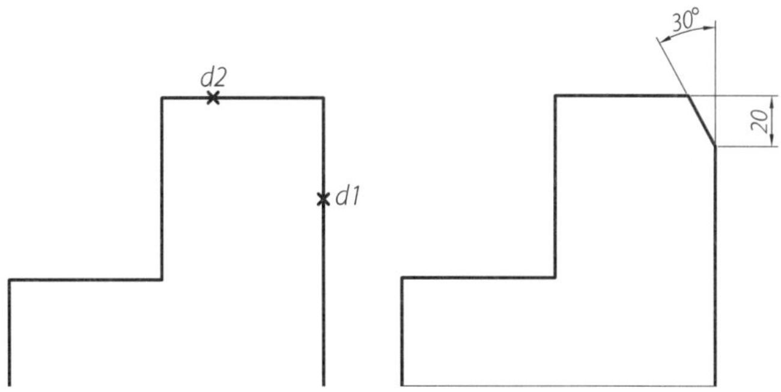
자르기(T)	모따기 작업을 한 부분을 자르기 할 것인지를 설정한다.
방법(M)	거리로 모따기 할지 각도로 모따기 할지를 결정한다.

거리값으로 모따기하기

명령 : CHAMFER

- 첫 번째 선 선택 또는 [명령 취소(U)/폴리선(P)/거리(D)/각도(A)/자르기(T)/메서드(E)/다중(M)] : d1 클릭
- 두 번째 선 선택 또는 Shift 키를 누른 채 선택하여 구석 적용 또는 [거리(D)/각도(A)/메서드(M)] : D
- 첫 번째 모따기 거리 지정 〈10.0000〉 : 3
- 두 번째 모따기 거리 지정 〈3.0000〉 : 2
- 두 번째 선 선택 또는 Shift 키를 누른 채 선택하여 구석 적용 또는 [거리(D)/각도(A)/메서드(M)] : d2 클릭

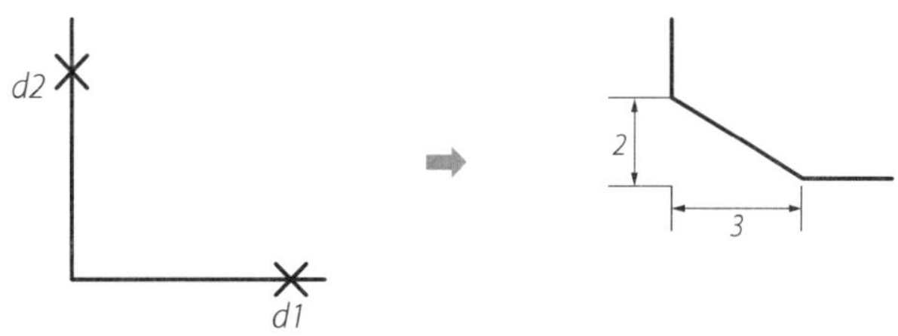

거리와 각도로 모따기하기

명령 : CHAMFER

- 첫 번째 선 선택 또는 [명령 취소(U)/폴리선(P)/거리(D)/각도(A)/자르기(T)/메서드(E)/다중(M)] : d1 클릭
- 두 번째 선 선택 또는 Shift 키를 누른 채 선택하여 구석 적용 또는 [거리(D)/각도(A)/메서드(M)] : A
- 첫 번째 선의 모따기 길이 지정 〈20.0000〉 : 3
- 첫 번째 선으로부터 모따기 각도 지정 〈30〉 : 60
- 두 번째 선 선택 또는 Shift 키를 누른 채 선택하여 구석 적용 또는 [거리(D)/각도(A)/메서드(M)] : d2 클릭

폴리선으로 모따기 하기

명령 : POLYGON (아이콘 선택 또는 단축키 POL)

- 면의 수 입력 〈4〉 : 5
- 다각형의 중심을 지정 또는 [모서리(E)] : d1 클릭
- 옵션을 입력 [원에 내접(I)/원에 외접(C)] 〈I〉 : I
- 원의 반지름 지정 : 50

명령 : CHAMFER

- 첫 번째 선 선택 또는 [명령 취소(U)/폴리선(P)/거리(D)/각도(A)/자르기(T)/메서드(E)/다중(M)] : P
- 2D 폴리선 선택 또는 [거리(D)/각도(A)/메서드(M)] : d2 클릭 (바로 위의 실습예제에

서 설정된 값으로 모따기가 됨)

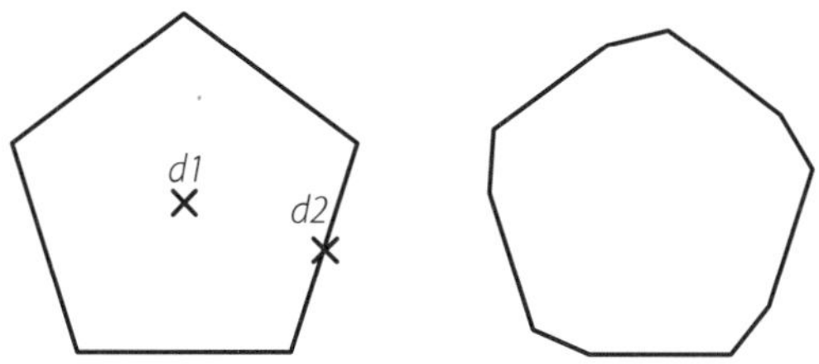

자르기 옵션을 이용한 모따기 하기

명령 : CHAMFER

- 첫 번째 선 선택 또는 [명령 취소(U)/폴리선(P)/거리(D)/각도(A)/자르기(T)/메서드(E)/다중(M)] : T
- 자르기 모드 옵션 입력 [자르기(T)/자르지 않기(N)] 〈자르기〉 : N
- 첫 번째 선 선택 또는 [명령 취소(U)/폴리선(P)/거리(D)/각도(A)/자르기(T)/메서드(E)/다중(M)] : d1 클릭
- 두 번째 선 선택 또는 Shift 키를 누른 채 선택하여 구석 적용 또는 [거리(D)/각도(A)/메서드(M)] : d2 클릭

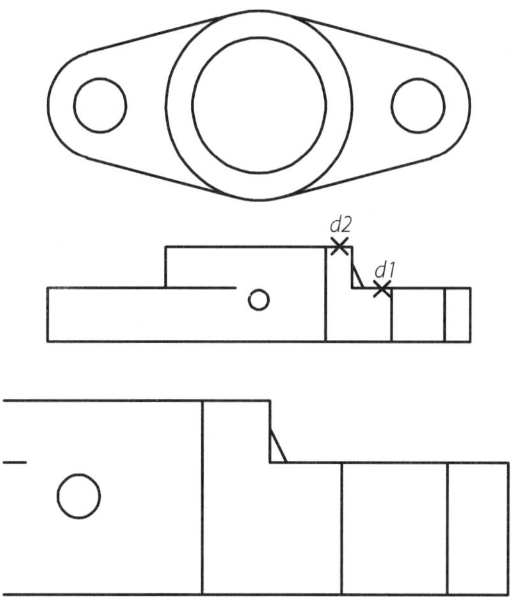

14 모깎기(FILLET)

버튼

- 리본: 홈 탭 ➤ 수정 패널 ➤ 모깎기.
- 메뉴: 수정 ➤ 모깎기
- 도구막대: 수정

두 개의 대상물에 지정된 반지름을 주어 두 요소를 부드럽게 연결한다. 호, 원, 타원, 타원 호, 선, 폴리선, 광선, 스플라인 및 XLINE(무한직선)을 모깎기할 수 있다. 만일 반지름이 0인 경우에는 각진 모서리가 만들어진다. 0보다 큰 반지름이 입력되어 있는 경우라도 Shift 키를 누른 상태에서 객체를 선택하여 각진 모서리를 생성한다.

<table>
<tr><td colspan="2">폴리선(P)</td><td>폴리선으로 그려진 경우 한번에 모두 모깎이를 한다.
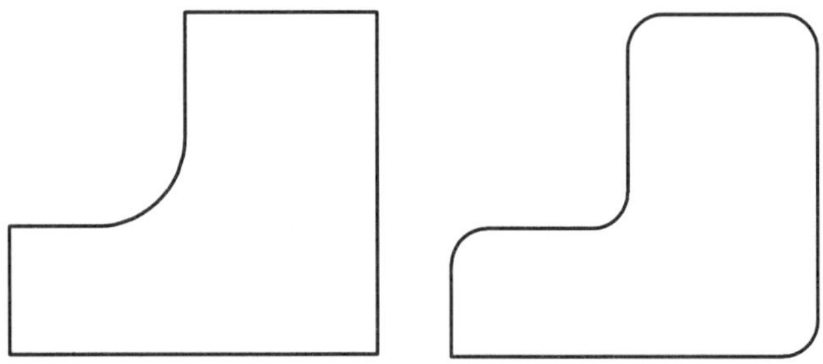</td></tr>
<tr><td colspan="2">Radius(반지름)</td><td>모깎이할 반지름 값을 준다.</td></tr>
<tr><td rowspan="2">Trim(자르기)</td><td>자르기(T)</td><td>모서리 부분을 절단한 채로 모깎이한다.</td></tr>
<tr><td>자르지 않기(N)</td><td>모서리를 그냥 두고 모깎이한다.</td></tr>
</table>

호와 원 사이에는 두 개 이상의 모깎기가 있을 수 있다. 두 개의 모깎이 중에서 모깎기의 선택된 끝점을 지정에 근접한 객체를 선택한다.

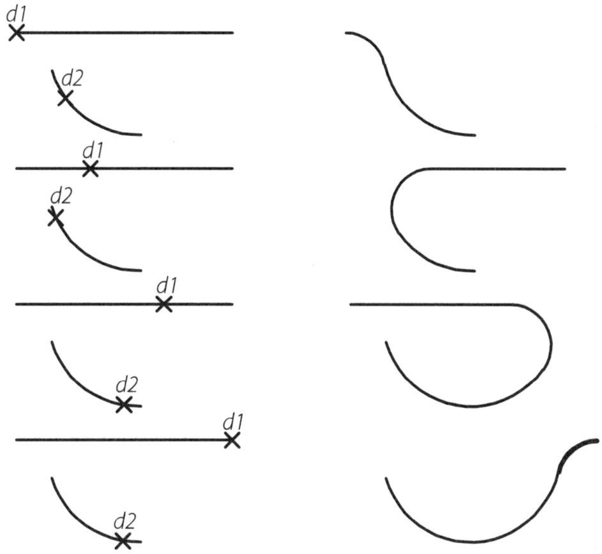

원래 도형이 원인 경우에는 원은 TRIM이 되지 않고 그대로 있는 상태에서 모깎이 도형만 만들어진다.

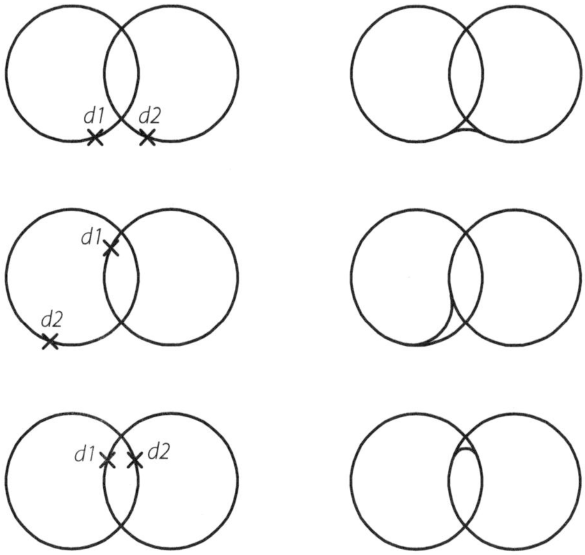

교차하는 부분 라운딩 하기

명령 : FILLET (아이콘 선택 또는 단축키 F)

- 첫 번째 객체 선택 또는 [명령 취소(U)/폴리선(P)/반지름(R)/자르기(T)/다중(M)] : R
- 모깎기 반지름 지정 〈5.0000〉 : 5
- 첫 번째 객체 선택 또는 [명령 취소(U)/폴리선(P)/반지름(R)/자르기(T)/다중(M)] : D1 클릭
- 두 번째 객체 선택 또는 Shift 키를 누른 채 선택하여 구석 적용 또는 [반지름(R)] : D2 클릭

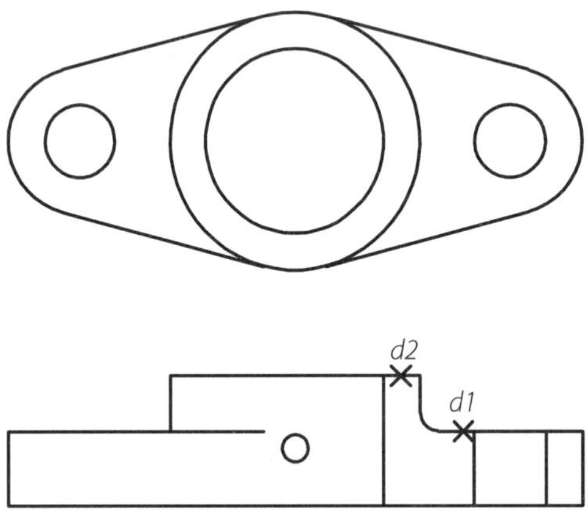

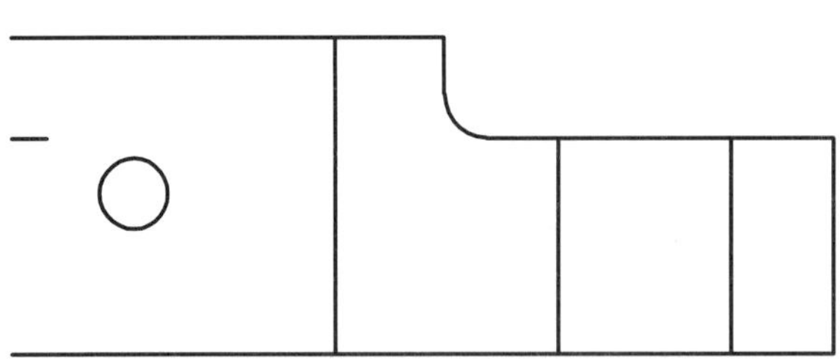

교차하지 않는 부분 라운딩 하기

명령 : LINE (아이콘 선택 또는 단축키 L)

- 첫 번째 점 지정 : d1 클릭
- 다음 점 지정 또는 [명령 취소(U)] : d2 클릭

명령 : LINE (아이콘 선택 또는 단축키 L)

- 첫 번째 점 지정 : d3 클릭
- 다음 점 지정 또는 [명령 취소(U)] :d4 클릭

명령 : FILLET (아이콘 선택 또는 단축키 F)

- 첫 번째 객체 선택 또는 [명령 취소(U)/폴리선(P)/반지름(R)/자르기(T)/다중(M)] : d5 클릭
- 두 번째 객체 선택 또는 Shift 키를 누른 채 선택하여 구석 적용 또는 [반지름(R)] : d6 클릭

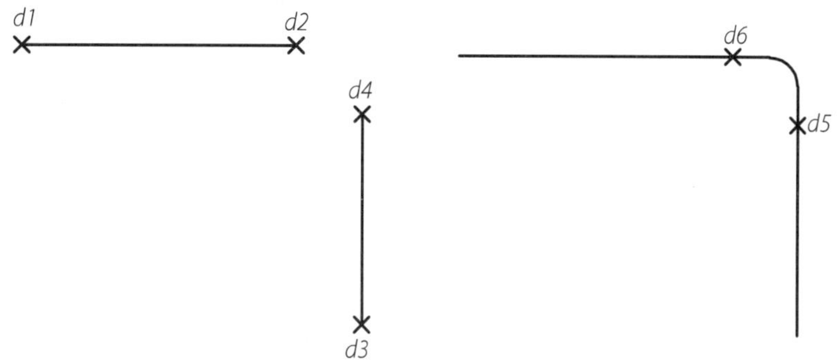

폴리선 라운딩하기

명령 : POLYGON (아이콘 선택 또는 단축키 POL)

- 면의 수 입력 〈4〉 : 5
- 다각형의 중심을 지정 또는 [모서리(E)] : d1 클릭

• 옵션을 입력 [원에 내접(I)/원에 외접(C)] 〈I〉 : I
• 원의 반지름 지정 : 50

명령 : FILLET (아이콘 선택 또는 단축키 F)

• 첫 번째 선 선택 또는 [명령 취소(U)/폴리선(P)/거리(D)/각도(A)/자르기(T)/메서드(E)/다중(M)] : T
• 첫 번째 객체 선택 또는 [명령 취소(U)/폴리선(P)/반지름(R)/자르기(T)/다중(M)] : R
• 모깎기 반지름 지정 〈5.0000〉 : 15
• 첫 번째 객체 선택 또는 [명령 취소(U)/폴리선(P)/반지름(R)/자르기(T)/다중(M)] : P
• 2D 폴리선 선택 또는 [반지름(R)] : d2 클릭

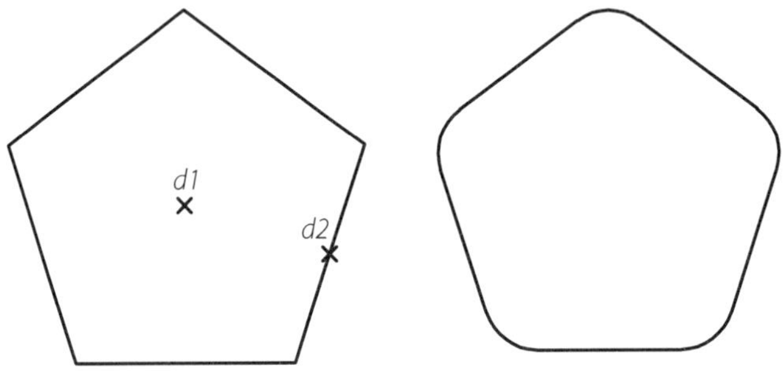

자르기 옵션을 이용한 라운딩 하기

명령 : POLYGON (아이콘 선택 또는 단축키 POL)

• 면의 수 입력 〈4〉 : 5
• 다각형의 중심을 지정 또는 [모서리(E)] : D1 클릭
• 옵션을 입력 [원에 내접(I)/원에 외접(C)] 〈I〉 : I
• 원의 반지름 지정 : 50

명령 : FILLET (아이콘 선택 또는 단축키 F)

• 첫 번째 객체 선택 또는 [명령 취소(U)/폴리선(P)/반지름(R)/자르기(T)/다중(M)] : T
• 자르기 모드 옵션 입력 [자르기(T)/자르지 않기(N)] 〈자르지 않기〉 : N

• 첫 번째 객체 선택 또는 [명령 취소(U)/폴리선(P)/반지름(R)/자르기(T)/다중(M)] : P
• 2D 폴리선 선택 또는 [반지름(R)] : D2 클릭

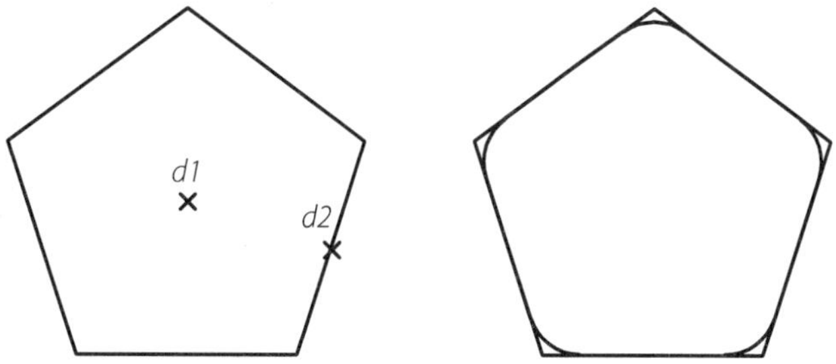

평행선을 이용한 라운딩 하기명령

명령 : LINE (아이콘 선택 또는 단축키 L)

• 첫 번째 점 지정 : d1 클릭
• 다음 점 지정 또는 [명령 취소(U)] : d2 클릭

명령 : LINE (아이콘 선택 또는 단축키 L)

• 첫 번째 점 지정 : d3 클릭
• 다음 점 지정 또는 [명령 취소(U)] : d4 클릭

명령 : FILLET (아이콘 선택 또는 단축키 F)

• 첫 번째 객체 선택 또는 [명령 취소(U)/폴리선(P)/반지름(R)/자르기(T)/다중(M)] : d5 클릭
• 첫 번째 객체 선택 또는 [명령 취소(U)/폴리선(P)/반지름(R)/자르기(T)/다중(M)] : d6 클릭

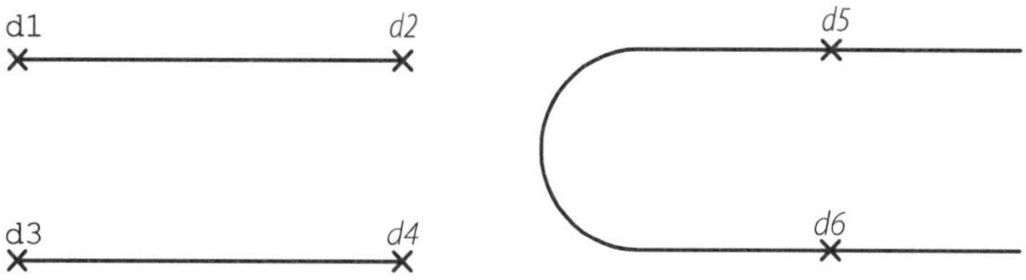

15 분해(EXPLODE)

버튼

- 리본: 홈 탭 ➤ 수정 패널 ➤ 분해
- 메뉴: 수정 ➤ 분해
- 도구막대: 수정

분해는 블록이나 폴리선, 영역 등의 여러 개의 요소도형을 포함하는 대상물을 요소도형으로 분해한다. 도형에 따라 다음과 같이 분해된다.

폴리선	연관된 폭과 접선 정보는 무시되고 요소 도형으로 분리된다. 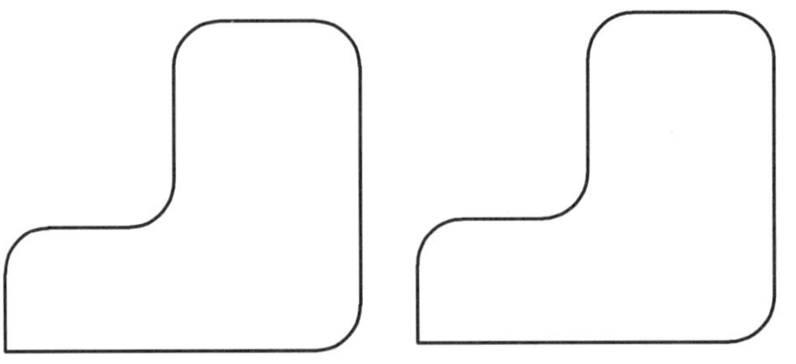
배열	연관 배열을 원본 객체의 사본으로 분해한다
블록	한 번에 한 단계씩 분해된다. 블록이 폴리선 또는 내포된 블록을 포함하는 경우 블록을 분해하면 폴리선 또는 내포된 블록 객체가 분해되며, 해당 폴리선 또는 내포된 블록 객체가 개별 객체를 분해해야 한다. X, Y 및 Z 축척이 같은 블록은 해당 블록의 구성요소 객체로 분해된다. X, Y 및 Z 축척이 같지 않은 블록(비균일하게 축척된 블록)은 예상치 못한 객체로 분해될 수 있다. 속성이 포함된 블록을 분해하면 속성값이 삭제되고 속성 정의가 다시 표시된다. 외부 참조를 사용하여 삽입된 블록 및 그 종속 블록은 분해할 수 없다.
지시선	지시선은 선, 스플라인, 솔리드(화살촉), 블록 삽입(화살촉, 주석 블록), 여러 줄 문자 또는 공차 객체로 분해한다.
영역	선, 호 또는 스플라인으로 분해한다.
여러 줄 문자	문자 객체로 분해한다.

명령 : POLYGON (아이콘 선택 또는 단축키 POL)

- 면의 수 입력 〈4〉 : 5
- 다각형의 중심을 지정 또는 [모서리(E)] : d1 클릭
- 옵션을 입력 [원에 내접(I)/원에 외접(C)] 〈I〉 : I
- 원의 반지름 지정 : 50

  d2 클릭 : 다각형이 한번에 선택되는 것을 확인할 수 있다.

명령 : EXPLODE

- 객체 선택 : d3 클릭

  d3를 클릭하면 다각형의 한 선만 선택되는 것을 확인할 수 있다.

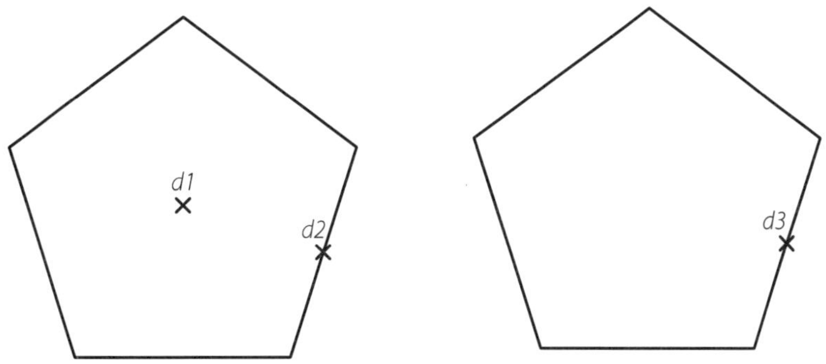

연습문제 다음 도형을 그려보자.

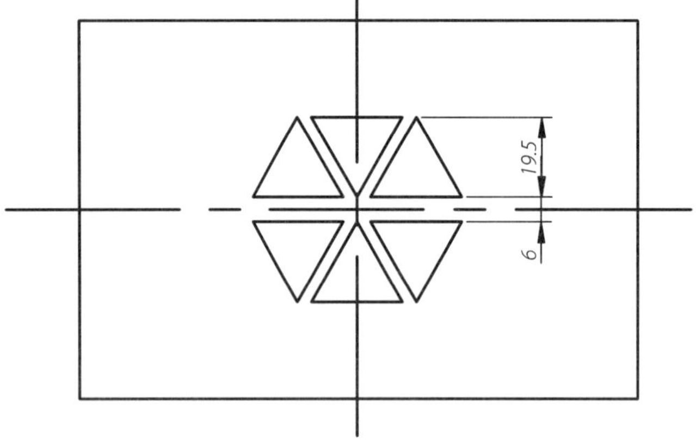

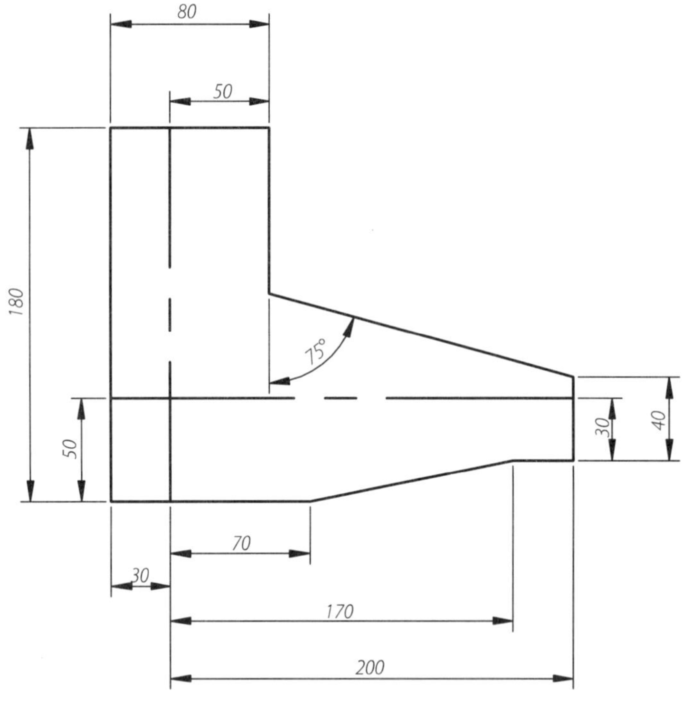

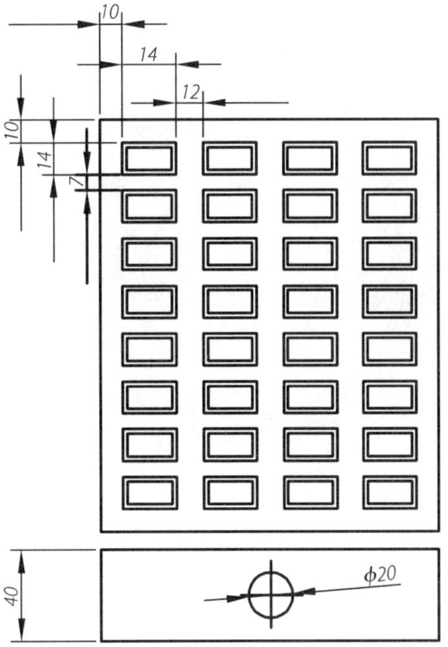
10
14
12
10
14
7
40
ϕ20

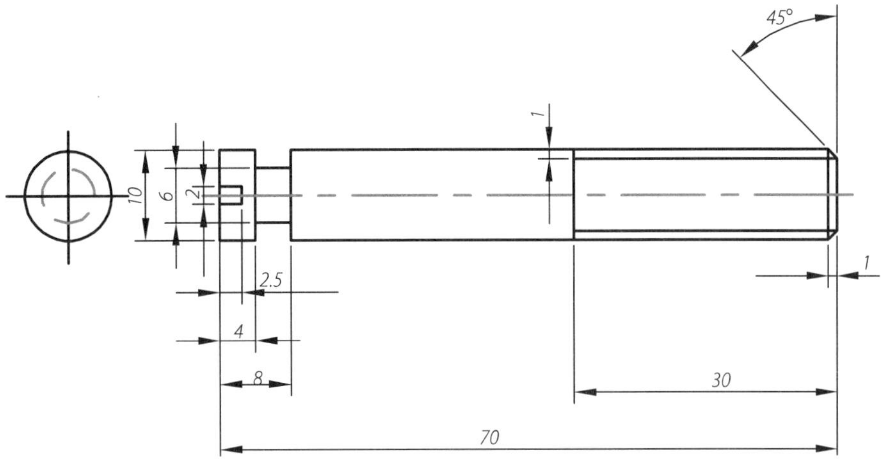
45°
1
10
6
2
2.5
4
8
1
30
70

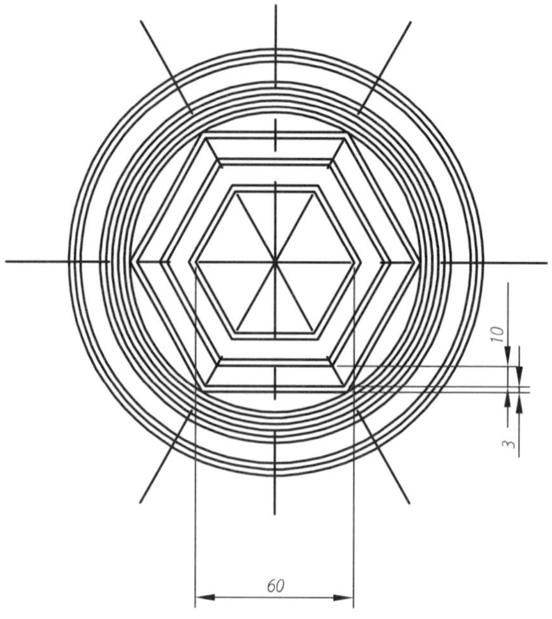
10
3
60

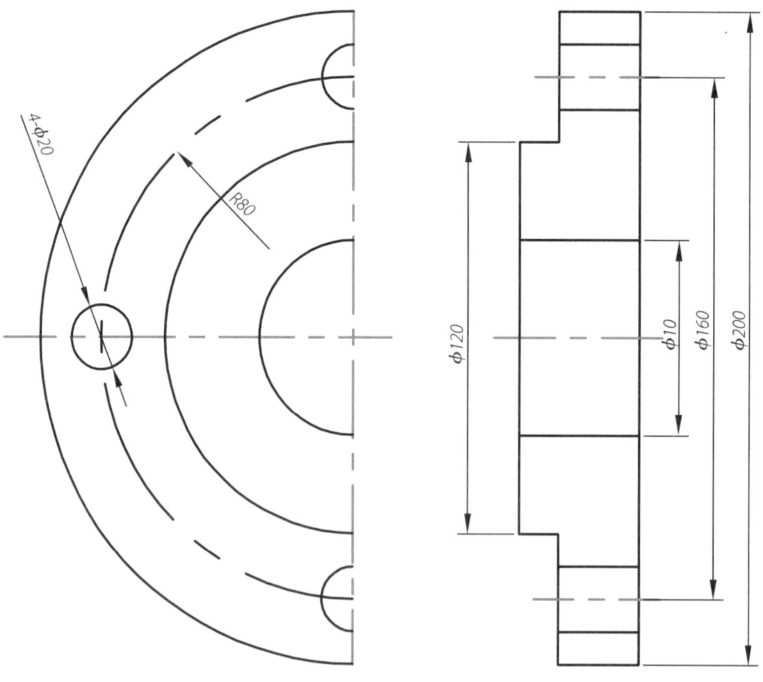
4-ϕ20
R80
ϕ120
ϕ10
ϕ160
ϕ200

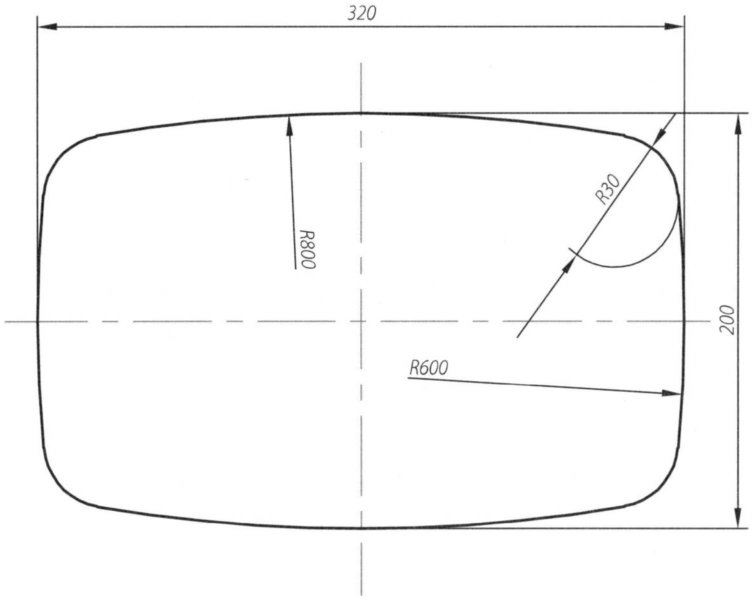
320
R800
R30
200
R600

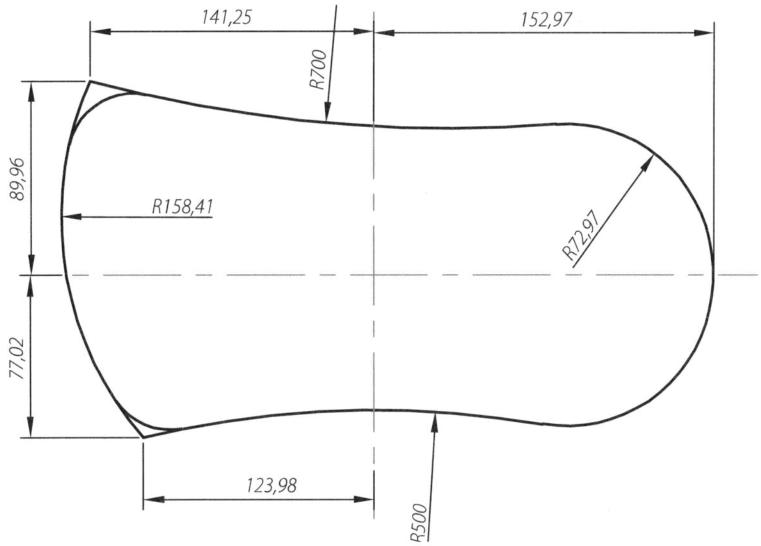
141,25
R700
152,97
89,96
R158,41
R72,97
77,02
123,98
R500

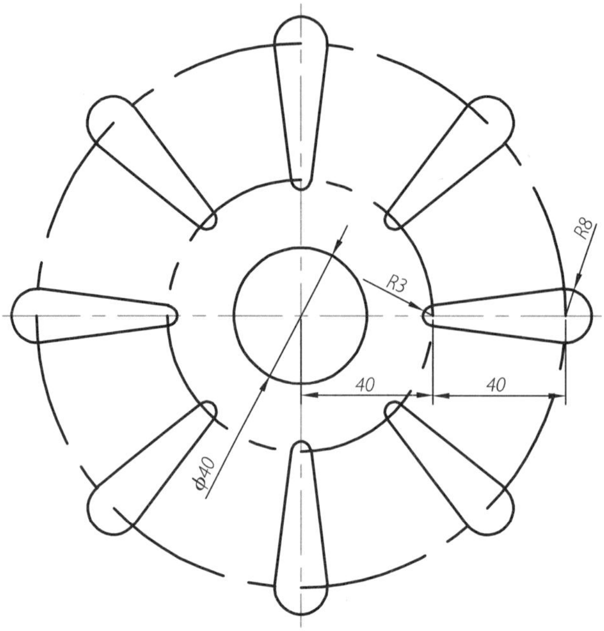
R8
R3
40
40
ϕ40

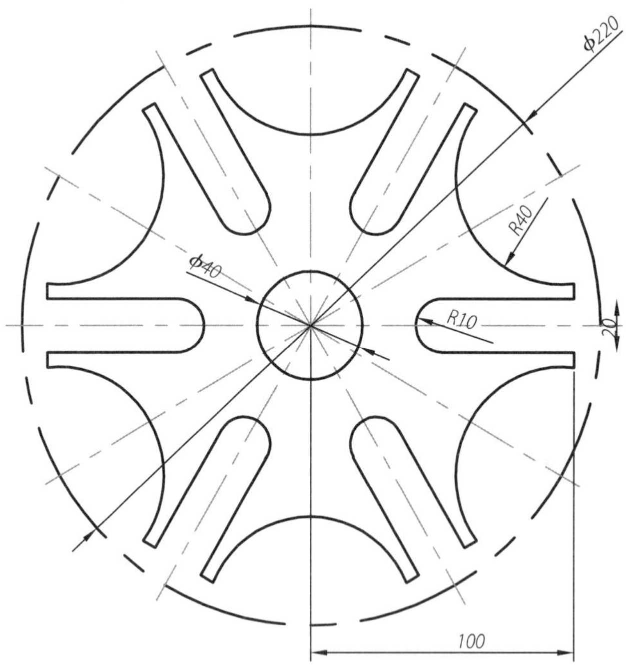
ϕ220
R40
ϕ40
R10
20
100

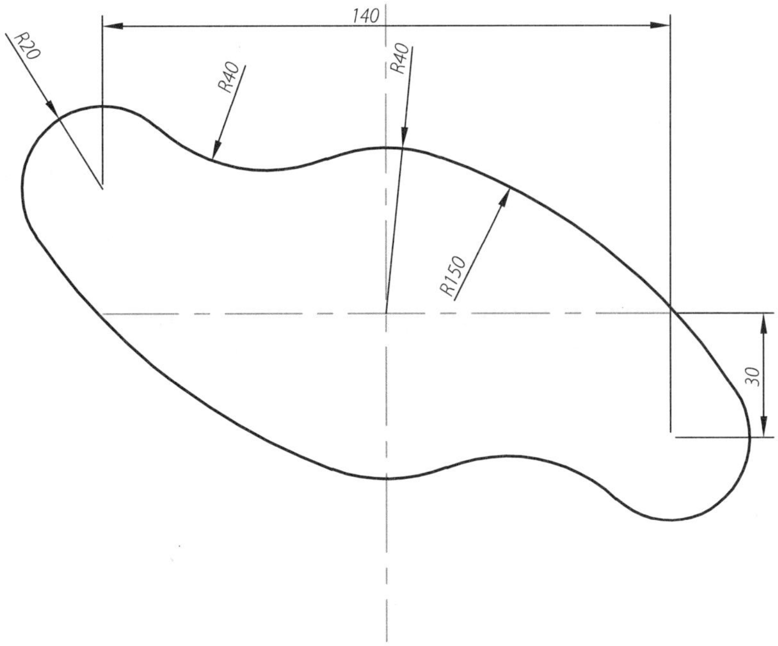
140
R20
R40
R40
R150
30

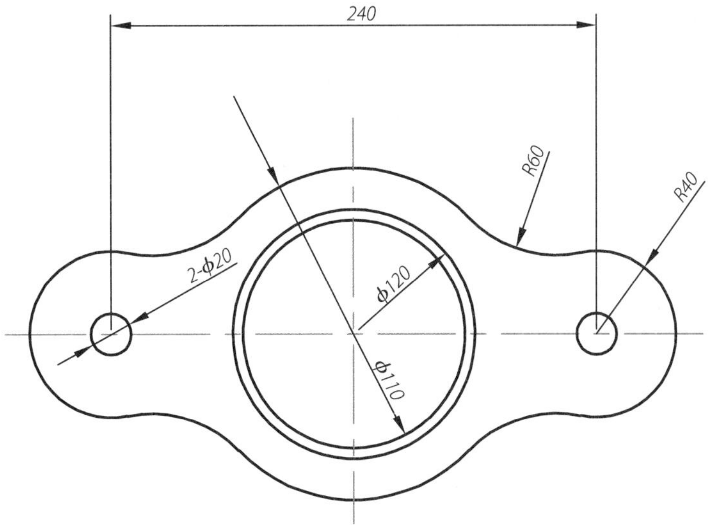
240
R60
R40
2-ϕ20
ϕ120
ϕ110

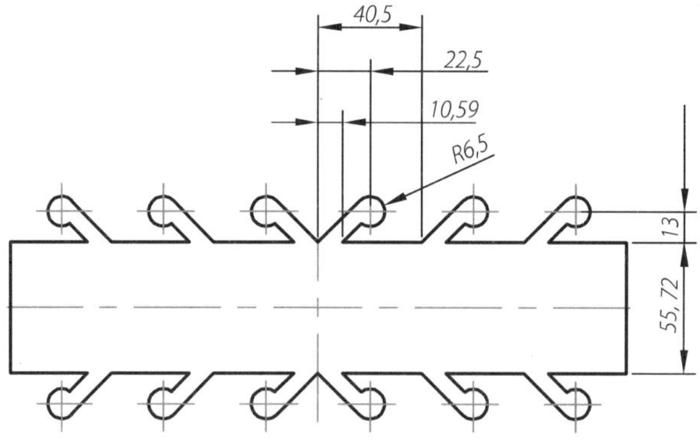

40,5
22,5
10,59
R6,5
13
55,72

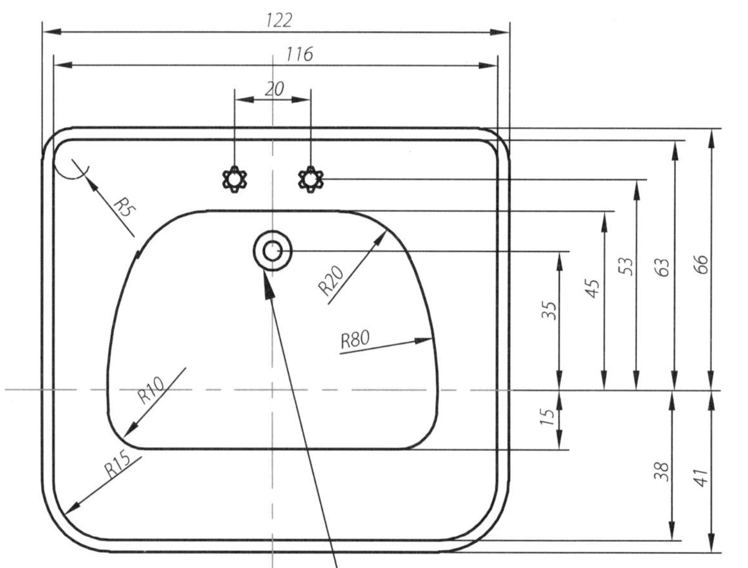

122
116
20
R5
R20
R80
R10
R15
35
45
53
63
66
15
38
41
M5 10.6 자리파기 7.4

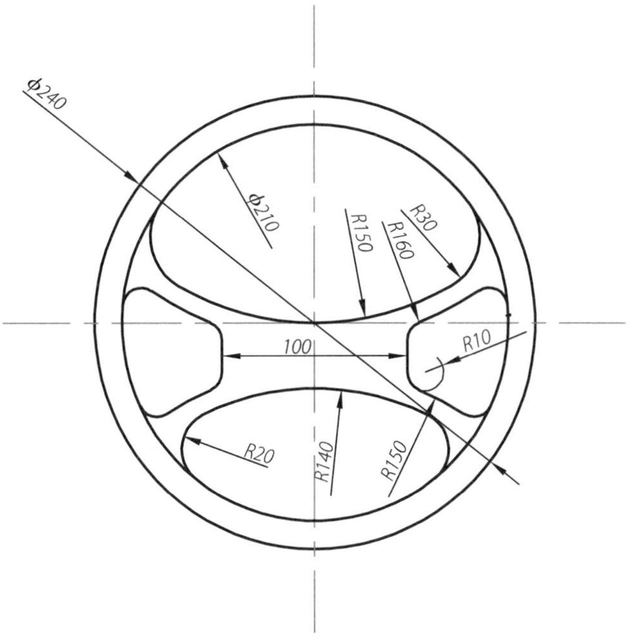

ϕ240
ϕ210
R150
R160
R30
100
R10
R20
R140
R150

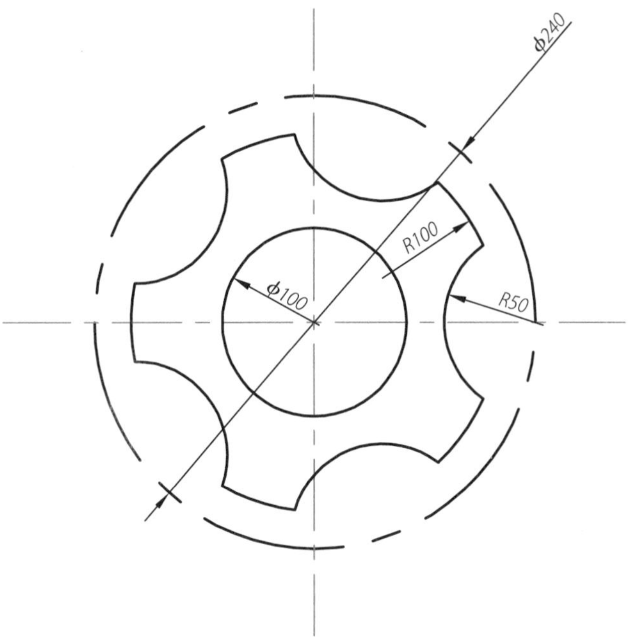

ϕ240
R100
ϕ100
R50

CHAPTER 09

치수 기입

도면에서 가장 중요한 정보는 치수이다. 이는 도면을 토대로 작업자가 정확한 가공을 가능하게 해준다. 따라서 이번 장에서는 다양한 치수를 기입하는 법을 배울 것이다.

항 목	명령어	아이콘	설 명
선형	DIMLINEAR	선형	선형 치수를 작성
정렬	DIMALIGNED	정렬	정렬된 선형치수를 작성
호 길이	DIMARC	호 길이	호 길이 치수를 작성
세로좌표	DIMORDINATE	세로좌표	세로좌표 치수를 작성
반지름	DIMRADIUS	반지름	원 및 호의 반지름 치수를 작성
꺾기	DIMJOGGED	꺾기	원과 호의 꺾기 치수를 작성
지름	DIMDIAMETER	지름	원 또는 호의 지름 치수를 작성
각도	DIMANGULAR	각도	각도 치수를 작성
신속치수	QDIM		선택한 객체로부터 일련의 치수를 신속하게 작성
기준선	DIMBASELINE	기준선	선택된 치수 또는 이전 치수의 기준선으로부터 선형치수, 각도 치수 도는 세로좌표 치수를 작성
연속	DIMCONTINUE	연속	이전에 작성한 치수의 치수 보조선에서 시작되는 치수의 작성

항 목	명령어	아이콘	설 명
공간조정	DIMSPACE		선형치수 또는 각도 치수 사이의 간격두기를 조정
치수끊기	DIMBREAK		치수선 및 치수보조선이 다른 객체와 교파하는 지점에서 선을 끊거나 복원
공차	TOLERANCE		형상 공차에 포함된 기하학적 공차를 작성
중심표식	DIMCENTER		원 및 호의 중심 표식 또는 중심선을 작성
검사	DIMINSPECT		선택한 치수에 대한 검사 정보를 추가 또는 제거
꺾어진 선형	DIMJOGLINE		선형 또는 정렬 치수에 꺾기 선을 추가하거나 제거
치수 편집	DIMEDIT		치수 문자 및 치수보조선을 편집
치수 문자 편집	DIMTEDIT		치수 문자를 이동 및 회전하고 치수선의 위치를 조정
치수 업데이트	-DIMSTYLE		현재 치수 스타일로 치수 객체를 업데이트
치수 스타일	DIMSTYLE		도면의 치수에 사용되는 단위유형을 표시

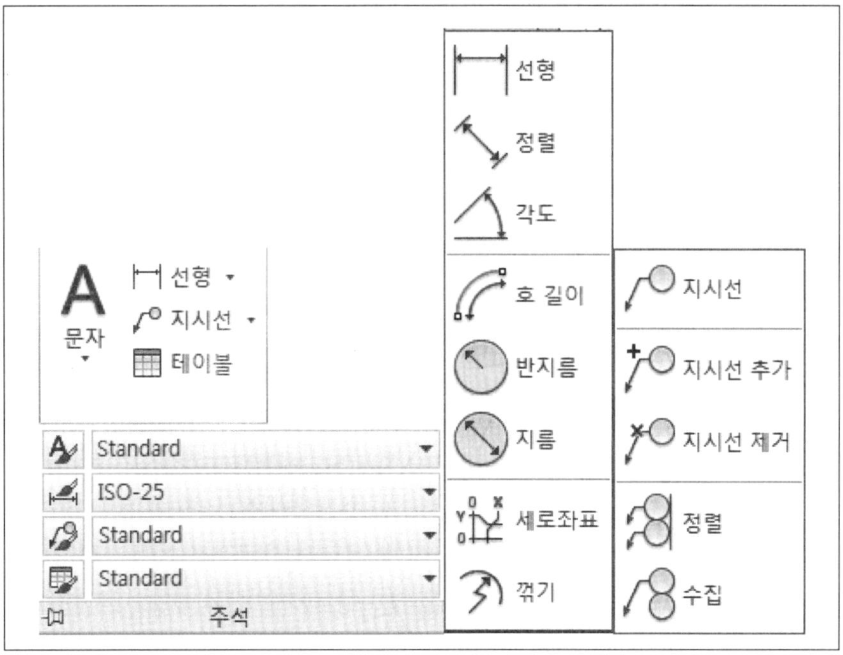

01 개요

제품이나 건물 등을 나타내기 위하여 도면에 그려진 도형은 수평거리나 수직거리, 각도, 지름, 반지름을 기록하여야 할 필요가 있다. 이와 같은 거리나 각도, 지름, 반지름 등을 치수라고 한다. 도면에 치수를 나타내는 구성요소는 다음과 같다.

- **치수선** : 치수의 범위를 나타내는 선이다. 직선 치수, 현의 길이에 대한 치수선은 직선이고, 각도 치수의 치수선은 원호이다.
- **치수보조선** : 치수 기입된 대상물에서 치수선까지 그려진다. 치수보조선은 치수선에 수직으로 그려지지만, 경사지게 그릴 수도 있다.
- **치수 문자** : 실제 치수값 또는 기호 등을 나타내는 문자를 의미한다.
- **화살표** : 치수선의 끝에 표시되어 측정값이 시작되고 끝나는 지점을 표시한다.
- **지시선** : 대상물이 작아 치수 기입이 어려울 때, 적당한 위치로 기입하는 선이다.
- **중심표식** : 원이나 호의 중심을 표시하는 모양의 표시이다.
- **중심선** : 중심 표시로부터 연장된 선이다.

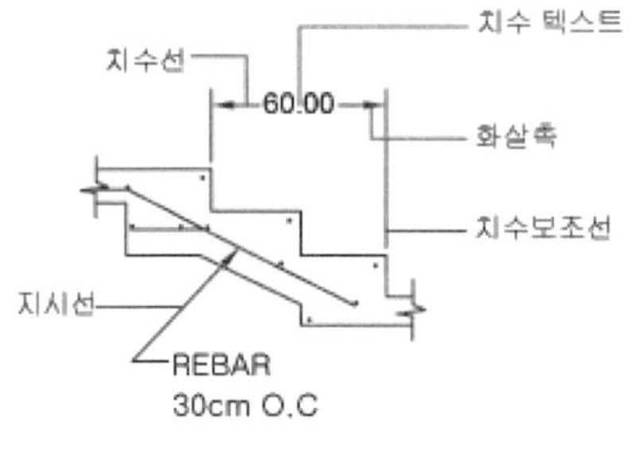

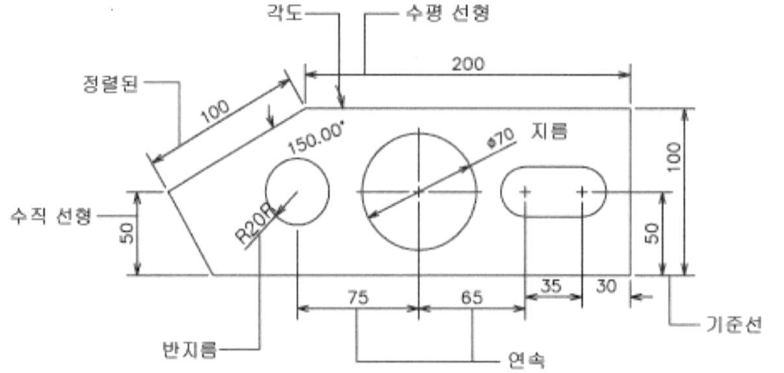

02 선형(DIMLINEAR)

버튼

- **리본:** 주석 탭 ➤ 치수 패널 ➤ 선형
- **메뉴:** 치수 ➤ 선형
- **도구막대:** 치수

- 주석(치수) 패널  선형을 클릭한다.
- 치수 기입할 객체를 선택하거나 길이를 기입하고자 하는 첫번째 점과 두번째 점을 지정한다.
- 치수 선 위치를 지정 전에 치수 방향 또는 문자, 문자 각도, 치수 선 각도를 편집할 수 있다. 이들 편집 방법은 아래의 표를 참조한다. 편집할 필요가 없으면 다음 단계로 넘어간다.
- 치수선이 놓일 곳을 마우스로 지정한다.

치수선과 문자에 대한 편집은 아래와 같은 방법으로 한다.

여러 줄 문자(M)	문자를 편집하려면 m(여러 줄 문자)을 입력하여 문자 편집기에서 수정한다. 각괄호(〈 〉) 내에서 편집하거나 각괄호를 덮어쓰면 프로그램에서 계산한 치수 값이 변경되거나 없어진다. 각괄호 앞 또는 뒤에 문자를 추가하면 치수 값 앞 또는 뒤에 문자가 추가된다. 그러나 각괄호 안의 숫자를 변경하거나 제거하는 것은 특별히 필요한 경우가 아니면 사용하지 않는 것이 좋다.
문자(T)	치수문자를 수정한다.
각도(A)	치수문자의 회전각도를 입력한다. 각도를 입력하면 입력된 각도만큼 문자가 회전되어 표시된다. 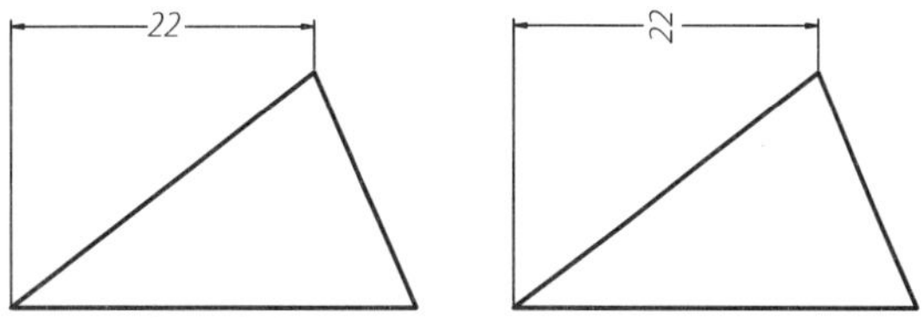 각도 이전 각도 이후

수평치수(H)	
수직치수(V)	
회전(R)	치수보조선을 회전하려면 r(rotate)을 입력하고 치수선 각도를 입력한다. 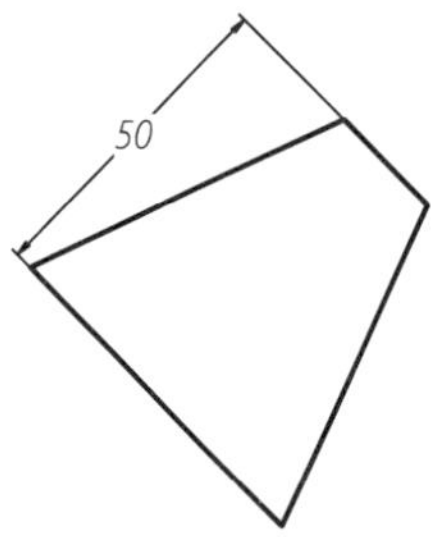

두 점을 입력하여 치수 기입

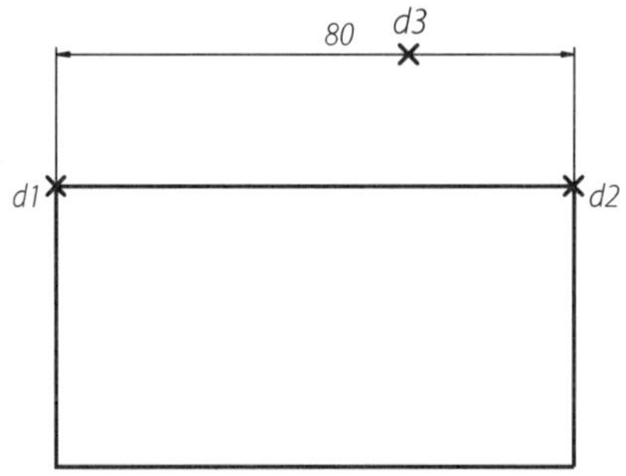

- 치수 도구막대에서 “선형”을 선택한다.
- 첫 번째 치수보조선 원점 지정 또는 〈객체 선택〉 : 첫 번째 치수보조선의 기준점 d1 클릭
- 두 번째 치수보조선 원점 지정 : 두 번째 치수보조선의 기준점 d2 클릭
- 치수선의 위치 지정 또는 [여러 줄 문자 (M)/문자 (T)/ 각도 (A)/ 수평(H)/ 수직(V)/ 회전(R)] : 치수선의 위치 d3 클릭 ◁ 치수선의 위치를 지정하기 전에 커서를 이동 상 · 하 · 좌 · 우로 이동시키면 별도의 지정없이 수평이나 수직 치수를 넣을 수 있다.

대상물 선택하여 치수 넣기

• 첫 번째와 두 번째 치수보조선의 원점을 자동으로 결정한다.

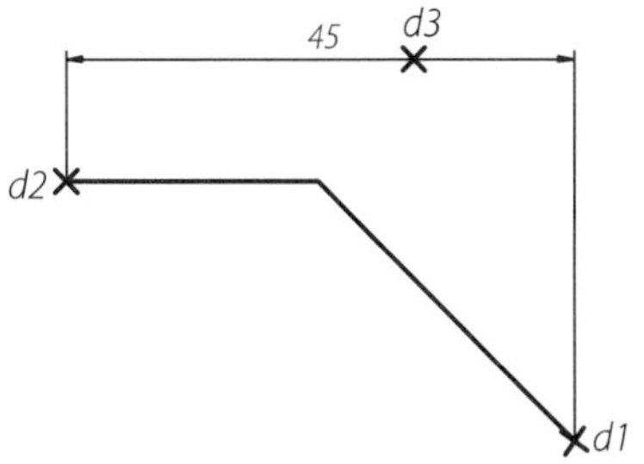

• 치수 도구막대에서 "선형"을 선택한다.

• 첫 번째 치수보조선 원점 지정 또는 〈객체 선택〉 : Enter↵ ◁ 자동 치수기입을 하기 위해

• 두 번째 치수보조선 원점 지정 : 치수기입 할 객체를 d1 클릭

• 치수선의 위치 지정 또는 [여러 줄 문자(M)/문자(T)/각도(A)/수평(H)/수직(V)/회전(R)] : 치수선의 위치 d2 클릭

• 폴리선 및 기타 분해가능한 대상물의 경우, 개별적인 선과 호 선분만이 치수기입 된다.

치수선의 위치를 지정하기 전에 옵션을 사용할 수 있는데 옵션의 내용은 다음과 같다.

• **여러 줄 문자**(M) : 문자를 사용자화 한다. 거리를 측정한 다음, 다중행 문서 편집기 대화상자에서 치수 문자를 각괄호(< >)로 표시한다. < >는 측정된 거리를 뜻하는 것으로 실제 치수기입을 하면 숫자로 표시된다.

• **문자**(T) : 문자를 사용자화 한다. 거리를 측정한 다음, 명령행에서 그 거리를 기본값으로 표시한다.

  새 치수 문자를 입력 〈45〉 : 치수 문자를 입력한다.

• **각도**(A) : 치수 문자의 각도를 변경한다.

  – 치수 문자의 각도를 지정 : 치수 문자의 각도를 지정한다.

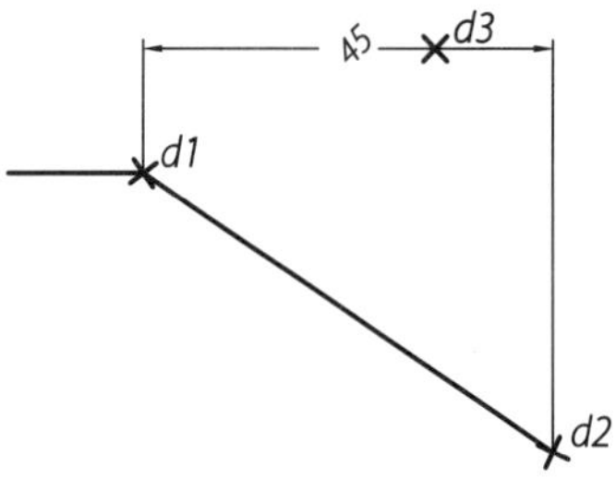

- **수평**(H) : 수평 선형 치수를 작성한다.
  - 치수선의 위치 지정 또는 [여러 줄 문자(M)/문자(T)/각도(A)] : 치수선의 위치를 지정하거나 옵션을 선택한다.
- **수직**(V) : 수직 선형 치수를 작성한다.
- **회전**(R) : 회전 선형 치수를 작성한다.
  - 치수선의 각도를 지정 〈0〉 : 치수선의 각도를 지정한다.

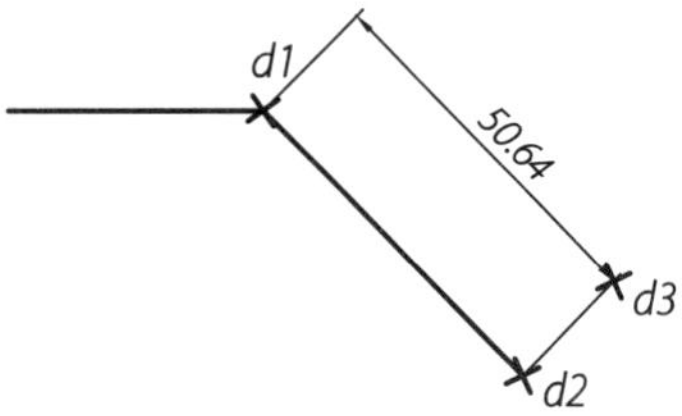

03 정렬(DIMALIGNED)

버튼

- 리본: 주석 탭 ➤ 치수 패널 ➤ 정렬
- 메뉴: 치수 ➤ 정렬
- 도구막대: 치수

선형 치수를 위하여 입력된 두 점과 평행한 치수선을 그리고, 그 거리를 치수로 표시한다. 치수를 입력하는 방법은 선형 치수와 유사하며 다만 옵션기능에서 여러 줄 문자(M), 문자(T), 각도(A), 회전(R) 기능만 사용한다.

여러 줄 문자(M)	문자를 편집하려면 m(여러 줄 문자)을 입력하여 문자 편집기에서 수정한다.
문자(T)	치수문자를 수정한다.
각도(A)	치수문자의 회전각도를 입력한다. 각도를 입력하면 입력된 각도만큼 문자가 회전되어 표시된다. 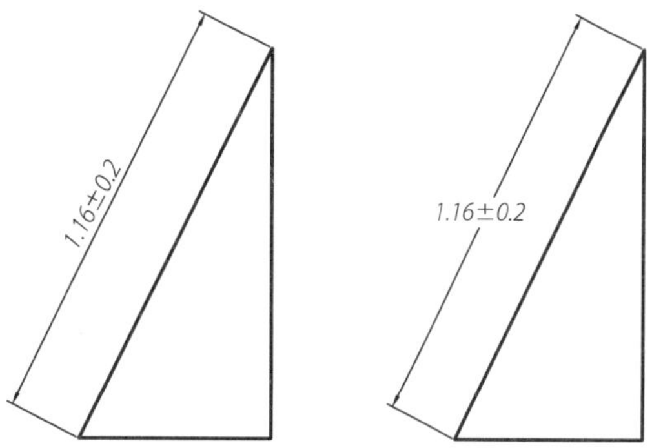 각도 이전 각도 이후

- 첫 번째 치수 보조선 원점 지정 또는 〈객체 선택〉 : 첫 번째 치수보조선의 원점(d1)을 지정하거나 (엔터)를 눌러 자동 치수 보조선을 선택한다.
- 두 번째 치수보조선 원점 지정: 두번째 치수보조선 원점(d2)을 선택한다.
- 치수선의 위치 지정 또는 [여러 줄 문자(M)/문자(T)/각도(A)]: 치수선의 위치(d3)를 지정하거나 옵션을 선택한다.
- 치수 도구막대에서 Aligned Dimension을 선택한다.

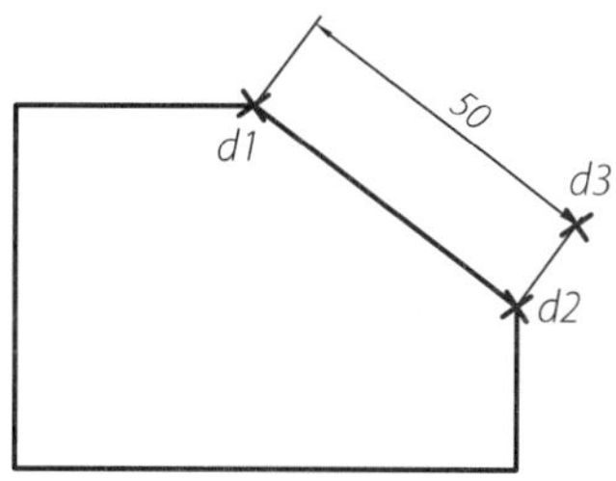

04 호 길이(DIMARC)

버튼

- 리본: 주석 탭 ➤ 치수 패널 ➤ 호 길이
- 메뉴: 치수 ➤ 호 길이
- 도구막대: 치수

호 길이 치수는 호 또는 폴리선 호 세그먼트를 따라 거리를 표시한다. 호 길이 치수의 치수보조선은 직교 또는 원형일 수 있다. 호 기호는 위에 표시되거나 치수 문자 앞에 표시된다.

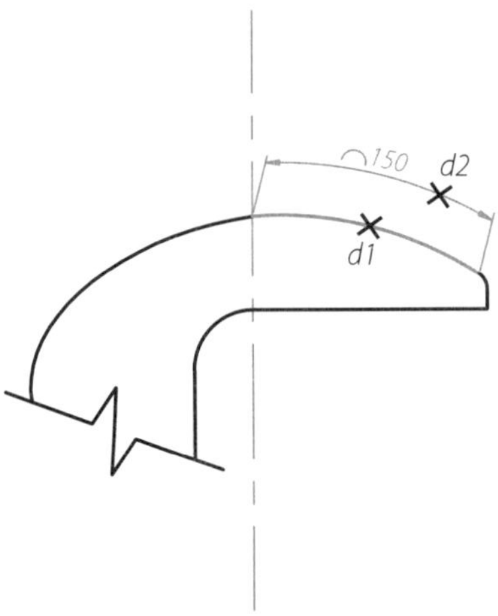

여러 줄 문자(M)	문자를 편집하려면 m(여러 줄 문자)을 입력하여 문자 편집기에서 수정한다. 각괄호(〈 〉) 내에서 편집하거나 각괄호를 덮어쓰면 프로그램에서 계산한 치수 값이 변경되거나 없어진다. 각괄호 앞 또는 뒤에 문자를 추가하면 치수 값 앞 또는 뒤에 문자가 추가된다. 그러나 각괄호 안의 숫자를 변경하거나 제거하는 것은 특별히 필요한 경우가 아니면 사용하지 않는 것이 좋다.
문자(T)	치수문자를 수정한다.

각도(A)	치수문자의 회전각도를 입력한다. 각도를 입력하면 입력된 각도만큼 문자가 회전되어 표시된다.
부분	호 길이 치수의 길이를 줄인다.
지시선	지시선 객체를 추가한다. 호(또는 호 세그먼트)가 90도보다 클 경우에만 옵션이 표시된다.
지시선 없음	지시선을 작성하기 전에 지시선 옵션을 취소한다.

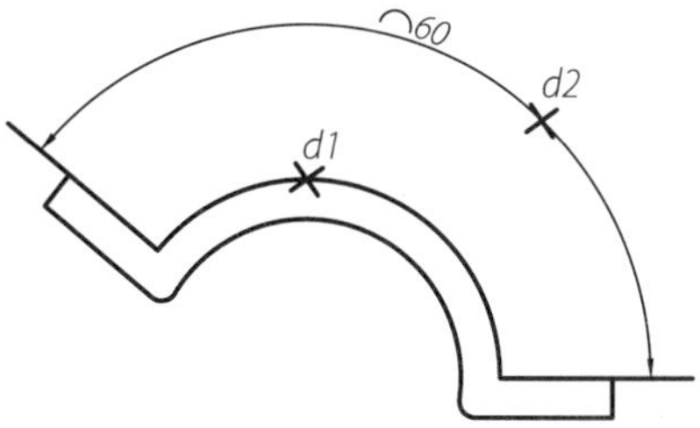

05 세로 좌표(DIMORDINATE)

버튼

- **리본:** 주석 탭 ➤ 치수 패널 ➤ 세로좌표
- **메뉴:** 치수 ➤ 세로좌표
- **도구막대:** 치수

아래 그림과 같이 왼쪽 아래를 데이텀(datum, 원점)이라고 할 때 그 점을 기준으로 구멍이나 점과 같은 특징형상(feature)의 수평거리와 수직거리를 입력한다. 이러한 치수는 데이텀에서 피쳐까지 정확한 간격띄우기를 유지함으로써 오류가 누적되는 것을 방지한다.

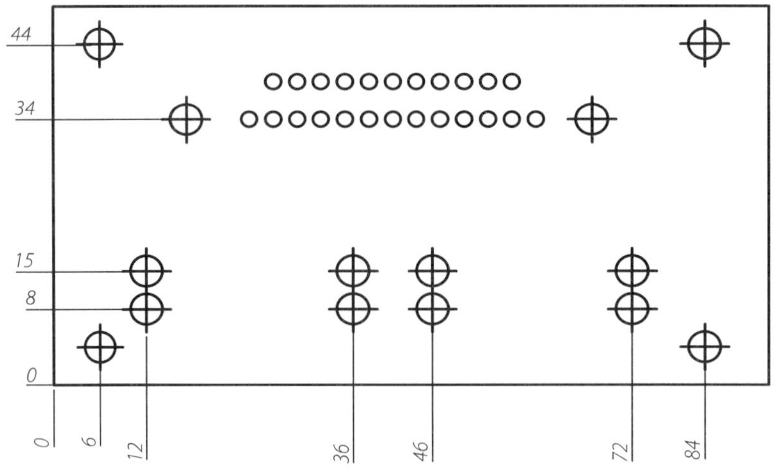

다음과 같은 옵션 기능이 있다.

X 세로 좌표	X 세로좌표를 표시한다. 끝점 지정할 수 있는 위치에 지시선 끝점 프롬프트가 표시된다. 이것은 따로 지정하지 않아도 마우스의 위치에 따라 X 세로좌표와 Y세로좌표를 표시하여 준다. 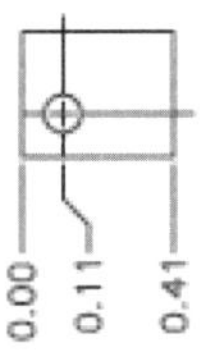 X 데이텀
Y 세로 좌표	X 세로좌표를 표시한다. 끝점 지정할 수 있는 위치에 지시선 끝점 프롬프트가 표시된다. 이것은 따로 지정하지 않아도 마우스의 위치에 따라 X 세로좌표와 Y세로좌표를 표시하여 준다. 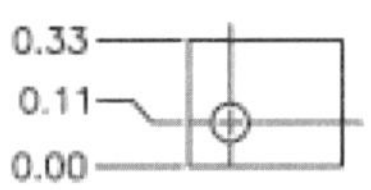 Y 데이텀
여러 줄 문자(M)	문자를 편집하려면 m(여러 줄 문자)을 입력하여 문자 편집기에서 수정한다.
문자(T)	치수문자를 수정한다.
각도(A)	치수문자의 회전각도를 입력한다. 각도를 입력하면 입력된 각도만큼 문자가 회전되어 표시된다.

- 피쳐 위치를 지정 : 피쳐의 위치를 지정한다.
- 지시선 끝점을 지정 또는 [X데이텀(X)/Y데이텀(Y)/여러 줄 문자(M)/문자(T)/각도(A)] :

지시선의 끝점을 지정하거나 옵션을 선택한다.

- 치수문자=(현재 값) 기입된 치수 문자를 표시한다.

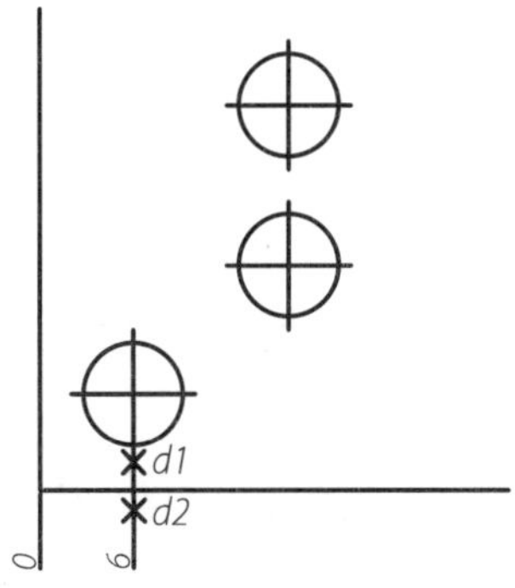

치수 도구막대에서 세로좌표를 선택한다.

- 피쳐 위치를 지정 : 피쳐의 위치로 d1 클릭
- 지시선 끝점을 지정 또는 [X데이텀(X)/Y데이텀(Y)/여러 줄 문자(M)/문자(T)/각도(A)] : 지시선의 끝점으로 d2 클릭
- 치수문자=11
  - 데이텀, 원점(X기준) : X 세로좌표를 측정하고 지시선과 치수 문자의 방향을 결정한다.
  - 데이텀(Y기준) : Y 세로좌표를 측정하고 지시선과 치수 문자의 방향을 결정한다.
  - 여러 줄 문자(M), 문자(T), 각도(A) 옵션은 DIMLINEAR 명령의 옵션의 내용과 같다.

06 반지름(DIMRADIUS)

버튼

- 리본: 주석 탭 ➤ 치수 패널 ➤ 반지름
- 메뉴: 치수 ➤ 반지름
- 도구막대: 치수

선택한 원이나 호의 반지름을 측정하고 원이나 호 앞에 반지름 기호(R)와 함께 치수 문자를 표시한다. 반지름 치수는 화살표를 가진 반지름 치수선과 호나 원의 끝에 그려진다.

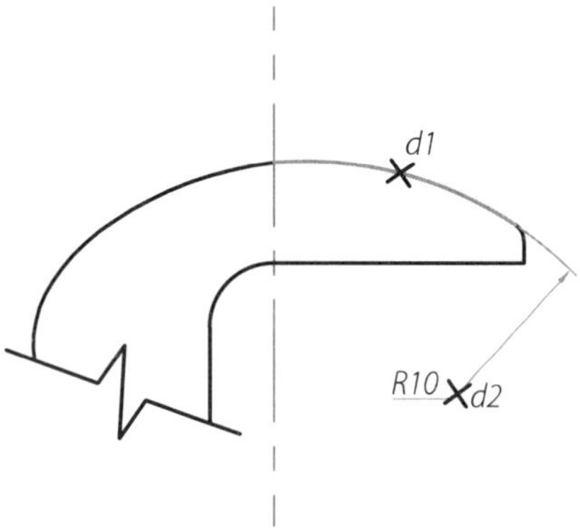

다음과 같은 옵션 기능이 있다.

여러 줄 문자(M)	문자를 편집하려면 m(여러 줄 문자)을 입력하여 문자 편집기에서 수정한다.
문자(T)	치수문자를 수정한다.
각도(A)	치수문자의 회전각도를 입력한다. 각도를 입력하면 입력된 각도만큼 문자가 회전되어 표시된다.

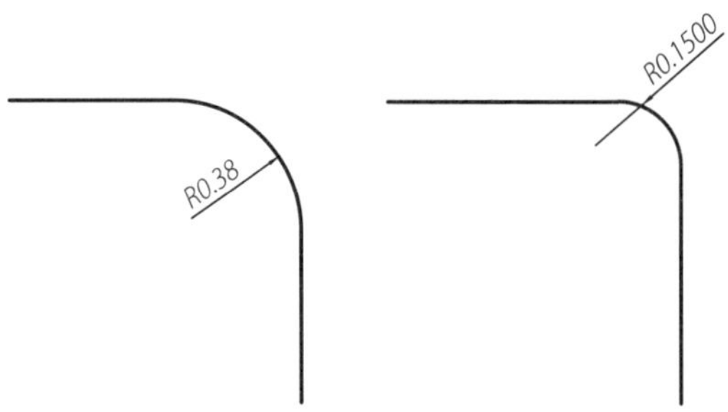

치수 도구막대에서 Radius Dimension을 선택한다.

- 호 또는 원 선택 : 원호 d1 클릭
- 치수문자=(현재 값) : 반지름을 측정한 다음, 앞에 R이라는 글자와 함께 문자를 표시한다.

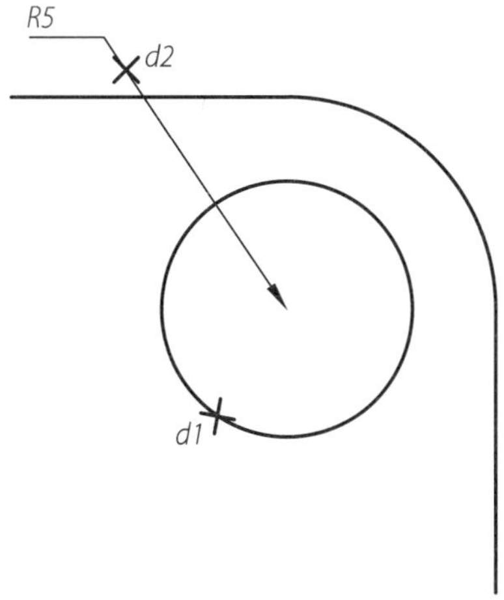

- 치수선의 위치 지정 또는 [여러 줄의 문자(M)/문자(T)/각도(A)] : 치수선의 위치로 d2 클릭 커서의 위치는 문자의 위치를 결정한다. 커서를 이동시키면, 치수는 원 또는 호의 주위나 내부로 이동한다. 수평 치수 문자에 대해, 반지름 치수선의 각도가 수평으로부터 15° 이상일 경우, 화살표 한 개의 길이로 치수 문자 옆에, 갈고리 선을 그린다.

07 꺾기(DIMJOGGED)

버튼

- 리본: 주석 탭 ➤ 치수 패널 ➤ 꺾어진
- 메뉴: 치수 ➤ 꺾어진
- 도구막대: 치수

다음의 그림과 같이 원 또는 원호의 반지름이 커서 반지름의 위치가 도면을 벗어날 때, 도면 내의 적당한 위치로 원의 중심을 옮기고, 치수선을 꺾는다.

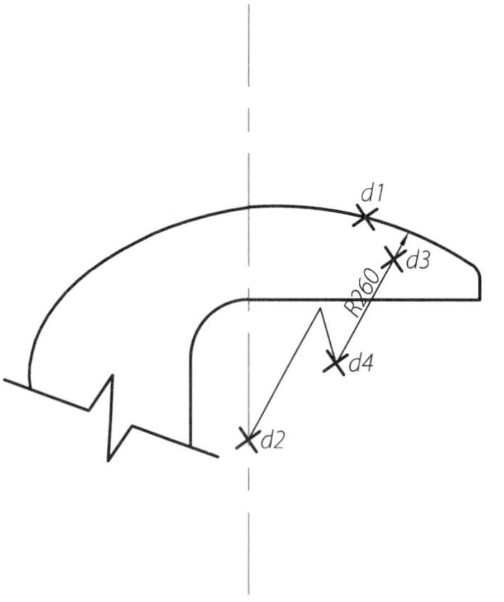

08 지름 치수(DIMDIAMETER)

선택한 원이나 호의 지름을 측정하고 원이나 호 앞에 지름 기호(∅)와 함께 치수 문자를 표시한다.

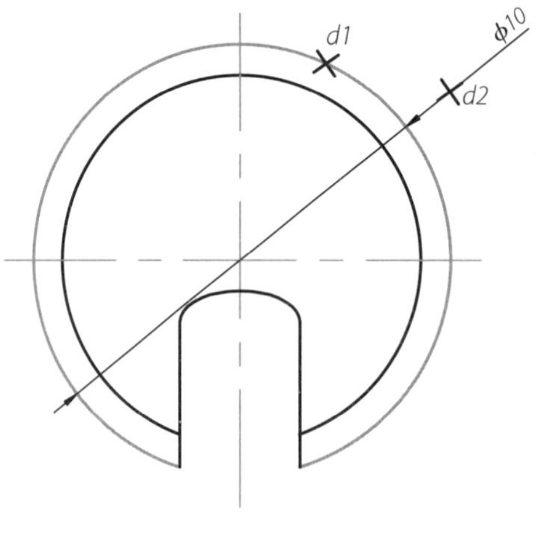

다음과 같은 옵션 기능이 있다.

여러 줄 문자(M)	문자를 편집하려면 m(여러 줄 문자)을 입력하여 문자 편집기에서 수정한다.
문자(T)	치수문자를 수정한다.
각도(A)	치수문자의 회전각도를 입력한다. 각도를 입력하면 입력된 각도만큼 문자가 회전되어 표시된다.

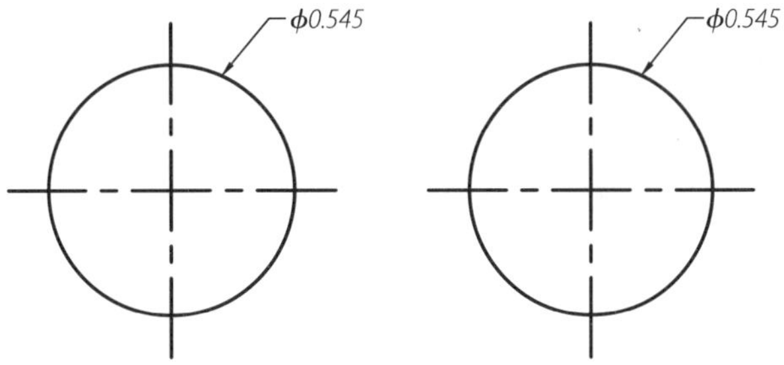

- 호 또는 원 선택 : 호나 원을 선택한다.
- 치수문자=(현재 값) : 치수 문자를 표시한다.
- 치수선의 위치 지정 또는 [여러 줄의 문자(M)/문자(T)/각도(A)] : 치수선의 위치를 지정하거나 옵션을 선택한다.

치수 도구막대에서 "지름"을 선택한다.

- 호 또는 원 선택 : 대상물 d1 클릭 ◁ 커서의 위치에 따라 치수선의 위치가 결정된다. 커서를 이동시키면, 치수는 원 또는 호의 주위나 내부로 이동된다.

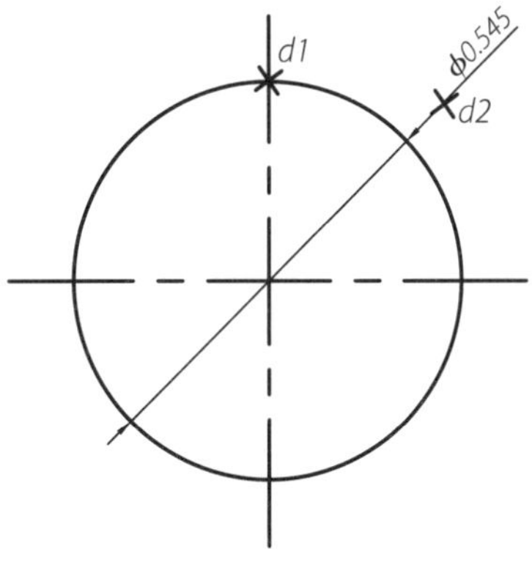

09 각도(DIMANGULAR)

버튼

- 리본: 주석 탭 ➤ 치수 패널 ➤ 각도
- 메뉴: 치수 ➤ 각도
- 도구막대: 치수

원호, 원, 선을 선택하거나 3개의 점을 선택하여 각도를 기입한다. 각도를 표시하기 위한 치수선은 원호이기 때문에 측정할 각도를 따라 원호가 표시된다. 치수문자를 기입하기 위한 옵션은 다음과 같다.

여러 줄 문자(M)	문자를 편집하려면 m(여러 줄 문자)을 입력하여 문자 편집기에서 수정한다.
문자(T)	치수문자를 수정한다.
각도(A)	치수문자의 회전각도를 입력한다. 각도를 입력하면 입력된 각도만큼 문자가 회전되어 표시된다.

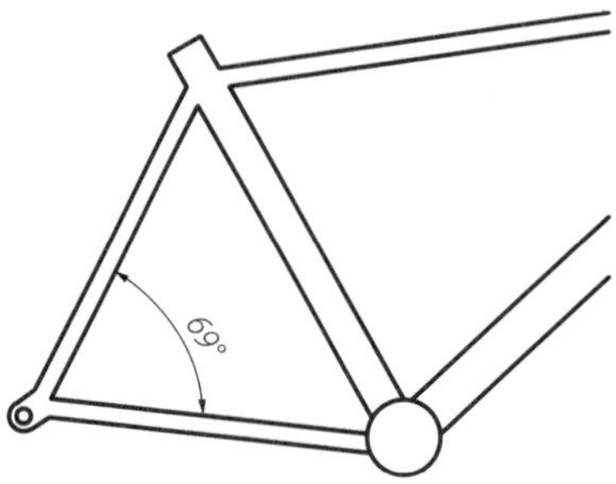

원호를 선택한 경우

선택한 원호의 중심은 각도 중심점이 되며, 호의 끝점은 치수보조선의 원점이 된다. 치수보조선 사이에 치수선을 호로 그린다. 치수보조선은 각도 끝점에서 치수선의 교차점까지 그려진다.

치수 도구막대에서 “각도”를 선택한다.

- 호, 원, 선을 선택하거나 〈정점 지정〉 : 대상물 d1 클릭
- 치수 호 선의 위치 지정 또는 [여러 줄 문자(M) 문자(T) 각도(A) 사분점(Q)] : 치수선의 위치로 d2 클릭

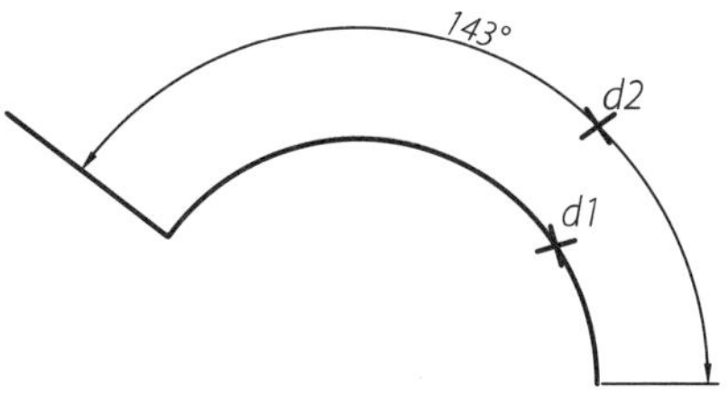

원을 선택한 경우

선택한 원을 사용하여, 치수에 대한 두 개의 점을 지정하여야 한다. 원의 중심은 각도 중심점이 된다. 두 번째 각의 끝점은 원주 상에 있지 않아도 된다. 되며, 오토캐드는 치수 보조선 사이에 치수선을 호로 그리고 치수보조선은 각도 끝점에서 치수선의 교차점까지 그려진다.

치수 도구막대에서 “각도”를 선택한다.

- 호, 원, 선을 선택하거나 〈정점 지정〉 : 대상물 d1 클릭
- 두 번째 선 선택 : 두 번째 각도 끝점 d2 클릭

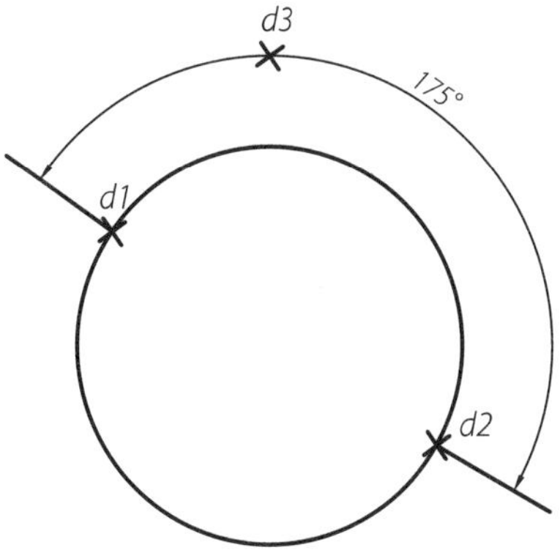

- 치수 호 선의 위치 지정 또는 [여러 줄 문자(M)/문자(T)/각도(A)/사분점(Q)] : 치수선의 위치로 d3 클릭
- 현재 치수=203

선을 선택한 경우

두 개의 선을 사용하여 두 선이 이루는 각도를 표시한다. 각도 꼭지점으로 두 선의 교차점을 사용한다. 치수선은 두 개의 선 사이의 각도에 걸쳐 있고 그 각도는 항상 180° 미만이다.

- 호, 원, 선을 선택하거나 〈정점 지정〉 : 대상물 d1 클릭
- 두 번째 선 선택 : 두 번째 선 d2 클릭
- 치수 호 선의 위치 지정 또는 [여러 줄 문자(M)/문자(T)/각도(A)/사분점(Q)] : 치수선의 위치 d3 클릭

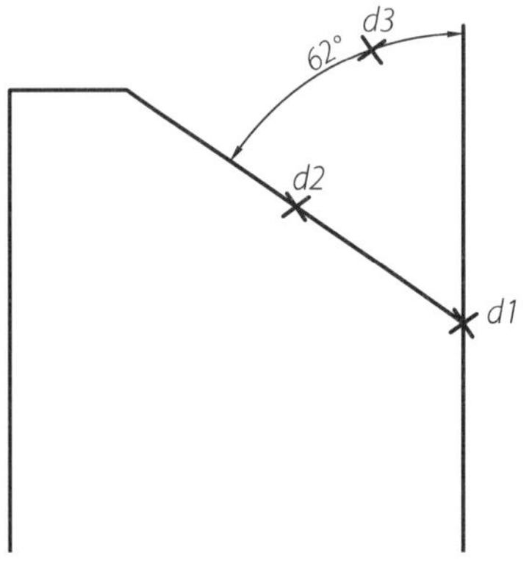

10 신속치수(QDIM)

한 번에 여러 개의 대상물을 선택하여 기준선, 연속 및 세로좌표 치수 같은 치수 배열을 작성한다. 이것은 일련의 기준선이나 연속된 치수를 작성할 때 유용하다. 여러 개의 도형을 선택할 경우에는 사각 윈도를 이용한다.

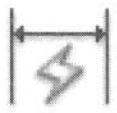

버튼

- 리본: 주석 탭 ➤ 치수 패널 ➤ 신속 치수
- 메뉴: 치수 ➤ 신속 치수
- 도구막대: 치수

한 번에 여러 개의 도형을 선택하여 기준선, 연속 및 세로좌표 치수 같은 치수 배열을 작성한다. 이것은 일련의 기준선이나 연속된 치수를 작성할 때 유용하다. 여러 도형을 선택한 하고 다음의 옵션을 선택하면 선택된 도형에 대한 치수를 한꺼번에 작성하여 준다.

연속(C)	선형 치수 선이 모두 동일한 선의 끝에서 끝까지 걸쳐 있는 일련의 연속 치수를 작성한다.
다중(S)	선형 치수 선이 서로 일정한 간격으로 간격띄우기되어 있는 일련의 다중 치수를 작성한다.
기준선(B)	선형 치수가 공통 치수보조선을 공유하는 일련의 기준선 치수를 작성한다.
세로좌표(O)	치수보조선 하나와 데이터 점을 기준으로 측정된 X 또는 Y 값을 함께 사용하여 피쳐에 주석을 단 일련의 세로좌표 치수를 작성한다.
반지름(R)	선택한 호 및 원의 반지름 값이 표시된 일련의 반지름 치수를 작성한다.
지름(D)	선택한 호 및 원의 반지름 값이 표시된 일련의 반지름 치수를 작성한다.
데이텀 점(P)	데이텀 점을 새로 정하도록 한다.
편집(E)	치수를 생성하기 전에 필요없는 점을 제거/추가한다.
설정(T)	치수보조선 원점(교차점 또는 끝점)을 지정하기 위한 객체 스냅 우선순위를 설정한다.

- 치수 기입할 형상 선택 : 치수 기입할 형상을 선택한다.
- 치수선의 위치 지정 또는 [연속(C)/다중(S)/기준선(B)/세로좌표(O)/반지름(R)/지름(D)/데이텀 점(P)/편집(E)/설정(T)] 〈연속(C)〉 : 치수선의 위치를 지정하거나 옵션을 선택한다. 기본 치수 모드는 연속(C)이다.

치수 도구막대에서 “신속치수”를 선택한다.

- 치수 기입할 형상 선택 : 1) 치수를 기입할 형상 선택을 위해 d1 클릭
  2) 반대 구석 d2 클릭

• 치수 기입할 형상 선택 : Enter↵를 눌러 형상 선택을 끝낸다.

• 치수선의 위치 지정 또는 [연속(C)/다중(S)/기준선(B)/세로좌표(O)/반지름(R)/지름(D)/데이텀 점(P)/편집(E)/설정(T)] 〈연속(C)〉 : 치수선의 위치 d3 클릭

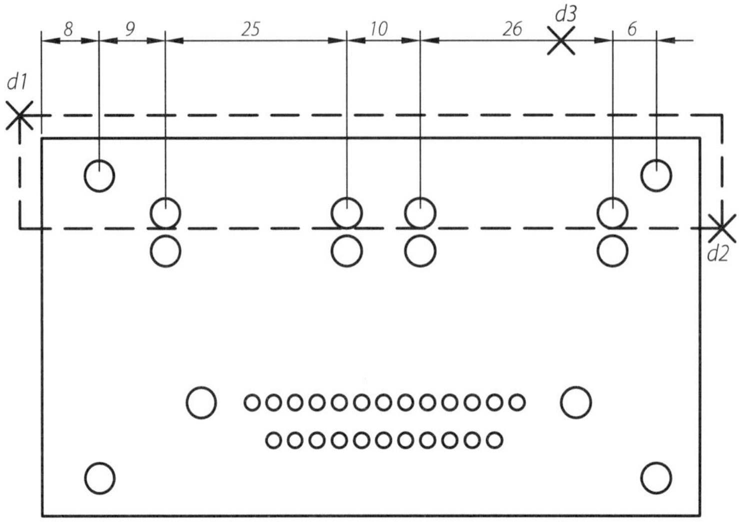

연속치수(C)

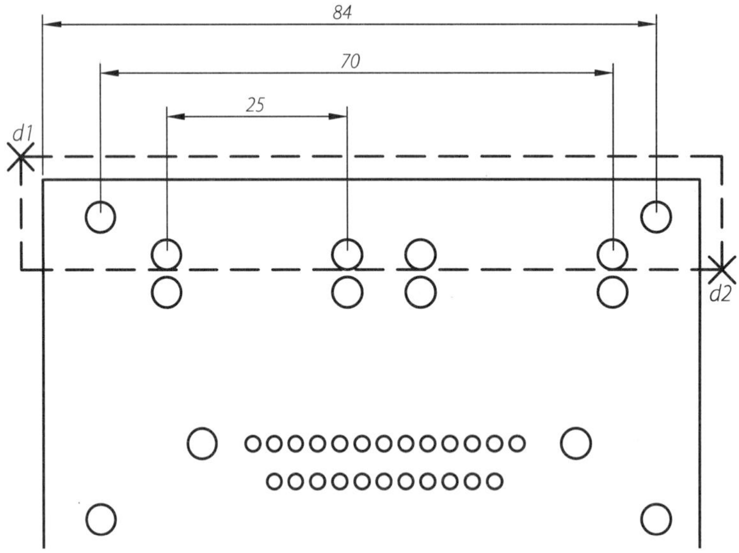

다중치수(S)

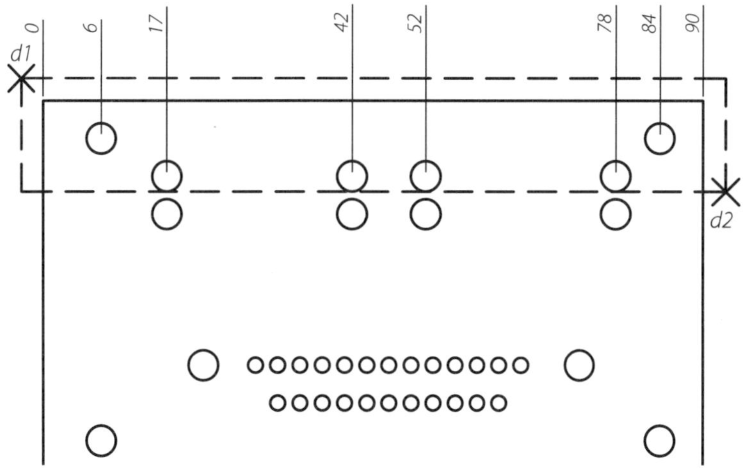

세로좌표(O)

11 기준선(DIMBASELINE)

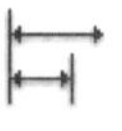

버튼

- 리본: 주석 탭 ➤ 치수 패널 ➤ 기준선
- 메뉴: 치수 ➤ 기준선
- 도구막대: 치수

이 명령 이전에 작성한 치수의 시작 위치를 기준선으로 하여 아래의 그림과 같이 기준선에서 시작하는 연속된 치수를 기입한다. 이와 같이 표시된 결과를 병렬치수 기입이라 한다. 연속하여 치수를 기입하는데 바로 전에 작성된 치수를 취소하려면 U를 선택한다.

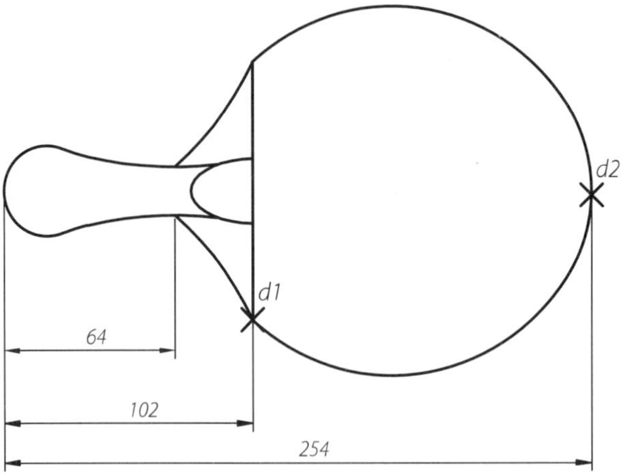

이전 치수가 없는 경우

현재 세션에서 치수를 작성하지 않았을 경우, 기준 치수로 사용될 선형, 세로좌표 또는 각도 치수를 위한 프롬프트를 표시한다.

기준 치수를 선택한 경우

기준선 치수의 첫 번째 치수보조선 원점에 기준 치수의 첫 번째 치수보조선 원점을 사용한다. 점을 지정할 경우, 기준선 치수를 그린 다음, 두 번째 치수보조선 원점 지정 프롬프트를 재 표시한다.

- 두 번째 치수보조선 원점 지정 또는 [명령 취소(U)/선택(S)] 〈선택(s)〉 : d1 클릭
- 두 번째 치수보조선 원점 지정 또는 [명령 취소(U)/선택(S)] 〈선택(s)〉 : d2 클릭
- 두 번째 치수보조선 원점 지정 또는 [명령 취소(U)/선택(S)] 〈선택(s)〉 :

기준선 치수 기입을 [Enter↵]를 선택하여 기준 치수를 선택한다.

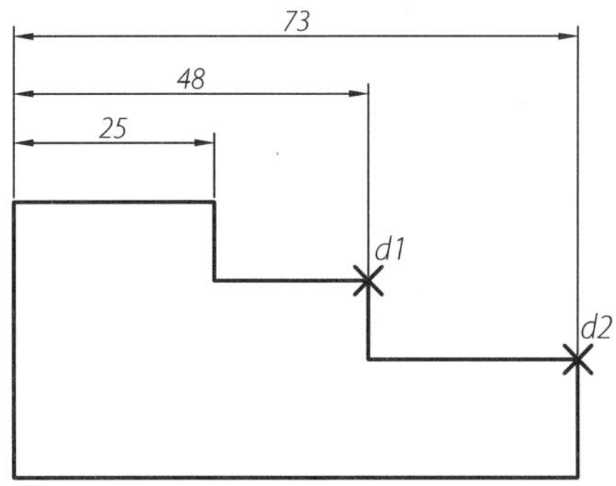

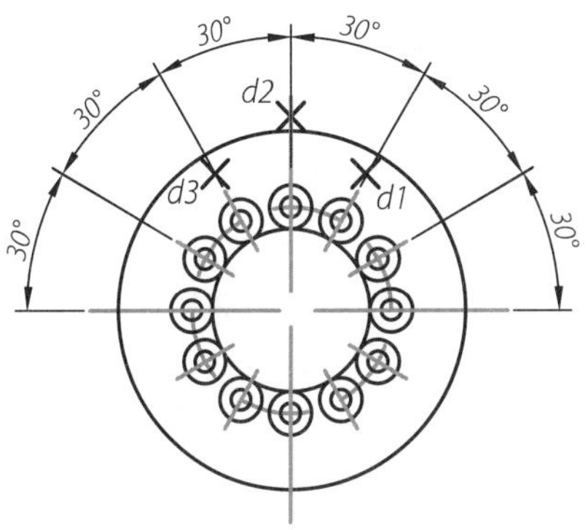

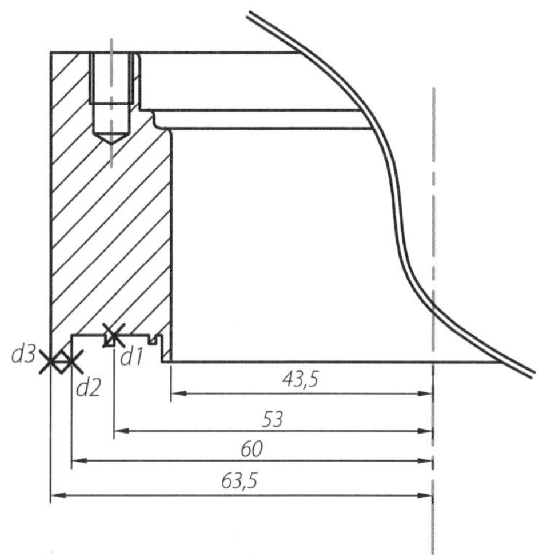

12 연속(DIMCONTINUE)

버튼

- 리본: 주석 탭 ➤ 치수 패널 ➤ 연속
- 메뉴: 치수 ➤ 연속
- 도구막대: 치수

이전 치수 또는 선택한 치수의 두 번째 치수 보조선에서 선형 치수 또는 각도 치수를 연속하여 입력한다. 치수선은 자동으로 정렬된다. 이와 같이 치수를 입력하는 것을 직렬치수 기입이라 한다.

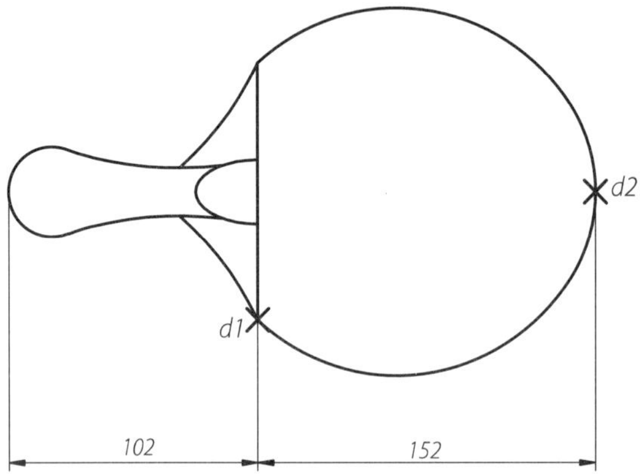

연속 치수의 첫 번째 치수보조선 원점에 기준 치수의 첫 번째 치수보조선 원점을 사용한다. 점을 지정할 경우, 연속 치수를 그린 다음, 두 번째 치수보조선 원점 지정 프롬프트를 재 표시한다. 명령을 종료하려면 Esc 를 누른다.

- 두 번째 치수보조선 원점 지정 또는 [명령 취소(U)/선택(S)] 〈선택(s)〉 : d1 클릭
- 두 번째 치수보조선 원점 지정 또는 [명령 취소(U)/선택(S)] 〈선택(s)〉 : d2 클릭

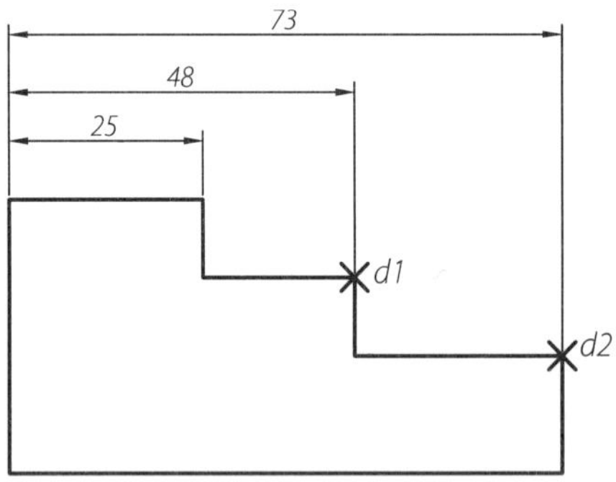

- 두 번째 치수보조선 원점 지정 또는 [명령 취소(U)/선택(S)] 〈선택(s)〉 : 연속 치수 기입을 끝내려면 Enter↵ 를 선택하여 기준 치수를 선택한다.

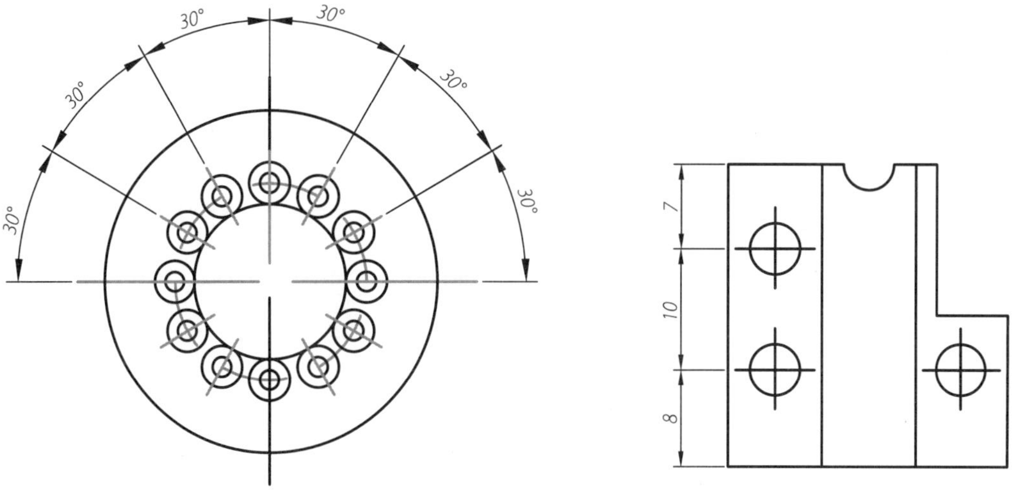

13 치수 간격 조정(DIMSPACE)

버튼

- 리본: 주석 탭 ➤ 치수 패널 ➤ 공간 조정
- 메뉴: 치수 ➤ 치수 간격
- 도구막대: 치수

평행하는 치수선 사이의 간격을 동일하게 만든다. 간격두기 값 0을 사용하면 같은 선상에 있는 치수선을 만들 수 있다.

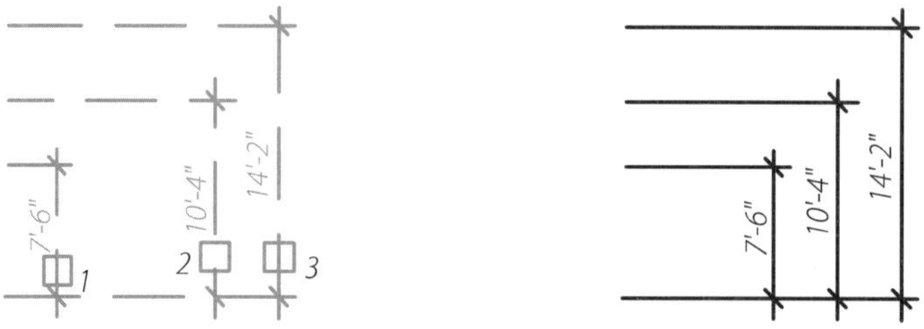

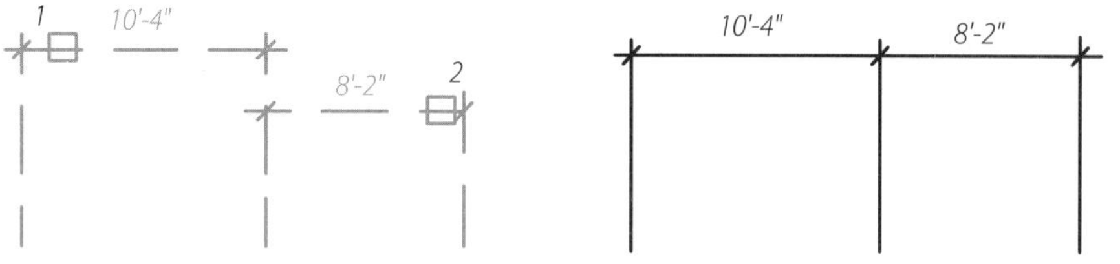

• 간격두기 값 입력

기준 치수에서 선택한 치수에 간격두기 값을 적용한다. 예를 들어, 값 15를 입력하면 선택한 모든 치수가 15 간격으로 구분됩니다. 간격두기 값 0을 사용하면 선택한 선형 치수와 각도 치수의 치수선을 일직선 상에 놓을 수 있다.

• 자동

선택된 기준 치수의 치수 스타일에 지정되어 있는 문자 높이에 따라 자동으로 간격두기 거리를 계산한다. 자동 간격두기 값은 치수 문자 높이의 두 배이다.

14 치수 끊기(DIMBREAK)

버튼

리본: 주석 탭 ➤ 치수 패널 ➤ 끊기.

메뉴: 치수 ➤ 치수 끊기

도구막대: 치수

치수보조선이나 지시선이 다른 치수 보조선이나 형상을 나타내는 다른 선과 겹쳐있으면 혼동이 되기 쉽다. 이런 경우에는 치수보조선이나 지시선을 겹치는 부분에서 끊어서 도면을 보기 쉽게 만들 필요가 있다.

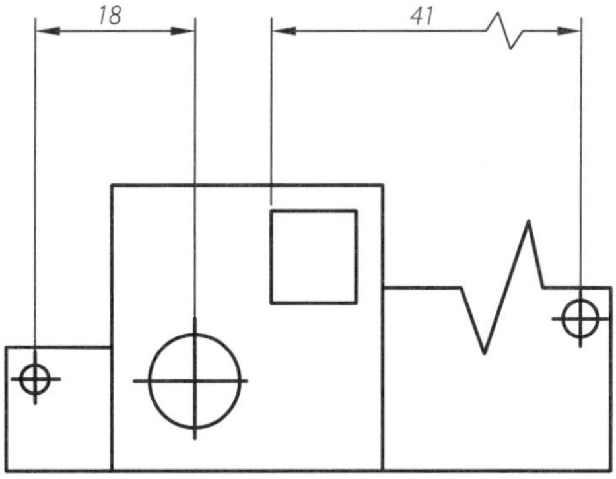

이것을 사용하는 방법은 치수를 선택하고 다음 옵션에 따라서 실행하면 간단하게 치수 끊기 기능이 실행된다.

- **다중**

다중 치수를 지정하여 끊기를 추가하거나 끊기를 제거한다.

- **자동**

선택된 치수를 교차하는 객체의 모든 교차점에 자동으로 치수 끊기를 배치한다. 치수 또는 교차 객체를 수정할 경우 이 옵션을 사용하여 작성한 모든 치수 끊기는 자동으로 업데이트된다.

- **제거**

선택한 치수로부터 모든 치수 끊기를 제거한다.

- **수동**

수동으로 치수 끊기를 할 위치를 지정한다. 끊기 위치에 대한 치수 또는 치수보조선의 두 점을 지정하면 된다.

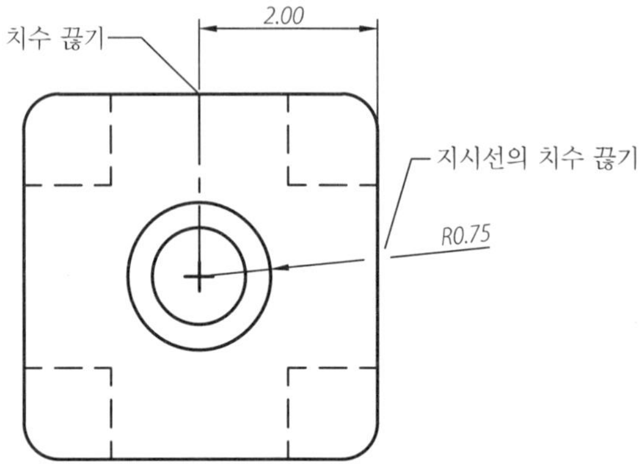

15 지시선(LEADER)

지시선은 직선 또는 스플라인과 화살표로 임의의 좌표를 지시하도록 한다. 화살촉 반대 방향에는 문자나 공차 표시 등을 표시한다. 지시선의 객체 정보는 다음과 같다.

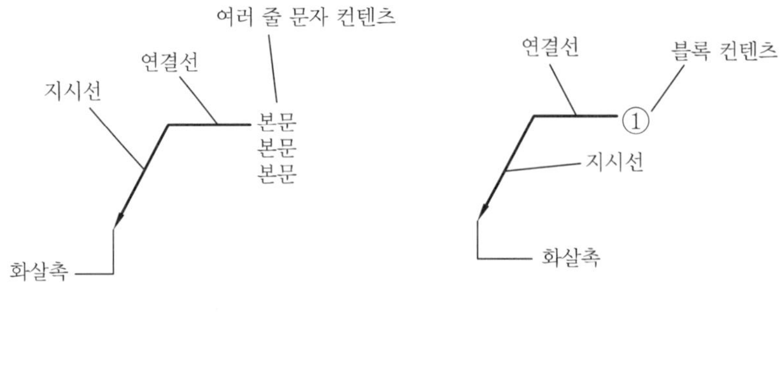

지시선을 지정하기 위한 옵션은 다음과 같다.

점들을 입력		지시선을 표시하는 선, 또는 스플라인의 정점이다.
주석(A)	공차(T)	기하학적 공차 대화상자(TOLERANCE 참고)를 사용하여 기하학적 공차가 포함된 기하 공차를 작성한다. 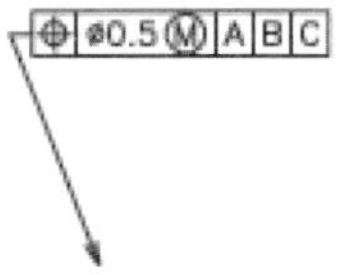
	복사(C)	이미 사용한 문자, 여러 줄 문자 객체, 기하학적 공차가 있는 기하 공차 또는 블록을 복사하고 지시선의 끝에 이 사본을 연결한다.
	블록(B)	지시선의 끝에 블록을 삽입한다. 블록 명령어의 INSERT와 같은 방법으로 블록을 삽입한다. 
	없음(N)	지시선에 아무 주석도 포함하지 않는다.
	여러줄 문자(M)	문자 경계에 대한 삽입점 또는 두 번째 점을 지정할 때 내부 문자 편집기를 사용하여 문자를 작성한다. 
형식(F)	스플라인(S)	지시선을 스플라인으로 그린다. 입력점은 스플라인의 정점이 된다.  스플라인 지시선
	직선(ST)	지시선이 연속된 직선 세그먼트로 이루어진다.  직선 지시선
	화살표(A)	지시선의 시작점에 화살쪽을 그린다.
	없음(N)	지시선의 시작점에 화살쪽을 그리지 않는다. 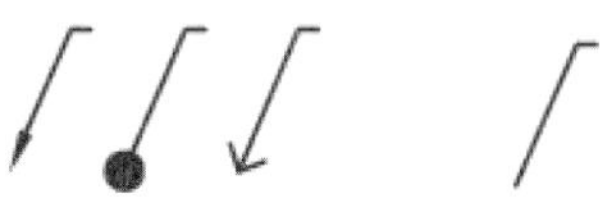 견본 화살촉 화살촉 없음

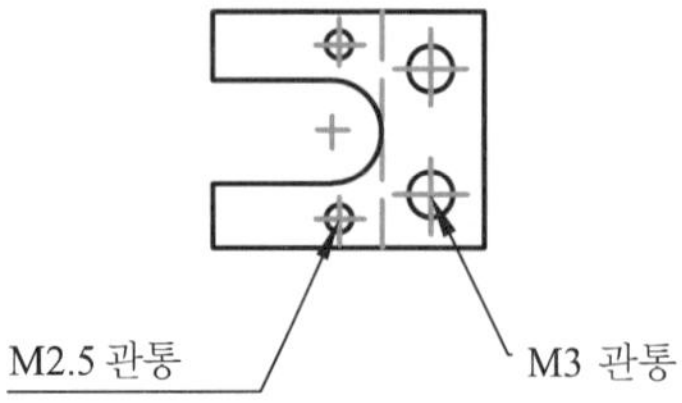

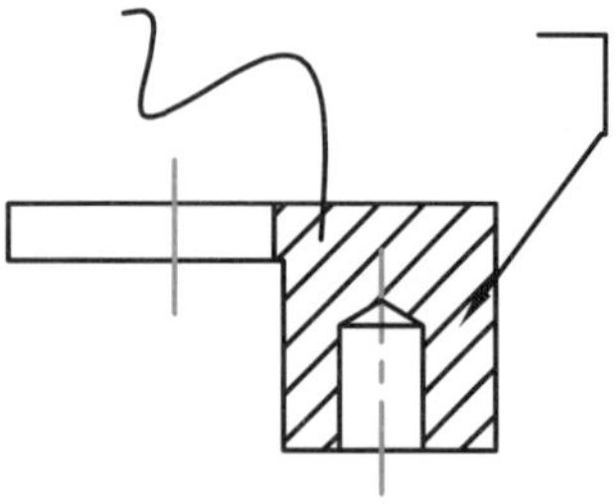

16 다중 지시선(MLEADER)

버튼

- 리본: 홈 탭 ➤ 주석 패널 ➤ 다중 지시선
- 메뉴: 치수 ➤ 다중 지시선
- 도구막대: 다중 지시선

일반적으로 다중 지시선 객체는 화살촉, 수평 연결선, 지시선 또는 곡선 그리고 여러 줄 문자 또는 블록으로 구성된다. 화살촉 먼저, 지시선 연결선 먼저 또는 컨텐츠 먼저로 다중 지시선을 작성할 수 있다. 앞에서 설명한 지시선에 대한 정의를 참조하기 바란다.

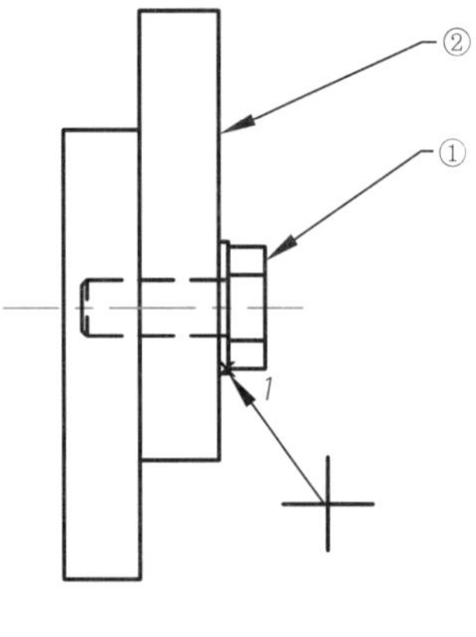

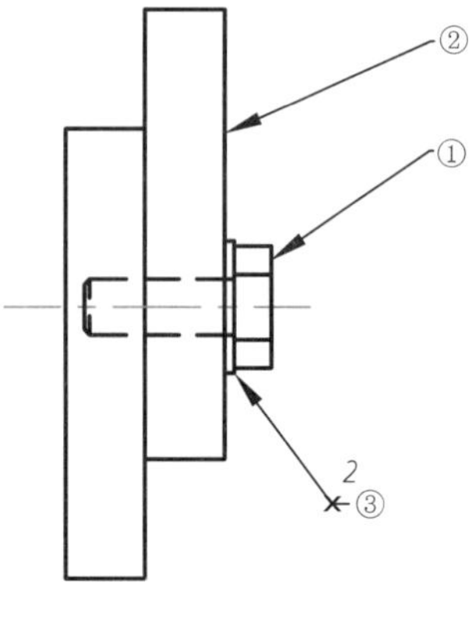

지시선 화살촉 먼저(H)	지시선 화살촉의 위치를 먼저 지정한다.
지시선 연결선 먼저(L)	지시선 연결선의 위치를 먼저 지정한다.
컨텐츠 먼저(C)	여러 문자열이나 블록과 같이 다중 지시선에 연결될 컨텐츠의 위치 등을 먼저 정의한다. 문자열의 경우는 위치를 입력하면 문자열 입력 화면으로 전환되고, 완성후 확인 버튼을 누른다. 블록은 INSERT명령과 유사하게 지시선과 블록을 연결한다.

옵션을 선택하면 다음과 같은 항목이 표시된다.

지시선 유형(L)	직선, 스플라인 또는 지시선 없음을 지정한다.
지시선 연결선(A)	수평 연결선 추가 여부를 지정한다.
컨텐츠 유형(C)	다중 지시선에 사용될 컨텐츠 유형(블록, 여러줄 문자, 없음)을 입력한다.
없음	컨텐츠 유형을 지정하지 않는다
최대점(M)	새 지시선의 최대 점 개수를 입력한다.
첫 번째 각도(F)	새 지시선의 첫 번째 점 각도를 지정한다.
두번째 각도(S)	새 지시선의 두 번째 점 각도를 지정한다.
종료(X)	옵션을 빠져나간다

17 기하 공차(TOLERANCE)

버튼

리본: 주석 탭 ➤ 치수 패널 ➤ 공차

메뉴: 치수 ➤ 공차

도구막대: 치수

기하 공차를 작성한다. KS 규격에서는 '기하공차'이고, 오토캐드에서는 '기하학적 공차'라고 번역되었다. 기하 공차는 형상이 제작되었을 때, 어느 정도로 정확하게 가공되어야 하는가를 표시한다. 예를 들면, 아래의 그림은 A라고 표시된 것이 데이텀(기준면)인데, 데이텀과 화살표가 지시하는 면의 각도의 오차가 0.1안에 들어와야 한다는 의미이다.

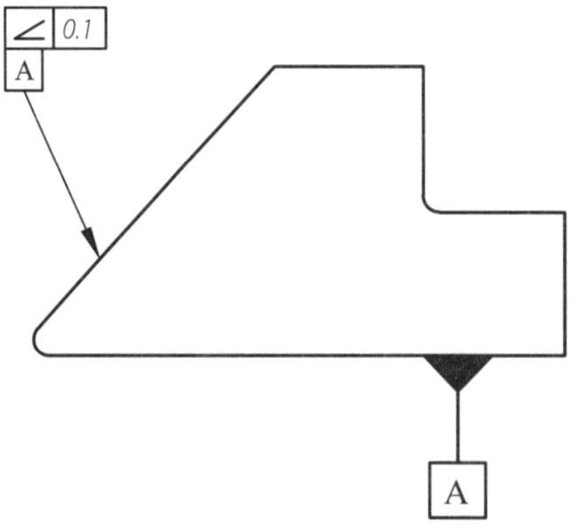

좀더 복잡한 기하공차의 예를 보면 다음과 같다.

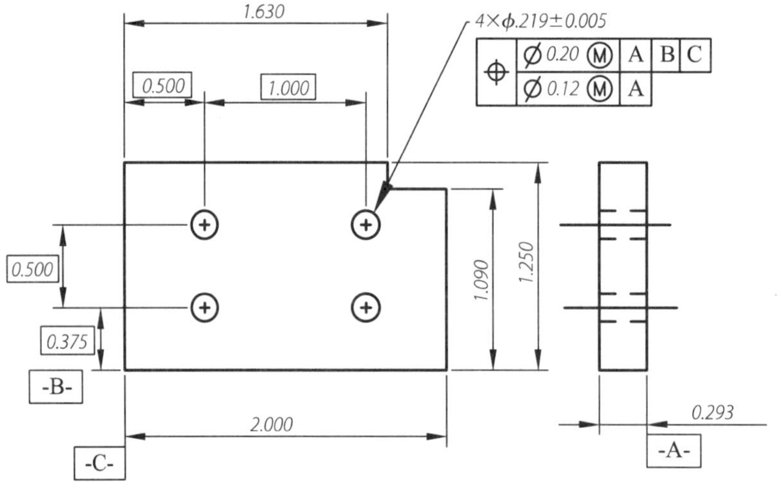

기하공차는 다음과 같은 종류가 있다.

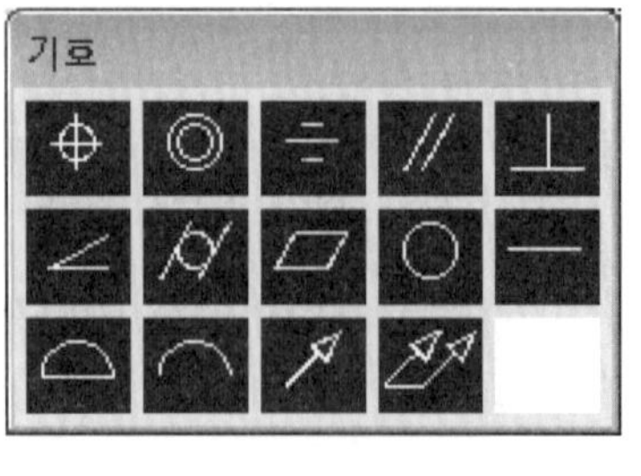

이에 대한 의미는 다음과 같다.

기호	명칭(KS규격)	데이텀
⌖	위치도	필요
◎	동심도	필요
⌯	대칭도	필요
//	평행도	필요
⊥	직각도	필요
∠	경사도	필요
⌭	원통도	필요 없음
⏥	평면도	필요 없음
○	진원도	필요 없음
—	진직도	필요 없음
⌓	면의 윤곽도	필요/필요 없음
⌒	선의 윤곽도	필요/필요 없음
↗	흔들림	필요
⌰	온흔들림	필요

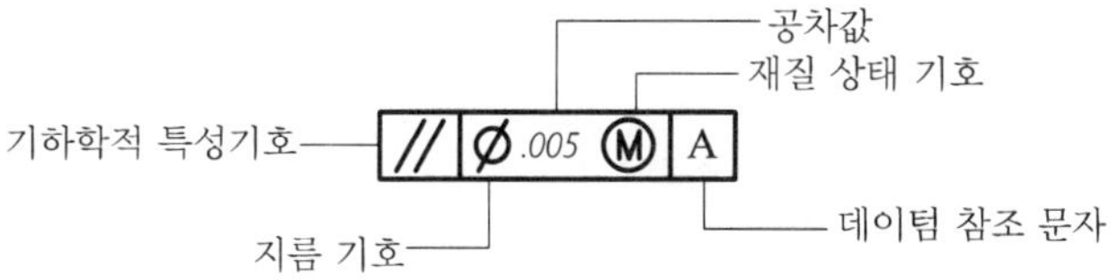

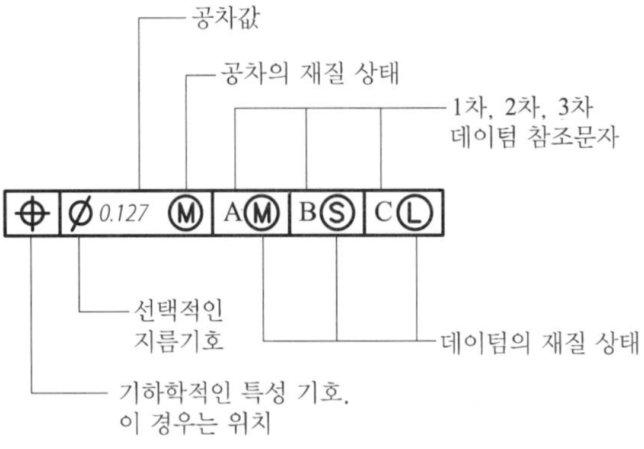

기하학적 공차를 피쳐 조정 프레임으로 도면에 추가한다. 이러한 프레임은 기하학적 특성 기호와 그 뒤에 하나 이상의 공차 값이 오는 부분으로 나뉘어진다. 적용되는 경우, 공차는 그 앞에 지름 기호가 오고 그 뒤에 재질 상태에 대한 데이터와 기호가 온다.

기하 공차(TOLERANCE)를 실행하면 다음과 같은 화면이 뜬다.

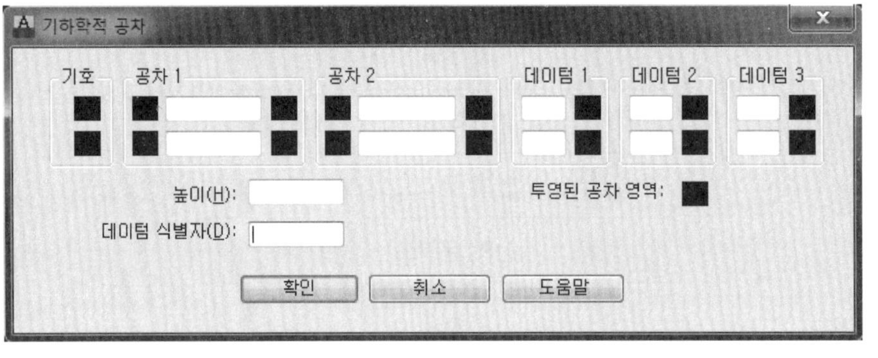

• 기호

기하학적 특성 기호를 표시한다. 기호를 선택하려면 기호 밑의 검은 네모상자를 클릭한다. 그러면 아래와 같은 대화상자가 뜨고 거기서 필요한 기호를 선택한다.

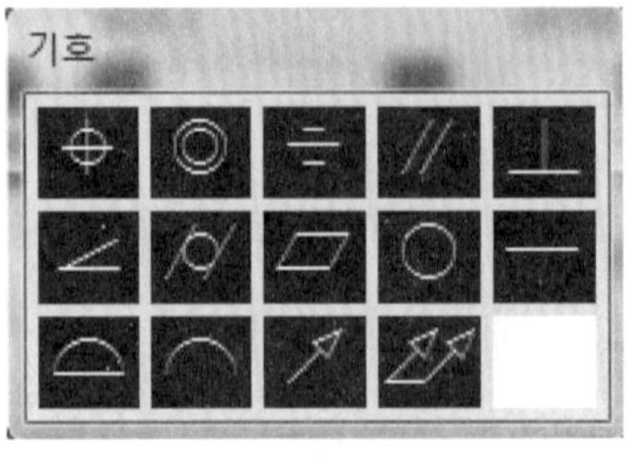

- **공차**

공차 값을 작성한다. 기하 공차에서 첫 번째 공차값을 입력한다. 공차값은 기하학적 특성이 완벽한 모양에서 벗어날 수 있는 범위를 나타낸다. 공차값 앞에 경우에 따라 지름 기호를 삽입할 수 있으며 공차값 뒤에는 재료 상태 기호가 올 수 있다. 재료 상태 정보는 다음과 같은 종류가 있다.

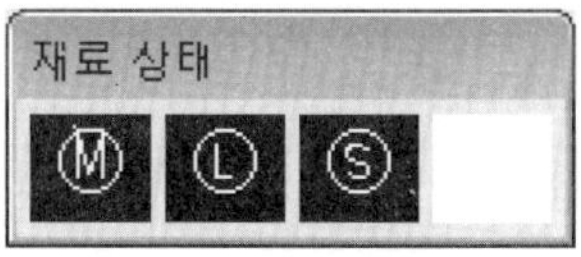

- M

최대 재료 상태(기호 M, MMC라고도 함)에서 피쳐에는 한계에 지정한 최대 재료량이 포함된다. MMC에서 구멍은 최소 지름을 가지는 반면 축은 최대 지름을 가진다.

- L

최소 재료 상태(기호 L, LMC라고도 함)에서 피쳐에는 한계에 지정한 최소 재료량이 포함된다. LMC에서 구멍은 최대 지름을 가지는 반면 축은 최소 지름을 가진다.

- S

피쳐 크기에 관계 없음(기호 S, RFS라고도 함)은 피쳐가 지정된 한계 내에서 어느 크기나 가질 수 있음을 의미한다.

- **데이텀**

기하 공차에서 필요한 경우 데이텀 참조를 작성한다. 진직도나 평면도, 진원도, 원통도와 같이 데이텀이 필요없는 기호에 대해서는 데이텀을 입력하면 안 된다. 데이텀은 이론적으로 특정 형상의 공차 영역을 만드는데 사용되는 정확한 기하학적 참조이다..

- **높이**

기하 공차에서 투영된 공차 영역값을 입력한다. 투영된 공차 영역은 고정된 수직 부분에서 확장된 부분의 높이 편차를 조정한다.

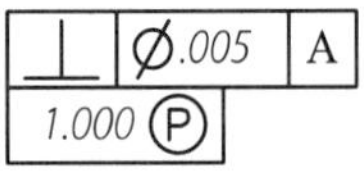

- **데이텀 식별자**

참조 문자를 구성하는 기준 식별 기호를 작성한다. 기준은 다른 피쳐의 위치와 공차 영역을 설정하는 데 사용하는 이론적으로 정확한 기하학적 참조이다. 점, 선, 평면, 원기둥 또는 다른 형상이 기준으로서 가능할 수 있다. 문자로 A, B, C,….의 순서로 입력한다.

- **투영된 공차영역**

투영된 공차 영역 값 뒤에 투영된 공차 영역 기호 Ⓟ를 삽입한다.

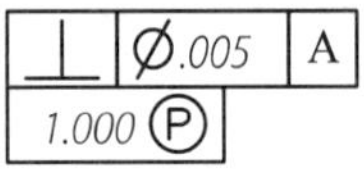

18 중심표식(DIMCENTER)

버튼

- 리본: 주석 탭 ➤ 치수 패널 ➤ 중심 표식
- 메뉴: 치수 ➤ 중심 표식
- 도구막대: 치수

원과 원호의 중심 표식 또는 중심선을 작성한다. 아래 그림에서 왼쪽이 중심표식이고, 오른 쪽이 중심선이다.

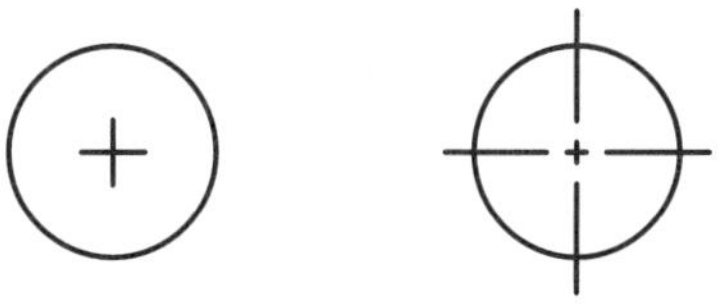

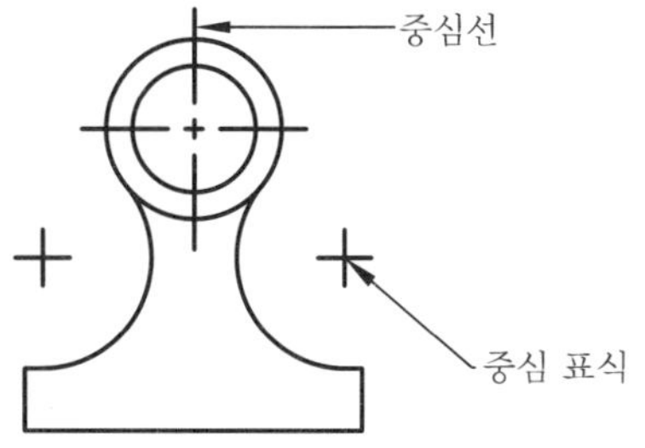

원이나 원호에 대하여 중심표식을 그릴 것인지 중심선을 그릴 것인지는 아래의 치수 스타일 수정(DIMSTYLE)에 의하여 결정된다. 굵은 선으로 표시된 부분이 중심표식이나 중심선을 선택하는 부분이다.

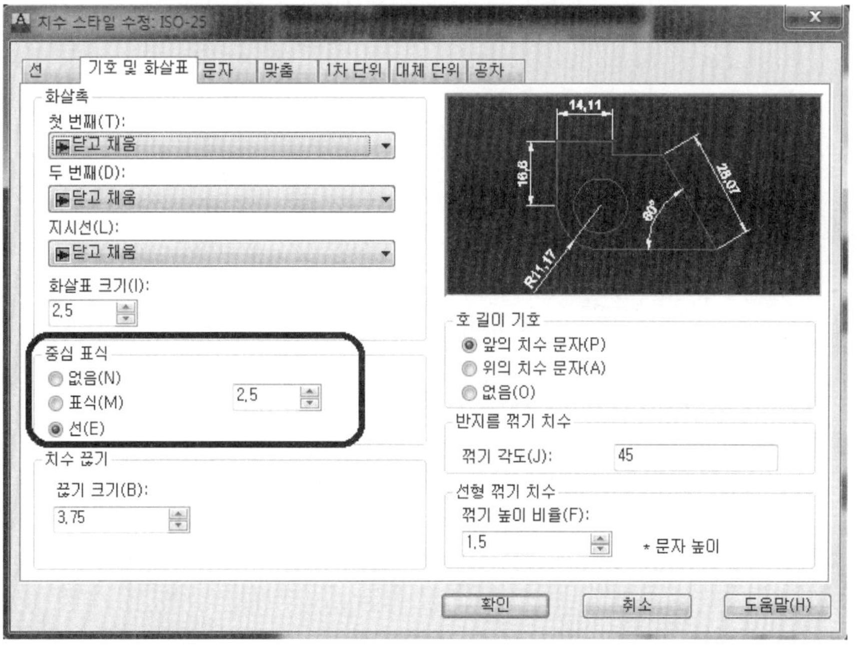

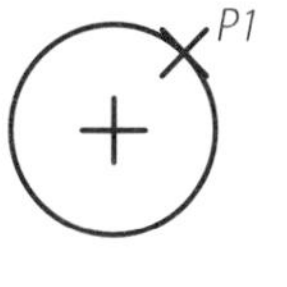

19 치수 검사(DIMINSPECT)

버튼

- 리본: 주석 탭 ➤ 치수 패널 ➤ 검사
- 메뉴: 치수 ➤ 검사
- 도구막대: 치수

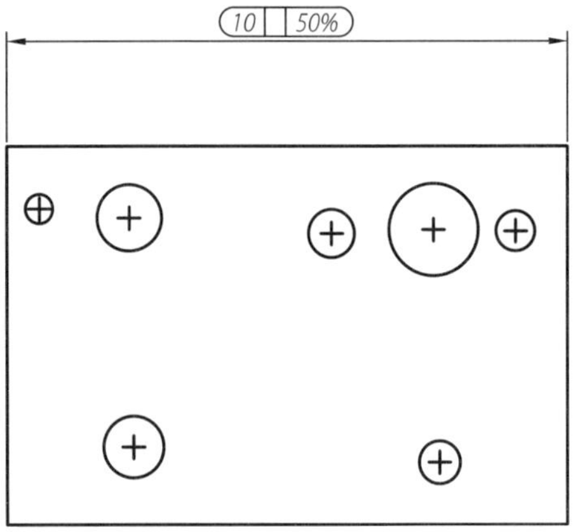

선택한 치수에 대한 검사 정보를 추가 또는 제거한다. 검사 치수는 부품의 치수 값 및 공차가 지정된 범위를 벗어나지 않도록 보장하기 위해 제조 부품을 검사하는 주기를 지정한다.

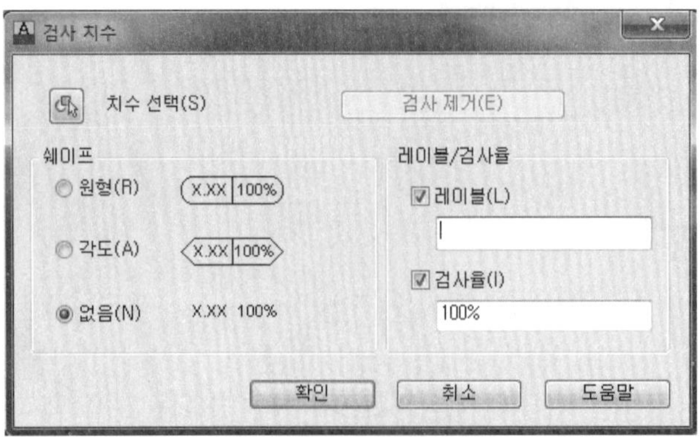

위의 대화 상자에 나타난 바와 같이 치수를 선택하고, 검사에 대한 정보를 표시하는 상자를 어떤 형태로 할 것인가를 정한다. 그리고 레이블과 검사율 난에 필요한 정보를 입력하면 된다.

20 꺾어진 선형(DIMJOGLINE)

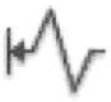

버튼

- 리본: 주석 탭 ➤ 치수 패널 ➤ 치수, 치수 꺾기선
- 메뉴: 치수 ➤ 꺾어진 선형
- 도구막대: 치수

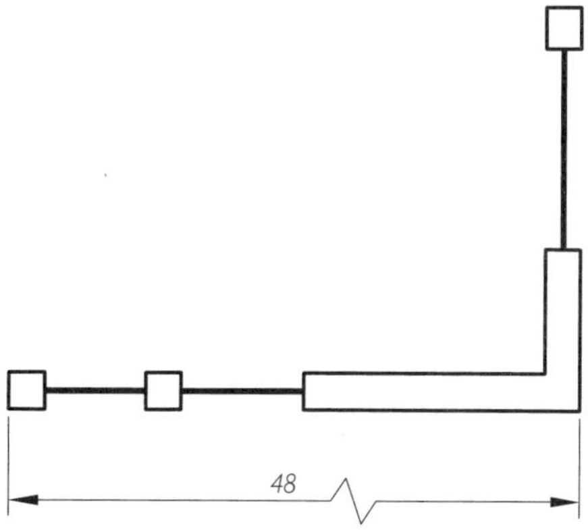

아래의 도면은 102라는 치수선을 꺾어진 치수선으로 그린 예이다. 이 명령을 실행하고 치수선을 선택한 다음 꺾을 부분을 선택하면 간단히 작성된다.

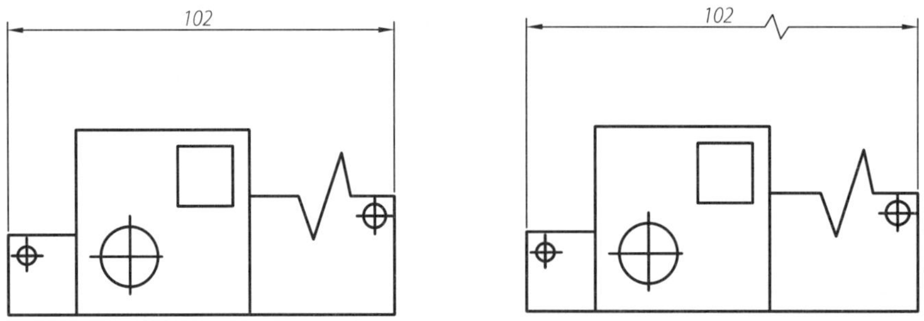

아래 그림에서 둥근 사각형을 그린 부분이 선형 꺾기 치수와 반지름 꺾기 치수(각도)를 기입하는 곳이다(DIMSTYLE 참조).

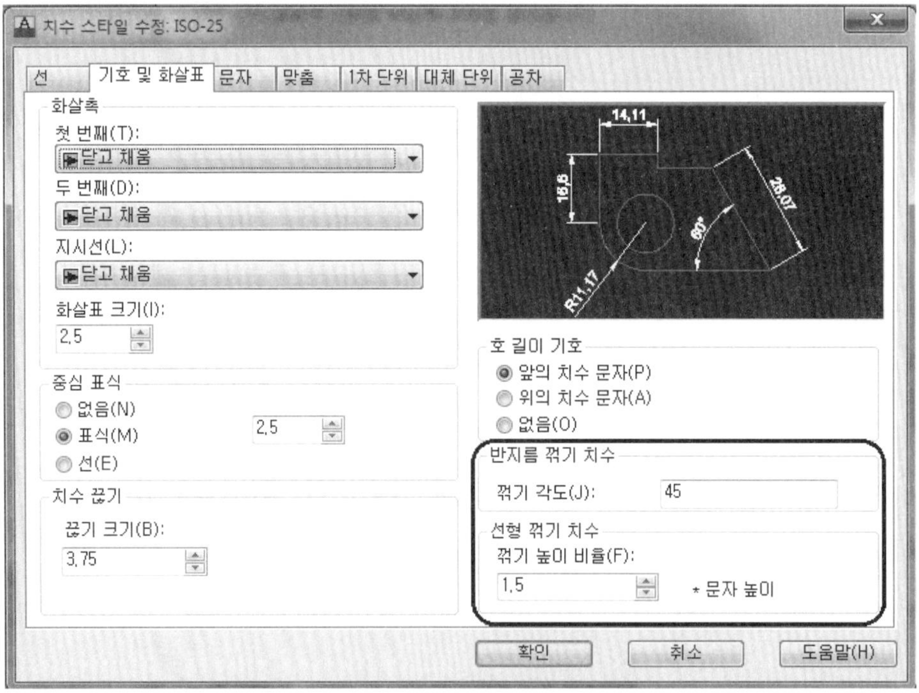

21 치수 편집(DIMEDIT)

버튼

- **리본:** 주석 탭 ➤ 치수 패널 ➤ 기울기
- **메뉴:** 치수 ➤ 기울기
- **도구막대:** 치수, 기울기

• 홈

회전된 치수 문자를 다시 기본 위치로 이동한다. 선택된 치수 문자는 치수 스타일에 지정된 회전 및 기본 위치로 다시 되돌아간다.

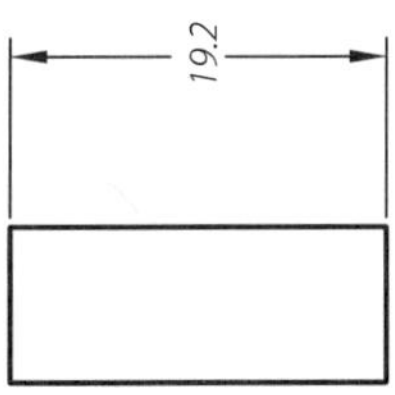

홈 이전

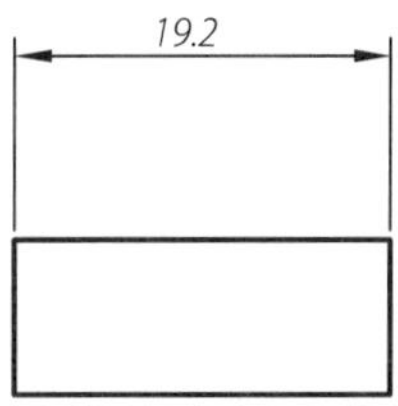

홈 이후

• 새로 만들기

내부 문자 편집기를 사용하여 치수 문자를 변경한다. 생성된 측정단위는 각괄호(〈 〉)안에 표시됩니다. 특수 문자나 기호를 입력하려면 조정 코드 및 유니코드 문자열을 사용한다. 생성된 측정단위를 편집하거나 대치하려면 각괄호를 삭제하고 새 치수 문자를 입력한 다음 확인을 선택한다.

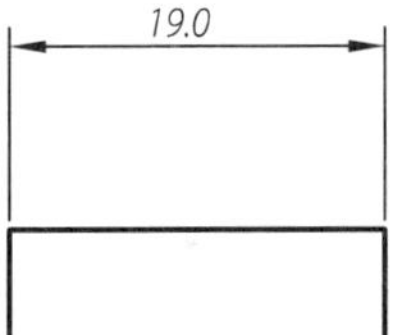

신규 옵션 적용 이전

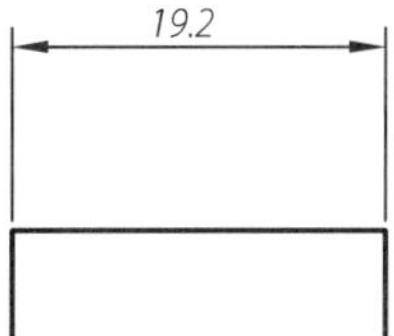

신규 옵션 적용 이후

• 회전

치수 문자를 회전한다.

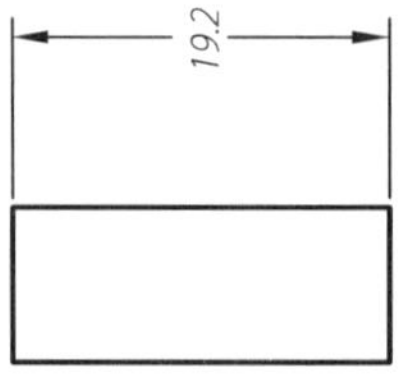

회전된 문자

• 기울기

기울기 옵션은 치수보조선이 도면의 다른 도형과 충돌을 피하고자 할 때 유용하다.

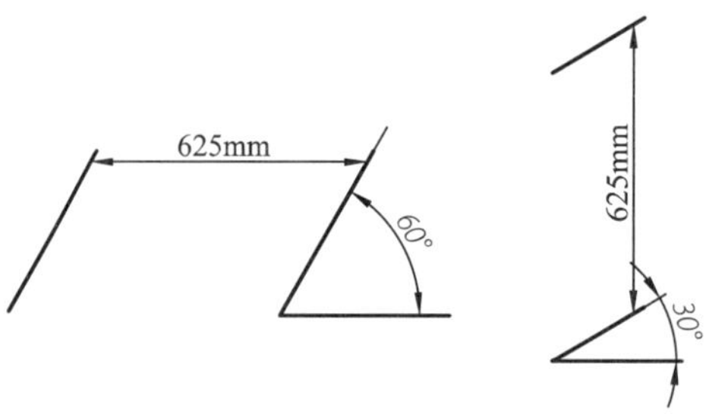

22 치수 문자 편집(DIMTEDIT)

버튼

- 리본: 주석 탭 ➤ 치수 패널 ➤ 문자 각도
- 메뉴: 치수 ➤ 문자 정렬 ➤ 각도
- 도구막대: 치수

이 명령은 이미 만들어진 치수의 문자를 편집한다. 다음과 같은 정보를 편집할 수 있다.

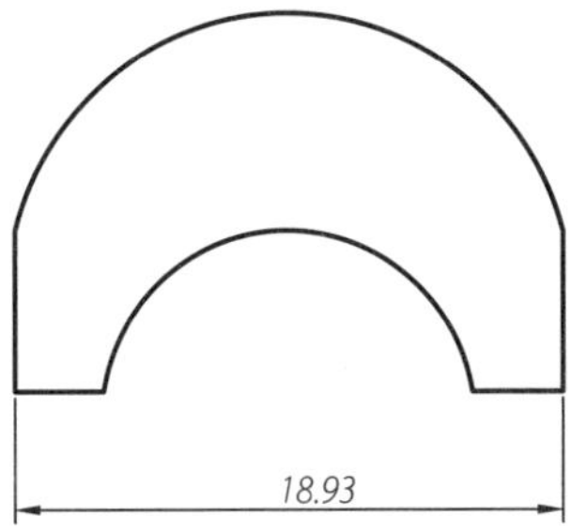

치수선 위에서 수직으로
중심에 위치한 텍스트

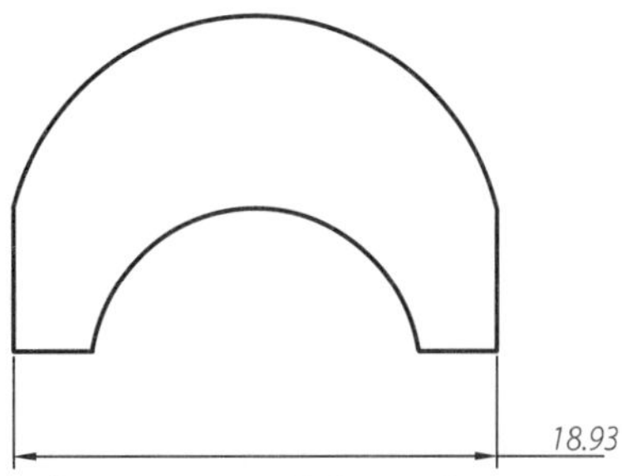

텍스트를 오른쪽 아래로 그리고
치수선 밖으로 이동한 결과

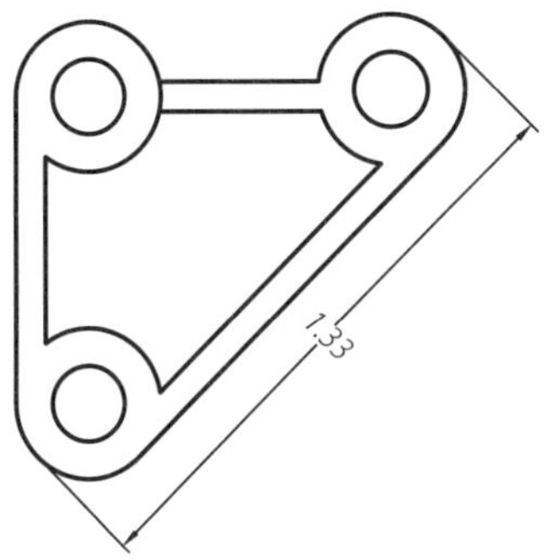

치수문자가 회전됨

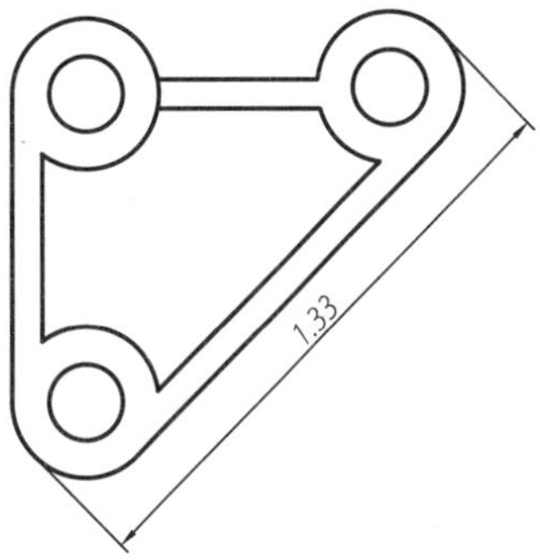

치수문자가 원래 위치로 다시 이동됨

- **치수 문자의 위치**

치수 문자를 끌면 치수 문자의 위치를 동적으로 업데이트한다. 문자를 치수 선의 위, 아래, 중간 중 어느 곳에 표시할지 결정하려면 새 치수 스타일, 치수 스타일 수정 및 치수 스타일 재지정 대화상자의 문자 탭을 사용한다.

- **왼쪽**

치수 문자를 치수 선을 따라 왼쪽에 자리맞추기한다. 이 옵션은 선형, 반지름 및 지름 치수에만 사용할 수 있다.

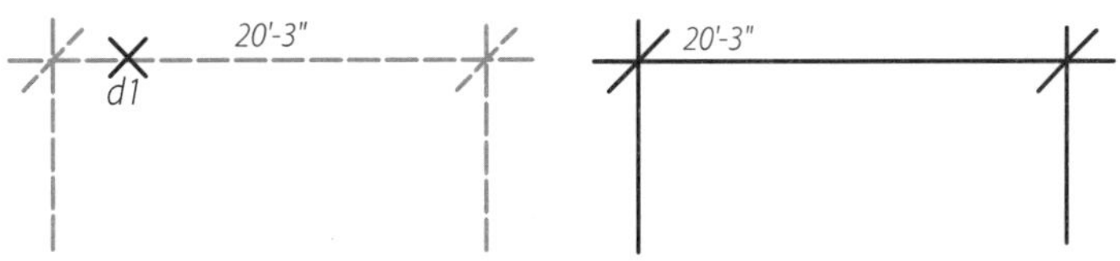

• 오른쪽

치수 문자를 치수 선을 따라 오른쪽에 자리맞추기한다. 이 옵션은 선형, 반지름 및 지름 치수에만 사용할 수 있다.

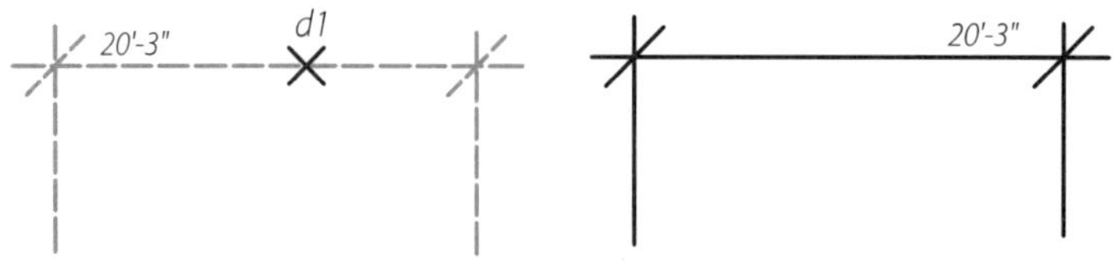

• 중심

치수 문자를 치수 선의 중심에 오게 한다. 이 옵션은 선형, 반지름 및 지름 치수에만 사용할 수 있다.

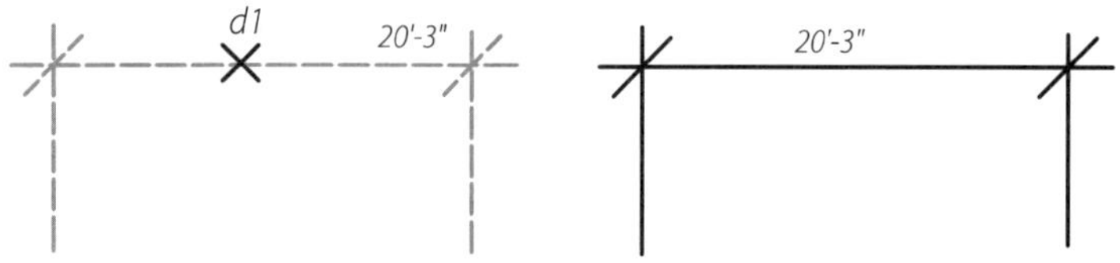

• 홈

치수 문자를 다시 기본 위치로 이동한다.

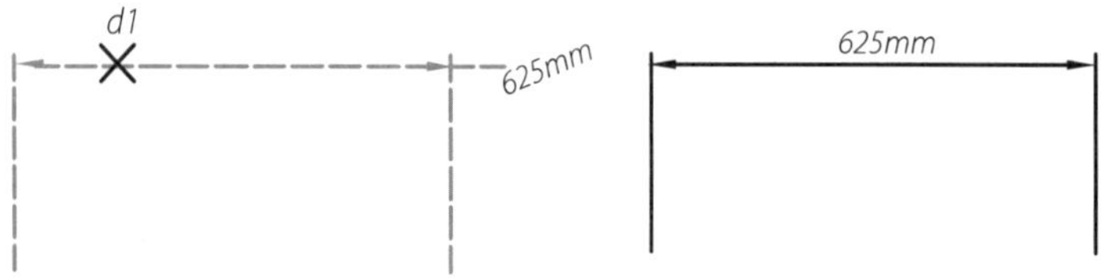

• 각도

치수 문자의 각도를 변경한다. 문자의 중심점은 변경되지 않는다. 문자가 이동하거나 치수가 다시 생성되면 문자 각도에 의한 설정된 방향은 유지된다. 0도를 입력하면 문자가 다시 기본 방향이 돌아간다.

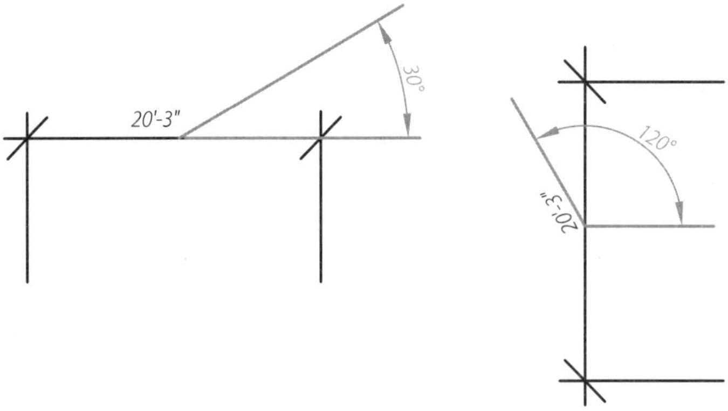

23 치수 유형 설정(DIMSTYLE)

버튼

- 리본: 주석 탭 ➤ 치수 패널 ➤ ➤ 치수 스타일
- 메뉴: 형식 ➤ 치수 스타일
- 도구막대: 스타일

치수 유형은 치수의 형식과 모양을 조정하여 도면에 치수를 입력할 때, 정해진 스타일로 입력할 수 있도록 한다. 치수 유형을 사용하여 도면에 대한 제도 표준 형식을 설정하여 변경 및 조작이 더 쉽게 한다.

이 명령을 수행하면 다음과 같은 대화상자가 뜬다.

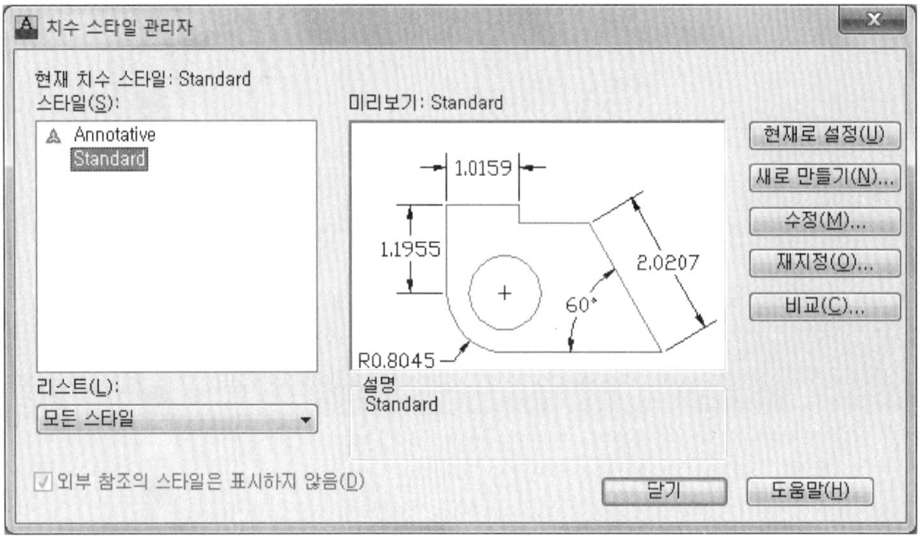

- **현재 치수 스타일** : 현재 치수 스타일의 이름을 표시한다. 초기의 기본 치수 스타일은 Standard이고 수정한 치수에 현재 스타일이 적용된다.
- **스타일** : 치수 스타일을 나열하며, 현재 스타일은 하이라이트되어 표시된다. 리스트를 마우스 오른쪽 버튼으로 클릭하면 현재 스타일로 설정하거나 스타일의 이름을 바꾸거나 스타일을 삭제하는 바로 가기 메뉴가 표시된다. 현재 설정된 스타일이나 현재 도면에서 사용 중인 스타일은 삭제할 수 없다. 외부 참조의 스타일을 나열하지 않음을 선택하지 않으면 명명된 외부 참조 객체의 구문을 사용하여 외부 참조 도면의 치수 스타일이 표시된다. 외부 참조 치수 스타일을 변경하거나 이름을 바꾸거나 현재 스타일로 만들 수 없지만, 외부 참조 치수 스타일을 기초로 새 스타일을 작성할 수 있다.
- **리스트** : 스타일 리스트의 표시 방법을 설정한다. 모든 치수 스타일을 보려면 [모든 스타일]을 선택한다. 현재 도면에서 사용되는 치수 스타일만 보려면 [사용 중인 스타일]을 선택한다.
- **외부 참조의 스타일을 나열하지 않음** : 이 옵션을 선택하면 스타일 리스트 중 외부에서 참조되는 도면의 치수 스타일은 표시되지 않는다.
- **미리보기** : 스타일 리스트에서 선택한 스타일이 그래픽으로 표시된다.
- **설명** : 현재 스타일을 기준으로 스타일 리스트에서 선택한 스타일에 대해 설명한다.
- **현재로 설정** : 스타일 아래에서 선택된 스타일을 현재 스타일로 설정한다.

- **새로 만들기** : 새 치수 스타일을 정의할 수 있는 새 치수 스타일 작성 대화상자를 표시한다.
- **수정** : 치수 스타일을 수정할 수 있는 치수 스타일 수정 대화상자를 표시한다. 대화상자의 옵션은 새 치수 스타일 대화상자의 옵션과 동일하다.
- **재지정** : 치수 스타일에 임시 재지정을 설정할 수 있는 현재 스타일 재지정 대화상자를 표시한다. 대화상자의 옵션은 [새 치수 스타일] 대화상자의 옵션과 동일하다. 재지정한 내용은 스타일 리스트의 치수 스타일 아래에 저장되지 않은 변경 내용으로 표시한다.
- **비교** : 단일 치수 스타일의 모든 특성을 나열하거나 두 치수 스타일을 비교할 수 있는 치수 스타일 비교 대화상자를 표시합니다.

치수 유형에서 〈수정〉 버튼을 누르면 다음의 화면이 뜬다. 상단의 탭에서 볼 수 있듯이 치수선, 치수보조선, 기호 및 화살표, 문자, 맞춤, 1차 단위, 대체 단위, 공차 등을 수정할 수 있다.

선

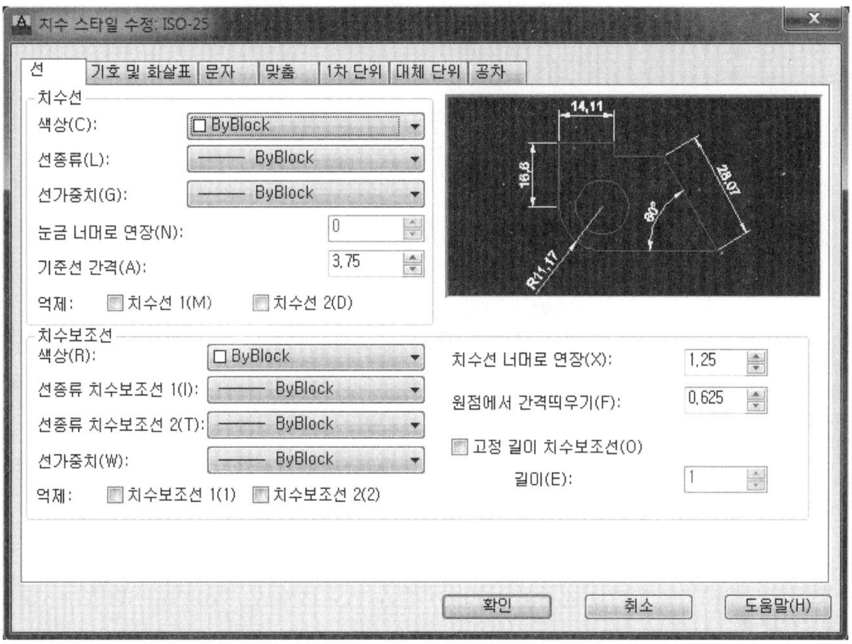

• 치수선

치수선의 모양과 특성을 조정한다. 치수선의 색상과 선종류, 선가중치(굵기) 등을 수정한다.

- **색상** : 치수선의 색을 지정한다.
- **선종류** : 치수선의 종류를 지정한다. KS규격에 의하면 치수선은 가는 실선을 사용하여야 한다.
- **선가중치** : 치수선의 두께를 지정한다.
- **눈금 너머로 연장** : 화살표에 대해 기울기, 건축, 눈금, 정수를 사용하고 아무 표시도 하지 않을 경우, 거리를 지정하여 치수 보조선을 지나는 치수선을 연장한다.
- **기준선 간격** : 기준선 치수의 치수선들 사이의 간격을 설정한다.
- **억제** : 치수선이 치수보조선 바깥쪽에 있을 경우, 치수선의 표시를 억제한다. 치수선 1은 첫 번째 치수선을, 치수선 2는 두 번째 치수선을 억제한다.

• 치수 보조선

치수보조선의 모양과 특성을 설정한다.

- **색상 :** 치수보조선의 색상을 설정한다. 리스트에서 색상을 지정하거나 Other(기타)…를 선택하여 Select Color 대화상자에서 색상을 선택할 수 있다.
- **선종류 :** 치수선의 종류를 지정한다. KS규격에 의하면 치수선은 가는 실선을 사용하여야 한다.
- **선가중치** : 치수선의 두께를 지정한다.
- **치수선 너머로 연장 :** 거리를 지정하여 치수선 위로 치수 보조선을 연장한다.
- **원점에서 간격 띄우기 :** 거리를 지정하여 치수를 정의하는 원점으로부터 치수 보조선을 간격 띄우기 한다.
- **억제 :** 치수보조선의 표시를 억제한다. 치수보조선 1은 첫 번째 치수 보조선을 억제하고, 치수보조선 2는 두 번째 치수 보조선을 억제한다.

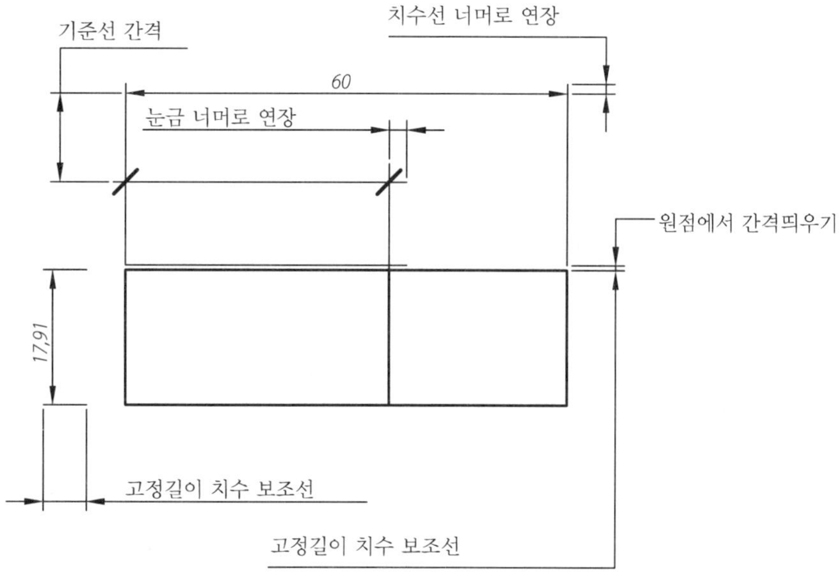

- **눈금 너머로 연장** : 치수 화살촉이 건축 눈금으로 설정되어 있을 때, 바깥쪽 연장되는 길이
- **기준선 간격** : 치수선사이 간격을 조정
- **치수선 너머로 연장** : 치수선 밖으로 치수보조선이 연장되는 길이

기호 및 화살표

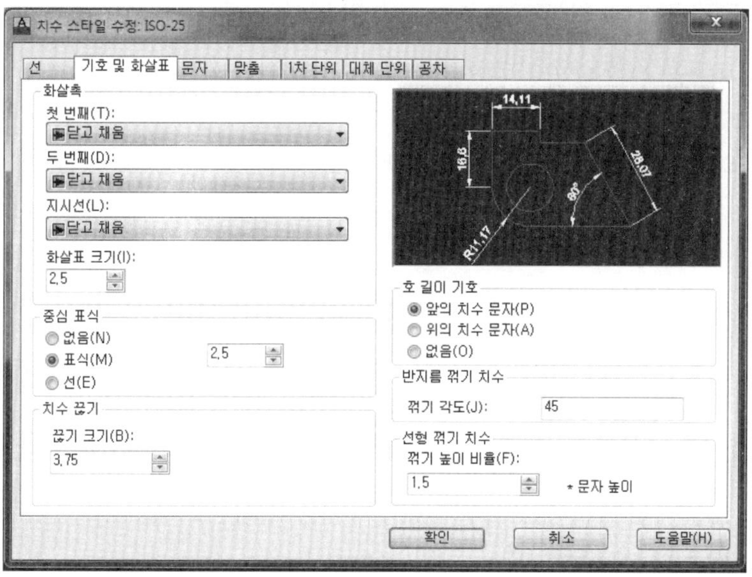

위 대화 상자는 화살표 및 기호에 대한 설정을 한다. 치수선과 지시선의 화살표 모양은 아래와 같이 다양하다.

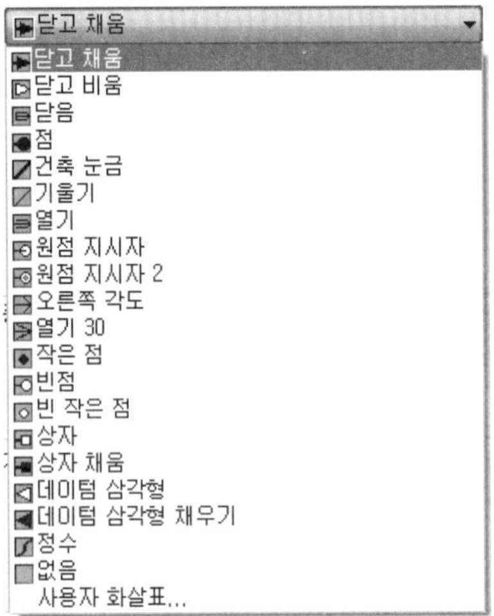

• 화살촉

화살표의 모양과 크기를 조정한다. 첫 번째 화살표를 선택하면 두 번째 화살표는 자동으로 첫 번째 화살표와 동일하게 설정된다. 두 번째 화살표를 다르게 지정하려면, 두 번째 리스트에서 하나를 선택한다.

- **첫번째** : 첫 번째 화살표의 모양을 설정한다. 첫 번째 화살표 유형을 변경할 경우, 두 번째 화살표 유형도 자동으로 동일하게 변경된다.
- **두번째** : 두 번째 화살표의 모양을 설정한다.
- **지시선** : 지시선의 화살표 모양을 설정한다.
- **화살표 크기** : 화살표의 크기를 설정한다.

• 중심표식

- 중심 표식과 중심선에 대한 모양을 조정한다.
- 중심 표식과 중심선은 DIMCENTER, DIMDIAMETER 및 DIMRADIUS에 의해 사용될 수 있다. DIMDIAMETER 및 DIMRADIUS의 경우, 치수선을 원이나 호의 외부에 배치할 경우에만 중심 표식이 그려진다.

치수 끊기는 치수선, 치수 보조선의 겹침 부분을 끊을 때 사용하는 간격이다. 호 길이 기호는 기호를 앞에 둘 것인지 뒤에 둘것인지, 사용하지 않을 것인지를 결정한다. KS규격에서는 앞에 둔다. 반지름 꺾기 치수와 선형 꺾기 치수에 대한 것은 DIMJOGGED와 DIMJOGLINE을 참고한다.

문자

아래의 대화 상자는 문자에 대한 설정화면이다. 문자의 크기는 문자의 높이로 나타낸다. 문자의 위치는 수직, 수평 방향에 대하여 지정한다.

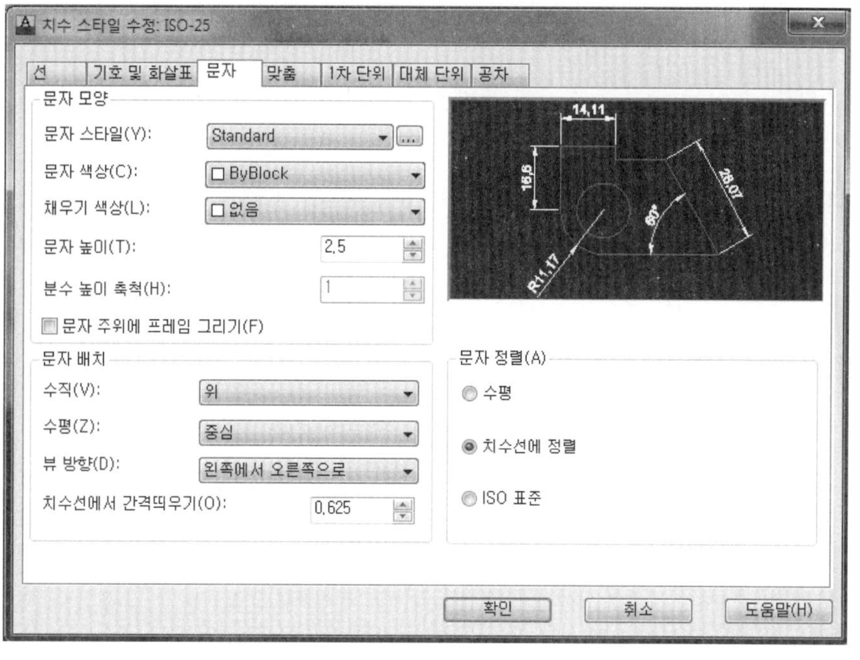

• 문자 모양

- **문자 스타일** : 치수 문자에 현재 유형을 표시하고 설정한다. 문자 유형이 작성되어 있는 경우, 리스트에서 선택할 수 있고, 새로운 문자 유형을 작성하려면 버튼을 눌러 새 유형을 작성할 수 있다.
- **문자 색상** : 치수 문자의 색상을 설정한다. 리스트에서 색상을 선택하거나 Other(기타)…를 선택하여 Select Color 대화상자에서 색상을 선택할 수 있다.

- **문자 높이** : 현재 치수 문자 유형의 높이를 표시하고 설정한다.
- **분수 높이 축척** : 1차 단위 탭에서 단위 형식을 분수 형식으로 설정했을 경우에 분수 높이의 척도를 설정한다.
- **문자 주위에 프레임 그리기** : 치수 문자 주위에 사각형을 표시한다. 이것은 이론적으로 정확한 치수를 표시하기 위한 KS 규격이다.

● 문자 배치

치수선, 치수보조선 및 치수기입 된 대상물에 상대적으로 문자의 배치를 조정한다. 옵션을 선택하면 그 결과를 보여주는 견본 이미지가 표시된다.

- **수직** : 치수 문자의 위치를 수직 방향으로 설정한다.
- Centered(중심) : 치수 문자를 두 치수선 사이의 중앙에 배치한다.
- Above(위) : 치수 문자를 치수선 위에 배치한다. 치수선부터 가장 아래 문자 행의 기준선까지의 거리는 현재 문자 간격이다.
- Outside(외부) : 치수 문자를 첫 번째 정의 점으로부터 가장 먼 치수선 쪽에 배치한다.
- JIS : 치수 문자가 치수선에 평행이 아니더라도 치수 문자를 항상 치수선 위에 배치한다.

● 수평

치수 문자의 위치를 수평 방향으로 설정한다.

- Centered(중심) : 치수보조선 사이의 중심에 문자를 배치한다.
- **치수보조선 1에** : 문자를 첫 번째 치수 보조선에서 치수선을 따라 왼쪽으로 자리 맞추기 한다.
- **치수보조선 2에** : 문자를 두 번째 치수보조선에서 치수선을 따라 오른쪽으로 자리 맞추기 한다.
- **치수보조선 1너머** : 첫 번째 치수보조선 위에 또는 첫 번째 치수 보조선을 따라 문자를 배치한다.
- **치수보조선 2너머** : 두 번째 치수보조선 위에 또는 두 번째 치수보조선을 따라 문자를 배치한다.
- **치수선에서 간격 띄우기** : 치수 문자와 치수선의 간격 띄우기를 설정한다.

- **문자 정렬**

치수선에 상대적으로 문자의 회전을 조정한다.

- **수평** : 치수선의 각도에 관계없이 항상 수평으로 정렬한다.
- **치수선에 정렬** : 치수선을 따라 문자를 정렬한다.
- **ISO 표준** : 문자가 치수보조선 안에 있을 때는 치수선을 따라 문자를 정렬하고, 문자가 치수보조선 밖에 있을 때는 문자를 수평으로 배치한다.

맞춤

오토캐드에서 치수선, 치수보조선 및 문자를 배치하는 곳을 조정하는 옵션을 설정한다. 또한 전체적인 치수 척도도 정의한다.

치수를 작성할 때 여러 가지 요인에 따라 치수 문자와 화살표가 배치되는 방식이 결정된다. 오토캐드는 가능하다면 치수 문자와 화살표 둘 다를 자동으로 치수보조선 사이에 배치한다. 그러나, 이렇게 하기 위한 공간이 부족하면 오토캐드는 새로운 Fit 탭에서 설정된 규칙을 따른다.

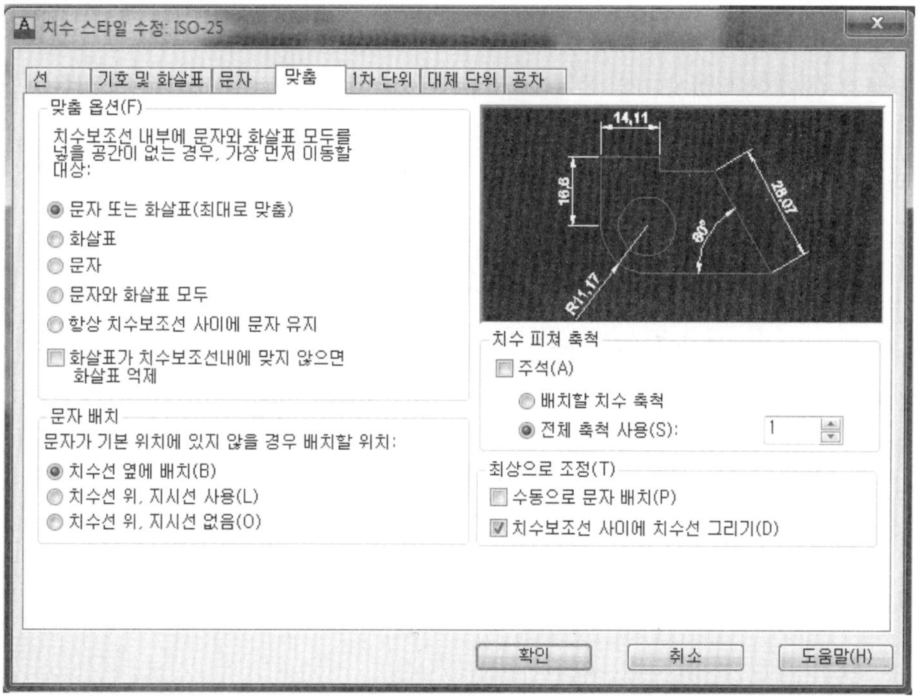

• 맞춤 옵션

문자와 화살표 둘 다가 치수보조선 내에 들어갈 수 없을 때 이것들을 이동하기 위한 우선순위를 결정한다.

- **문자 또는 화살표(최대로 맞춤)** : 문자와 화살표를 넣을 공간이 있을 경우, 둘 다 치수보조선 사이에 배치한다. 문자만 넣을 공간이 있을 경우, 문자를 치수보조선 사이에 배치하고 화살표를 치수보조선 외부에 배치한다. 화살표를 넣을 공간만 있을 경우, 화살표를 치수보조선 사이에 배치하고 문자를 치수보조선 외부에 배치한다. 문자도 화살표도 넣을 공간이 없을 경우, 둘 다 치수보조선 외부에 배치한다.
- **화살표** : 화살표만 넣을 공간이 있을 경우, 화살표를 치수보조선 사이에 배치하고 문자를 외부에 배치한다. 화살표를 넣을 공간이 없을 경우, 문자와 화살표를 모두 치수보조선 외부에 배치한다. 문자를 이동시키면, 치수선도 함께 이동된다.
- **문자** : 공간이 있으면 문자와 화살표를 치수보조선 사이에 배치하고, 문자만 들어갈 수 있으면 문자만 배치하고 화살표는 밖에 배치한다.
- **문자와 화살표 모두** : 공간이 있으면 문자와 화살표를 치수보조선 사이에 배치하고, 공간이 없으면 밖에 배치한다.
- **항상 치수보조선 사이에 문자 유지** : 항상 치수보조선 사이에 문자를 배치한다.
- **화살표가 치수보조선내에 맞지 않으면 화살표 억제** : 치수보조선 내부에 화살표 공간이 충분하지 않으면 화살표를 억제한다.

• 문자 배치

치수 문자의 배치를 조정하는 규칙을 설정한다.

이 규칙은 문자를 치수보조선 밖에 배치해야 할 경우 또는 사용자가 수동으로 문자를 치수보조선 밖으로 이동할 때 적용된다. 위에 배치하면 치수선에서 문자까지 지시선을 표시할 수 있다.

- **치수선 옆에 배치** : 문자를 치수선 옆에 배치한다.
- **치수선 위, 지시선 사용** : 문자를 치수선 위에 배치하고 치수선에서 문자까지 지시선을 표시한다.
- **치수선 위, 지시선 없음** : 문자를 치수선 위에 배치하고 지시선을 표시하지 않는다.

• 치수 피쳐 축척

전체 척도 또는 도면 공간 치수의 척도를 설정한다.

- **전체 축척 사용** : 크기, 거리 또는 간격을 지정하는 모든 치수 유형 설정 값에 대하여 척도 요인을 표시하고 설정한다. 척도 요인에는 문자와 화살표 크기와 같은 피쳐들이 포함되지만, 공차, 측정된 길이, 좌표 또는 각도는 포함되지 않는다.
- **배치할 치수 축척** : 현재 모형 공간 뷰포트와 도면 공간 사이의 척도를 기준으로 하는 척도 요인을 결정한다.

• 최상으로 조정

치수 맞춤을 상세하게 설정한다.

- **수동으로 문자 배치** : 치수를 작성할 경우, 치수 문자의 방향(수평 또는 수직)을 지정한다. 이 옵션을 선택할 경우, 모든 수평 자리 맞추기 설정 값을 무시하고 치수선 위치 프롬프트에서 지정한 위치에 문자를 배치한다.
- **치수보조선 사이에 치수선 그리기** : 측정된 점 사이에 치수선을 그리며, 화살표가 측정된 점 외부에 배치될 경우에도 해당된다.

1차 단위

아래의 대화 상자는 1차 단위는 치수 수치를 쓰는 방법이다. 디폴트 값이 선형치수의 경우에 소수 2째 자리까지이다. 필요하면 [정밀도]에서 수정한다. 각도 치수도 디폴트는 정밀도가 정수 부분까지인데 필요하면 수정한다.

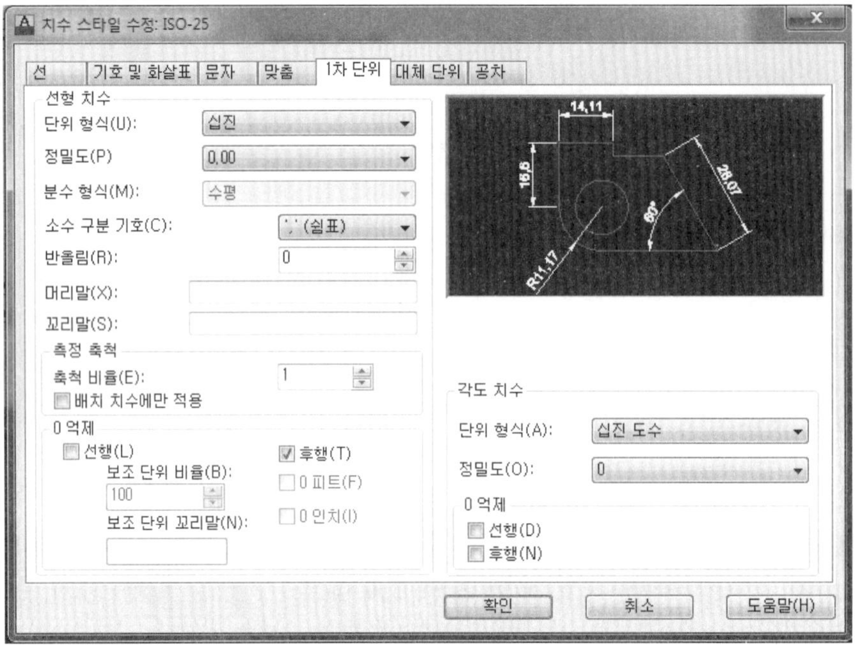

아래의 대화 상자는 공차에 대한 설정이다. 공차의 형식은 대칭, 편차, 한계, 기준(이론적으로 정확한 치수) 등으로 구분할 수 있다. 각 공차 형식에 따라서 치수에 공차 표시를 하게 된다.

• 선형치수

선형, 정렬, 반지름, 지름, 세로좌표 및 비각도 기준선과 연속 치수에 대한 형식을 설정한다.

- **단위형식** : 단위 형식을 과학, 십진, 공학, 건축, 분수, Windows 데스크탑 중에서 설정한다. Windows 데스크탑은 Windows의 국가별 설정 제어판에서 설정된 값을 사용한다.
- **정밀도** : 단위의 소수부 자릿수를 설정하고, 단위 형태에 따라 값이 표시되는 형식을 보여준다.
- **분수형식** : 분수 단위의 형식을 대각선, 수평 또는 스택하지 않음 중에서 설정한다.
- **소수 구분 기호** : 소수점의 구분자 형식을 설정한다. Windows 데스크탑 단위를 선택하지 않은 경우, 소수점 구분자 마침표(.), 쉼표(,), 또는 공백으로 설정한다. Windows 데스크탑 단위를 사용하는 경우에는 국가별 설정 제어판에서 설정된 소수

기호 값을 사용한다.

- **반올림** : 측정값을 지정된 값으로 반올림한다.

  예를 들어, 반올림 값으로 0.05를 입력하면 0.06은 0.10으로 반올림되며, 소수점 이하 5자리까지 반올림 값을 입력할 수 있다. 반올림 값의 소수부 정밀도는 정밀도에 지정된 값 이하여야 한다.

- **머리말** : 치수 문자에 머리말을 포함시킨다.

  조정 코드와 특수 문자를 사용하여 특수한 머리말 기호를 입력할 수 있으며 머리말을 입력하면, 지름 및 반지름 치수기입에서 사용되었던 머리말과 같은 모든 기본 머리말이 재 지정된다.

- **꼬리말** : 치수 문자에 꼬리말을 포함시킨다.

  조정 코드와 특수 문자를 사용하여 꼬리말을 입력할 수 있으며 꼬리말을 입력하면, 모든 기본 꼬리말이 재 지정된다.

● 측정축척

선형 치수 측정값에 대한 척도와 배치 치수의 척도를 설정한다.

- **축척비율** : 선형 치수의 측정값(선형, 정렬, 반지름, 지름, 세로좌표, 기준선, 연속)에 입력된 값을 곱한다. 예를 들어, 척도 요인을 2.0로 설정하면 치수 측정값이 10인 치수가 20으로 치수기입된다.
- **배치 치수에만 적용** : 배치에 있는 치수에만 선형 척도 요인을 적용한다.

● 억제

선행, 후행, 피트 및 인치에 대하여 0의 억제를 조정한다.

- **선행** : 모든 소수 치수에서 선행하는 0을 억제한다.
- **후행** : 모든 소수 치수에서 후행하는 0을 억제한다.
- **0 피트** : 거리가 1피트 미만인 경우, 피트 및 인치 치수에서 피트 구간을 억제한다.
- **0 인치** : 거리가 정수 피트인 경우, 피트 및 인치 치수에서 인치 구간을 억제한다.

● 각도 치수

각도 치수에 대한 현재 각도 형식을 표시하고 설정한다.

- **단위형식** : 각도 치수 옵션에는 십진 각도, 도/분/초, 그래드 및 라디안이 있다.

• **정밀도** : 각도 치수의 정밀도를 설정한다.

대체 단위

대체 단위 형식과 정밀도를 설정한다.

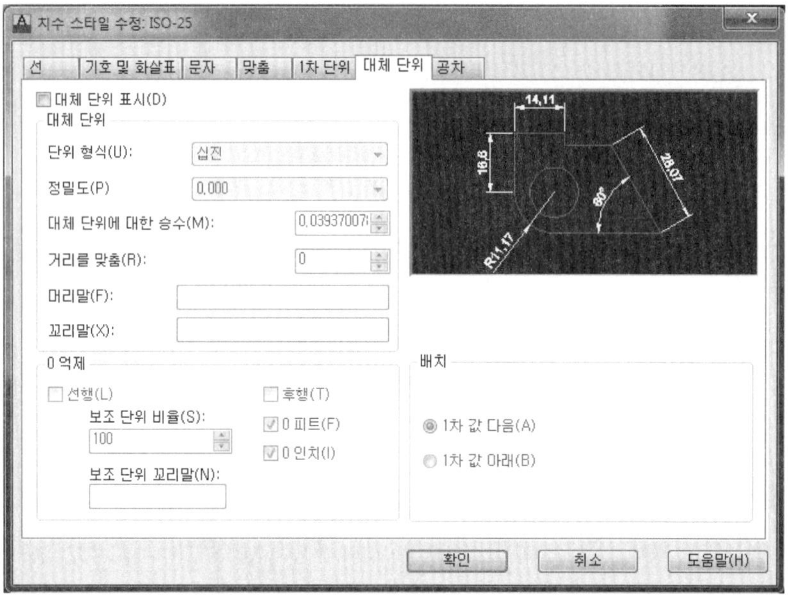

• 대체 단위

추가 측정 체계의 치수를 전달한다. 대체 단위는 주로 영국식 치수에 대응하는 미터법 치수, 또는 미터법 치수에 대응하는 영국식 치수를 표시한다. 대체 단위는 치수 문자의 1차 단위 옆에 있는 대괄호 [ ] 안에 표시된다.

대체 단위에 있는 설정 값은 다음과 같다.

- **대체 단위에 대한 승수** : 1차 단위에 사용자가 입력하는 숫자를 곱하여 대체 단위를 생성한다. 기본 값은 25.4로, 인치를 밀리미터로 변환하기 위해 곱하는 수이다. 1인치 선에 치수 기입하는 경우 1.00 [25.40]의 치수를 표시하고, 2인치 치수는 2.00 [50.80]을 표시하거나 인치와 밀리미터 꼬리말을 붙여서 2.00″ [50.80 mm]을 표시한다.
- **배치** : 대체 단위의 위치, 즉 1차 단위의 뒤 또는 아래를 설정한다. [1차 값 아래]를 선택하면 1차 단위는 치수선 위에, 대체 단위는 치수선 아래에 배치된다.

공차

면 공차 값과 정밀도를 설정한다.

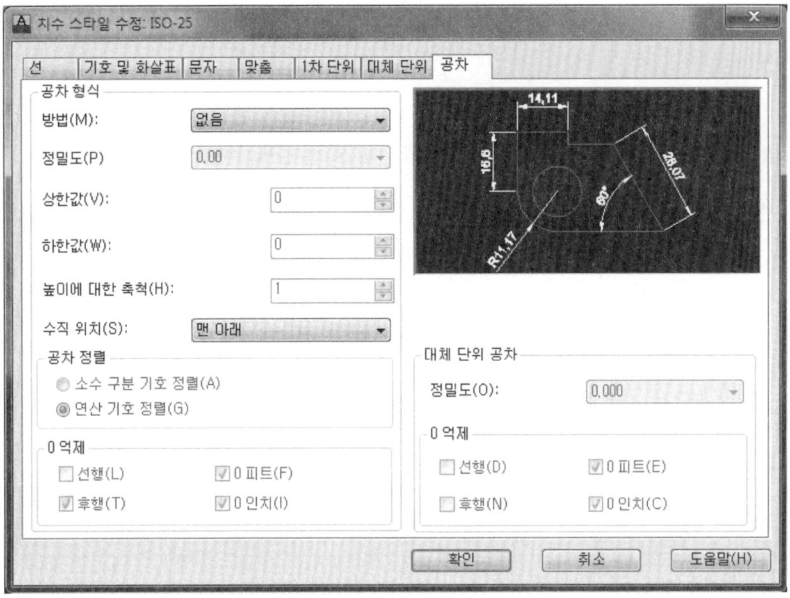

공차는 치수가 변할 수 있는 범위를 보여준다. 공차 탭은 옵션을 사용하여 공차를 치수 문자로서 추가하여 공차에 형식을 적용할 수 있다.

• 공차 형식

공차 표시 옵션을 설정한다.

- **방법** : 공차 형태를 설정한다.
  - 없음 : 공차를 표시하지 않는다.
  - 대칭 : 양수 공차와 음수 공차가 같은 경우에 사용되며, 공차 값 앞에 ±기호가 표시된다.
  - 편차 : 양수 공차와 음수 공차가 다른 경우에 사용된다.
  - 한계 : 최대 값과 최소 값이 표시되는 한계 치수를 작성한다. 최대 값은 상한 값에 입력한 값을 더한 치수 값이다. 최소 값은 하한 값에 입력한 값을 뺀 치수이다.
  - 기준 : 치수의 전체 범위에 상자를 그리는 기준이 되는 기본 치수를 작성한다.

• **정밀도** : 공차 값의 소수부 자릿수를 설정한다.
• **상한값** : 편차, 대칭, 한계 방법의 상한 값을 설정한다.
• **하한값** : 편차와 한계 방법의 하한 값을 설정한다.
• **높이에 대한 축척** : 공차 문자 높이를 1차 측정값 문자 높이의 척도 요인으로 설정한다.
• **수직위치** : 대칭 및 편차 공차의 수직 위치를 설정한다.
  - Top : 주 치수 문자의 맨 위에 공차 문자를 정렬한다.
  - Middle : 주 치수 문자의 중간에 공차 문자를 정렬한다.
  - Bottom : 주 치수 문자의 맨 아래에 공차 문자를 정렬한다.

공차에 대한 0억제, 정밀도를 설정하는 것은 1차 단위에 대해 설정하는 것과 같다.

24 치수 업데이트(-DIMSTYLE)

하나의 도면에는 여러 스타일의 치수 스타일이 있을 수 있다. 치수를 이미 입력하였는데 치수 스타일을 이미 정의하여 놓은 다른 스타일로 바꾸고 싶은 경우에 사용하는 명령이다.

• 먼저 스타일을 선택한다. 치수 패널에서 스타일이 저장된 콤보 박스를 눌러서 원하는 치수 스타일을 선택한다.

• 다음과 같이 아이콘을 선택한다.

주석 탭 ➤ 치수 패널 ➤ 업데이트

• 치수를 선택하면 치수의 스타일이 변경된다.

CHAPTER

10

배치와 플롯

도면을 작성하고, 치수와 각종 도면 정보를 입력하고 나면, 마지막으로 규격화된 형식에 도면을 구성한다. 이 장에서는 도면을 실제 사용되는 규격에 맞추는 법을 배운다.

01 개요

오토캐드 화면의 하단부를 보면 모형, 배치 1, 배치 2가 있다. 지금까지 우리는 모형(model) 탭에서 도면을 그려왔다. 모형 탭에서는 모형 공간에 도면을 작성하고, 도면을 완성했으면 배치 탭으로 전환하여 플롯할 배치 환경의 설계를 하게 된다. 언제든지 모형 탭으로 돌아가 설계를 변경할 수 있다.

배치(layout)는 모형에서 그려진 도면을 프린터로 출력(plot)하기 위하여 출력의 형태를 잡는 것이다. 모형에는 여러 개의 부품이 그려질 수 있는데 이들 부품을 각각 다른 도면으로 출력하고자 할 때, 출력의 포맷을 정해 주는 것이다. 또한 하나의 도면에 여러 개의 부품을 출력할 때도 유용하다. 프린터로 출력하는 것 이외에도 도면을 파일 형태로 출력하여 이메일 등으로 전송할 때에는 배치된 것을 쉽게 도면 파일로 변화하게 된다. 파일로 변경하는 것을 게시(publish)라고 한다.

다음은 모형에 그려진 도면을 플롯하는 두 가지 방법을 구분한 것이다.

- 모형에서 도면을 완성 → 플롯(게시)
- 모형에서 도면을 완성 배치 → 플롯(게시)

위의 구분과 같이 모형 탭에서 바로 플롯 명령을 수행할 수도 있지만, 이것은 바람직하지 않다. 플롯할 때마다 원하는 영역을 지정하는 경우가 많기 때문에 일관된 형태의 도면을 출력할 수 없기 때문이다. 그래서 두 번째 방법이 추천되는데, 도면을 모형탭에서 완성한 후에 원하는 도면을 배치에서 전부 완성한다. 배치 한 개는 도면 1장을 의미한다. 도면의 형태는 배치에서만 고민하면 되고 모형 탭에서 도면을 그릴 때는 형상과 치수 위주로 작업할 수 있다. 모형에서 도면을 다시 수정하면 배치에 나타난 도형은 자동으로 변경되므로 항상 일관된 형태의 도면을 출력이 가능하다.

02 따라하기

도면을 완성해서 배치하고 플롯하는 간단한 순서는 다음의 4단계를 따른다. 대부분의 경우는 아래만 이해하고 있으면 문제가 없다.

- **배치를 만든다** : 배치를 만드는 방법은 (1) 빈 배치를 만드는 방법과 (2) 템플릿으로부터 도면의 테두리와 표제란 등을 가져오는 것이다. 도면을 그릴 때 표제란, 테두리 등을 함께 그리는 경우에는 (1)의 방법을 사용하고, 도면에는 형상과 치수 등을 기입하고 테두리와 표제란은 배치에서 처리할 것이면 (2)의 방법을 사용한다.
- **페이지를 설정한다** : 여기서는 출력 기기를 설정한다. 프린터로 출력할 것이면 사용할 프린터를 지정하고, DWF로 출력하여 게시할 것이면 그에 맞는 파일 포맷을 설정한다.
- **뷰포트를 설정한다** : 뷰포트(viewport)는 모형 탭에서 그려진 도면의 일부를 잘라서 배치하는 것을 의미한다. 도면에 그려진 위치와 다른 위치에 부품들을 배치할 수 있도록 한다. 아래의 그림에는 맨 가장자리 사각형을 제외하고 5개의 사각형으로 둘러싸인 그림이 있는데 각각 다른 그림을 담고 있다. 이 5개의 사각형이 뷰포트이다(사각형의 테두리는 실제로 도면 출력을 할 때는 이 사각형이 속한 도면층을 OFF시켜서 출력하지 않도록 한다). 하나의 배치에는 여러 개의 뷰포트를 지정할 수 있다. 위치와 각 축척은 따로 지정할 수 있다.

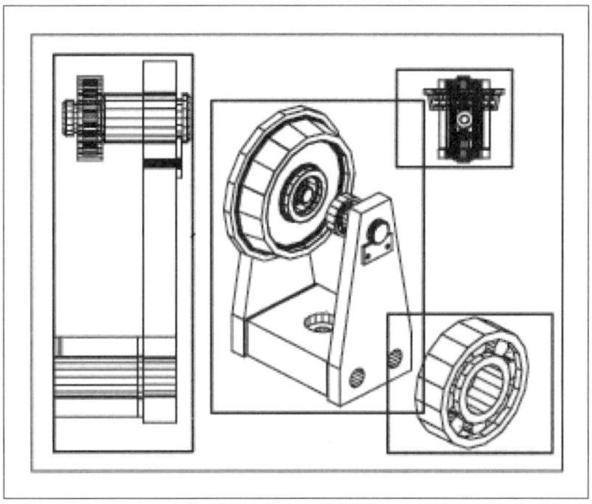

• **플롯한다** : 이미 2)단계에서 출력기기(프린터 또는 파일)를 지정하였으므로 버튼만 누르면 원하는 출력이 이루어진다.

배치 만들기

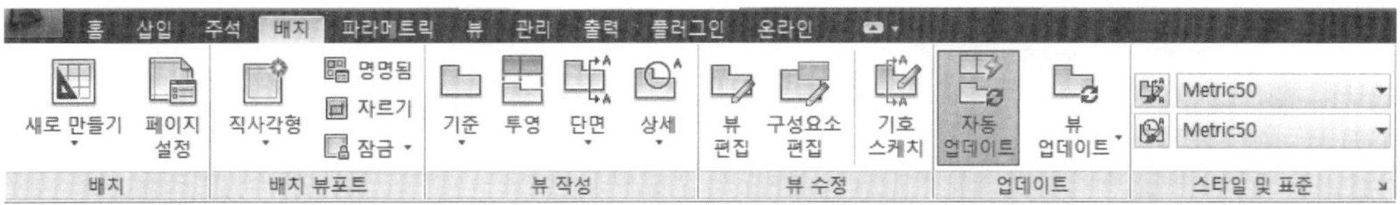

배치를 만드는 방법은 “새로 만들기”와 “템플릿으로부터”이다.

• 새 배치

• 배치 메뉴에서 새로 만들기의 [새 배치]를 선택한다.

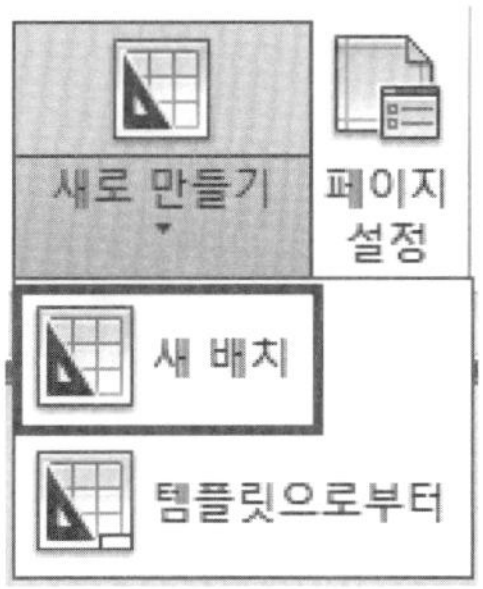

• 그러면 새 배치 이름을 입력하라고 프롬프트가 나오는데 이때 원하는 이름을 입력한다. 이 예에서는 Test Layout이라고 입력하였다.

- **새 배치 이름 입력 Test Layout**

그러면 아래 그림과 같이 Test Layout이라는 배치 탭이 만들어진 것을 볼 수 있다.

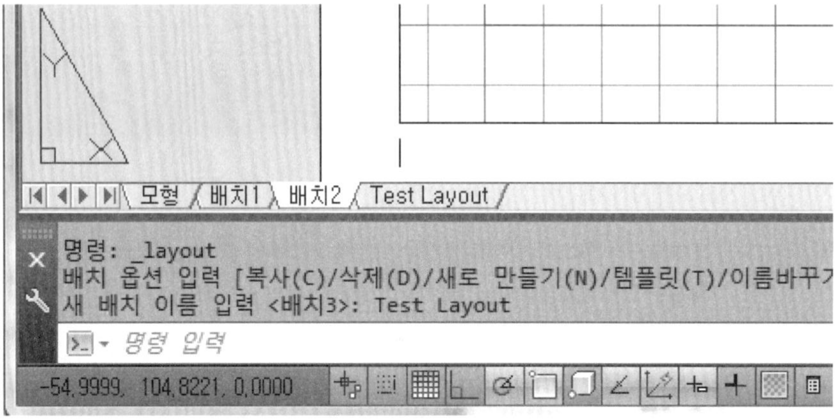

- **템플릿으로부터**

• 배치 메뉴의 새로 만들기 밑에 삼각형을 클릭하면 아래와 같이 새 배치와 템플릿으로부터 아이콘이 있는데 여기서 템플릿으로부터 라는 아이콘을 선택한다.

• 아래와 같은 템플릿을 파일에서 선택 대화상자가 뜨면 원하는 템플릿 파일(확장자 dwt)을 선택한다. 이 예에서는 Tutorial-mMfg.dwt을 선택한다.

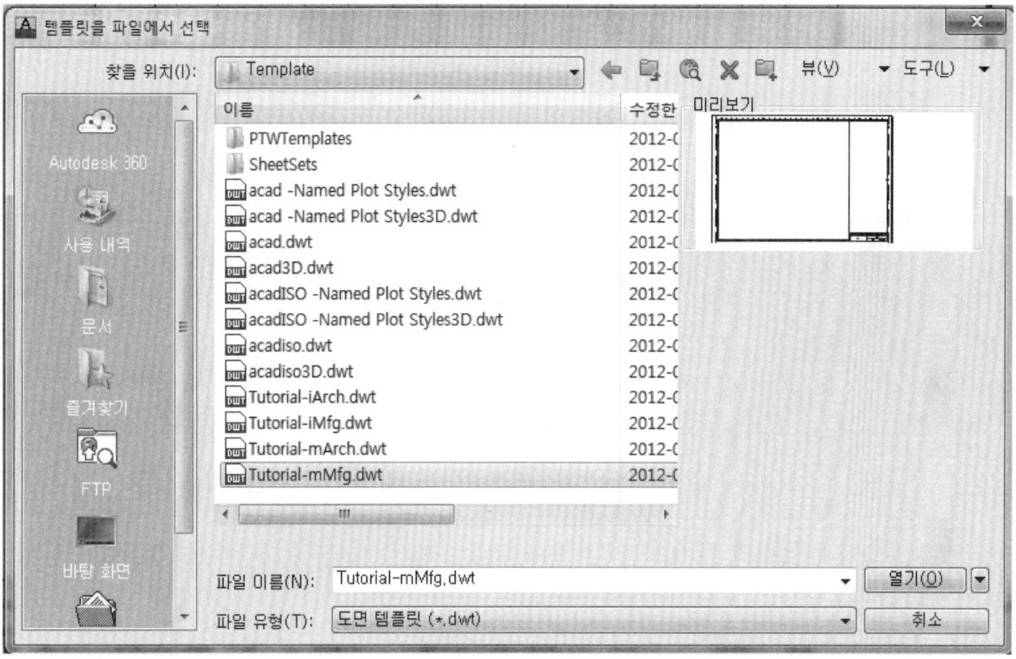

• Tutorial-mMfg.dwt을 선택하면 이 템플릿에 들어있는 있는 배치이름이 나열되는데 원하는 배치를 선택한다. 여기서는 ISO A1 배치만 있으므로 그것을 선택하고 확인을 누른다.

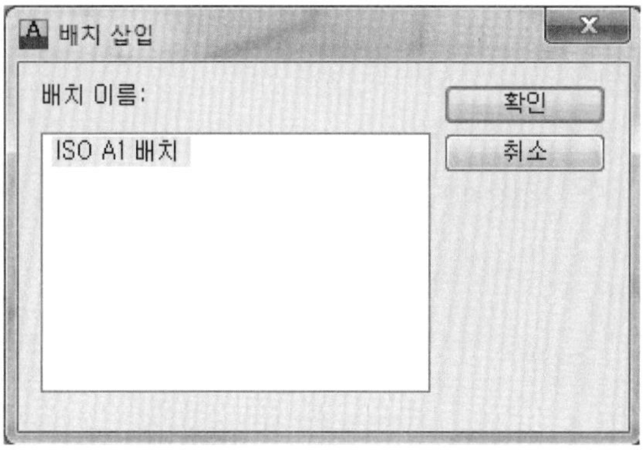

• 아래와 같이 배치 ISO A1 배치가 추가된다.

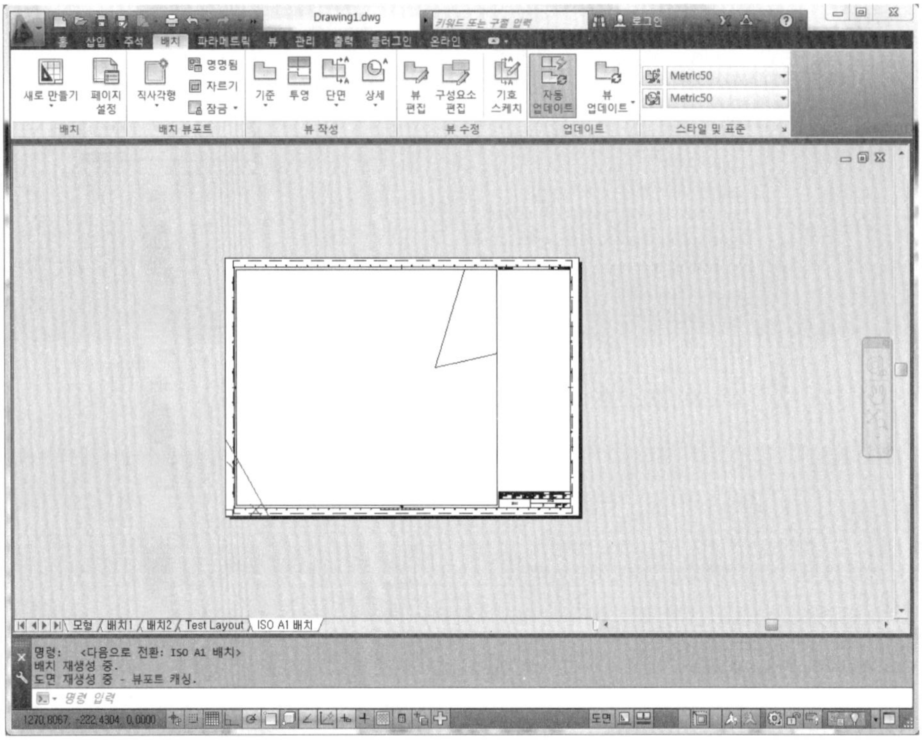

페이지 설정

배치의 탭에 마우스를 놓고 오른쪽 버튼을 클릭하면 다음과 같은 메뉴가 나오는데 여기서 페이지 설정 관리자를 선택한다.

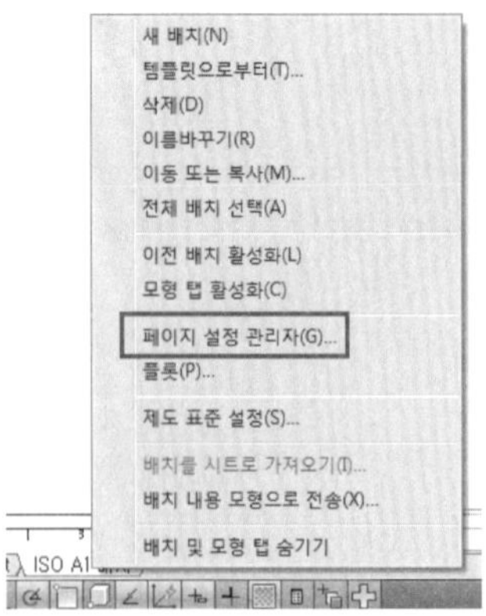

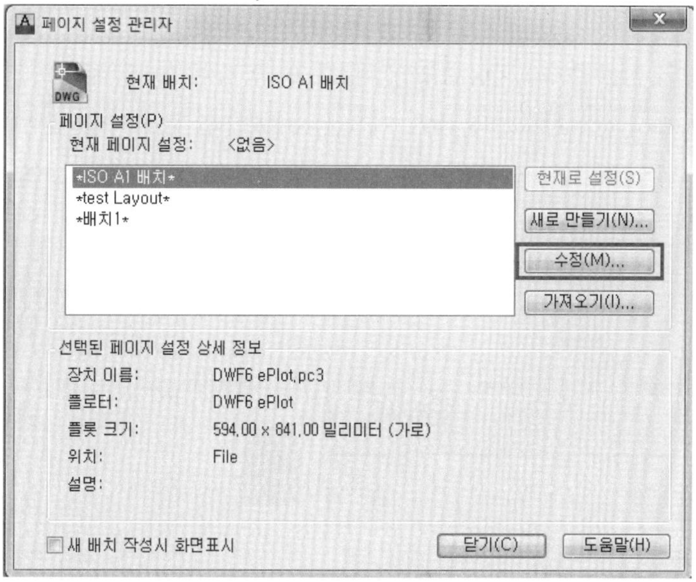

페이지 설정 관리자 대화 상자에서 원하는 배치를 선택하여 하이라이트시키고, [수정]을 클릭하면 다음의 대화 상자가 나온다. 여기서 사각형으로 표시된 부분을 수정한다. 프린터/플로터는 배치된 것이 최종적으로 어디에 출력할 것인가를 지정하는 것이다. 아래와 같이 DWF을 선택하면 파일로 출력되는 것이다.

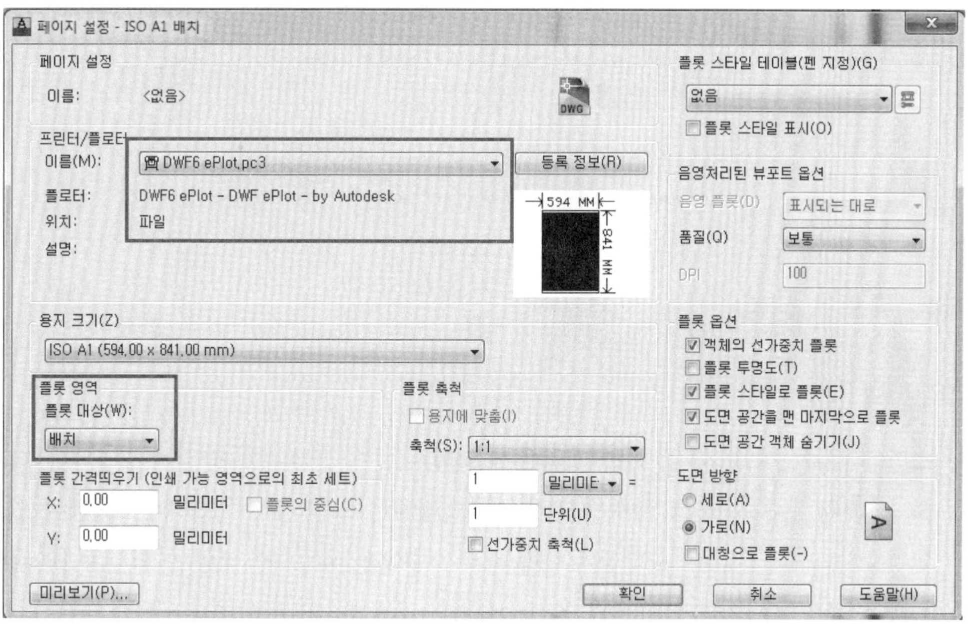

만일 프린터로 출력할 것이면 아래의 대화 상자와 같이 사용할 실제의 프린터를 지정한다. 아래와 같이 사용할 프린터, 플롯 영역, 플롯 축척 등를 지정하고 확인 버튼을 누르면 아래의 경고 메시지가 나오는데 확인 버튼을 누른다. 플롯 축척을 변경하는 이유는 A1 크기의 도면을 A4 크기 종이를 출력하는 프린터에 출력하기 때문에 1/3로 세팅한 것이다.

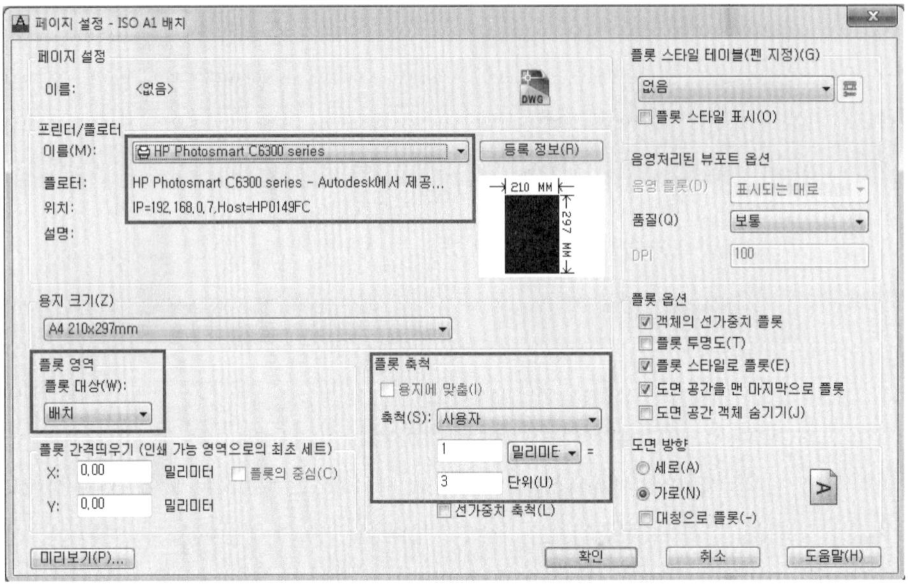

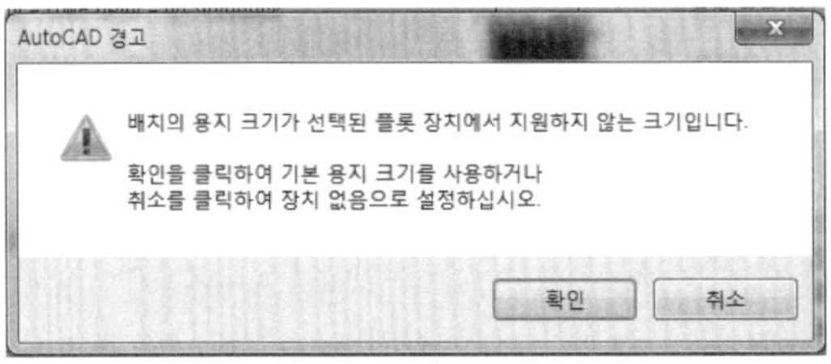

배치 뷰포트 생성

• 뷰포트의 삭제

- 도면을 배치하여 보자. 도면을 배치하기 위해서는 이미 배치되어 있는 뷰포트를 삭제하자. 배치 탭을 누르고 화면을 보면 모형 탭에서 그린 도면이 보이는 공간이 있고 그것을 둘러싸고 있는 사각형이 있는데 이 사각형 테두리를 1번 클릭하고 [Delete] 키를 누르면 뷰 포트가 삭제된다.

• 뷰포트의 생성

- 배치 뷰포트에서 직사각형 아래에 있는 삼각형을 누르면 다음과 같은 메뉴가 보이는데 여기서 직사각형 아이콘을 선택한다.

- 뷰포트의 4각형을 입력하는 프롬프트가 뜨는데 이때, 왼쪽 위 코너와 오른쪽 아래 코너를 입력하여 뷰포트를 지정한다.

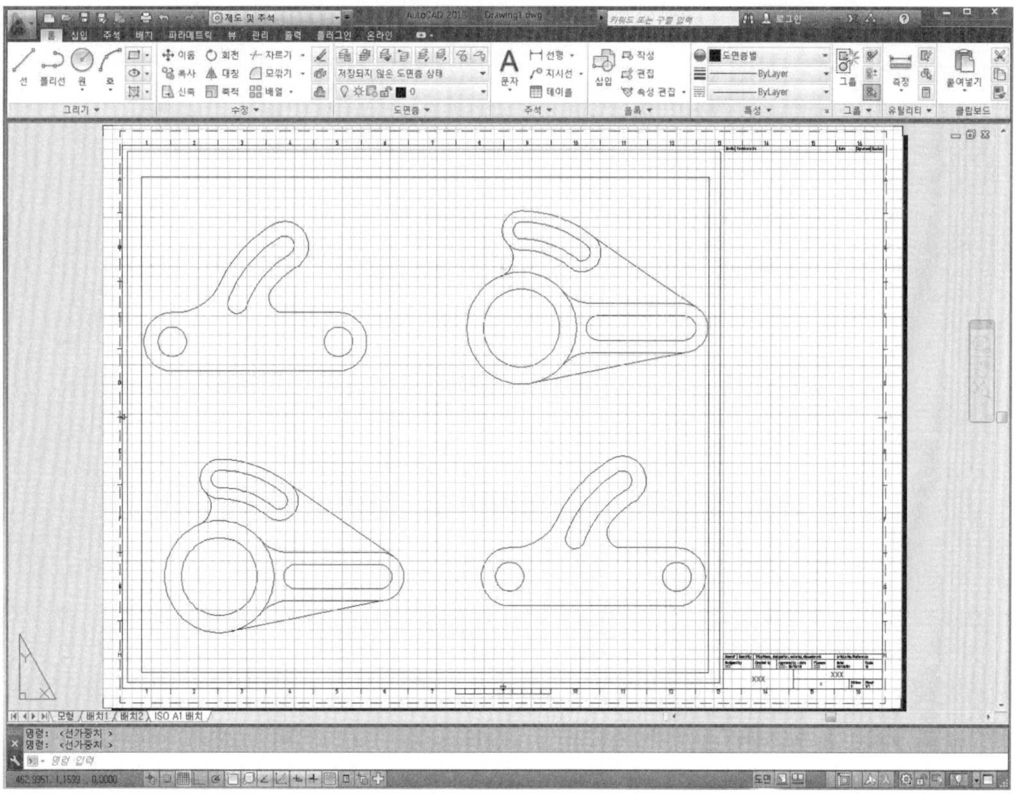

• 뷰포트 내부를 더블 클릭하면 아래와 같이 뷰포트가 진한 사각형으로 바뀐다. 이때 마우스의 휠을 이용하여 Zoom을 할 수 있고, 마우스의 휠을 누르면서 이동하면 Panning도 된다. 이와 같이 하여 원하는 적당한 크기의 도면을 배치한다.
• 오른쪽 아래에 보면 현재 그림의 축척이 나오는데 이것을 정수 배로 하는 것이 필요하다. 0.228911은 1/5보다 약간 큰 값이므로 그 부분을 눌러서 1:5을 선택한다.

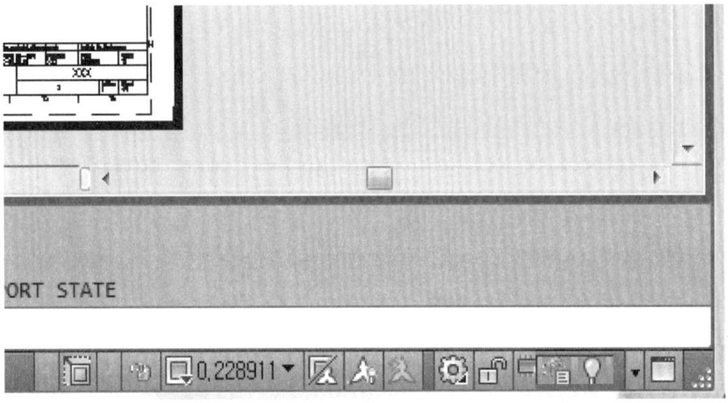

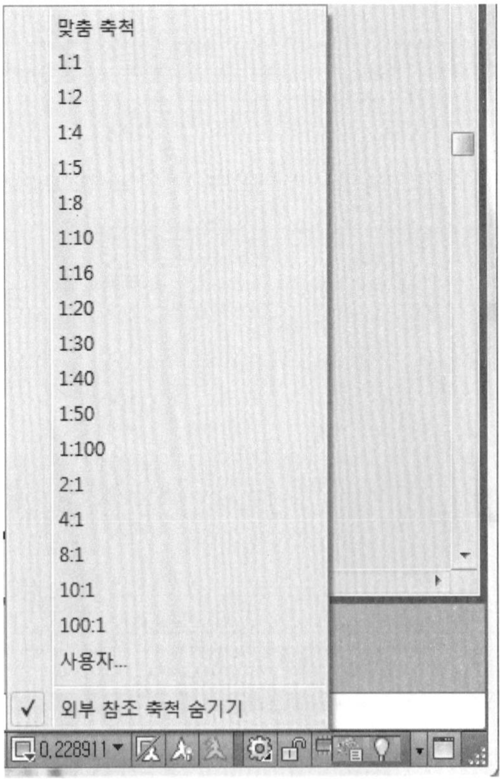

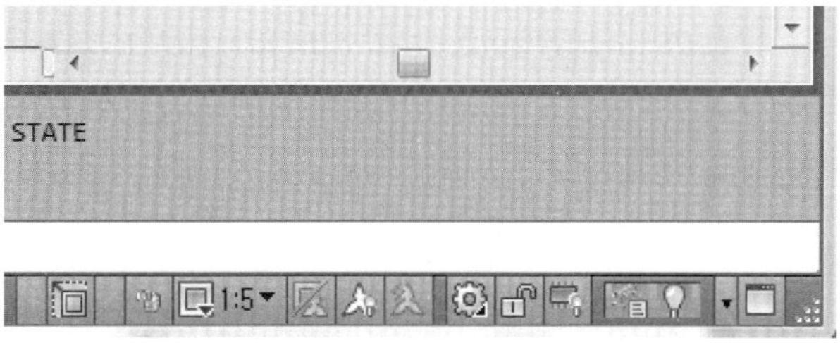

• 마우스로 뷰포트 밖을 더블 클릭하면 진한 검은색으로 하이라이트된 것이 없어진다. 이때 마우스로 뷰포트의 사각형을 클릭하면 다음과 같이 뷰포트 사각형이 선택되고 모서리 점을 이동하여 늘이거나 줄일 수 있다.

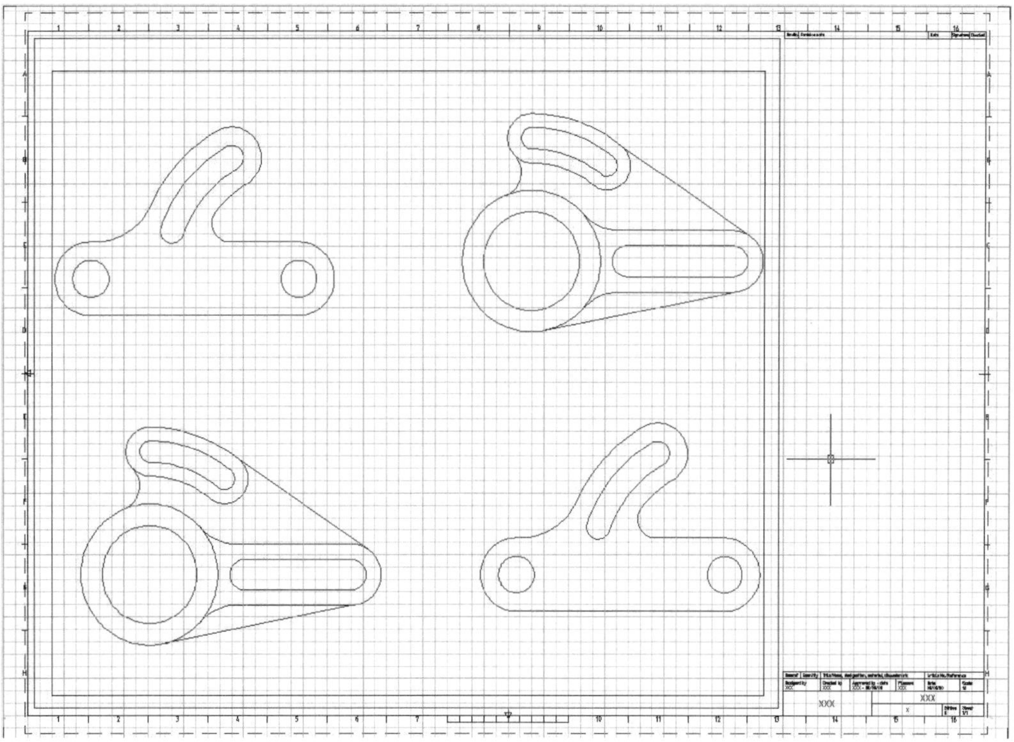

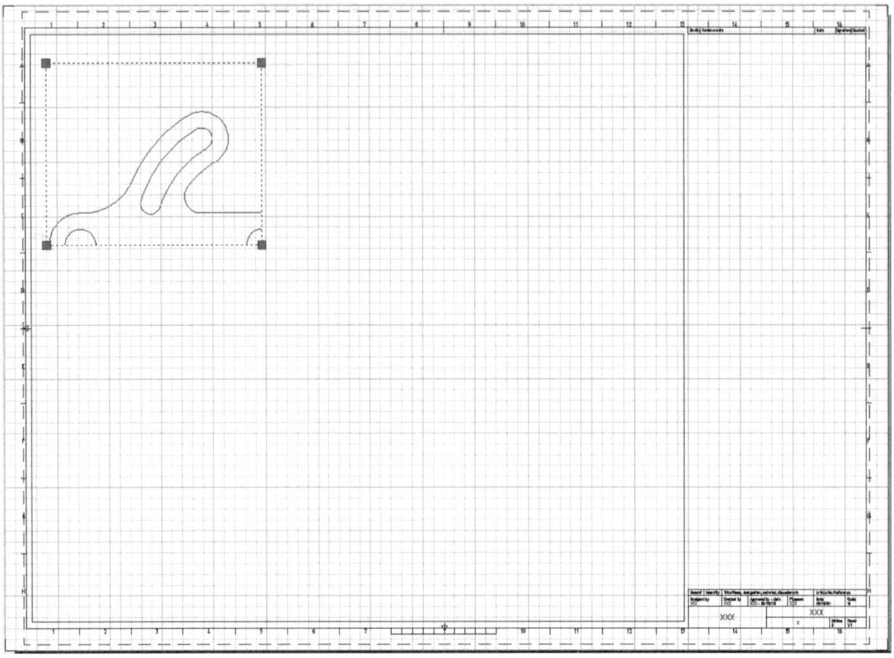

• 여기서 다시 배치 뷰포트를 1개 더 추가하여 보자. 배치 뷰포트에서 사각형을 선택한 후에 새로운 뷰포트 위치를 클릭하면 아래와 같이 된다.

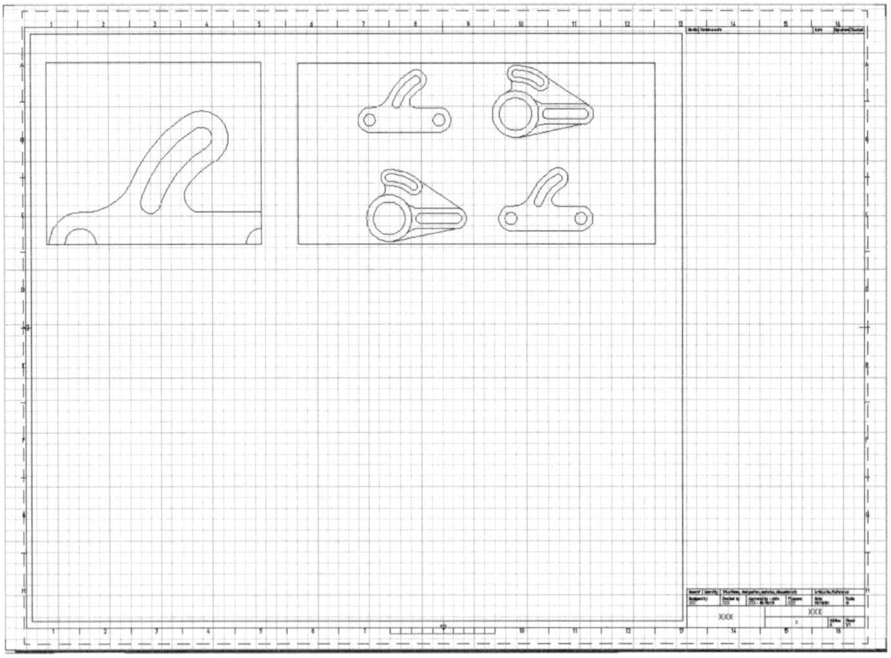

플롯

앞에서 배치를 설정할 때 이미 프린터로 출력하거나 파일로 출력하기 위한 설정을 해 놓았다. 플롯하고자 하는 ISO A1 배치를 선택하여 화면에 보이게 하고, 플롯 아이콘을 선택한다.

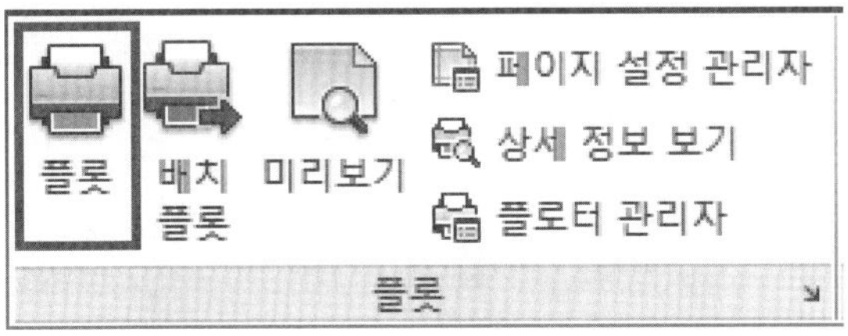

앞에서 이 배치에 대하여 프린터를 설정하여 놓았기 때문에 다음과 같이 프린터가 정해지고, 프린팅 영역이 배치인 상태로 대화상자가 생성된다. 아무것도 수정하지 말고 프린팅을 하면 된다.

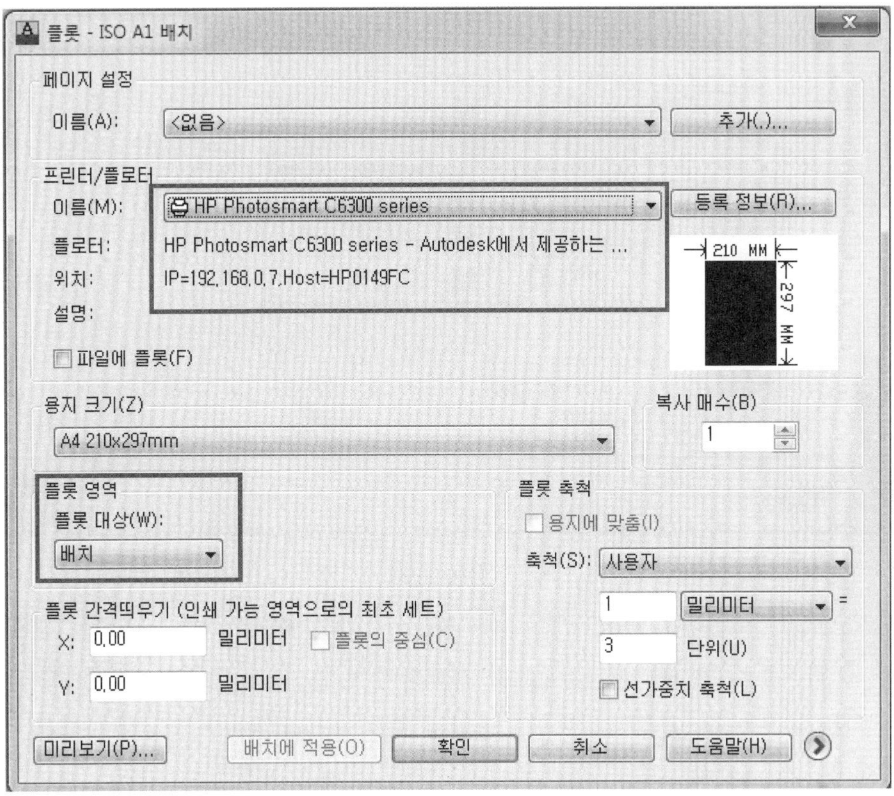

뷰포트 경계 지우기

지금까지 설정한 방법대로 플롯을 하면 뷰포트를 나타내는 사각형이 인쇄되는데 이것을 지우고 싶은 경우에는 도면층에서 뷰포트 사각형을 동결(freeze)하면 된다. 배치를 [새로 만들기] 버튼으로 생성한 경우에는 도면층 메뉴에서 도면층을 나열하면 아래의 그림과 같이 된다. 이 때 뷰포트에 해당하는 도면층을 동결(freeze)시키면 된 프린트가 되지 않는다.

배치를 [템플릿으로부터] → 'Tutorial-mMfg.dwt"를 이용하여 생성한 경우에는 아래의 그림과 같이 '뷰포트'라는 도면층이 보일 것이다. 이 도면층을 동결시키면 프린트되지 않는다.

03 배치

기본적으로 새 도면에는 배치1 및 배치2 라는 두 개의 배치가 있다. 이름은 배치 탭에서 오른쪽 버튼을 누른다음 이름바꾸기를 선택하여 바꿀 수 있다. 새 배치를 추가하거나 기존 배치를 복사할 수 있다. 배치 작성 마법사 또는 DesignCenter를 통해 배치를 작성할 수 있습니다. 각 배치에는 서로 다른 페이지 설정용 설정을 포함한다. 그러나 도면을 전송

하거나 게시할 때 혼동을 피하기 위해, 각 도면에 대해 명명된 배치를 하나만 작성하는 것이 좋다.

각 배치에서는 배치 뷰포트를 원하는 수만큼 작성할 수 있다. 각 배치 뷰포트는 모형 공간에서 사진 프레임과 같으며, 사용자가 지정하는 축척 및 방향에서 모형을 표시하는 뷰를 포함한다. 전체 배치에 맞는 단일 배치 뷰포트를 작성하거나 여러 개의 배치 뷰포트를 작성할 수 있다. 뷰포트를 작성한 후에는 해당 크기와 특성을 변경할 수 있으며 필요한 경우 뷰포트를 축척하고 이동할 수도 있다. 또한 각 배치 뷰포트가 표시될 도면층을 지정할 수 있다.

모형 탭과 하나 이상의 명명된 배치 탭 사이에서 변경하는 방법을 조정할 수 있다. 모형 탭 및 여러 명명된 배치 탭은 기본적으로 도면 영역의 왼쪽 아래 구석에 표시된다.

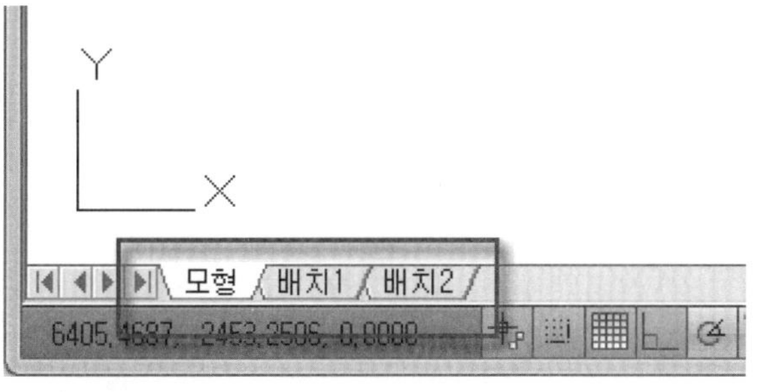

도면 영역의 공간을 최적화하기 위해 이러한 탭을 숨기고 그에 해당하는 버튼을 상태 막대에 표시할 수 있다.

모형(Model)에서 작성된 설계도면을 출력 도면으로 작성하기 위해서는 용지 크기, 플롯 방향 및 영역 등에 대한 출력 페이지를 설정해야 한다. 모형에서 작성한 객체의 필요한 부분만을 배치 뷰포트 명령을 사용하여 배치 화면에 나타나게 할 수 있다.

배치 새로 만들기

배치 메뉴에서 템플릿으로부터 아이콘을 선택하면 아래와 같은 템플릿 파일을 선택하는 대화상자가 나온다.

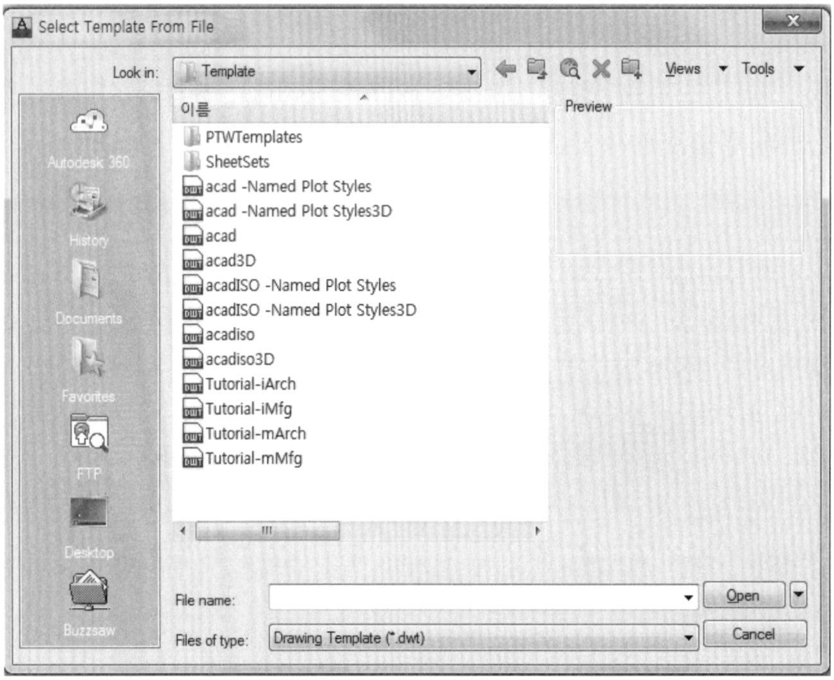

대화상자에서 ANSI B-Color Dependent Plot Styles.dwt를 선택하면, Insert Layout 대화상자가 나타난다.

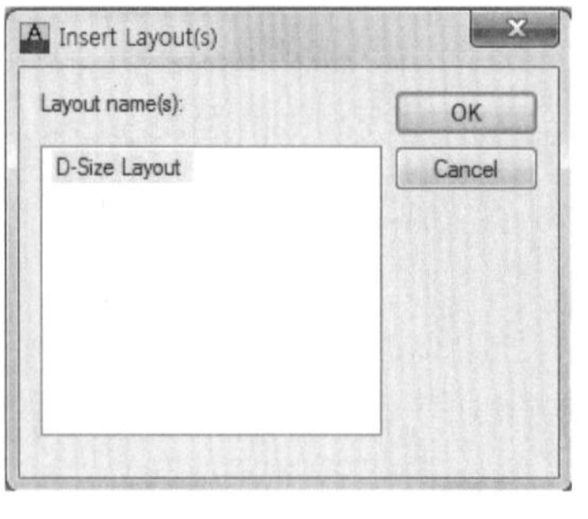

대화상자에서 OK를 클릭하면 ANSI B Title Block 탭이 생성된다.

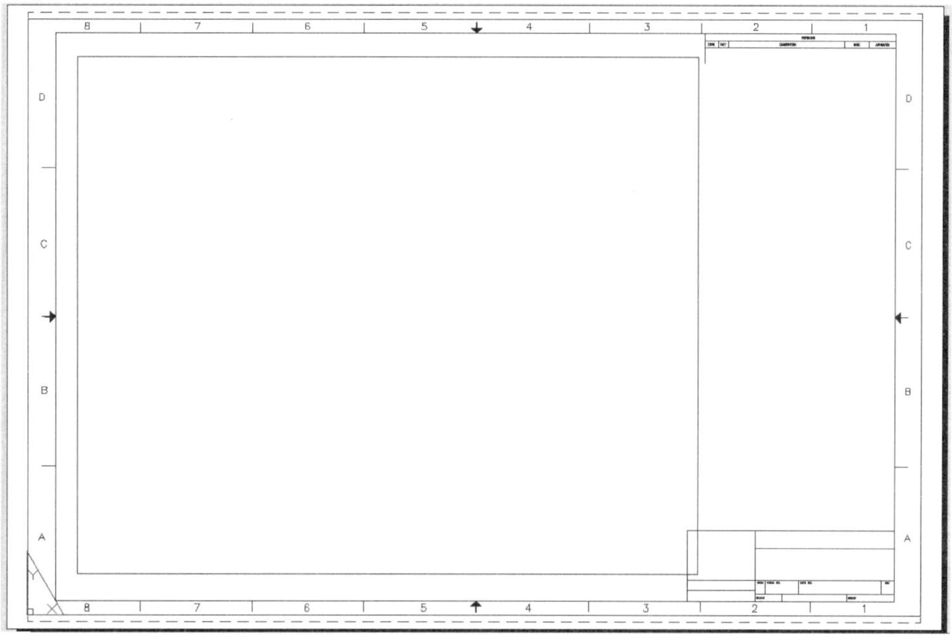

이와 같이 생성된 배치를 삭제하려면 현재의 배치에서 오른쪽 버튼을 눌러서 단축메뉴를 표시하고 [삭제]를 클릭하면, 삭제할 것인가를 물어 보는 대화상자가 나타난다.

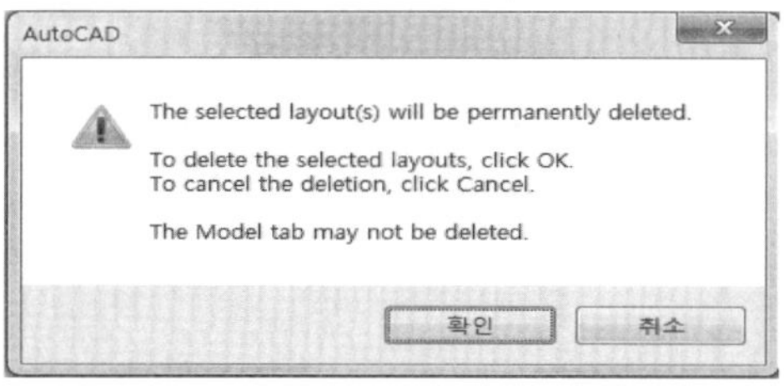

삭제할 것이면, 확인을 클릭하고, 아니면 취소를 클릭하면 된다.

배치의 이름을 바꾸려면 변경하려는 배치에서 오른쪽 버튼을 눌러 단축메뉴를 표시하고 [이름 바꾸기] 명령을 실행시키고 이름을 수정하고 [Enter] 키를 누르면 된다.

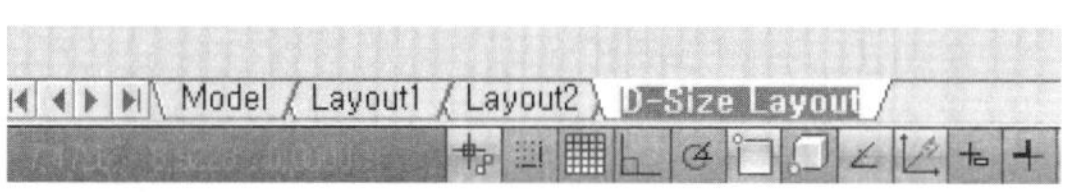

배치를 복사하거나 이동하려면, 오른쪽 단축메뉴에서 Move or Copy 명령을 실행하면 Move or Copy대화상자가 나타난다.

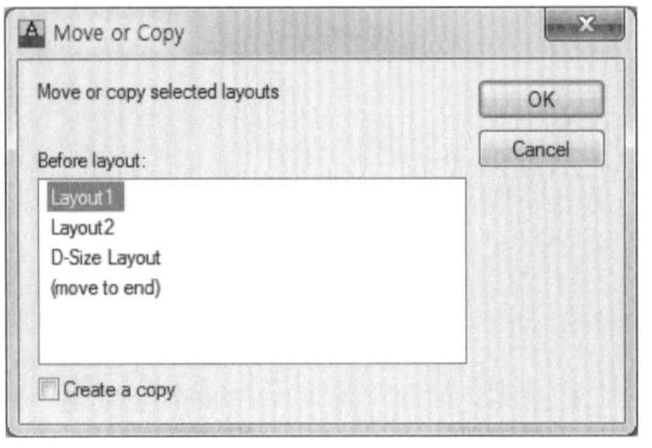

이동하거나 복사한 후 OK를 클릭하면 된다.

배치 마법사

배치 마법사는 배치에 대한 플롯장치, 용지 크기, 용지의 도면 방향, 템플릿 도면의 사용 및 부동 뷰포트 등에 대한 사항들을 설정할 수 있다.

배치 마법사 명령이 실행하면 배치 작성 대화상자가 나타난다.

● 시작

- 배치의 새로운 이름을 입력한다.

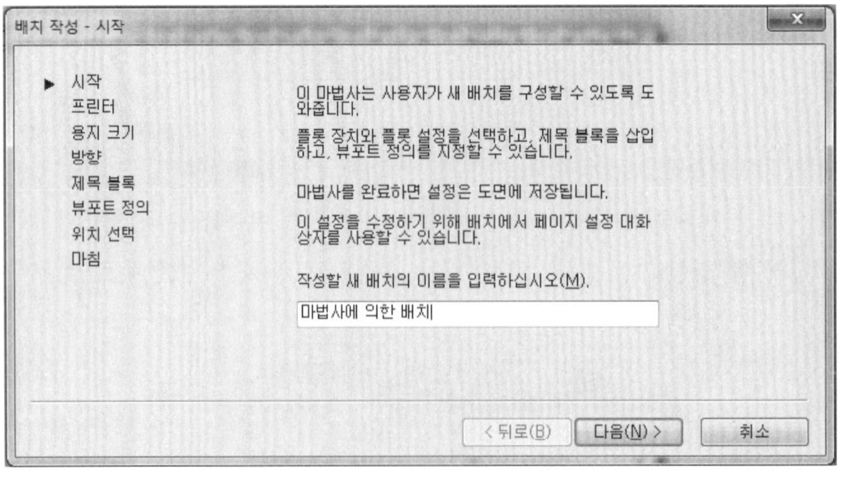

• 프린터

• 새로운 배치의 플로터를 선택한다.

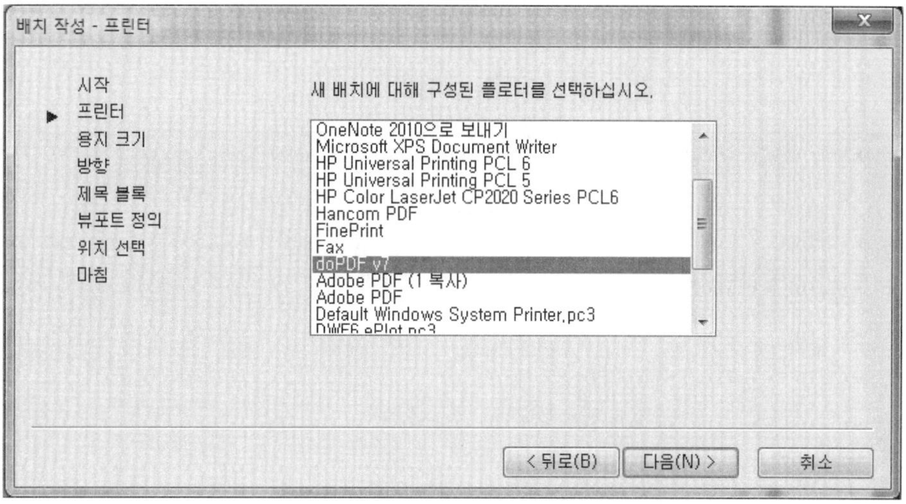

• 용지크기

• 플로터 장치에서 제공하는 용지 중 새로 설정된 배치에서 사용될 용지 크기를 지정한다. 여기서는 ARCH D를 선택한다. 이 용지 크기는 앞에서 선택된 프린터가 지원하는 사이즈에 대해서만 올라온다.

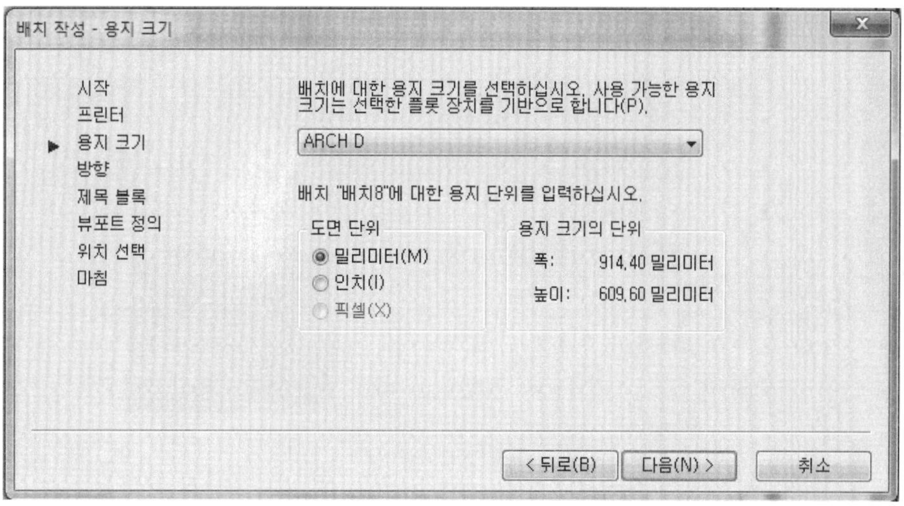

- **도면단위** : 밀리미터 또는 인치 단위인가를 지정한다.
- **용지 크기의 단위** : 용지 크기를 표시한다.

방향

- 지정된 용지를 출력하기 위한 방향을 선택한다.

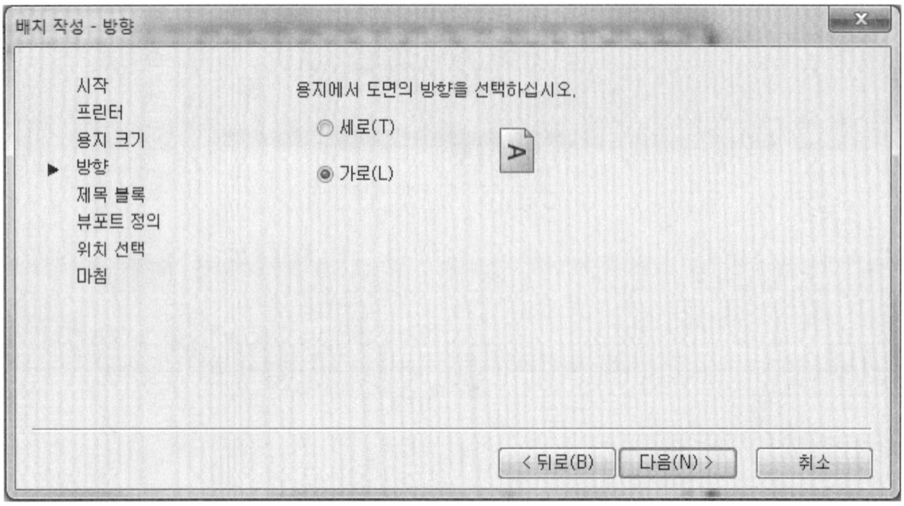

제목 블록

- 새로운 배치에 사용될 템플릿 도면을 선택하거나 외부 참조 파일로 부착할지를 지정한다. 예에서는 Architectural Tile Block.dwg를 선택한다.

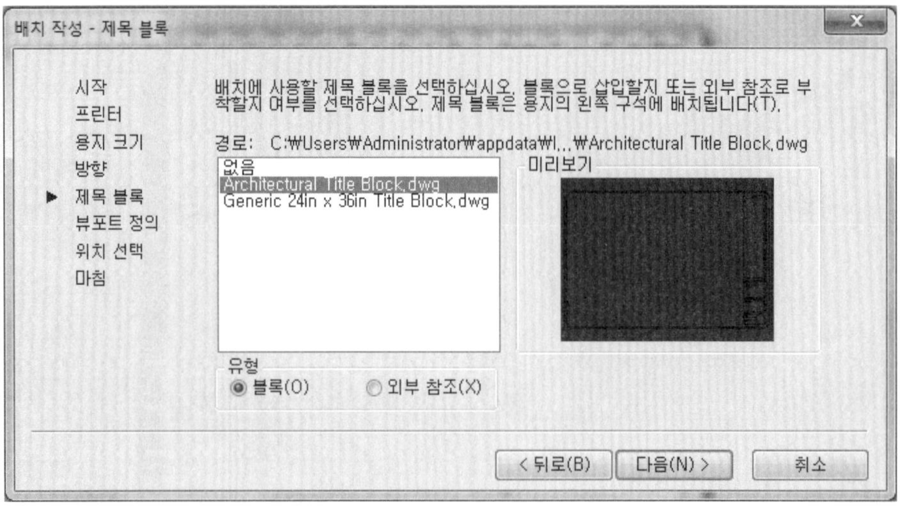

- **블록** : 선택된 템플릿을 블록으로 삽입
- **외부 참조** : 선택한 템플릿을 외부 참조로 삽입

● 뷰포트 정의

- 배치에 구성된 뷰포트의 개수와 축척을 지정한다.

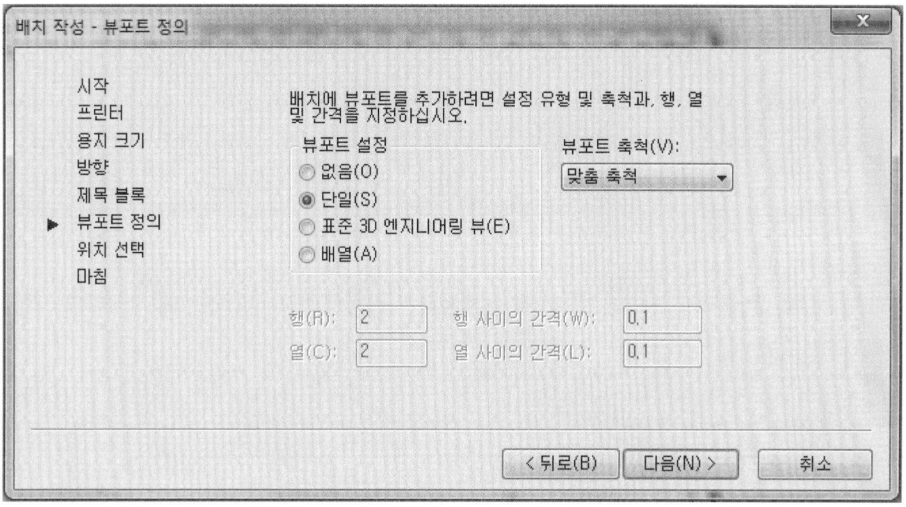

- **뷰포트 설정**
  - 없음 : 뷰포트를 작성하지 않는다.
  - 단일 : 하나의 뷰포트를 작성한다.
  - 표준 3D 엔지니어링 뷰 : 평면도, 정면도, 측면도, 3차원모형도를 표현한다.
  - 배열 : 가로 세로에 배치할 뷰포트의 수를 지정한다.
  - 행 : 세로로 배열할 뷰포트의 수
  - 열 : 가로로 배열될 뷰포트의 수.
- **뷰포트 축척** : 설정된 뷰포트의 모형 공간 대비 뷰포트의 스케일을 지장한다.

● 위치 선택

- 설정된 뷰포트가 위치할 지점을 위치 선택을 클릭하여 화면 상에 직접 지정할 수 있다.

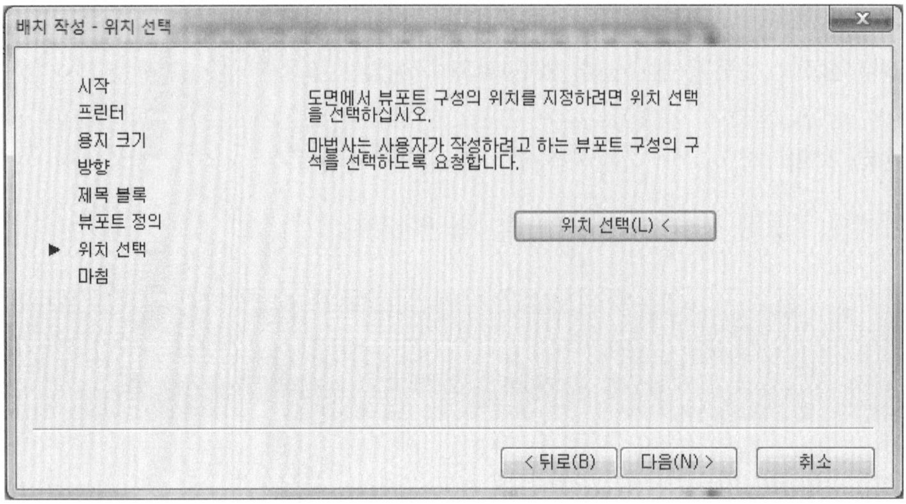

• [위치 선택] 버튼을 누르면 위치를 선택하는 프롬프트가 나오는데 아래의 그림과 같이 사각형의 모서리 2개를 입력한다.

• 마침

- 배치 마법사를 종료한다.

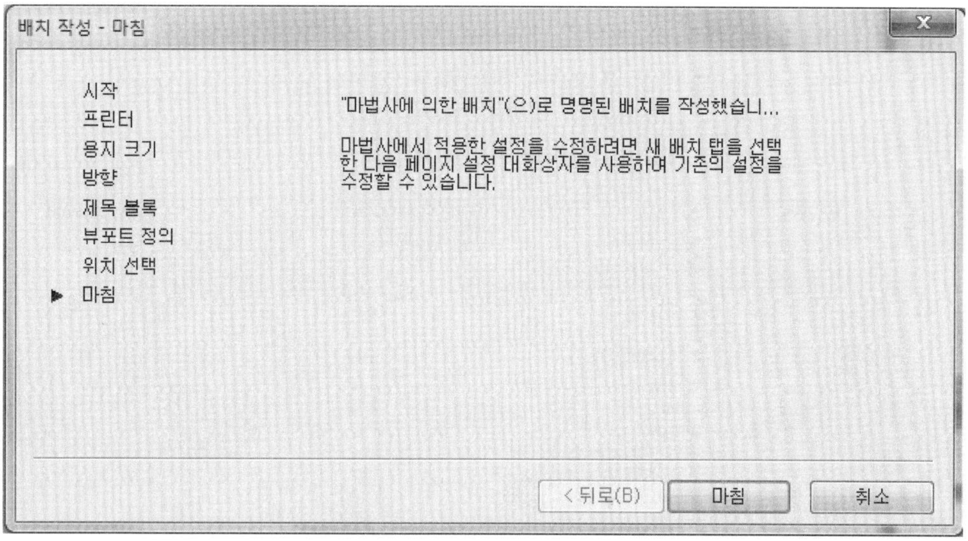

- [마침] 버튼을 누르면 아래와 같은 배치가 생성된다.

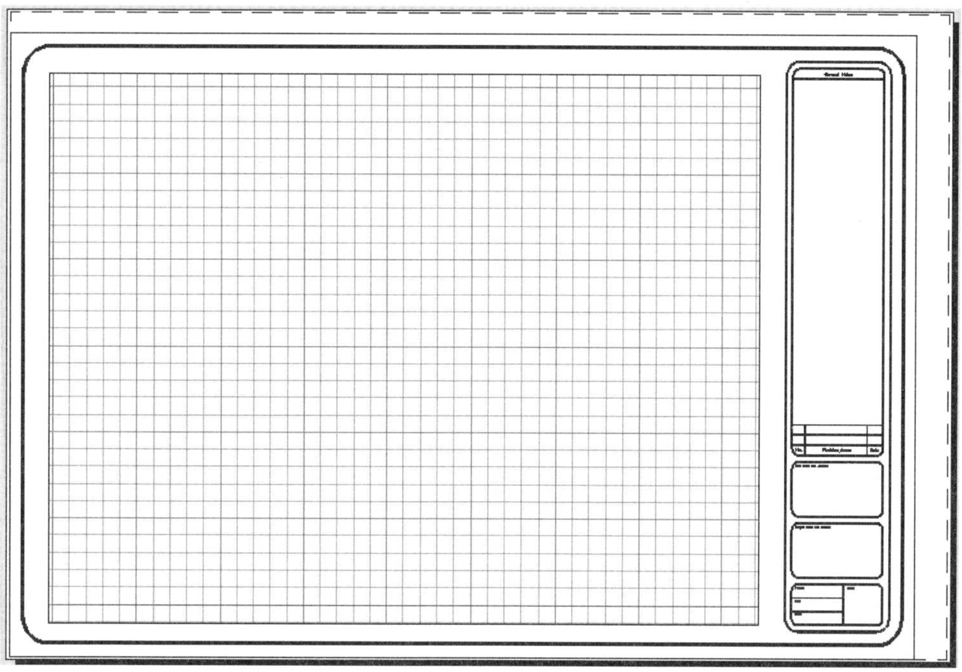

04 페이지 설정

예제를 만들어 보자. 배치 새로 만들기에서 "템플릿으로부터"를 선택하고 파일 선택 대화 상자에서 "SheetSets" 폴더를 선택한다. 그 폴더에서 "Manufacturing Metric.dwt"를 선택한다.

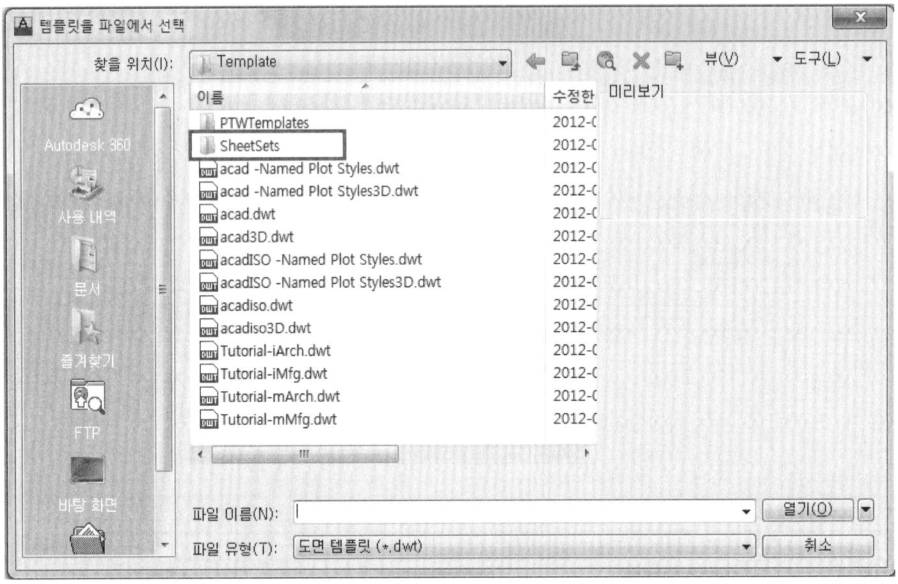

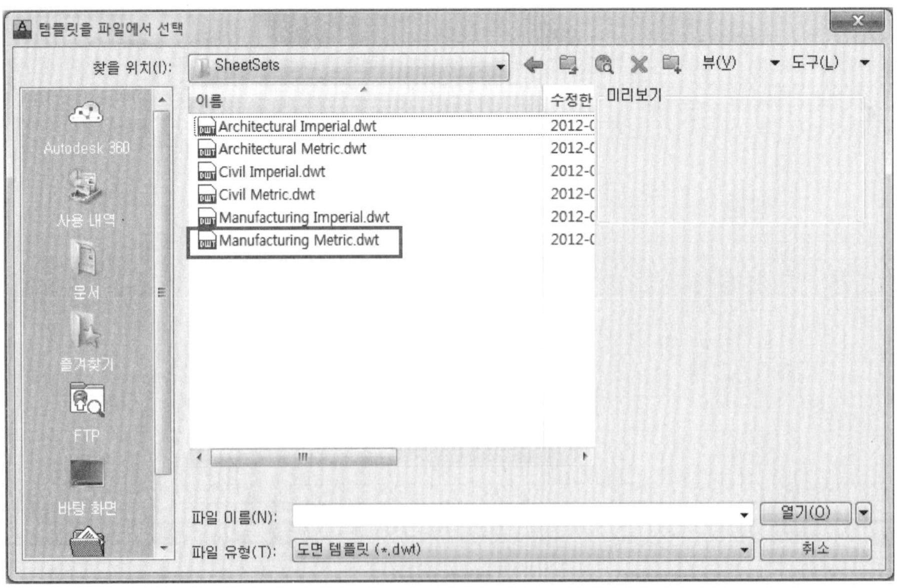

그러면 다음과 같은 배치가 생성된다.

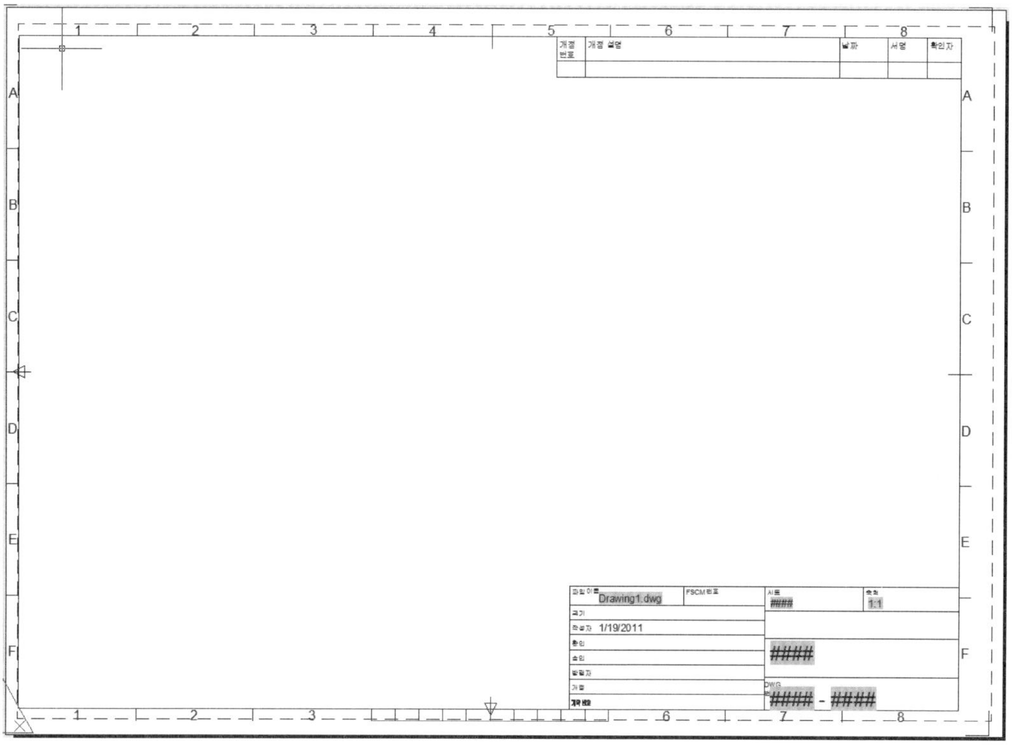

오른쪽 아래는 표제한인데 중요한 부분들이 ####로 표시되어 있다. 이것을 수정하려면 음영으로 처리된 부분을 더블클릭하면 다음과 같은 대화상자가 올라오고 여기서 표제란에 필요한 모든 정보를 수정할 수 있다. 값에 해당하는 열을 수정하고 [확인]을 누르면 실제의 표제란에서도 정보가 수정된다.

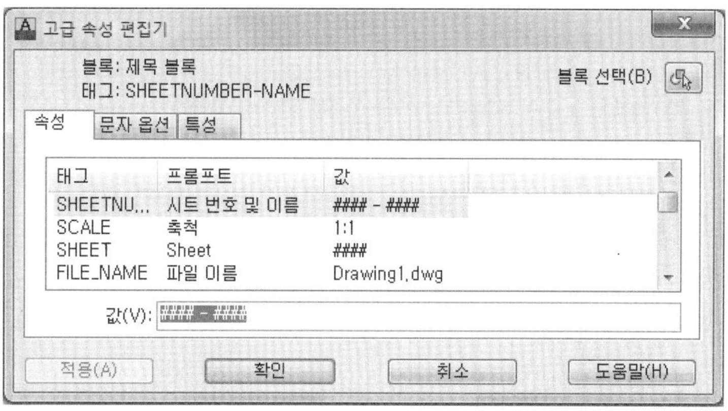

이제 페이지 설정을 하여 보자. 페이지 설정은 배치에 대한 플롯장치, 플롯 유형, 출력 용지 및 출력 방향 등의 환경을 설정한다. 원하는 배치 상태에서 배치 메뉴에서 [페이지 설정] 아이콘을 선택한다.

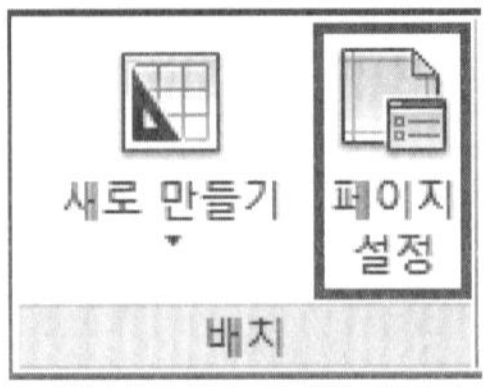

페이지 설정 관리자가 나온다. 왼쪽의 페이지 설정에서 원하는 배치를 선택한다. 여기서 선택한 것은 "ISO A3 제목 블록"이다. 아래의 페이지 설정 상세 정보를 보면 출력 장치가 레이저 프린터(이 레이저 프린터는 A4 크기가 최대 인쇄 크기이다)로 되어 있고, 그 용지의 플롯 크기가 297×420의 A3 크기이다. 그 후 수정을 누르면 플롯 장치를 선택하는 메뉴가 나온다. 그러므로 이것을 PDF로 출력하는 것으로 하여 보자.

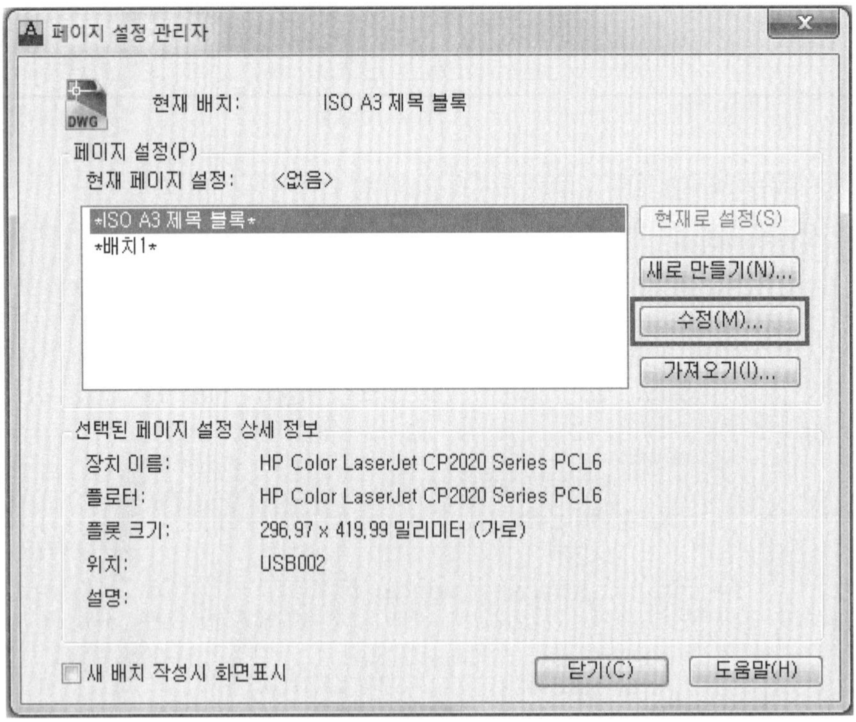

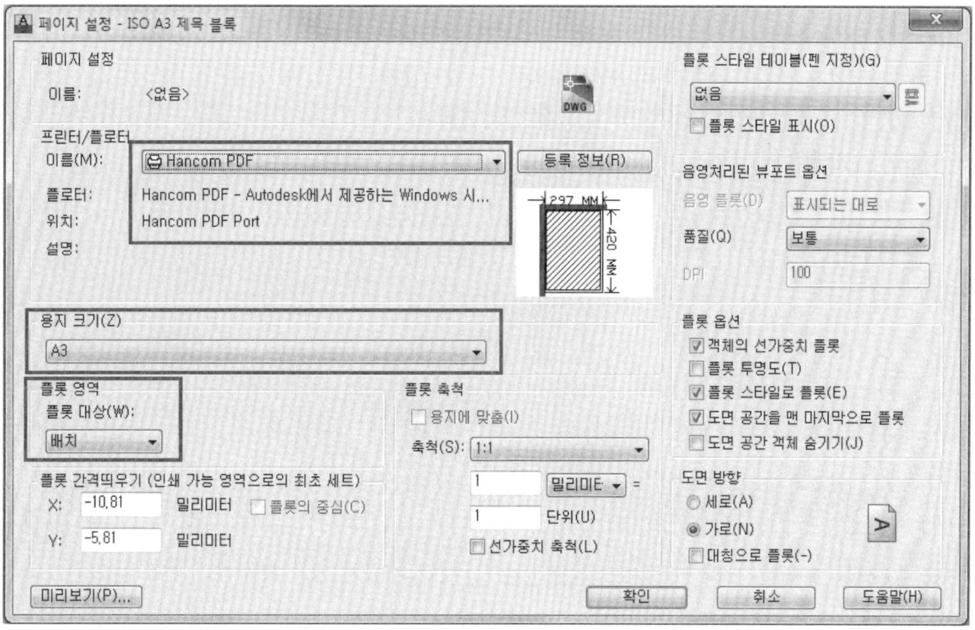

위의 프린터/플로터 선택 상자에서 A3를 프린트할 장치를 가지고 있지 않다면 PDF로 출력하기 위해 도면을 PDF로 출력하여주는 장치를 선택한다. 용지 크기는 이미 템플릿에서 정해진 것이므로 수정하지 말고, 플롯 영역은 배치로 한다.

05 배치 뷰포트

버튼

- 리본: 뷰 탭 ➤ 모형 뷰포트 패널 ➤ 명명된 뷰포트
- 메뉴: 뷰 ➤ 뷰포트 ➤ 새 뷰포트, 명명된 뷰포트
- 도구막대: 배치

뷰포트 생성

배치 뷰포트에서 직사각형 아래에 있는 삼각형을 누르면 다음과 같은 메뉴가 보이는데 여기서 [직사각형] 아이콘을 선택한다.

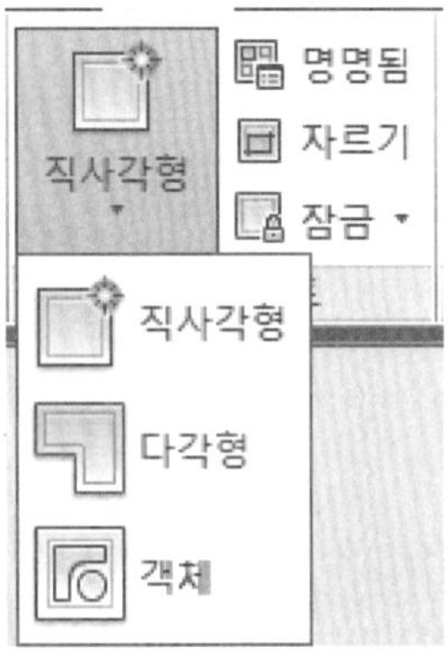

뷰포트의 4각형을 입력하는 프롬프트가 뜨는데 이때, 왼쪽 위 코너와 오른쪽 아래 코너를 입력하여 뷰포트를 지정한다.

배치에 뷰포트를 입력하는 다른 방법은 VPORTS 명령을 사용하는 것이다.

명명된 뷰포트 탭은 기존에 설명되어 있는 뷰포트를 가져와 사용하는 것을 말한다. 우리는 새로운 뷰포트를 만들 것이므로 [새 뷰포트] 탭을 선택한다.

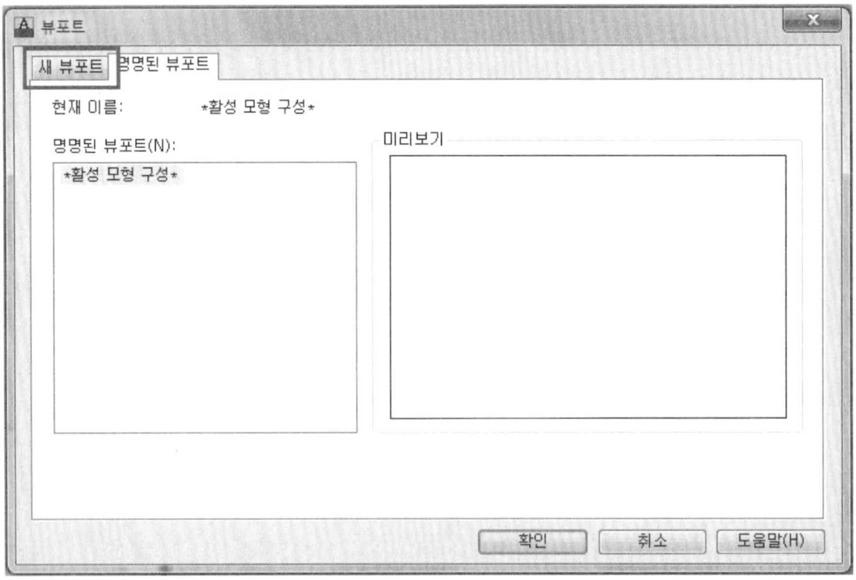

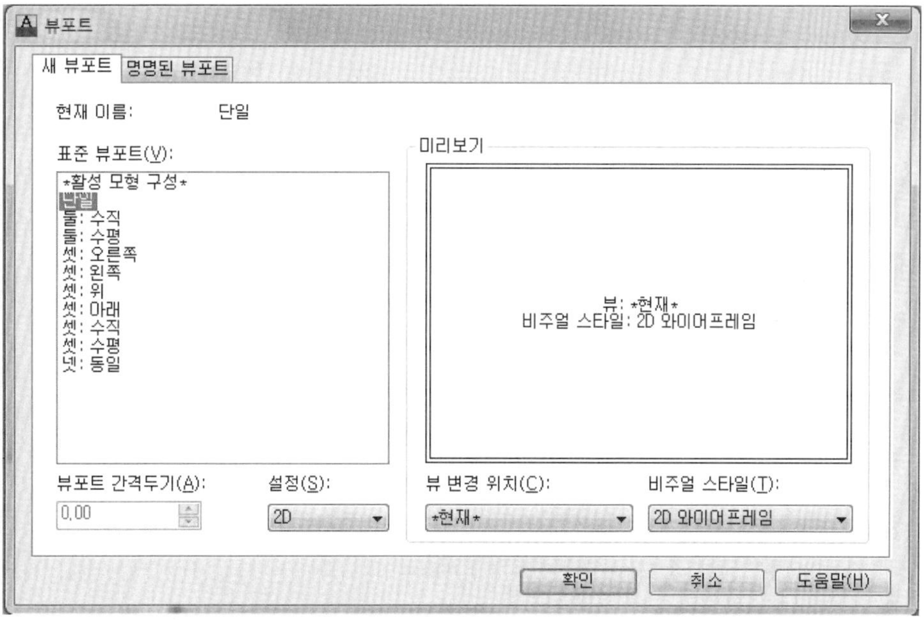

위의 대화상자에서 표준 뷰포트를 선택하는 것에 따라서 다음과 같은 뷰포트 배열이 설정된다.

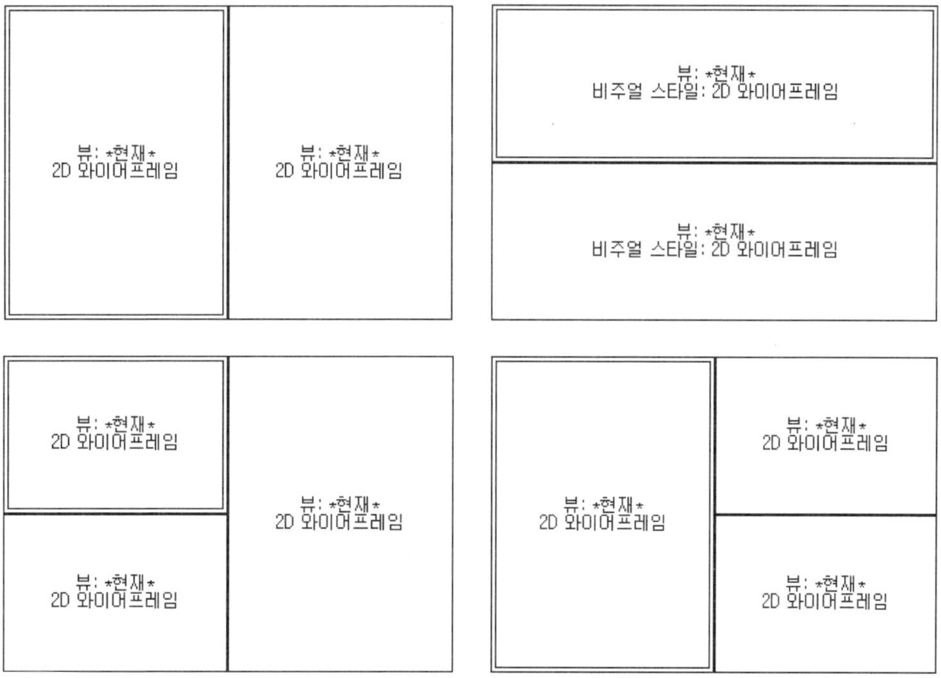

옵션의 의미는 다음과 같다.

- **뷰포트 간격두기(A)** : 표준 뷰포트 리스트에서 다중 뷰를 선택할 경우만 사용이 가능하다.
- **설정** : 2D 또는 3D를 지정할 수 있다.
- **뷰 변경 위치** : 미리보기 창에 있는 각 뷰포트에 대한 뷰 상태를 설정한다.
- **비주얼 스타일** : 현재, 2D 와이어프레임, 개념,… 등을 선택한다.

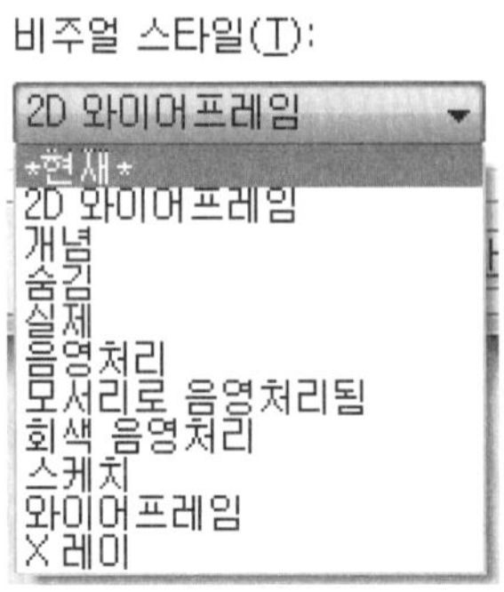

Named Viewports(명명된 뷰포트)탭은 기존에 설명되어 있는 뷰포트를 가져와 사용하는 것을 말한다.

다중 뷰포트 설정

Mvsetup 명령은 모형과 배치에서 사용하는 방법이 다르다. 모형에서 사용하는 경우 배치 마법사와 동일하게 설정되며, 배치에서 사용하면 각 뷰포트에 대한 옵션을 주어 설정할 수 있다.

- Command : Mvsetup Enter↵

옵션 입력 [정렬(A)/뷰포트/작성(C)/뷰포트/축척(S)/옵션(O)/제목 블록(T)/명령 취소(U)] :

각 옵션의 의미는 다음과 같다.

- **정렬(A)** : 뷰포트 간의 정렬 및 회전을 할 수 있다.
  - 각도(A) : 한 뷰포트의 기준으로 다른 뷰포트가 지정된 거리, 각도만큼 정렬된다.
  - 수평(H) 정렬 : 한 뷰포트를 기준으로 수평으로 정렬된다.

- 수직(V) 정렬 : 한 뷰포트를 기준으로 수직으로 정렬된다.
- 뷰회전(R) : 뷰포트 내의 뷰를 지정한 값만큼 회전시킨다.

- **뷰포트 작성**(C) : 뷰포트를 작성한다.
- **뷰포트 축척**(S) : 뷰포트의 모형에 대한 축척을 할 수 있다.
- **옵션**(O) : 템플릿 도면을 삽입하는 기준을 설정한다.
- 제목 블록(T)제목 블록을 삽입할 수 있다.
- **명령 취소**(U) : 실행 된 옵션 항목을 취소한다.

뷰포트 자르기

Vpclip 명령은 폴리선을 이용하여 뷰포트의 경계를 재정의하여 폴리선의 내부의 도면만 보이도록 한다.

명령 : VPCLIP
자르기할 뷰포트 선택 :
자르기 객체 선택 또는 [다각형(P)] 〈다각형〉 :
시작점 지정 :
다음 점 지정 또는 [호(A)/길이(L)/명령 취소(U)] :
다음 점 지정 또는 [호(A)/닫기(C)/길이(L)/명령 취소(U)] :
다음 점 지정 또는 [호(A)/닫기(C)/길이(L)/명령 취소(U)] :
다음 점 지정 또는 [호(A)/닫기(C)/길이(L)/명령 취소(U)] : c

아래와 같은 결과가 나타난다.

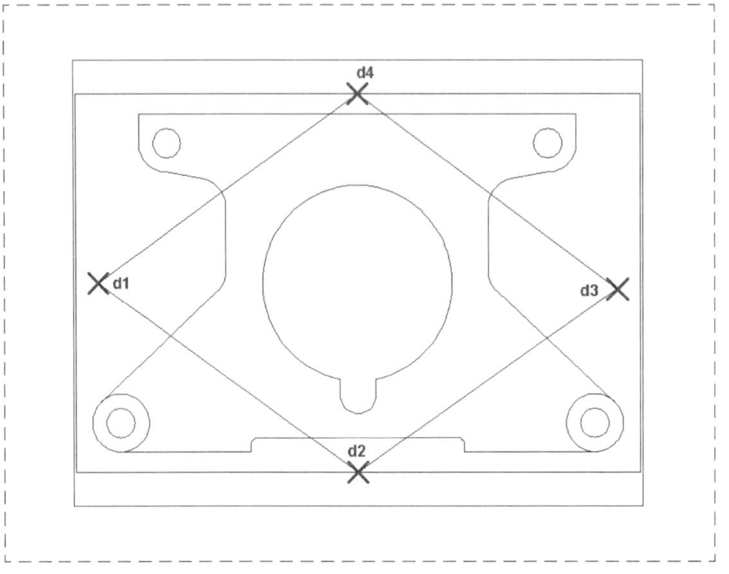

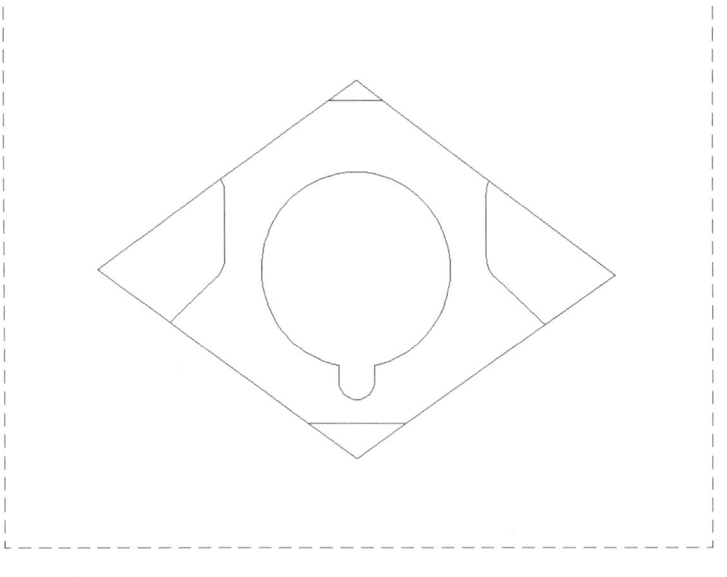

06 플롯

플롯 명령이 실행되면, 플롯 대화상자가 나타난다. 아래에 설명되는 옵션을 입력하고 확인버튼을 누르면 도면이 프린터로 출력되거나 파일로 저장된다. 반드시 지정할 것은 프린터/플로터와 플롯 대상이다. 이것만 지정하면 프린터 출력은 무리없이 된다. 더 세밀하게 조정하고 싶은 경우에는 옵션에 대한 사항을 입력하여야 한다.

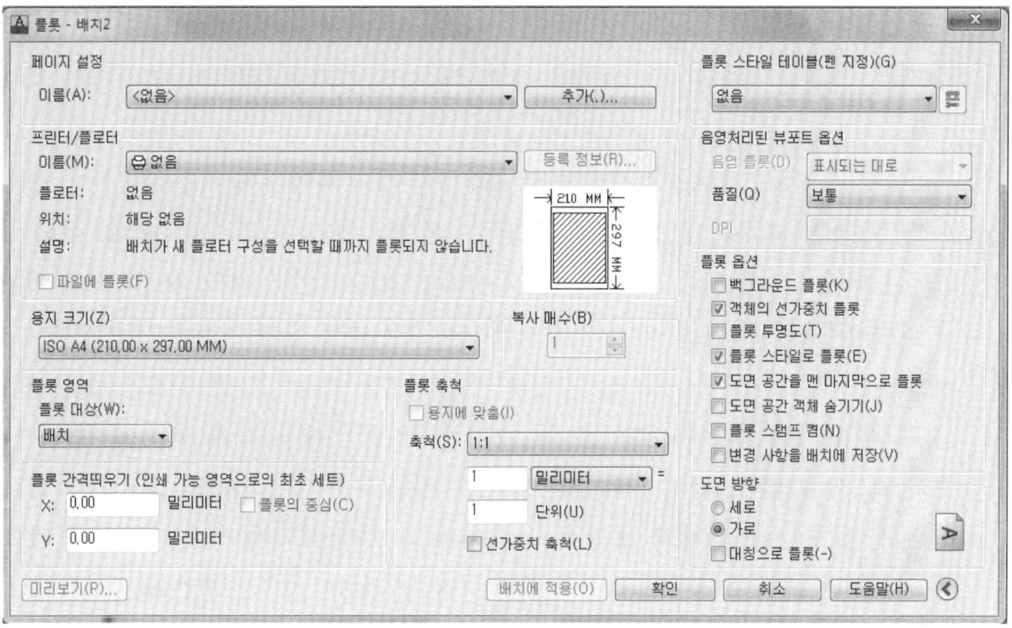

- **페이지 설정** : 도면에서 명명되어 저장된 페이지 설정 리스트를 표시한다. 도면에 저장된 명명된 페이지 설정의 현재 페이지 설정을 기본으로 하거나, [추가]를 클릭하여 플롯 대화상자의 현재 설정에 기반한 새로 명명된 페이지 설정을 작성할 수 있다.
  - 이름 : 현재 페이지 설정의 이름을 표시한다.

- 추가 : 플롯 대화상자의 현재 설정을 명명된 페이지 설정에 저장할 수 있는 페이지 설정 추가 대화상자를 표시한다. 페이지 설정 관리자를 통해 이 페이지 설정을 수정할 수 있다.

• **프린터/플로터** : 배치를 플롯할 때 사용하도록 구성된 플로팅 장치를 지정한다.선택한 플로터가 배치의 선택된 용지 크기를 지원하지 않는 경우 경고가 표시되고 플로터의 기본 용지 크기 또는 사용자 용지 크기를 선택할 수 있다.

- 이름 : 현재 배치를 플롯하기 위해 선택할 수 있는 해당 PC3 파일 또는 시스템 프린터를 나열한다. 장치 이름 앞의 아이콘은 해당 장치가 PC3 파일인지 시스템 프린터인지를 나타낸다.
- 특성 : 현재 플로터 구성, 포트, 장치 및 매체 설정을 보거나 수정할 수 있는 플로터 구성 편집기(PC3 편집기)를 표시한다. 플로터 구성 편집기를 사용하여 PC3 파일을 변경하면 프린터 구성 파일을 변경 대화상자가 표시된다.
- 플로터 : 현재 선택한 페이지 설정에서 지정된 플롯 장치를 표시한다.
- 위치 : 현재 선택한 페이지 설정에서 지정된 출력 장치의 실제 위치를 표시한다.
- 설명 : 현재 선택한 페이지 설정에서 지정된 출력 장치에 대한 설명문을 표시한다. 플로터 구성 편집기에서 이 문자를 편집할 수 있다.
- 파일에 플롯 : 플로터 또는 프린터로 플롯하지 않고 파일에 출력을 플롯한다. 플롯 파일의 기본 위치는 파일에 플롯 작업의 기본 위치에 있는 옵션 대화상자, 플롯 및 게시 탭에서 지정된다. 파일에 플롯 옵션이 설정되어 있는 경우, 플롯 대화상자에서 [확인]을 클릭하면 파일에 플롯 대화상자(표준 파일 탐색 대화상자)가 표시된다.
- 부분적 미리보기 : 용지 크기 및 인쇄 가능 영역을 기준으로 한 유효한 플롯 영역의 정확한 표현을 보여준다. 툴팁은 용지 크기 및 인쇄 가능 영역을 표시한다.

• **용지 크기** : 선택된 플로팅 장치에 사용할 수 있는 표준 용지 크기를 표시한다. 플로터를 선택하지 않으면 전체 표준 용지 크기 리스트가 표시되어 선택할 수 있다. 선택한 플로터가 배치의 선택된 용지 크기를 지원하지 않는 경우 경고가 표시되고 플로터의 기본 용지 크기 또는 사용자 용지 크기를 선택할 수 있다. 기본 용지 크기는 플로터 추가 마법사를 사용하여 PC3 파일을 작성할 때 플로팅 장치에 설정된다. 페이지 설정 대화상자에서 선택한 용지 크기는 배치와 함께 저장되고 PC3 파일 설정을 덮어쓴다. 선택한 플로팅 장치 및 용지 크기로 결정되는 페이지의 실제 인쇄 가능 영역은 파선으로 배치에 표시된다. BMP 또는 TIFF 파일과 같이 래스터 이미지를 플롯

할 때는 플롯의 크기가 인치나 밀리미터가 아닌 픽셀로 지정된다.

- **사본 수** : 플롯할 사본 수를 지정한다. 파일에 플롯할 때 이 옵션을 사용할 수 없다.
- **플롯 영역** : 도면에서 플롯할 부분을 지정한다. 플롯 대상에서 플롯될 도면의 영역을 선택할 수 있다.
  - 배치/한계 : 배치를 플롯할 때에는 배치의 0,0에서 계산된 원점을 사용하여 지정된 용지 크기의 인쇄 가능 영역 내에 모든 객체를 플롯한다. 모형 탭에서 플롯할 때에는 그리드 한계로 정의되는 전체 도면 영역을 플롯한다. 현재 뷰포트에 평면도가 표시되어 있지 않으면 이 옵션은 범위 옵션과 동일한 효과를 갖는다.
  - 범위 : 도면 중 객체를 포함하고 있는 현재 공간 부분을 플롯한다. 현재 공간에 있는 모든 형상이 플롯된다. 플롯 전에 범위를 다시 계산하기 위해 도면을 재생성할 수 있다.
  - 화면표시 : 배치의 현재 도면 공간 뷰 또는 선택된 모형 탭의 현재 뷰포트에 있는 뷰를 플롯한다.
  - 뷰 : 이전에 VIEW 명령을 사용하여 저장된 뷰를 플롯한다. 리스트에서 명명된 뷰를 선택할 수 있다. 도면에 저장된 뷰가 없으면 이 옵션을 사용할 수 없다. 뷰 옵션을 선택하면 현재 도면에 저장된 명명된 뷰를 나열하는 뷰 리스트가 표시된다. 이 리스트에서 플롯할 뷰를 선택할 수 있다.
  - 윈도우 : 사용자가 지정하는 모든 도면 부분을 플롯한다. 윈도우를 선택하면 윈도우 버튼을 사용할 수 있게 된다. 윈도우 버튼을 클릭하여 좌표 입력 장치로 플롯할 영역의 두 개 구석을 지정하거나 좌표값을 입력한다.

    첫 번째 구석 지정 : 점을 지정한다.

    반대 구석 지정 : 점을 지정한다.
- **플롯 간격띄우기** : 플롯 간격띄우기 기준 지정 옵션(옵션 대화상자, 플롯 및 게시 탭)에서 지정한 설정에 따라, 인쇄 가능 영역의 왼쪽 아래 구석 또는 용지의 모서리를 기준으로 플롯 영역의 간격띄우기를 지정한다. 플롯 대화상자의 플롯 간격띄우기 영역에는 지정된 플롯 간격띄우기 옵션이 괄호 안에 표시된다. 도면 시트의 인쇄 가능 영역은 선택한 출력 장치에 의해 정의되고 배치에서 파선으로 표현된다. 다른 출력 장치로 변경할 때 인쇄 가능 영역이 바뀔 수 있다. X 및 Y 간격띄우기 상자에 양수 또는 음수 값을 입력하여 도면에 있는 형상을 간격띄우기할 수 있다. 플로터 단위 값은 용지에서 인치 또는 밀리미터이다.

- 플롯의 중심 : 용지 중앙에 플롯을 배치하기 위한 X 및 Y 간격띄우기 값을 자동으로 계산한다. 플롯 영역이 배치로 설정되어 있을 때는 이 옵션을 사용할 수 없다.
- X : 플롯 간격띄우기 정의 옵션의 설정에 대해 X 방향으로 플롯 원점을 지정한다.
- Y : 플롯 간격띄우기 정의 옵션의 설정에 대해 Y 방향으로 플롯 원점을 지정한다.

• **플롯 축척** : 도면 단위의 크기를 플롯 단위와 상대적으로 조정한다. 배치를 플롯할 때 기본 축척 설정은 1:1이다. 모형 탭을 플롯할 때 기본 설정은 용지에 맞춤이다.
- 용지에 맞춤 : 플롯을 선택한 용지 크기에 맞게 축척하고 축척, 인치 = 및 단위 상자에 사용자 축척 비율을 표시한다.
- 축척 : 플롯의 정확한 축척을 정의한다. 사용자에서 사용자 정의 축척을 정의한다. 도면 단위 값과 같은 인치 또는 밀리미터 값을 입력하여 사용자 축척을 작성할 수 있다.
- 인치 =/mm =/픽셀 = : 지정된 단위 수와 동일한 인치, 밀리미터 또는 픽셀 수를 지정한다.
- 인치/mm/픽셀 : 플롯 대화상자에서 단위 표시를 인치 또는 밀리미터로 지정한다. 기본값은 용지 크기를 기반으로 하며 새 용지 크기를 선택할 때마다 변경된다. 픽셀은 래스터 출력을 선택한 경우에만 사용할 수 있다.
- 단위 : 지정된 인치, 밀리미터 또는 픽셀 수와 동일한 단위 수를 지정한다.
- 선가중치 축척 : 플롯 축척에 비례하여 선가중치를 축척한다. 일반적으로 선가중치는 플롯된 객체의 선 폭을 지정하며 플롯 축척과 관계 없이 선 폭 크기에 따라 플롯된다.

• **미리보기** : 미리보기 명령을 시작하여 도면을 플롯된 상태로 표시한다. 미리보기를 종료하고 플롯 대화상자로 복귀하려면 Esc 키 또는 Enter 키를 누르거나, 마우스 오른쪽 버튼을 클릭하고 바로 가기 메뉴에서 종료를 클릭한다.

• **배치에 적용** : 현재 플롯 대화상자 설정을 현재 배치에 저장한다.

• **많은 옵션** : 플롯 대화상자에서 추가 옵션 표시를 조정한다.
- 플롯 스타일 테이블(펜 지정)
- 음영처리된 뷰포트 옵션
- 플롯 옵션
- 도면 방향

• **플롯 스타일 테이블(펜 지정)** : 플롯 스타일 테이블을 설정하거나 플롯 스타일 테이블

을 편집하거나 또는 새 플롯 스타일 테이블을 작성한다.

- 이름(레이블 없음) : 현재 모형 또는 배치 탭에 지정된 플롯 스타일 테이블을 표시하고 현재 사용할 수 있는 플롯 스타일 테이블 리스트를 제공한다. 새로 만들기를 선택할 경우, 새 플롯 스타일 테이블 작성에 사용할 수 있는 플롯 스타일 테이블 추가 마법사가 표시된다. 현재 도면이 색상 종속 모드인지 명명된 플롯 스타일 모드인지에 따라 다른 마법사가 표시된다.
- 편집 : 현재 지정된 플롯 스타일 테이블의 플롯 스타일을 보거나 수정할 수 있는 플롯 스타일 테이블 편집기가 표시된다.

• **음영처리된 뷰포트 옵션** : 음영처리된 뷰포트와 렌더링된 뷰포트가 플롯되는 방법을 지정하고 해상도 수준 및 dpi를 결정한다. 오토캐드 LT에서는 렌더 뷰포트 옵션을 사용할 수 없다. 주 하드웨어 가속은 활성화/비활성화되나 그림자를 지원하지 않는 경우, 소프트웨어 에뮬레이션을 통해 그래픽 카드가 지원하지 않는 하드웨어 효과로 음영처리된 뷰포트를 포함하는 도면을 플롯할 수 있다. 그래픽 카드가 지원하지 않는 하드웨어 효과의 소프트웨어 에뮬레이션을 활성화하려면 3dconfig를 입력한 후 수동 조정을 클릭한다. 수동 성능 조정 대화상자에서 플롯 시 지원되지 않는 하드웨어 효과를 소프트웨어로 에뮬레이션을 클릭한다. 지원되지 않는 효과는 실시간으로 뷰포트에는 나타나지 않으나 플롯 과정 중에 생성된 하드카피 또는 전자 파일에 나타낸다. 오토캐드 LT에는 해당되지 않는다.

• **음영 플롯** : 뷰가 플롯되는 방법을 지정한다. 배치 탭의 뷰포트에 대해 이 설정을 지정하려면 해당 뷰포트를 선택한 다음 도구 메뉴에서 [특성]을 클릭한다. 모형 탭에서는 다음과 같은 옵션 중에서 선택할 수 있다.

- 표시되는 대로. 화면에 표시되는 방식대로 객체를 플롯한다.
- 기존 와이어프레임. 기존 SHADEMODE 명령을 사용하는 와이어프레임의 객체(화면에서 표시되는 방식과는 관계없음)이다.
- 기존 숨김. 기존 SHADEMODE 명령을 사용하는 은선이 제거된 객체(화면에서 표시되는 방식과는 관계없음)이다.
- 와이어프레임. 화면에 표시되는 방식에 관계없이 객체를 와이어프레임으로 플롯한다.
- 숨기기. 객체가 화면에 표시되는 방식에 관계없이 은선을 제거한 채 객체를 플롯한다.

- 개념. 객체가 화면에 표시되는 방식에 관계없이 적용된 개념적 비주얼 스타일을 사용하여 객체를 플롯한다. (오토캐드 LT에서는 사용할 수 없음)
- 실제. 객체가 화면에 표시되는 방식에 관계없이 적용된 실제 비주얼 스타일을 사용하여 객체를 플롯한다. (오토캐드 LT에서는 사용할 수 없음)
- 회색 음영처리. 객체가 화면에 표시되는 방식에 관계없이 적용된 회색 음영처리 비주얼 스타일을 사용하여 객체를 플롯한다.
- 스케치. 객체가 화면에 표시되는 방식에 관계없이 적용된 스케치 비주얼 스타일을 사용하여 객체를 플롯한다.
- X 레이. 객체가 화면에 표시되는 방식에 관계없이 적용된 X 레이 비주얼 스타일을 사용하여 객체를 플롯한다.
- 모서리로 음영처리됨. 객체가 화면에 표시되는 방식에 관계없이 적용된 모서리로 음영처리된 비주얼 스타일을 사용하여 객체를 플롯한다.
- 음영처리. 객체가 화면에 표시되는 방식에 관계없이 적용된 음영처리 비주얼 스타일을 사용하여 객체를 플롯한다.
- 렌더. 화면에 표시되는 방식에 관계없이 객체를 렌더링된 상태로 플롯한다. (오토캐드 LT에서는 사용할 수 없음)
- 제도. 제도 렌더 사전 설정을 적용하여 객체를 플롯한다. 렌더링의 품질은 매우 낮지만 속도는 가장 빠르다. (오토캐드 LT에서는 사용할 수 없음)
- 낮음. 낮음 렌더 사전 설정을 적용하여 객체를 플롯한다. 렌더링 품질이 제도보다 높다. (오토캐드 LT에서는 사용할 수 없음)
- 중간. 중간 렌더 사전 설정을 적용하여 객체를 플롯한다. 렌더링 품질과 속도의 균형이 적절히 유지된다. (오토캐드 LT에서는 사용할 수 없음)
- 높음. 높음 렌더 사전 설정을 적용하여 객체를 플롯한다. (오토캐드 LT에서는 사용할 수 없음)
- 프리젠테이션. 프리젠테이션 렌더 사전 설정을 적용하여 객체를 플롯한다. 사실적으로 렌더링된 이미지를 얻을 수 있지만 처리 시간이 가장 길다. (오토캐드 LT에서는 사용할 수 없음)

• **품질** : 음영처리 뷰포트와 렌더링된 뷰포트가 플롯될 해상도를 지정한다. 다음 옵션 중에서 선택할 수 있다.

- 간단하게 인쇄 : 렌더링 및 음영처리된 모형 공간 뷰를 와이어프레임으로 플롯되도

록 설정한다.

- 미리보기 : 렌더링 및 음영처리된 모형 공간 뷰를 현재 장치 해상도의 1/4로 최대 150dpi까지 플롯되도록 설정한다.
- 보통 : 렌더링 및 음영처리된 모형 공간 뷰를 현재 장치 해상도의 1/2로 최대 300dpi까지 플롯되도록 설정한다.
- 프리젠테이션 : 렌더링 및 음영처리된 모형 공간 뷰를 현재 장치 해상도로 최대 600dpi까지 플롯되도록 설정한다.
- 최대 : 렌더링 및 음영처리된 모형 공간 뷰를 현재 장치 해상도로 최대 한계 없이 플롯되도록 설정한다.
- 사용자 : 렌더링 및 음영처리된 모형 공간 뷰를 사용자가 DPI 상자에 지정한 해상도 설정(최대 현재 장치 해상도까지 설정 가능함)으로 플롯되도록 설정한다.
- DPI : 음영처리 및 렌더링된 뷰의 dpi를 현재 플롯 장치의 최대 해상도까지 지정한다. 이 옵션은 품질 상자에서 사용자를 선택한 경우에 사용할 수 있다.

• **플롯 옵션** : 선가중치, 투명도, 플롯 스타일, 음영처리 플롯 및 객체가 플롯되는 순서에 대한 옵션을 지정한다.

- 배경에 플롯 : 플롯이 배경에서 처리되도록 지정한다. (BACKGROUNDPLOT 시스템 변수)
- 객체 선가중치 플롯 : 객체와 도면층에 지정된 선가중치가 플롯될지 여부를 지정한다.
- 플롯 투명도 : 객체 투명도를 플롯하는지 여부를 지정한다. 이 옵션은 투명 객체로 도면을 플로팅할 때만 사용해야 한다. 중요) 성능상의 이유로 플로팅 투명도는 기본적으로 사용할 수 없다. 투명한 객체를 플롯하려면 플롯 투명도 옵션을 선택한다.
- 플롯 스타일로 적용 : 객체 및 도면층에 적용된 플롯 스타일의 플롯 여부를 지정한다.
- 도면 공간을 마지막에 플롯 : 모형 공간 형상을 먼저 플롯한다. 일반적으로 도면 공간 형상이 모형 공간 형상보다 먼저 플롯된다.
- 도면 공간 객체 숨기기 : 숨기기 작업이 도면 공간 뷰포트의 객체에 적용될지 여부를 지정한다. 이 옵션은 배치 탭에서만 사용할 수 있다. 이 설정의 효과는 플롯 미리보기에 반영되지만 배치에는 반영되지 않는다.
- 플롯 스탬프 켜기 : 플롯 스탬프를 켠다. 각 도면의 지정된 구석에 플롯 스탬프를 배치하고 파일에 로그를 기록한다. 플롯 스탬프 설정은 플롯 스탬프 대화상자에서 지정한다. 여기서 도면 이름, 날짜 및 시간, 플롯 축척 등 플롯 스탬프에 적용할 정

보를 지정할 수 있다. 플롯 스탬프 대화상자를 열려면 플롯 스탬프 켜기 옵션을 선택한 다음 옵션의 오른쪽에 표시되는 플롯 스탬프 설정 버튼을 클릭한다. 또한 옵션 대화상자의 플롯 및 게시 탭에서 플롯 스탬프 설정 버튼을 클릭하여 플롯 스탬프 대화상자를 열 수 있다.

- 플롯 스탬프 설정 버튼 : 플롯 스탬프 켜기 옵션을 플롯 대화상자에서 선택하면 플롯 스탬프 대화상자가 표시된다.
- 변경 사항을 배치로 저장 : 플롯 대화상자에서 변경한 사항을 배치에 저장한다.

• **도면 방향** : 가로 방향 및 세로 방향을 지원하는 플로터에 대해 용지의 도면 방향을 지정한다. 용지 아이콘은 선택된 용지의 매체 방향을 나타낸다. 문자 아이콘은 페이지에서 도면의 방향을 나타낸다.

- 세로 : 용지의 폭이 짧은 쪽이 페이지 위가 되도록 도면의 방향을 맞추고 플롯한다.
- 가로 : 용지의 폭이 긴 쪽이 페이지 위가 되도록 도면의 방향을 맞추고 플롯한다.
- 상하를 뒤집어 플롯 : 도면의 위 아래를 뒤집어 플롯한다.
- 아이콘 : 선택한 용지의 매체 방향을 표시하고 페이지의 도면 방향을 용지에 문자로 나타낸다.

• **적은 옵션** : 플롯 대화상자에서 다음 옵션을 숨긴다.

- 플롯 스타일 테이블(펜 지정)
- 음영처리된 뷰포트 옵션
- 플롯 옵션
- 도면 방향

CHAPTER 11

기 타

01 객체의 특성(DDMODIFY)

이 명령은 도면요소의 특성을 변경시키는 메뉴이다.

명령어 : ddmodify

특성(Properties)은 도면요소에 관한 거의 모든 속성을 가지고 있다. 문자(Alphabetic) 탭은 도면요소의 속성을 알파벳순으로 분류해서 보여주고, Categorized 탭은 항목별로 보여 주는 것이다.

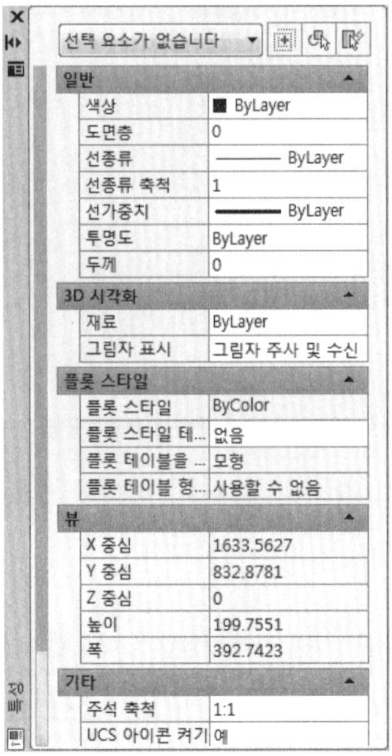

QSELECT(신속 선택)

Quick Select(신속 선택) 대화상자를 사용하여, 신속 세트를 특성과 형태에 따라 필터링할 수 있다. 예를 들어, 도면에서 빨간색 호만 모두 선택하거나 노란색 원을 제외한 모든 객체를 선택할 수 있다. 속성을 변경할 도면요소를 선택하고 싶으면 "Quick Select" 버튼을 눌러 도면요소를 선택한다.

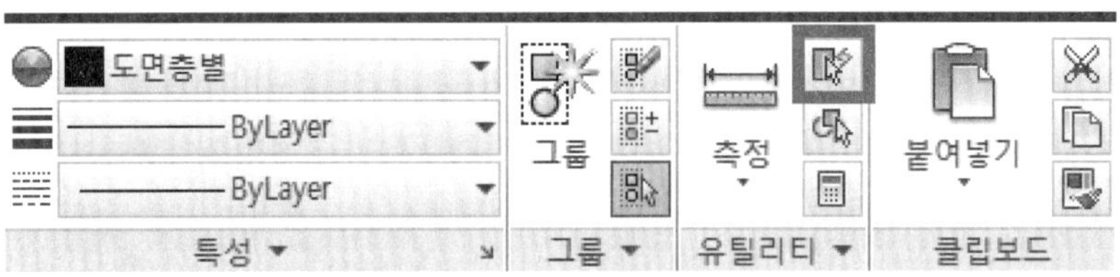

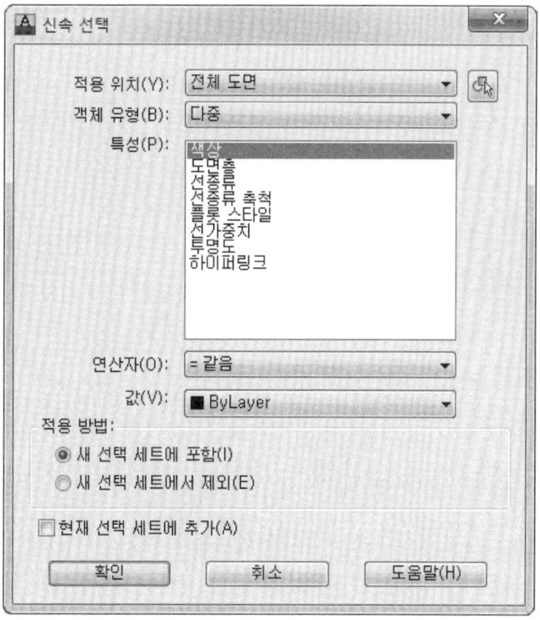

이 대화상자에서는 도면요소를 색깔별로, 혹은 Layer별로 혹은 선의 형태로 등의 여러 다양한 형태의 방법으로 도면요소를 선택할 수 있도록 한다.

• Apply to(적용 위치)

- Entire Drawing(전체 도면) : 현재 도면의 모든 객체에 적용시킨다.
- Current Selection(현재 선택) : 현재 선택된 도면에 적용시킨다.

• Object Type(객체 유형)

- Multiple(다중) : 현재 도면에 있는 모든 객체의 형태에 대해 적용시킨다.
- 현재도면의 객체 형태 열거 : 선택된 객체의 형태에 대해서만 신속 선택을 적용시킨다.

• Properties(특성)

- Object Type에서 지정한 객체의 특성에 대해서 열거한다.
- 선택된 특성에 대해서만 신속 선택을 적용시킨다.

- **Operator(연산자)**

  객체 형태와 객체 특성에서 선택된 객체에 대해 Value(값)과 연계하여 조건에 맞는 객체를 신속 선택에 적용시킨다.

  - = Equals(같음)
  - < > Not Equals(같지 않음)
  - > Greater than(보다 큼)
  - < Less than(보다 작음)

- **Value(값)**

  선택된 특성에 따라 값의 입력 형태가 변경된다.

  - Color을 선택한 경우, 색상 조정 리스트 박스 표시
  - Linetype Scale를 선택한 경우, Linetype Scale의 값을 입력한다.

- **How to Apply(적용 방법)**

  - Include in new selection set(새로운 선택 세트에 포함)
  - Exclude from new selection set(새로운 선택 세트에 제외)

- **Append to current selection set(현재 선택 세트에 추가)**

  - 선택 세트에 객체를 추가시키는 경우에 사용한다.

신속 선택 사용 방법

객체를 특성별로 선택하려면 신속 선택 기능을 사용한다.

모든 구멍의 반지름이 최소 반지름인 8mm가 되도록 판금 도면을 수정한다.

반지름이 8mm보다 작은 원을 모두 선택한다.

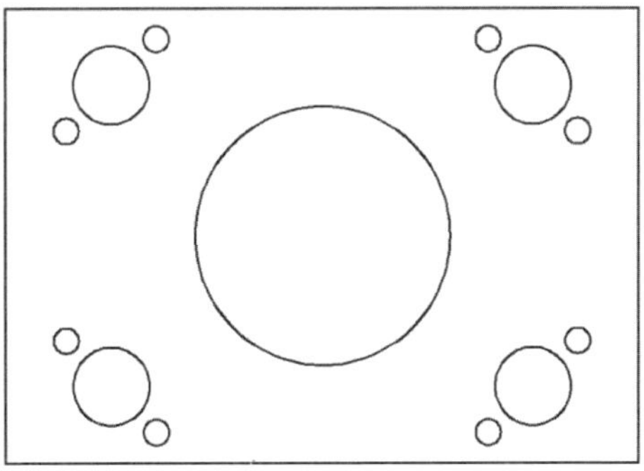

• 도구(Tools) 메뉴에서 신속 선택을 클릭하고, 적용 리스트에서 전체 도면을 선택한다.

• 객체 형태 리스트에서 원을 선택하면, 특성 리스트가 원의 특성으로 변경된다.

• 특성 리스트에서 반지름을 선택하고, 연산자 리스트에서 "< Less than"을 선택한 다음 문자 상자에 8을 입력한다.

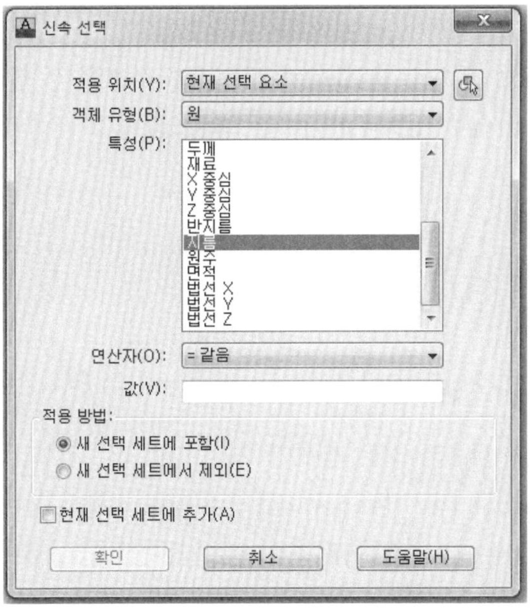

• 확인은 클릭하면, 반지름이 8mm 보다 작은 구멍이 선택된다.

• 객체 특성 도구막대에서 특성을 클릭하고, 특성 윈도우를 사용하여 반지름을 8로 설정하면, 선택된 구멍은 원하는 크기가 된다.

• 선택을 취소하려면 Esc 키를 두 번 누른다.

Select Object처럼 도면요소를 선택하려면 Select Objects 버튼을 눌러 선택하면 된다.

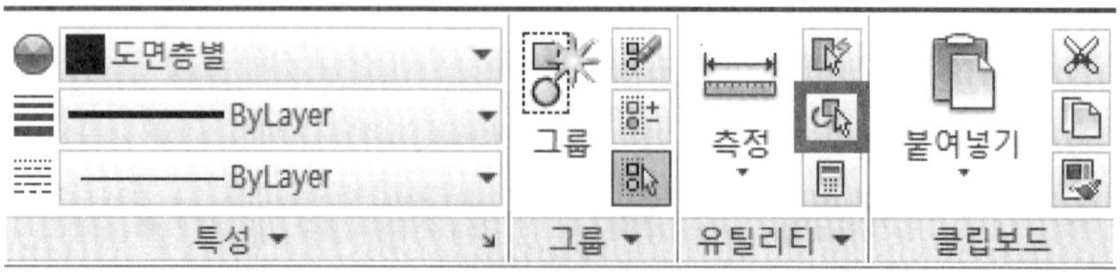

속성을 변경하려는 도면요소에 대한 선택이 끝나면 OK버튼을 누른다. 그렇다면 다시 속성 대화상자로 돌아간다.

가령 선택한 도면요소가 문자라면 다음과 같은 속성들이 나타나며, 먼저 Text항목을 보면 Contents에는 기입된 문자열이, 그리고 그 아래로 Text Style, 정렬방식 등이 나타난다.

Geometry 관련 속성들은 문자의 삽입 위치 등을 나타낸다. 이러한 속성들은 도면요소마다 제 각각 달라서 여러분들이 오토캐드를 사용해 가면서 어떠한 속성들이 있는지 스스로 익혀 나가는 것이 좋다.

만약 속성을 수정하고 싶다면, 바로 여기서 속성을 수정할 수 있다. 가령 AAAA란 문자열을 이 대화상자에서 바로 BBBB라고 바꿀 수 있다. 물론 정렬방식 등 여러 다른 속성들도 변경할 수 있다.

CHPROP (Change Properties, 특성변경)

- **명령어** : CHPROP → "ENTER"

참고로 change명령은 다음과 같은 옵션이 있다.

- Specify change point or [Properties] : 우리가 직선의 형태나 layer를 바꾸어 주기 위해서는 Properties옵션을 사용해서 변경시키고 싶은 특성을 선택했다. 하지만 chprop란 명령어를 사용하면, 바로 바꾸고 싶은 도면 요소를 선택할 수 있게 된다. 또한 대화상자를 이용해서 특성을 바꾸고 싶다면 ddchprop라는 명령을 사용하면 된다.

Match Properties(특성 일치)

단일 대상물의 일부 또는 모든 특성을 하나 이상의 대상물에 복사할 수 있다. 복사할 수 있는 특성으로는 색상, 도면층, 선종류, 선종류척도, 선가중치, 두께, 플롯 유형 등이 있으며, 일부 경우에는 치수, 문자 및 해치가 포함된다.

- Select source object : 특성을 복사할 대상물을 선택한다.
- Current active settings : Color Layer Ltype Ltscale Lineweight Thickness Text
- Dim Hatch : 선택한 대상물에서 복사할 수 있는 설정값을 표시한다.
- Select destination object(s) or [Settings] : 특성을 적용시킬 대상물을 선택하거나 S를 선택하여 설정값을 조정한다.

- Property Settings 대화상자에서 기본 특성의 상자를 선택하거나 비워 특성을 ON/OFF시킨다. 특성 설정값은 오토캐드 세션이 지속되는 동안 또는 설정값을 변경할 때까지 유지된다.

02 옵션 수정

옵션 대화상자에서는 여러 가지 오토캐드 윈도우와 도면 환경 설정값을 변경할 수 있다. 예를 들어, 도면이 임시 파일에 자동 저장되는 시간을 변경하거나 자주 사용하는 파일이 포함되어 있는 디렉토리에 오토캐드를 링크할 수 있다.

오토캐드 옵션을 변경하려면, 풀다운 메뉴에서 도구 → 옵션을 선택하거나, 명령행에서 옵션을 실행시키면, 옵션 대화상자가 표시된다.

대화상자에는 9개의 창으로 구성되어 오토캐드 2015를 보다 효율적으로 사용할 수 있다. 먼저 옵션 명령을 실행시키면, 다음과 같은 대화상자가 나타난다.

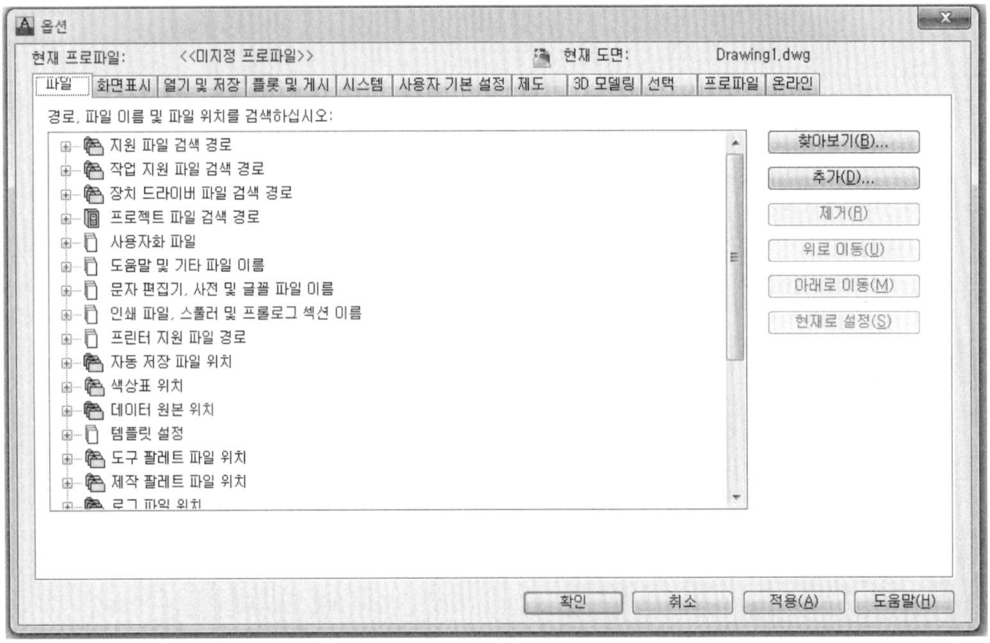

• 파일 탭의 기타 검색경로, 파일 이름 및 파일 위치

- 장치 드라이브 파일 검색 경로
- 프로젝트 파일 검색 경로
- 문서 편집기, 사전 및 글꼴 파일 이름
- 인쇄 파일, 스풀러 및 프롤로그 섹션 이름(acad.psf 파일의 프롤로그 섹션은 PSOUT

을 사용할 때 오토캐드 포스트스크립트 코드를 재지정하도록 사용자화 될 수 있다)

• 프린터 지원 파일 경로
• ObjectARX 응용프로그램을 위한 검색 경로
• 자동 저장 파일 위치
• 데이터 근원 위치
• 도면 템플릿 파일 위치
• 로그 파일 위치
• 임시 도면 파일 위치
• 임시 외부 참조 파일 위치
• 텍스츄어 맵 검색 경로

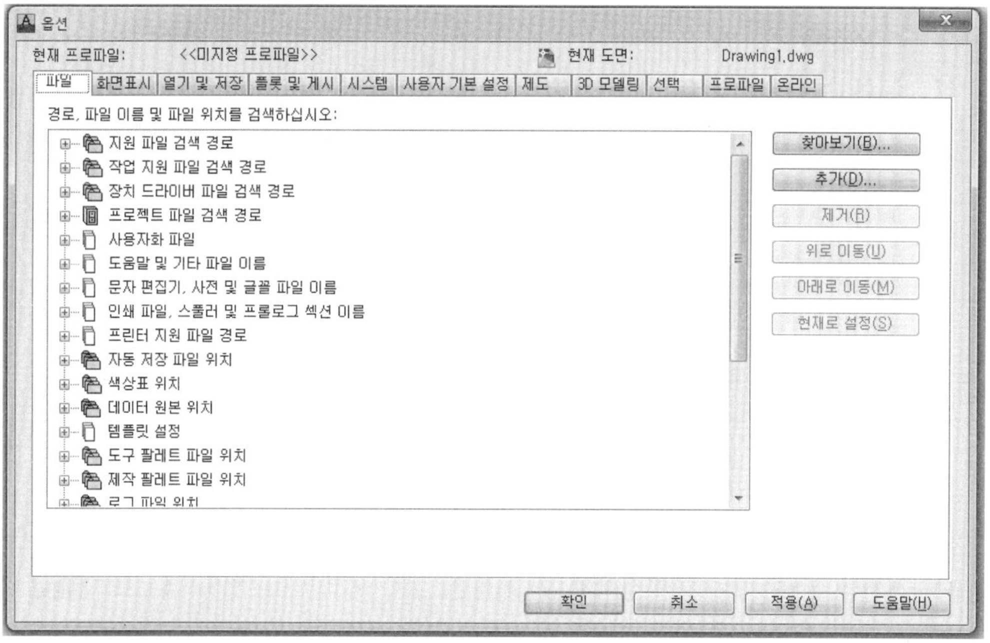

파일 탭으로 문사 글꼴, 도면, 선 종류 및 해치 패턴 등의 지원 파일을 찾기 위해 오토캐드에서 사용될 검색 경로를 설정할 수 있다. 작업 지원 파일 검색경로에는 현재 시스템 디렉토리 구조(시스템 네트워크 매핑 포함)에 존재하는 유효한 지원 파일 검색 경로가 나열되어 있다. 이러한 옵션을 사용하면 오토캐드가 이들 파일을 메모리에 올릴 때의 성능이 향상된다. 파일 탭에서 임시 파일의 위치를 지정할 수도 있다.

- **화면표시 탭에서 변경할 수 있는 설정값**
  - 오토캐드 윈도우 요소의 화면표시 특성
  - 렌더링 품질에 영향을 주는 해상도 설정값
  - 오토캐드 십자선의 크기
  - 성능에 영향을 주는 화면표시 설정값
  - 내부 편집할 참조의 페이딩 조도 컨트롤

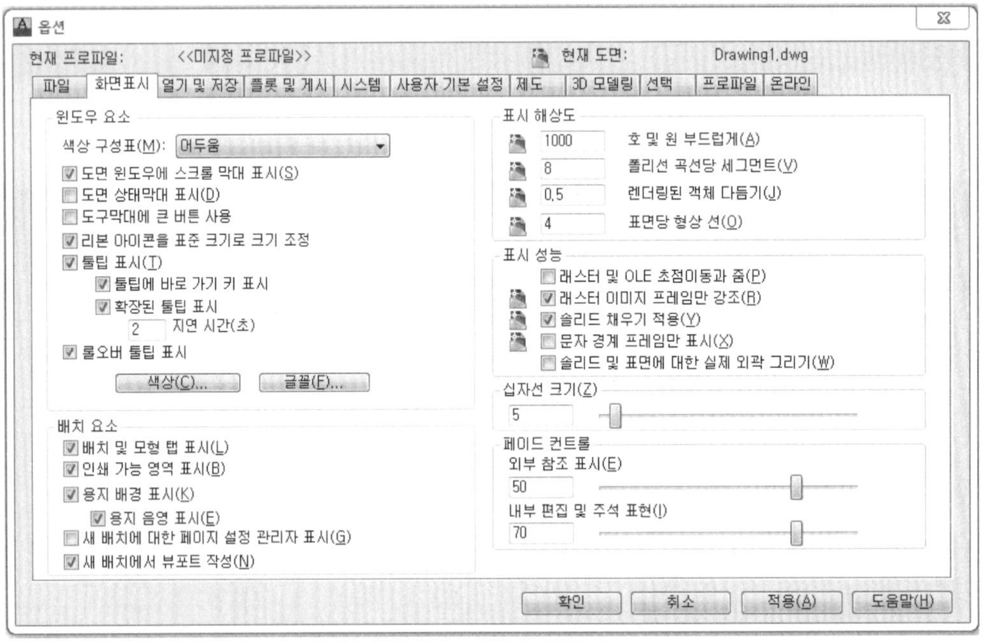

화면 표시 탭을 사용하여 배치옵션을 설정할 수도 있다. 배치는 도면에 대한 도면 공간 뷰를 작성한다. 여러 배치를 작성하고 각 배치에 대해 서로 다른 부동 뷰포트 구성을 설계할 수 있다. 화면 표시 탭에서 배치 특성을 저장할 수 있다. 예를 들어, 배치에 화면표시 여백이나 용지 배경을 표시할 수 있다. 이러한 옵션들은 도면이 플롯되었을 때의 모양을 보는데 도움이 된다.

• 열기 및 저장 탭에서 변경할 수 있는 설정값

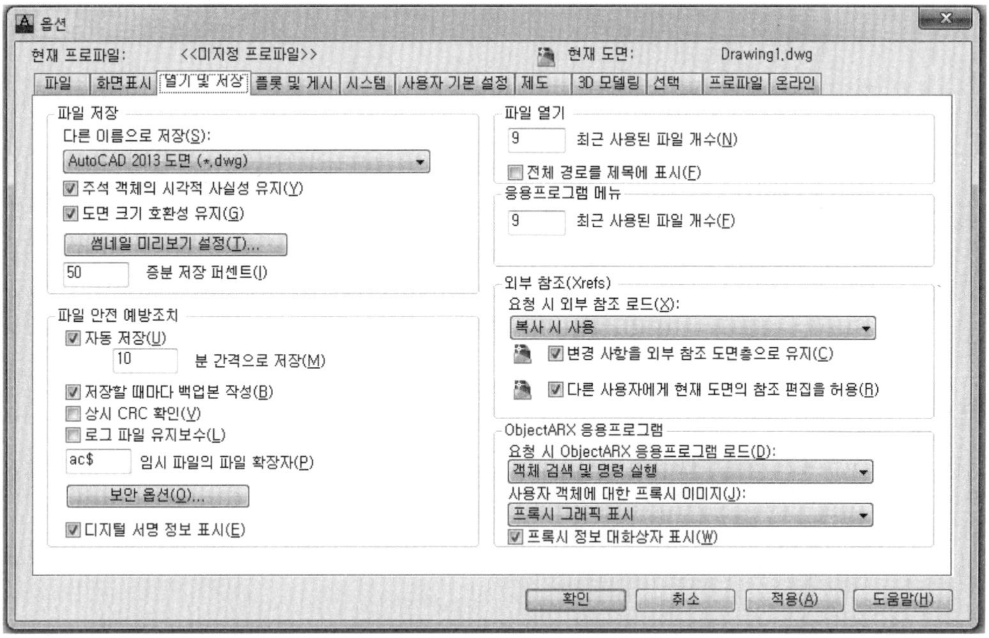

- 로그 파일 관리
- 도면 미리보기 이미지 저장
- CRC(순환 중복 점검)오류 점검 동작
- 백업 도면 작업외부 참조의 동작
- ObjectARX 응용프로그램과 사용자 객체의 동작

열기 및 저장 탭에서는 도면파일 열기와 저장에 관련된 설정값을 조정할 수 있다.

자동 저장 옵션을 켜 놓을 경우, 오토캐드는 지정된 시간 간격마다 도면을 저장한다. 도면은 File 탭에서 자동 저장 파일 위치로 지정된 임시 디렉토리에 저장된다.이전 릴리즈의 오토캐드형식으로 저장된 도면이더라도 항상 자동으로 오토캐드 2007형식으로 저장된다. 이것은 편집 세션 중에 오토캐드 2007 데이터가 유실되는 것을 방지한다.

• 플롯 및 게시 탭에서 변경할 수 있는 설정값

- 플로터와 플로터 구성
- 플로팅에 관련된 시스템 경고
- OLE 객체의 플로팅 동작
- 플롯 유형 테이블

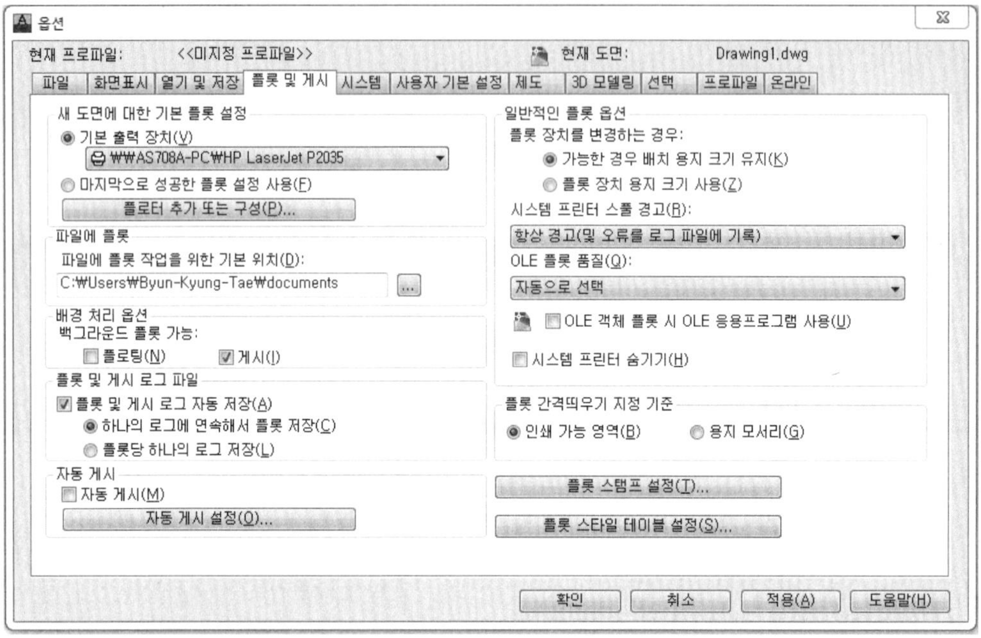

플롯 및 게시 탭에서는 기본 플로팅 장치, 플롯 유형 및 플롯 유형 동작 등의 일반적인 플롯 조정값을 지정할 수 있다. 플롯 및 게시 탭은 도면에서 서로 다른 객체에 적용할 수 있는 특성 설정값의 집합이다.

• 시스템 탭에서 변경할 수 있는 설정값

- 긴 기호 이름 사용
- 사용자 입력 오류시 동작
- LISP 파일 올리기 동작
- OLECNRCJR 대화상자 동작
- 경고 메시지 표시
- 데이터베이스 연결 동작
- 3D 그래픽 표시 특성

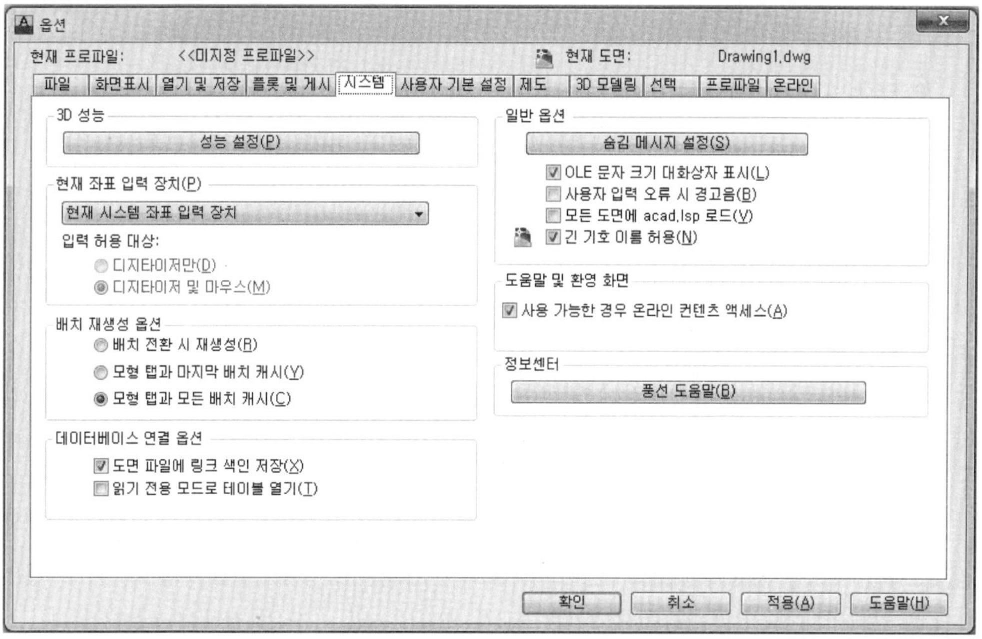

시스템 탭에서는 일반적으로 오토캐드 시스템 설정값을 설정하는 탭이다.

기본적으로 한 세션에서 여러 개의 문서에 대한 작업을 할 수 있지만, 일반적인 옵션에서 단일 도면 호환모드를 선택하여 오토캐드를 단일 문서 모드로 변경할 수 있다.

• 사용자 기본 설정 탭에서 변경할 수 있는 설정값

- Windows 표준 동작
- 오토캐드 DesignCenter 선호 사항
- 객체 정렬 방법
- 좌표 데이터 항목에 대한 우선순위
- 선가중치 설정값
- 하이퍼링크 선호 사항

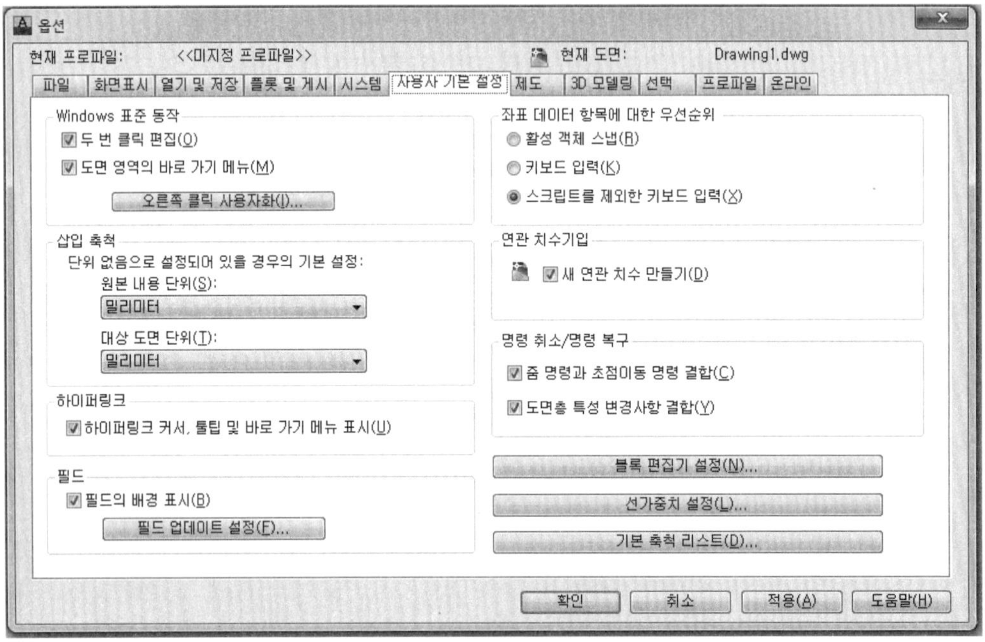

사용자 기본 설정 탭에서는 도면 환경을 작업하기 가장 좋은 방식으로 설정할 수 있다. 단축 메뉴에 대한 설정값을 사용자화하고 도면의 하이퍼링크 화면표시 특성을 설정할 수 있다.

- **제도 탭에서 오토캐드 도면작성 보조 도구에 대한 설정값을 변경**

Autosnap은 객체에 정확한 점을 배치하는 데 도움이 된다. AutoTrack은 특정 각도로 객체를 그리거나 도면의 다른 객체와 특정 관계를 갖도록 객체를 그리는 데 도움이 되는 설정을 하는 탭이다.

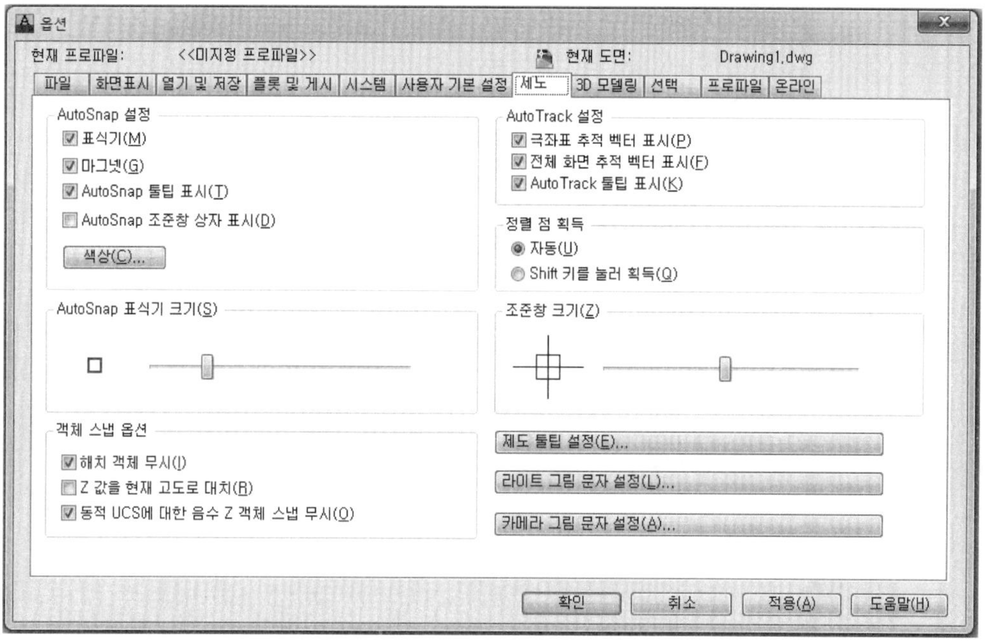

• 3D모델링 탭에서 변경할 수 있는 설정값

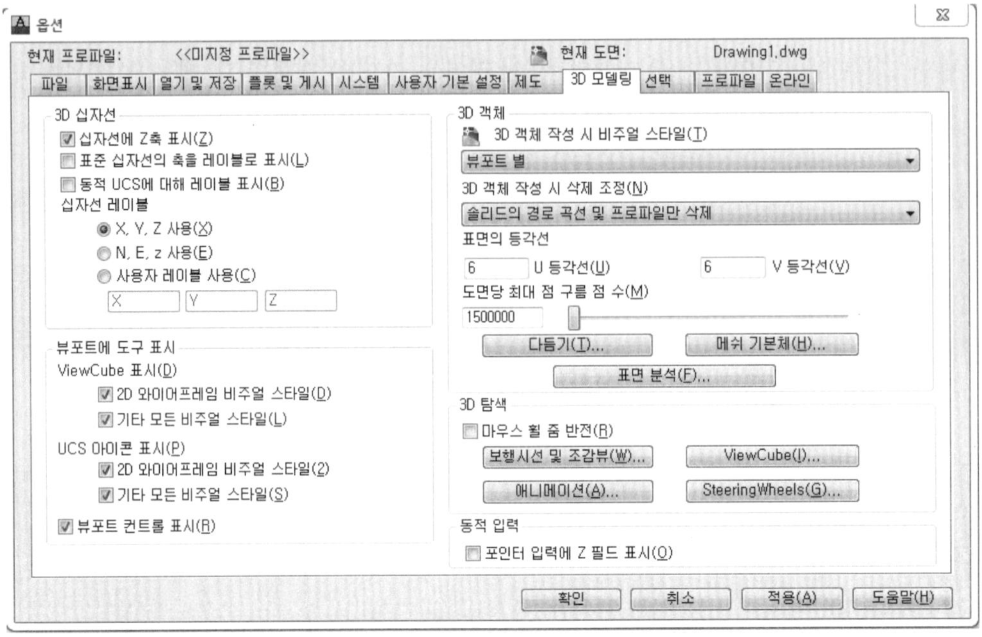

- **3D 십자선** : 3D작업시 십자선의 모양 및 표시 사항과 옵션을 지정한다.
- **UCS 아이콘 표시** : 2D모형공간, 3D평행투영, 3D투시 투영에서의 UCS아이콘의 표시 여부를 지정한다.
- **동적입력** : 동적입력을 사용하는 경우 Z값을 표시한다.
- **3D 객체** : 3D 솔리드 및 자유곡면의 표시에 대한 설정값을 조정한다.
- **3D 검색** : 3D 모형을 표시하기 위해 보행 시선, 조감도 뷰 및 애니메이션 옵션을 조정한다.

3D모델링 탭에서는 그래픽 화면표시 시스템의 구성에 관련된 설정값을 조정한다. 또한 솔리드, 곡면작업에 대한 옵션을 설정할 수 있다.

- 선택 탭에서 변경할 수 있는 설정값

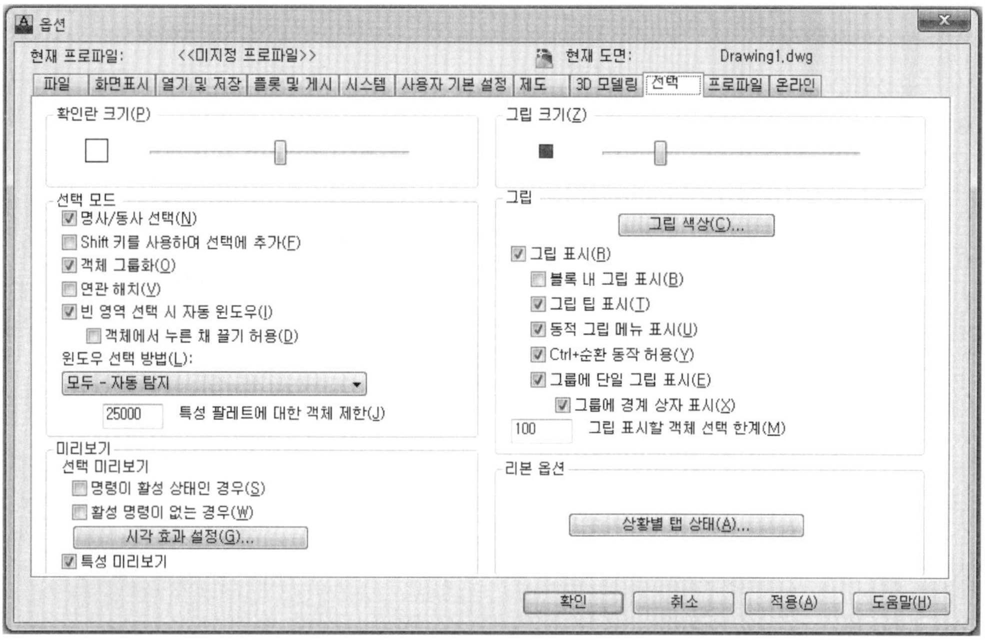

- 맞물림 동작과 특성
- 누른 채로 끌기 선택
- 명사와 동사 선택
- 객체그룹화 선택
- 연관 해치 선택

옵션 대화상자의 선택 탭에서는 오토캐드 선택 도구와 객체 선택 방법을 조정한다. 오토캐드 선택상자의 크기를 조정하고 도면 그리기 작업 중 켜두고자 하는 선택모드를 지정할 수 있다. Implied Windowing(빈 영역 선택 시 자동 윈도우) 옵션은 도면 영역을 클릭할 때 선택 윈도우가 작성되게 한다. Use Shift to add to selection(Shift를 사용하여 선택에 추가)를 선택하는 경우, Shift를 클릭한 상태에서 새로운 객체를 선택하여 객체선택 설정을 확장할 수 있다.

• **프로파일 탭**

이는 같은 로그인 이름을 사용하는 다른 사용자와 다음 기능은 도면의 특성을 부여하는 것이다.

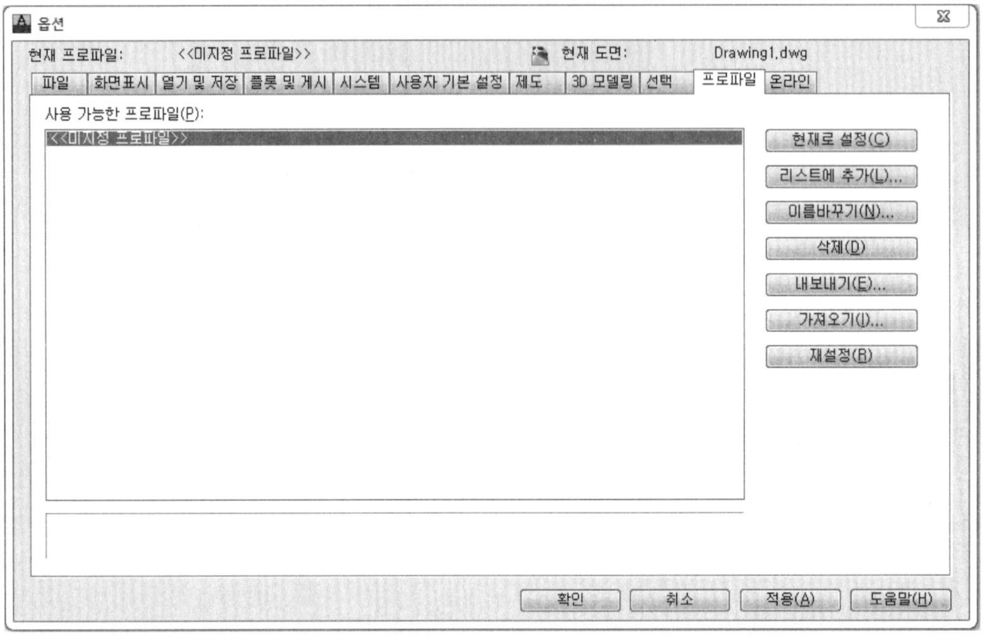

만약에 큰 구조물을 설계할 경우 관련된 도면이 수백에 달하는 경우가 있다. 이 경우 사용자가 원하는 도면을 쉽고 빠르게 찾을 수 있는 방법이 필요하다. 오토캐드 2015에서는 이것을 보안하여 제목, 작성자, 주제, 키워드 및 기타 중요한 정보를 식별할 수 있는 세부 사항들을 도면에 저장하여 보다 쉽게 도면을 추적할 수 있다.

• **도면 특성 지정**

또는 파일메뉴에는 Drawing Properties(도면 특성)을 선택하면, 현재의 드로잉되고 있는 파일에 대한 특성 대화상자가 표시된다. 도면 특성 대화상자에는 4개의 탭을 제공하고 여기는 도면에 대한 정보를 기입할 수 있다.

• **General(일반)** : 도면의 형태, 위치, 크기 및 기타 정보를 표시하며, Windows의 기본 정보를 가져온다.

• **Summary(개요)** : 도면의 제목, 저작자, 주제, 키워드, 주석 및 하이퍼링크 기준을 입력할 수 있다. Keywords는 공통 특성을 공유하는 도면을 검색하는 데 도움을 준다. Hyperlink base(하이퍼링크 기준)에는 인터넷 주소나 네트워크 드라이브 상의 폴더 경로를 지정한다.

• **Statistics(통계)** : 파일 크기, 파일이 작성된 날짜 및 파일이 마지막으로 수정된 날짜 같은 데이터를 표시한다.

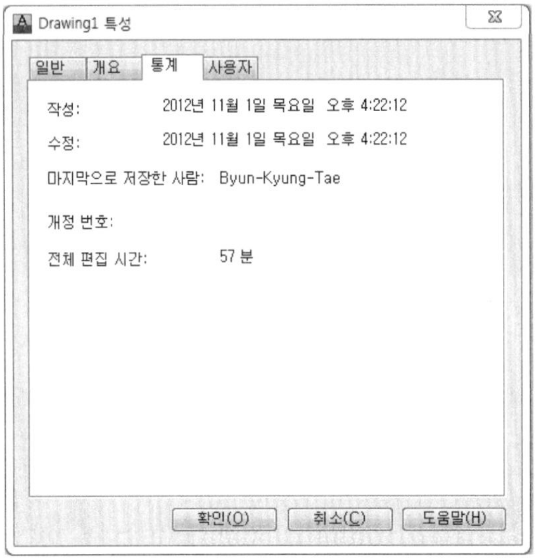

• **Custom(사용자화)** : 최대 10개까지의 사용자 특성을 입력할 수 있다. 왼쪽 열에 사용자 필드 이름을 지정하고, 오른쪽 열에는 각 사용자 필드 값을 지정할 수 있다.

03 ATTDEF(속성 정의)

속성 정의

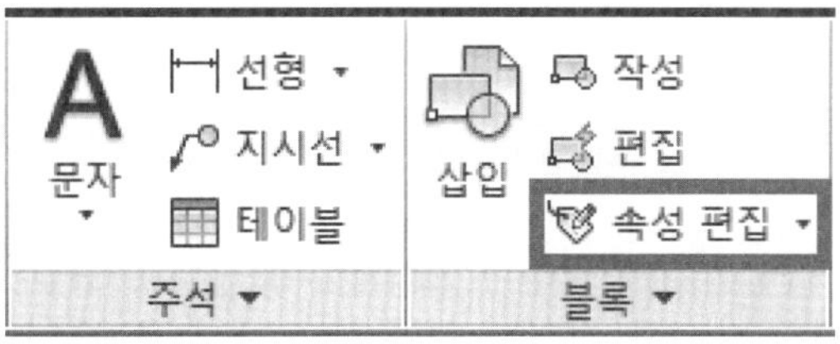

ATTDEF는 속성을 정의할 때 사용되는 기본적인 명령으로서 블록을 정의하고 이에 관련된 문자 정보를 위한 속성으로 정의할 때 사용된다. 속성에는 기본적으로 변수속성과 상수속성으로 구분하며, 변수속성은 블록을 삽입할 때마다 매번 그 값을 입력할 것을 프롬프트하지만, 상수속성은 ATTDEF 명령에 의해 그것이 작성될 때 지정될 값을 항상 지니고 있으며, 삽입할 때는 프롬프트를 나타내지 않는다.

명령어 : attdef

위의 명령어를 입력하면 다음과 같은 창이 뜬다.

- **Mode(모드)** : 속성을 포함하고 있는 블록을 삽입할 때 속성을 정의할 때 아래의 속성 모드 중에서 선택한다.
  - Invisible(숨김) : 속성으로 정의된 블록을 삽입할 때, 속성값을 화면에 표시하지 않는다.
  - Constant(상수) : 속성으로 정의된 블록이 삽입될 때, 속성에 고려된 값을 표시한다.
  - Verify(검증) : 속성으로 정의된 블록이 삽입될 때, 속성값이 올바른지 확인한다.
  - Preset(사전 설정) : 이전에 정의된 블록 속성 정보를 그대로 사용한다.
- **Attributes(속성)** : 속성 영역에서 꼬리표, 프롬프트 및 값을 입력하여 속성을 정의한다.
  - Tag(태그) : 속성의 꼬리표를 작성한다.
  - Prompt(프롬프트) : 속성 값을 입력할 때 나타나는 메시지를 입력한다.
  - Value(기본값) : 정의될 속성의 기본값을 입력한다.
  - Insert point : 속성의 기준점을 pick point 버튼을 클릭하여 지정하거나 화면의 임의의 점을 지정한다.
- **Text Options(문자 설정)** : 속성에 입력될 문자에 대한 정렬방법 및 문자에 관한 옵션을 설정할 수 있다.
- **Align below previous attribute definition(이전 속성 아래 정렬)** : 속성의 꼬리표를 바로 전에 정의한 속성으로 정렬한다.

● 따라하기

명령어 : Attdef

- **Attributes Definition(속성 정의)** : 대화상자가 나타난다. 속성 옵션의 태그(T), 프롬포트(M) 및 기본값(L)을 다음과 같이 입력한다.

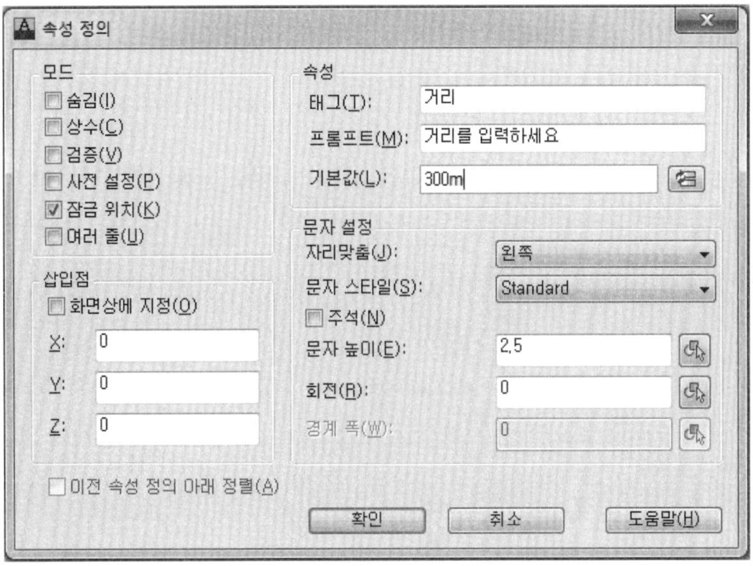

• 명령을 종료하면 좌표점 0, 0위치에 속성의 Tag로 입력한 내용이 표시된다.

• 위와 같이 정의된 속성을 편집하자.

속성의 편집

명령어 : Ddedit

• Select an annotation object or [Undo] : ◁속성을 선택한다.

• 속성을 선택하면 아래와 같은 대화상자가 나타난다.

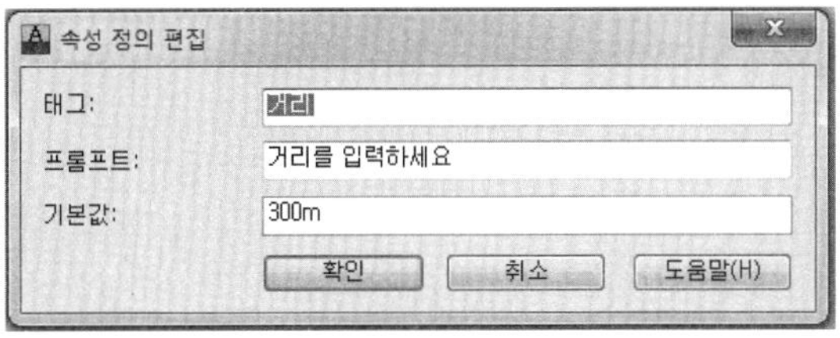

• 속성을 편집한 후 확인을 클릭하면 된다.

● 따라하기

• ATTDEF 명령을 이용하여 다음과 같은 학번, 학과, 성명, 비밀번호까지 총4개의 속성을 정의한다. 학번을 제외한 3개의 속성은 Align below previous attribute definition(이전 속성 아래 정렬)을 클릭한다.

• 먼저 학번정보는 다음과 같이 속성을 입력하고 삽입점을 X축으로 200, Y축으로 200만큼 지정해준다.

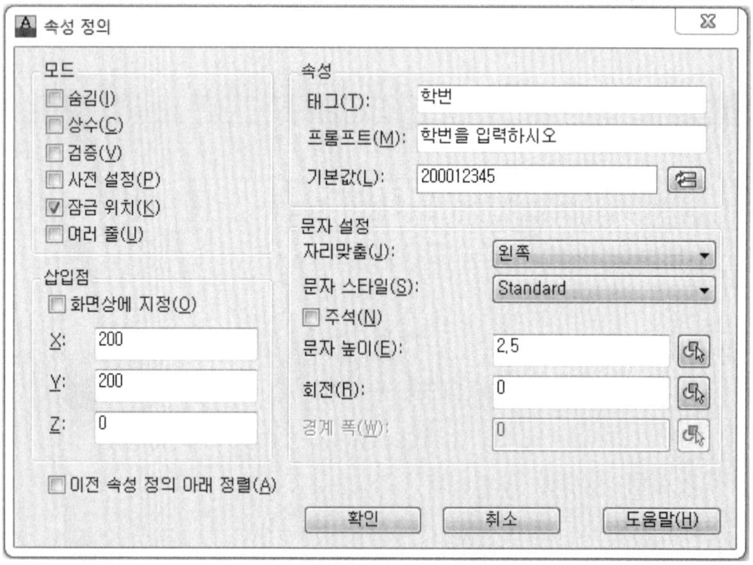

• 다음으로 학과정보는 다음과 같이 속성을 입력하고 이전 속성 정의 아래 정렬을 체크하여 준다.

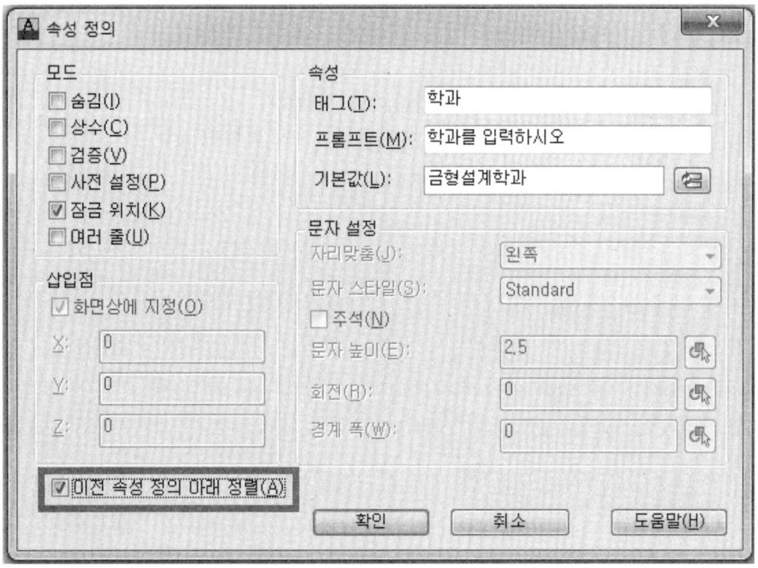

• 다음으로 성명정보는 다음과 같이 속성을 입력하고 이전 속성 정의 아래 정렬을 체크하고, 모드에서 상수를 체크하여준다.

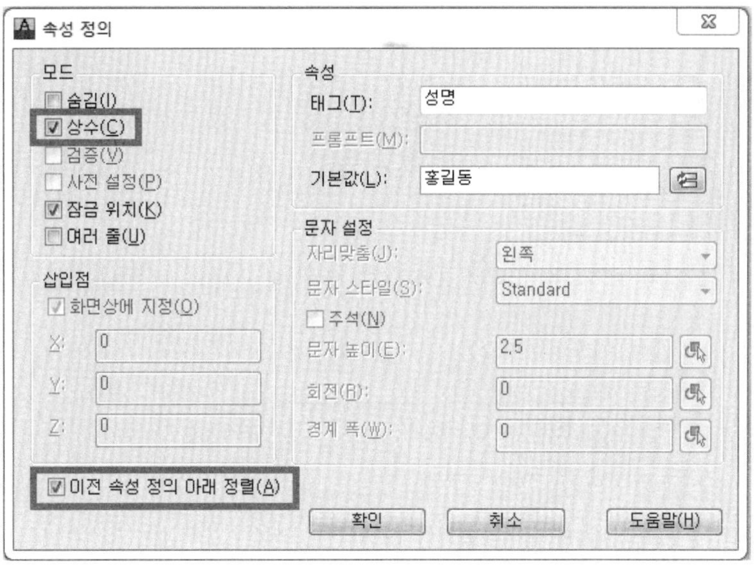

• 다음으로 비밀번호정보는 다음과 같이 속성을 입력하고 이전 속성 정의 아래 정렬을 체크하고, 모드에서 숨김을 체크하여준다.

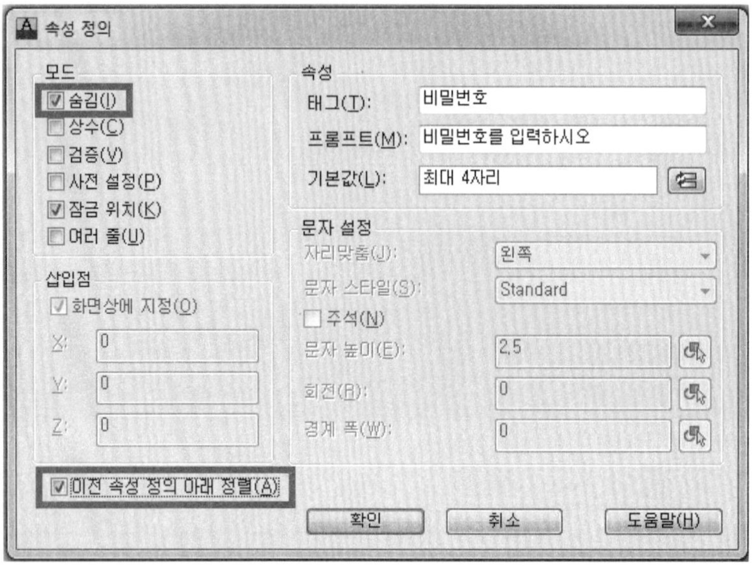

• 위와 같은 방법으로 4가지 속성을 정의하면 화면상의 (0,0)점을 기준으로 X축으로 200, Y축으로 200만큼 이동한 지점에 다음과 같은 속성이 표시된다.

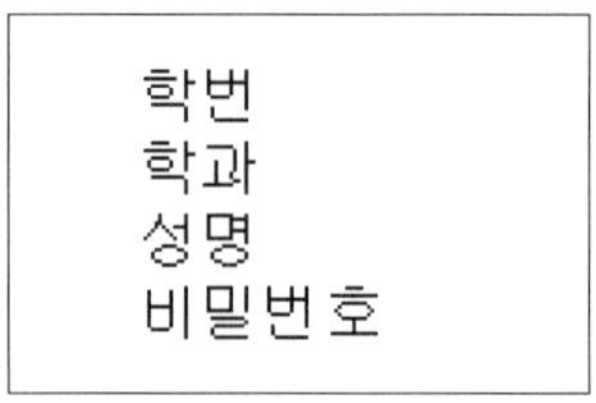

속성정의가 끝나면 위에서 작성한 4가지 속성을 포함하는 카드모양의 사각형을 작성한다.

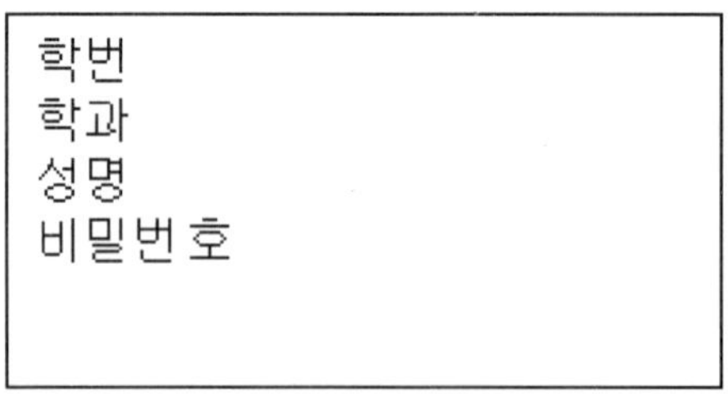

• 위와 같은 카드모양이 작성이 완료 되었으면, 이카드를 블록화 해보자.

명령어 : block

- 블록을 작성하게 되면 다음과 같은 블록실행창이 실행된다.

- 블록이름을 "card"로 지정하고 기준점과 객체위치를 지정할 때, 화면상에 지정을 선택하여준다.
- 지정이 완료고 확인을 누르면 삽입기준점과 객체를 선택하게 된다. 이때 기준점은 카드의 좌측상단 모서리를 선택한다. 객체 선택은 사각형과 속성 4개 총 5개를 선택해준다.

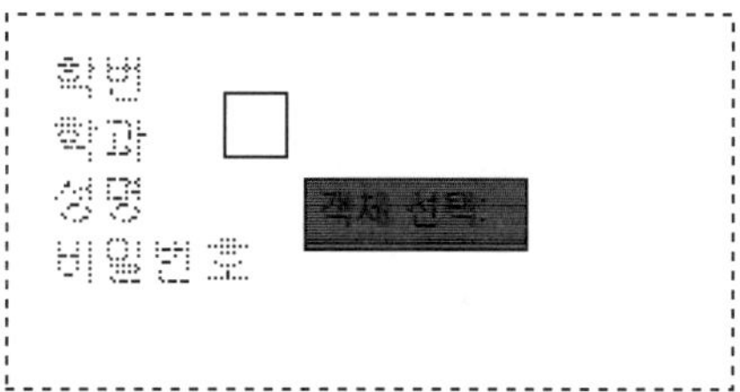

• 이러한 선택이 완료되면 작성한 카드는 다음과 같이 바뀐다.

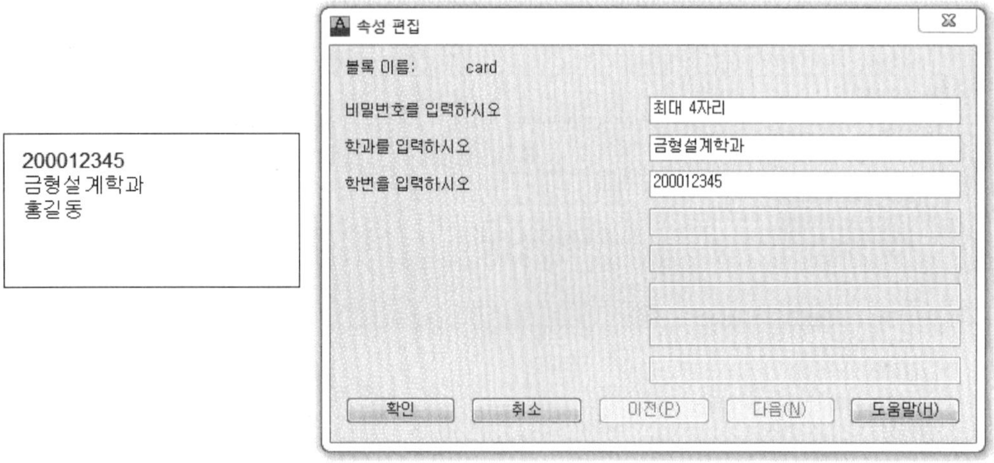

• 이렇게 속성카드가 완성이 된다. 화면을 보게되면 카드상에는 비밀번호가 표시 되지 않는다. 이는 속성 숨김을 선택했기 때문이다. 또한 속성편집창을 보면 성명이 표시 되지 않는다. 그 이유는 성명을 상수로 지정했기 때문이다. 이는 편집이 불가능하다.

• 다시 블록을 선택하게 되면 다음과 같은 창이 뜬다.

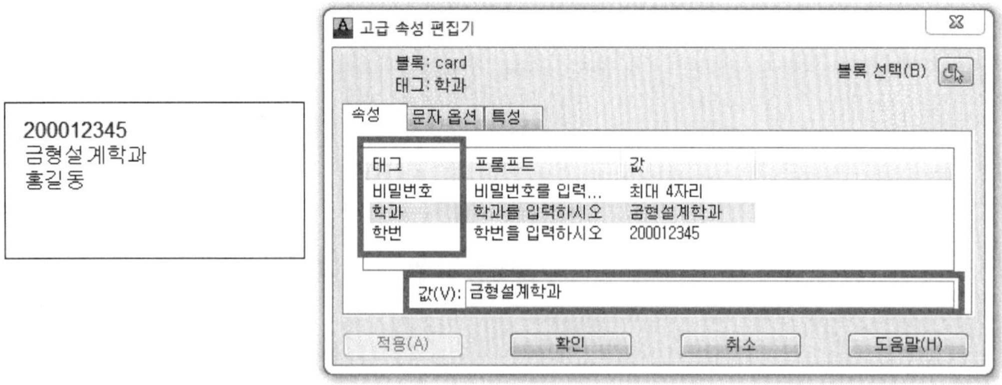

• 위의 그림에 나와 있는 창에서 지정해 주었던 속성의 값을 변경할 수 있다. 각 태그를 클릭하고 밑의 값을 변경한 후, 적용을 누르고 확인을 누르면 된다.

04 외부 참조 관리자(XREF)

외부 참조의 목적은 다른 도면을 삽입하는 대신 링크시켜 항상 최신의 도면을 활용할 수 있다. 단순한 링크만 되어 있기 때문에 도면의 용량을 증가시키지 않고 동일 프로젝트를 여러 사람이 동시에 작업할 때 유용하게 사용할 수 있다. 외부참조 아이콘의 위치는 다음과 같다.

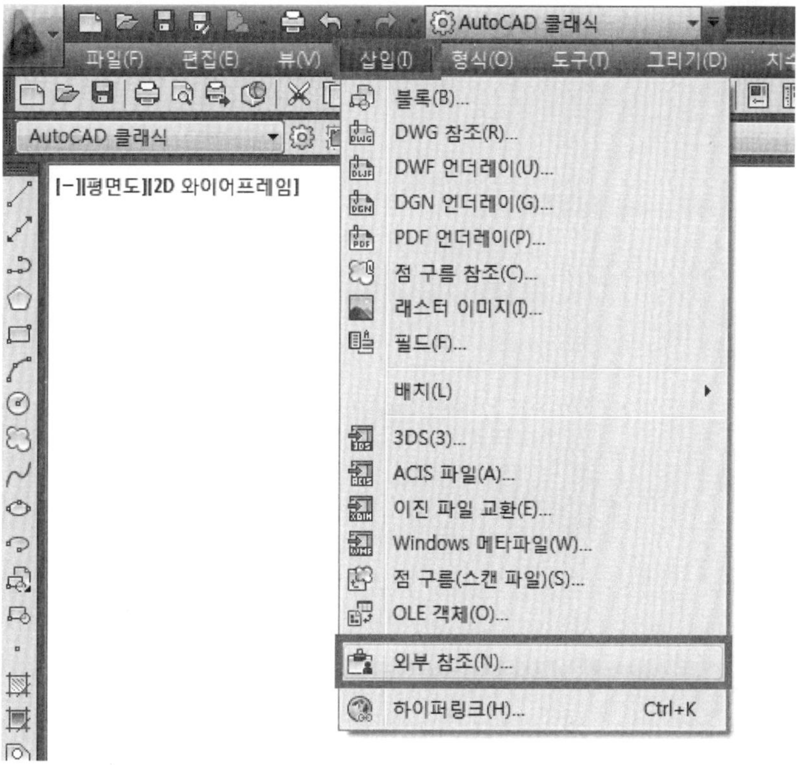

• Xref 명령을 실행하면 Xref Manager 대화상자가 나타난다.

명령어 : xref

- .Xref Manager 대화상자는 다음과 같은 기능을 가진다.
  - List View(리스트 뷰) : 외부 참조된 도면을 List 형식으로 나타난다.
  - Tree View(트리뷰) : 외부 참조된 도면을 계층적인 구조로 디스플레이 한다.
  - Attach(부착) : 외부 참조 도면을 부착시킬 수 있다.
  - Detach(분리) : 현재 도면에 올려진 외부 참조 도면을 분리하여 연결을 끊고 도면에서 제거시킨다.
  - Reload(다시 올리기) : 내려진 외부 파일을 다시 올릴 수 있다.
  - Unload(내리기) : 외부 참조 도면을 내린다. 내려진 도면은 Reload 옵션을 이용하여 다시 올릴 수 있다.
  - Bind(결합) : 외부 참조된 파일을 현재 도면에 일부분으로 만들 수 있다.

외부 참조 링크(ATTACH)

Attach는 외부 참조 도면을 현재의 도면에 링크하는 명령이다. 참조 파일 선택 대화상자(표준 파일 선택 대화상자)가 표시된다. 도면(DWG), DWF, DWFx, PDF, DGN 파일 등을 삽입할 수 있다. Attach의 아이콘의 위치는 다음과 같다.

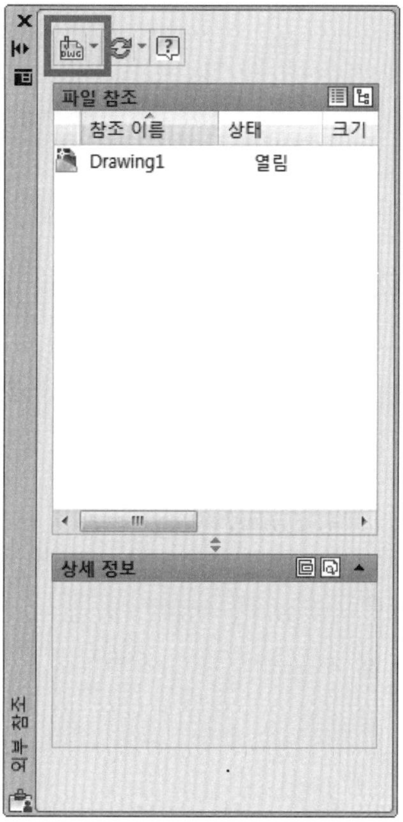

- 부착할 DWG 파일을 여러 개 선택하려면 파일 유형에서 도면을 선택합니다. 다른 파일 형식인 경우에는 파일을 하나만 선택할 수 있다.

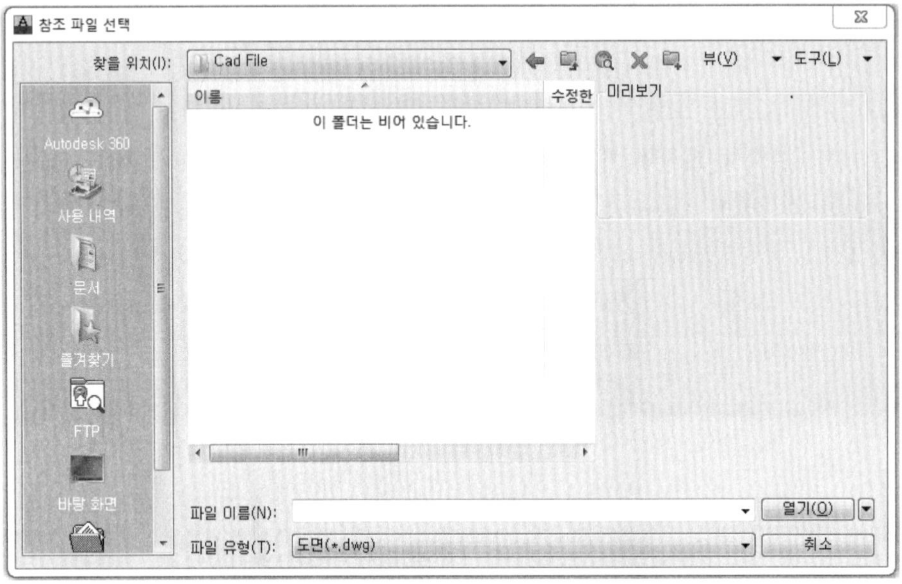

• 부착시킬 도면을 선택한 후 열기 버튼을 선택하면 External Reference(외부 참조) 대화상자가 나타난다.

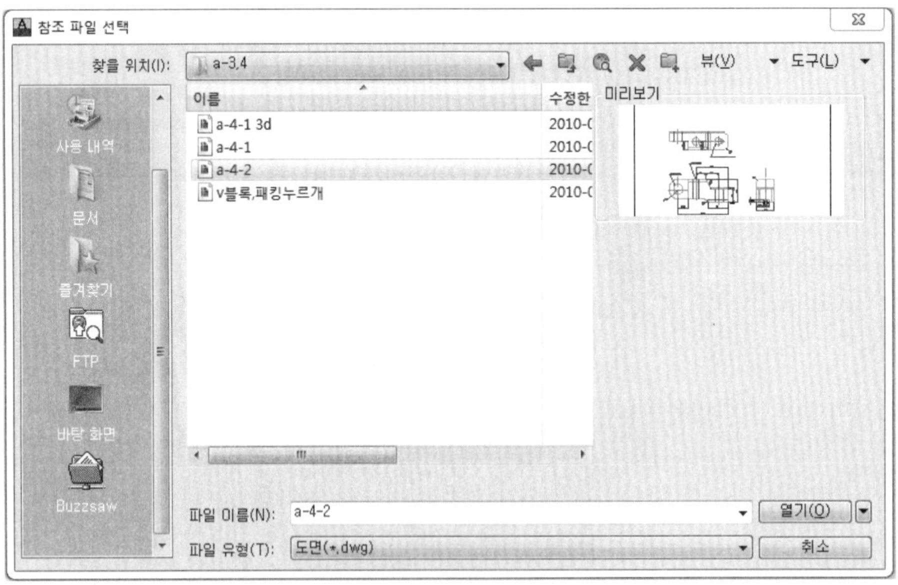

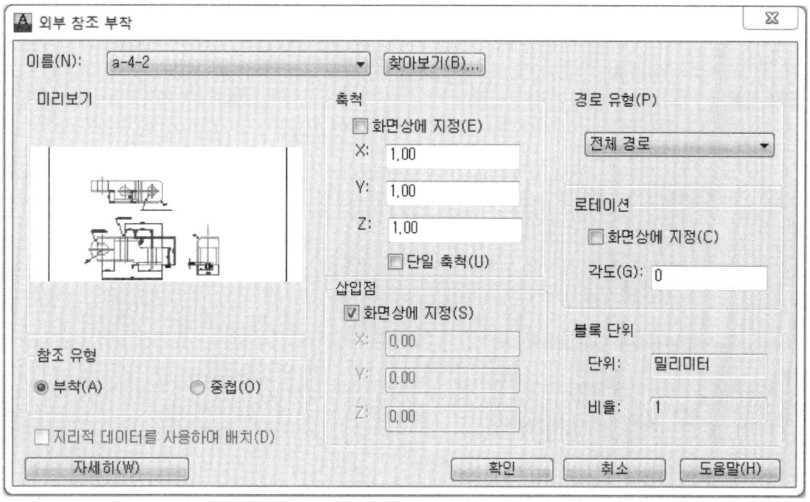

외부 참조 부착의 기능은 다음과 같다.

- Name(이름) : 선택된 파일의 이름이 나타난다.
- Browse(찾아보기) : 부착시킬 파일을 선택한다.
- Retain Path(경로 유지) : 외부 도면을 현재의 도면에 부착, 중첩을 할 것인지를 지정한다.

외부 참조 도면 결합(BIND)

외부 참조를 도면에 결합한다는 것은 외부 참조의 원본 도면과 연결된 링크를 끊고 현 도면에서 하나의 블록이 되는 것을 의미한다.

• Xref의 Bind 옵션으로 결합할 경우

도면을 선택하고 열기를 선택한 다음, 다음의 그림을 보면 옵션으로 부착과 중첩을 선택할 수 있다.

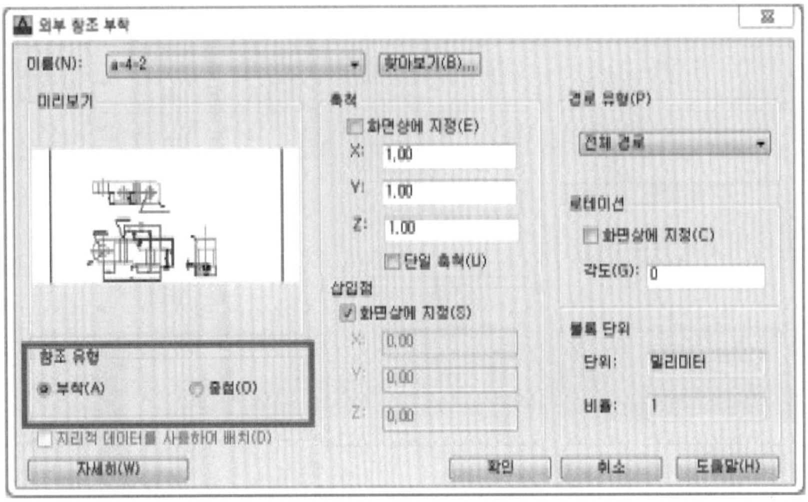

• Bind(결합) : 외부참조 도면층을 현재 도면에 삽입된다.

• Insert(삽입) : 외부 도면과 현재의 도면이 사전 정의 된 객체이름과 동일하게 특성이 변경되는 것을 말한다.

• Xbind 명령을 이용하여 결합시킨다

Xref는 외부 참조 도면의 모든 객체 및 객체의 정보를 현재의 도면에 블록으로 삽입하지만 Xbind 명령을 사용할 경우 사용자가 원하는 객체의 정보에 대해 삽입시킬 수 있다.

명령어 : xbind

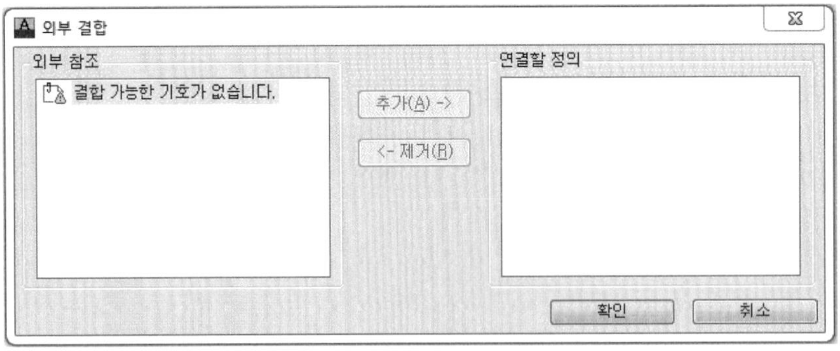

• 위의 대화상자와 같이 외부 참조 파일을 첨부하여 쓸 수 있다.

자르기 (XCLIP)

도면을 외부 참조로 부착하거나 블록을 삽입한 후 XCLIP명령을 사용하여 자르기를 할 수 있다. 잘려진 외부 참조나 블록은 자르기 전과 똑같이 편집, 이동 또는 복사될 수 있다. 자르기의 아이콘의 위치는 다음과 같다.

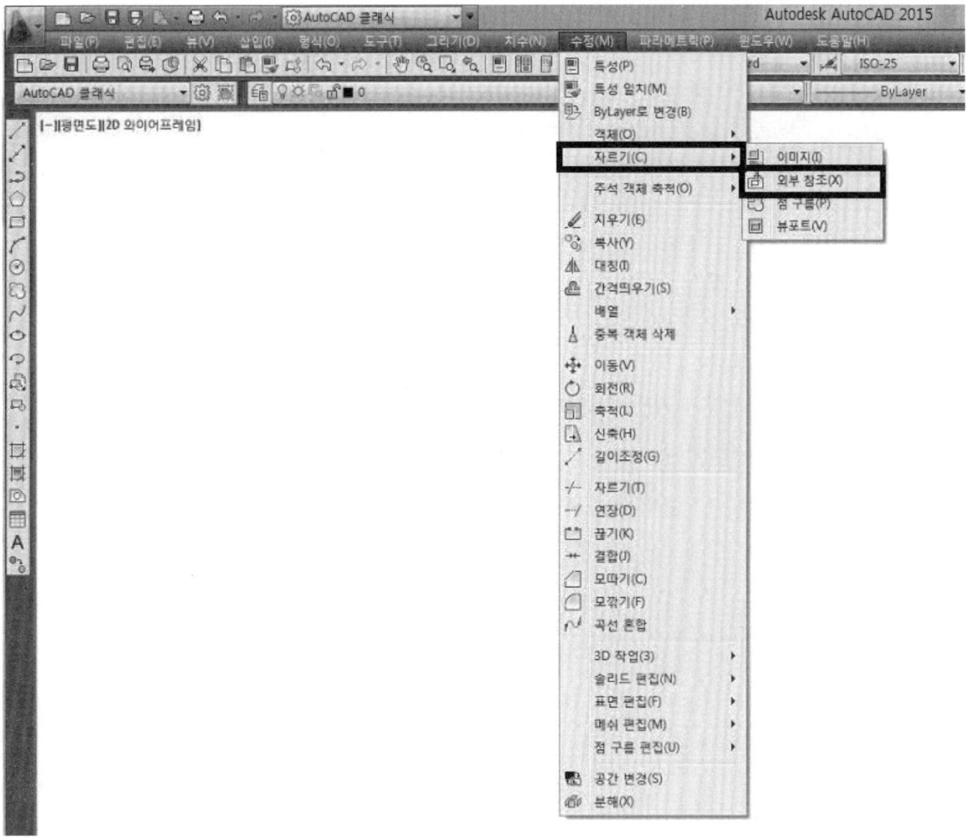

명령어 : Xclip

- Select object : Enter clipping option [ON/OFF/Clipdepth/Delete/ generate Polyline /New boundary] 〈New〉 : ◁옵션 입력
- 자르기 옵션[켜기/끄기/자르기 깊이/삭제/폴리선 생성/새로운 경계] 〈새로운 경계〉:
- Specify clipping boundary : [Select polyline/Polygonal/Rectangular] 〈Rectangular〉 : ◁자르기 옵션 입력
- 경계자르기 옵션[폴리선 선택/다각형/직사각형/] 〈직사각형〉 :

05 DesignCenter

오토캐드 DesignCenter를 사용하면 도면, 블록, 도면층 등과 같이 내용을 담은 팔레트 윈도우가 표시되어 데스크탑, 네트워크 및 웹에 있는 내용에 직접 접근할 수 있다. 팔레트 아이콘의 위치는 다음과 같다.

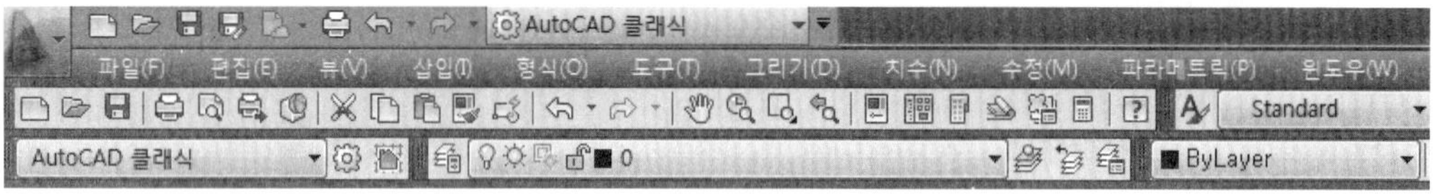

단축키 : Ctrl + 2

- Desktop(**데스크 탑**) : 지역 및 네트워크 드라이브를 나열한다.
- Open Drawings(**도면 열기**) : 열린 도면을 나열한다.
- History(**사용 내용**) : 오토캐드 DesignCenter를 통해 최근에 접근한 20개의 위치를 나열한다.

팔레트를 열면 다음과 같은 창이 뜬다. 각각의 기능은 다음과 같다.

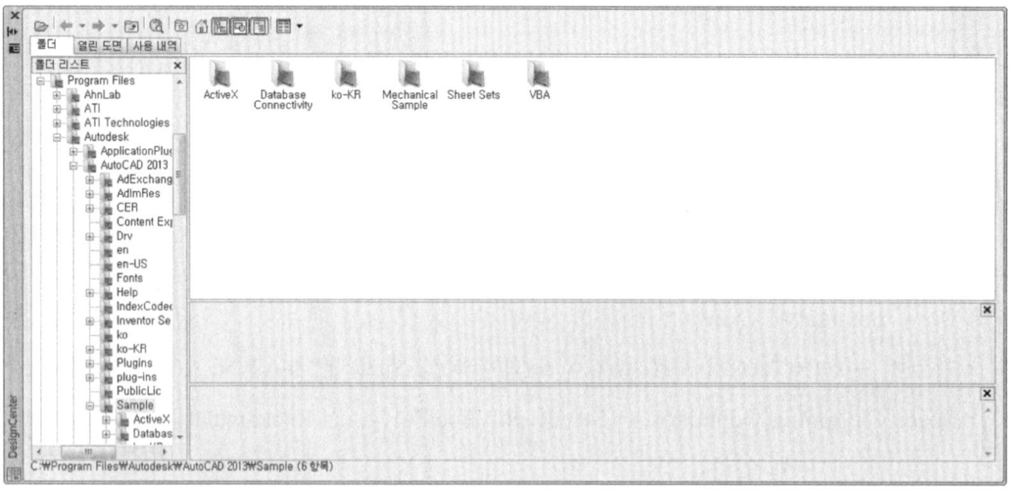

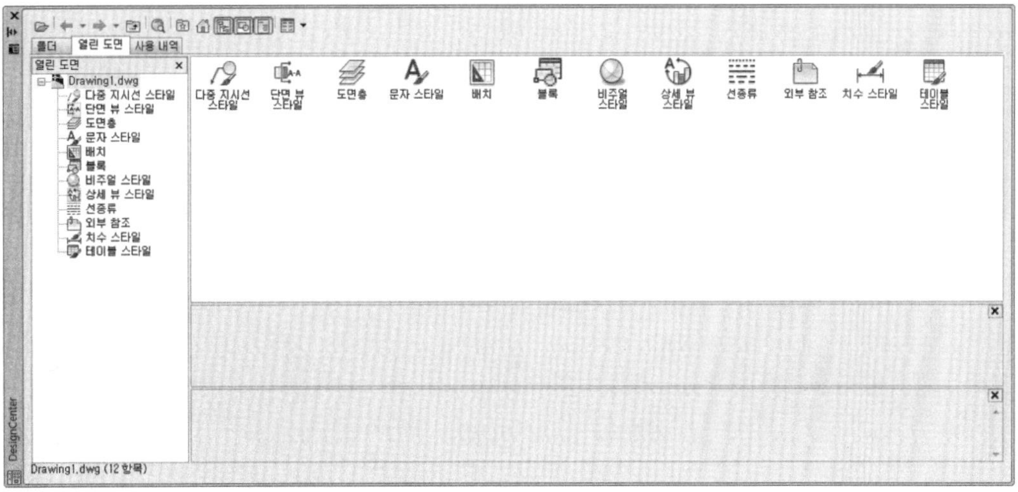

- **Tree View Toggle(트리뷰 전환)** : DesignCenter에서 트리뷰를 표시하거나, 표시하지 않는다.
- **Favorite(즐겨찾기)** : 즐겨찾기 폴더에 저장된 파일이나 폴더에 대한 지름길을 표시한다.
- **Load(올리기)** : DesignCenter 팔레트 올리기 대화상자를 표시한다.
- **Find(찾기)** : 찾기 대화상자를 표시한다.

원하는 그림을 찾고 싶을 때는 찾기 기능을 사용한다.

• Up(**상위**) : 현재 위치에서 한 단계 위로 이동한다.

• Preview(**미리보기**) : 트리뷰의 맨 아래에 있는 객체의 이미지를 표시한다.

• Description(**설명**) : 트리뷰의 맨 아래에 있는 윈도우에 객체에 대한 문자 설명을 표시한다.

• Views(**보기**) : 팔레트에 올려진 내용에 대해 네 가지 다른 표시형식을 나타난다.

부록
실습 자료

다음 도면을 2D CAD 시스템을 이용하여 그려라. 각 그림은 A3용지 크기의 사각형을 그린 다음, 그 안에 완성하라.

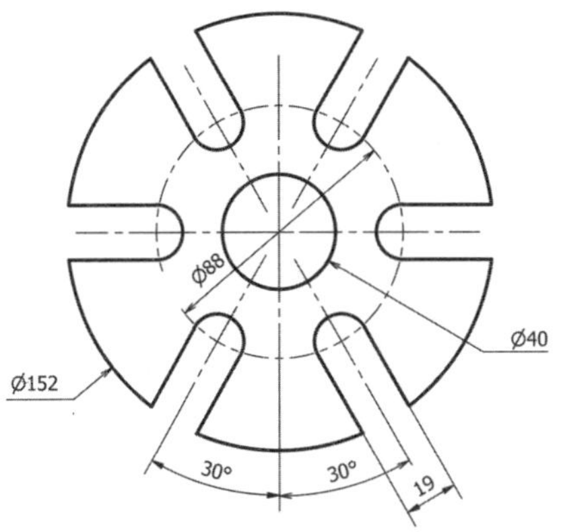

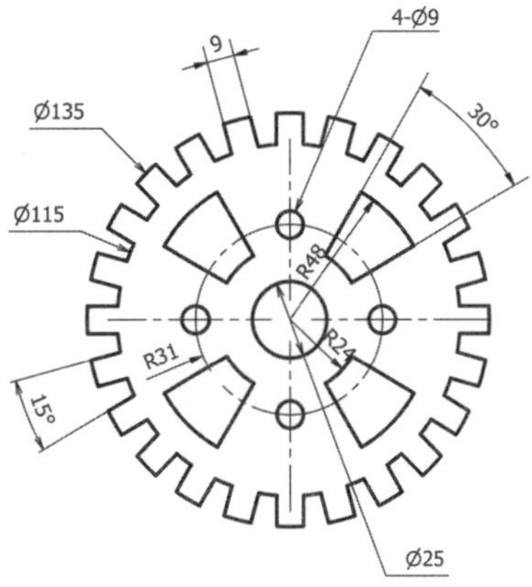

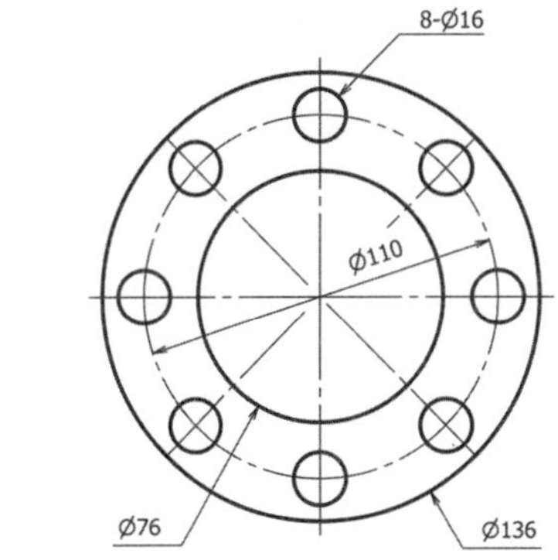

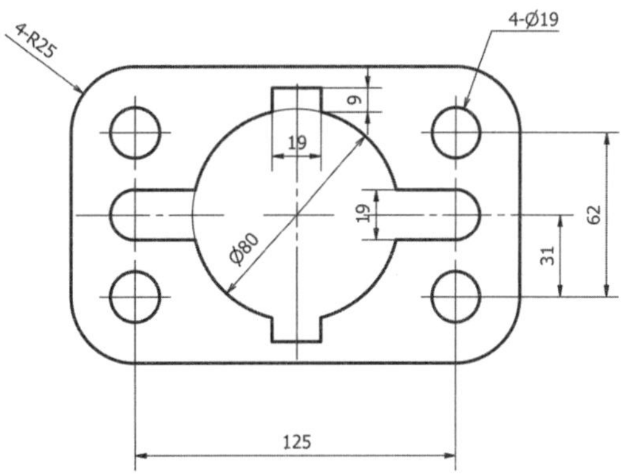

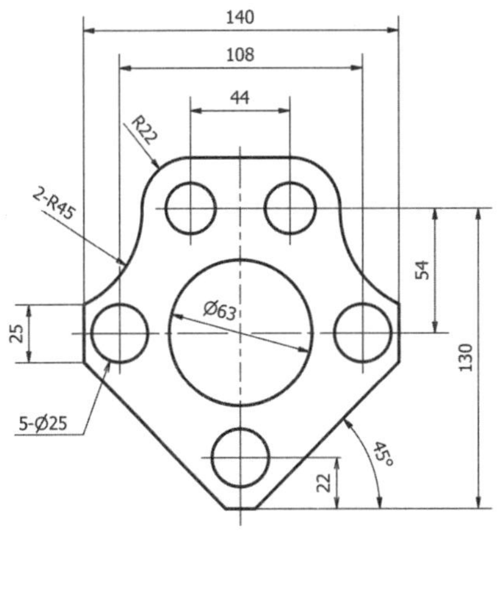

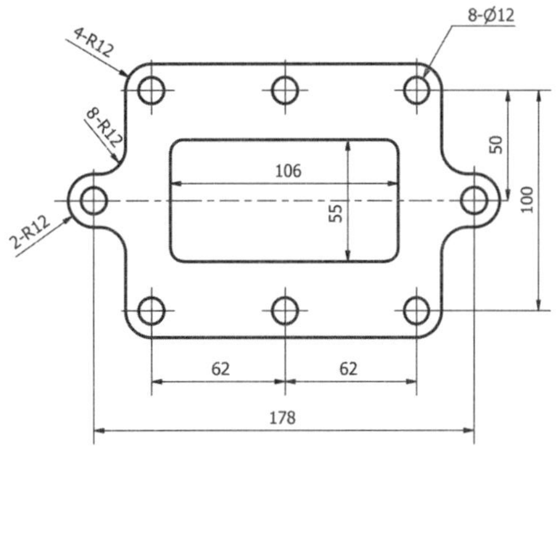

다음을 CAD를 이용하여 그려라.

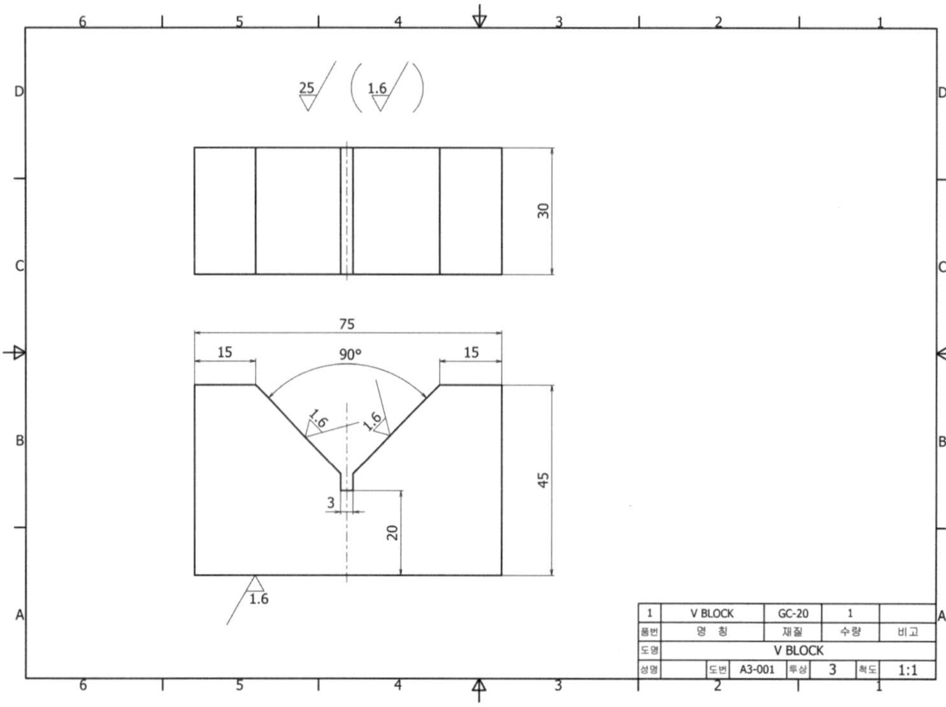

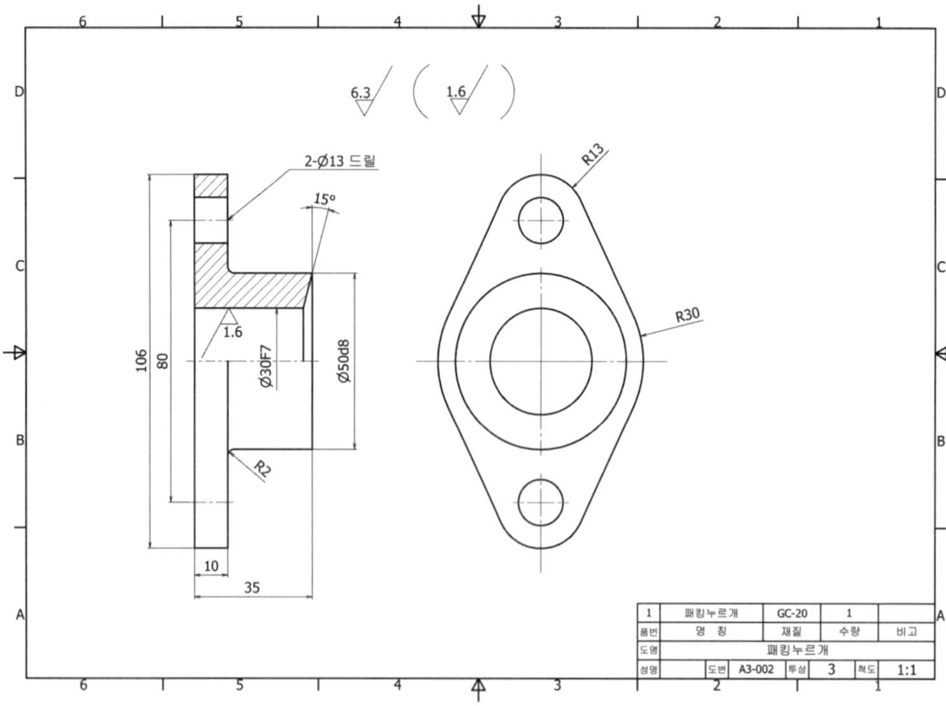

다음 도면을 CAD를 이용하여 그려라.

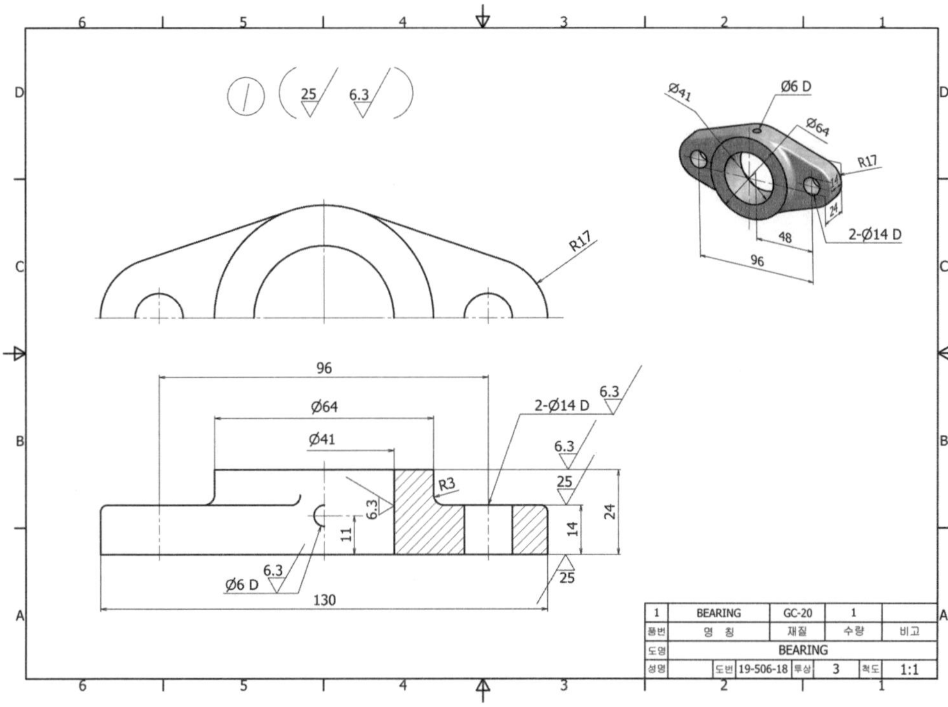

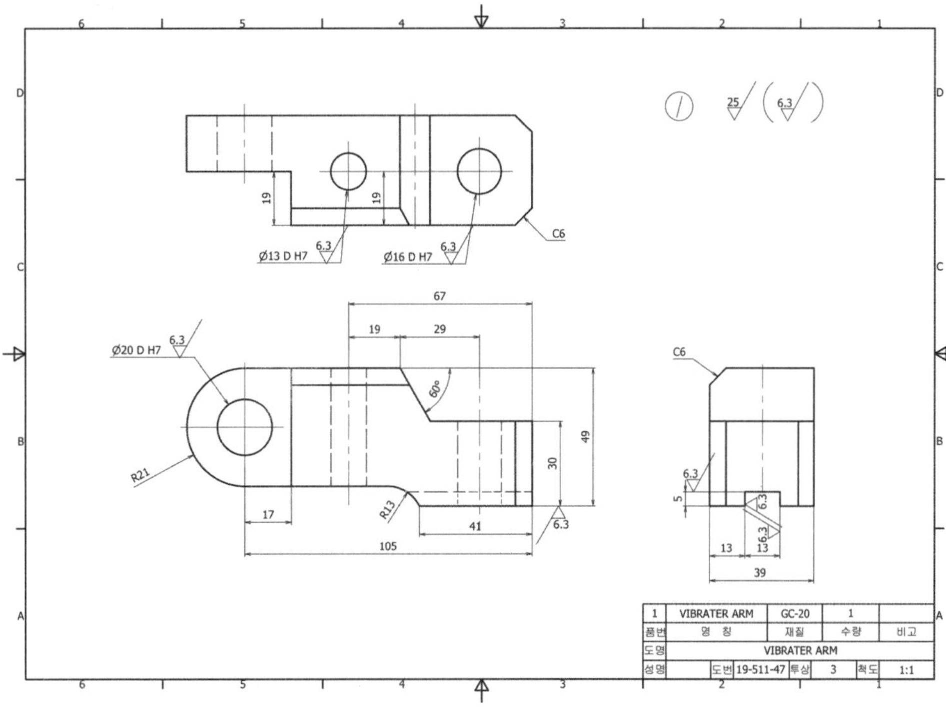

다음 도면을 CAD를 이용하여 그려라.

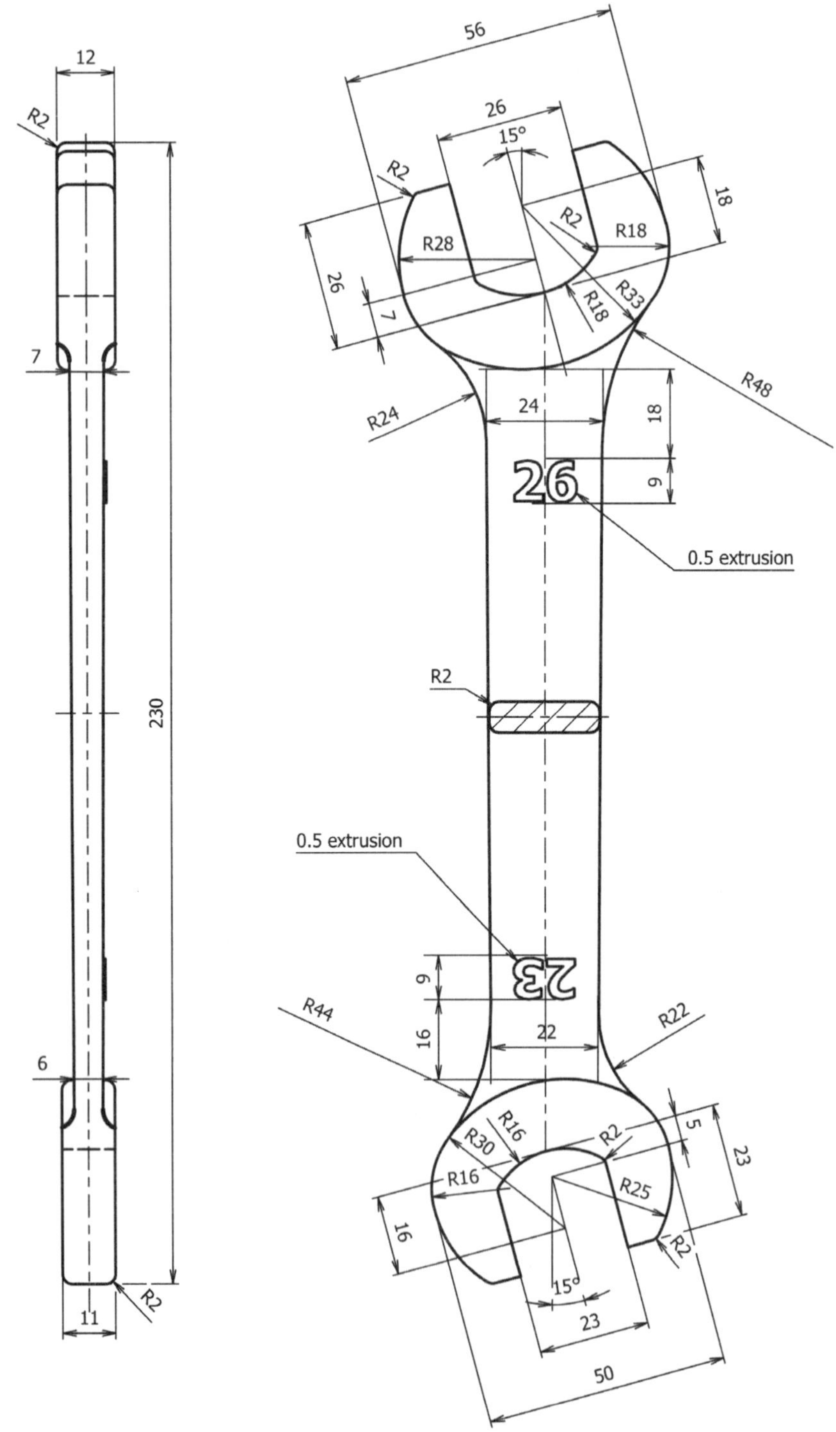

다음 형상에 대한 도면을 제3각법으로 CAD 도면을 그려라. A3용지 1장에 도면 템플릿을 작성한 후에 1개씩 그려라.

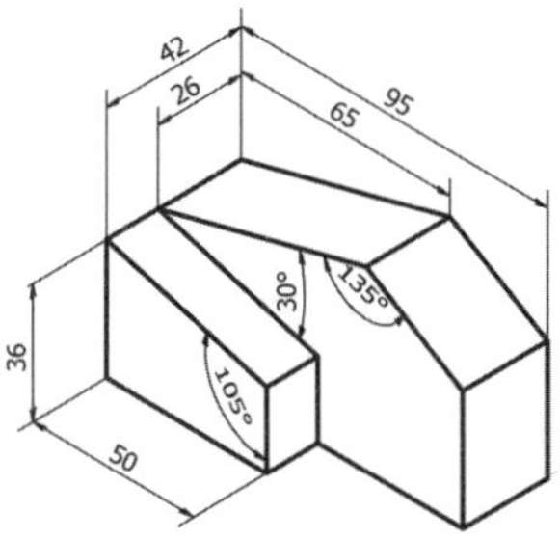

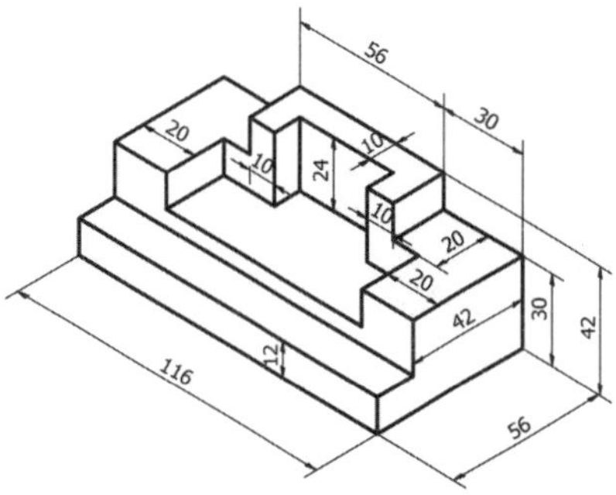

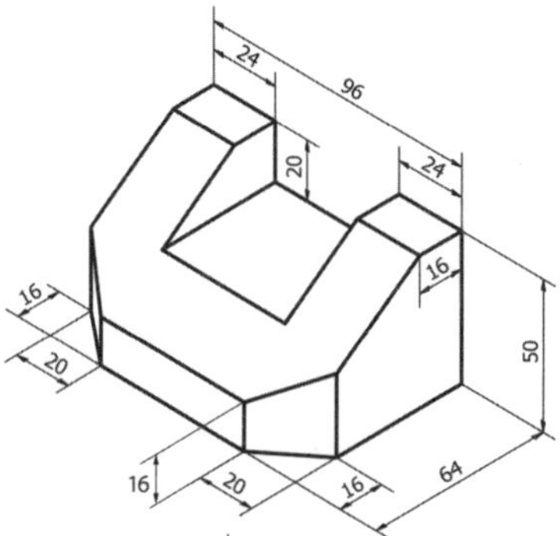

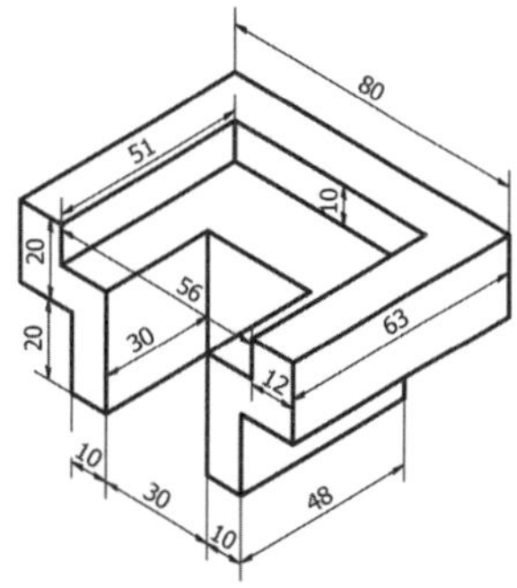

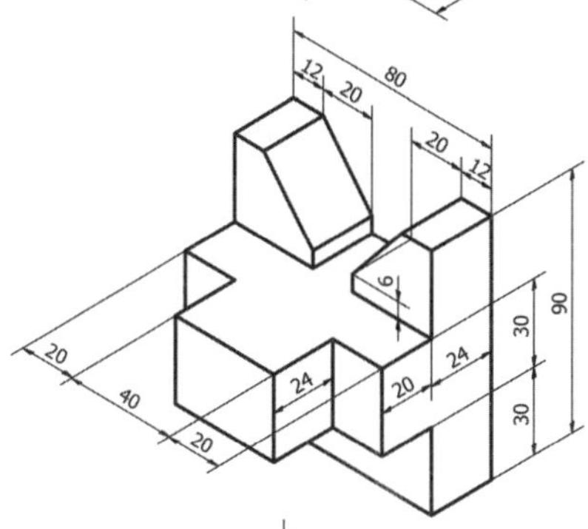

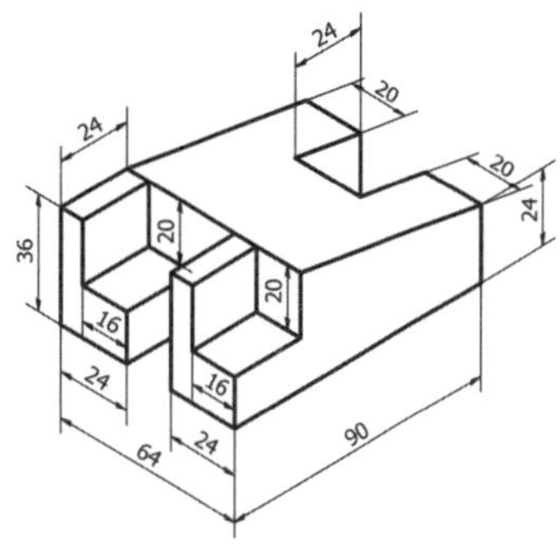

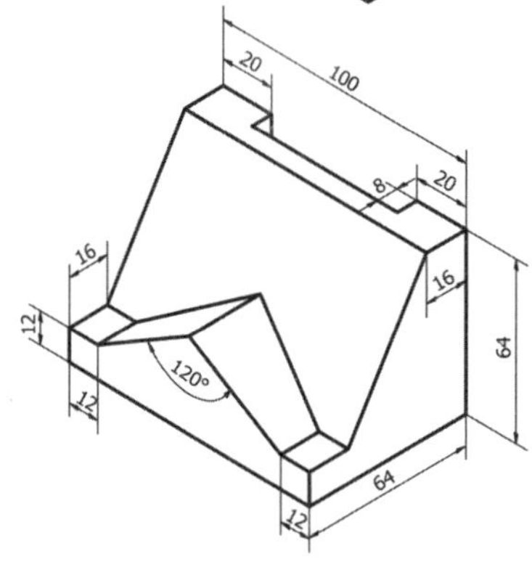

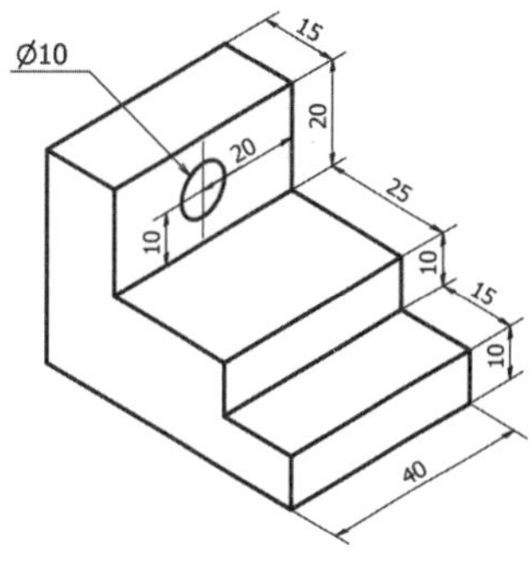

다음 형상에 대한 도면을 제3각법으로 CAD 도면을 그려라. A3용지 1장에 도면 템플릿을 작성한 후에 1개씩 그려라.

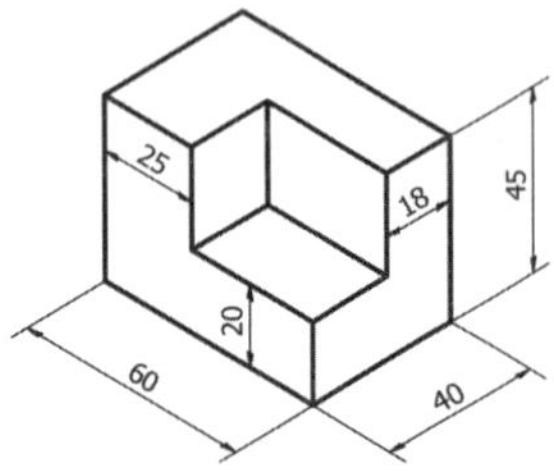

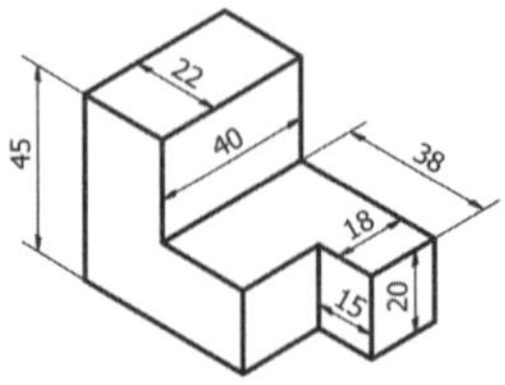

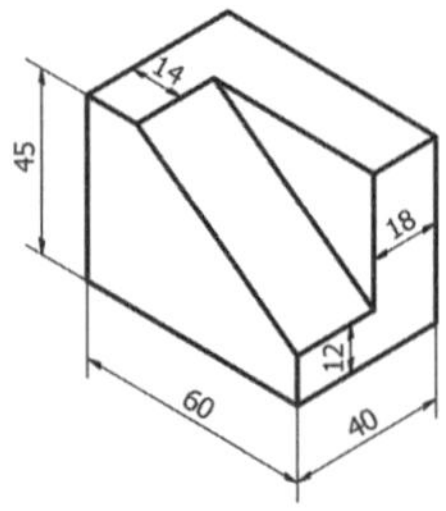

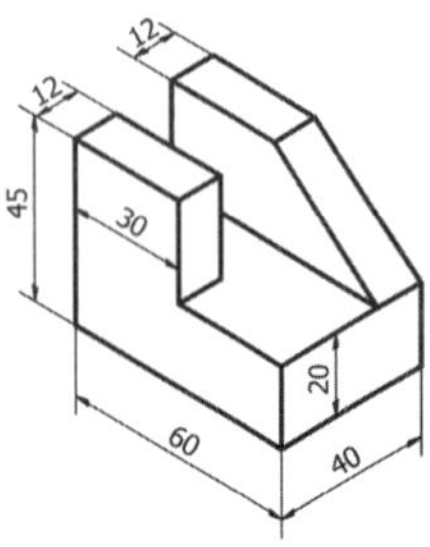

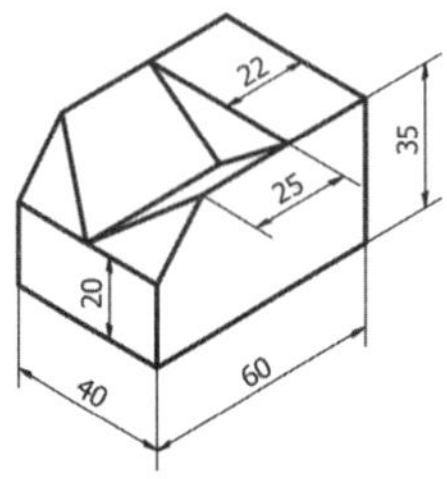

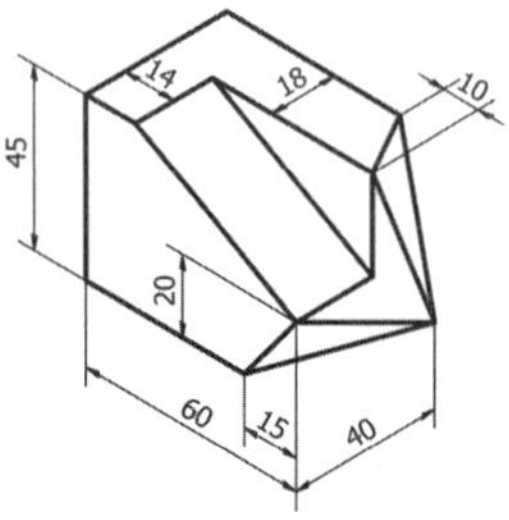

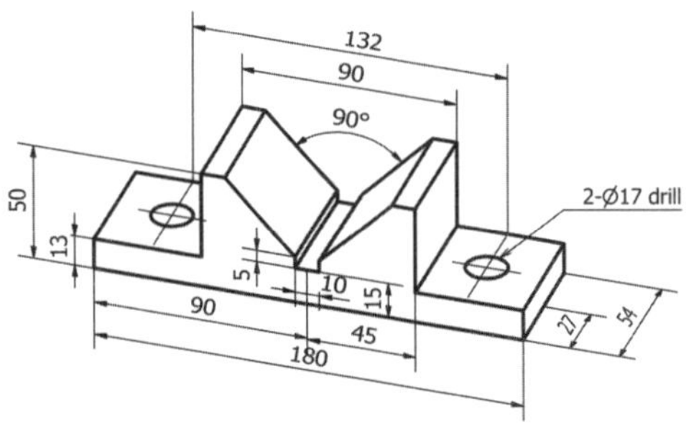

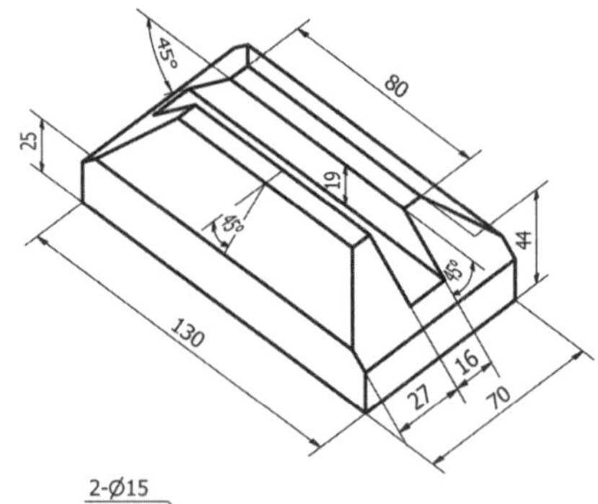

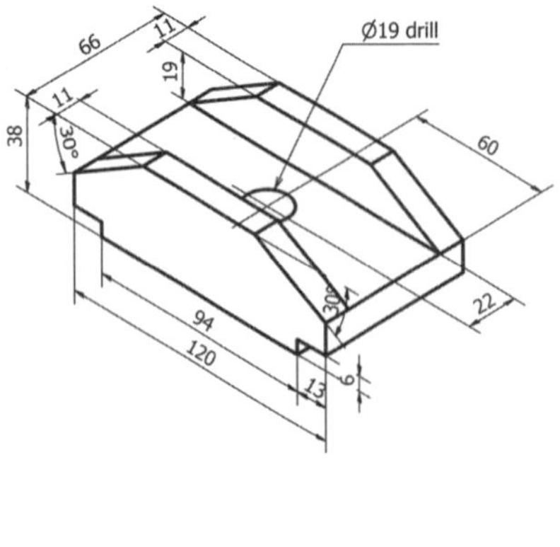

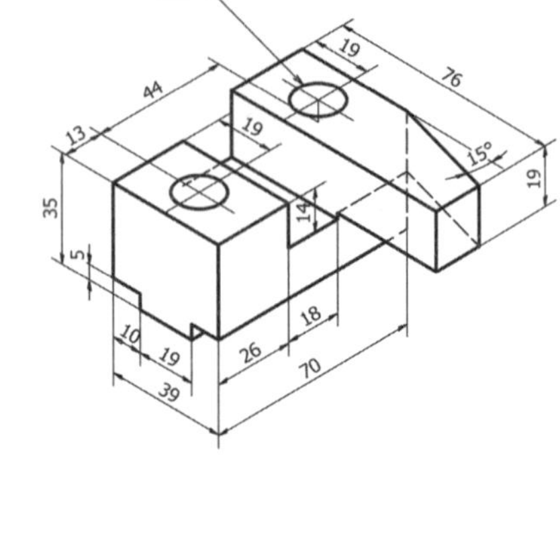

다음 그림의 큰 눈금은 10mm이고 작은 눈금은 5mm이다. 각 형상에 대하여 정면도를 결정하고 그 이유를 써라. 또한 각 형상에 대하여 제3각법으로 CAD 도면을 그려라. A3 용지 1장에 1개씩 그려라.

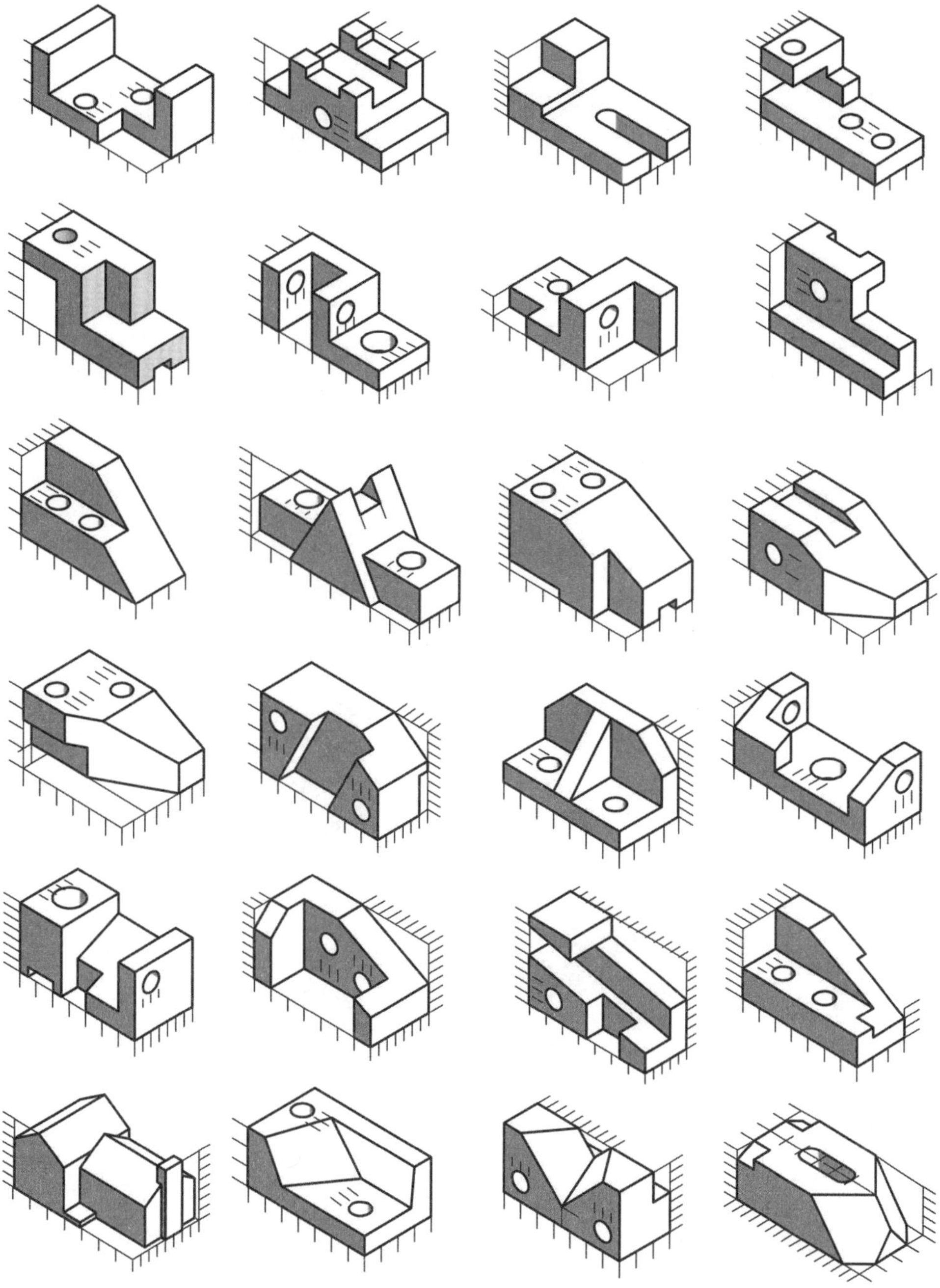

왼쪽 상단의 그림에 있는 자의 눈금의 크기는 10mm이다. 이 자를 이용하여 각 형상을 표현하는 도면을 제 3각법으로 그려라. A3용지 1장에 1개씩 그려라.

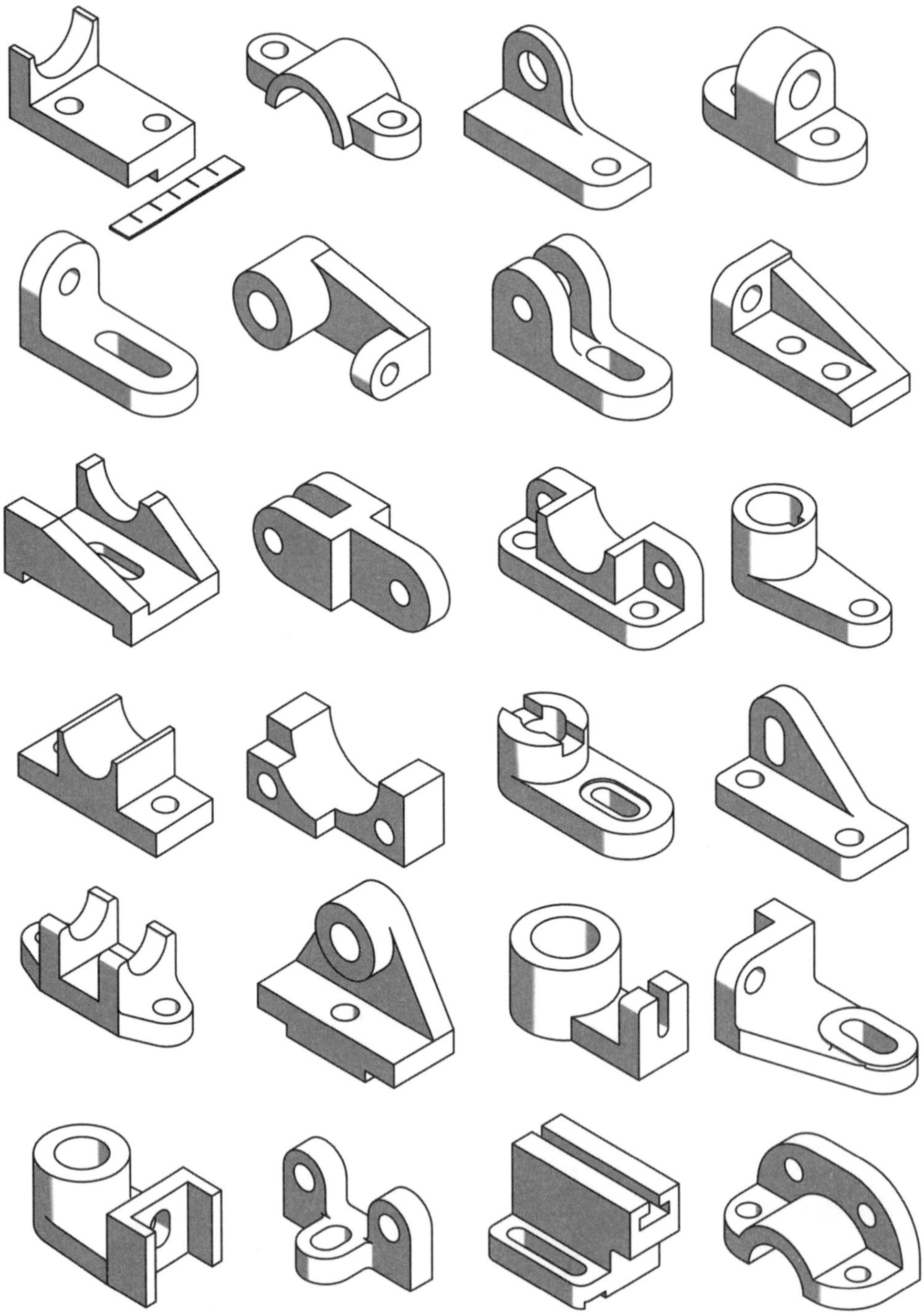

각 형상에 대하여 정면도를 결정하고 그 이유를 써라. 또한 각 형상에 대하여 제3각법으로 CAD 도면을 그려라. A3용지 1장에 2개씩 그려라.

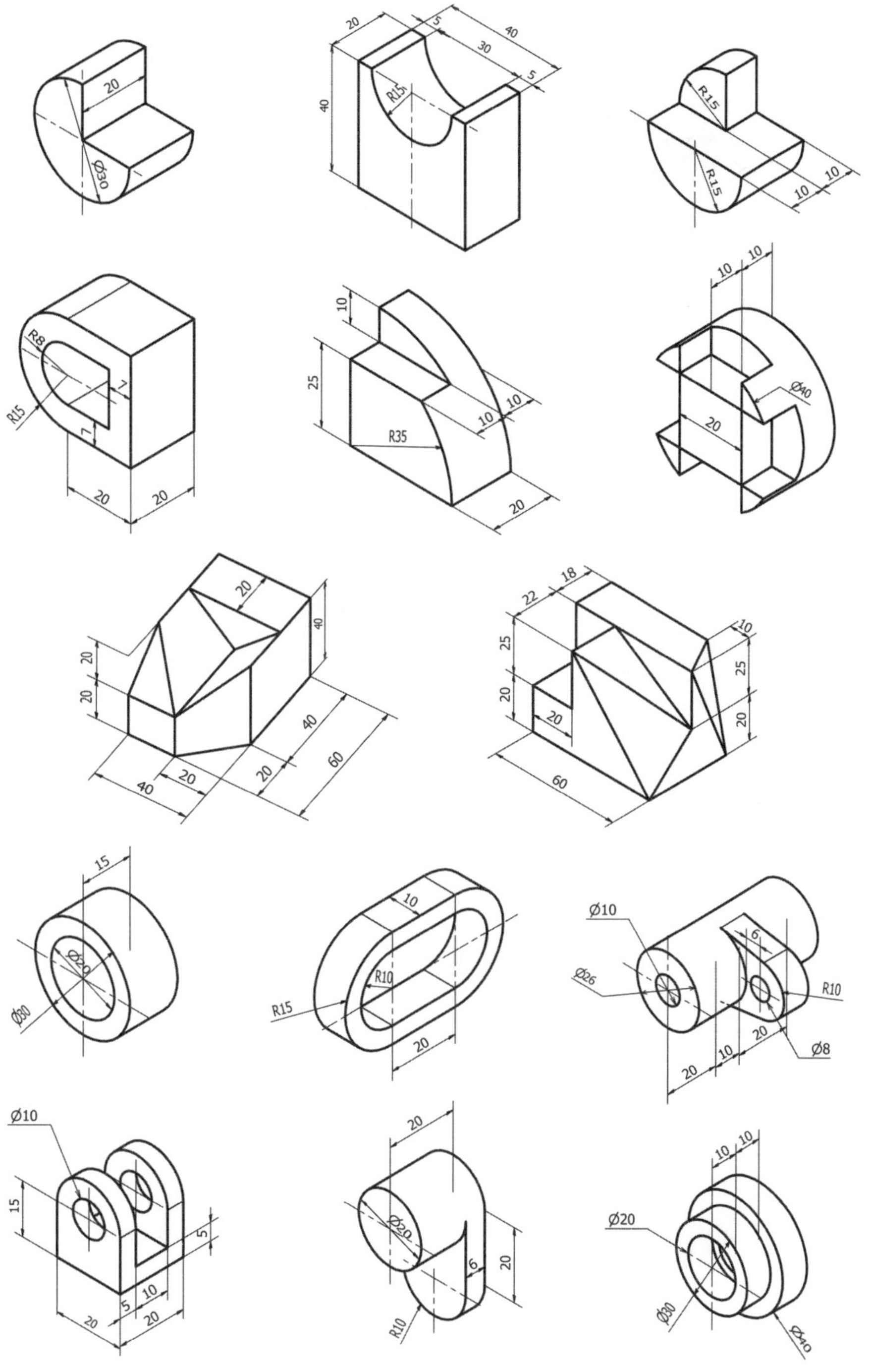

다음 형상의 보조 투상도를 완성하라.

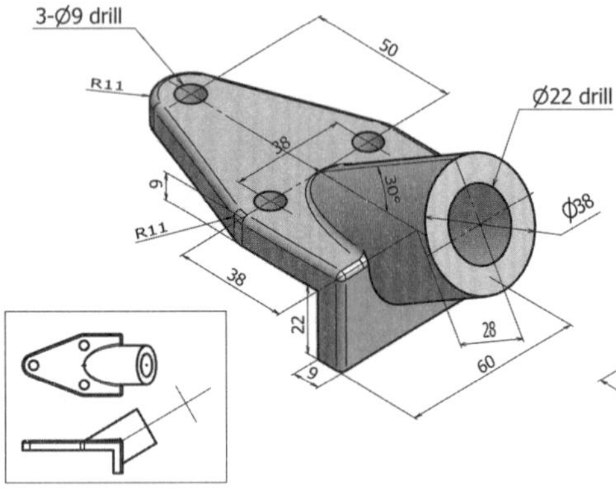

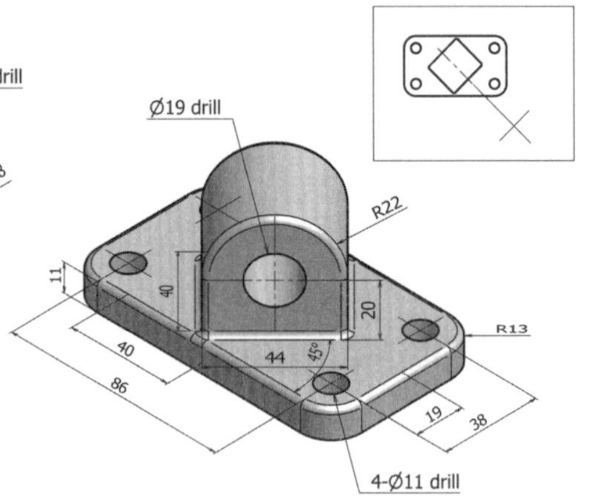

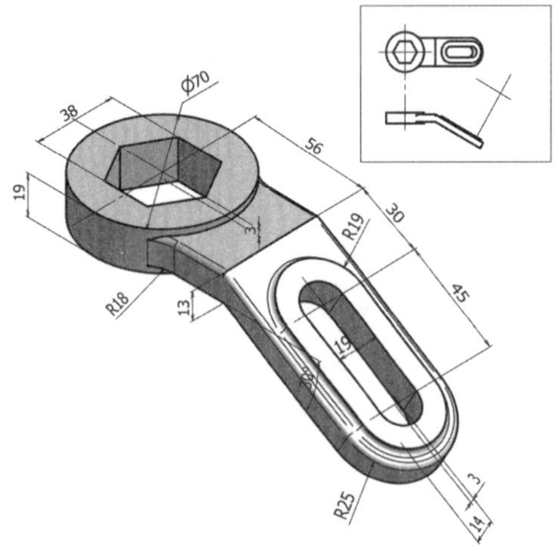

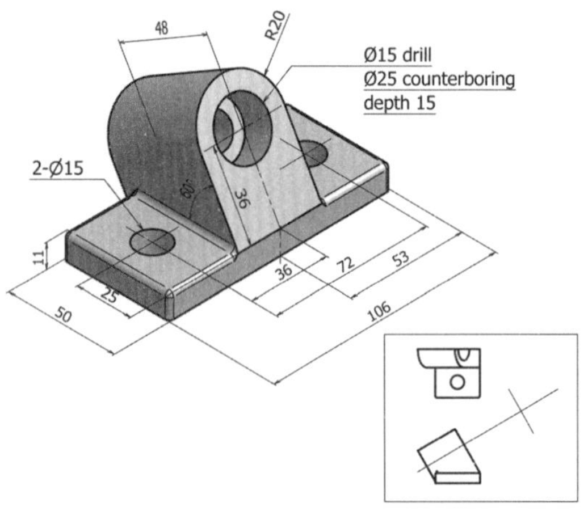

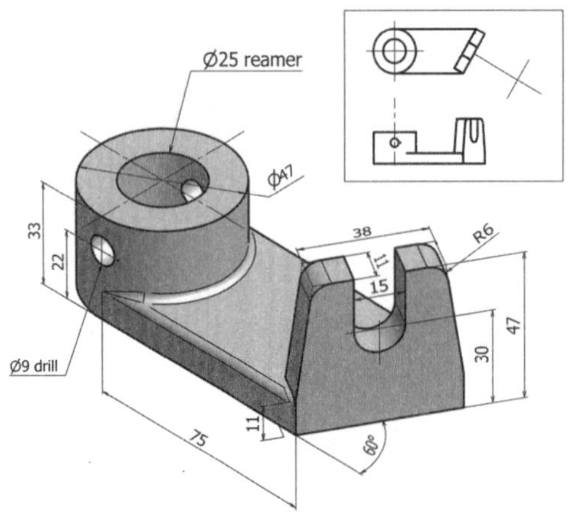

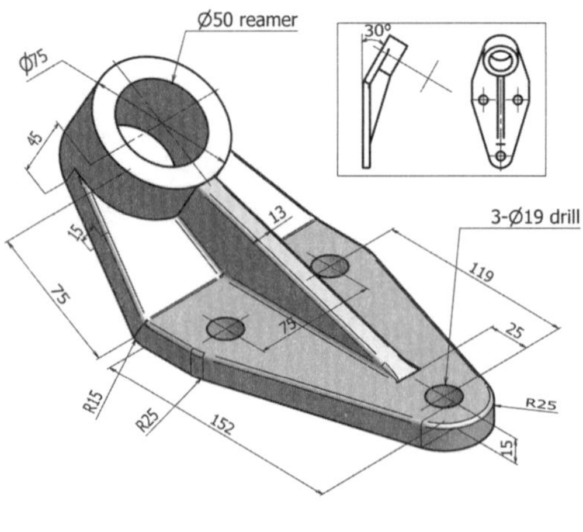

다음 형상의 보조 투상도를 완성하라.

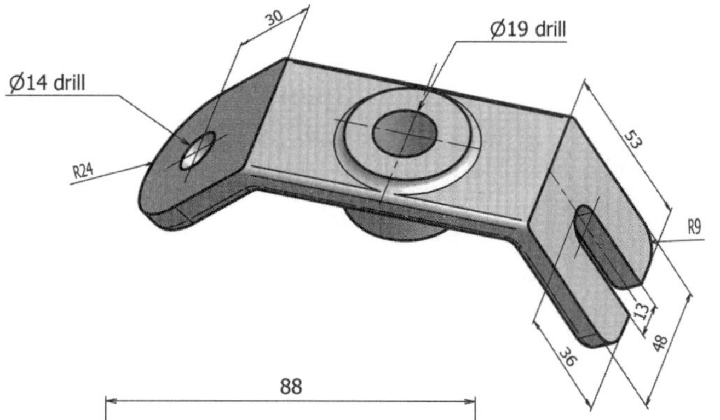

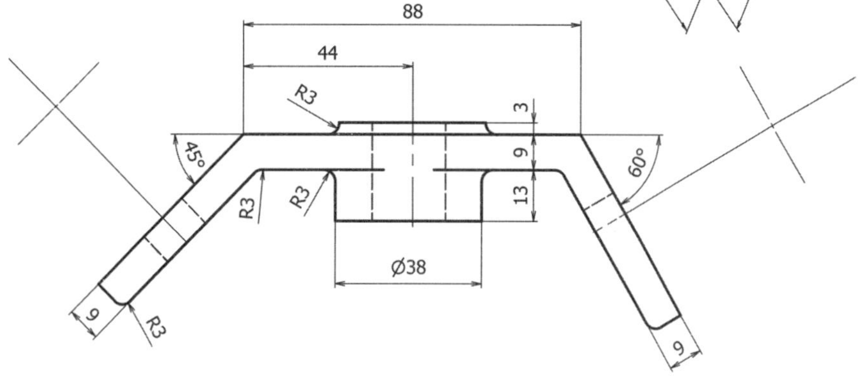

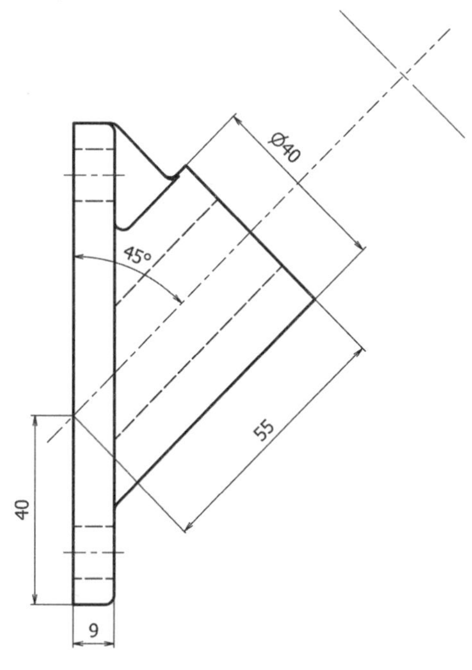

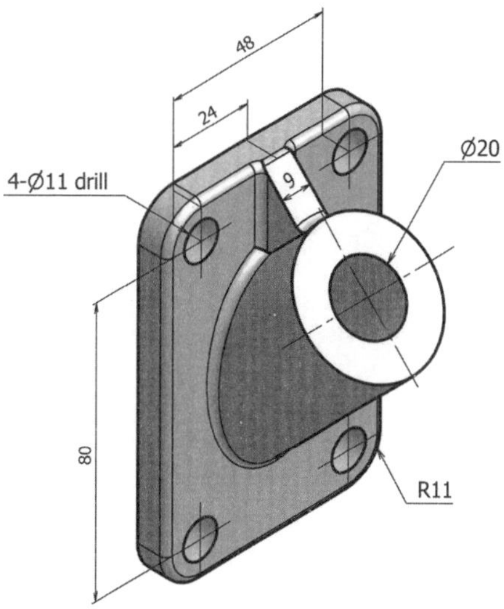

다음 형상의 보조 투상도를 완성하라.

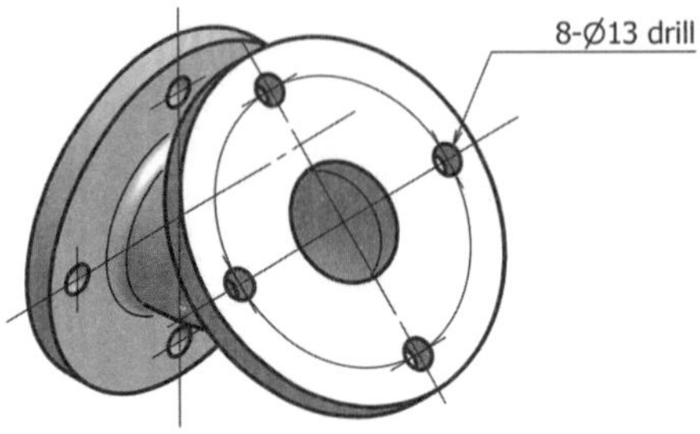

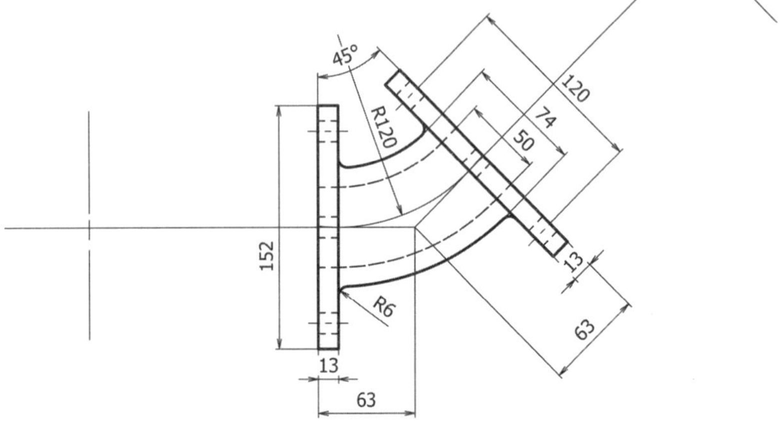

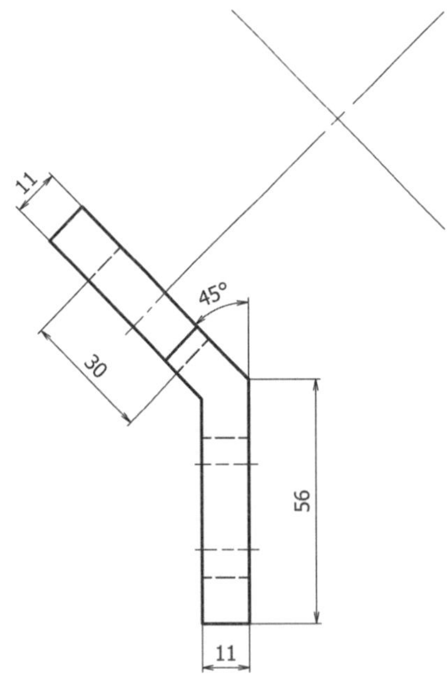

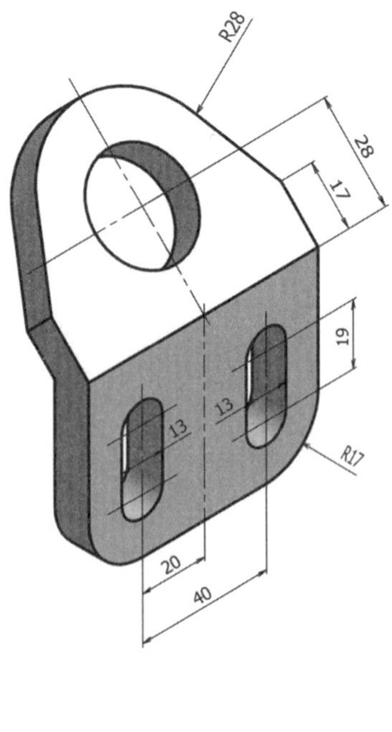

다음 형상을 제3각법으로 도면을 그려라. A3용지를 사용하여 1장에 한 개씩 그려라.

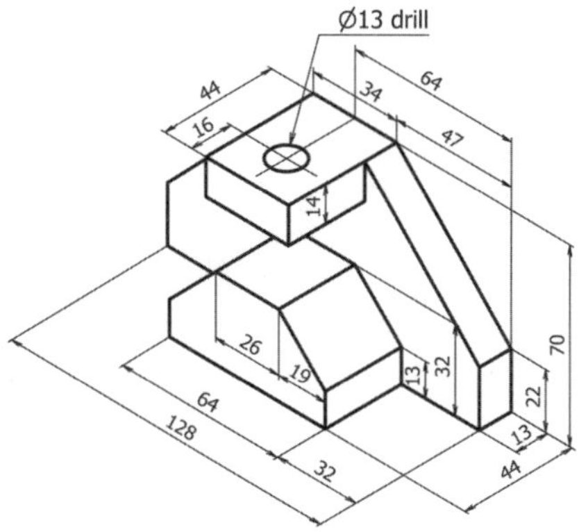

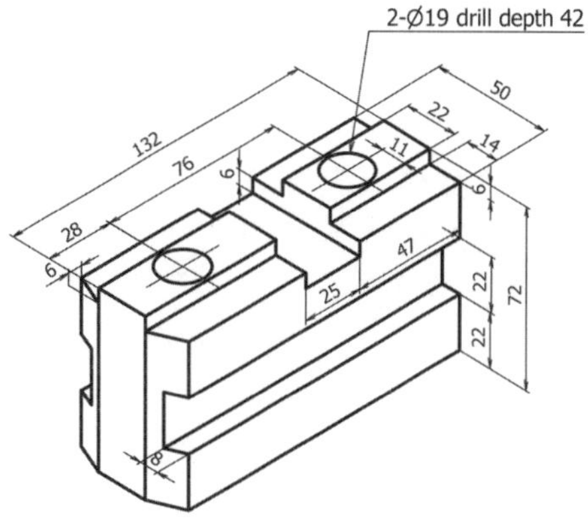

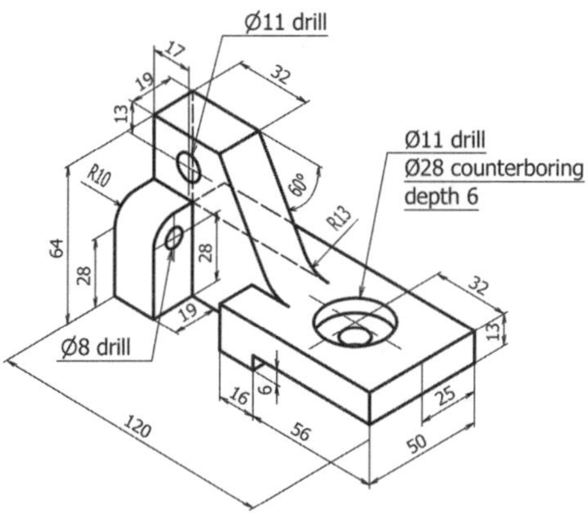

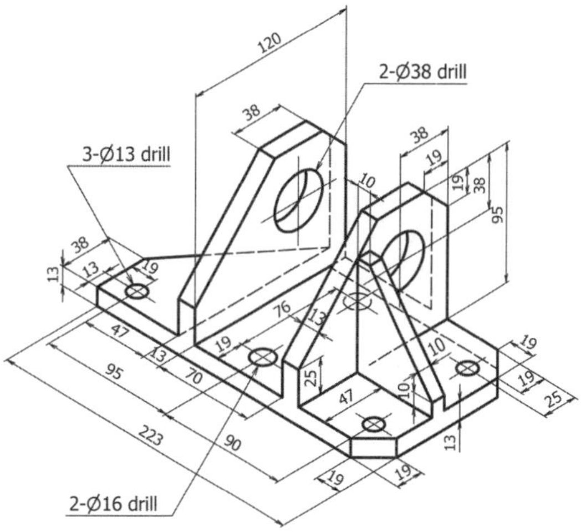

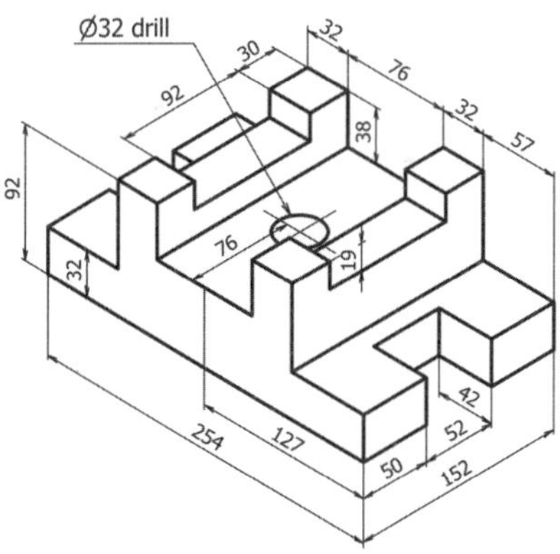

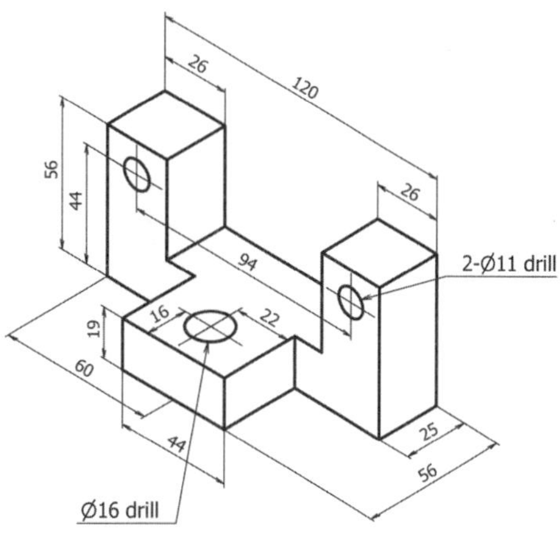

다음 형상을 제3각법으로 도면을 그려라. A3용지를 사용하여 1장에 한 개씩 그려라.

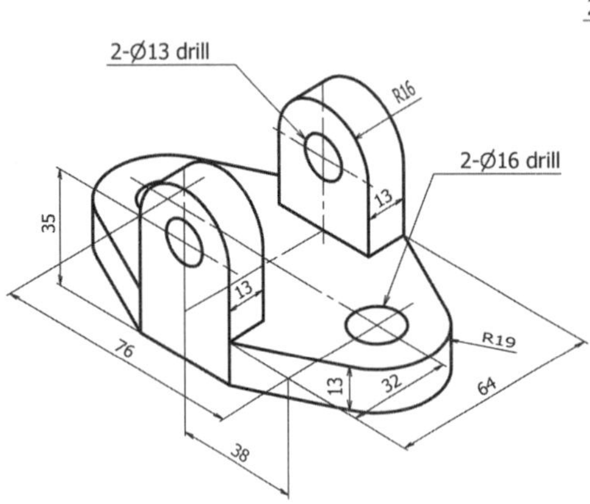

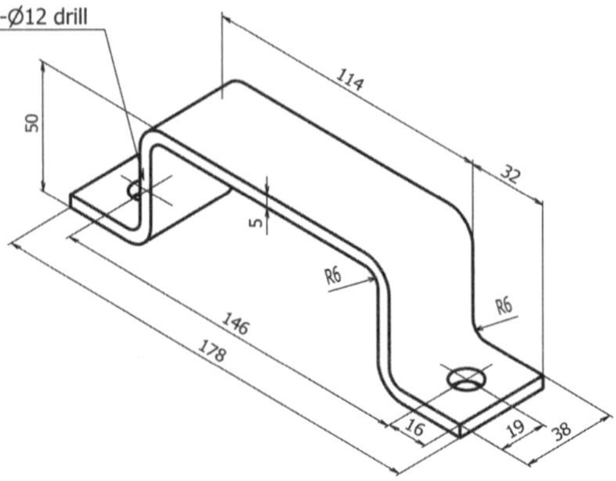

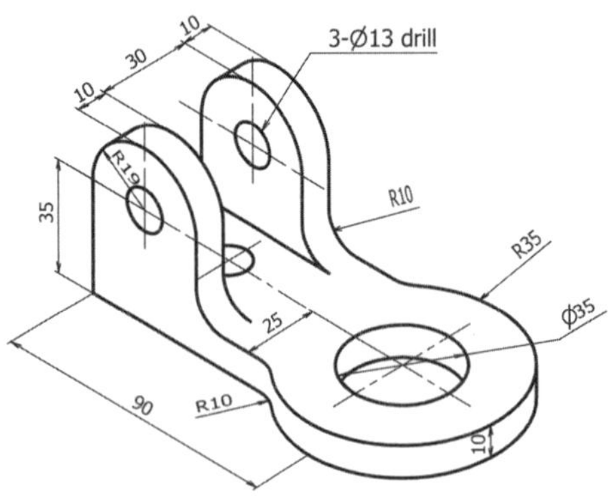

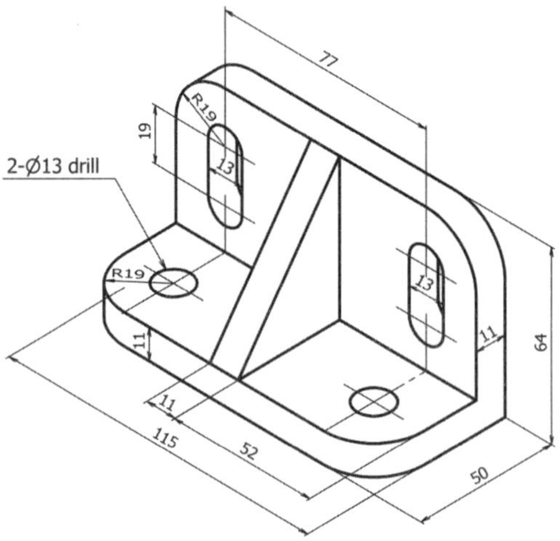

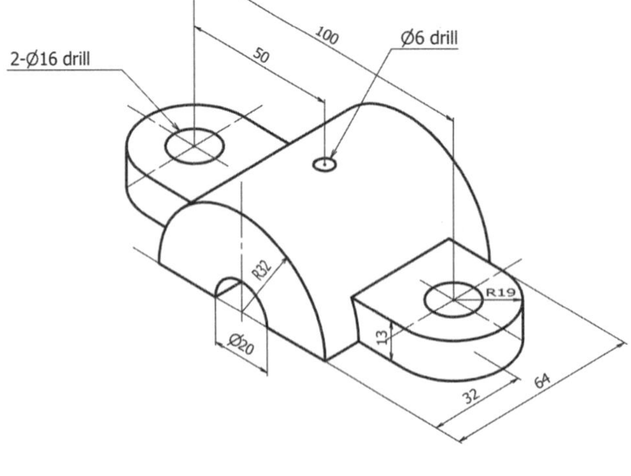

다음 형상을 제3각법으로 도면을 그려라. A3용지를 사용하여 1장에 한 개씩 그려라.

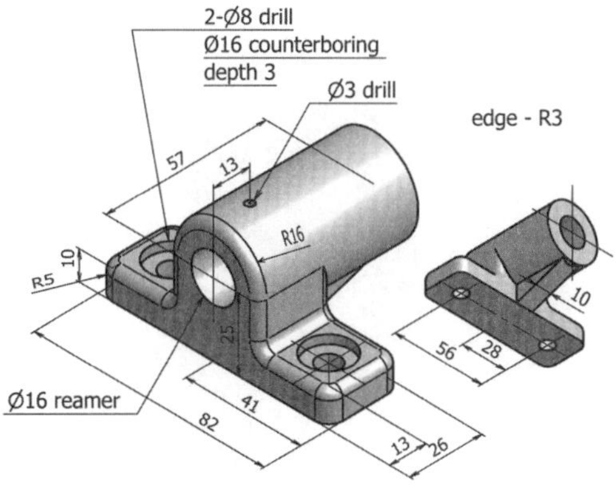

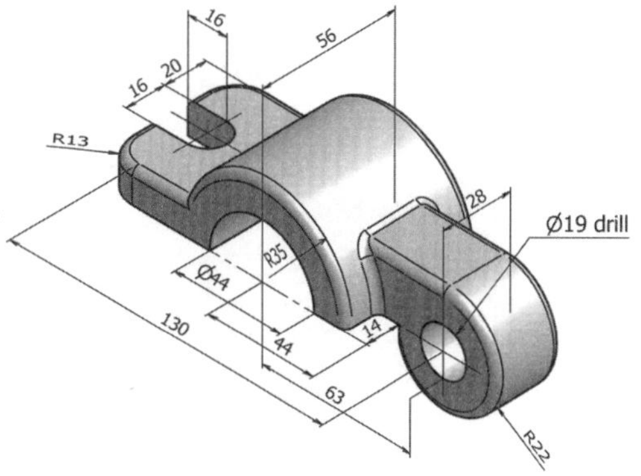

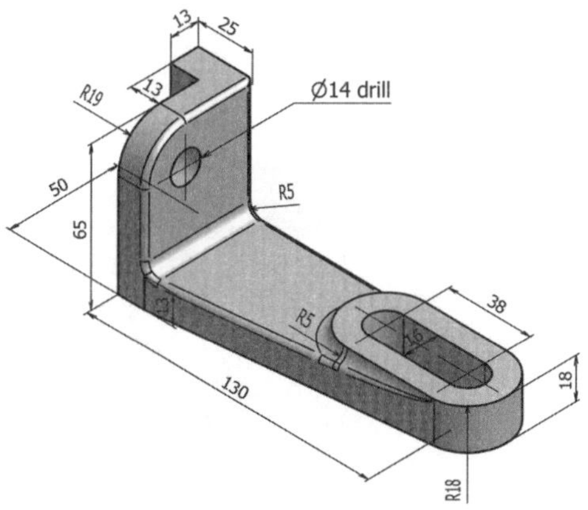

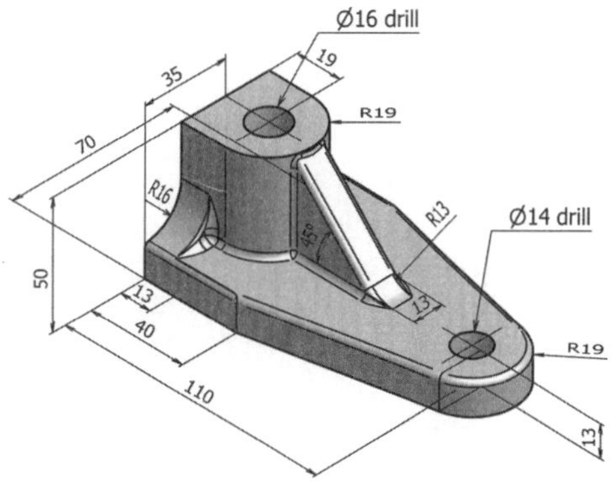

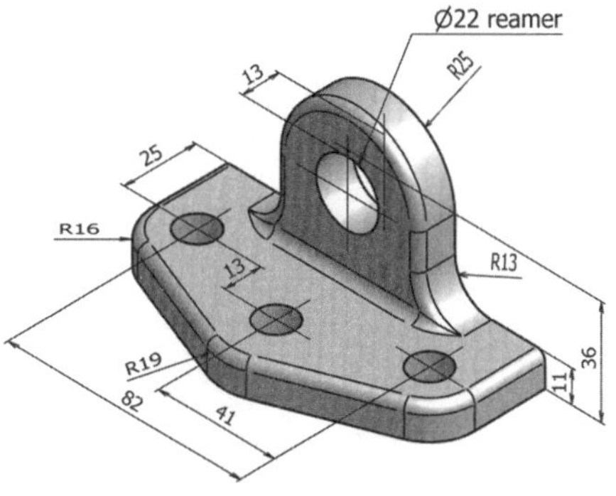

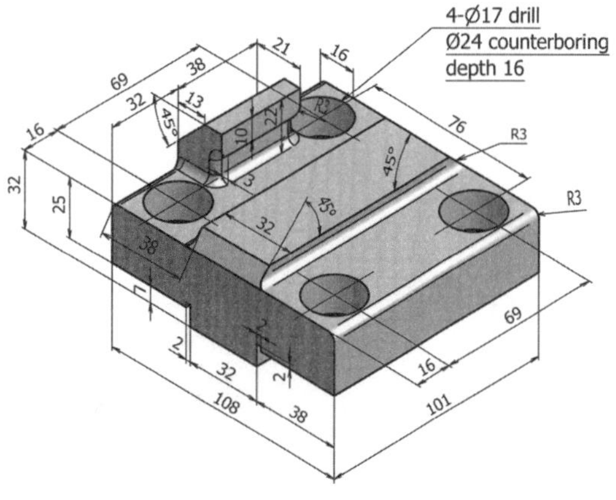

다음 형상을 제3각법으로 도면을 그려라. A3용지를 사용하여 1장에 한 개씩 그려라.

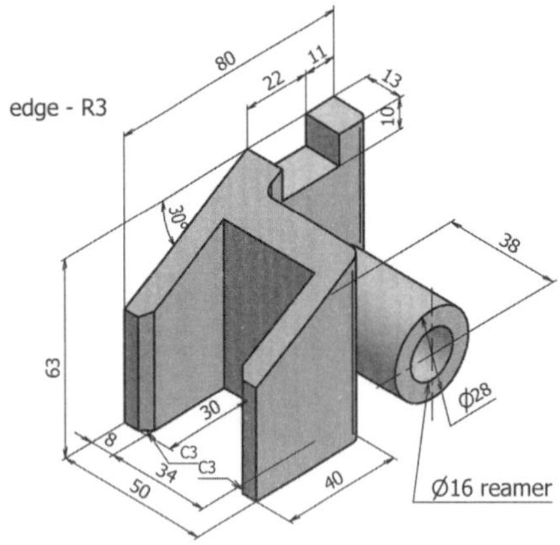

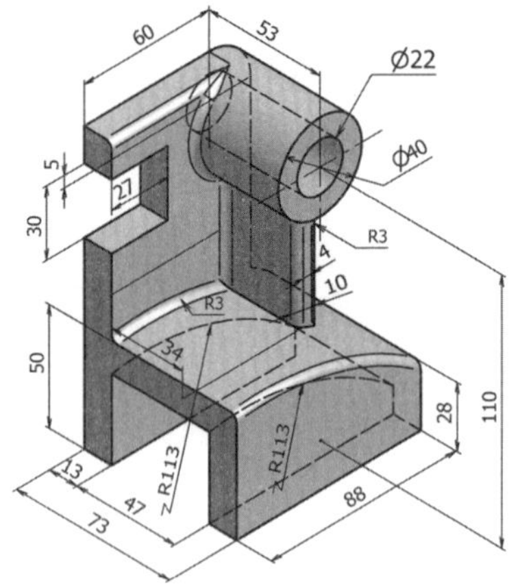

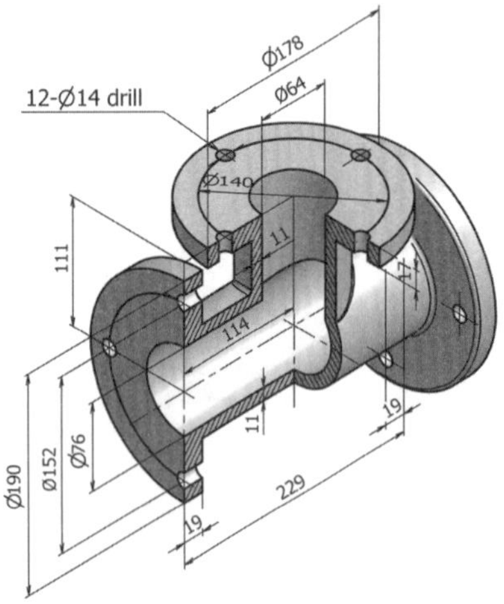

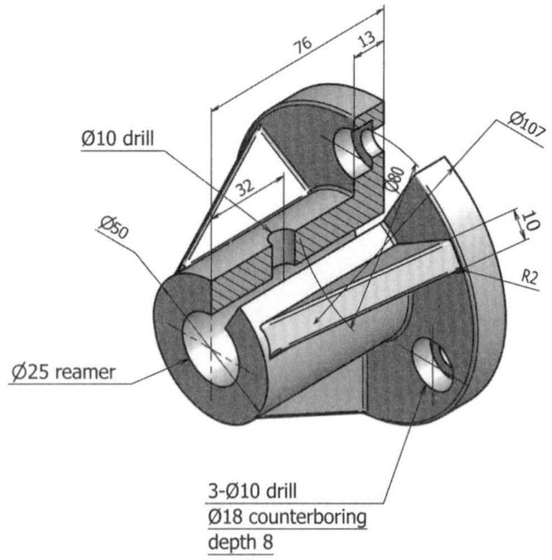

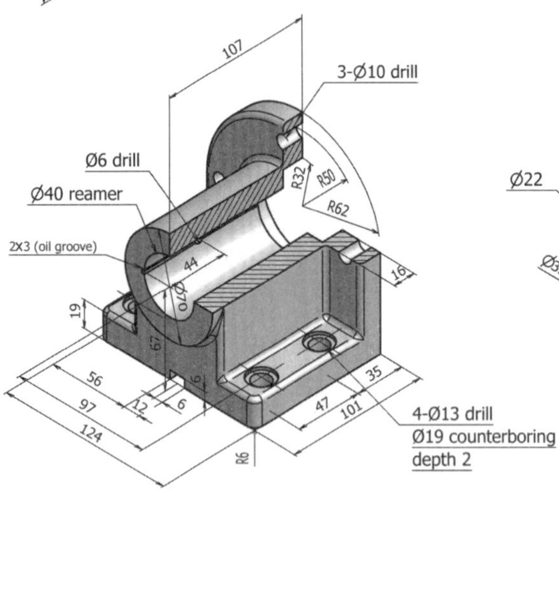

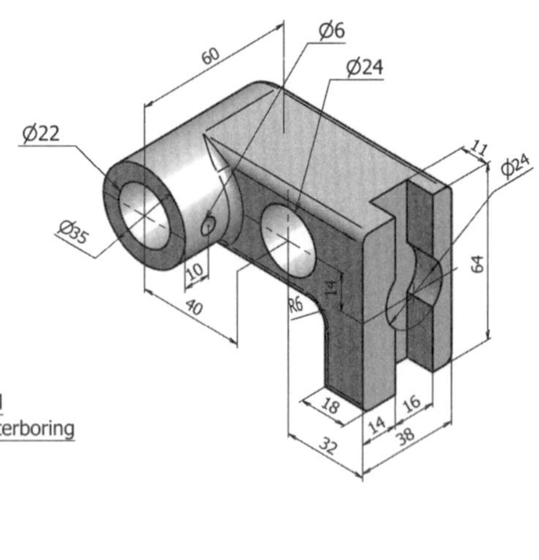

다음 형상을 제3각법으로 도면을 그려라. A3용지를 사용하여 1장에 한 개씩 그려라.

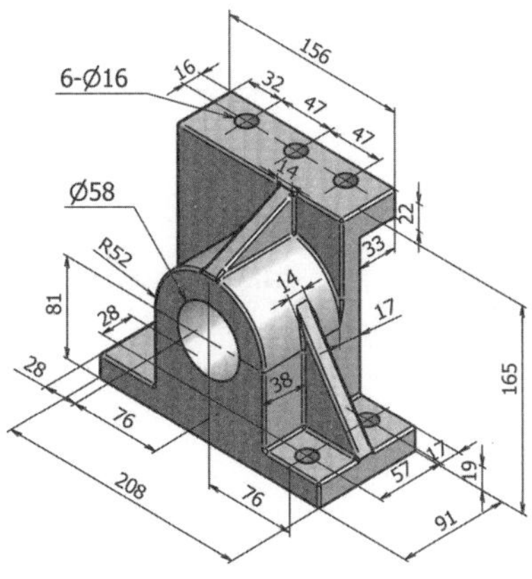

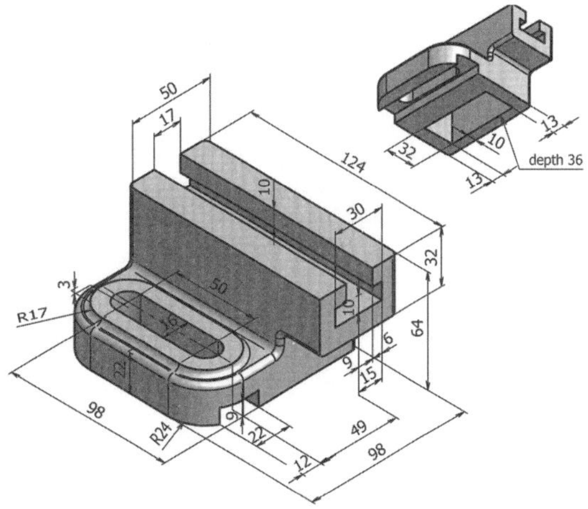

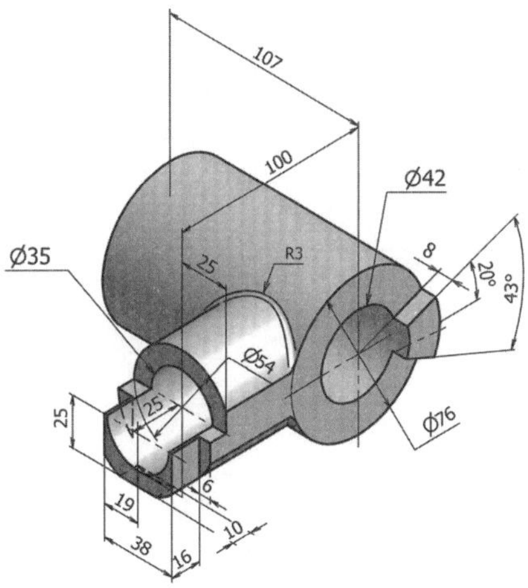

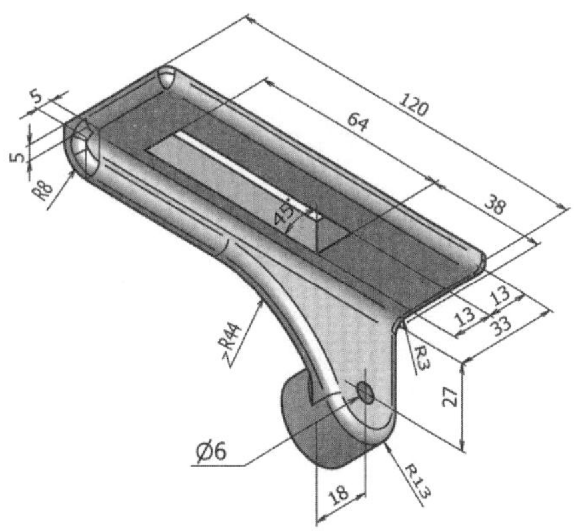

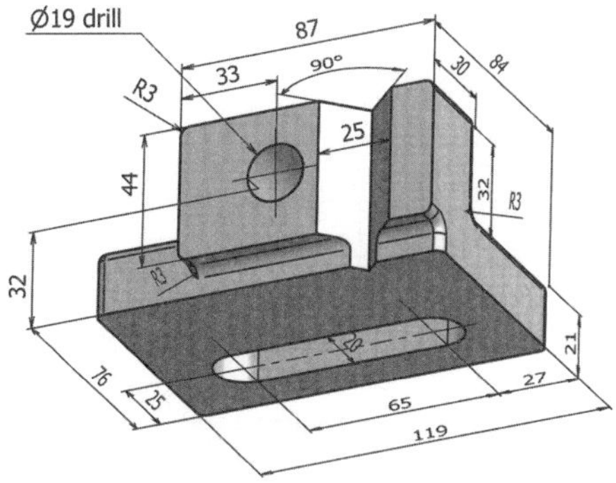

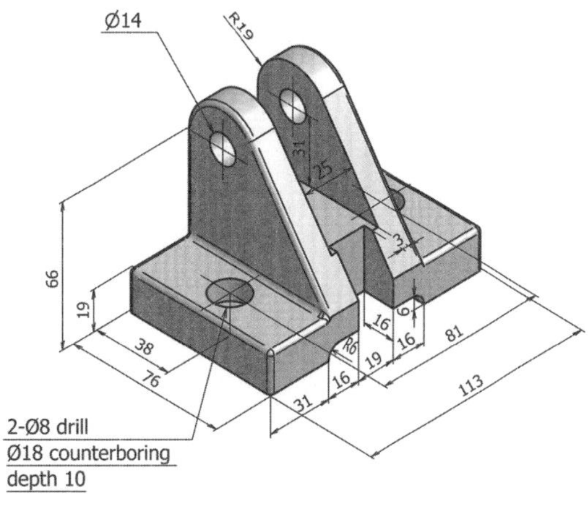

다음 4개의 조립도를 A3용지 한 장에 그려라. 도면에 대한 템플릿을 사용하고 각 부품 번호에 대하여 부품표를 도면의 우측, 표제란위에 포함시켜라.

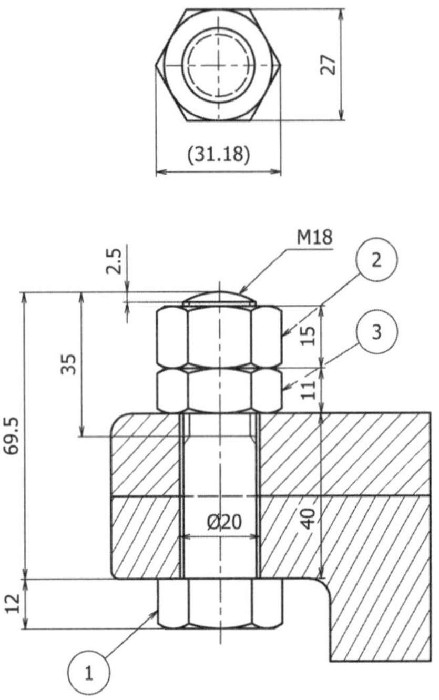

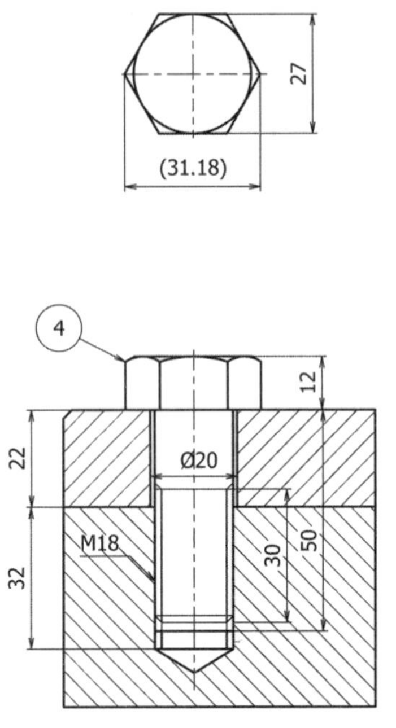

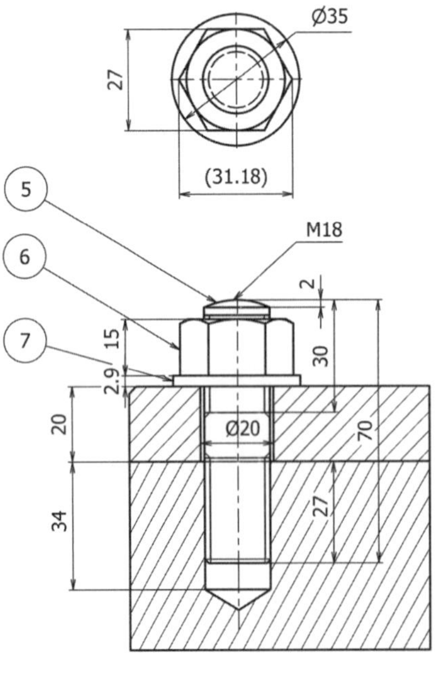

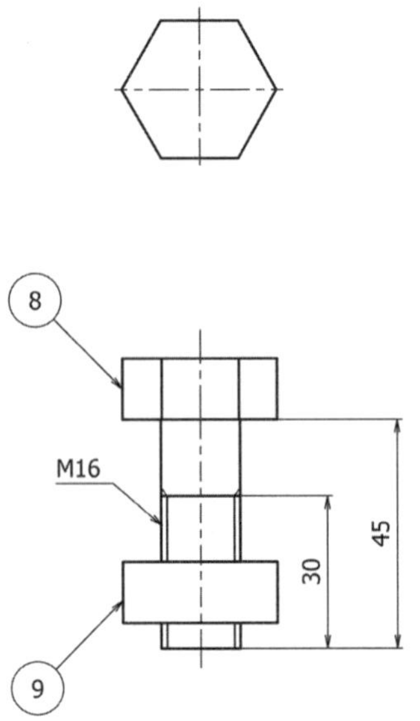

다음은 플랜지형 축이음에 대한 도면이다. CAD를 이용하여 아래의 도면을 가능한 한 유사하게 그려라(도면 3장).

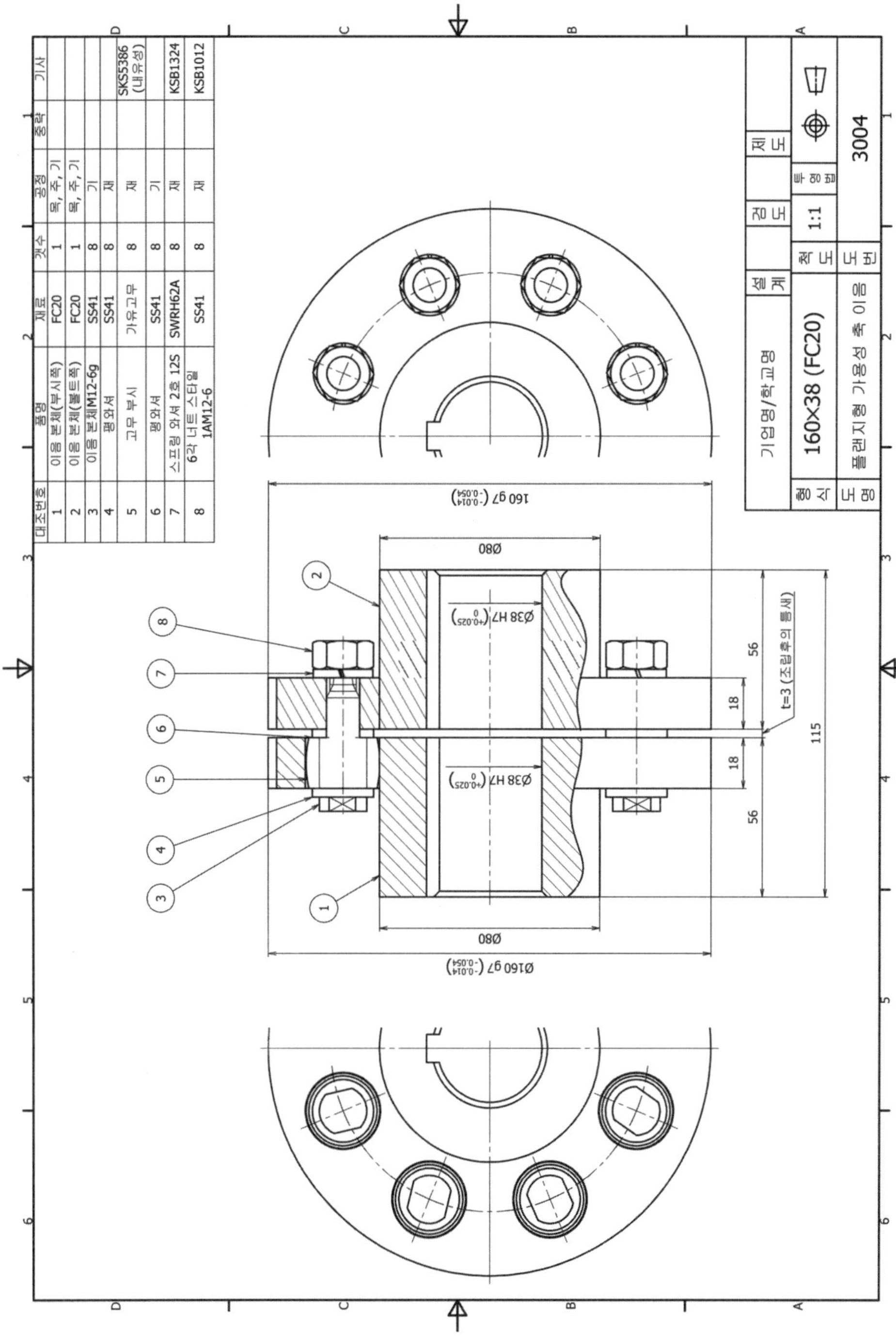

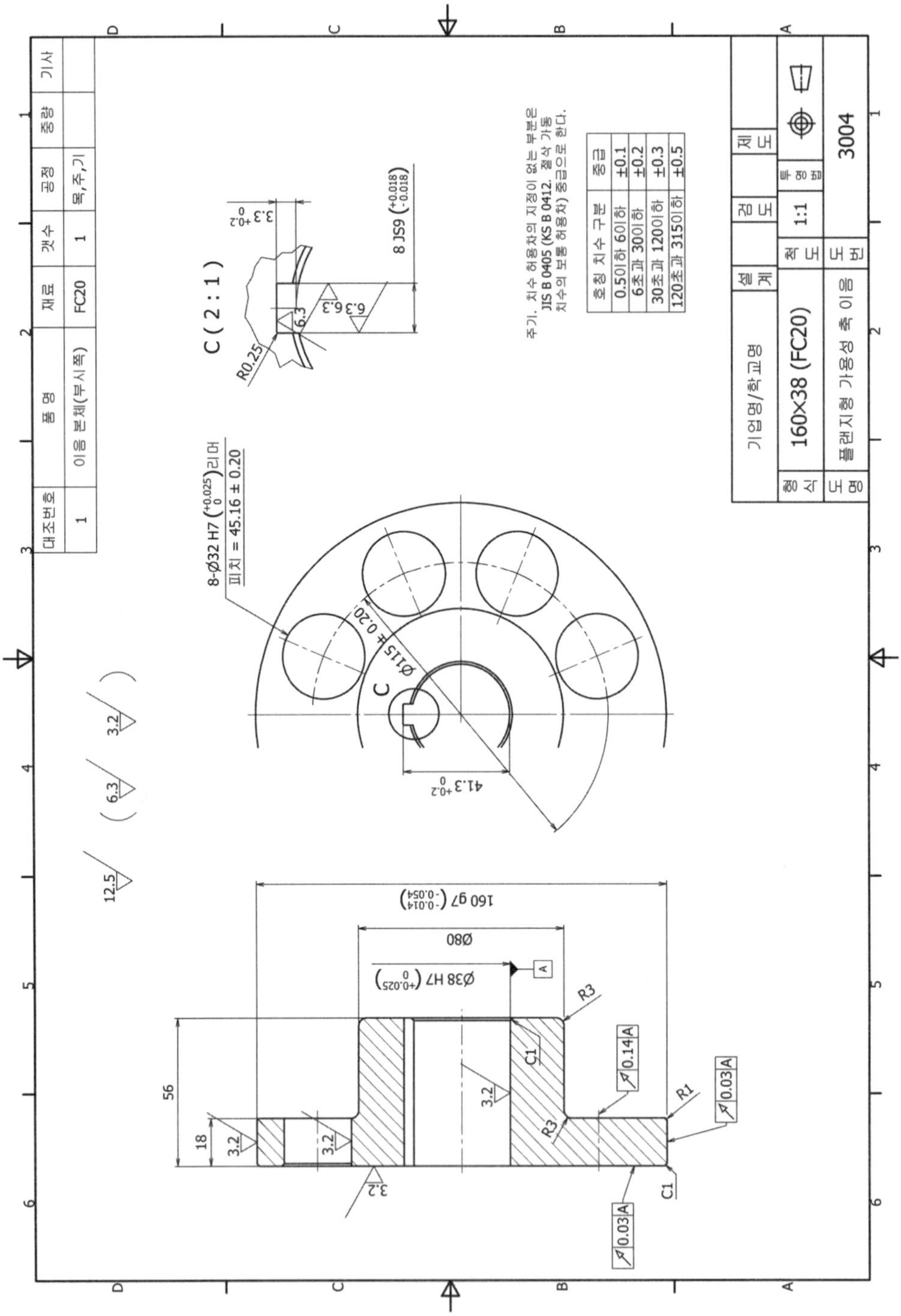

대조번호
품 명
재료
갯수
공정
중량
기사
1
이음 본체(부시쪽)
FC20
1
목,주,기
기업명/학교명
160×38 (FC20)
플랜지형 가용성 축 이음
1:1
3004
주기. 치수 허용차의 지정이 없는 부분은
JIS B 0405 (KS B 0412. 절삭 가공
치수의 보통 허용차) 중급으로 한다.
호칭 치수 구분
등급
0.5이하 6이하
±0.1
6초과 30이하
±0.2
30초과 120이하
±0.3
120초과 315이하
±0.5
C (2 : 1)
8-Ø32 H7 리머
피치 = 45.16 ± 0.20
Ø115 ± 0.20
8 JS9
160 g7
Ø80
Ø38 H7
56
18
R3
R1
C1
R0.25

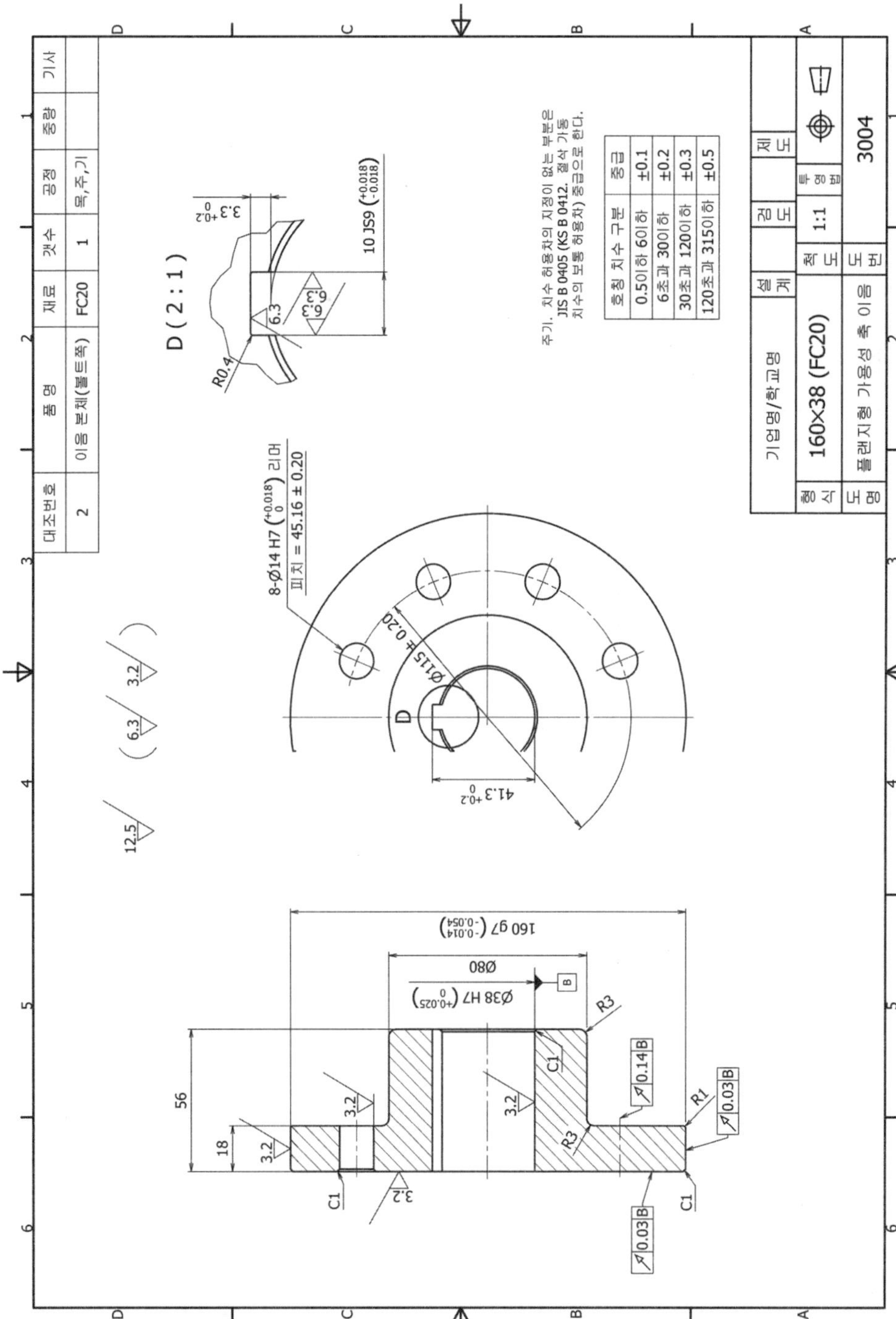

대조번호 | 품명 | 재료 | 갯수 | 공정 | 중량 | 기사
2 | 이음 본체(볼트쪽) | FC20 | 1 | 목,주,기
D (2 : 1)
R0.4
6.3
3.3 +0.2 0
10 JS9 (+0.018 -0.018)
주기. 치수 허용차의 지정이 없는 부분은 JIS B 0405 (KS B 0412. 절삭 가공 치수의 보통 허용차) 중급으로 한다.
호칭 치수 구분 | 중급
0.5이하 6이하 | ±0.1
6초과 30이하 | ±0.2
30초과 120이하 | ±0.3
120초과 315이하 | ±0.5
기업명/학교명
설계 | 검도 | 제도
형식 160×38 (FC20)
척도 1:1
투영법
도명 플랜지형 가용성 축 이음
도번 3004
8-Ø14 H7 (+0.018 0) 리머
피치 = 45.16 ± 0.20
Ø115 ± 0.20
41.3 +0.2 0
12.5
(6.3 3.2)
160 g7 (-0.014 -0.054)
Ø80
Ø38 H7 (+0.025 0)
56
18
R3
C1
R1
0.14 B
0.03 B

다음 도면은 작은 나사 잭이다. CAD를 이용하여 아래의 도면을 가능한 한 유사하게 그려라.

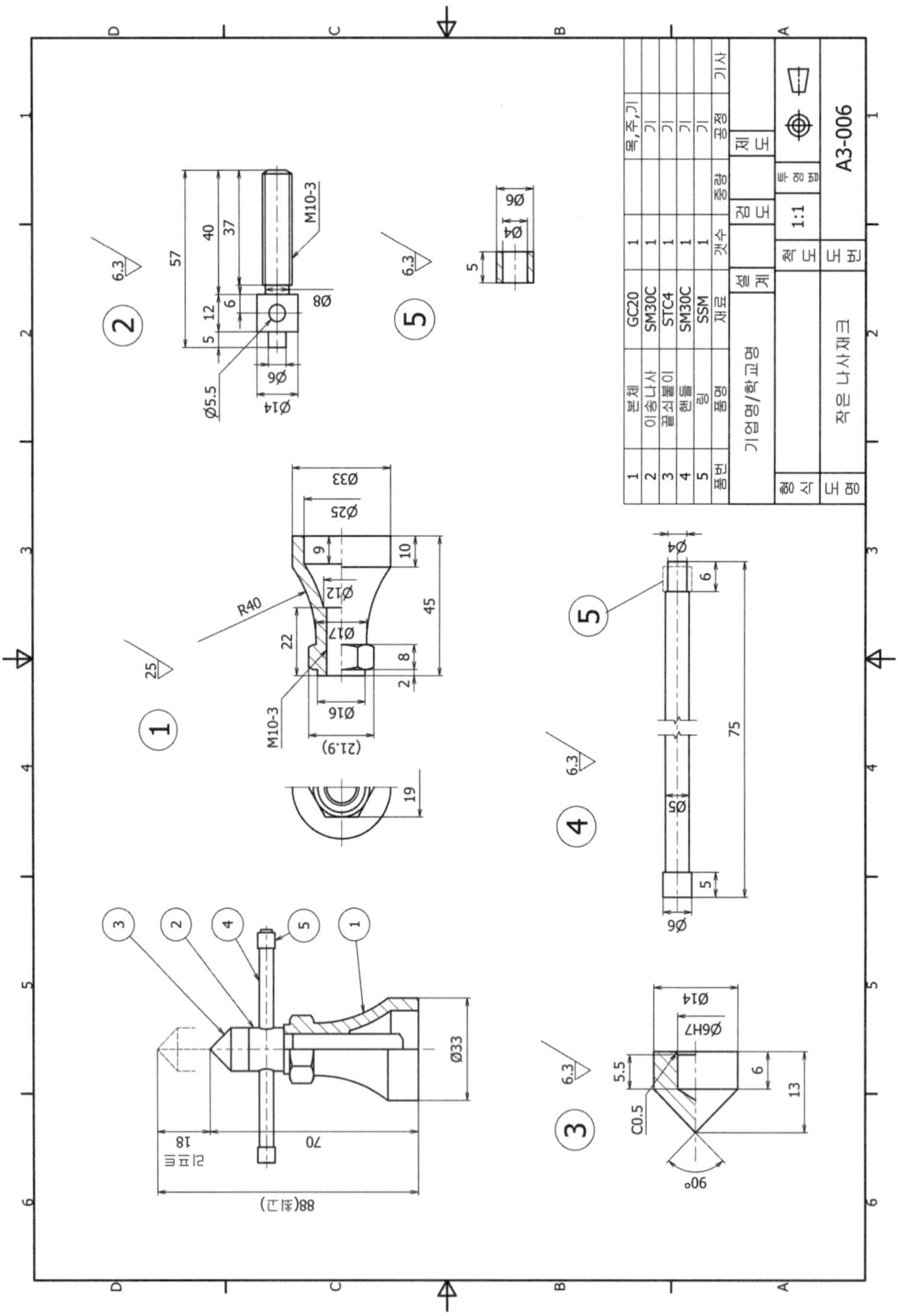

다음 도면을 CAD로 그리되 치수가 주어지지 않은 것은 KS표준품을 찾아서 도면을 완성하라.

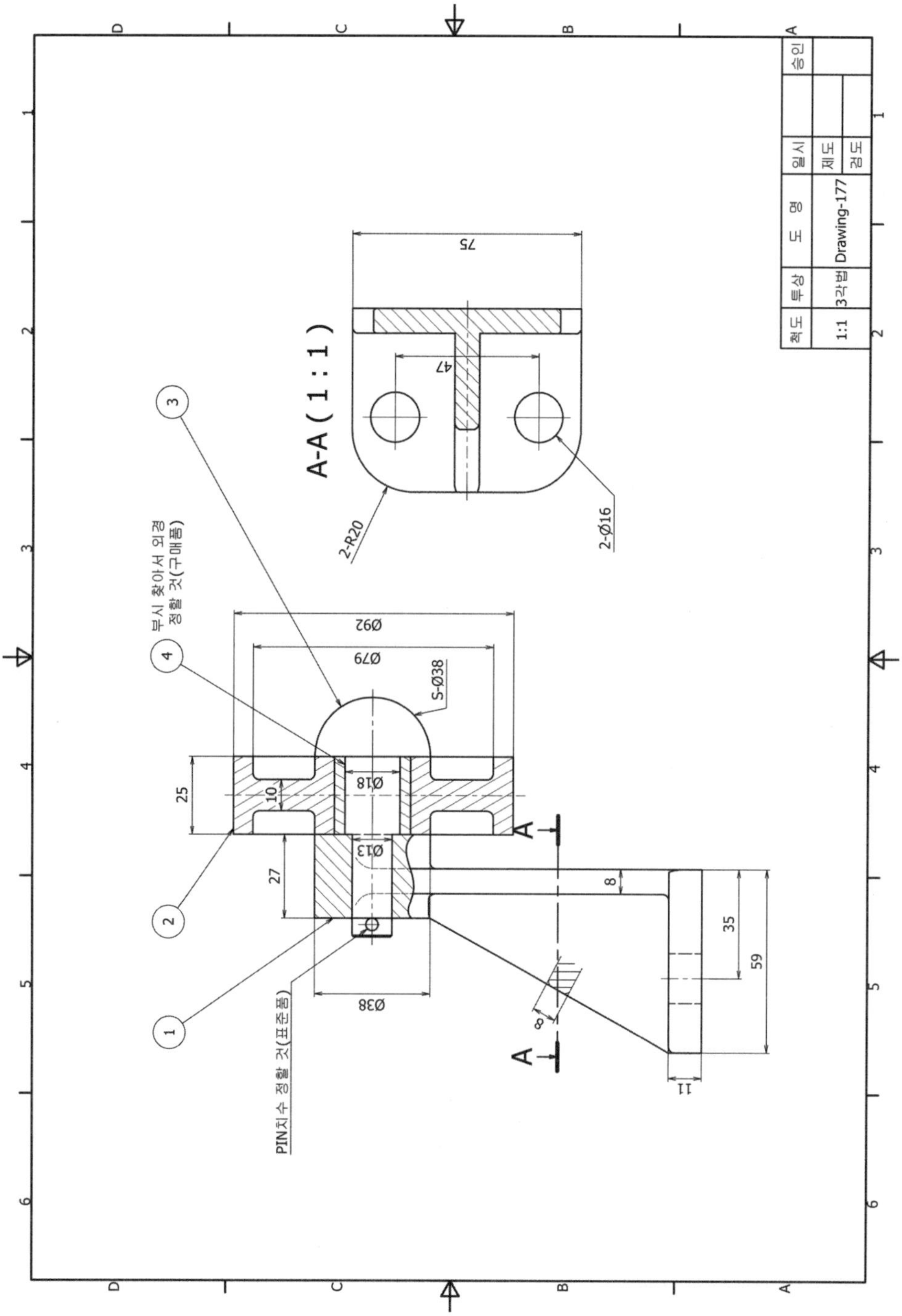

다음 기어 도면을 CAD로 그려라.

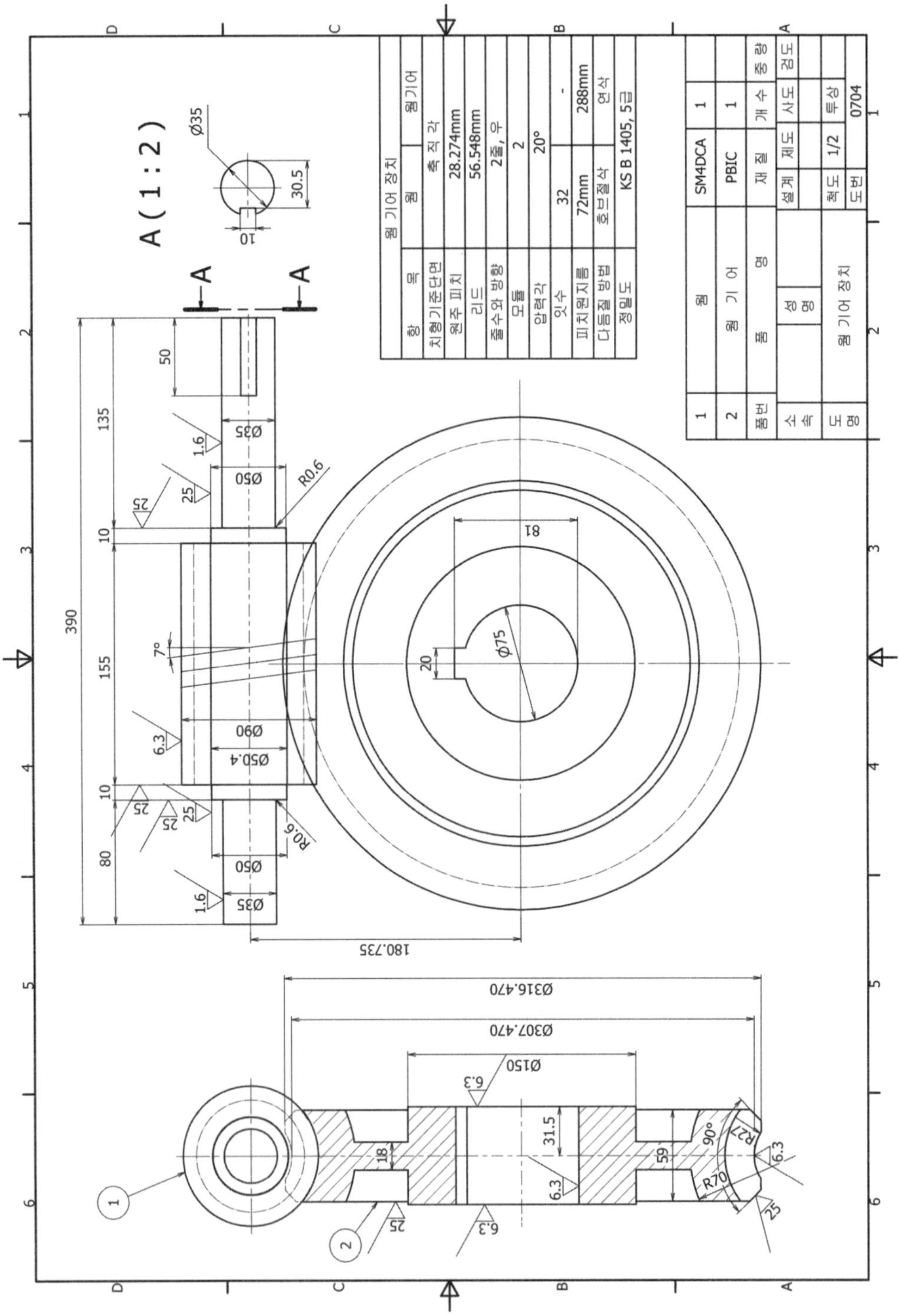

2015를 기반으로 하는
AUTOCAD 활용

2015년 8월 20일 1판 1쇄 인쇄
2015년 8월 25일 1판 1쇄 발행

저 자 ◎ 이철수·권일근·김동우
박세환·이종원

발 행 자 ◎ 조승식

발 행 처 ◎ (주) 도서출판 북스힐
서울시 강북구 한천로 153길 17

등 록 ◎ 제 22-457 호

TEL (02) 994-0071(代)

FAX (02) 994-0073

E-MAIL bookswin@unitel.co.kr
www.bookshill.com

값 25,000원

ISBN 978-89-5526-933-8